"十二五"普通高等教育本科国家级规划教材
北京高等教育精品教材

铁路站场及枢纽
（第二版）

李海鹰　苗建瑞◎主　编
赵海宽◎主　审

中国铁道出版社有限公司

2025年·北　京

内 容 简 介

本书为“十二五”普通高等教育本科国家级规划教材、北京高等教育精品教材，全书共分七篇，内容包括站场设计技术条件，车站线路连接，平、纵断面设计；各类车站（中间站、技术站、客运站、货运站等）的布置图型分析，设备配置数量及通过能力计算；调车驼峰设计原理；铁路枢纽总布置图型及规划等。

本书为普通高等学校交通运输、铁道运输专业教材，也可供从事车站及枢纽设计、运营、科研等人员参考。

图书在版编目（CIP）数据

铁路站场及枢纽 / 李海鹰，苗建瑞主编. -- 2 版. 北京 ：中国铁道出版社有限公司，2025. 2. --（“十二五”普通高等教育本科国家级规划教材）（北京高等教育精品教材）. -- ISBN 978-7-113-32122-2

Ⅰ. U291

中国国家版本馆 CIP 数据核字第 2025M705G4 号

书　　名：铁路站场及枢纽

作　　者：李海鹰　苗建瑞

责任编辑：悦　彩　**编辑部电话**：(010)51873206　**电子邮箱**：sxyuecai@163.com

封面设计：崔丽芳

责任校对：苗　丹

责任印制：高春晓

出版发行：中国铁道出版社有限公司（100054，北京市西城区右安门西街 8 号）

网　　址：https://www.tdpress.com

印　　刷：河北宝昌佳彩印刷有限公司

版　　次：2011 年 2 月第 1 版　2025 年 2 月第 2 版　2025 年 2 月第 1 次印刷

开　　本：787 mm×1 092 mm　1/16　**印张**：28.25　**插页**：1　**字数**：722 千

书　　号：ISBN 978-7-113-32122-2

定　　价：75.00 元

版权所有　侵权必究

凡购买铁道版的图书，如有印制质量问题，请与本社读者服务部联系调换。电话：(010)51873174

打击盗版举报电话：(010)63549461

第二版前言

本教材为“十二五”普通高等教育本科国家级规划教材、北京高等教育精品教材，是在2011年出版《铁路站场及枢纽》的基础上修订而成。在修订过程中注重体现学科和行业的工程实践与发展前沿的有机融合，强调理论联系实际及学生学习能力的加强和思维方法的培养。总结了近年来在教学改革和实践中的经验，对教材内容进行了充实与提高。增补更新了2011年以来国内外有关本学科的新理论、新技术、新设备、新成就，以及近年来颁发的新规章、新规程、新标准。

本教材由北京交通大学李海鹰、苗建瑞主编，国铁集团赵海宽主审。教材编写分工如下：绪论由李海鹰编写；第一篇由苗建瑞编写；第二篇由北京交通大学王莹编写；第三篇第一、二章由李海鹰编写；第三篇第三、五章由北京交通大学张超编写；第三篇第四章由北京交通大学廖正文编写；第四篇由李海鹰编写；第五篇第一、二、三章，第四章第一、二节由李海鹰编写；第五篇第四章第三节由廖正文编写；第六篇由王莹编写；第七篇由张超编写；附录由苗建瑞编写。

在教材编写过程中，得到了北京交通大学交通运输学院的大力支持，长江沿岸铁路集团股份有限公司黄令海和中国铁路设计集团有限公司李新毅提供了部分资料，特予感谢！

受编者水平、时间的限制，本书难免存在疏漏之处，敬请广大读者指正。

编　者

2024年10月

第一版前言

本教材为“十二五”普通高等教育本科国家级规划教材及北京高等教育精品教材，是将2002年出版的《铁路车站及枢纽》(第二版)教材易名，并在其基础上经过重新改编、整合而成的。本书经铁道部相关业务部门审定，适用于高等院校交通运输、铁路特色专业教学及铁路专业技术人员使用。

本教材反映了随着发达完善铁路网的建设，“客货分线”“客运快速”“货运重载”构想的推进，现代化技术装备的采用，运输组织模式的优化，而形成的车站及枢纽设计的新理念。收集整理了国内外本学科的研究成果，增加了近年来国内外有关本学科的新理论、新技术、新成就，总结和反映了编者长期积累的丰富教学经验和教学改革成果，体现了铁路站场及枢纽课程的教学规律。

本教材由北京交通大学李海鹰、张超主编，铁道部运输局赵海宽主审。教材编写分工如下：绪论—李海鹰；第一篇—苗建瑞；第二篇—张超；第三篇—李海鹰(第一、二章)，张超(第三、四、五章)；第四篇—李海鹰；第五篇—刘其斌；第六篇—夏胜利；第七篇—张超；附录—苗建瑞、李得伟。

原教材《铁路车站及枢纽》为普通高等教育“九五”国家级重点教材，曾于2000年获北方交通大学上水平教学项目奖，铁道部第四届优秀教材一等奖，以及2001年北京市教育教学成果(高等教育)二等奖。该教材已被铁路高校和交通运输部门广泛使用，并获得好评。

谨向刘其斌教授及参编《铁路车站及枢纽》(第一、二版)的各位作者表示深深的谢意，向本书所引用文献的作者致以衷心的感谢。

受编者水平、时间的限制，本书难免存在疏漏之处，敬请广大读者批评指正。

编　者

2015年5月修改

目　录

绪　　论 …… 1

第一篇　站场设计技术条件

第一章　铁路线路种类及线间距离 …… 6
　第一节　线路种类 …… 6
　第二节　铁路限界及相邻线路间的中心距离 …… 8
　第三节　电气化铁路车站内接触网架设 …… 11
第二章　线路连接 …… 15
　第一节　道　　岔 …… 15
　第二节　线路连接形式 …… 23
　第三节　车　　场 …… 31
　第四节　站场咽喉 …… 32
第三章　车站线路全长和有效长度 …… 34
　第一节　车站线路全长和有效长度的规定 …… 34
　第二节　警冲标、信号机位置 …… 36
　第三节　坐标及线路实际有效长度的计算 …… 39
第四章　站场平、纵断面及排水 …… 42
　第一节　站坪长度 …… 42
　第二节　站场平面 …… 43
　第三节　站场纵断面 …… 45
　第四节　站场路基 …… 49
　第五节　站场排水 …… 52
复习思考题 …… 55

第二篇　中　间　站

第一章　中间站的作用及分布 …… 58
第二章　会让站和越行站 …… 60
　第一节　会让站 …… 60

第二节　越行站 …… 62
第三章　有客货作业的中间站布置图型 …… 64
第一节　中间站的作业和设备 …… 64
第二节　中间站布置图型 …… 65
第四章　中间站的设备配置 …… 68
第一节　车站线路 …… 68
第二节　客货运业务设备 …… 70
第三节　安全线和避难线的设置 …… 72
第五章　中间站的改建 …… 75
复习思考题 …… 77

第三篇　技　术　站

第一章　概　　述 …… 80
第一节　技术站分类及分布 …… 80
第二节　技术站作业及设备 …… 82
第二章　布置图型分析及选择 …… 86
第一节　作业流程与设备配置 …… 86
第二节　布置图型分析方法 …… 92
第三节　区段站布置图型分析 …… 93
第四节　编组站布置图型分析 …… 100
第五节　技术站布置图型的选择 …… 116
第六节　编组站的分阶段发展 …… 120
第三章　车场及线路设计 …… 122
第一节　编组站车场中轴线的确定 …… 122
第二节　各车场线路数目的确定 …… 123
第三节　编组站各车场及线路的平、纵断面设计 …… 129
第四节　车场咽喉区的布置及设计 …… 131
第五节　辅助调车场及箭翎线设计 …… 141
第四章　机务和车辆设备 …… 145
第一节　机务设备 …… 145
第二节　车辆设备 …… 152
第五章　车站通过能力 …… 155
第一节　概　　述 …… 155
第二节　车站咽喉通过能力计算 …… 156
第三节　车站到发线通过能力计算 …… 164
第四节　编组站到达场到发线通过能力计算方法 …… 169
第五节　编组站出发场到发线通过能力计算方法 …… 172
第六节　编组站编发线通过能力计算方法 …… 175
复习思考题 …… 175

第四篇 调车驼峰

第一章 驼峰设计基础…… 178

第一节 驼峰的组成及分类…… 178

第二节 现代化驼峰设备…… 179

第三节 驼峰溜放钩车运动的基本原理…… 186

第四节 驼峰调速系统…… 193

第二章 驼峰平、纵断面设计…… 198

第一节 驼峰溜放部分平面设计…… 198

第二节 驼峰高度计算…… 201

第三节 驼峰溜放部分纵断面设计…… 205

第四节 峰顶平台及有关线路平、纵断面设计…… 212

第五节 调车场平、纵断面设计…… 214

第三章 驼峰调速系统设计…… 218

第一节 减速器制动位的设置…… 218

第二节 驼峰间隔制动位减速器制动能高计算…… 219

第三节 点连式驼峰三级制动位减速器制动能高计算…… 221

第四节 调车场内减速顶设置…… 225

第四章 驼峰检算…… 227

第一节 检算目的和要求…… 227

第二节 检算方法…… 227

第五章 车站改编能力计算…… 232

第一节 驼峰解体能力的计算方法…… 232

第二节 调车场尾部牵出线编组能力的计算方法…… 236

第三节 车站改编能力的确定…… 238

复习思考题…… 239

第五篇 客运站

第一章 客运站布置图型…… 242

第一节 概 述…… 242

第二节 客运站总体布局…… 245

第三节 客运站、客车段所、客运机务段和客车车辆段的相互位置…… 252

第四节 客运站布置图型分析…… 254

第五节 高速客运站举例…… 261

第六节 旅客乘降所…… 264

第二章 客运设备设施…… 266

第一节 客运站线路…… 266

第二节 旅客站房…… 273

第三节 旅客站台及跨线设施…… 281

第四节 车站广场…… 285

第三章　客车段所…………………………………………………………………………………… 287
第一节　客车整备所的作业及其方式………………………………………………………… 287
第二节　客车整备所的设备及布置图型……………………………………………………… 288
第三节　动车段(所、场) ……………………………………………………………………… 289
第四章　客运站通过能力……………………………………………………………………… 292
第一节　客运站到发线通过能力……………………………………………………………… 292
第二节　客车整备场通过能力………………………………………………………………… 294
第三节　客运站通过能力计算机图解计算法………………………………………………… 295
复习思考题………………………………………………………………………………………… 299

第六篇　货　运　站

第一章　铁路物流中心概述…………………………………………………………………… 302
第一节　铁路物流中心内涵与分类…………………………………………………………… 302
第二节　铁路物流中心作业与设备…………………………………………………………… 304
第三节　铁路物流中心平面布置……………………………………………………………… 307
第二章　铁路物流中心设备配置……………………………………………………………… 312
第一节　运转车场……………………………………………………………………………… 312
第二节　包装成件货物功能区………………………………………………………………… 314
第三节　集装箱功能区………………………………………………………………………… 317
第四节　其他功能区…………………………………………………………………………… 322
第五节　道路布置要求………………………………………………………………………… 327
第三章　换　装　站…………………………………………………………………………… 329
第一节　换装站分类、作业及设备 ………………………………………………………… 329
第二节　换装站布置图型……………………………………………………………………… 330
第四章　工业站、港湾站 ……………………………………………………………………… 334
第一节　概　　述……………………………………………………………………………… 334
第二节　路企交接方式及工业站、港湾站设置方案 ……………………………………… 337
第三节　工业站、港湾站布置图型 ………………………………………………………… 339
第五章　重载运输装卸站……………………………………………………………………… 344
第一节　重载运输车站分类、作业与设备 ………………………………………………… 344
第二节　组合分解站…………………………………………………………………………… 345
第三节　重载列车装卸站布置图型…………………………………………………………… 348
第六章　轮　渡　站…………………………………………………………………………… 352
第一节　铁路轮渡站的总体布置……………………………………………………………… 352
第二节　轮渡站布置图型……………………………………………………………………… 355
复习思考题………………………………………………………………………………………… 359

第七篇　铁　路　枢　纽

第一章　铁路枢纽总布置图型………………………………………………………………… 362
第一节　概　　述……………………………………………………………………………… 362

第二节 铁路枢纽总布置图型影响因素…… 362
第三节 铁路枢纽总图分析…… 365
第二章 铁路枢纽内主要设备配置…… 372
第一节 铁路枢纽内编组站配置…… 372
第二节 铁路枢纽内客运站和客车段所配置…… 375
第三节 铁路枢纽内货运站和货场配置…… 378
第四节 铁路枢纽内机务、车辆和动车组设备配置 …… 379
第三章 铁路枢纽内主要线路配置…… 381
第一节 枢纽引入线…… 381
第二节 枢纽联络线…… 383
第三节 枢纽进出站线路疏解布置…… 386
第四章 铁路枢纽总体规划…… 393
第一节 铁路枢纽规划与路网规划的配合…… 393
第二节 铁路枢纽规划与城市规划的配合…… 393
第三节 铁路枢纽规划与自然条件的配合…… 399
第五章 铁路枢纽通过能力…… 401
第一节 铁路枢纽通过能力的基本概念…… 401
第二节 铁路枢纽通过能力计算方法…… 403
第六章 车站及枢纽设计方案比选…… 406
第一节 方案比选目的及一般原则…… 406
第二节 工程费和运营费的计算…… 406
第三节 设计方案的评价方法…… 410
复习思考题…… 411
参考文献…… 413

附 录

附录一 主要建(构)筑物和设备至线路中心线距离…… 416
附录二 铁路线间距离…… 417
附录三 常用道岔的主要尺寸…… 418
附录四 平面圆曲线或夹直线最小长度…… 422
附录五 平面最小曲线半径…… 422
附录六 反向曲线计算表…… 424
附录七 缩短式线路终端连接计算表…… 425
附录八 不同线间距离的斜边直边长度…… 427
附录九 辙叉倍角圆曲线…… 428
附录十 警冲标至道岔中心距离…… 431
附录十一 信号机至道岔中心距离…… 432
附录十二 车站纵断面要求…… 435
附录十三 站场平面图例…… 437

绪　论

一、车站及枢纽在铁路运输中的作用

铁路作为国家重要的基础设施、重大民生工程、国民经济的大动脉和大众化的交通工具，是综合交通运输体系的骨干和主要交通方式之一，具有运能大、效率高、能耗省、占地省、排放少、全天候等特点，对经济社会发展有着巨大的影响。

铁路运输的主要任务是安全、迅速、准时、经济、便利地运送旅客和货物，为国家经济建设、国防建设和提高人民物质、文化生活水平服务。在完成这项任务中，铁路车站及枢纽(railway station and terminal)起着重要的作用。

车站是铁路运输的基层生产单位，它集中了与运输有关的各项技术设备，如客货运业务设备、运转设备，机务、车辆检修设备和信联闭设备等。它参与运输过程的主要作业环节，如旅客乘降、售票，货物和行包承运、保管、装卸、交付，列车接发、会让、越行和通过，车列解体、集结和编组，机车换挂、检修和整备，机车和列车乘务组更换，车辆检修及货运检查等，这些都在车站上办理。

车站(或枢纽)对保证运输工作质量起着决定作用。据统计，在我国铁路货车一次全周转时间中，车辆在站作业和停留时间占60%～70%。因此，合理地布置和有效地运用车站和枢纽的各项设备，是保证列车安全、正点，加速机车车辆周转，降低运输成本的关键。

铁路车站及枢纽的能力是铁路运输能力的主要组成部分。车站(或枢纽)内部各项设备能力的协调、车站(或枢纽)与区间乃至路网运输能力的协调是保证设计期运输需求的先决条件。

车站(或枢纽)在铁路建设投资和固定资产中占有很大的比重，铁路运输的主要技术设备也都设在车站，为了有效地使用国家资金，降低工程造价，节约铁路用地，必须高度重视车站及枢纽的设计和规划及其设备的综合运用。

车站(或枢纽)既是沟通城乡、联系各省区和国内外的门户，又是联系社会生产、分配、交换和消费的纽带，对巩固国防起着重要作用。因此，合理规划车站及枢纽总图，不仅具有经济意义，而且还具有政治意义。

二、铁路车站的分类

1. 按技术作业性质分类

铁路车站按其技术作业性质不同，可分为中间站(intermediate station)、区段站(district station)和编组站(marshalling station)，编组站和区段站总称为技术站。

(1)中间站：中间站是为提高铁路区段通过能力，保证行车安全并为沿线城乡及工农业生产服务而在铁路牵引区段内设置的车站。中间站除办理列车的停站、通过、交会、越行外，还办理日常客、货运输和调车及列车技术检查作业。仅办理列车通过、停站、会让和越行，必要时可兼办少量旅客乘降作业的车站在单线铁路上称会让站(passing station)，在双线铁路上称越行站(overtaking station)。

(2)区段站:区段站设在牵引区段的起讫点,其主要任务是为邻接的铁路区段供应及整备机车或更换机车乘务组,并为无改编中转货物列车办理规定的技术作业。此外,还办理一定数量的列车解编作业及客、货运业务。在设备条件具备时,还进行机车、车辆的检修业务。

(3)编组站:编组站设在路网交叉或会合地点,是路网中车流的主要集散点,办理大量货物列车解体和编组作业,是列车的"制造工厂"。编组站以处理改编中转货物列车为主,编解各种货物列车,负责路网上和枢纽地区车流的组织;同时还供应列车动力,对机车进行整备和检修,对车辆进行日常维修和定期检修。

2.按业务性质分类

铁路车站按其业务性质不同,铁路车站可分为营业站和非营业站,营业站分为客运站(passenger station)、货运站(freight station)和客货运站。

(1)客运站:客运站设在客流较大的大、中等城市,为旅客办理客运业务,设有旅客乘降设施。客运站是铁路旅客运输的基本生产单位,其主要任务是组织旅客安全、迅速、准确、方便地上下车;办理行包(快运)的装卸搬运;组织旅客列车安全、正点到发和客车车底取送;为旅客提供高质量的服务。有的客运站还兼办少量货运作业。

(2)货运站:货运站是专门办理货物装卸作业及货物联运或换装的车站,也办理少量的客运或货车中转作业。按其服务对象的不同,可分为为城市企业、居民和仓库区服务的公共货运站,为不同铁路轨距之间货物换装服务的换装站,为某一工矿企业或工业区生产服务的工业站,为港口服务的港湾站等。

(3)客货运站:客货运站既办理客运业务,又办理货运业务。

三、铁路枢纽的概念

在有几条铁路干、支线交会衔接地点或终端地区,根据运输需求,需修建多条铁路引入线、各种专业车站及连接这些线路和车站的联络线、进出站线路等,这些设备组成的总体称为铁路枢纽。

铁路枢纽是客、货流从一条铁路线转运到另一条铁路线的中转地区,也是城市、工业区客货到发和联运的地区。它除办理枢纽内各种专业车站的有关作业外,还办理枢纽地区小运转列车的作业,枢纽衔接线路间的货物中转、旅客换乘、行包转运等业务。

铁路枢纽是连接铁路干、支线的中枢,是为城市、工业区或港埠区服务及与国民经济各部门联系的重要纽带,也是交通运输枢纽的主要组成部分,因而还办理铁路与其他运输方式的联运业务,以及国际联运业务。

四、铁路车站及枢纽的设计原则

铁路车站及枢纽的规划设计应符合安全可靠、技术先进、经济适用的要求,立足于建设和谐、节约、环境友好型社会,贯彻"以人为本、服务运输、系统优化、着眼发展"的方针,遵守下列原则和要求:

(1)保证必要的运输能力。车站及枢纽各项设备的能力应当适应近、远期客货运输需求,并应具有必要的储备能力。

(2)保证作业安全和人身安全。车站及枢纽设备布置和设计技术条件应符合有关规章、规程和标准的要求，把提高安全可靠性贯穿于整个设计中。

(3)要有全局观点。车站及枢纽设计是一项总体性较强的系统工程，不仅要注意本身内部各项设备的合理布局及其与铁路区间能力的相互协调，重视相关专业间的协调配合，而且要满足路网规划、城市总体规划、综合交通规划和国防等多方面的要求。

(4)要注重投资效益，节省基建费用。在满足设计期运能需求和保证安全的前提下，尽可能节省工程费用。

(5)积极采用国内外先进技术和装备。根据科技发展水平和不同运输需求，采用不同层次的技术和装备，系统配套，发挥整体效能，以适应铁路现代化的要求。

(6)远近结合，考虑进一步发展的可能性。布置车站及枢纽的各项设备时，要具有前瞻性，建设标准和规模能适应较长时间。近期工程应做到布局合理、规模适当、方便运营，要预留扩建用地，做好分期过渡方案，避免不必要的废弃工程。规划不仅要满足研究年度远期运量的需要，还必须展望远景发展和科技发展与时俱进的需要，留有足够的发展空间。

(7)可持续发展。树立节能、低碳、绿色、环保的发展理念，发挥铁路在节能减排降耗上的优势，在车站及枢纽设计时重点考虑节约土地资源，实现资源节约、环境友好、可持续发展。

五、"铁路站场及枢纽"学科的研究对象

铁路站场及枢纽学科是一门铁路工程学与运输组织学相交叉的学科，是一门融管理、规划和设计为一体的综合性学科，其研究重点是：

(1)研究车站及枢纽在路网上的合理布局，规划铁路枢纽总布置图，提出枢纽内各种专业车站的合理布局与作业分工方案，以及车站及枢纽各项设备综合运用的优化方案，并对车站及枢纽设计新建或改建方案进行技术经济比较和评价。

(2)研究各专业车站内车场、机务、车辆、客货运等各项设备的相互位置及其规模，提出合理的车站布置图。

(3)研究车站的平纵断面、站场咽喉结构、调车设备的设计原理，以及车站各项设备能力的计算、协调与加强途径。

(4)对铁路枢纽与城市总体规划、综合交通规划的协调配合，综合交通枢纽的规划与设计等问题进行研究。

(5)研究铁路站场及枢纽设计的新理论、新方法和新技术。

近年来，随着《交通强国建设纲要》、《新时代交通强国铁路先行规划纲要》、《中长期铁路网规划》等纲领性政策文件的统筹推进和实施，内畅外联、立体互通、智能先进、经济高效、安全可靠的综合立体交通网络逐渐形成，铁路路网规模质量、技术装备、科技创新能力、智能化与绿色化水平显著提升，运输保障能力持续增强。铁路站场及枢纽学科也得到了长足发展，铁路站场及枢纽的设计理念、方法不断更新，涌现出大量技术创新成果。以实现客运换乘"零距离"、物流衔接"无缝化"、运输服务"一体化"，形成系统配套、一体便捷、站城融合的现代化综合枢纽为目标，按照"客内货外"的原则，不断优化铁路枢纽布局规划，客运站建设体现了"畅通融合、绿色温馨、经济艺术、智能便捷"新理念，货运枢纽建设通过完善多式联运、集装箱运输、国际联运及集疏运等"一站式"服务设施，提升枢纽集散能力和服务效率，以发展枢纽型园区经济为导向，推进传统货运场站向物流中心、物流园区转型发展，持续推进交通物流降本提质增效。

立足新发展阶段，贯彻新发展理念，构建新发展格局，实现高质量发展，铁路面临新形势、新使命。铁路站场及枢纽学科将沿着持续推进铁路创新、高质量建设铁路强国的路径不断向前发展，为“人享其行、物畅其流”培育新动能、注入新活力。

第一篇

站场设计技术条件

第一章　铁路线路种类及线间距离

第一节　线路种类

铁路线路按照用途和归属可分为正线(main line)、站线(station track)、段管线(depot siding)、岔线(branch line)、安全线(safety siding)及避难线(refuge siding),如图 1-1-1 所示。

正线是指连接车站并贯穿或直股伸入车站的线路,正线可分为区间正线及站内正线,连接车站的部分为区间正线,贯穿或直股伸入车站的部分为站内正线。

车站内除正线外,还根据业务性质、运量大小及技术作业的需要分别铺设其他配线,这些配线统称为站线。站线主要包括以下几类:

(1)供接发旅客列车或货物列车用的到发线。

(2)供解体或编组货物列车用的调车线。

(3)与到发线一端连接,专供车列解体、编组及转线使用的牵出线。

(4)专供办理货物装卸车作业的货物线。

(5)在有大量列车折返作业的车站,接车方向末端设置的供机车车辆从一股到发线转到另一股到发线的折返线。

(6)站内指定用途的其他线路,如救援列车停留线、机车走行线、机车等待线、车辆站修线、轨道衡线、换装线、货车洗刷线、驼峰迂回线、存车线等。

站内正线及站线由车站负责管理,机车车辆由区间、段管线、岔线等地点进入站内正线或站线时,都应获取相应的授权。

段管线是指机务、车辆、工务、电务、供电等段专用并由其管理的线路,如机务段内机车整备线、三角线,车辆段内车辆检修作业用的线路,工务、电务段内停留轨道车及其他车辆的线路。

岔线是指在区间或站内接轨,通向路内外单位的专用线路。

安全线是为防止列车或机车车辆从一进路进入另一列车或机车车辆占用的进路而发生冲突的一种安全隔开设备。

避难线是在长大下坡道上能使失控列车安全进入的线路。

铁路线路按照担负运输的性质可分为客运专线、货运专线和客货共线铁路。客运专线按照服务区域范围、设计速度和运营模式差异,又分为高速铁路、城际铁路和市域(郊)铁路。按照年客货运量、货物列车牵引质量和轴重的差异,货运专线和客货共线铁路又可衍生出重载铁路,以及Ⅰ级、Ⅱ级、Ⅲ级、Ⅳ级等铁路。不同速度等级和性质的线路在规划设计时参照不同的标准。当前我国铁路按照线路性质和设计速度分级的标准见表 1-1-1。

表 1-1-1　线路分级

线路性质	设计速度/(km/h)
客货共线铁路	Ⅰ级铁路:200、160、120 Ⅱ级铁路:120、100、80
客运专线	高速铁路:350、300、250 城际铁路:200、160、120 市域(郊)铁路:160、140、120、100
货运专线	重载铁路:100、80

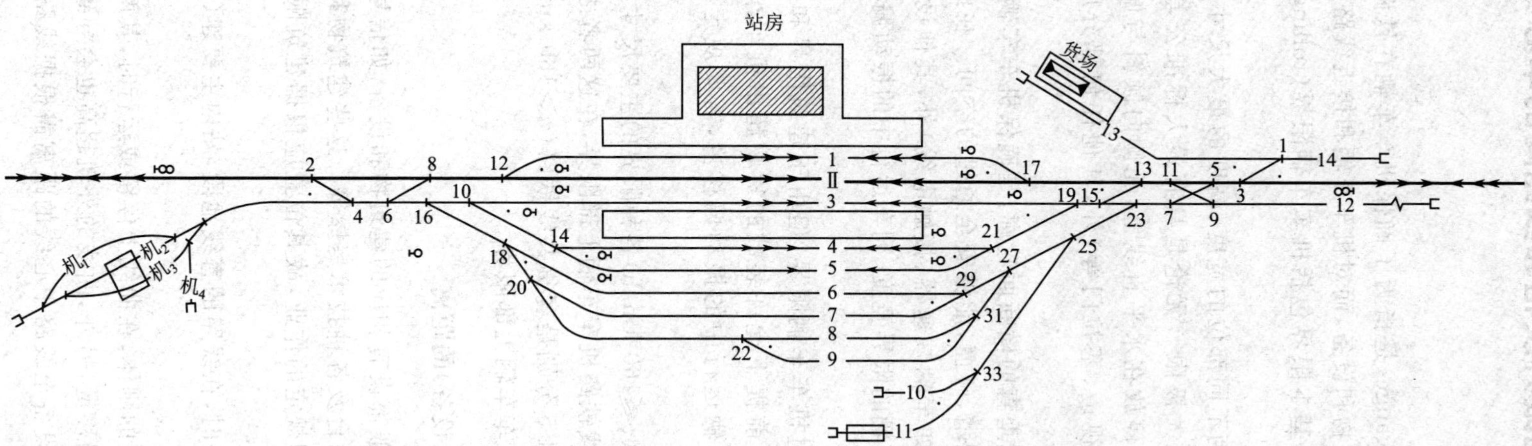

Ⅱ—正线；1、3、4、5—到发线；6、7、8、9—调车线；10、11—站修线；12、14—牵出线；13—货物线；
机1—机车走行线；机2、机3—整备线；机4—卸油线。

图 1-1-1　车站线路详图

第二节 铁路限界及相邻线路间的中心距离

一、限　　界

铁路限界(railway clearances,gauge)是指为了确保机车车辆在铁路线路上运行的安全,防止机车车辆撞击邻近线路的建筑物和设备,而对机车车辆和接近线路的建筑物、设备所规定的不允许超越的轮廓尺寸线。铁路基本限界包括机车车辆限界(rolling stock gauge)和建筑限界(railway structure gauge)。

机车车辆限界规定了机车车辆不同部位的宽度、高度的最大尺寸和底部零件至轨面的最小距离,是机车车辆横断面的最大极限。无论是具有最大标准公差的新车,或是具有最大标准公差和磨耗限度的旧车,在停放在水平直线上,无侧向倾斜与偏移的条件下,除使用中需要探出的部分(如受电弓、后视镜、塞拉门等)外,其他任何部分应容纳在限界轮廓之内,不得超越。

建筑限界是一个和线路中心线垂直的横断面轮廓,是确保机车车辆和装载货物在运行时不与线路上的设备和建筑物发生剐蹭、碰撞,能够安全通过的空间。在此轮廓内,除机车车辆和与机车车辆有相互作用的设备(如车辆减速器、接触电线)外,其他设备或建筑物均不得侵入。建筑限界的宽度主要与机车车辆的限界宽度、列车运行中的振动偏移量、轨道和路基状态等因素有关。

铁路装载的货物一般应不超过机车车辆限界,但由于建筑限界和机车车辆限界之间有一定的余量,因此可在保证安全的前提下允许装载的货物超出机车车辆限界,但其尺寸必须满足建筑限界要求,同时考虑车辆运行中的振动偏移量,需要规定超限货物的最大装载限界。

图 1-1-2 是我国客货共线铁路($v \leqslant 160$ km/h)各种限界的主要尺寸,其最外侧的轮廓为基本建筑限界,最内侧轮廓为客货共线铁路机车车辆上部限界,在这两者之间是二级超限货物装载限界。图 1-1-3、图 1-1-4 和图 1-1-5 分别是客货共线铁路($v>160$ km/h)基本建筑限界、客运专线建筑限界和客运专线铁路机车车辆上部限界。

二、线路中心线至主要建筑物(设备)的距离

站内各种用途线路的旁边,一般都设有相应的建筑物和设备,如信号机、警冲标、接触网及电力照明的支柱、旅客站台、货物站台及各种技术房屋等。这些建筑物和设备的设置位置必须保证行车及人身安全和不影响办理规定的作业,故其位置应根据建筑限界和机车车辆限界及其他有关因素来确定。

新建或改建站场建筑物及设备时,在线路的直线地段,站内主要建(构)筑物和设备至线路中心线距离见附录一中附表 1。

由于机车车辆是具有一定长度的刚体,在曲线上停留或运行时,其两端相对于线路中心线的偏移量会大于机车车辆中部的偏移量,另外,曲线的外轨超高也会导致机车车辆产生一定的侧倾。在曲线地段,各类建筑物和设备至线路中心线的距离需根据线路的类型与设计行车速度进行加宽。

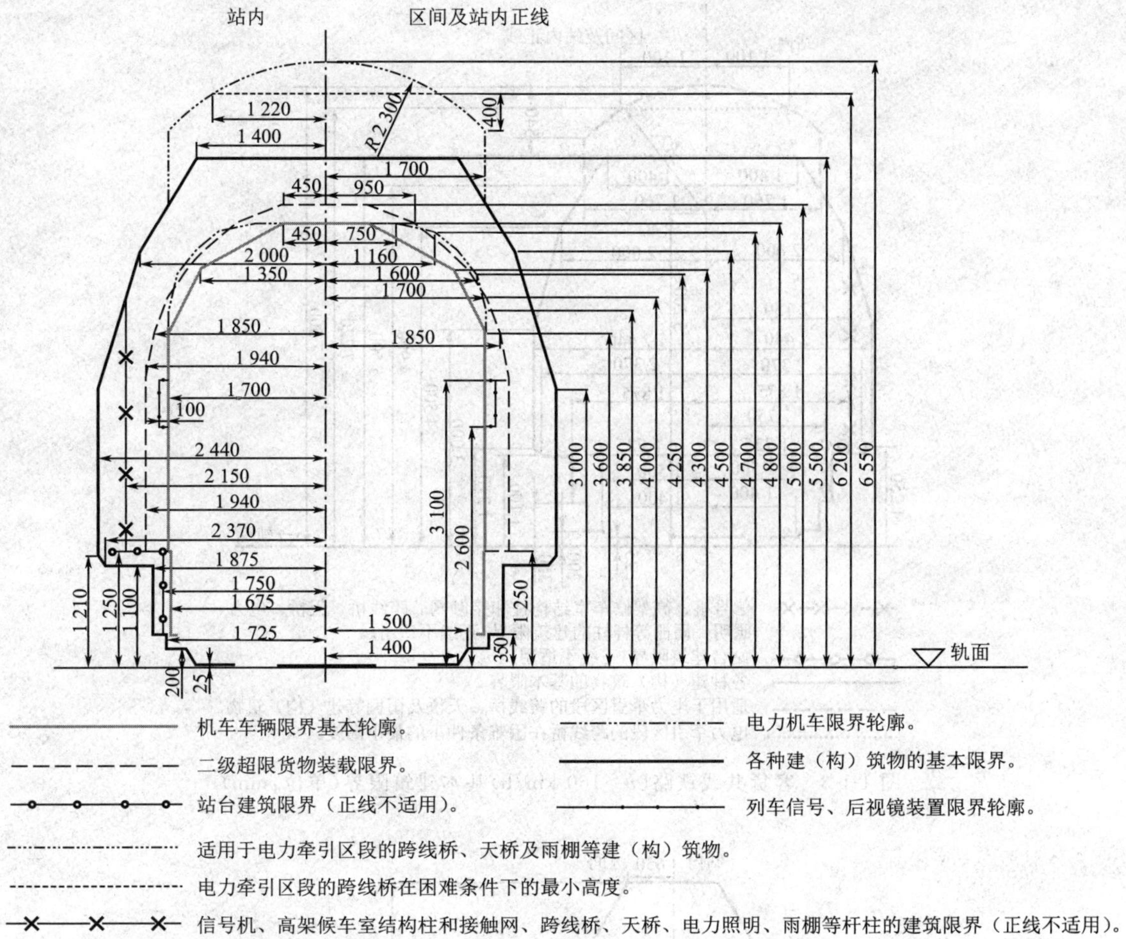

图 1-1-2　客货共线铁路(v≤160 km/h)限界(单位:mm)

三、相邻线路间的中心距离

在车站,相邻两线路中心线间的距离(以下简称线间距离),一方面要保证行车安全及车站工作人员进行有关作业的安全和便利,另一方面还要考虑通行超限货物列车、大型养路机械及两线间装设行车设备的需要。此外,对于高速铁路上的车站,与正线之间的距离还应考虑列车交会运行时会车压力波的影响。

线间距离决定于下列各项因素:

(1)机车车辆限界。

(2)建筑限界。

(3)超限货物装载限界。

(4)设置在相邻线路间的有关设备。

(5)在相邻线路间办理作业的性质。

(6)线路上通行的列车速度。

(7)车站平面布置。

根据相邻线路的类型,对以上因素进行取舍、累加,并考虑一定的余量便可计算出线间距离。例如,在 v≤160 km/h 客货共线铁路车站上,相邻两线间装有最大宽度 410 mm 的高柱信

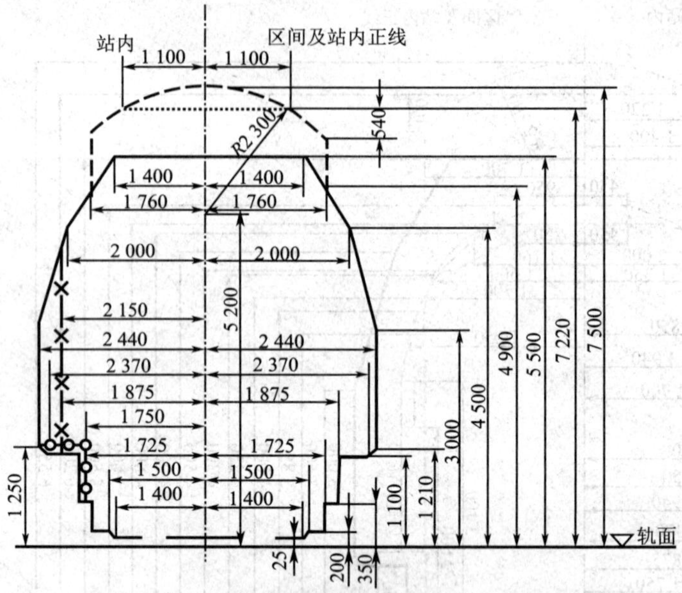

—×—×—×— 信号机、高架修车室结构柱和接触网、跨线桥、天桥、电力照明、雨棚等杆柱的建筑限界(正线不适用)。

—o—o—o— 站台建筑限界(正线不适用)。

———— 各种建（构）筑物的基本限界。

— — — 适用于电力牵引区段的跨线桥、天桥及雨棚等建（构）筑物。

······ 电力牵引区段的跨线桥在困难条件下的最小高度。

图 1-1-3　客货共线铁路(v>160 km/h)基本建筑限界(单位:mm)

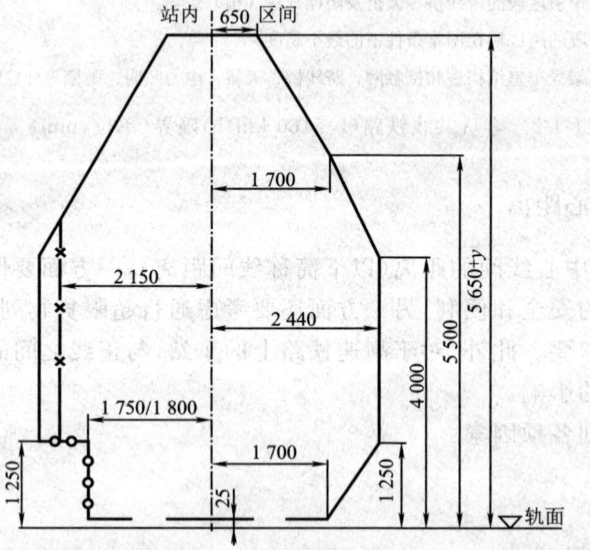

—×—×—×— 信号机、高架候车室结构柱和接触网、跨线桥、天桥、电力照明、雨棚等杆柱的建筑限界（正线不适用）。

—o—o—o— ①站台建筑限界（测线站台为 1 750 mm；正线站台，无列车通过或列车通过速度不大于 80 km/h 时为 1 750 mm，列车通过速度大于 80 km/h 时为 1 800 mm）。

②站内反方向运行矮型出站信号机的限界为1 800 mm。

———— 各种建（构）筑物的基本限界，也适用于桥梁和隧道。

y为接触网结构高度。

图 1-1-4　客运专线铁路建筑限界(单位:mm)

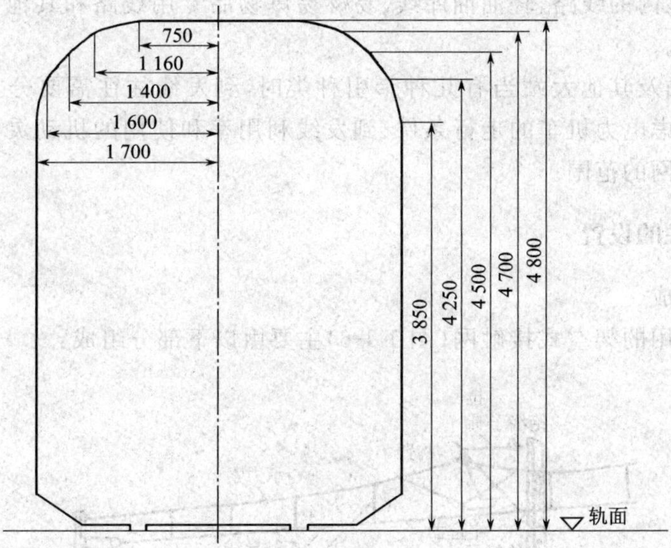

图 1-1-5　客运专线铁路机车车辆上部限界(单位:mm)

号机(基本宽度 380 mm＋30 mm 余量),且只一线通行超限货物列车的线间距离为

$$L=L_{建筑限界}+L_{信号机宽}+L_{余量}+L_{信号机建筑限界}=2\ 440+380+30+2\ 150=5\ 000(\mathrm{mm})$$

又如,在速度 250～350 km/h 高速铁路车站上,到发线与其他线间有中间站台时的线间距离为

$$L=L_{站台边缘至站线中心}+L_{站台宽}+L_{站台边缘至站线中心}=1\ 750+L_{站台宽}+1\ 750=3\ 500+L_{站台宽}(\mathrm{mm})$$

在新建或改建车站时,线路直线地段线间最小距离见附录二中的附表 2。

第三节　电气化铁路车站内接触网架设

电气化铁路接触网的架设不仅对线路上方的建筑(如站房、跨线桥等)的高度有影响,同时接触网支柱的布设也会对站场内相邻线路的间距及相邻道岔的间距等产生影响。

一、站内线路架设接触网的范围

接触网架设的范围应满足电力机车(电动车组)在站场内走行的要求,同时接触网上的高压电流会对人身和作业安全产生风险,因此需要综合各种要素来确定需要架设接触网的线路。电气化铁路站内以下地段需架设接触网:

(1)电力机车和动车组列车需要进入的线路。

(2)电力机车进入的出发线和编发线有发车作业端 100～200 m 有效长度范围内及其出发径路上。

(3)由电力机车进行调车作业的牵出线和货物线均应架设接触网;当有起吊或其他设备干扰时,可在干扰范围以外的一段线路上架设接触网。

以下地段不宜或不应架设接触网:

(1)在配备内燃调车机车的车站上,牵出线和货物线可不架设接触网。

(2)车站的调车线、有大型起吊设备的货物装卸线、车辆段段管线、站修线、内燃机车停留及整备线、维修工区内的线路、轻油油库线、易燃易爆物品专用线路和其他不适宜电气化的线路不应架设接触网。

区段站、编组站及其他大站当有几种牵引种类时，到发线往往需要分方向别或线路别使用，此时，应综合考虑电力机车的走行条件、到发线利用率和使用的机动灵活性等因素合理确定到发线架设接触网的范围。

二、接触网支柱的设置

1.接触网的组成

电气化铁路采用的架空式接触网(图 1-1-6)主要由以下部分组成：

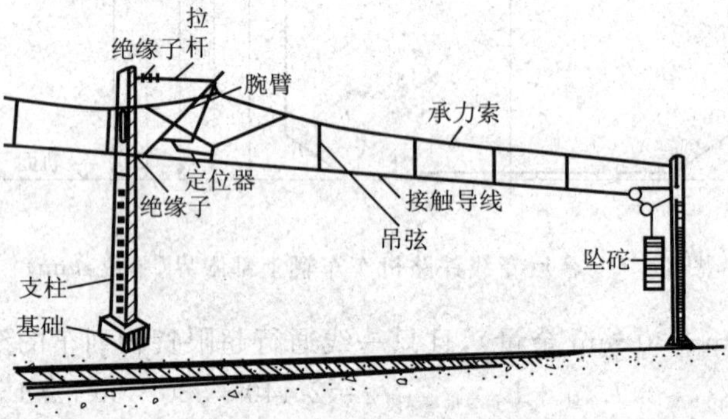

图 1-1-6　接触网组成

(1)支柱和基础。用于承受接触悬挂和支持装置的负载，并将接触线悬挂到一定的高度。根据支柱上的支持装置不同，支柱可分为腕臂支柱、硬横跨支柱、软横跨支柱(图 1-1-7)。

(2)支持装置。用来支持接触悬挂，并将其负载传递给支柱的装置。支持装置包括腕臂、水平拉杆、绝缘子及其他建筑物上的特殊支持设备。

(3)定位装置。将接触导线固定在距线路中心的一定位置上，使导线不会超出受电弓的工作范围。

(4)接触悬挂。将电能传导给电力机车的供电设备，包括承力索、接触线、吊弦、补偿装置及悬挂零件等元件。

2.车站内接触网支柱设置

在电气化铁路上，为了使接触导线弛度在合理范围内，保证列车运行的质量，每隔一段距离需设置一套支持装置。站场内由于并行线路数较多，为了避免恶化线路和信号瞭望条件，接触网支柱一般采用软横跨或硬横跨。软横跨跨越的线路数不应超过 8 条。支柱布置在线路间时，相邻两线路应保持 6.5 m 的线间距离，且其间不能布置排水槽，以免妨碍支柱的埋设。为了保证高速条件下受电弓取流状态，高速铁路车站明确要求采用硬横跨结构。

站场是客货的集散地，在技术经济合理的条件下，支柱不应妨碍客货运设备及道路的设置。在站房、行包房、仓库、检票口、天桥及地道等出入口处不应设置接触网支柱。在旅客基本站台上，支柱不宜设在靠线路一侧的站台边缘；在货物站台上，支柱边缘距站台不宜小于 3.5 m。改建车站在困难条件下，支柱边缘距货物站台或旅客站台边缘不应小于 2 m。

为保证接触导线在道岔转换处具有最佳位置，应在咽喉区设置定位装置，对接触导线进行横向定位。道岔定位支柱的布置应先考虑标准定位。标准定位是两接触导线的交点位于道岔两内轨距 745 mm 的中间位置(图 1-1-8)。

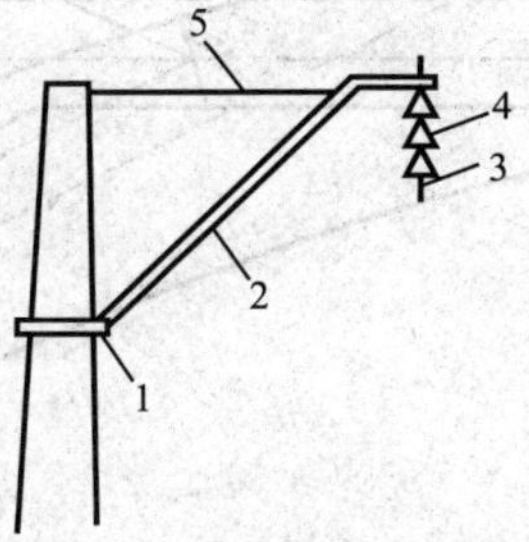

1—腕臂底座；2—非绝缘腕臂；3—承力索；4—悬式绝缘子串；5—拉杆。

(a) 腕臂支柱

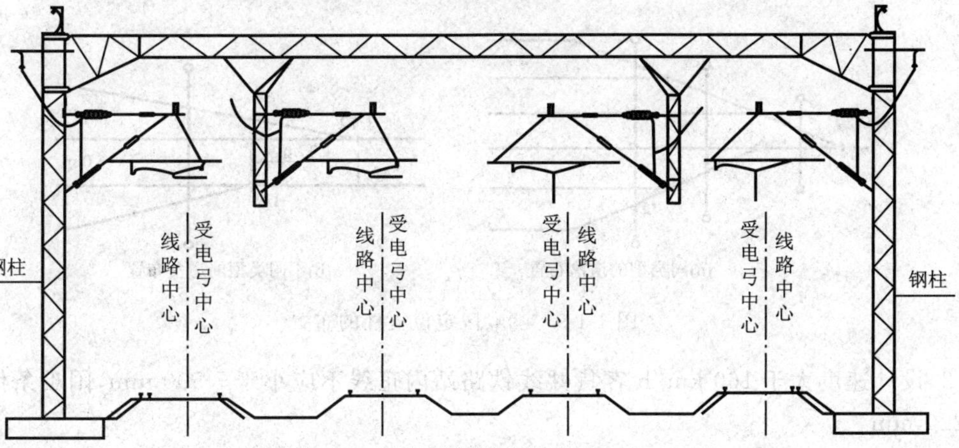

(b) 硬横跨支柱

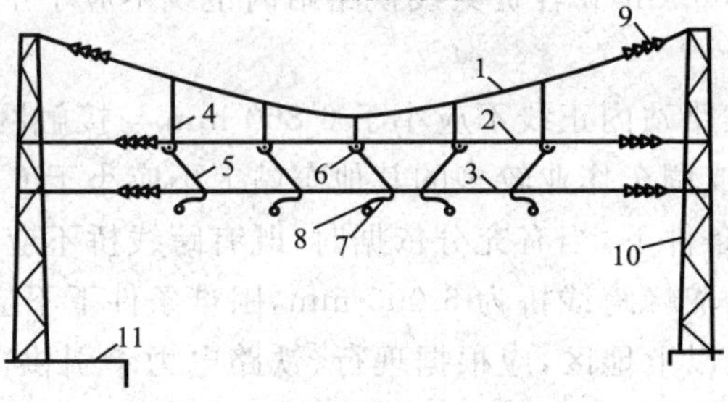

1—横向承力索；2—上部固定绳；3—下部固定绳；4—直吊线；5—斜吊线；6—纵向承力索；7—定位器；8—接触线；9—悬式绝缘子串；10—支柱；11—旅客站台。

(c) 软横跨支柱

图 1-1-7　接触网支柱

为了保证道岔定位支柱尽可能布置在标准定位位置，在平行线上布置道岔时，同类型的道岔宜尽量对称布置[图 1-1-9(a)]，不同类型的道岔宜错开布置[图 1-1-9(b)]，其错开距离应视道岔辙叉号码和线间距离确定。

三、接触网对净空的要求

在电气化铁路车站，凡架设接触网的线路上的跨线桥，其梁底距桥下线路轨面的高度，直线地段应符合下列规定：

(1)高速铁路、城际铁路站内正线不应小于 5 650 mm 与接触网的结构高度之和。

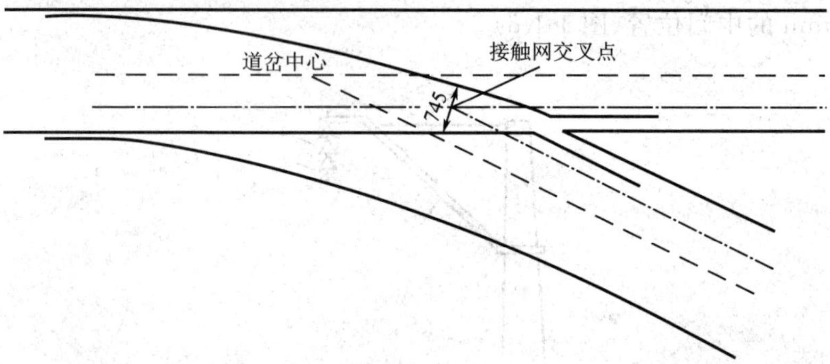

图 1-1-8　标准定位位置(单位:mm)

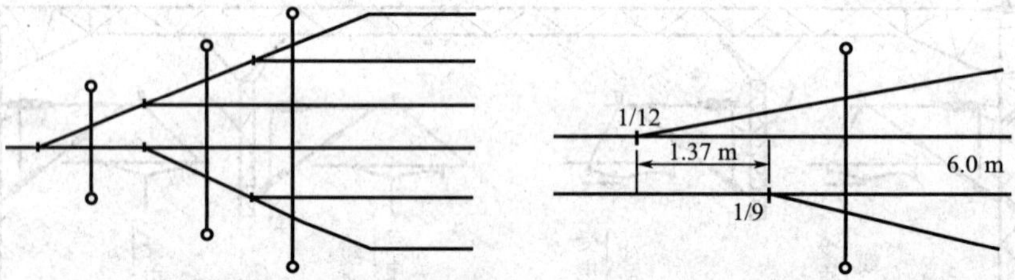

(a)同类型的道岔布置　(b)不同类型的道岔布置

图 1-1-9　咽喉区定位支柱的布置

(2)设计速度大于 160 km/h 客货共线铁路站内正线不应小于 7 500 mm,困难条件不应小于 7 220 mm。

(3)设计速度不大于 160 km/h 客货共线铁路站内正线不应小于 6 550 mm,困难条件下不应小于 6 200 mm。

(4)通行双层集装箱铁路站内正线不应小于 6 860 mm 与接触网的结构高度之和。

(5)在编组站、区段站或调车作业较多的其他车站上不应小于 6 550 mm,困难条件下不应小于 6 200 mm;特别困难条件下,当有充分依据时,既有跨线桥不应小于 5 800 mm。

(6)跨越机车走行线的驼峰跨线桥为 6 000 mm,困难条件下不应小于 5 800 mm。

(7)在海拔 1 000 m 及以上地区,应根据现行《铁路电力牵引供电设计规范》(TB 10009—2016)的有关规定另行加高。

(8)设置外轨超高的曲线地段,应根据计算另行加高。

第二章　线路连接

在铁路车站，为了保证机车车辆能够由一条线路进入或越过另一条线路，需铺设线路连接设备。在线路连接设备中，最广泛采用的是道岔。

第一节　道　岔

一、道岔的种类

道岔(turnout，switch)种类很多，按照几何形状分类，常用的有单开道岔、对称道岔、三开道岔及交分道岔四种。

1. 单开道岔

单开道岔(simple turnout)是最简单的一种道岔形式，它由转辙器、辙叉、护轨和连接部分组成。其连接的线路可分为主线和侧线，主线为直线，侧线由主线向左侧或右侧岔出，分为左开及右开两种形式(图 1-2-1)。单开道岔还可根据轨型(以单位长度钢轨的重量表示)、辙叉类型及轨枕类型等进行分类。单开道岔具有结构简单，机车车辆沿主线运行速度高等优点，是线路连接中采用较多的一种道岔。为了提高单开道岔的过岔速度，除可采用辙叉号数较大的道岔外，还可采用可动心轨辙叉(movable frog)，以从根本上消灭有害空间。可动心轨辙叉组成部分如图 1-2-2 所示。

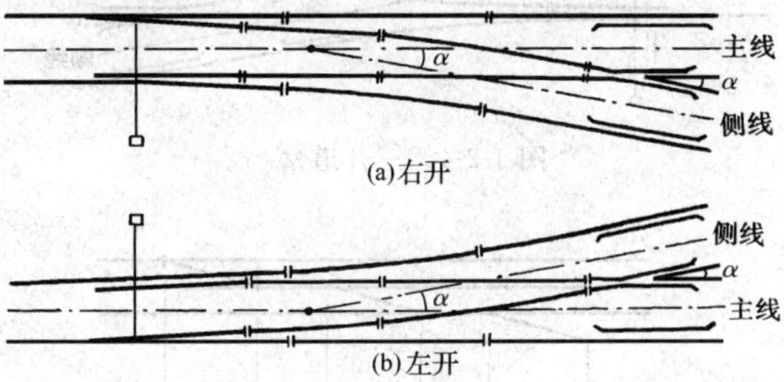

图 1-2-1　单开道岔

2. 对称道岔

对称道岔(equilateral turnout)(图 1-2-3)由主线向两侧分为两条线路，道岔各部件均按辙叉角平分线对称排列，两条连接线路的曲线半径相同，无直向或侧向之分，因此两侧线运行条件相同。这种道岔具有增大导曲线半径和缩短站场长度的优点。对称道岔一般可在调车场头部或尾部铺设，以缩短咽喉的长度，减少调车的走行距离；也可在到达场、机务段和货场等机车车辆走行速度较低，且用地受限处的线路上铺设。必要时可将对称道岔与单开道岔混合使用。

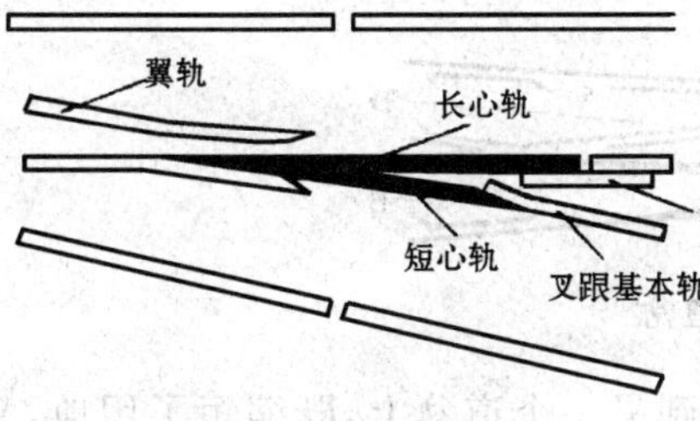

图 1-2-2　可动心轨辙叉

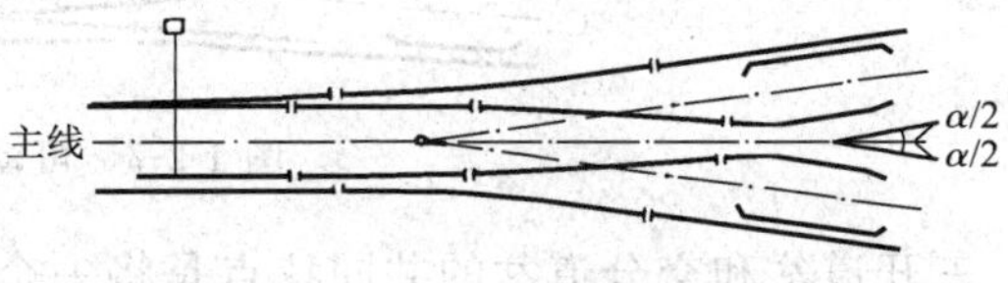

图 1-2-3　对称道岔

3. 三开道岔

三开道岔(three-way turnout)(图 1-2-4)是将一个单开道岔纳入另一个单开道岔内构成的一种复合道岔,主要用于当需要连接的线路较多,且地形又受到限制,不能在主线上连续铺设两个单开道岔的情况。三开道岔的优点是长度较短。缺点是尖轨削弱较多,转辙器使用寿命短,同时两普通辙叉在主线内侧无法设置护轨,机车车辆沿主线不能高速运行。故这种道岔只有在地形不允许及需要尽量缩短线路连接长度的地方,如调车场的头部或尽端式车站内连接机车走行线与相邻两到发线时采用。

4. 交分道岔

交分道岔(slip switch)是由多组尖轨、辙叉和导曲线构成的,用于将两条交叉线路直接连接在一起,并开通多个方向的线路连接设备。根据尖轨数量的不同,可分为单式交分道岔(single slip switch)和复式交分道岔(double slip switch)(图 1-2-5)两类。复式交分道岔相当于在线路基线上布置两个对向单开道岔,但其占地较短,节省工程费用,特别是连接几条平行线路时,比单开道岔连接的长度缩短得更为显著(图 1-2-6)。交分道岔构造复杂,稳定性差,养护维修工作量大,如在正线上,道岔的直向容许通过速度难以达到连接线路的标准,故一般仅在大型车站或其他用地长度受限制的咽喉区采用,且不宜在正线使用。

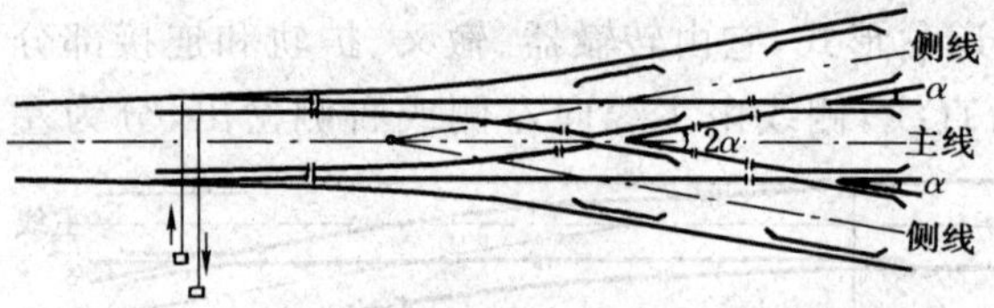

图 1-2-4　三开道岔

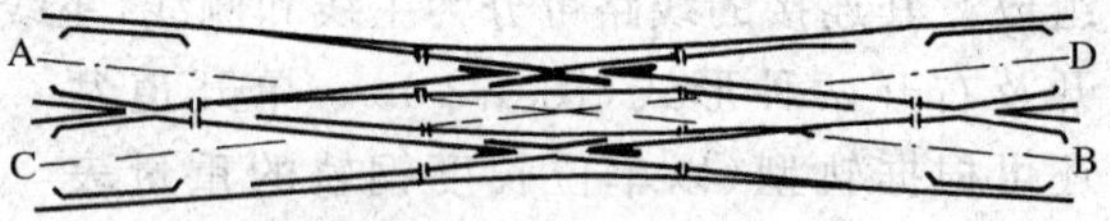

图 1-2-5　交分道岔

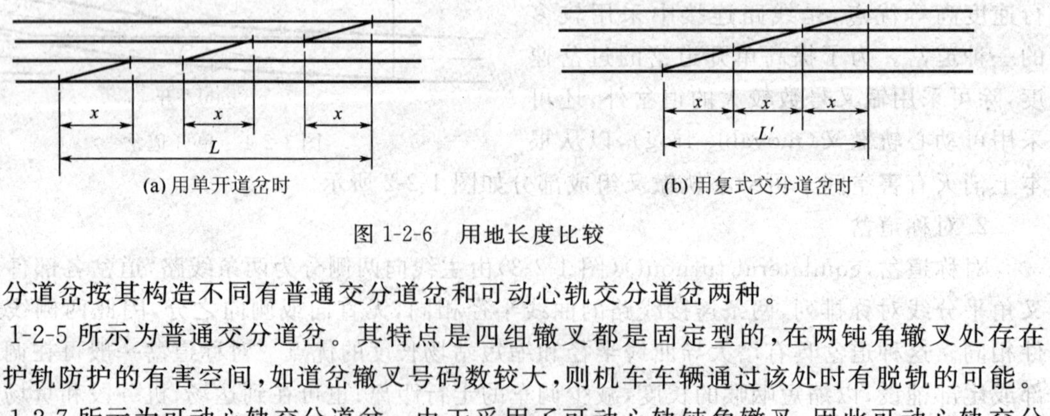

(a) 用单开道岔时　　(b) 用复式交分道岔时

图 1-2-6　用地长度比较

交分道岔按其构造不同有普通交分道岔和可动心轨交分道岔两种。

图 1-2-5 所示为普通交分道岔。其特点是四组辙叉都是固定型的,在两钝角辙叉处存在着没有护轨防护的有害空间,如道岔辙叉号码数较大,则机车车辆通过该处时有脱轨的可能。

图 1-2-7 所示为可动心轨交分道岔。由于采用了可动心轨钝角辙叉,因此可动心轨交分道岔从根本上消除了钝角辙叉在直通方向的有害空间。

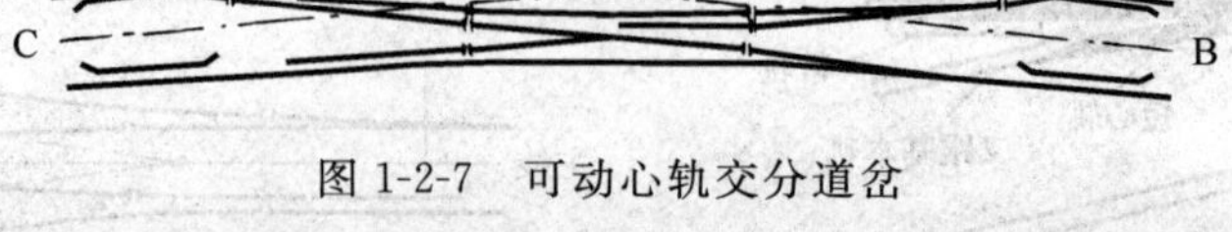

图 1-2-7　可动心轨交分道岔

三开道岔和交分道岔的共同特点是将一个道岔嵌套到另一个道岔上,既缩短了用地,又起到了两组道岔的作用，故这类道岔称为复式道岔，而单开和对称双开道岔则称为单式道岔。

二、辙叉号码

辙叉是影响道岔容许通过速度的重要因素，定义辙叉角的余切值(辙叉的跟端长和跟端支距的比值)为道岔的辙叉号码(图 1-2-8)，即

$$N=\frac{FE}{AE}=\cot\alpha \qquad (1\text{-}2\text{-}1)$$

式中　N——道岔辙叉号数；

FE——辙叉跟端长；

AE——辙叉跟端支距；

α——辙叉角。

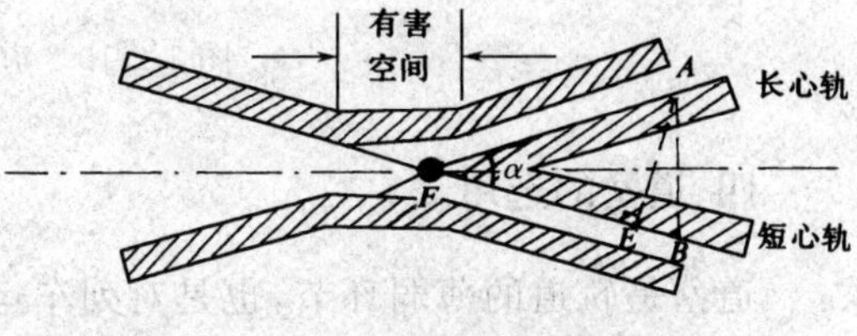

图 1-2-8　道岔辙叉号码的确定

我国铁路常用的单开道岔有 9 号、12 号、18 号等，在过岔速度较高的地段，可采用 30 号、38 号、42 号等；对称道岔有 6 号、6.5 号、9 号；三开道岔有 7 号；交分道岔有 9 号、12 号。

有关课程中用到的道岔的详细参数见附录三。

三、道岔中心线表示法

用道岔处的两线路中心线及其交点表示道岔，绘图比较简便，而且也能满足设计和施工的需要。这种方法在站场设计中被广泛采用。

为了进一步明确道岔中心线表示法，必须明确道岔的几何要素，如图 1-2-9 所示。

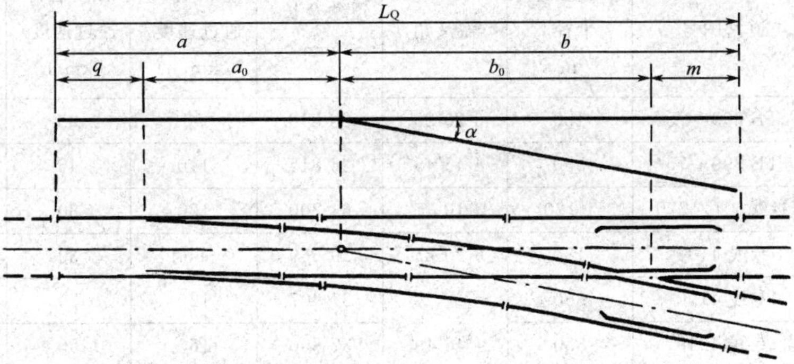

q—从道岔基本轨始端轨缝至尖轨始端的距离(简称尖轨前基本轨长)；
a_0—从尖轨始端至道岔中心的距离；
a—从基本轨始端轨缝至道岔中心的距离(简称道岔前长)；
b_0—从道岔中心至辙叉理论尖端的距离；
m—从辙叉理论尖端至辙叉后跟轨缝的距离(简称辙叉跟距)；
b—从道岔中心至辙叉后跟轨缝的距离(简称道岔后长)；
L_Q—从道岔基本轨始端轨缝至辙叉后跟轨缝的距离(简称道岔全长)。

图 1-2-9　道岔几何要素

在已知道岔两线路中心线的交点和辙叉号数、道岔类型时，可按选定的比例尺用线路中心线表示法绘制道岔的比例尺图。例如，画 9 号左开道岔时，可在主线的中心线上，先确定两线路中心线交点的位置，即道岔中心的位置，然后从交点沿主线线路中心线画等于辙叉号数的 9 个等分线段，并在最后一个线段末端画 1 个等分线段，使其垂直于主线的线路中心线，将垂直线段的终点与道岔中心连接，即得侧线方向，如图 1-2-10 所示。

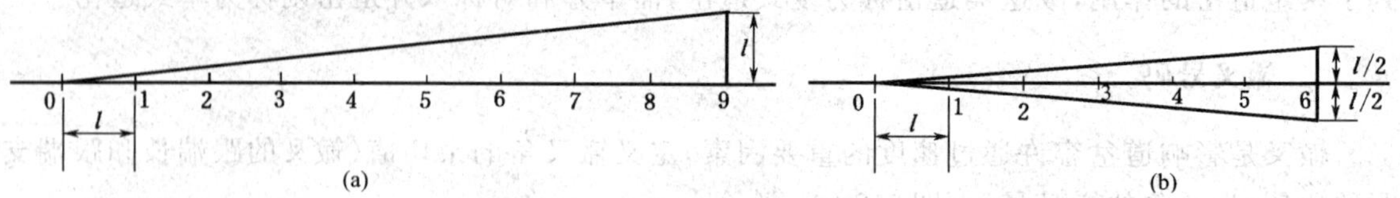

图 1-2-10　道岔用中心线表示法绘制

四、道岔的选用

道岔是轨道的薄弱环节，也是对列车运行速度起限制作用的设备。辙叉号码一旦确定，再要改变将会引起站场改造的巨大工程或严重影响正常运营，因此在设计时应合理选择道岔。在满足设计行车速度的前提下，尽量节省用地。

道岔主要根据线路上的作业类型、列车运行方式、路段设计行车速度，以及要求的道岔侧向通过速度，同时考虑列车运行安全和平稳舒适、线路通过能力和养护维修等因素选用。

对于单开道岔，其容许通过速度分为直向容许通过速度和侧向容许通过速度两种。直向容许通过速度受道岔平面冲击角、轨型、道岔结构及可动部件（尖轨、可动心轨）锁闭的可靠性等因素影响。侧向容许通过速度主要受导曲线半径和尖轨冲击角影响。我国铁路 9 号、12 号、18 号单开道岔直侧向容许通过速度见表 1-2-1。

表 1-2-1　9 号、12 号、18 号单开道岔直侧向容许通过速度

轨型/(kg/m)	道岔号数	道岔图号	导曲线半径/m	辙叉角	道岔全长/mm	直向容许通过速度/(km/h)	侧向容许通过速度/(km/h)	说明
50	9	TB 399—75	180	6°20′25″	28 848	90	35	—
	12	TB 399—75	330	4°45′49″	36 815	110	45	—
	18	专线(01)4275	1 120	3°10′47″	64 200	120	80	—
60	9	专线 4194	180	6°20′25″	29 569	95	30	—
	12	专线 4190	350	4°45′49″	37 907	120	50	—
		专线 4249	350		37 800	160	50	外锁闭
		GLC(08)01	350		43 200	200	50	外锁闭，可动心轨
	18	GLC(09)05	1 100	3°10′47″	60 000	120	80	—
		研线 1302	1 000		60 000	160	80	外锁闭
		GLC(07)02	1 100		69 000	200	80	外锁闭，可动心轨
		CN-6118AS	1 100		69 000	350	80	无砟道床，HRS 外锁闭，可动心轨

从表 1-2-1 中可以看出，辙叉号码越大，即辙叉角越小，导曲线半径越大，侧向过岔速度越高。但辙叉号码越大，则道岔全长越长，占地长度也越长，工程费用增加。

设计站场时，辙叉号码应根据路段设计速度，查阅相关标准规范确定。我国铁路道岔辙叉号码按照以下规则选用：

(1)正线道岔的列车直向通过速度不应小于路段设计行车速度。

(2)用于侧向通过列车的单开道岔的辙叉号码应根据列车侧向通过的最高速度合理选择：

①跨线列车联络线与正线连接的道岔应根据联络线的设计速度确定；侧向通过列车速度 80 km/h 以上至 160 km/h 时单开道岔可采用 42 号，接轨于车站且列车均停站时可采用 18 号道岔。

②速度 50 km/h 以上至 80 km/h 的单开道岔不得小于 18 号。

③速度小于 50 km/h 的单开道岔不得小于 12 号。

(3)用于侧向接发旅客列车的单开道岔，在高速铁路上不应小于 18 号，困难条件下，在始发或终到站，全部或绝大部分列车均进站停车的个别车站，以及改扩建大型车站，可采用 12 号道岔；在客货共线铁路上不得小于 12 号。

(4)市域(郊)铁路车站范围内到发线及配线道岔均不应小于 9 号。

(5)用于侧向接发货物列车并位于正线的单开道岔，在会让站、越行站、中间站不得小于 12 号，在其他车站不得小于 9 号。

(6)列车轴重大于 25 t 的铁路正线单开道岔不得小于 12 号。

(7)重载铁路用于侧向接发万吨及以上列车的道岔不应小于 18 号，正线上的渡线道岔及用于接发其他列车的道岔不应小于 12 号。

(8)正线不应采用复式交分道岔，困难条件下需要采用时，不应小于 12 号。

(9)动车段(所、存车场)内到发停车场到达(出发)端的道岔宜采用 12 号道岔，困难条件下可采用 9 号道岔。

(10)驼峰溜放部分应采用 6 号对称道岔，改建困难时，可保留 6.5 号对称道岔。峰下线路的对称道岔不得小于 6 号，三开道岔不得小于 7 号。必要时到达场出口、调车场尾部、货场(物流中心)及段管线等线路上，可采用 6 号对称道岔。

(11)其他线路的单开道岔不应小于 9 号。

除辙叉号码外，道岔的选用还需要考虑轨枕、轨型、道岔结构，以及是否为无砟线路等因素。

道岔的轨型与轨枕类型应与其所在线路一致，以减小由于受力发生变化而引起的车轮对道岔的冲击。一般而言，正线及站线均应采用混凝土岔枕，以提高道岔的稳定性，减少养护维修工作量。正线上的道岔，其轨型应与正线轨型一致。站线上的道岔，其轨型不应低于该线路的轨型。

在道岔辙叉类型选择方面，旅客列车设计速度大于 160 km/h 的路段，正线道岔应采用可动心轨道岔，以改善旅客的舒适度，延长道岔的使用寿命。

五、两相邻道岔中心的距离

设计车站时，为了缩短车站咽喉长度及机车车辆在站内走行距离，并节省工程投资及运营费用，相邻道岔应力求排列紧凑。但如果两岔心间距离太短，则会影响行车安全、平稳及道岔使用年限。为此，从道岔结构和列车运行平稳角度出发，需要规定两相邻道岔间的最小距离。该距离与道岔配列的形式、道岔和线路的轨型，以及办理的作业性质有关。常见的单开道岔配列形式如图 1-2-11 所示。

图 1-2-11 中的 f 为两相邻道岔间插入的钢轨长度。插入钢轨的主要其目的是缓解列车过岔时的冲击振动，以提高旅客的舒适度，有时为了满足道岔结构的要求，也需要在两相邻道岔间插入钢轨。正线上的行车速度较高，其插入的直线段长度可长一些，到发线可短一些，但不能短于《普速铁路线路修理规则》(TG/GW 102—2019)规定的正线上 6 m、站线上 4.5 m 的

最小长度。其他站线和次要站线因无列车通过，且行车速度较低，一般可不插入钢轨。

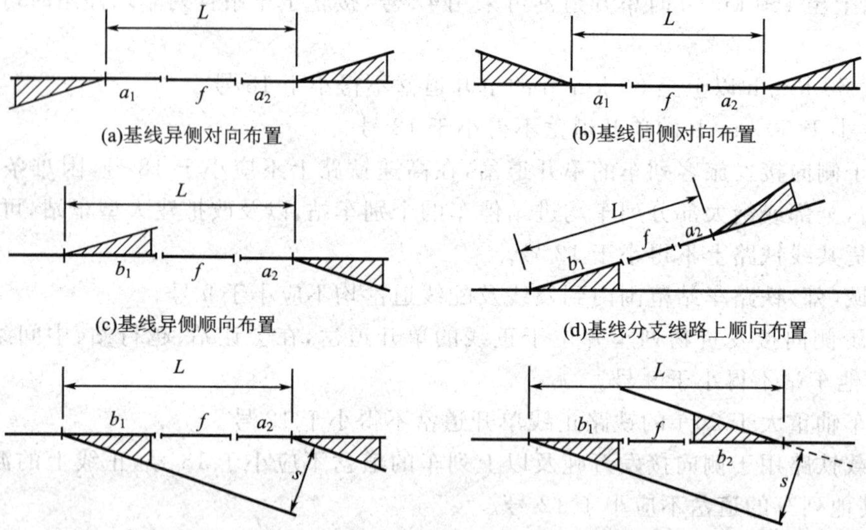

(a)基线异侧对向布置　(b)基线同侧对向布置

(c)基线异侧顺向布置　(d)基线分支线路上顺向布置

(e)基线同侧顺向布置　(f)基线异侧辙叉尾部相对布置

图 1-2-11　单开道岔配列形式

根据道岔的配列形式不同，两相邻道岔中心的最小距离计算方法可分为以下四类。

(1)两单开道岔对向布置，如图 1-2-11(a)和(b)所示。插入的钢轨长度主要考虑列车通过时的平稳性及站场改造和养护维修的方便性。其长度需满足车辆通过前一组道岔导曲线所产生的振动，在到达后一组道岔导曲线前消失，而不与后一组道岔导曲线所产生的振动叠加的要求。对向布置的两相邻道岔中心的最小距离 L 应为

$$L=a_1+f+a_2+\sum\Delta \tag{1-2-2}$$

式中　a_1——第一组道岔的基本轨起点到该道岔中心的距离；

a_2——第二组道岔的基本轨起点到该道岔中心的距离；

f——最小值应不小于表 1-2-2 中规定的数值；

$\sum\Delta$——轨缝的累计长度，Δ 为一个轨缝的长度，对于 25 m 或 12.5 m 长度的标准轨取值 0.012 m，12.5 m 以下的短轨取值 0.008 m。每插入一根钢轨，就产生一个轨缝，轨缝的累计长度需根据插入钢轨的根数计算确定。

表 1-2-2　两对向单开道岔间插入钢轨的最小长度　　单位：m

道岔布置	线别		有列车同时通过两侧线时		无列车同时通过两侧线时
			一般情况	困难情况	
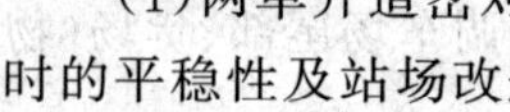 f	正线	直向通过速度 $v\leqslant120$ km/h	—	—	6.25(25.0)
		直向通过速度 $v>120$ km/h	—	—	12.5(25.0)
f	正线	直向通过速度 $v\leqslant120$ km/h	12.5(25.0)	6.25(25.0)	6.25(25.0)
		直向通过速度 120 km/h$<v\leqslant160$ km/h	12.5(25.0)	12.5(25.0)	12.5(25.0)
		直向通过速度 $v>160$ km/h	25.0(50.0)	12.5(32.0)	12.5(25.0)

续上表

道岔布置	线别		有列车同时通过两侧线时		无列车同时通过两侧线时
			一般情况	困难情况	
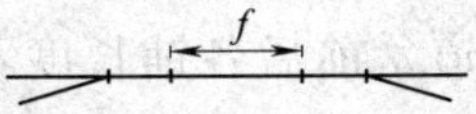	到发线	客车	12.5(25.0)	12.5(12.5)	0(12.5)
		货车	6.25	6.25	0
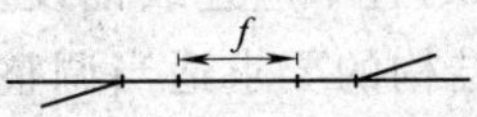	其他站线	客车	12.5	12.5	0
		货车	—	—	0

注：1. 表中 v 为路段设计行车速度。

2. 除特别说明外，括号中的文字为采用 18 号单开道岔时插入的最小钢轨长度。

3. 正线、站线采用无缝线路或通行动车组列车时，道岔间插入钢轨的最小长度不应小于 12.5 m。

4. 客车整备所线路采用 6 号对称道岔连续布置时，插入钢轨长度不应小于 12.5 m。

(2)两单开道岔顺向布置，如图 1-2-11(c)和(d)所示。插入钢轨长度主要受道岔结构的影响，两相邻道岔中心的最小距离应为

$$L=b_1+f+a_2+\sum\Delta \tag{1-2-3}$$

式中　b_1——第一组道岔的辙叉后跟到该道岔中心的距离。

其余符号同式(1-2-2)。f 值可采用表 1-2-3 中所列数值。

表 1-2-3　两顺向单开道岔间插入钢轨的最小长度　　单位：m

道岔布置	线别		混凝土岔枕	
			一般情况	困难情况
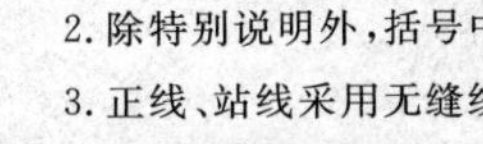	正线	直向通过速度 $v\leqslant120$ km/h	12.5(25.0)	8.0(25.0)
		直向通过速度 120 km/h $<v\leqslant160$ km/h	12.5(25.0)	12.5(25.0)
		直向通过速度 $v>160$ km/h	25.0(25.0)	12.5(25.0)
	到发线		12.5(25.0)	8.0(12.5)
	其他站线	客车	12.5	8.0
		货车	8.0	6.25
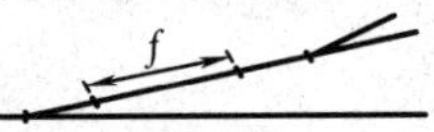	到发线		12.5(25.0)	8.0(12.5)
	其他站线	客车	12.5	8.0
		货车	8.0	6.25

注：1. 表中 v 为路段设计行车速度。

2. 除特别说明外，括号中的文字为采用 18 号单开道岔时插入的最小钢轨长度。

3. 正线、站线采用无缝线路或通行动车组列车时，道岔间插入钢轨的最小长度不应小于 12.5 m。

4. 客车整备所线路采用 6 号对称道岔连续布置时，插入钢轨长度不应小于 12.5 m。

(3)在基线同侧布置两个顺向道岔，如图 1-2-11(e)所示。这种布置方式的两相邻道岔中心的最小距离 L 取决于相邻线路的最小容许间距 S，其长度为

$$L=\frac{S}{\sin\alpha} \tag{1-2-4}$$

(4)在基线异侧布置两个辙叉尾部相对的道岔，如图 1-2-11(f)所示，这种布置方式的两相邻道岔中心的最小距离 L 亦取决于相邻线路的最小容许间距 S，其长度为

$$L=\frac{S}{\sin \alpha_{\min}} \tag{1-2-5}$$

除道岔配列形式外，相邻道岔间的间距亦受轨型的影响。道岔间插入的钢轨轨型应尽量与道岔及道岔所处线路的轨型一致。当相邻两道岔轨型不一致时，插入钢轨应采用异型轨（截面尺寸不同的钢轨）。站线上的道岔，当其轨型高于该线路轨型时，应在道岔前后各铺长度不小于 6.25 m 与道岔同类型的钢轨或异型轨，困难条件下，不应小于 4.5 m，且不应连续铺设。

两相邻道岔间插入钢轨的最小长度除符合以上规定外，还应按道岔结构的要求适当调整，对于无缝线路，插入的短轨长度尚应满足应力检算的要求。除此之外，还需满足站场线路布置几何形状的要求。

六、举　　例

客货共线铁路区段站 K 站 A 端咽喉布置如图 1-2-12 所示，列车正线直向通过速度按 160 km/h设计，车站岔枕采用混凝土岔枕，正线和到发线均为有砟线路，采用 60 kg/m 的钢轨，调车线采用 50 kg/m 的钢轨。中间站台为宽 9 m 的普通站台，试确定各道岔的辙叉号码及相邻道岔岔心间的距离。

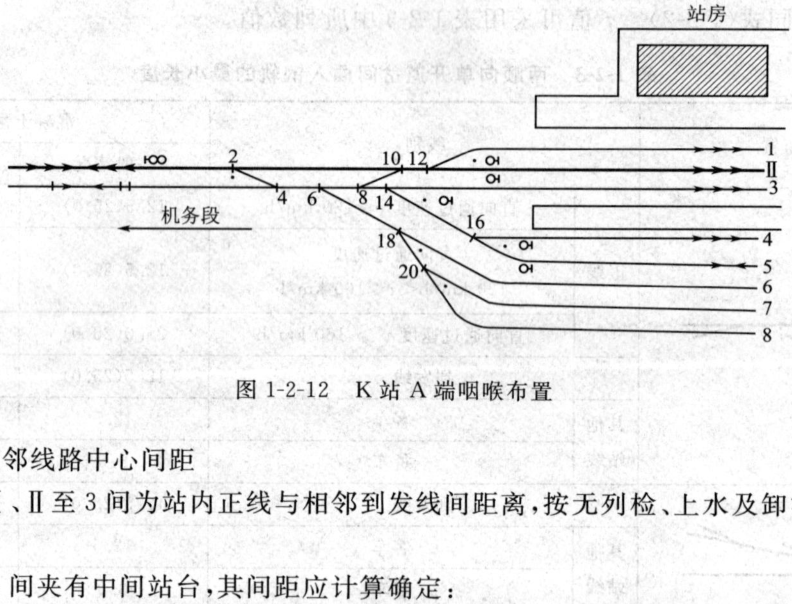

图 1-2-12　K 站 A 端咽喉布置

1. 确定相邻线路中心间距

(1)1 至Ⅱ、Ⅱ至 3 间为站内正线与相邻到发线间距离，按无列检、上水及卸污作业情况取值 5.0 m。

(2)3 至 4 间夹有中间站台，其间距应计算确定：

$$S_{3-4}=S_{3-\text{站台边缘}}+S_{\text{站台}}+S_{\text{站台边缘}-4}=1.75+9+1.75=12.5(\text{m})$$

(3)4 至 5 间为到发线间距离，取值 5.0 m。

(4)5 至 6 间为到发场与调车场间距离，取值 6.5 m。

(5)6 至 7 及 7 至 8 间为调车线间距离，取值 5.0 m。

(6)正线至机车出入段线间按照站内正线与相邻到发线间距离取值，为 5.0 m。

2. 确定各道岔应选用的辙叉号码

(1)车站所在的路段设计速度为 160 km/h，因此正线上的 2、10 和 12 号道岔需要采用直向容许速度大于等于 160 km/h 的道岔。能保证该速度的最小辙叉号码为 12 号。

(2)2、4、12、14、16 号道岔需侧向接发旅客列车，应采用 12 号辙叉号码的道岔。

(3)6、8 号道岔为接发车进路上的道岔，无旅客列车侧向到发，可采用 9 号辙叉号码的道岔。但考虑到 8 号道岔与 10 号道岔构成渡线，按照渡线两端道岔辙叉号码相同的原则，8 号道岔的辙叉号码应提高到 12 号。

(4)18 和 20 号是调车场内的道岔，可选用 9 号辙叉号码的道岔。

3. 选用道岔的图号

(1)正线上的 2、10、12 号道岔按照直向容许速度 160 km/h 的要求，选用图号为专线 4249 的 12 号道岔。

(2)4、8、14、16 均位于接发车进路上，列车直向过岔速度较低，可选用图号为 SC(07)330 的 12 号道岔。

(3)6 号道岔在接发车进路上，为了保持轨型一致，选用图号为 CZ577 的 9 号道岔。

(4)18 和 20 号道岔选用 50 kg/m 轨型的 9 号道岔，图号为 CZ2209。

4. 计算两相邻道岔岔心间的距离

(1)2 至 4 号道岔为基线异侧两个道岔辙叉尾部相对布置的形式：

$$L_{2-4}=\frac{S}{\sin\alpha_{\min}}=\frac{5}{\sin4°45'49''}=60.208(\mathrm{m})$$

(2)4 至 6 号道岔为基线异侧两道岔对向布置的形式，按旅客列车到发线，且无列车同时通过两侧线计算：

$$L_{4-6}=a_4+f+a_6+\Delta=16.853+0+13.839+0=30.692(\mathrm{m})$$

(3)6 至 8 号道岔为基线异侧道岔顺向布置的形式，基线按到发线计算：

$$L_{6-8}=b_6+f+a_8+\Delta=15.730+12.5+16.853+0.012=45.095(\mathrm{m})$$

(4)8 至 14 号道岔为基线异侧两道岔顺向布置形式，基线按到发线计算：

$$L_{8-14}=b_8+f+a_{14}+\Delta=21.054+12.5+16.853+0.012=50.419(\mathrm{m})$$

(5)10 至 12 号道岔为基线异侧两道岔对向布置的形式，按正线无列车同时通过两侧线计算：

$$L_{10-12}=a_{10}+f+a_{12}+\Delta=16.592+12.5+16.592+0.012=45.696(\mathrm{m})$$

(6)6 至 18 号道岔为基线分支线路上两道岔顺向布置的形式，基线按其他站线计算。由于 6 号道岔与 18 号道岔的轨型不同，需要插入一段异型轨，其最短长度应不小于 6.25 m：

$$L_{6-18}=b_6+f+a_{18}+\Delta=15.730+8.0+13.839+0.008=37.577(\mathrm{m})$$

(7)18 至 20 号道岔为基线同侧两道岔顺向布置的形式，应保证相邻线间距离：

$$L_{18-20}=\frac{S}{\sin\alpha}=\frac{5.0}{\sin6°20'25''}=45.276(\mathrm{m})$$

(8)14 至 16 号道岔为基线同侧两道岔顺向布置的形式，应保证相邻线间距离：

$$L_{14-16}=\frac{S}{\sin\alpha}=\frac{12.5}{\sin4°45'49''}=150.521(\mathrm{m})$$

第二节　线路连接形式

常用的车站线路连接形式有线路平行错移(connection of tracks by parallel shifting apart)、线路终端连接(connection at end of track)、渡线(cross-over track)及梯线(ladder track，gather track)等。

一、线路平行错移

在车站两平行线路间的某一段需要修建站台或其他建筑物，以及为某种作业需要而变更线间距离时，其中一条线路要平行移动，移动后的线路与原线路之间用反向曲线连接，这种连接形式称为线路平行错移（图 1-2-13）。

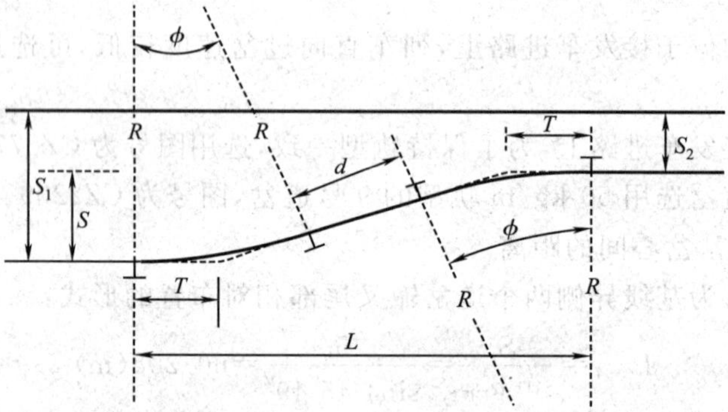

图 1-2-13　线路平行错移

线路平行错移是通过一组反向曲线实现的线路连接。其技术参数主要包括错移的间距 S，曲线半径 R，以及相邻曲线间的夹直线 d。在以上参数的基础上，可计算反向曲线的水平方向投影长 L 为

$$L=\sqrt{4RS+d^2-S^2} \tag{1-2-6}$$

切线长 T 为

$$T=R\tan\frac{\phi}{2} \tag{1-2-7}$$

其中

$$\tan\frac{\phi}{2}=\frac{L-d}{4R-S}=\frac{S}{L+d} \tag{1-2-8}$$

曲线的长度 K 为

$$K=\frac{\phi\pi}{180}R \tag{1-2-9}$$

当反向曲线位于站内正线上时，其半径 R 应根据路段行车速度、圆曲线与夹直线最小长度（附录四）及是否受曲线偏角限制等条件确定，但不应小于正线平面最小曲线半径（附录五中的附表 8）。在站线上，由于行车速度较低，曲线半径应根据线路的类型确定，具体可参见附录五中的附表 9。

相邻两曲线间应设置夹直线 d，其长度应满足：

（1）曲线轨距加宽的要求，该长度主要由轨距最大加宽值和加宽递减率决定。

（2）超高顺坡率设置的要求，其长度除满足由超高值和超高顺坡率决定的长度外，还应考虑无超高的直线段的最小长度要求。

（3）平衡车辆绕纵轴的旋转的要求，其长度应大于一辆车的转向架心盘中心距。

（4）车辆经过曲线时振动不叠加，以提高行车的安全性和旅客的舒适性。

为避免列车在连续经过道岔或曲线时产生的振动叠加而在两个设备间插入的直线段，其

长度主要受列车速度和由车辆结构特性决定的振动衰减时间影响。一般可使用式(1-2-10)来计算，同时结合施工与维修等其他因素进行选定。

$$L_{min}=ntv/3.6 \tag{1-2-10}$$

式中　L_{min}——避免列车振动叠加的夹直线长度，m；

n——振动衰减的周期数，根据试验，我国铁路普通车辆一般在 1.5～2 个周期内完成振动衰减；

t——振动周期，s，根据我国既有车辆特性，一般取 1.0 s；

v——列车速度，km/h。

在正线上，为提高列车运行的平稳性，我国《铁路线路设计规范》(TB 10098—2017)(以下简称《线规》)规定相邻两曲线间夹直线长度一般不应小于 0.8v，困难情况下不应小于 0.6v。在站线上，列车运行速度较低，夹直线长度主要考虑轨距加宽、超高顺坡及平衡车辆绕纵轴旋转的要求；对于不通行列车的站线，仅需考虑轨距加宽的要求。我国铁路正线和站线上两曲线间夹直线最小长度取值可参考附录四中附表 7。

反向曲线计算表见附录六。

二、线路终端连接

1. 普通式线路终端连接

在站场设计中，将相邻两平行线路中的一条线路的终端与另一条线路连接起来，便构成最常见的普通式线路终端连接，如图1-2-14所示。它由一副单开道岔、一段连接曲线及道岔与曲线间的直线段组成。

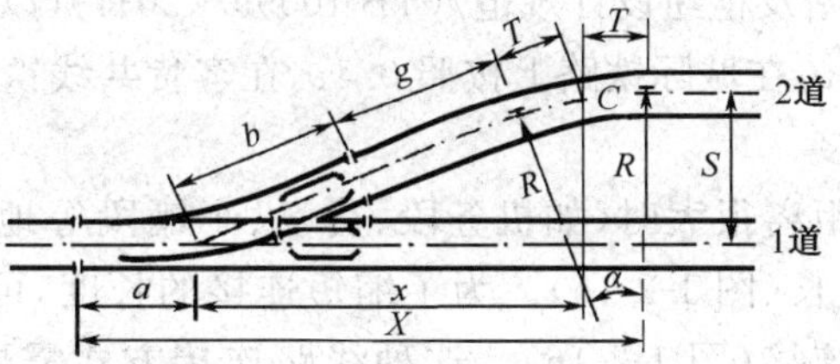

图 1-2-14　普通式线路终端连接

为了标定曲线及全部连接长度，应确定角顶 C 的坐标，即

$$x=(b+g+T)\cos\alpha \tag{1-2-11}$$

$$y=(b+g+T)\sin\alpha=S \tag{1-2-12}$$

全部连接长度在水平方向的投影为

$$X=a+x+T \tag{1-2-13}$$

连接曲线切线长度为

$$T=R\cdot\tan\frac{\alpha}{2} \tag{1-2-14}$$

式中　R——连接曲线半径，m，其值应与相邻道岔的侧向容许速度相匹配，一般不应小于连接道岔的导曲线半径，根据道岔辙叉号码不同，推荐选用 200 m、350 m、400 m、500 m、600 m、800 m、1 000 m 和 1 200 m 等。

道岔与连接曲线间的直线段 g 的长度受线路几何形状的限制，其长度为

$$g=\frac{S}{\sin \alpha}-(b+T) \tag{1-2-15}$$

直线段 g 的长度除应满足线间距离的要求外，其最小长度还受曲线轨距加宽和曲线超高的影响，同时由于道岔导曲线与道岔前后曲线形成反向或同向曲线，也需要考虑列车运行平稳的要求。

在站线上，g 的长度需要根据站线性质、曲线半径、道岔结构等因素综合确定。对于动车组列车到发进路上道岔前后至曲线超高顺坡终点的直线段长度不应小于 20 m，其余站线上道岔前后至圆曲线的直线段长度应满足表 1-2-4 的要求。

表 1-2-4　站线上道岔前后至圆曲线最小直线段长度

道岔前后圆曲线半径 R/m	最小直线段长度/m			
	一　般		困　难	
	轨距加宽或曲线超高递减率 2‰		轨距加宽递减率 3‰	
	岔前	岔后	岔前	岔后
$R \geqslant 350$	2	$0+L'$	0	$0+L'$
$350>R \geqslant 300$	2.5	$2.5+L'$	2	$2+L'$
$R<300$	7.5	$7.5+L'$	5	$5+L'$

注：1. 道岔前后两端连接曲线设有缓和曲线时，可不插入直线段。

2. L'为道岔跟端至末根岔枕中心距离，具体数值可查阅附录三中的附表 3。

在正线上，列车通过速度较高，道岔基本轨接缝、辙叉及道岔的可动部分都会引起列车的振动，为了避免与曲线上产生的振动叠加，需要在道岔和相邻的曲线间插入一段直线段以缓和列车的振动。我国现行《铁路车站及枢纽设计规范》(TB 10099—2017)(以下简称《站规》)规定其最小长度在高速铁路上按照 $0.6v$，在城际铁路上按照 $0.4v$，在客货共线铁路上按照$0.5v$计算。

2. 缩短式线路终端连接

当两平行线路的线间距离很大时(如机务段、货场、车辆段等地)，如使用普通线路终端连接，则全部连接的长度就很长(图 1-2-15)。为了缩短连接的长度，可将道岔岔线向外转一个角 ϕ，形成缩短式的线路终端连接(图 1-2-16)。这种线路连接方式需要铺设一条附加曲线，并在道岔终点与附加曲线起点间设置直线段 g，其长度应满足连接曲线对轨距加宽的要求，在反向曲线间应设置直线段 d，其长度与线路平行错移中对 d 长度的要求相同。

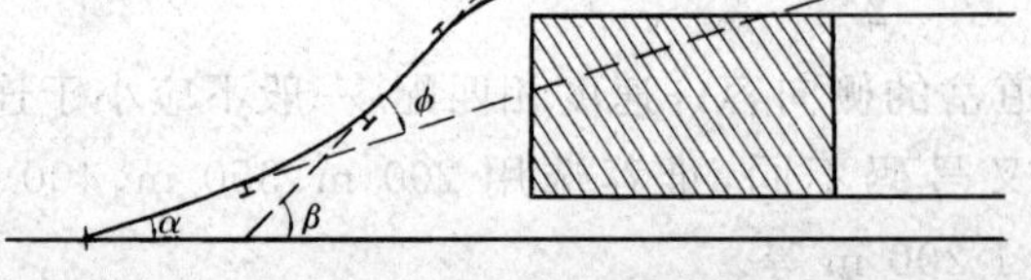

图 1-2-15　缩短式与普通式线路终端连接比较

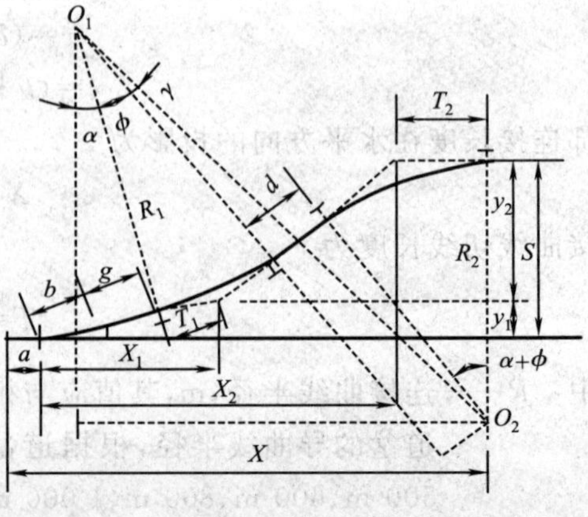

图 1-2-16　缩短式终端连接

缩短式线路终端连接相关参数的计算方法如下：

$$\gamma=\arctan\left(\frac{d}{R_1+R_2}\right) \tag{1-2-16}$$

$$T_1=R_1\tan\frac{\phi}{2} \tag{1-2-17}$$

$$T_2=R_2\tan\frac{\alpha+\phi}{2} \tag{1-2-18}$$

$$X_1=(b+g+T_1)\cos\alpha \tag{1-2-19}$$

$$X_2=X_1+(T_1+T_2+d)\cos(\alpha+\phi) \tag{1-2-20}$$

$$y_1=(b+g+T_1)\sin\alpha \tag{1-2-21}$$

$$y_2=S-y_1 \tag{1-2-22}$$

缩短式线路终端连接计算表见附录七。

三、渡　　线

为了使机车车辆能从一条线路进入另一条线路，应设置渡线。渡线的主要形式有普通渡线和交叉渡线两类。

1. 普通渡线

普通渡线设在两平行线路之间，由两副辙叉号码相同的单开道岔及两道岔间的直线段组成，如图 1-2-17 所示。

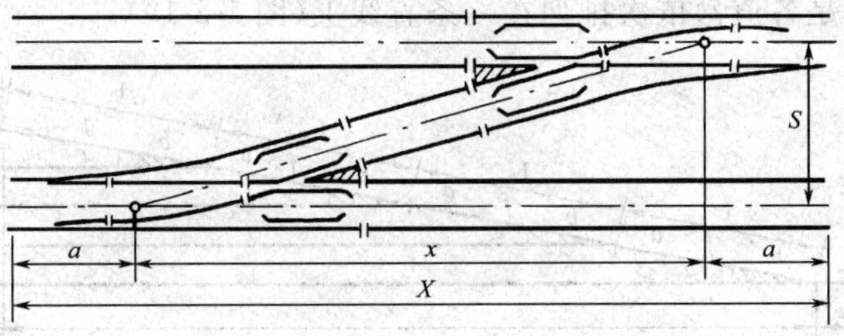

图 1-2-17　普通渡线

若两道岔的辙叉号码已经选定，线间距离 S 为已知，则渡线在水平和垂直方向的投影 x、y 分别为

$$x=(2b+f)\cos\alpha=\frac{S}{\tan\alpha}\approx NS \tag{1-2-23}$$

$$y=(2b+f)\sin\alpha=S \tag{1-2-24}$$

$$f=\frac{S}{\sin\alpha}-2b \tag{1-2-25}$$

全部连接长度在水平方向的投影为

$$X=2a+x \tag{1-2-26}$$

普通渡线一般适用于线间距离不大于 7 m 的两平行线的连接。

不同线间距离的斜边直边长度见附录八。

2. 交叉渡线

交叉渡线由四副辙叉号码相同的单开道岔和一副菱形交叉组成，如图 1-2-18 所示。在需要连续铺设两条方向相反的普通渡线而地面长度受限时，可采用这种渡线。

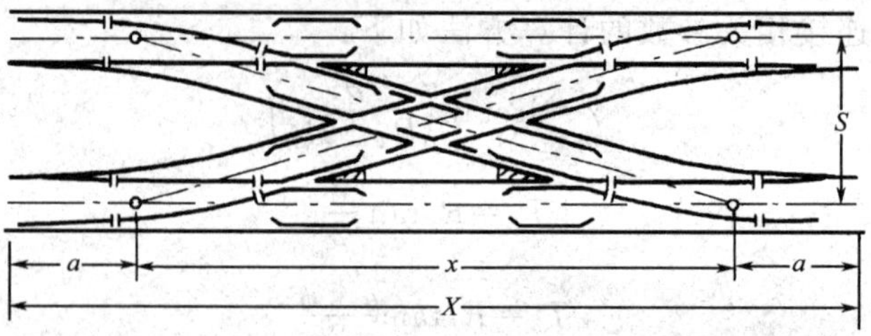

图 1-2-18　交叉渡线

由于交叉渡线不满足跨区间无缝线路的要求，同时交叉渡线在更换时工作量大，需要封锁线路的时间长，对运营的影响大，因此在正线跨区间无缝线路，以及设计速度 160 km/h 及以上的路段，不应采用交叉渡线。困难条件下，当路段设计速度小于 160 km/h 时可采用交叉渡线。

四、梯　　线

将几条平行线连接在一条公共线上，这条公共线就叫梯线。梯线应与牵出线（或正线、车场间连接线）直接连通，以保证停在某一线路上的机车车辆能够转线到其他任一线路上去。

梯线按各道岔布置的不同，可分为直线梯线（straight ladder track）、缩短式梯线（shortened ladder track）及复式梯线（ladder track with multiple frog angles）三种。

1. 直线梯线

直线梯线的特点是各道岔依次排列在一条直线上（图 1-2-19）。

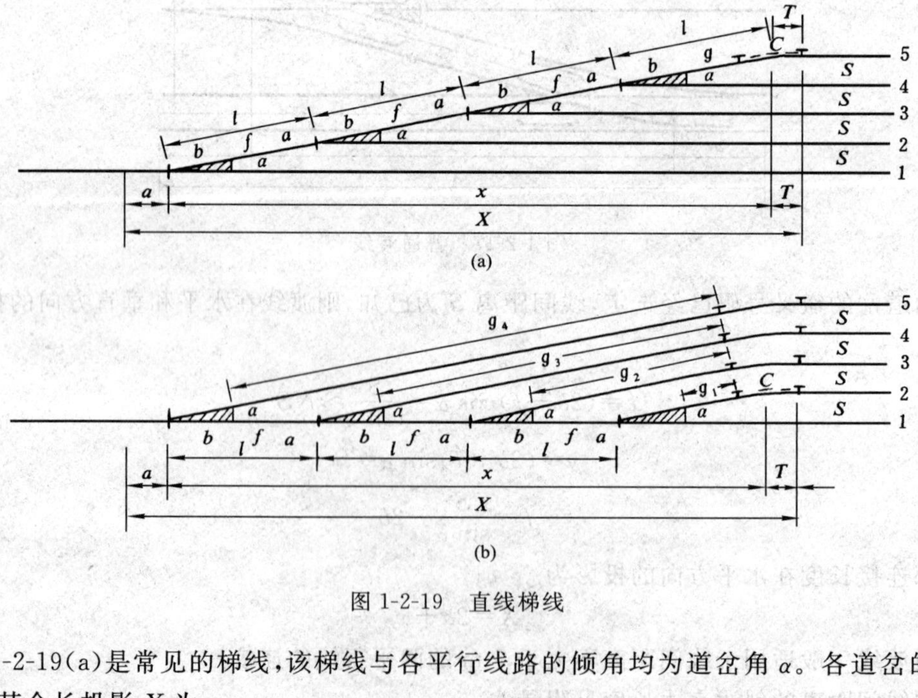

图 1-2-19　直线梯线

图 1-2-19(a)是常见的梯线，该梯线与各平行线路的倾角均为道岔角 α。各道岔的辙叉号码相同，其全长投影 X 为

$$X=a+(n-1)l\cos\alpha+T \tag{1-2-27}$$

式中　n——平行线路数；

l——两相邻道岔中心距离。

在图 1-2-19(b)中，梯线与 1 道的延长线重合。如各道岔的辙叉号码相同，各线路间距相等，各连接曲线半径也一样，则各部分都是平行的。第 i 条平行线路连接曲线前的直线段 g_{i-1} 为

$$g_{i-1}=\frac{\sum S}{\sin\alpha}-(b+T)\quad(i=2,3,\cdots,n)\tag{1-2-28}$$

梯线的全长投影为

$$X=a+(n-2)l+(b+g_1+T)\cos\alpha+T\tag{1-2-29}$$

直线梯线的优点是在道岔非集中控制区域，扳道员扳道时不需跨越线路，比较安全，瞭望条件好，便于作业上的联系。它的缺点是当线路较多时，其梯线较长，各线经过的道岔数也不均匀，影响调车作业效率。同时，内外侧两条线路长度相差很大(1 道与 5 道)，因此，这种梯线仅适用于线路较少的到发场与调车场。

2.缩短式梯线

当平行线路间距较大时，为了缩短梯线的长度，将梯线在与平行线路成一道岔角 α 的基础上再转一个角度，使得梯线与平行线路成 β 角($\beta>\alpha$)，从而形成缩短式梯线，如图 1-2-20 所示。

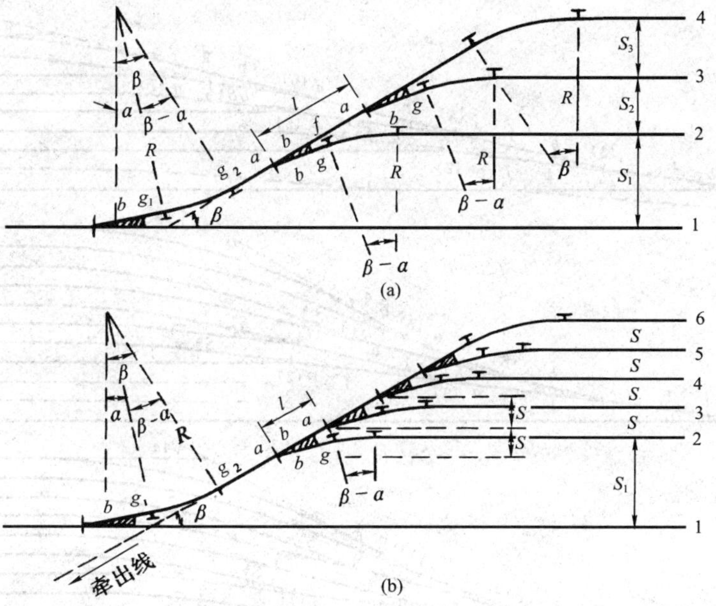

图 1-2-20　缩短式梯线

从图中可以看出，倾斜角 β 越大，梯线就越短。由于两相邻道岔中心距离 l 不得小于$a+b$，故 β 角存在上限。当已知道岔号码和线间距离时，则 β 角的最大值可表示为

$$\sin\beta_{\max}=\frac{S}{a+b}\tag{1-2-30}$$

根据需要，缩短式梯线的线间距离可各不相同[图 1-2-20(a)]，也可以设计为大部分为相同的线间距离[图 1-2-20(b)]。

缩短式梯线的主要优点是缩短了梯线的连接长度，使内外线路长度相差悬殊的情况得到改善。线路间距较大时，还能提高土地有效使用面积，另外还可保持直线梯线扳道员扳道时不跨越线路的优点。其缺点是连接曲线较多，对调车不利，同时由于 β 角受到一定限制，连接线路多时，缩短连接长度的优点不显著。故这种梯线仅适用于需要线路较少且线间距离较大的地方(如货场、车辆段及机务段燃料场等处)。

3. 复式梯线

将几条与基线成不同倾斜角的梯线组合起来，连接较多的平行线路，既可缩短梯线的长度，又可使各平行线的长度均匀，这种连接方法称为复式梯线连接(图 1-2-21)。

图 1-2-21(a)中，连接 4～8 道的梯线是从连接 1～3 道的梯线外侧分出去的，所以它与 1 道成 2α 角。它内侧又分出两条梯线，一条连接 4、5 道，另一条连接 6、7 道。由于这两条梯线相互平行，而且线间距离为 S，故第(4)、第(6)两道岔中心距离为 $l=S/\sin\alpha=a+b+f$。各有关线路曲线转角，除 8 道为 2α 外，其余均为 α。图中 1 道和 2 道间距 $S_1>S$，S_1 的大小取决于加铺线路(图中虚线)的数目和用途；第(1)、第(3)两道岔间的插入段 f_1，其长度主要视 S_1 而定。图中各道岔编号是按作图先后顺序编排的，按照这个顺序及图中标出的道岔配列可以很快地将复式梯线画出来。

图 1-2-21(b)中，复式梯线的构造特点是 8 条线路每两条为一组，车辆进入各条线路(1 道除外)所经过的道岔数相等(都是 4 个)。从图中可以看出，3、4 道，5、6 道，7、8 道及 9 道的连接曲线的转角分别为 α、2α、3α 及 4α。辙叉倍角圆曲线详细参数见附录九。

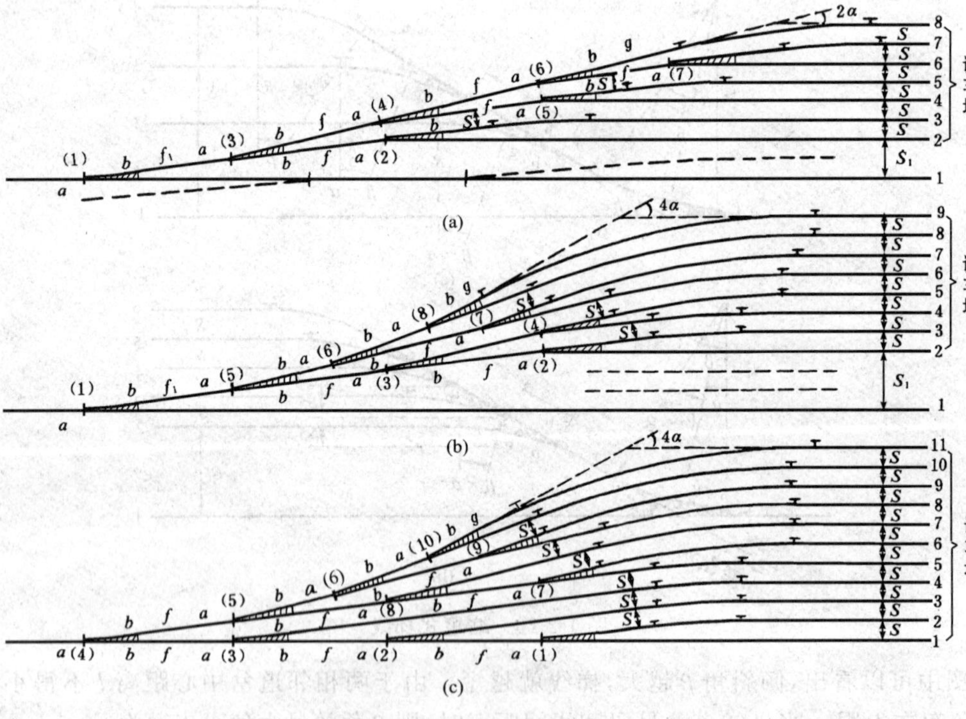

图 1-2-21 复式梯线

由图 1-2-21(c)可以看出，线路分组有一定的变化规律：11 条线路分为 4 组，4＋3＋2＋(1＋1)＝11。如果是 16 条线路则可分为 5 组，5＋4＋3＋2＋(1＋1)＝16，其余类推。车场内线路很多时，可采用这种复式梯线。

与直线梯线相比，复式梯线的优点是缩短了梯线的长度，可使进入各条线路的车辆经过道岔数目相等或相差不多，可根据需要适当变化梯线结构，以调整各条线路有效长度等。它的缺点是曲线多且长，道岔布置分散，当道岔非集中操纵时，扳道员扳道要跨越线路，安全性较差。

线路数较多的调车场或到发场，常用复式梯线连接。有时线路数不多，但用直线连接不能保证各条线路需要的有效长度时，也可采用复式梯线。

第三节　车　场

将办理同一种作业的线路两端用梯线连接起来，便成为车场(yard)。

车场按其用途可分为到发场、到达场、出发场及调车场等。按其形状可分为梯形车场、异腰梯形车场、平行四边形车场及梭形车场(图 1-2-22)。

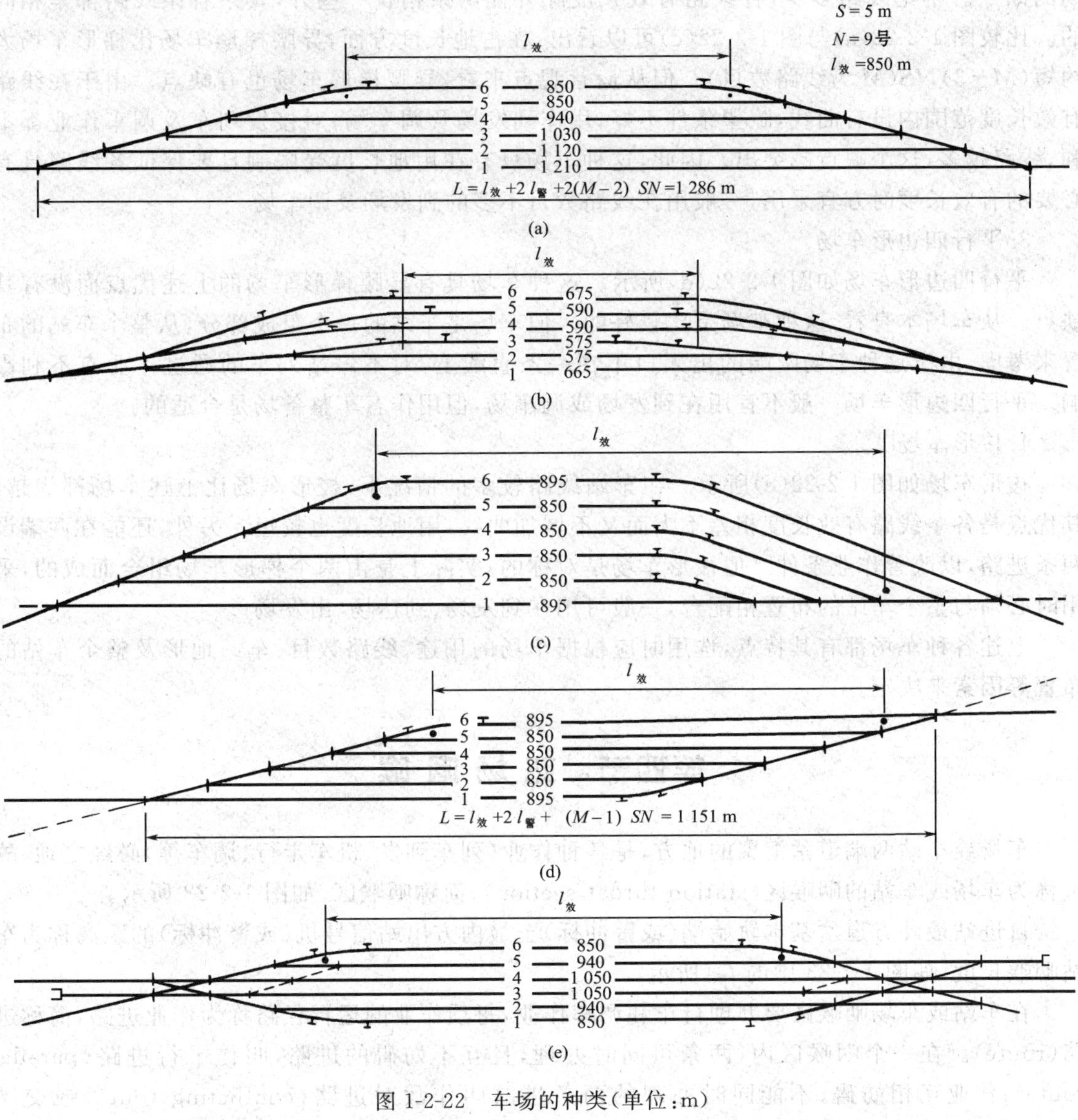

图 1-2-22　车场的种类(单位：m)

1. 梯形车场

两端用同种形式的直线梯线连接形成的梯形车场[图 1-2-22(a)]具有直线梯线的种种优点和缺点，如线路数目较多时，道岔区较长，各条线路有效长度不均匀，除最外侧两条线路相同外，其余的线路有效长度都相差 $2NS$(N 为辙叉号码，S 为线间距离)，使整个车场占地很长。同时还存在车辆进入不同线路经过的道岔数不同，溜放调车速度控制难度大的问题。在线路数目少的情况下，到发场或调车场可采用这种形式的梯形车场。

相比直线梯线连接成的梯形车场，两端用复式梯线连接的梯形车场[图 1-2-22(b)]，道岔区长度大为缩短，各条线路的有效长度及进入各条线路的道岔数接近相等，车辆进入任何一条线路所受的阻力大致相等，但增加了曲线，对运营不利，所以这种车场仅适用于无正规列车运行的调车场。

2. 异腰梯形车场

两端用不同形式的直线梯线连接形成的异腰梯形车场[图 1-2-22(c)]克服了上述梯形车场的缺点。不论线路多少，各线路有效长度除外侧两条稍长一些外，其余各条线路都是相同的。比较图 1-2-22(a)与图 1-2-22(c)可以看出，在占地长度方面，异腰梯形车场比梯形车场大约短$(M-3)NS$(M为线路数目)。但从运营观点来看，异腰梯形车场也有缺点。由于在线路有效长度范围内设有曲线，瞭望条件不好，用作到发场及调车场，对接发列车及调车作业都不利，线路越多，这个缺点越突出。因此，这种车场只有在用地长度受限制且要保证各线路具有必要的有效长度时方宜采用，一般用在线路数目不多的到发场及调车场。

3. 平行四边形车场

平行四边形车场如图 1-2-22(d)所示。这种车场具有异腰梯形车场的上述优点而没有其缺点。从车场本身看，这种车场是比较好的。但车场是车站的一个组成部分，从整个车站的布置来考虑，由于这种车场两端的出入口不在一条直线上，对不停站列车的通过作业有不利影响。平行四边形车场一般不宜用在到发场或调车场，但用作客车整备场是合适的。

4. 梭形车场

梭形车场如图 1-2-22(e)所示。在车站线路较多的情况下，梭形车场比上述车场都优越。其优点是各条线路有效长度相差不大而又不增加曲线，用地长度也较短。另外，还能在两端设两条进路，以改善作业条件。但梭形车场是对称的，实际上是由两个梯形车场组合而成的，采用时必须与整个车站的布置相配合，一般可用在到发场、到达场、出发场。

上述各种车场都有其特点，选用时应根据车场的用途、线路数目、车站地形及整个车站的布置等因素来决定。

第四节 站场咽喉

车场或车站两端道岔汇聚的地方，是各种作业(列车到发、机车走行、调车等)必经之地，故可称为车场或车站的咽喉区(station throat section)，简称咽喉区，如图 1-2-23 所示。

自进站最外方道岔基本轨始端(或警冲标)至最内方出站信号机(或警冲标)的距离称为车站咽喉长度，如图 1-2-23 中的$l_{咽}$所示。

在车站或车场咽喉区要办理行车和调车作业，每项作业的运行径路称为作业进路，简称进路(route)。在一个咽喉区内，两条可同时办理，且互不妨碍的进路，叫作平行进路(parallel route)；作业互相妨碍，不能同时办理的两条进路叫作敌对进路(conflicting route)或交叉进路。

车站或车场咽喉区是行车和调车作业繁忙的地方，它的布置是否合理，对作业安全和效率关系很大，对工程费及运营费也有影响，所以咽喉区的布置应保证必需的通过能力、作业安全和一定的作业效率。咽喉区布置应紧凑，宜减少敌对进路和正线上的道岔数。

为保证有关作业能够同时办理，应根据需要设置平行进路。例如，图 1-2-23 中的渡线 13 可保证 3、4 或 5 道发车(或接车)与牵出线调车作业平行进行。同时，15 及 23 两道岔的距离必须符合道岔配列及线间距离的有关规定才能保证安全。

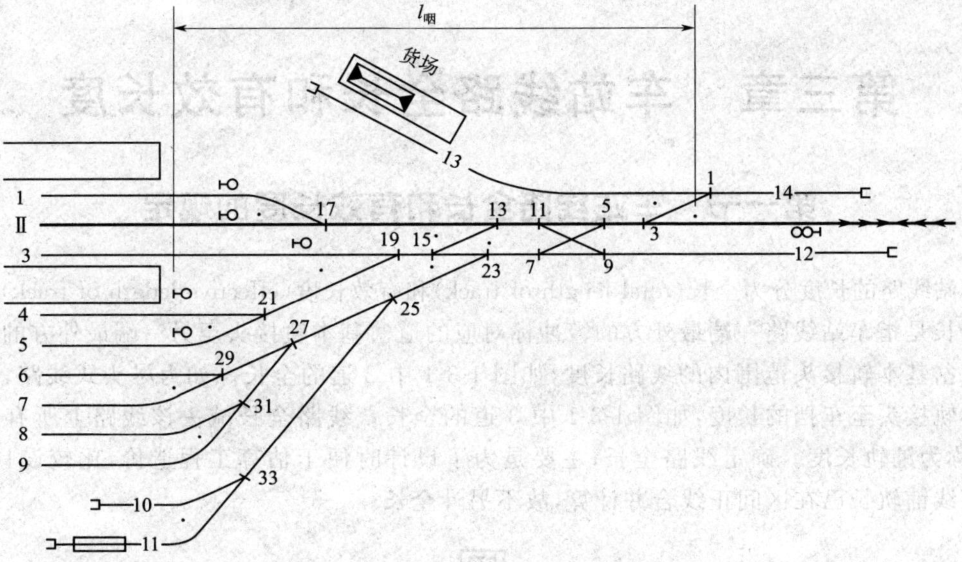

图 1-2-23　咽喉区

第三章 车站线路全长和有效长度

第一节 车站线路全长和有效长度的规定

车站线路的长度分为全长(total length of track)和有效长度(effective length of track)两种。

全长是指车站线路一端最外方的警冲标对应的道岔基本轨接头至另一端最外方的警冲标对应道岔基本轨接头范围内的线路长度,如图 1-3-1 中 2 道的全长。如为尽头式线路,则指道岔基本轨接头至车挡的长度,如图 1-3-1 中 3 道的全长。线路全长减去该线路上所有道岔的长度,称为铺轨长度。确定线路全长,主要是为了设计时便于估算工程造价,比较设计方案。站内正线铺轨长已在区间正线合并计算,故不另计全长。

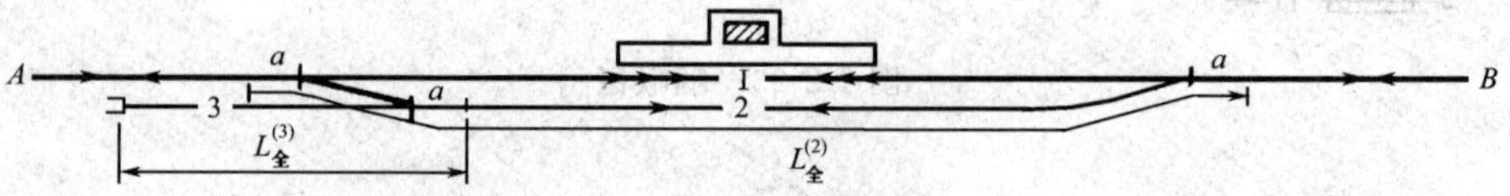

图 1-3-1 线路全长

有效长度是指在线路全长范围内可以停留机车车辆而不妨碍邻线行车的部分。线路有效长度可分为需求有效长度和实际有效长度。需求有效长度是在一定的机车车辆及信号等设施设备技术条件下,为了满足特定长度的列车或机车车辆安全停留的要求,一条线路所需要具备的最小长度。需求有效长度是站场设计的先决条件,设计方案必须满足需求有效长度的要求。实际有效长度是线路两端有效长度起止点之间的长度,是站场设计方案或实际线路的一个特性指标。一条线路的实际有效长度不能小于需求有效长度。

实际有效长度的起止点由布置在线路旁侧或线路上的设备,或线路上指定的位置来确定,主要包括:

(1)警冲标。

(2)道岔的尖轨始端(无轨道电路时)或道岔基本轨接头处的钢轨绝缘(有轨道电路时)。

(3)出站信号机(或调车信号机)。

(4)车挡(为尽头式线路时)。

(5)车辆减速器。

线路实际有效长度的标定如图 1-3-2 所示。

线路需求有效长度需视线路的用途、停留的列车或机车车辆的长度及相关作业要求而定。对于到发线而言,其需求有效长主要由列车长度及停车时的安全附加距离组成。

货物列车到发线的需求有效长度应综合考虑输送能力、牵引质量、地形条件和相邻区段统一牵引等因素确定,其计算公式为

$$l_{效}=\sum l_{机}+Q/W+l_{附} \tag{1-3-1}$$

式中 $l_{效}$——计算线路的需求有效长度,m;

$\sum l_{机}$——机车长度,m;

Q——重车方向的货物列车牵引质量，t；

W——车列平均每单位长度的质量，t/m；

$l_{附}$——列车停车时的附加距离，m。

式中$\sum l_{机}+Q/W$为列车长度，受设计路段的牵引机车类型、车辆类型、限制坡度及空车率等因素影响。$l_{附}$与列车牵引质量和机车车辆制动性能有关，在制动性能确定的情况下，牵引质量越大，其长度越长，我国客货共线铁路目前采用30 m。

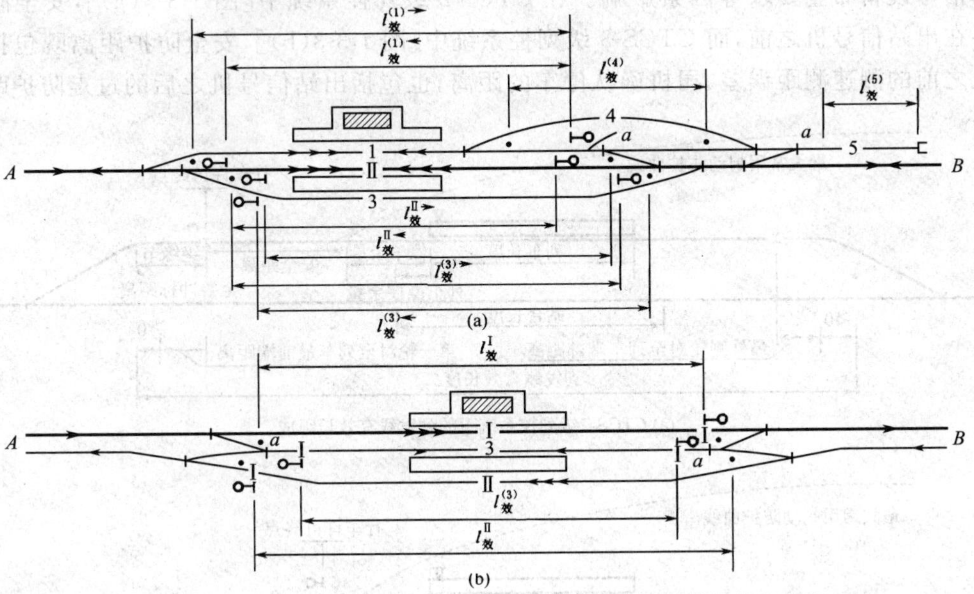

图 1-3-2　线路实际有效长度的标定

货物列车到发线的需求有效长度过长或过短对运营都会产生不利的影响。在满足一定运量的条件下，采用较长的有效长度，可以提高列车牵引质量，相对减少列车对数及与对数有关的费用，对单线铁路还可减少会车次数，提高旅行速度，从而提高运营效率。但有效长度过长，会增加车辆集结时间和费用，对组织直达运输带来不便。考虑以上因素，同时为了便于列车跨线运行，我国客货共线铁路采用的货物列车到发线有效长度推荐从1 050 m、850 m、750 m或650 m系列中选用；以开行组合列车或重载列车为主的铁路可采用大于1 050 m的到发线有效长度。

客货共线铁路上旅客列车到发线需求有效长度主要根据旅客列车长度确定，其计算公式为

$$l_{效}=\sum l_{机}+\sum l_{车辆}+l_{附} \tag{1-3-2}$$

式中　$l_{车辆}$——编挂车辆的长度，m。

其余符号同式(1-3-1)。

鉴于目前我国客货共线铁路主要线路的旅客列车编挂辆数为16～20辆，并且以25型(长26.6 m)车辆为主，因此推荐旅客列车到发线有效长度不应小于650 m，接发短途、小编组旅客列车和节日代用旅客列车的到发线有效长度可根据需要计算确定，可在650 m基础上适度缩短。

客运专线上运行的列车均为动车组，相关信号制式、列车控制方式、运营方式等相对于客

货共线铁路发生了巨大的变革，且由于列车运行速度高，到发线有效长度除满足列车车长外，还应充分考虑列车控制系统对安全防护距离的需求，图 1-3-3 为客运专线到发线有效长度的组成部分。

设置安全防护距离的目的是当列车因操纵不当、设备故障或其他原因越过规定停车位置的情况发生时，为防止失控列车冲入其他列车授权使用的线路，危及行车安全，而预留一段线路，以供列控系统触发紧急制动并安全停车。其起止位置受列车控制模式、列车的制动性能及相关的信号设备布置要求等因素影响。在 CTCS-2 级列控系统中[图 1-3-3(a)]，安全防护距离主要在出站信号机之前，而 CTCS-3 级列控系统中[图 1-3-3(b)]，安全防护距离既包括出站信号机之前的测速测距误差、司机确认停车的距离，也包括出站信号机之后的过走防护距离。

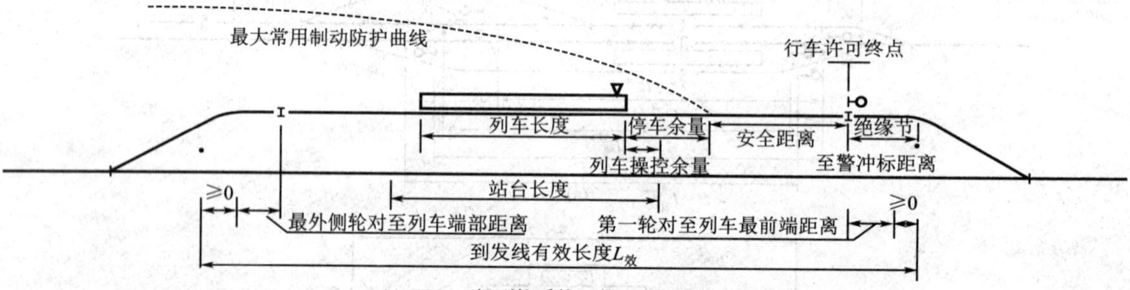

(a) CTCS-2级列控系统下的到发线有效长组成

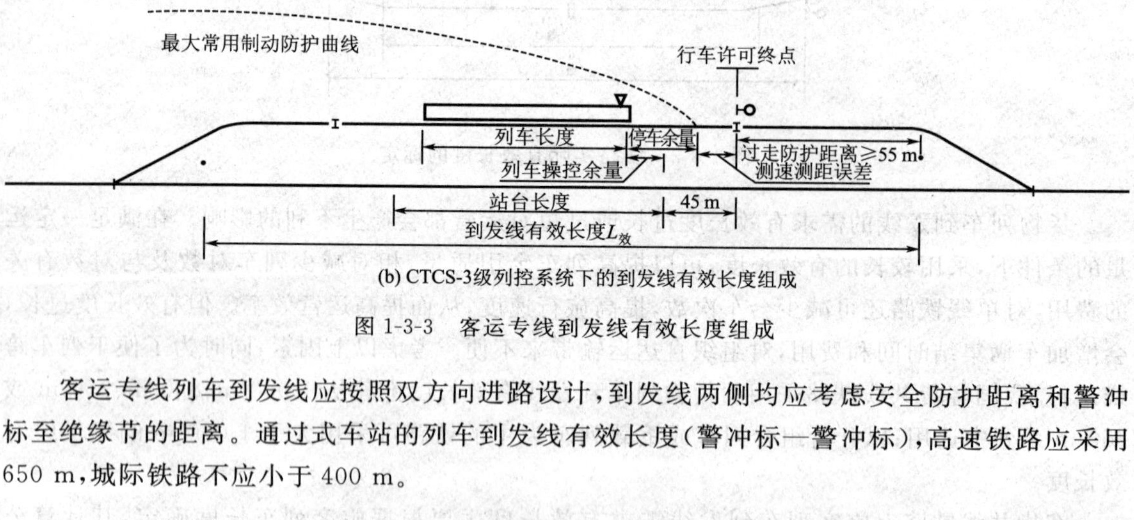

(b) CTCS-3级列控系统下的到发线有效长度组成

图 1-3-3　客运专线到发线有效长度组成

客运专线列车到发线应按照双方向进路设计，到发线两侧均应考虑安全防护距离和警冲标至绝缘节的距离。通过式车站的列车到发线有效长度(警冲标—警冲标)，高速铁路应采用 650 m，城际铁路不应小于 400 m。

第二节　警冲标、信号机位置

为了标定线路的实际有效长度，必须先确定影响有效长度各因素的具体位置。

一、警冲标的位置

警冲标(fouling point indicator)应安设在两会合线路中心线间垂直距离为 4 m 处。按照上述规定，当警冲标内方停有机车车辆时，列车或机车车辆可沿邻线安全通过。4 m 是根据机车车辆限界再加一些富余间隙确定的[图 1-3-4(a)]。

当警冲标位于两直线之间时[图 1-3-4(a)]，警冲标至线路中心线的垂直距离为 $P_1=P_2=$

2 m。当警冲标位于直线与曲线（包括道岔导曲线）之间时，警冲标与直线的距离仍为P_1=2 m，与曲线的距离则为P_2+W_1（W_1为曲线内侧加宽值），如图 1-3-4(b)所示。

道岔中心至警冲标的水平投影距离（$l_{警}$）与辙叉角α、线间距离S及连接曲线半径R等因素有关。

当警冲标位于道岔后分歧线路的曲线间时，要考虑外侧内加宽和内侧外加宽，如图1-3-4(c)所示。按其计算方法计算的警冲标至道岔中心距离见附录十或有关设计手册。

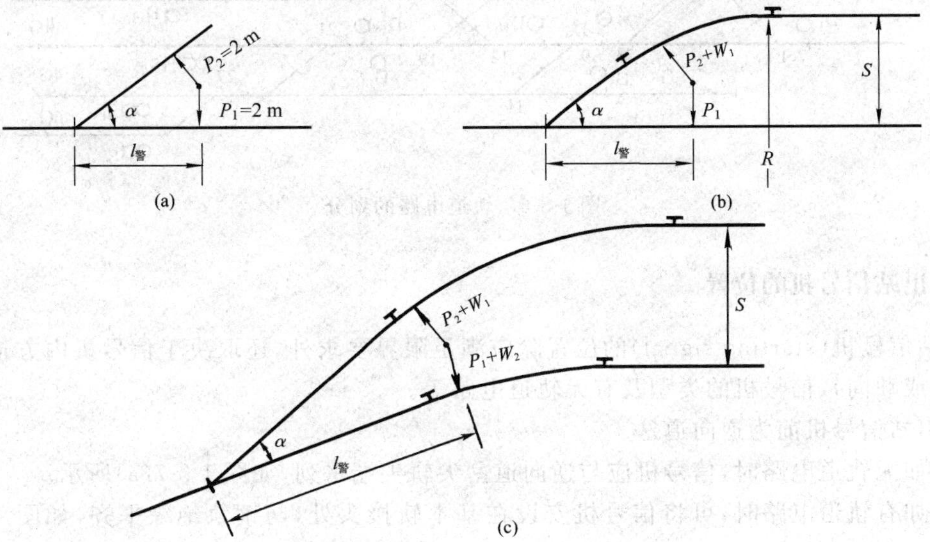

图 1-3-4　警冲标位置

二、轨道电路与钢轨绝缘

轨道电路(track circuit)是利用铁路线路的钢轨作导体组成的，用以检查有无车列、传递车列占用信息及实现地面与列车之间信息传递等功能的电路。最简单的轨道电路如图 1-3-5 所示。

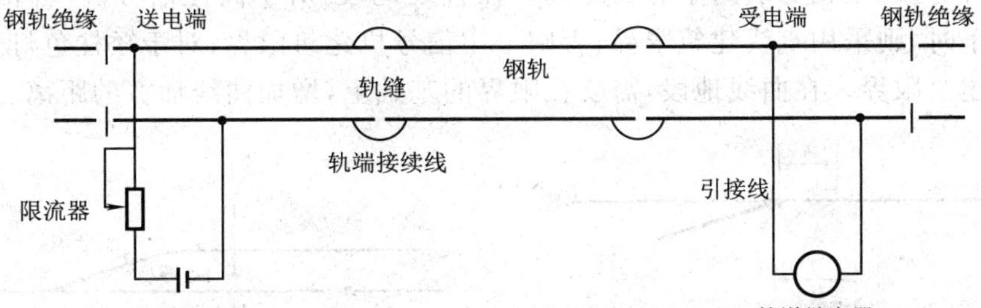

图 1-3-5　轨道电路原理

轨道电路之间采用钢轨绝缘(insulated rail joint)将相互衔接的钢轨划分为互不干扰的独立电路单元，每个单元称为一个轨道电路区段。在车站中，一般使用机械绝缘分隔轨道电路区段，即在轨缝处使用绝缘材料制成的绝缘片来阻隔相邻轨道区段中的电流。

在车站联锁中，线路的空闲和占用状态是以轨道电路区段为单元来标记的，为此，车站内的线路需划分为多个轨道电路区段，以保证排列平行进路的需要和轨道电路的可靠工作。轨道电路的划分原则是：

(1)信号机的内外方应划分为不同的区段。

(2)凡是能平行运行的进路,应用钢轨绝缘将它们分隔开,形成不同的轨道电路区段。

(3)在一个轨道电路区段中,单动道岔最多不得超过 3 组;复式交分道岔不得超过 2 组。

图 1-3-6 为车站咽喉轨道电路区段划分的举例。

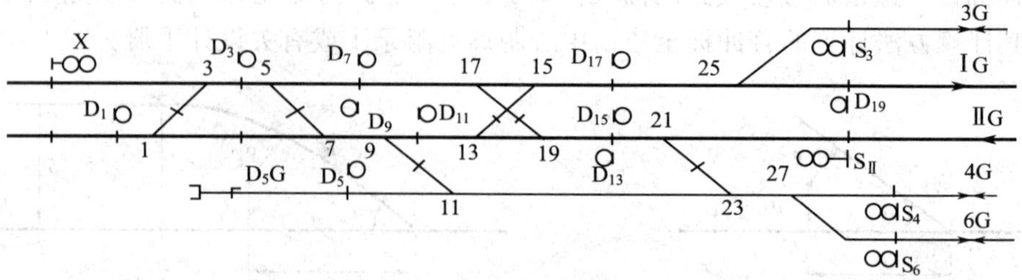

图 1-3-6 轨道电路的划分

三、出站信号机的位置

出站信号机(starting signal)的位置除应满足限界要求外,还取决于信号机内方道岔的方向(逆向或顺向)、信号机的类型及有无轨道电路等。

1. 出站信号机前为逆向道岔

(1)如无轨道电路时,信号机应与逆向道岔尖轨尖端平列,如图 1-3-7(a)所示。

(2)如有轨道电路时,可将信号机安设在基本轨接头处,与钢轨绝缘平齐,如图 1-3-7(b)所示。

2. 出站信号机前为顺向道岔

如图 1-3-8 所示,出站信号机至道岔中心的距离 $l_{信}$ 的计算方法与 $l_{警}$ 相同,但作为线间插入设备,在确定信号机中心与两侧线的最小垂距时,要考虑下述因素:

(1)信号机的基本宽度。我国采用的高柱信号机的基本宽度为 380 mm;矮柱色灯信号机根据配置的机构数量及是否有表示器等具有不同的宽度。

(2)信号机边缘至相邻线路中心的距离。在直线地段,对于高柱信号机,若相邻线路通行超限货物列车时,则采用直线建筑限界;否则采用信号机建筑限界;对于矮柱色灯信号机,其边缘不得侵入建筑限界。在曲线地段,需要在限界的基础上,增加曲线加宽的距离。

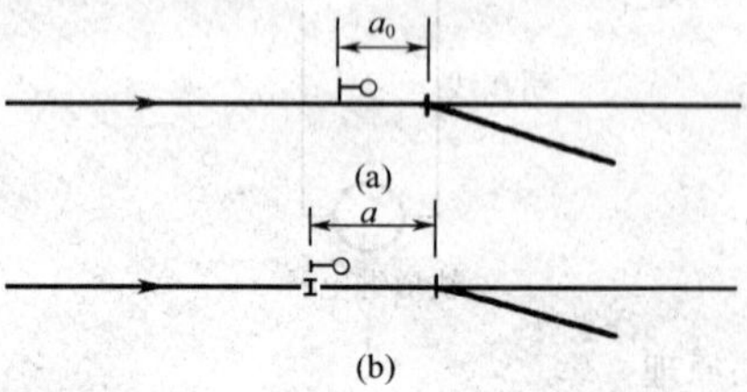

图 1-3-7 出站信号机前为逆向道岔

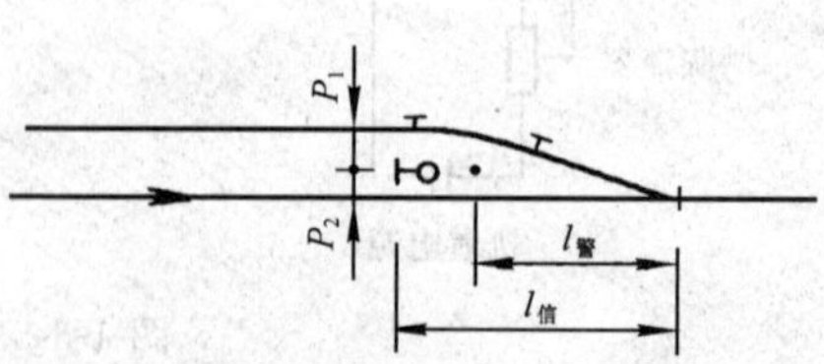

图 1-3-8 出站信号机前为顺向道岔

由于线路间距、道岔辙叉号码和连接曲线半径不同,信号机至道岔中心距离也不一样。其具体数据见附录十一和有关设计手册。

四、信号机、钢轨绝缘与警冲标的相互位置

当信号机处设有轨道电路时,还应考虑出站信号机、钢轨绝缘与警冲标的相互位置。其设

置原则如下：

(1)信号机处的钢轨绝缘位置，原则上应与信号机设在同一坐标处[图 1-3-9(a)]。为了避免在安装信号机时造成串轨、换轨或锯轨等，钢轨绝缘允许设置在出站信号机外方 1 m 或内方 6.5 m 的范围内[图 1-3-9(b)、(c)]。

(2)警冲标与钢轨绝缘应保持合理的距离。为了保证机车车辆停留在警冲标内侧时最外方轮对不会越过钢轨绝缘，导致相邻轨道电路区段被占用，根据我国机车车辆车钩顶端至最外侧轮对中心的距离，在客货共线铁路上，钢轨绝缘应设在警冲标内侧 3～4 m 的距离处(设计时一般取3.5 m)；在运行动车组列车的线路上，警冲标至钢轨绝缘的距离应为 5 m。在困难条件下，当警冲标内方的钢轨绝缘至警冲标的距离小于规定的数值时，该绝缘被称为侵限绝缘，需要明确的标记出来。

在确定出站信号机、钢轨绝缘和警冲标的位置时，首先应考虑在不影响到发线有效长度的条件下，按现有的钢轨接缝设置绝缘和信号机的位置，然后再将警冲标移设至距钢轨绝缘规定的距离处(警冲标的位置需满足至相邻线路中心距离的要求)。如现有的钢轨接缝安装绝缘不能保证到发线有效长或不宜设置信号机时，应以短轨拼凑等办法安装绝缘，以满足各方面的要求。

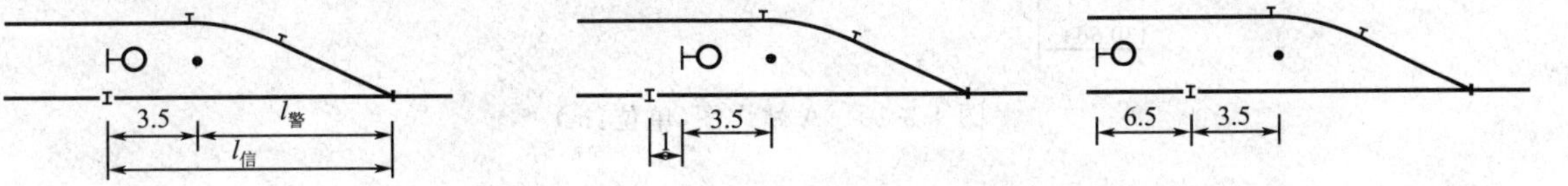

图 1-3-9　信号机位置与钢轨绝缘位置关系(单位：m)

第三节　坐标及线路实际有效长度的计算

设计车站线路时，在平面图上要计算各有关点的坐标，并确定各线路的实际有效长度。现举例说明其计算过程。

已知：设计速度 160 km/h 客货共线铁路中间站 A 共有四条线路，如图 1-3-10 所示。列车侧向过岔速度不超过 50 km/h，采用混凝土岔枕。正线兼到发线Ⅱ道通行超限货物列车，安全线有效长度为 50 m，中间站台宽 4 m。出站信号机采用基本宽度为 380 mm 的高柱色灯信号机有轨道电路，到发线采用双进路。

要求：①标出各道岔中心、连接曲线角顶、警冲标及信号机坐标；②确定各到发线的实际有效长度。(标准有效长度 850 m)。

计算过程如下：

1. 计算各有关点的坐标

(1)线路及道岔编号。

(2)确定各线路间距。

(3)确定各道岔的辙叉号码及道岔配列，根据已知条件，选用图号为专线 4249 的 12 号提速道岔。

(4)确定各连接曲线半径，并标明转角 α、曲线半径 R、切线长度 T 及曲线长度 K(几根相同的曲线，标明其中一条即可)，在线路终端连接的斜边上标明道岔中心至曲线切点的距离，如图 1-3-10 中 3 道右端的 43.570 m。

(5)以车站两端正线上的最外方道岔中心为原点，由外向内按表 1-3-1 的格式逐一算出各道岔中心、连接曲线的角顶、警冲标及出站信号机等的 x 坐标。y 坐标一般不计算，只需将警冲标和信号机中心至邻线的垂直距离（如图 1-3-10 的 2.63 m）标明即可。

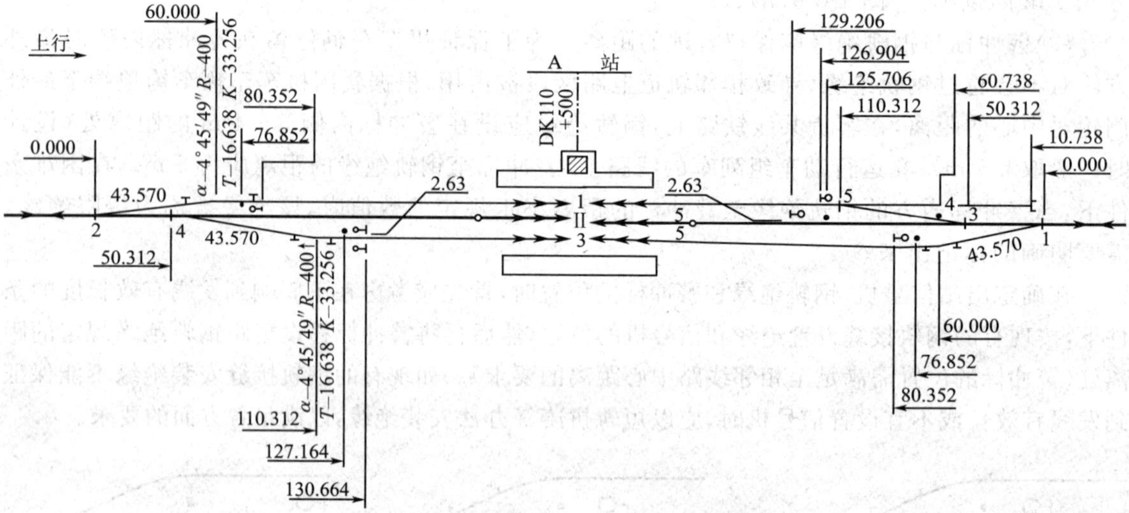

图 1-3-10　A 站详图（单位：m）

表 1-3-1　坐 标 计 算

基点	计算说明	坐标/m	基点	计算说明	坐标/m
2	原点	0.000	1	原点	0.000
4	$b_2+f+a_4+\Delta,(f=12.5)$	50.312	3	$b_1+f+a_3+\Delta,(f=12.5)$	50.312
△2	$NS=12\times5$	60.000	5	$-\!\!\!/\!\!-_{3}+NS,(NS=60)$	110.312
△4	$-\!\!\!/\!\!-_{4}+NS,(NS=12\times5)$	110.312	△1	$NS=12\times5$	60.000
X_1	$L^{1}_{信}=80.352$	80.352	S_1	$a_5+-\!\!\!/\!\!-_{5}$	126.904
X_{II}	$-\!\!\!/\!\!-_{4}+L^{\mathrm{II}}_{信},(L^{\mathrm{II}}_{信}=80.352)$	130.664	S_{II}	$-\!\!\!/\!\!-_{3}+L^{\mathrm{II}}_{信},(L^{\mathrm{II}}_{信}=78.894)$	129.206
X_3	④+3.5	130.664	S_3	$L^{3}_{信}=80.352$	80.352
②	$L^{1}_{信}-3.5$	76.852	①	$L^{3}_{信}-3.5$	76.852
④	$X_{\mathrm{II}}-3.5$	127.164	③	$S_{\mathrm{II}}-3.5$	125.706
			⑤	$-\!\!\!/\!\!-_{5}+L_{警},(L_{警}=49.574)$	60.738
			——匚	$L_{⑤}-50,(L_{⑤}=53.499)$	10.738

注：1、2、3、4、5 表示各道岔岔心；　　X_1 表示 1 道下行出站信号机；

①表示 1 号道岔警冲标；　　——匚 表示尽头线车挡；

△1 表示 1 号道岔连接曲线角顶；　　$-\!\!\!/\!\!-_{4}$ 表示 4 号道岔中心的 x 坐标；

S_1 表示 1 道上行出站信号机。

计算过程中，有关数据可以从附录或设计手册中查出。线路数目不多的区段站和中间站可将计算结果标在布置图上。采用这种方法可使尺寸一目了然，但线路多且构造复杂时，因坐标点太多，应另列坐标表。

2. 推算各条线路实际有效长度(可按表 1-3-2 进行)

将各条线路有效长度控制点(信号机及警冲标)的 x 坐标值填入表 1-3-2 的 3、4 栏内，这两栏数字相加得第 5 栏。第 5 栏中数值最大者就是有效长度最短的线路(即控制有效长度的线路)，其有效长度按规定的标准有效长度 850 m 设计。其他各线路的实际有效长度根据与该线路有效长度的差额确定，见表 1-3-2。需要说明的是该方法计算得出的是线路有效长度在水平方向的投影长度，与线路实际有效长度的理论值近似。

表 1-3-2　线路有效长度推算表

线路编号	运行方向	线路有效长度控制点 x 坐标/m		计/m	各线路有效长度之差/m	各线路有效长度/m
		左端	右端			
1	2	3	4	5	6	7
1	上行方向	76.852	126.904	203.756	52.614	902
	下行方向	80.352	126.904	207.256	49.114	899
Ⅱ	上行方向	127.164	129.206	256.370	0	850
	下行方向	130.664	125.706	256.370	0	850
3	上行方向	127.164	80.352	207.516	48.854	898
	下行方向	130.664	76.852	207.516	48.854	898

第四章　站场平、纵断面及排水

第一节　站坪长度

在铁路正线的平、纵断面上设置车站配线的地段叫作站坪(station site)。

站坪长度指车站一端最外方的咽喉起点至另一端最外方的咽喉起点间，满足车站线路设置所需的平面最小长度。站坪长度包含到发线有效长度和咽喉区长度两部分，如图 1-4-1 所示。

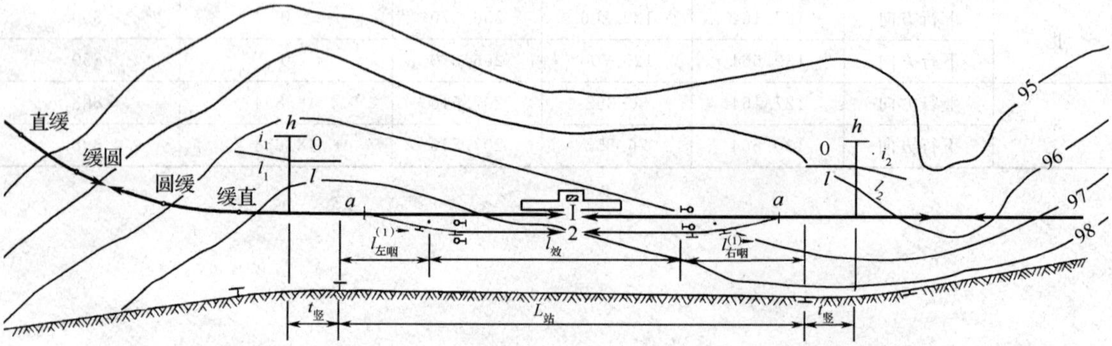

图 1-4-1　站坪

站坪长度由到发线有效长度、正线数目、车站种类和车站布置形式等因素决定。应按长远发展考虑，因为随着速度提高，曲线半径增大，一旦站坪不足，车站向外延伸将引起较大工程。在到发线有效长度固定的情况下，站坪长度变化主要受咽喉区长度影响，而咽喉区长度与车站性质及规模、作业进路设置、岔线及专用线引入等密切相关，缩短站坪最有效的办法是优化咽喉结构，在保证必要的作业进路前提下，尽量缩短咽喉区的长度。

根据现行《站规》规定的车站布置图型，在客货共线铁路上，会让站、越行站和中间站站坪长度一般可采用不小于表 1-4-1 规定的数值，当采用非《站规》推荐的布置图型时，需要根据实际计算确定 。

表 1-4-1　站坪长度　　单位：m

车站种类	车站布置形式	路段设计速度/(km/h)	远期到发线有效长度/m						
			1 050		850		750		650
			单线	双线	单线	双线	单线	双线	单线
中间站	横列式	200	—	2 150(2 600)	—	1 950(2 400)	—	1 850(2 300)	—
		≤160	1 550	2 050	1 350	1 850	1 250	1 750	1 150
会让站、越行站	横列式	200	—	1 750(2 200)	—	1 550(2 000)	—	1 450(1 900)	—
		≤160	1 400	1 700	1 200	1 500	1 100	1 400	1 000

注：表中不带括号的数值为正线上按 12 号道岔布置时的数据，带括号的数值为正线上按 18 号道岔布置时的数值。

第二节　站场平面

一、车站正线平面

对于大部分车站，正线的线型会很大程度决定站坪的平纵断面形式，进而影响布置在站坪上的其他站线的线型，同样，布置在站坪上的正线也会受到站坪的限制。因此，车站正线平面的设置不仅要考虑路段设计速度的要求，同时也要满足在站线上开展的其他车站作业的需求。为了便于车站作业，站坪应设在直线上。

车站设在曲线上有如下缺点：

(1)站内瞭望视线不良，使接发车、调车及列检等作业复杂化，使各工种之间的信号联系条件恶化，不仅增加中转信号时间，降低效率，还容易误认信号，造成行车事故。

(2)影响作业安全，尤其在夜间照明不良的情况下或雨雪天，作业极不安全。

(3)增加列车起动阻力。

(4)作业繁忙的车站需增加辅助的行车人员及列车人员。

(5)由于曲线车站调车作业不能使用铁鞋制动，列检人员检修车辆及换闸瓦有时需移到直线上进行，作业受限制。

(6)小半径的曲线车站将限制不停站列车的行车速度。

(7)线路维修养护工作量大。

车站的规模越大，作业越多，上述影响则越严重。

尽管车站设在曲线上存在诸多缺点，但在困难情况下，为减少拆迁、土建等工程投资，一些作业量较小的车站在考虑满足行车速度及养护维修要求的基础上，经技术经济比选后，可设在曲线上。

我国《线规》规定客货共线铁路区段站的正线应为直线，其余车站宜设置在直线上。当车站正线位于曲线上时，曲线半径应满足附录五列出的正线最小曲线半径要求，且应尽量减小曲线偏角。

高速铁路的始发站及城际铁路车站宜在直线上，困难条件下，曲线半径不应小于相应路段设计速度的最小曲线半径，且不得小于 600 m。高速铁路中间站和越行站应设在直线上。

反向曲线对接发列车及调车作业极为不利，因此除客货共线铁路纵列式车站外，其余各类线路的车站正线均不应在反向曲线上。当车站正线在反向曲线上时，每一运行方向的到发线有效长度范围内，不应有反向曲线，如图 1-4-2 所示。

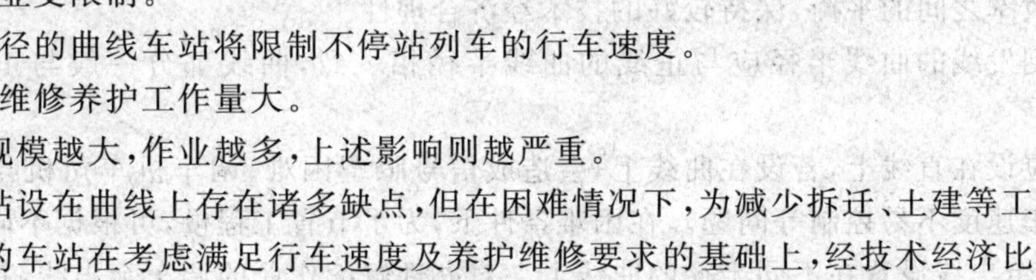

图 1-4-2　设在曲线上的车站

二、车站咽喉区平面

车站咽喉区范围内有较多道岔，道岔设在曲线上有严重缺点：如尖轨不密贴且磨耗严重，道岔导曲线和直线部分不易连接，轨距复杂不好养护，列车通过摇晃严重且易脱轨。曲线道岔又需特别设计和制造。所以车站咽喉区范围内的正线，无论新建或改建车站，均应设在直线上，以保证道岔能够布置在直线上。

位于正线上的车站咽喉区两端最外一组道岔，其直向与相邻曲线之间应设有一定长度的直线段过渡，以减少正线上列车高速运行时的振动和摇晃。该直线段长度应保证列车在曲线上产生的振动与道岔上产生的振动不叠加。

三、站线平面

站线平面主要是指到发线、牵出线、货物装卸线等各类站线有效长度范围内的平面形式。列车或机车车辆需要在站线上办理特定的作业，站线平面形式必须满足作业开展，以及列车或调车车列进入和驶离站线时运行的要求。

由于站线一般布置在站坪上，而站坪的平面主要由正线的平面形式决定，因此站线平面的设置受正线的平面布置、地形、作业类型与方式、作业量及机车车辆走行速度的影响。为了保证作业安全与高效，除非必要，站线一般应设在直线上。设在曲线上时，需要根据站线上开展的作业要求选定适当的曲线半径，使得线路既能满足机车车辆走行速度、瞭望、人员联系、作业便利、设置建筑物及线路维修等项要求，又能适应地形地质条件，做到土地利用、工程量，维修养护及作业效率之间的平衡，保持较好的技术经济合理性。

车站内到发线的曲线半径应与正线的曲线半径相一致，曲线部分一般与正线按同心圆设计。

牵出线应设在直线上，若设在曲线上，会造成信号瞭望困难、调车机车司机与调车人员联系不便及调车速度不易控制等问题。在困难条件下，为了节省工程量，可根据不同的调车方式及作业量，将牵出线设置在不同半径的曲线上。对办理解编作业的调车牵出线，其曲线半径不应小于1 000 m，特别困难时，不应小于600 m；对于仅办理摘挂、取送作业的货场或其他场、段的牵出线可低于以上标准，但不应小于 300 m。除在咽喉区附近为调整线间距外，牵出线不应设在反向曲线上。改建车站，在特别困难条件下，调车作业量较小时，可设在反向曲线上，也可保留既有曲线半径。

货物装卸线应设置在直线上，以方便装卸和车辆的摘挂作业。在困难条件下，可设在半径不小于 600 m 的曲线上，在特别困难条件下，曲线半径不应小于 500 m。

位于旅客高站台旁的线路应设在直线上，若在曲线上，将导致车门与站台之间缝隙过大，造成旅客乘降和行包装卸的不便。在困难条件下，旅客高站台旁的线路可设在半径不小于1 000 m的曲线上，特别困难条件下，曲线半径不宜小于 600 m。

站内联络线、机车走行线和三角线等，机车车辆运行的速度较低，可采用较小半径的曲线，但其最小值必须保证机车车辆的安全运行，以及线路养护维修工作的需要。根据我国机车车辆的构造，规定这类线路的曲线半径在不通行列车时不应小于 200 m，通行普通货物列车时不应小于 250 m，通行旅客列车时不应小于 400 m。

新建车站站内线路的最小曲线半径可见附录五中的附表 9。

有列车通过的站线若设置有曲线，曲线部分需要根据超高理论，考虑客车最高运行速度、货车最高运行速度、曲线半径，以及允许的过超高和欠超高值，合理地设置曲线超高，以保证行车安全，减轻钢轨偏磨，提高旅客的舒适度。根据我国铁路列车结构特征，以及线路半径的选取原则，《站规》规定动车组列车到发进路上的曲线应设置超高，且不应小于 20 mm；其他客货列车到发进路上的曲线宜设置超高，曲线半径小于 600 m 时超高可采用 25 mm，大于等于 600 m时可采用 20 mm，道岔连接曲线超高可采用 15 mm；其余站线可不设超高。

为了使列车平稳地在直线和圆曲线间过渡，需要根据曲线超高的设置、圆曲线半径、列车通过速度及旅客舒适度允许的超高时变率等确定站线的直线和圆曲线间是否应设置缓和曲线。我国《站规》规定，动车组到发进路上的曲线应设置缓和曲线，其长度不应小于 20 m，当采用 18 号道岔，曲线半径大于等于 1 200 m 时，或采用 12 号道岔，曲线半径大于等于 400 m 时可不设缓和曲线；其余站线可不设缓和曲线。

四、进出站线路的平面

进出站线路是指按列车运行方向和列车种类修建的自干线正线引入枢纽内各车站的正线和枢纽联络线，如图 1-4-3 所示。

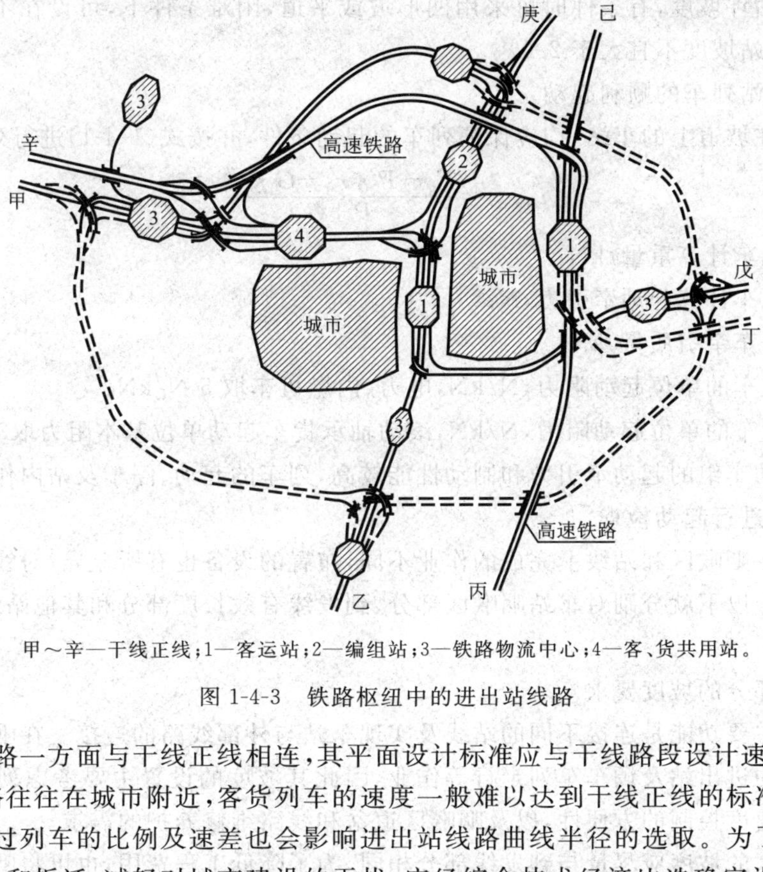

甲～辛—干线正线；1—客运站；2—编组站；3—铁路物流中心；4—客、货共用站。

图 1-4-3　铁路枢纽中的进出站线路

进出站线路一方面与干线正线相连，其平面设计标准应与干线路段设计速度相匹配；另一方面，这类线路往往在城市附近，客货列车的速度一般难以达到干线正线的标准；同时，枢纽内车站停站和通过列车的比例及速差也会影响进出站线路曲线半径的选取。为了避免引起大量工程，减少用地和拆迁，减轻对城市建设的干扰，应经综合技术经济比选确定设计速度。在困难条件下，有旅客列车通行的进出站疏解线路的最小曲线半径不应小于 400 m，其他疏解线路不应小于 300 m。编组站环到环发线、装(卸)车环线的最小曲线半径不应小于 250 m。

第三节　站场纵断面

站场的纵断面主要包括站场范围内坡度和坡段的设计，坡度和坡段的选择需要考虑列车运行速度、旅客列车运行平稳性、货物列车起动，以及各类作业的安全性和便捷性要求。

一、坡度设置

1. 站坪坡度设置要求

站坪宜设在平道上，以确保车站作业的方便和安全。但在地面纵坡较陡的地形条件下，或受地质水文等条件限制时，为了节省大量工程，允许将站坪设置在坡道上，但设计坡度应满足下列要求。

(1)保证车站停放的车辆不致溜逸和站内调车作业安全。

停留在线路上的货车由静止状态开始溜逸的单位起动阻力除与车辆的种类、载重、连挂的车辆数等车组自身特性有关外，还与环境因素，如风力、风向、气温、轨道弹性、相邻线路通过列车时产生的振动和列车风等有关。目前我国车辆均采用滚动轴承，在站坪坡度采用 1.5‰的既有车站上，车辆连挂时仍有溜逸现象，因此为了防止车辆溜逸和保证站内作业安全，在设计时应尽量放缓站坪坡度，有条件时可采用凹形坡或平道，困难条件下，可设在不大于 1.0‰的坡道上，地下车站坡度不宜大于 2.0‰。

(2)保证停站列车的顺利起动。

所有设计在坡道上的车站，均应保证列车的起动条件，并按式(1-4-1)进行列车起动检查：

$$i_{q(\max)}=\frac{F_q-P\cdot r'_q-G\cdot r''_q}{P+G} \tag{1-4-1}$$

式中 P——机车计算重量，kN；

F_q——机车计算起动牵引力，N；

G——列车牵引质量，kN；

r'_q——机车的单位起动阻力，N/kN，电力、内燃机车取 5 N/kN；

r''_q——货车的单位起动阻力，N/kN，滚动轴承货车起动单位基本阻力取3.5 N/kN。

客运专线动车组的起动牵引力和制动性能较高，列车的起动、停车及站内作业安全都不成问题，因此不需进行起动检查。

由于车站在咽喉区和站线上完成的作业不同，布置的设备也有所差异，对线路纵断面的要求也不尽相同。以下就分别对车站咽喉区部分、到发线有效长度部分和其他站线，以及进出站线路进行说明。

2. 咽喉区部分的坡度要求

咽喉区的主要功能是连接不同的站线及实现车站与外部线路的连接。在咽喉区完成的作业主要有列车的进出站及调车车列走行等作业，因此其坡度的设置主要考虑列车和调车车列加速和制动等速度控制的方便性，以及咽喉区道岔和线路维修养护的需求。

车站咽喉区的坡度应尽量与到发线部分相同，为了降低工程费用，也可将咽喉区设置在不同的坡度上。一般而言，车站行车和调车作业量越大，咽喉区的坡度越需要放缓，以便于作业和维修养护，作业量小的车站，坡度可以适当放大。我国铁路规定客运专线上咽喉区正线的坡度在始发站不宜大于 2.5‰，中间站不宜大于 6‰；客货共线和重载铁路车站咽喉区正线的坡度在困难条件下可不大于区段限制坡度减 2‰(相当于道岔阻力)，并且对于区段站和客运站不宜大于 2.5‰，中间站、会让站和越行站不宜大于 10‰。对于有大量车列解编作业的技术站的调车场，安全高效地完成调车任务是其核心目标，为此会设置一些专用的调车设备，调车场的纵断面需要结合调车设备的配置进行专门的设计。

3. 到发线有效长度部分和其他站线的坡度要求

到发线有效长度部分和其他站线部分是供列车和车辆停留的地点，主要完成列车的交会、越行、客货运业务作业及技术作业。因此保证停留的列车和车辆不会发生溜逸，列车能够顺利起动是坡度设计需要考虑的主要因素。

我国铁路规定到发线尽量设置在平坡上，也可设在不大于1‰的坡道上，以防止停留的车辆发生溜逸；对于会让站、越行站及无配线的车站，由于车站作业量较少，且基本上都是以列车的形式在车站通过或短时停留，发生溜逸的可能性较小，因此可设在不大于6‰的坡道上，但在客货共线铁路和重载铁路上，考虑远期发展和相邻车站间的调车作业，这类车站不得连续设置。

在除到发线外的站线中，牵出线一般会与调车线或到发线纵列，其主要功能是调车走行，为了提高调车效率，同时兼顾调车速度控制的方便性，办理解编作业的牵出线可设在面向调车线的不大于2.5‰的坡道上。中间站、货运站等站场的牵出线有可能会兼作车辆存放使用，宜设置在不大于1‰的坡道上。货物装卸线上的货车在装卸时会受到外力的作用，为了保证作业安全，防止车辆溜逸，以及重量或容积测量的准确性，规定货物装卸线应设置在平道上。

车站内各类坡度的要求可以参见附录十二中的附表18。

4. 进出站线路的坡度要求

进出站线路一般在城市附近，尤其是在有多条线路交会，大量客货列车始发终到的铁路枢纽，往往需要设置立交以疏解枢纽内线路的交叉，从而引起线路纵断面的大幅度变化。同时，这些线路上列车的速度一般难以达到区间干线的标准，而在低速情况下，列车会比在高速下有更大的牵引力。考虑以上特点，进出站线路的纵断面一般应采用相邻路段正线的标准，但为了减少用地和拆迁，降低工程费用，也可采用较大的坡度。

我国《线规》规定客运专线区间正线最大坡度不宜大于20‰，困难条件下不应大于30‰。客货共线Ⅰ级铁路在平原、丘陵和山区的限制坡度，对于电力牵引的情况分别为6‰、12‰和15‰，内燃牵引为6‰、9‰和12‰；对于Ⅱ级线路，在平原、丘陵和山区地区，电力牵引情况下的限制坡度分别为6‰、15‰和20‰，内燃牵引为6‰、9‰和15‰。对于进出站线路，《站规》规定仅运行动车组列车的线路（一般为客运专线），其最大坡度应与区间正线相同。运行机车牵引客车的线路（一般为客货共线铁路），其最大坡度不宜大于15‰，困难条件下不应大于20‰。仅单方向运行货物列车的线路可设在大于限制坡度的下坡道上，单机牵引时不应大于12‰，加力牵引时，电力机车牵引不应大于30‰，内燃牵引不应大于25‰。

在编组站、区段站及干支线接轨站，作业复杂，作业量大，列车在进站信号机外停车的概率较大，若机外停车的列车重新起动困难，可考虑在这些车站进站信号机外设置进站缓坡。

二、坡段设置

站坪一般设计为一个坡段，以提高列车运行的平稳性，但由于较短的坡段能较好地适应地形，为了减少工程量，也可将站坪设在多个坡段上。但当列车通过变坡点时，列车重力沿坡度的分力会对车辆产生纵向加速度，引起车厢之间的冲击，影响客运列车运行的平稳，同时由于货物列车质量较大，过大的纵向冲击力会引起车钩折断等危及行车安全的事故，因此需要综合考虑列车运行的平稳性和车钩的强度，合理设置坡段的长度及相邻坡段的坡度差。

客货共线铁路站坪坡段的设置以货运列车的需求为主，兼顾客运列车。坡段的长度和相邻坡段的坡度差受纵断面形式、列车牵引质量、列车长度、车钩强度、制动机类型及机车的操纵工况等因素的影响。由于列车的牵引质量、列车长度与到发线有效长度有密切关系，现行《线规》

根据远期到发线有效长度对其最小坡段长度和相邻坡段最大坡度差进行了规定，见表 1-4-2。

表 1-4-2　坡段长度与相邻坡段最大坡度差

远期到发线有效长度/m	1 050 及以上	850	750	650
最小坡段长度/m	400	350	300	250
相邻坡段最大坡度差/‰	8	10	12	15

注：1. 路段设计行车速度 160 km/h 地段，最小坡段长度不宜小于 400 m，且不宜连续使用 2 个以上。

2. 路段设计行车速度 200 km/h 地段，最小坡段长度不宜小于 600 m，且不宜连续使用；困难条件下不应小于 400 m，且不应连续使用。

客运专线从列车运行平稳性的角度考虑，正线坡段应尽量长。高速铁路正线最小坡段长度一般不应小于 900 m，困难条件下不应小于 600 m；城际铁路正线最小坡段长度不应小于 400 m，困难条件下不应小于 200 m。为避免列车运行过程中在垂向上的频繁起伏，影响旅客乘坐舒适度，要求最小长度坡段不宜连续使用。

为了避免由变坡点产生的坡度附加加速度叠加而引起车辆之间的冲击，提高列车起动停车时的平稳性，车站内到发线有效长范围宜设计为一个坡段，困难条件下，应在站台范围内设计为一个坡段。高速铁路到发线坡段长度不应小于 450 m，城际铁路不宜小于 250 m。

除到发线外，其他通行正规列车的站线，如有列车经过的场间联络线，考虑到其长度较短，综合考虑列车长度范围内的变坡点数量和线路连接的方便性，规定坡段长度不应小于 200 m；不通行列车的站线和段管线，仅行驶单机或调车车列，车速较低，车钩附加应力小，可采用不小于 50 m 的坡段长度。

相邻坡段的坡度差超过一定数值时，应以竖曲线连接，以保证列车通过变坡点时不脱轨、不脱钩和产生的附加加速度满足行车平稳的要求。竖曲线半径大小受轮缘高度、列车运行速度及相邻车钩中心线允许的上下错动量等因素影响。《线规》对车站内竖曲线半径选取的标准规定见附录十二中的附表 19。

为了提高旅客列车运行的平稳性，正线的最小坡段长度除应满足两竖曲线不重叠外，还应考虑两竖曲线间有一定的夹坡段长度，以确保列车在前一个竖曲线上产生的振动在夹坡段长度范围内完成衰减，不与下一个竖曲线上产生的振动叠加。夹直线长度应不小于 $0.4v$，并进整为 50 m 的整倍数。

道岔是铁路线路的薄弱环节，结构复杂，且列车速度越高，对道岔的几何状态要求越严，养护条件要求越高。为了使列车经过道岔时保持较好的平稳性和减少对道岔的冲击力，正线和到发线上不应将道岔布置在竖曲线上，也不应与变坡点重叠。对于高速铁路，正线上的道岔两端应与竖曲线起终点或变坡点应保持至少 20 m 以上。对于其他站线，由于车列通过时速度较低，为了便于协调各类要素，不宜将道岔布置在竖曲线或变坡点上。

三、站坪与区间纵断面的配合

车站站坪与区间纵断面的配合，常见的有以下六种形式。

(1)站坪和两端线路均为平道或和缓坡道。此种配合有利于利用区间正线调车作业。

(2)站坪位于凸形断面上[图 1-4-4(a)]。列车出站为下坡，有利于加速；列车进站为上坡，便于制动停车；当上、下行列车同时进站时也较安全。但这种配合也有缺点，如进站上坡较陡，列车因故在进站信号机外方停车后，起动较困难。为了克服这个缺点，可在进站信号机前不短于远期列车长度范围内，设置能保证列车起动的缓坡，如图 1-4-5(a)所示。

(3)站坪位于凹形断面上[图 1-4-4(b)]。列车出站为上坡，不易加速；列车进站为下坡，不易减速。当两端坡度较陡时，为了克服上述缺点，可将站坪两端 200～300 m 范围内设计为缓坡，如图 1-4-5(b)所示。这种站坪也有其优点，如当站线上停留车辆时，尤其是车辆采用滚动轴承后，偶有外力推动时也不会溜入区间。

(4)站坪位于阶梯形纵断面上[图 1-4-4(c)]。此种配合一般用于越岭地段，其特点是半凸半凹，对一个方向列车运转有利，而对另一方向列车运转不利。

(5)站坪位于半凹形断面上[图 1-4-4(d)]，特点与凹形相似。

(6)站坪位于半凸形断面上[图 1-4-4(e)]，特点与凸形相似。

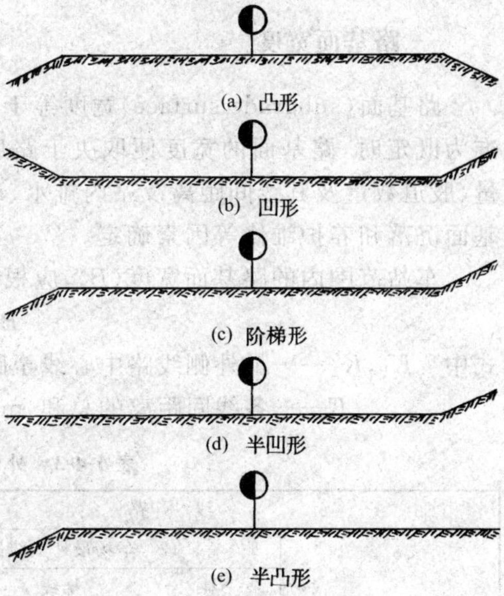

图 1-4-4　站坪与区间纵断面的配合

图 1-4-5　进出站线路上缓坡的设置

第四节　站场路基

铁路路基(subgrade)(图 1-4-6)是为满足轨道铺设和运营条件而修建的土工构筑物。它是轨道的基础，承受着轨道及机车车辆的静载荷和动载荷，并将载荷向地基深处传递扩散。

站场路基应结合地形、地质、水文、气象等条件，并考虑排水设备的要求和农田水利的需要进行设计。设计时应力求保证路基的稳定，合理调配填方和挖方的数量，并畅通地排除地面水和地下水。

站场路基可根据其承载的站内股道或设施的不同功能和性质，分为正线路基、到发线路基、其他站线路基和场坪等，路基类别不同，其路肩高程、路基面形状和高度、填料要求和压实标准、沉降控制等均不同。

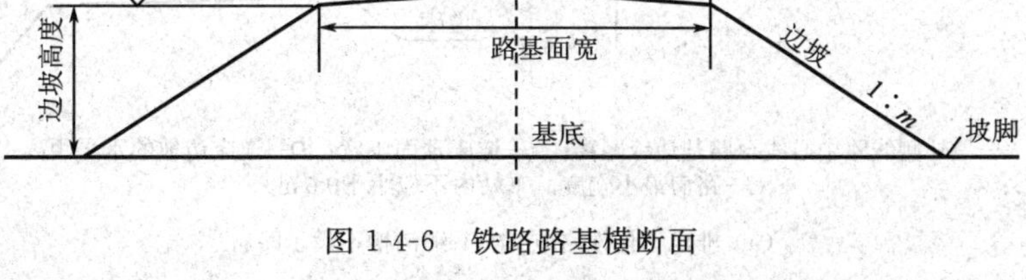

图 1-4-6　铁路路基横断面

一、路基面宽度

路基面(subgrade surface)宽度等于道床覆盖的宽度与两侧路肩宽度之和。当道床的标准为既定时,路基面的宽度便取决于路肩的宽度。站场路基面宽度应根据站房用地、站台数量、股道数量及其线间距离及站内排水、通信信号、电力等设备的布置要求,考虑曲线加宽、路基面沉落和养护维修等因素确定。

车站范围内的路基面宽度(B),应根据线路数目按式(1-4-2)确定:

$$B=K_1+E+K_2 \tag{1-4-2}$$

式中 K_1,K_2——最外侧线路中心线至路基边缘的宽度,m,可采用表1-4-3中的数值;

E——各线间距离的总和,m。

表1-4-3 外侧线路中心至路基边缘宽度 单位:m

线路		距离	
非电气化铁路电(光)缆沟槽不设于路肩上	车场最外侧线路	≥3.0	
	梯线	≥3.5	
	有列检作业的线路	≥4.0	
	牵出线有调车人员上下一侧	≥3.5	
	驼峰推送线无摘钩作业一侧	≥4.0	
	驼峰推送线有摘钩作业一侧	≥4.5	
高速铁路	正线	≥4.6	
	到发线	≥4.6	
与站内正线并行共路基的牵出线、安全线		≥3.5	
不通行列车的站内单线		土质路基	≥2.8
		硬质岩石路基	≥2.7

最外侧线路中心线至路基边缘的宽度应保证线路稳定、养护维修、作业人员安全避让及在路肩上埋设铁路各种电(光)缆沟槽、接触网立柱、声屏障等设备的需要。其宽度需要根据具体的情况计算确定。对于最简单的情况,如非电气化铁路,且各种电(光)缆沟槽不设在路肩上,其宽度的组成如图1-4-7(a)所示;对于复杂的情况,如电气化铁路,且电(光)缆沟槽设在路肩上,其宽度的组成如图1-4-7(b)所示。

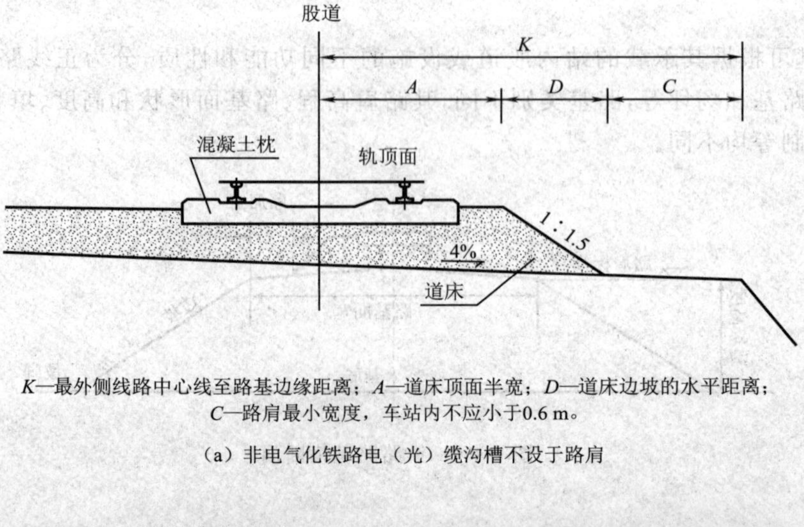

K—最外侧线路中心线至路基边缘距离;A—道床顶面半宽;D—道床边坡的水平距离;C—路肩最小宽度,车站内不应小于0.6 m。

(a)非电气化铁路电(光)缆沟槽不设于路肩

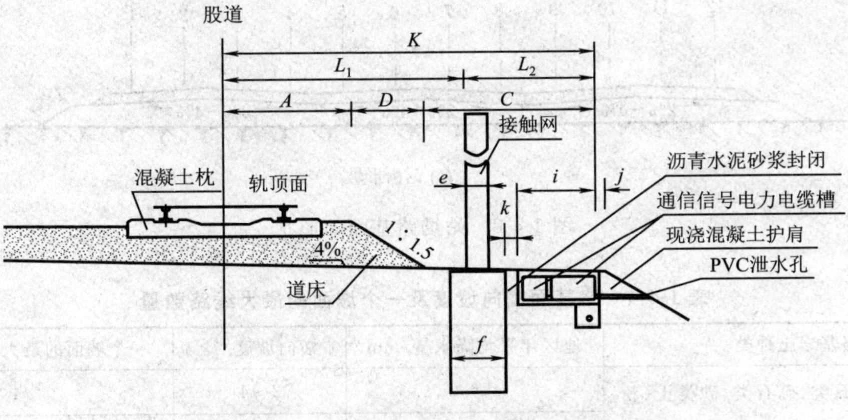

K，*A*，*D*，*C*—含义同（a）图；*f*—接触网支柱基础宽度；
L_1—接触网支柱内缘至最外侧线路中心最小距离，一般为3.0 m，考虑大机养护为3.1 m；
k—接触网支柱基础与电缆沟槽外廓之间的距离，一般为0.05 m；
L_2—接触网支柱内缘至路基边缘距离；*i*—电缆槽外廓宽度；
e—接触网支柱轨面以上宽度；*j*—电缆槽外护肩宽度，一般为0.1 m。

（b）电气化铁路电（光）缆沟槽设于路肩

图 1-4-7　路基最外侧线路中心线至路基边缘的宽度构成

按照我国铁路接触网支柱、线缆沟槽的一般技术规格，电气化铁路，电（光）缆沟槽设于路肩上时，*K* 的大小一般在 4.6～5.2 m 间。

二、路基面的形状

站场路基面应有一定的横向坡度，以保证及时排走路基面上的雨水、雪水，保持路基干燥。根据站场路基的宽度、排水要求、路基填挖情况和线路坡度连接等条件，可将中间站、会让站、越行站等线路较少的车站路基设计成单面坡或双面坡[图 1-4-8(a)、(b)]，站线数目较多的编组站、区段站等宜采用锯齿形坡的横断面[图 1-4-8(c)]。为了保证正线的排水畅通，减少病害，路基无论采用何种形式的断面，其横向坡均不宜倾向正线。路基面横向坡度及一个坡面的最大线路数量见表 1-4-4。

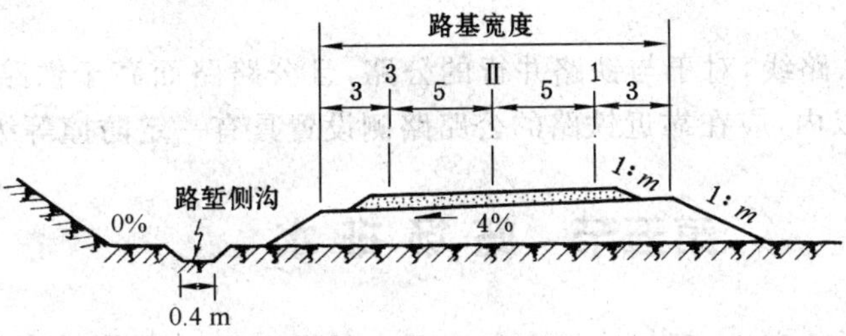

(a) 单面坡

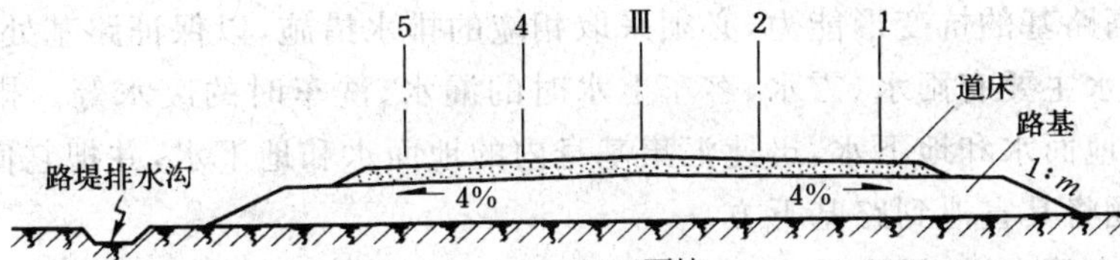

(b) 双面坡

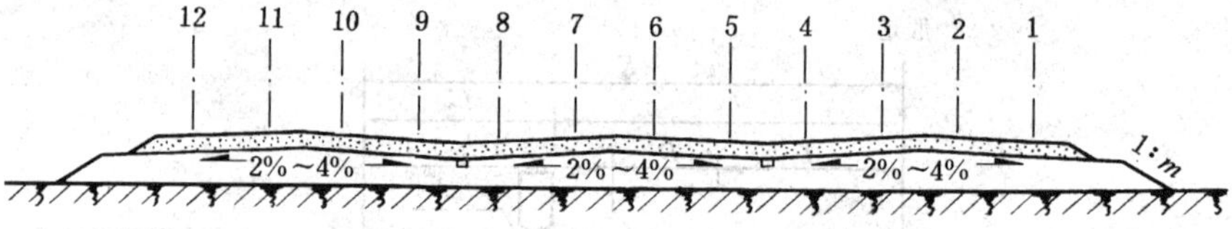

(c) 锯齿形坡

图 1-4-8　站场路基面的形状

表 1-4-4　路基面横向坡度及一个坡面的最大线路数量

路基岩土种类	地区年平均降水量/mm	横向坡度/%	一个坡面的最大线路数量/条
块石类、碎石类、砾石类、砂类土(粉砂除外)等	<600	2～4	4
	≥600	2～4	3
除上述外其他岩土	<600	2～4	3
	≥600	2～4	2

为保证正线路基的稳定性，正线与站线共路基时，为便于施工，与正线相邻的站线采用正线的路基标准，此时路基面是以正线中心(双线时为两正线间)向两侧排水的双面坡，其横坡率宜采用 4%。站线与正线间设有纵向排水槽、站台等设施时，站线路基可与正线路基分开设置。客货共线铁路到发线的横坡不应小于 2%，其他站线不宜小于 2%。

为了减少土方工程，挖方时一般宜采用单面坡，填方时则采用双面坡。

三、路肩标高

路肩标高一般指站场的最外侧线路(包括外包正线)路基边缘的高度。路肩高程受洪水位控制时，应保证不被洪水或内涝积水所淹没，路肩标高应考虑设计洪水位、波浪侵袭高、斜水流局部冲高、壅水高、河床淤积高度及安全高度(一般不小于 0.5 m)等因素，一般采用 1/100 的洪水频率或高潮位进行设计。地下水位或地面水水位较高地段的路基，其路肩高程应高出地下水水位或最高地面水水位、毛细水强烈上升及安全高度之和。季节冻土地区的路肩高程应高出冻前地下水水位或冻前地面积水水位、毛细水强烈上升高度、有害冻胀深度和安全高度之和。

为避免机动车误入铁路线，对于与铁路并行的公路，且公路路面高于铁路路肩高程，或低于铁路路肩高程 1.0 m 以内，应在靠近铁路的公路路侧设置具有一定防撞等级的护栏。

第五节　站场排水

路基各种病害和变形的产生，都与地面水和地下水的浸润和冲刷等破坏作用有关。要保证路基的稳定，提高路基的抗变形能力，必须采取相应的排水措施，以保证路基处于干燥状态。

站场内的地面水主要有雨水、雪水、客车上水时的漏水、洗车时的废水等。排水系统的功能是拦截路基上的地面水和地下水，迅速汇集基身内的地面水和地下水，并把它们导入顺畅的排水通道，通过桥涵将其宣泄到路基下方。

站场排水系统主要由纵、横向排水设备组成。在站场范围外有流向站场的地面水或危害路基的地下水时，还应包括设在站外拦截地面水及地下水的设备。

一、站场排水设备

站场排水设备(图 1-4-9)按设置位置分为纵向排水设备及横向排水设备。纵向排水设备的作用是汇集线路间积水,一般采用排水沟、砟顶式或砟底式排水槽,设置在站场路基面横向坡的坡底位置。横向排水设备的作用是把纵向沟内的水排出站外,一般采用排水槽或排水管。为了防止淤积,还应设有检查井或集水井。

排水设备的选择应根据地区气候、站场作业性质及特点、各类排水设备的性能、结构的经济合理性及施工养护方便等因素,本着因地制宜的原则确定。

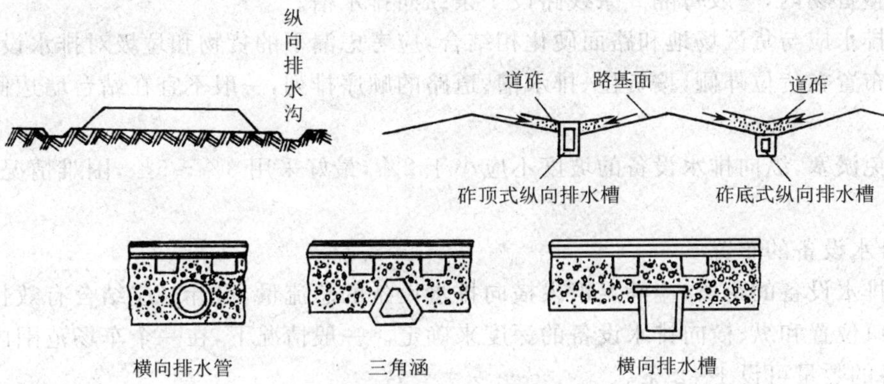

图 1-4-9　站场排水设备

二、站场排水设备布置原则与要求

设计站场排水系统时,应有总体规划,统筹安排站场路基排水及车站生产废水和生活废水的排除,处理好排水与农田水利排灌、城市排污系统之间的关系,做到顺畅而又经济合理,一般而言,站场排水设备布置应遵循以下原则。

(1)纵向和横向排水设备应紧密配合。为了使站内积水迅速、畅通地排出至路基范围以外,应使水流径路最短,并尽量顺直,且不得冲刷路基和边坡。

(2)站场排水设备的横断面尺寸,应按 1/50 洪水频率的流量进行设计,同时考虑清淤养护的需要。

(3)横向排水设备宜利用站内桥涵;无桥涵可用时,可采用横向排水槽或排水管,但不宜穿越正线。

(4)纵向排水槽应根据站场路基面形状确定,宜设在到发线与到发线、到发线与正线之间,困难条件下也可设于到发线与站台之间。

(5)排水设备在有工作人员或车辆通行的地段,排水沟或排水槽应加设盖板。

(6)纵横向排水槽(管)的交会点、排水管的转弯处和高程变化处应设检查井或集水井。

(7)各种管线应系统设计,避免与排水设施相互干扰,站场排水设施不应与接触网支柱、雨棚柱基础等交叉。

对站(段)场内有大量地面水产生(如有客车上水作业的到发线、洗车线、加冰线等)或容易积水的地段(如驼峰立交桥下、货场内设有站台的装卸线等)应加强路基排水设计。此外,电气设备集中的地区,如车辆减速器和设有轨道电路的大站咽喉区,为避免地面水影响设备的正常动作和信号的正确显示，亦应加强排水。

三、站场排水设备的布置

1.纵向排水设备的布置

(1)线路数目较多的车站，车场内纵向排水槽可根据表 1-4-4 规定相邻两个坡面线路数目来布置。

(2)客运站和办理客车上水作业的车站，一般在两站台之间设 1 条纵向排水槽，其位置应与客车上水管路结合设置。

(3)客车整备场内，一般每隔 2 条线路设 1 条纵向排水槽。

(4)货场排水应与货区场地和路面硬化相结合，应考虑漏下的货物和垃圾对排水设备的堵塞，排水槽应布置在货位外侧，按货位、排水槽、道路的顺序排列，一般不宜在站台墙边侧、货位下设置。

(5)为避免淤塞，纵向排水设备的坡度不应小于 2‰，最好采用 3‰～5‰，困难情况下不应小于 1‰。

2.横向排水设备的布置

(1)横向排水设备的距离，应满足汇入横向排水设备的总流量，设计时应结合有效长度、车场纵坡、出水口位置和纵、横向排水设备的深度来确定。一般情况下，在一个车场范围内，主要横向排水设备的数量可设 1～2 条。

(2)穿越线路的横向排水设备的坡度应不小于 5‰，有条件者可适当增至 8‰或以上。

3.检查井和集水井

纵向和横向排水槽、管的交会点，排水管道的转弯处和高程变化处，容易淤积、堵塞，应设检查井或集水井，一般情况，降水量大或为土质路基时，排水管比较容易淤积，检查井或集水井间距应小些；降水量小或为渗水土路基时，间距可大些，检查井或集水井的间距以 40 m 左右为宜，设计时可参考图 1-4-10的布置。

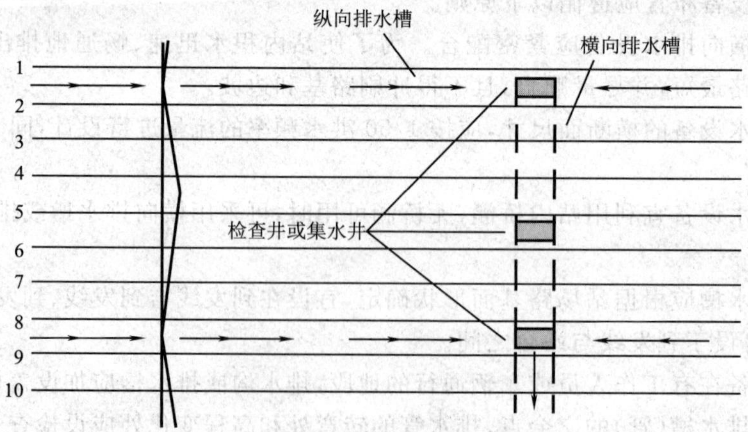

图 1-4-10　检查井或集水井间距

4.站场排水系统举例

图 1-4-11 是位于年降雨量大于 600 mm 地区的站场排水系统示意。

图 1-4-11(a)为路基横断面，采用锯齿式横断面，路基面横向坡度为 3%。

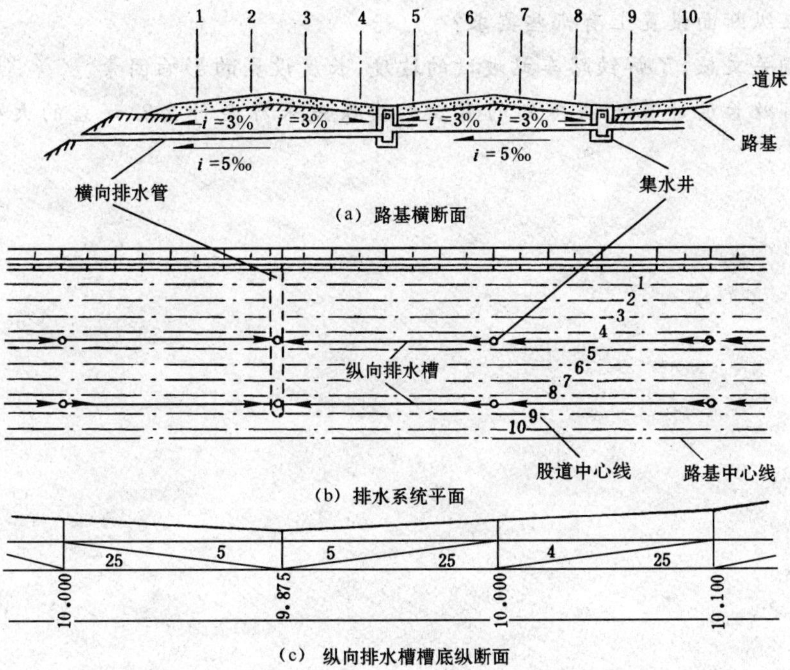

图 1-4-11　站场排水系统示意

图 1-4-11(b)为排水系统平面，每隔 4 条线路设一纵向排水槽，线路间地面水经排水槽流入集水井，经横向排水管流出站外。

图 1-4-11(c)为纵向排水槽槽底纵断面，表示出集水井间距、排水槽各段的坡度及各变坡点的标高。

复习思考题

1. 影响相邻线路间距的因素有哪些？客运专线铁路车站相邻线路间距相比客货共线铁路有哪些变化？

2. 试绘出单式道岔几何要素图。

3. 常见的道岔配列形式有哪几种？相邻道岔间插入的直线段作用是什么？

4. 为什么道岔辙叉号码大小能影响列车侧向通过速度？

5. 两相邻曲线间插入直线段的作用是什么？

6. 道岔与曲线间插入直线段的作用是什么？直线段的长度受哪些因素影响？

7. 缩短式线路终端连接中的转角 ϕ 的大小受哪些因素影响？

8. 车站线路有效长度起止范围由哪几项因素来确定？

9. 为什么有轨道电路时，要考虑警冲标和信号机的相互位置？

10. 直线梯线、缩短式梯线及复式梯线的优点和缺点各是什么？

11. 车站在平面设置上有哪些要求？

12. 阅读相关文献，了解铁路曲线半径选择的影响因素。

13. 为何车站正线、站线的平面设置要求有所不同？

14. 车站在纵断面设置上有哪些要求？

15. 阅读相关文献，了解铁路车站坡段的坡度、长度设置的影响因素。

16. 根据有效长度计算方法得到的有效长度误差来源是什么？误差的大小受什么因素影响？

第二篇

中　间　站

第一章　中间站的作用及分布

一、中间站的作用

中间站(intermediate station)是为提高铁路区段通过能力，保证行车安全并为沿线城乡及工农业生产服务而在铁路牵引区段内设置的车站。

中间站的功能主要有两个方面，一是在确保安全的前提下不间断接发列车，并进行列车会车、越行及部分列车调车作业，以满足行车及通过能力的要求；二是进行客、货运作业，以满足地方客、货运输的需求。办理客、货运业务的中间站其位置与当地的交通运输、经济发展和人民生活息息相关。

《站规》规定，为满足区间通过能力的需要而设置的办理列车通过、会让、越行的车站，在单线铁路上称会让站(passing station)，在双线铁路上称越行站(over-taking station)；办理列车通过、交会、越行和客货运业务的车站称为中间站。

二、中间站的分布

中间站的分布主要考虑地方的客货运需求，以及线路的通过能力需求，同时也受到地形、地质、水文和车站运营等条件的限制。考虑区间通过能力的均衡性，必须满足线路的远景年输送能力需求。办理客货运业务的中间站应根据日均客货运量，考虑货物作业集中化的要求，结合该地区其他运输工具的发展情况并考虑城市或地区规划合理分布。有技术作业的中间站应满足技术作业的要求。

一般而言，中间站的站间距越短，车站数量越多，线路的通过能力越大，地方客货运输越方便，但车站数量过多会增大站内设备和线路的工程投资；过多的列车起停也会造成铁路运营费用增加和运营指标的下降，为此需要合理地设置站间距。会让站和越行站应按通过能力要求的货物列车走行时间标准分布。

新建客货共线铁路的站间距离，单线不宜小于 8 km，双线不宜小于 15 km。枢纽内站间距离不得小于 5 km。

单线铁路技术作业站相邻区间的列车往返走行时间应少于该线区间最大往返走行时间，区段站相邻区间各应至少减少 4 min，其他技术作业站如因技术作业时间影响区间通过能力时，可根据需要减少相邻区间走行时间。

新建客货共线双线铁路站间货物列车单方向运行时间不宜大于表 2-1-1 规定的数值。困难条件下，个别区间可较表中规定值增大 1～2 min。

表 2-1-1　新建客货共线双线铁路站间货物列车单方向运行时间

路段旅客列车设计行车速度/(km/h)		200	160	≤120		
旅客列车对数/(对/d)		—	—	≤20	21～40	>40
站间货物列车单方向运行时间/min	电力	25	20	30	25	20
	内燃	—	25	45	40	—

高速铁路车站应根据城市分布、客运量、运输组织、设计输送能力及养护维修、救援等技术

作业要求，结合工程条件等因素综合研究确定，站间距离宜为 30～60 km。表 2-1-2 为国内外部分高速铁路车站分布情况。

表 2-1-2 国内外部分高速铁路车站分布情况

国家或地区	线名	总长度/km	车站个数	平均站间距/km	最大站间距/km	最小站间距/km
日本	东海道	515	15	36.8	68.1	15.9
	山阳	554	18	32.6	55.9	10.5
	东北	496.5	18	29.2	55.9	10.5
	上越	269.5	9	33.7	41.8	23.6
	北陆	117.4	6	23.5	33.2	17.6
法国	巴黎—里昂	417	4	139	—	—
	里昂—瓦朗斯	121	2	121	121	—
	瓦朗斯—马赛	303	3	156	—	—
	大西洋	281	4	93.7	168	15
	北方线	333	3	166.5	—	—
德国	汉诺威—威尔茨堡	327	5	82	—	—
	曼海姆—斯图加特	105	2	105	105	—
	法兰克福—科隆	219	5	55	—	—
	汉诺威—柏林	264	5	66	130	10
西班牙	马德里—塞威利亚	471	4	157	—	—
韩国	汉城—釜山	430	6	86	126.8	62.9
中国	北京—上海	1 318	23	59.9	103.8	26.8
	北京—广州	2 100	39	55.26	88.73	21.2
	北京—天津	117	5	29.3	37.3	21.3
	徐州—兰州	1 409	34	42.7	68	25.9
	上海—杭州	159	9	20.04	30.38	11.34

注：见《高速铁路设计规范》(TB 10621—2014)条文说明。

第二章 会让站和越行站

第一节 会 让 站

一、会让站的作业

会让站设置在单线铁路上，主要办理列车的到发、会车、让车，必要时可兼办少量旅客乘降业务。此外，当会让站设置维修工区时，还需办理大型养路机械的上下线运行与出入维修工区的作业。

二、会让站的设备

会让站应铺设到发线，以办理列车的到发、会车、让车作业。会让站一般不设中间站台，若有兼办的客运作业，旅客可在基本站台乘降。

维修工区（或维修车间）主要负责线路、接触网等基础设施的检修，约 50 km 需设置一个，与中间站的站间距相当，所以维修工区主要设置在中间站。但考虑长大干线车站站间距相对较大的原因，个别会让站上需设置维修工区。当会让站设置维修工区时，为了确保到发线上停留列车的安全，应在维修工区与到发线的连接处设置安全线。

会让站还应设置通信、信号设备及办公房屋等设备，以完成列车接发相关作业的办理。

三、会让站布置图型

布置图是展示车站主要设备相互位置关系的图型。会让站的布置图型设计需合理确定到发线的相互位置、维修工区的设置位置和相应的渡线和安全线的布置方案。

按到发线的相互位置关系，会让站布置图型主要可分为以下两类。

1. 横列式会让站

图 2-2-1 所示为《站规》推荐的横列式会让站布置图型。会让站横列式布置具有站坪长度短，工程费小，在紧迫导线地段可缩短线路；车站值班员对两端咽喉有较好的瞭望条件，便于管理；与纵列式相比，无中部咽喉，在道岔非集中操纵时可减少扳道人员；到发线使用灵活，站场布置紧凑等优点。一般情况下，会让站应采用横列式布置。

会让站一般应设两条到发线，以便车站具有三交会的条件，同时也能适应机械化养路的工程车和轨道车等特殊车辆停留的需要。

当列车对数较少时（一般平行运行图不超过 12 对，远期也无大的发展），仅为提高通过能力办理列车会让的车站，可仅设一条到发线。为使运输秩序出现不正常情况时影响范围不致过大，便于运行调整，设一条到发线的会让站不应连续设置。

横列式会让站设两条到发线时，以两条到发线分设正线两侧布置为宜[图 2-2-1(a)]。两条到发线分设正线两侧较设于一侧时站坪长度短，土石方工程量小，在单线发展为双线时，拆迁工程也较少。

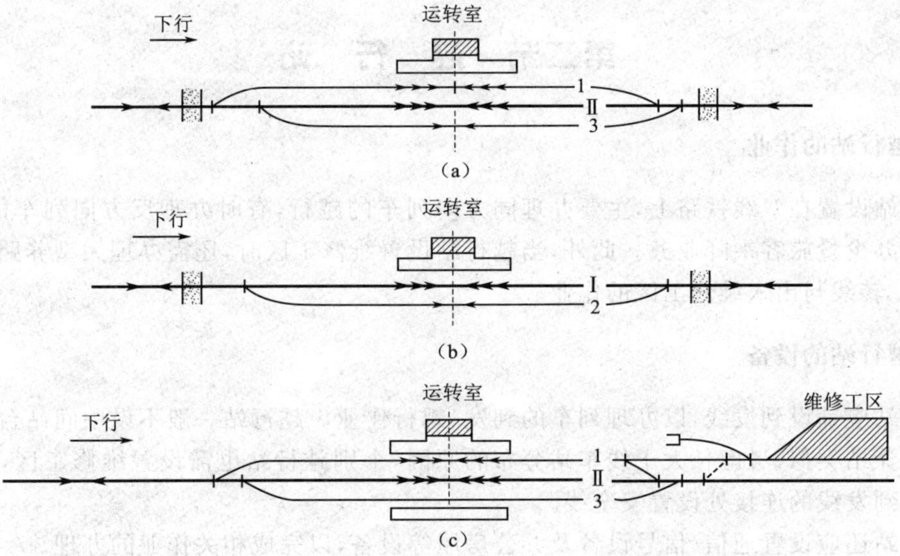

图 2-2-1 横列式会让站布置图型

横列式会让站如设一条到发线时，到发线一般应设在站房对侧[图 2-2-1(b)]。其优点是：便于利用正线接发通过列车，车站值班员可不跨越线路，也不被停留在到发线上的其他列车隔开，在基本站台上就可办理正线列车通过作业；经由正线接发的旅客列车可停靠基本站台而不经过侧向道岔，列车运行平稳，旅客比较舒适。但如旅客列车较多，且有交会通过列车及铺设第二条到发线为期较短时，则宜将到发线设在站房同侧，以保证旅客列车停靠基本站台，并避免在铺设第二正线时拆迁站台等造成废弃工程。

当会让站需要设置维修工区时，维修工区的设置位置一般有站同左、站同右、站对左、站对右四个位置。维修工区设在站房同侧时，其优点是便于设置维修工区的办公房屋，可与车站共用供水、供电等辅助设施，且出入维修工区的道路不跨越正线；车站线路向站房对侧发展不受限制。因此，维修工区设在站房同侧更有利。考虑到维修工区设置在站同左时，位于运行方向的前方，更利于大型养路机械进出维修工区，故维修工区通常设在站同左，如图 2-2-1(c)所示。

2.纵列式会让站

纵列式会让站布置图型(图 2-2-2)的特点是两到发线纵向排列，并向逆运转方向错移一个货物列车到发线有效长度。因此，需要较长的站坪，工程费用较大；司机与值班员联系时，走行距离长；列车在站会车不灵活，特别是在三交会的情况下，有时造成客车不能停靠基本站台，先到的列车不能先开，应通过的列车不能通过等情况，增加列车的停站时间；在人工扳道非集中联锁的情况下，车站值班员瞭望信号不便，确认进路困难，道岔分设在三处，增加车站定员，运营管理不便。这种布置图型的优点是：在山区地形陡峻狭窄的情况下，可以减少工程量。

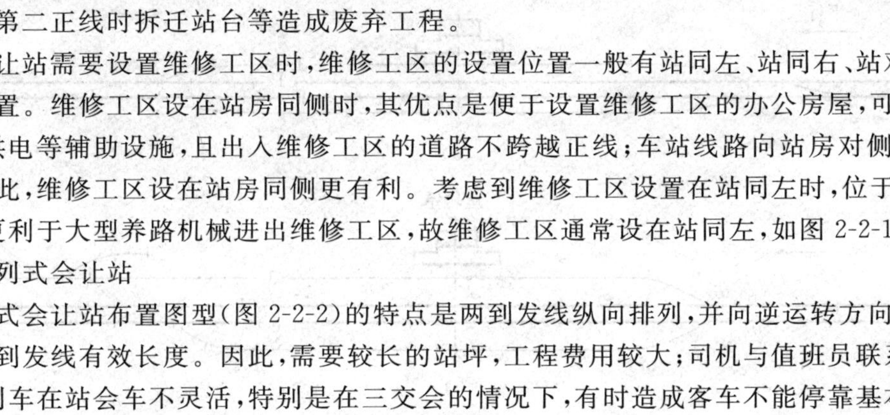

图 2-2-2 纵列式会让站布置图型

第二节 越 行 站

一、越行站的作业

越行站设置在双线铁路上，主要办理同方向列车的越行，有时办理反方向列车的转线，必要时可兼办少量旅客乘降业务。此外，当越行站设置维修工区时，还需办理大型养路机械的上下线运行、转线与出入维修工区的作业。

二、越行站的设备

越行站应铺设到发线，以办理列车的到发、越行作业。越行站一般不设中间站台。

与会让站类似，考虑长大干线车站分布的原因，个别越行站也需设置维修工区，并应在维修工区与到发线的连接处设置安全线。

越行站还应设置通信、信号设备及办公房屋等设备，以完成相关作业的办理。

三、越行站布置图型

越行站一般应采用横列式布置(图 2-2-3)。其主要优点是：站坪长度短，工程费小；车站值班员对两端咽喉有较好的瞭望条件，便于管理；无中部咽喉，可减少扳道人员；到发线使用灵活，站场布置紧凑等。

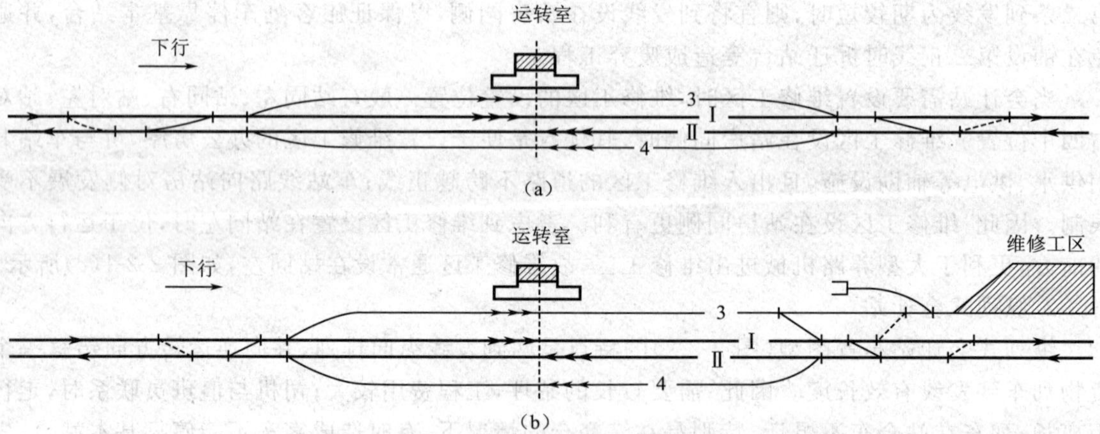

图 2-2-3 横列式越行站布置图型

越行站一般应设两条到发线，以便双方向列车有同时待避的机会。高速铁路正线行车速度高，越行站均应设两条到发线。Ⅱ级铁路，若上、下行无同时待避列车，地形困难和其他条件限制的个别越行站，也可采用一条到发线，但不应连续布置。枢纽内的闸站，也可采用一条到发线。

横列式越行站设两条到发线时，两条到发线一般分设于正线两侧。图 2-2-3(a)适用于上、下行均有同时待避列车的越行站，图 2-2-3(b)适用于设有维修工区的越行站。若两到发线布置在正线同一侧，则一个方向待避列车在到发线接、发时，存在着与另一方向列车发、接进路交叉，不仅影响行车安全，而且还会降低区间通过能力。因此，新建或改建越行站时，宜采用两到发线设于正线两侧的布置图型。

横列式越行站如设一条到发线时，到发线一般应设于两正线中间[图 2-2-4(a)]。优点是：车站值班员接发下行通过列车时，办理作业方便，且不会被待避列车阻挡；任何一方向待避列车接入到发线时，均不与同一方向正线上的列车干扰，而且接发列车进路灵活，使用效率高，并可推迟第二条到发线的铺设期限。缺点是：由于两正线变换线间距离时，上行正线在站内需设反向曲线，导致作业人员瞭望不便，若采用小半径曲线，可能影响通过列车的运行速度；如中间到发线采用单式对称道岔连接，则道岔的养护维修量较单开道岔大。若采用到发线布置在两正线一侧站房对侧的图型[图 2-2-4(b)]，则不需变更正线的间距，但在车站两端咽喉存在下行方向待避列车的到、发进路与上行方向列车的发、到进路交叉，降低线路通过能力，缺点显著，一般不宜采用。

越行站的维修工区也宜设在站房同侧[图 2-2-3(b)]。

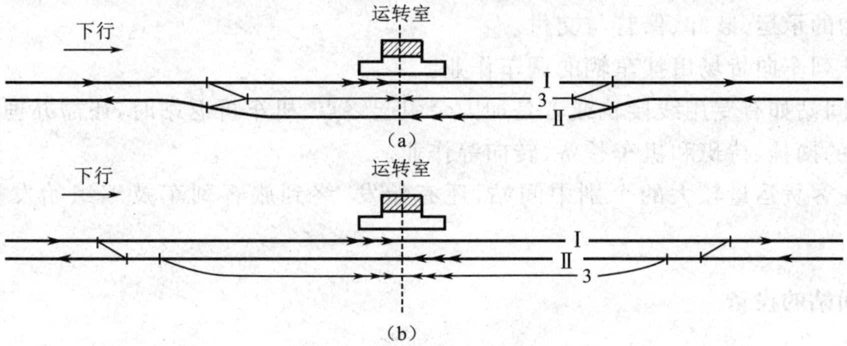

图 2-2-4　一条到发线横列式越行站布置图型

四、咽喉区渡线设置

在越行站上，为满足转线和反方向接发列车的需要，或因区间线路的大型养路机械作业、电气化接触导线检修、维修施工、线路临时发生故障及其他情况下采取运行调整措施，必须使一条正线上运行的列车转入反方向的正线上运行时，就需要在车站两端咽喉区的正线间设置渡线。

在客货共线铁路的越行站上，两端咽喉的两正线间应各设一条渡线，互成“八”字(即“大八字”)，如图 2-2-3(a)中两端咽喉的实线所示。当站坪长度等条件允许时，每端可预留第二条渡线，以提高使用的灵活性。两端各设两条渡线时，渡线布置形式以“八”字形的渡线为好，如图 2-2-3(a)中左端咽喉的实线和虚线所示，这种形式的渡线简称“小八字”渡线。交叉渡线给养护维修带来不便，一般不予采用。

考虑到客货共线铁路一般采用“V”形天窗，列车转线运行的概率更大，为使转线运行的列车尽快回到原来正常运行的线路上，客货共线铁路越行站应多设置“小八字”渡线。

每端各设一条渡线时，渡线应朝向站房，如图 2-2-3(a)中实线所示。其优点是当调整列车运行时，可增加客车停靠基本站台的机会。

当设置维修工区时，正线间的渡线应开向维修工区[图 2-2-3(b)]，在其接轨的到发线上有车停留时，也可满足维修作业车进出需要。

高速铁路的越行站无维修工区且与两端相邻车站均较近时可不设渡线。

第三章　有客货作业的中间站布置图型

第一节　中间站的作业和设备

一、中间站的作业

(1)列车的通过、会让和越行。在双线铁路上还办理调整反方向运行列车的转线作业。

(2)旅客乘降。

(3)货物的承运、装卸、保管与交付。

(4)摘挂列车向货场甩挂车辆的调车作业。

有的中间站如有专用线接轨或者是加力牵引起终点、机车折返站时，还需办理专用线的取送车或补机的摘挂、待班和机车整备、转向等作业。

另外，在客货运量较大的个别中间站，还有始发、终到旅客列车及编组始发货物列车的作业。

二、中间站的设备

为了完成以上作业，中间站应设有以下几类设备：

1.运转设备

中间站应设置列车到发线，以办理列车的通过、会让和越行作业。

对办理货物装卸作业的中间站，还应设有调车用牵出线和安全线，必要时还设有存车线和调车线。

2.客运业务设备

中间站应设置为旅客服务的站房、站台、站台间的跨线设施(天桥、地道或平过道)和雨棚等客运设备。

3.货运业务设备

对办理货运作业的中间站，应设置货物装卸线、货物堆放场、货物站台、仓库、雨棚、装卸设备和货运办公房屋等货运设备，以办理相关货运作业。

4.机务设备

办理机车折返作业和配属调车机车的中间站，应设置机待线和必要的机务设备。

5.维修设施

考虑到中间站的设置距离往往与维修设施(如维修工区或维修车间等)要求的设置距离相当，所以中间站通常需要配套设置维修设施。

6.其他设备

中间站还应设置信号、联锁、闭塞、通信、办公房屋等设备，以完成相关作业的办理。

对高速铁路、城际铁路、市域(郊)铁路的中间站，当只办理客运业务时，无货运相关的作业和设备。

第二节 中间站布置图型

一、客货共线铁路中间站布置图型

1. 布置图型选择

客货共线铁路中间站一般都采用横列式布置图型。横列式布置的优点有：站坪长度短，工程投资省，在紧迫导线地段可缩短线路长度；车站值班员对两端咽喉有较好的瞭望条件，便于管理；无中部咽喉，道岔非集中控制时可减少扳道人员；摘挂列车调车时车辆走行距离短，节省运营费；到发线使用灵活，站场布置紧凑等。

图 2-3-1 为单线横列式中间站布置图型，图 2-3-2 为双线横列式中间站布置图型。这两种图型具有车辆摘挂作业方便，列车待避条件好，有利于工务养护和方便改、扩建等优点。

图 2-3-1(a)、图 2-3-2(a)适用于仅办理客运作业的中间站。

图 2-3-1(b)、图 2-3-2(b)、图 2-3-2(c)适用于有货运作业的中间站。对有整列装卸车作业的车站，主要货流方向应具备直通运输条件，这时可选用图 2-3-2(c)。

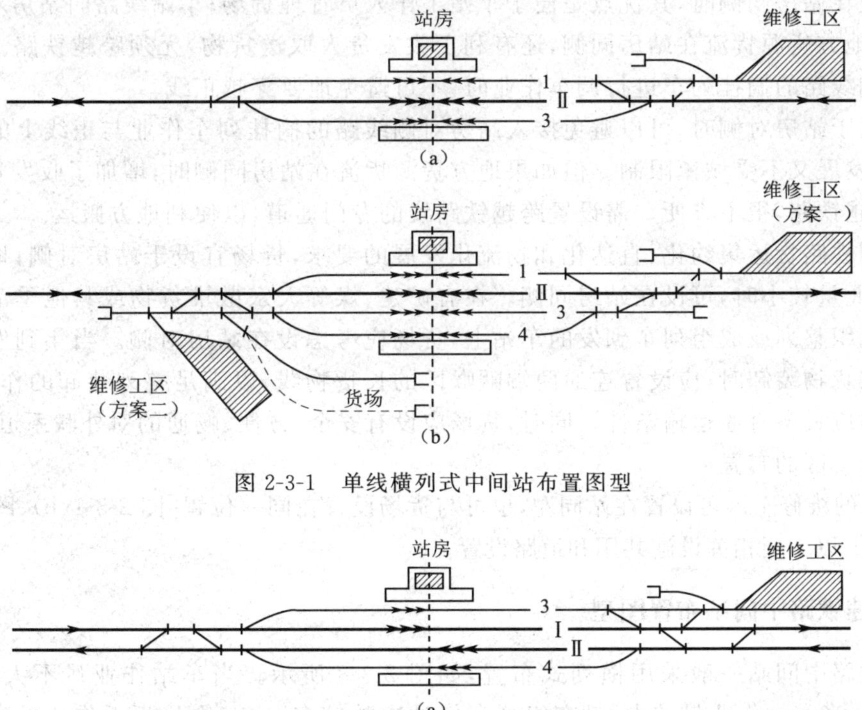

图 2-3-1 单线横列式中间站布置图型

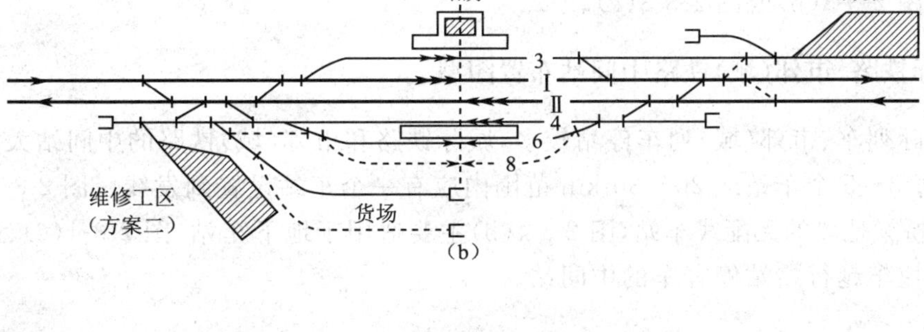

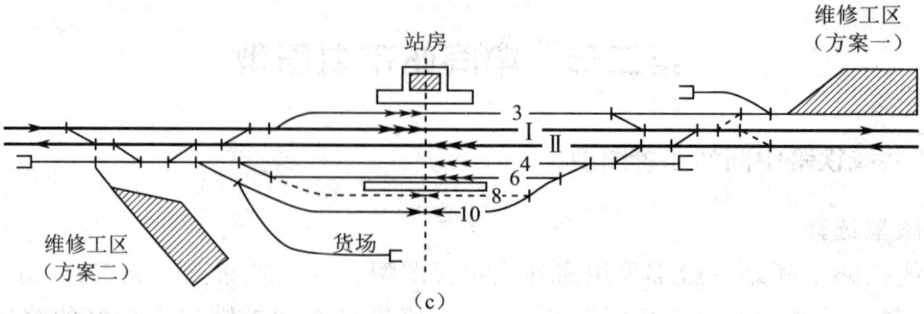

(c)

图 2-3-2　双线横列式中间站布置图型

2.货场的布置

铁路货场是铁路办理货物装卸、中转、保管等作业的场地，也是铁路提供物流服务的重要场所。中间站货场的位置应根据主要货源、货流方向、环境保护、城市规划、当地地形和地质条件、有无专用线或支线引入、地方交通系统、既有设备利用等因素予以选定。其位置宜与主要货源、货流方向一致，并应选择有发展条件、调车作业方便、有利于消除物流作业场所堵塞和加速货物周转、缩短装卸车辆在站停留时间的位置。

货场设在站房同侧时，其优点是便于车站工作人员管理货场；车站线路向站房对侧发展不受限制；如地方货源货流在站房同侧，还有利于收发货人取送货物，无须跨越铁路。缺点是接入站房对侧线路的摘挂列车进行调车作业时，不可避免地要穿越正线。

货场设于站房对侧时，可以避免接入站房对侧线路的摘挂列车作业与正线上的行车作业交叉，货场发展又不受城镇限制。但如果地方货源货流在站房同侧时，增加了收发货人搬运距离，且需横越铁路，很不方便。需设置跨越铁路线的专门通道，以便利地方搬运。

考虑到铁路货运集约化、直达化和物流化发展的要求，货场宜设于站房对侧；地形条件困难，物流作业量较小时，可设在站房同侧。在有矿建、煤等大宗散堆货物或其他季节性货物装卸并经常组织整列或成组列车到发的车站上，货场应考虑设在站房对侧。当年到发运量较大或办理大宗货物装卸时，应设置连通两端咽喉区的长货物线，以满足整列装卸的作业需要，主要货流方向应具备直通运输条件。同时，货场应设有安全、方便、畅通的对外联系道路。

3.维修工区的布置

中间站的维修工区可设置在站同左，也可与货场设置在同一位置[图 2-3-1(b)、图 2-3-2(b)、图 2-3-2(c)]，以方便相关设施共用和道路设置。

二、高速铁路中间站布置图型

高速铁路中间站一般采用横列式布置，如图 2-3-3 所示。当车站作业量不大时，可采用图 2-3-3(a)；当车站作业量较大，动车组列车停站次数较多，或有少量折返作业的高速铁路中间站可采用图 2-3-3(b)或图 2-3-3(c)。

三、城际铁路、市郊(域)铁路中间站布置图型

由于城际列车、市郊(域)列车停站较多，城际铁路和市郊(域)铁路的中间站大多采用无配线车站，仅每 3～5 个车站或 20～30 km 范围内应有一个车站设置到发线。图 2-3-4(a)主要适用于路基或桥梁地段的无配线车站，图 2-3-4(b)主要适用于地下车站，图 2-3-4(c)、图 2-3-4(d)适用于大站快车越行站站停客车的中间站。

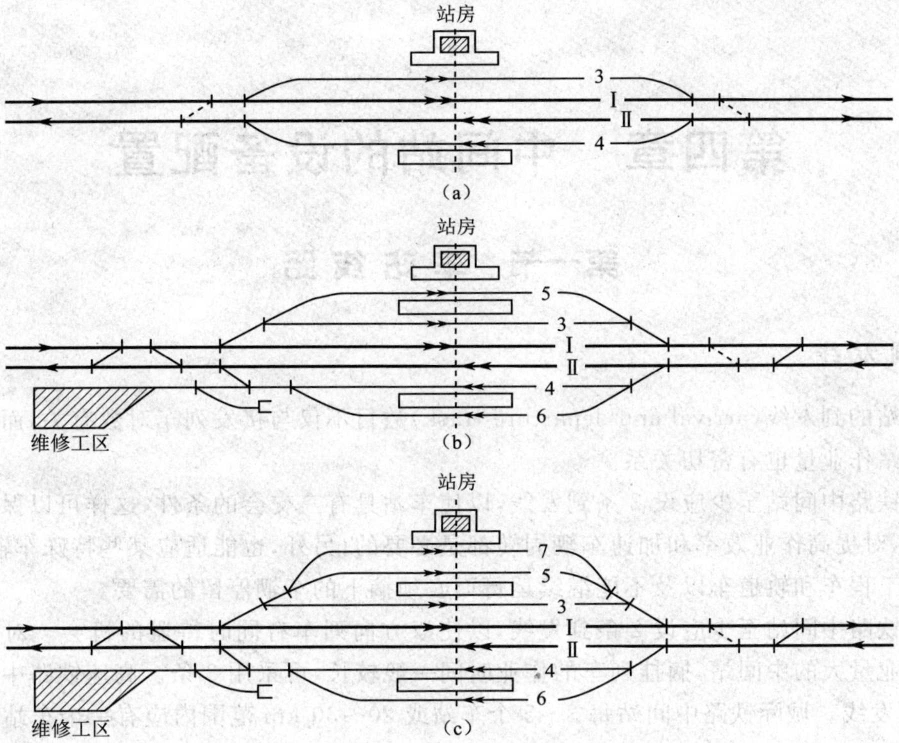

图 2-3-3 高速铁路中间站布置图型

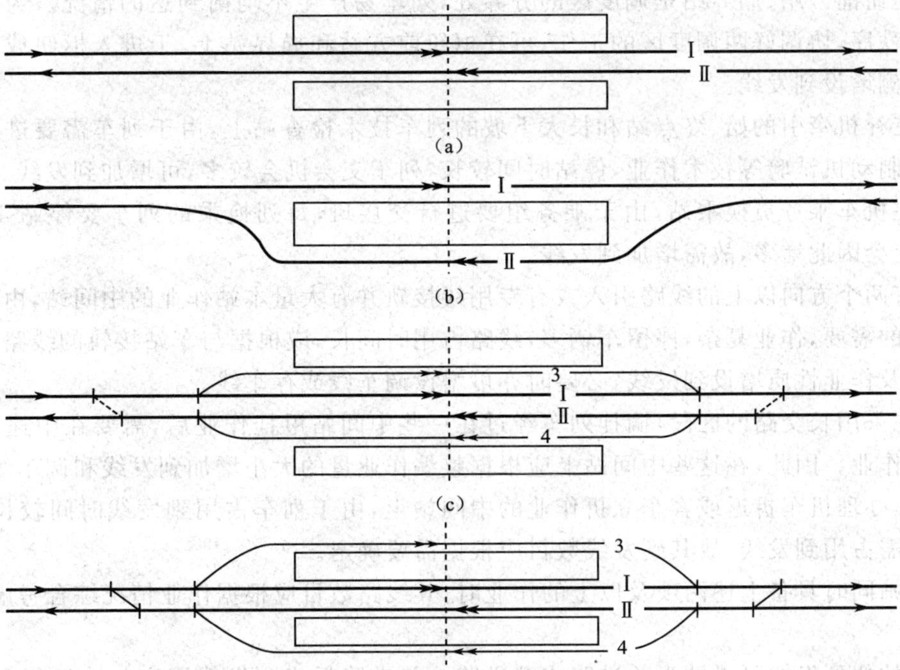

图 2-3-4 城际铁路、市郊(域)铁路中间站布置图型

第四章　中间站的设备配置

第一节　车站线路

一、到发线

中间站的到发线(arrival and departure track)数目不仅与接发列车对数有关，而且与车站性质和本站作业量也有密切关系。

单线铁路中间站至少应设 2 条到发线，以使车站具有三交会的条件，这样可以保持良好的运行秩序，对提高作业效率和加速车辆周转都是必要的；另外，也能适应某些特殊车辆，如机械化养路的工程车和轨道车以及不能继续运行而必须摘下的车辆停留的需要。

双线铁路中间站至少应设 2 条到发线，以使双方向列车有同时待避的机会。对客货共线铁路上作业量大的中间站，摘挂列车的作业时间一般较长，可采用 3 条。高速铁路中间站可设 2～5 条到发线。城际铁路中间站每 3～5 个车站或 20～30 km 范围内应有一个车站设置 2 条到发线。

此外，下列客货共线铁路中间站的到发线数目可根据车站性质及作业需要酌情增加：

(1)枢纽前方站、局界站是调度区的分界处，列车易产生不均衡到达的情况。为便于调整列车运行秩序，协调好两调度区的工作，可在枢纽前方站和局界站上，于进入枢纽或进入邻局方向的一侧增设到发线。

(2)在补机牵引的始、终点站和长大下坡的列车技术检查站上，由于列车需要进行摘挂补机及自动制动机试验等技术作业，停站时间较长，列车交会机会较多，可增加到发线。

(3)在机车乘务员换乘站，由于乘务组要进行交接班，每列换乘的列车要停站 15 min 左右，列车交会因此增多，故需增加到发线。

(4)有两个方向以上的线路引入或有专用线接轨并有大量本站作业的中间站，由于各方向列车交会的需要，作业复杂，停留车辆多，线路占用时间长，应根据与车站接轨的线路和专用线的作业量及作业性质增设到发线，必要时亦可增设调车线或存车线。

(5)在采用长交路的区段，摘挂列车经过在一些中间站甩挂作业后，需要在中途中间站上进行整编作业。因此，在这些中间站上应根据整编作业量的大小增加到发线和调车线。

(6)在办理机车折返或客车立折作业的中间站上，由于列车占用到发线时间较长，机车出入折返所需占用到发线，故其到发线数目应根据需要确定。

当某站同时具备上述两项及以上的作业时，其线路数目应根据作业情况综合考虑，不宜逐项增加。

中间站的到发线可设计为单进路或双进路。单进路系指到发线固定一个运行方向(上行或下行)使用，而双进路的到发线可供上、下行两个方向使用。到发线按双进路设计时，机动性大，但需增加信号联锁设备。

单线铁路的到发线一般均应按双进路设计，以使列车办理运行调整有更大的灵活性。双线铁路的到发线原则上应按上下行分别设计为单进路，但有时为增加在调整列车运行上的灵活性及方便摘挂列车作业，个别到发线也可按双进路设计。

站内正线应保证通行超限货物列车。此外，在区段内选定 3～5 个(其中包括补机站、终点站等)满足超限货物列车会让与越行要求的中间站。上述车站除正线外，单线铁路应另有一条线路，双线铁路上、下行应各有一条线路能通行超限货物列车。

二、咽喉区渡线

双线铁路中间站两端咽喉区的正线间应设置渡线，以满足转线、反方向接发列车和运行调整的需要。

1. 渡线设置要求

考虑到相关作业的畅通和便捷性，渡线设置应满足下列要求：

(1)无维修设施并仅办理客运作业的中间站，两端咽喉正线间可仅设 2 组成“大八字”的单渡线，渡线开向站房。

(2)设有维修设施的中间站，两端咽喉应各设 1 组互成“大八字”的单渡线，渡线应开向维修设施。

(3)有立折客车作业的中间站，发车作业端咽喉两正线间应设 2 组成“小八字”的单渡线。

(4)对设有铁路货场或专用线的中间站，一般情况两端咽喉正线间应各设置 2 组成“小八字”的单渡线，在非铁路货场或专用线一端咽喉区也可仅设 1 组单渡线。

(5)有两个以上方向的线路引入的双线接轨站应设置必要的渡线以满足跨线作业要求和反向行车要求。

2. 渡线设置方案

基于上述要求，双线铁路中间站咽喉区正线间的渡线设置方案如下：

(1)高速铁路有始发终到列车或动检车折返作业的中间站，其发车作业端咽喉应设 2 条单渡线组成八字渡线，无发车作业端咽喉宜设 1 条单渡线；其他车站两端咽喉宜各设 1 条单渡线组成八字渡线，八字渡线的朝向宜结合维修工区的位置确定；无维修工区的车站且与两端相邻车站均较近时可不设渡线。

(2)城际铁路有始发终到列车作业的中间站，其发车作业端咽喉应设 2 条单渡线组成八字渡线，无发车作业端咽喉宜设 1 条单渡线；每 3～5 个车站或 20～30 km 范围内应有一个车站设置配线和渡线。

(3)客货共线铁路、重载铁路中间站两端咽喉的两正线间宜各设 2 条渡线，其中每端除应各设 1 条渡线外，其余 2 条渡线可根据作业需要设置或预留；八字渡线宜朝向站房和维修工区，当站房和维修工区不在同一侧时，宜在两端咽喉各设 2 组“小八字”渡线。

三、牵出线

设有货物装卸线的中间站均应设置牵出线(lead track)。

当中间站上有岔线接轨，且符合调车作业条件时，可利用岔线进行调车作业。这样既能节省工程投资，又能满足调车作业需要。

利用岔线调车时，为避免调车作业越出站界，进站信号机可适当外移，外移距离应满足调车作业的需要，但不应超过 400 m。其平、纵断面及视线等条件应适合调车作业的要求。在困难条件下，曲线半径不应小于 300 m；坡度不应陡于 6‰。

牵出线有效长度应满足摘挂列车一次牵出车列长度的需要，一般不短于该区段运行货物列车长度的一半。当受地形限制或本站作业量不大时，至少应满足每次能牵出 10 辆，有效长度不小于 200 m 的要求。

四、货物线

为了办理货物的装卸作业，中间站应铺设货物线(loading and unloading track)。其数目和长度与货物装卸量有关，应根据需要确定。

中间站的货物线数目需根据作业量计算确定，一般铺设 1～2 条，作业量较大时再增设货物线。其长度除应满足平均一次来车的长度外，还应保证货物线两侧有足够的货位。

中间站货物线与到发线间的间距，在线间无装卸作业时，一般不小于 6.5 m。线间有装卸作业时，一般不小于 15 m。

集装箱、长大笨重货物、散堆装货物装卸线的间距，应根据装卸机械类型、货位的布置、通道的宽度及相邻线路的作业性质等因素确定。

货物线的布置有通过式和尽头式两种。尽头式布置一端与牵出线相连，一端为尽头式车挡，如图 2-3-1(b)、图 2-3-2(b)中的货场所示。尽头式布置能节省工程量，地方搬运可少跨越线路，货物线有效利用率高，作业比较安全，一般应优先采用。通过式货物线两端连通到发线，便于进行整列装卸作业并具备直通运输条件。在地形困难和有大量散装粗杂货物装卸的车站，可采用尽头式或混合式布置(仓库站台线为通过式，装卸散装粗杂货物的线路为尽头式)，如图 2-3-2(c)所示。

五、机待线

办理机车折返作业和配属调车机车的中间站，机车需要进行技术检查、停留、整备和待班等技术作业，应根据实际需要设置机待线及必要的机务设备。

第二节　客货运业务设备

一、客运业务设备

为了保证安全、迅速地输送旅客，中间站应设有旅客站房、旅客站台、站台间的跨线设施及雨棚等。

1. 旅客站房

旅客站房(passenger station building)是办理售票、候车的地方。中间站由于客货运量小，作业简单，往往将站长室、行车运转室合并于旅客站房内。

设计时，旅客站房面积根据旅客最高聚集人数确定。最高聚集人数[maximum number of passengers gathered in waiting area(hall/room)]系指车站全年发送旅客最多月份中，一昼夜在候车区(厅、室)内瞬时(8～10 min)出现的最多候车(含送客)人数的平均值。

中间站属于中、小型铁路客运站，其最高聚集人数中型客运站可达 600～3 000 人，小型客运站在 600 人以下，其站房建筑面积标准为 5～8 m^2/人。小型客运站站房一般采用标准设计，通常采用候车与营业合一的综合候车室形式。

2. 旅客站台

旅客站台按其与站房和车站到发线的相互位置可分为基本站台和中间站台两种。靠近站房一侧的为基本站台，设在线路中间的为中间站台。

不论单线铁路还是双线铁路中间站均应设置基本站台，以便利旅客乘降。

在单线铁路中间站上，当旅客列车在 7 对以上时，交会的机会增多。一般在客流量较大，旅客乘降较多（如地、县所在地）或有旅客列车进行技术作业的中间站，由于旅客列车会让的机会较多，因此应设置中间站台；当旅客列车和摘挂列车对数不多，客流量又不大时，则视其远期发展情况，适当设置中间站台或预留其位置。

双线铁路中间站因行车是按上、下行分开运行，且列车行车速度高、行车密度大，在客流较大的中间站，宜设置中间站台。

客货共线铁路的旅客站台不应邻靠正线。一是因为正线邻靠站台时，旅客列车在正线停靠站台，会影响后续追踪列车的通过，影响通过能力；二是因为正线通过速度较高，站台上等待旅客的安全也会受到影响；三是为满足正线通行超限货物列车的限界要求，站台高度不能高出轨面 300 mm，旅客乘降不便。

高速铁路、城际铁路的旅客站台不宜邻靠正线。高速铁路、城际铁路正线邻靠站台时，除影响后续追踪列车的通过外，还由于通过列车的风压影响，需加大站台上旅客安全退避距离，并需设置安全防护设施。当不停站通过旅客列车较少或车站为尽端式布置时，站台也可以设在正线两侧。

旅客站台的长度、宽度、高度等设计要求详见第五篇第二章。

3. 站台间的跨线设施

站台间的跨线设施一般有天桥、地道、平过道三种。

中间站一般应有平过道，其宽度不小于 2.5 m，可设于站台端部，以便于必要时机动车辆跨线走行。路段设计速度为 120 km/h 及以上的站内正线不应设置平过道，跨越站内正线应采用立体交叉设施。

中间站上一般只设一座天桥或地道。由于天桥遮挡行车视线，占用站台面积较多，一般优先选用地道。当采用高架跨线候车室时，进站天桥应与高架候车室合设。天桥、地道的宽度一般不小于 6 m。

二、货运业务设备

对有办理货运业务需求的中间站，应设置办理托运、检斤、制票、问讯、交付等业务的货运设备和办理货运作业的货物装卸线、货物装卸设备、货运安全检测及防护、视频集中监控、货运办公房屋等设备。

货物装卸设备包括为货物装卸作业服务的货物站台（goods platform）、货物仓库（warehouse）及货位、堆场（storage yard）、栈桥线、滑坡仓、漏斗仓，以及各种类型的装卸、搬运机械等。

货物装卸线的装卸有效长度和货物存放场库的长度，应根据货运量、各类货物车辆平均净载重、单位面积堆货量、货物占用货位时间、日取送车次数、货位排数和每排货位宽度等确定。

货物站台、仓库、堆场等货物存放场地的长度、宽度、高度和布置形式应根据货物品类、作业量、取送车数、装卸作业过程、采用的装卸机械类型等因素计算确定，详见第六篇第二章。

第三节 安全线和避难线的设置

一、安全线

安全线(catch siding)为进路隔开设备之一，是防止列车或机车车辆进入另一列车或机车车辆进路的一种安全设备。安全线并不是中间站的专用设备，在任何种类的车站或区间内需要设置进路隔开的地点都可采用安全线。

1. 安全线设置条件

有下列情况之一者，应设置安全线：

(1)新线应在站内与既有线接轨，困难条件下须在区间接轨时，应在接轨地点设置线路所，接轨处应设置安全线。

(2)段管线、岔线等均应在站内接轨，不应在区间与正线接轨。机务段、客车整备所、动车段(所)等与站线接轨时可不设安全线，其余段管线、岔线与站线接轨时，若接轨处能利用其他站线及道岔作为隔开设备并有联锁装置时，可不设安全线；其他情况下均应设置安全线，如图 2-4-1(a)所示。

(3)客货共线铁路和重载铁路上，当进站信号机外紧急制动距离内进站方向换算坡度为大于等于 6‰的下坡道时，在车站接车线末端应设置安全线，如图 2-4-1(b)所示；当接车线末端有其他站线或岔线可作为隔开设备时，可不另设安全线，如图 2-4-1(c)、图 2-4-1(d)所示。

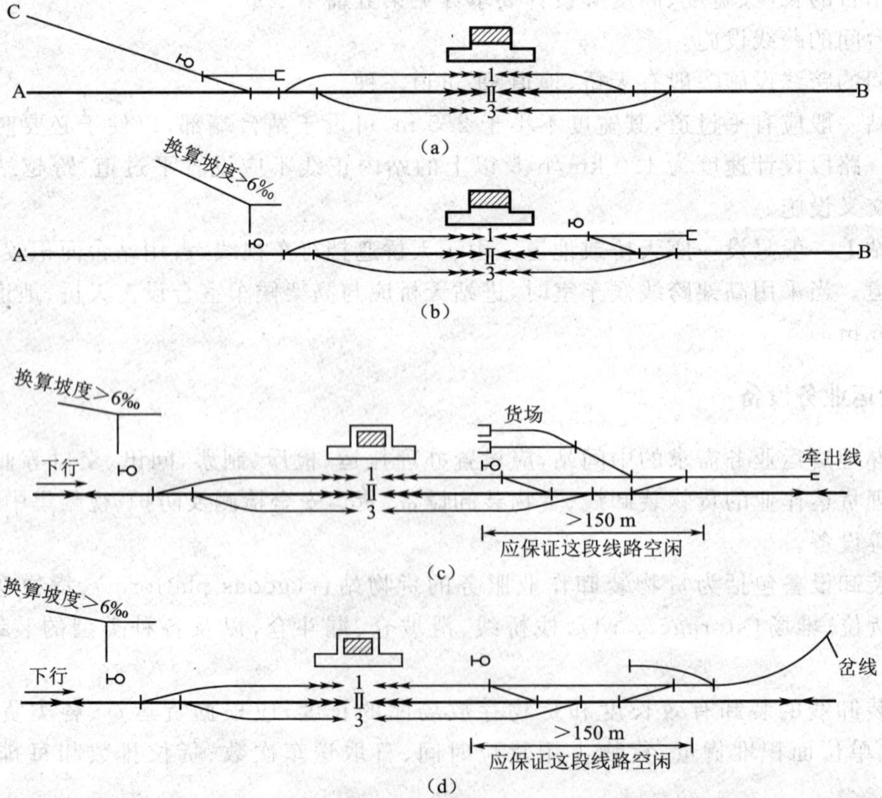

图 2-4-1 安全线设置位置

(4)车站调车进路直接与正线衔接处无平行进路隔开时应设置安全线。

(5)与车站正线或到发线直接连通,有客货列车或车辆长时间停留的线路,在其与行车进路的连接处应设置安全线。

(6)对于设计速度较高的线路,由于快速客车多、行车速度高、停站少、将产生较低等级的客车和货物列车的待避作业,为确保通过列车(特别是客车)的安全,在有调车作业到发线的牵出线对应端应设置安全线[图 2-3-2(b)、图 2-3-2(c)],以避免调车作业侵入正线,该安全线应兼作摘挂列车机车的机待线。

(7)在设有贯通式货物线的既有铁路中间站上,为确保停站列车的安全,宜在到发线腰岔处加设安全线。

2.安全线设计要求

设置安全线时,应符合下列规定:

(1)安全线有效长度不应小于 50 m。

(2)安全线的纵坡应设计为平道或面向车挡的上坡道。

(3)安全线尾部不宜设置在桥梁上、隧道内。

(4)安全线应设置双侧护轮轨。

(5)安全线尾部应设置车挡和缓冲装置,路基地段安全线尾部还应设置止轮土基。

二、避 难 线

在山岳或丘陵陡峻地区,区间线路纵断面特殊不利时,为了防止在长下坡道上失去控制的列车发生冲突或颠覆,应根据线路情况,计算确定在区间或站内设置避难线(refuge siding)。避难线的设置条件,与区间纵坡的陡度和长度有关,也与牵引种类、机车类型、牵引定数、列车制动率及曲线半径大小,纵断面各线段的分布等因素有关。在设计时,应根据具体情况作出失控列车的速度计算或图解,确定是否需要设置避难线及设置避难线的长度,并对避难线的设置作出技术经济比较。

1.避难线的类型

避难线的类型有三类:

(1)尽头式避难线,如图 2-4-2 所示。避难线设在陡长坡道的下方,主要依靠逐渐升高的坡度来抵消失控列车的动能,迫使其停车。避难线的长度可根据区间坡道、列车总重、行车速度及制动能力等进行单独计算和设计。其主要优点是线路建筑长度较短,结构简单,易于养护,安全性能好;缺点是失控列车在较陡的避难线上停车后,可能发生倒溜,易造成区间堵塞影响线路通过能力。

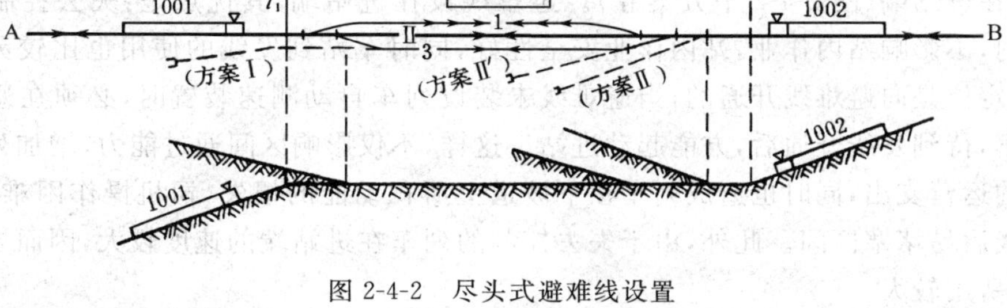

图 2-4-2　尽头式避难线设置

(2)环行避难线,如图 2-4-3 所示。失控列车顶开弹簧道岔进入圆形线路,依靠线路阻力抵消失控列车的动能,使进入圆环内的列车在环上转圈,直至完全停车。其主要优点是失控列车进入环线不堵塞区间，因而不影响线路通过能力；缺点是线路建筑长度较长，且曲线半径小，列车速度高，安全性较差。

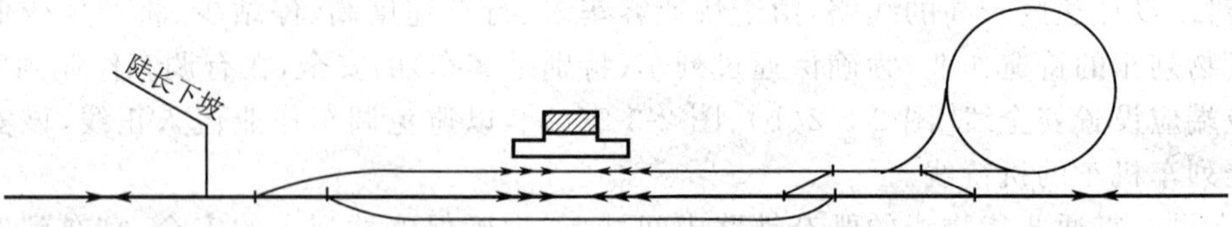

图 2-4-3　环行避难线设置

(3)砂道(套线式)避难线，如图 2-4-4 所示。依靠砂道阻力来抵消失控列车的动能。其主要优点是造价低；缺点是对线路通过能力或到发线的使用影响较大，养护维修困难。

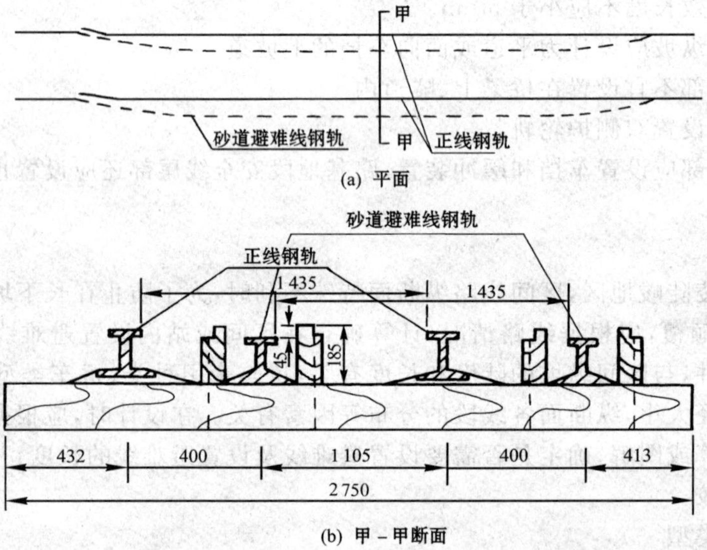

图 2-4-4　砂道避难线设置(单位：mm)

2.尽头式避难线的设置位置

由于尽头式避难线的优点显著，被各国铁路普遍采用。其设置位置有以下两种：

(1)设在出站端(图 2-4-2 中方案Ⅰ)。避难线设在出站端，其优点是下坡列车不需站外停车，对区间能力影响较小。但办理由陡长下坡方向开来的列车时，必须在确认通往避难线的接车线路空闲的情况下，方可承认闭塞。因此，通往避难线的线路使用效率低，有时影响站内作业，此外，站内作业安全较差。故在出站端设置避难线多是在作业不繁忙的中间站。

(2)设在进站端(图 2-4-2 中方案Ⅱ)。避难线设在进站端，其优点是：失去控制的列车不易闯进站内，不影响站内作业，站内作业安全性好，同时车站到发线的使用也比较灵活。缺点是：道岔的定位是向避难线开通的，当避难线未装设列车自动测速装置时，必须在避难线道岔前一度停车，待到发线开通后，方能起动进站。这样，不仅影响区间通过能力，增加列车制动停车再起动的运营支出，同时也造成列车在下坡道上所积动能的损失，司机操作困难，列车一旦溜入避难线后易堵塞区间。此外，由于失去控制的列车在进站端的速度较大，因而要求避难线较长，工程费用较大。

在进站端设置避难线时，一般宜采用方案Ⅱ。因为方案Ⅱ′由 3 道每次接发列车，要比采用方案Ⅱ多增加一次侧向通过道岔，同时溜入避难线的列车，多一次逆向冲击辙叉心。

第五章　中间站的改建

由于铁路行车量增长，行车速度提高，专用线、支线的衔接，车站本站作业量的增长，行车条件(列车运行图)的改变，以及采用新技术、新设备等，都会引起中间站的改建。

车站改建时，必须树立全局观念，兼顾城镇、工农业、居民区和铁路本身的要求，尽量少占农田；要充分利用原有设备，减少废弃工程；在施工时应尽可能减少对车站作业的妨碍，并要保证车站的行车和调车作业的安全。

车站的改建要在调查研究的基础上进行。首先，要研究现有车站及其所在地区的技术经济特征和现有车站设备在运行工作中存在的问题；然后，根据车流的数量、性质和方向，结合当地条件，做出各种方案进行全面比较。在确定改建方案的同时，还要研究车站改建的施工步骤、编制工程预算及车站工作组织方案。

下面介绍几种常见的改建情况。

一、增加线路

当区段列车对数增加，车站装卸作业量增多或有专用线与车站接轨时，都有可能要求增加到发线或货物线。加铺到发线时，应尽可能向站房对侧发展(图 2-5-1)，而避免在站房同侧加铺到发线，更不宜绕过站房加铺线路。

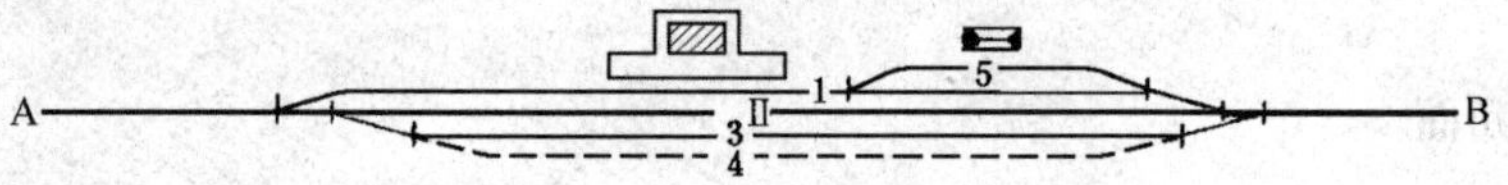

图 2-5-1　中间站改建示意(增加线路)

二、铺设第二正线

由于行车量增长，单线铁路的通过能力不能满足要求时，应改为双线，车站往往也需要增加线路，进行相应改建。在站内第二正线的位置与区间引入的位置不相矛盾的情况下，一般应在站房对侧引入，如图 2-5-2(a)所示。不宜设在站房和原有正线之间，如图 2-5-2(b)所示。因为，在图 2-5-2(b)中，接发下行方向待避列车时将与上行正线交叉干扰。

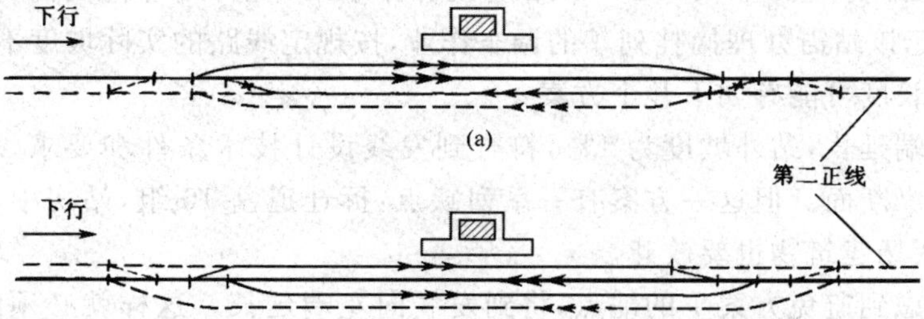

图 2-5-2　中间站改建示意(铺设第二正线)

三、延长线路

当采用大型机车，列车重量和长度有所增加时，就有必要延长到发线。延长到发线时，应注意以下几点：

(1)应考虑车站两端相邻区间的长度不致相差悬殊，最好是向运转时间较长的一端延长线路。

(2)尽量向车站的一端(最好是咽喉简单的一端)延长站线，避免拆动两端咽喉，以减少工程量和对行车作业的干扰。

(3)应注意车站两端进站线路平、纵断面的技术条件及有无大型桥涵等建筑物。尽可能向进出站线路比较平直，没有桥涵等大型建筑物的一端延长线路，以减少工程量。如需要向站外有大半径曲线的进站线路一端延长线路时，可以将原有曲线半径适当改小(仍在允许范围之内)，如图 2-5-3(a)所示。或改为两个较小半径的曲线，如图 2-5-3(b)所示，以便使车站咽喉设在直线上，避免在曲线上铺设道岔。

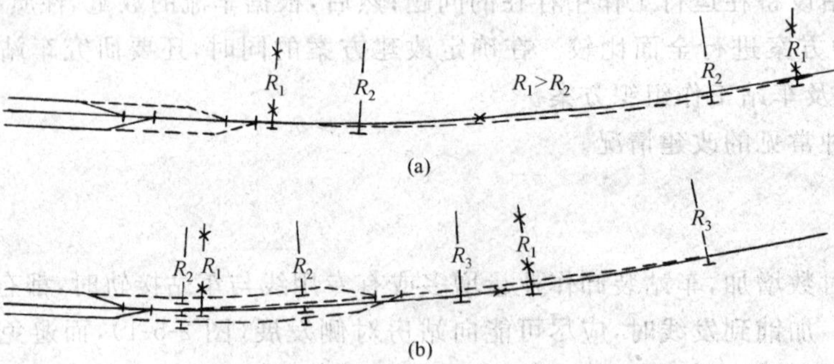

图 2-5-3　中间站改建示意(延长线路)

四、改变纵断面

由于区间纵断面的改造或由于延长站坪等原因引起站内线路纵断面的部分甚至全部改变。改变后的纵断面应保证列车停车后能够再行起动和车辆在线路上的停留安全。当纵断面条件许可且标高变更不大时，应尽可能采用填方的办法改变线路纵断面。一般用填道砟的办法解决，但道砟的厚度不应超过 1 m。如采用挖方的办法改变线路纵断面或填方较大时，必须拆除原有线路的上部建筑，进行填方或挖方后，再重新铺设，工程量较大。施工时，要妥善组织，采取借用线路，甚至修建临时便线等措施，以保证正常的运营。

图 2-5-4 为中间站改建举例。原车站线路有效长度为 650 m，由于改用大型机车牵引，列车重量和长度增加，需延长至 850 m。车站设在阶梯形站坪上，站坪范围内为平道，区间限制坡度为 3‰。由于该站需办理摘挂列车的调车作业，按规定线路的实际坡度不应大于 1‰。延长到发线的有效长度可能有如下几个方案：

方案Ⅰ向右端延长，站外坡度为 1‰，符合到发线设计技术条件和要求。因此，可以不改变进出站线路的纵断面。但这一方案有一系列缺点：拆迁道岔 10 组，站房中心偏于一端管理不便，并且现有货场建筑物也要改建。

方案Ⅱ是考虑到避免方案Ⅰ的缺点，将到发线向左端延长。这样就必须改建现有线路纵断面，将车站左端一部分平道和进站线路上 3‰的一段坡道一并拉成 1‰的坡道，使之符合设计技术条件，共拆迁 3 组道岔。

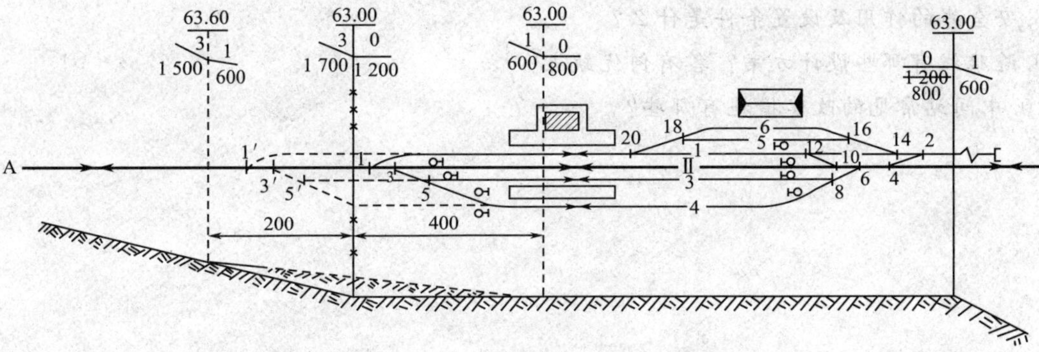

图 2-5-4 中间站改建示意(改变纵断面)

五、线路提速改建

由于区间线路提速,相应的中间站亦应进行提速改建。如站内道岔应由普通道岔改建为提速道岔,线路曲线半径应按提速要求调整。同时由于动车组等列车的使用,要求车站站台高度按 1.25 m 进行改造。在既有双线横列式中间站上,以往布置图型一般按中间站台位于站房对侧正线与到发线之间,两台夹三线的形式布置。线路提速后,由于正线有提速列车及超限货物列车通过,正线一侧站台只能采用 0.3 m 的低站台,而动车组列车要求高站台乘降,这样又存在中间站台移位到站房对侧到发线外侧,即两台夹四线布置,或仅将中间站台靠近到发线一侧改建为高站台,正线侧仍维持低站台的形式。

图 2-5-5 为某越行站线路提速改建举例。图中原有车站采用 8 组 12 号普通单开道岔,改建后由于旅客列车侧向通过道岔速度的提高,采用 8 组 18 号道岔。同时,调整了对向相邻道岔中心间的距离,插入短轨长度由原来 12.5 m 改造为 25 m。

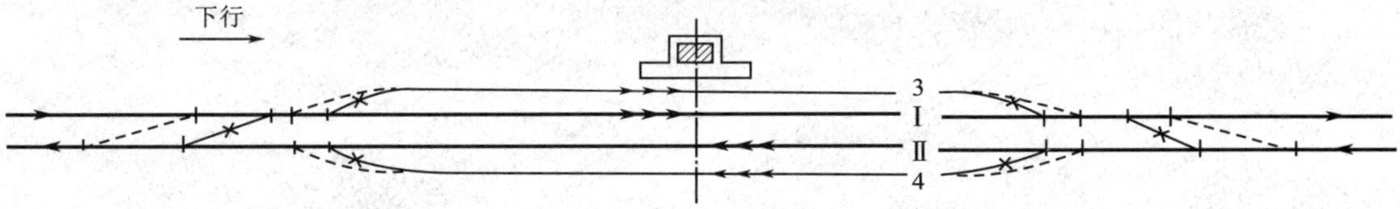

图 2-5-5 中间站改建示意(线路提速改建)

复习思考题

1. 中间站、会让站、越行站在作业和设备上的区别是什么?
2. 影响中间站到发线数目的因素有哪些? 哪些情况需增加到发线的数目?
3. 对于设有一条到发线的会让站,为什么推荐将到发线设于站房对侧?
4. 为什么纵列式会让站的到发线要逆运行方向错移一个货物列车到发线有效长度?
5. 中间站咽喉区正线间的渡线设置需满足哪些要求?
6. 中间站站台设置位置需考虑哪些因素? 有何要求?
7. 中间站的货场一般有几个设置位置? 各有何优缺点?

8. 安全线的作用及设置条件是什么？

9. 避难线有哪些设计方案？各有何优缺点？

10. 中间站常见的改建措施有哪些？

第三篇

技 术 站

第一章　概　　述

第一节　技术站分类及分布

一、技术站的分类

铁路车站按技术作业分为中间站、区段站和编组站。技术站是拥有较多技术设备并主要办理货物列车和车辆技术作业的区段站和编组站的总称。

（一）区段站的分类

区段站(district station)的主要任务是为邻接的铁路区段供应及整备机车或更换机车乘务组，并为无改编中转货物列车办理规定的技术作业。此外，还办理一定数量的列车解编作业及客、货运业务。在设备条件具备时，还进行机车、车辆的检修业务。

按区段站不同的特征进行分类，有助于合理确定各项设备的数量、规模及布置形式。

1.按作业性质及作业量分

(1)无改编作业区段站。这种区段站只办理无改编中转列车有关作业，没有列车改编任务，或仅担任摘挂列车的整编作业。

(2)有改编作业区段站。这种区段站除办理无改编中转列车有关作业外，还担任区段、摘挂列车和少量直通、直达列车的解编作业。

2.按布置图型分

(1)横列式区段站。这种区段站是上、下行到发场平行布置在正线一侧，调车场在到发场的一侧。

(2)纵列式区段站。这种区段站是上、下行到发场分设在正线两侧，并逆运行方向全部错移，在其中一个到发场一侧，设一个双方向共用的调车场。

(3)客货纵列式区段站。这种区段站是客运运转设备(主要指旅客列车到发场)与货运运转设备(主要指货物列车到发场)纵向配列。

由于牵引动力的改革和长交路的实施，有的区段站对直通、直达列车无机车交路，因此，区段站还可以分为担当全部货物列车本务机车交路的区段站和仅担当区段、摘挂列车本务机车交路的区段站。

（二）编组站的分类

编组站(marshalling station)是在铁路网上办理大量货物列车解体和编组作业，并为此设有驼峰、专用调车机车等一整套技术设备的车站。编组站以处理改编中转货物列车为主，编解各种货物列车，负责路网上和枢纽地区车流的组织；同时还供应列车动力，对机车进行整备和检修，使其性能良好地投入运营；确保投入运营的车辆技术状态良好，对车辆进行日常维修和定期检修；作业数量和设备规模均较大。编组站是铁路运输生产链中重要的基础设施，是路网中车流的主要集散点，是列车的制造工厂。

1.按编组站的功能分

(1)处于资源外运地区的编组站，除担当干支线间零散车流交换外，主要是对资源外运地区的车流的集结上线，如哈尔滨南、太原北等。

(2)处于主要干线交叉点上的编组站，主要是对各干线间列车及大量零散车流的交换，如丰台西、郑州北、新丰镇、向塘西等。

(3)处于到达量较大地区的编组站，主要是对到达车流按到卸地点分拨，如南翔、江村等。

2.按编组站在路网中的位置、作用和所承担的作业量分

(1)路网性编组站(network marshalling station)。这种编组站是位于路网、枢纽地区的重要地点，承担中转车流改编作业，编组大量技术直达和直通列车的大型编组站。路网性编组站一般衔接3个及以上方向或编组3个及以上方向列车，编组2个及以上去向技术直达列车或技术直达和直通列车去向之和达到6个，日均出、入有调中转车达6 000辆，设有单向纵列式、双向纵列式或混合式的站场，其驼峰设有自动或半自动控制设备。

(2)区域性编组站(regional marshalling station)。这种编组站是位于铁路干线交会的重要地点，承担较多中转车流改编作业，编组较多的直通和技术直达列车的大中型编组站。区域性编组站一般衔接3个及以上方向或编组3个及以上方向列车，编组3个及以上去向的技术直达列车和直通列车，日均出、入有调中转车达4 000辆，设有单向混合式、纵列式或双向混合式的站场，其驼峰设有半自动或自动控制设备。

(3)地方性编组站(local marshalling station)。这种编组站是位于铁路干支线交会点和铁路枢纽地区或大宗车流集散的港口、工业区，承担中转、地方车流改编作业的中小型编组站。地方性编组站一般编组2个及以上去向的直通和技术直达列车，日均出、入有调中转车达2 500辆，设有单向混合式、横列式布置的站场，其驼峰设有半自动或其他控制设备。

在一个铁路枢纽内若设有两个或以上的编组站时，根据作业分工和作业量，可将其分为以下两类。

(1)主要编组站。主要编组站主要担当路网上中转车流的改编任务，以解编直达、直通列车为主。

(2)辅助编组站。辅助编组站协助主要编组站作业，以解编地区小运转车流为主，个别情况也编组少量直达列车。

此外，编组站还可根据布置图型的不同分为若干类。

(三)区段站和编组站的区别

区段站和编组站同属技术站，但编组站和区段站在作业数量和性质，以及设备的种类和规模上均有明显区别。从技术作业上看，编组站和区段站都要办理列车的接发、解编，机车的供应或换挂，列车的技术检查及车辆的检修等。但是，区段站主要是办理无改编中转列车的作业，仅对区段内零星车流起到组织作用，解体和编组的列车数量少，而且大多是区段列车或摘挂列车。编组站以处理改编中转货物列车为主，而且其中多数是直达列车和直通列车。从设备种类上看，编组站的设备与区段站基本一样，也有旅客和货物运转、客货运业务及机务、车辆等设备。但位于大城市郊区的编组站，可能不设客、货运设备；区段站设备布置以紧靠正线的无改编中转列车到发场为主体，调车设备较为简易；作为编组站主要设备的调车设备的规模和能力往往比区段站大得多。

二、编组站在路网上的分布

编组站的合理布局与分工，对优化路网结构，提高路网运输能力；优化机务、车辆、工务、电务等运输生产力布局；优化运输组织，提高铁路运输生产效率和效益；加速机车车辆周转，提高机车、车辆的利用率；加快货物送达速度，提高经济、社会效益；确保路网的安全、畅通具有重大作用。

在分布编组站时应根据路网结构、铁路技术装备水平和货流特点，采取先进的运输组织方式，充分利用既有设施，强化点线能力和点线技术设备标准的协调，近远结合，使编组站布局、技术装备和作业能力与铁路生产力发展水平、运营管理模式相适应，满足国民经济和社会发展的需要。

编组站在路网上的分布应符合近、远期车流集散规律，最大限度地减少列车改编次数，实现车流快速移动；主要编组站处于路网中重要干线的交会点，承担路网中主要车流的解编作业。

随着我国铁路运输生产力布局调整的不断深化，多次大面积提速调图后，机车交路、列检保证距离不断延长，车流结构发生变化，原有的编组站布局已不能适应新的运输形势要求。特别是由于路网规模的扩大和线路的分工调整，使得位于提速干线上的编组站所衔接线路方向的到发列车结构发生很大变化，需要根据各编组站所处的位置和所起的作用，调整编组站功能，优化编组站布局，减少东部地区编组站数量，加强和完善西部地区编组站布局，一个枢纽原则上只设一个编组站。

三、区段站在路网上的分布

区段站在铁路网上的分布主要决定于下列因素。

(1)牵引区段的长度。铁路网上牵引区段的长度应根据牵引种类、机车交路及乘务组的连续工作时间等因素确定。

(2)路网上技术作业的要求。根据区段站在路网中的位置和作用、与相邻编组站或区段站的分工及合理的车流组织等因素确定，一般应把区段站设在有一定数量车流集散的地点。在几条铁路的交叉或会合处，若需办理各方向的交换车流时，则应设置枢纽区段站。

(3)地区及城镇发展规划。区段站应尽可能设在具有一定政治、经济意义及客货运量较大的城镇。这样，既可满足地区及城镇生产建设的需要，方便旅客乘降，又便于解决铁路职工及其家属的生活供应、医疗、教育及文化生活等困难。

铁路实现牵引动力现代化后，由于电力机车及内燃机车可以走行很长的距离而不需要整备，乘务组和机车统一组织，集中使用，实行长交路轮乘制，且运行速度快，故牵引区段的长度就可能延长。

既有干线实行长交路后，有的区段站在干线上已不再是无改编中转货物列车牵引交路，但仍需为区段、摘挂列车更换机车，或担当衔接支线及地区小运转列车交路，这样的区段站仍需保留。

在分布区段站时，应适当考虑我国铁路运营的特点及车流集散的规律。

第二节　技术站作业及设备

一、区段站作业及设备

从区段站作业的数量和性质，以及设备的种类和规模来看，各类专业车站的主要作业及基本设备在区段站上都有不同程度的体现。

(一)区段站的作业

根据所担负的任务，区段站一般办理下列作业。

1.客运业务

区段站客运业务与中间站所办理的客运业务基本相同,只不过数量较大。

2.货运业务

区段站货运业务与中间站所办理的货运业务大致一样,但作业量较大。在某些区段站上还进行冷藏车的整备及牲畜车的供水作业。

3.运转作业

(1)与旅客列车有关的运转作业。主要办理通过旅客列车的接发作业,有的车站还办理路局管内或市郊旅客列车的始发、终到作业,以及个别车辆的甩挂作业。

(2)与货物列车有关的运转作业。主要办理无改编中转列车的接发和有关作业,进行区段列车和摘挂列车的解体和编组作业,同时还办理向货场、岔线取送作业车等作业。有些区段站还要办理部分改编中转列车变更运行方向、变更列车重量或换挂车组等作业。某些区段站还担当少量始发直达列车的解编任务。

4.机务业务

区段站机务业务以更换货物列车机车和乘务组为主,有些车站还更换旅客列车机车和乘务组。当采用循环交路时,在机务段所在的区段站上,本务机车不进段,仅在站内到发线上或其附近进行检查、整备作业。当采用长交路时,有的区段站无须更换机车,仅更换机车乘务组或进行部分整备作业。

5.车辆业务

区段站车辆业务主要是办理列车的技术检查、列车制动机试验和车辆的临修(摘车修和不摘车修)业务,设有车辆段的区段站上还办理车辆的段修业务。

无论从数量上或种类上,区段站所办理的作业都远较中间站复杂。在所办理的各类列车中,又以无改编中转列车所占比重为最大,成为区段站行车组织工作的重要环节。

(二)区段站的设备

为了保证上述作业的完成,在区段站上应设有以下各项设备。

1.客运业务设备

客运业务设备(passenger service equipment)主要有旅客站房、旅客站台、雨棚及跨越线路设施等。

2.货运业务设备

货运业务设备(goods service equipment)主要指货场及其有关设备,如装卸线、存车线、货物站台、仓库、雨棚、堆场及装卸机械等。

3.运转设备(operating equipment)

(1)供旅客列车使用的运转设备。主要有旅客列车到发线,必要时设客车车底停留线。

(2)供货物列车使用的运转设备。主要有货物列车到发线、调车线、牵出线(有时设小能力驼峰)、机车走行线及机待线等。

4.机务设备

机务设备(locomotive equipment)是指用以对机车进行各项整备和修理作业的线路和设备。在机务段(或机务折返段)所在的区段站上,如采用循环交路,在到发场或其附近设有机车整备设备。当采用长交路轮乘制时,可设运用机务段或机务换乘所。

5.车辆设备

车辆设备(vehicle equipment)是指供到发的车辆进行技术检查和修理的设备。主要包括列检作业场、站修作业场或临修专用线路。在规模较大的区段站上还设有车辆段。

除上述各项设备外,还有信号、通信、给水、排水、电力、照明、技术办公房屋及城镇道路的平(立)交设备等。

二、编组站的作业及设备

(一)编组站的作业

根据编组站在路网和枢纽内的作用和所承担的任务及其作业对象,编组站主要办理以下几项作业。

1.改编中转货物列车作业

改编中转货物列车作业包括解体列车的到达作业和解体作业;始发列车的集结、编组作业和出发作业。

这些作业是在不同的地点、利用不同的设备办理的。改编中转货物列车作业是编组站最主要的作业,作业时间比较长,要占用编组站的大部分设备。因此,保证该项作业的流水性是编组站设计的关键。

2.无改编中转货物列车作业

无改编中转货物列车作业比较简单,内容少而且时间短,地点仅限于到发场或通过车场,主要是换挂机车和列车技术检查作业。因此,合理配置机务设备、通过车场和机走线的位置,是缩短该项作业时间的关键。

3.部分改编中转货物列车作业

部分改编中转货物列车作业除进行无改编中转货物列车的作业外,有时还要变更列车重量、变更列车运行方向或进行成组甩挂等少量调车作业。一般在到发场或通过车场进行。因此,保证部分改编中转货物列车作业的顺利进行,是编组站通过车场设计必须考虑的问题之一。

4.本站作业车的作业

本站作业车(地方作业车)(local wagons)是指到达本枢纽或本站货场及岔线进行货物装卸或倒装的车辆,其作业过程较有调中转车增加了送车、装卸和取车等内容,其中重点是取送车作业。本站作业车的取送有编开枢纽小运转列车和调车取送两种方式。一般而言,当编组站设有货场并有岔线连接且货运量较大时,固定配属专用调车机车,担当取送作业。当本站货运量很小,枢纽内货运站运量较大且装卸车作业点多而分散时,主要采取枢纽小运转列车进行取送。因此,尽量避免从调车场取送车与其他作业的交叉干扰,是布置货运设备时应注意的问题。

5.机务作业

机务作业包括机车出段、入段、段内整备及检修作业。保证机车顺利出入段,缩短机车出入段的走行距离,是布置机务段、机车走行线和机车出入段线应注意的重要问题。

6.车辆检修作业

车辆检修作业包括列车技术检查及不摘车的临时维修、摘车的临时维修和货车的段修三类。

第一类是列车技术作业过程中的重要内容,在到发线上进行。

第二类是货车的站修,车辆破损程度较为严重时需摘车倒装后送往站修线或车辆段修理。

第三类是按车辆使用规定期限,定期入车辆段进行检修作业。

7.其他作业

根据当地需要，编组站有时还需办理以下作业。

(1)客运作业，旅客乘降及换乘。

(2)货运作业，包括货物装卸、换装，牲畜车上水、除粪便，鱼苗车换水等。

(3)军运列车供应作业。

为减少对编组站解编作业的干扰，确保主要任务的完成，应全面考虑，尽量不要在编组站上办理或少办理客货运业务。

(二)编组站的设备

为完成以上各项作业，编组站应设置以下设备。

1.调车设备

调车设备是编组站的核心设备，包括调车驼峰、调车场(线)、牵出线、调车机车等几部分。当地区车流较大时，可设置专门的辅助调车场。

2.行车设备

行车设备指接发货物列车的到发线。为了保证各衔接方向列车同时到发及避免与其他作业进路的交叉，一般应将上行与下行、无改编通过列车与改编列车的到发线分别设置。

3.机务设备

编组站一般均设机务段，而且规模较大。机务段位置应根据编组站主要车场的配置形式，结合地形、地质和风向等条件确定。路网性的双向编组站，可考虑增设第二套整备设备。

4.车辆设备

编组站一般均设车辆段、站修作业场和列检作业场。

5.货运设备

(1)整倒装设备。每昼夜办理的整倒装作业量较大时，为加速车辆周转，在调车场内车辆检修设备的一侧，设置相应的整倒装设备，配线连通驼峰和站修线。作业量较小时，此项作业送往附近货场办理。

(2)牲畜、鱼苗车的上水换水设备。因列车在编组站的到达场停留时间较长，给水栓一般设在到达线间。

(3)货场。兼办货运业务的编组站需设置货场。

6.其他设备

(1)客运设备。编组站的客运业务很少，一般利用正线办理客车到发(通过)。

(2)站内外连接线路设备。有进出站线路、站内联络线等。

此外，编组站还必须具有信、联、闭、通信和照明等设备。

第二章　布置图型分析及选择

根据各项设备相互位置的不同，技术站可以有不同的布置图型。

研究技术站各类图型及其演变与发展，应以运量及运输性质为主要依据，以保证车站作业安全和提高车站通过能力为基本目标，以分析列车和机车车辆在站内的作业流程及主要作业进路交叉为主要方法，来探索各项设备的相互位置和相互联系，从而掌握各种图型内在的规律、基本特征和采用条件。

第一节　作业流程与设备配置

一、列车及机车车辆在站内的作业流程

为了合理地确定各项设备的相互位置和相互联系，必须正确掌握列车及机车车辆在站内的作业流程，认真分析各项作业间的相互联系。

现以单线铁路横列式区段站为例（图 3-2-1），说明列车及机车车辆在区段站内的作业程序。

通过旅客列车自 A 方向接入靠站台的到发线后，一般不需要换挂机车，旅客乘降及行李、包裹装卸完毕，即可向 B 方向发车。

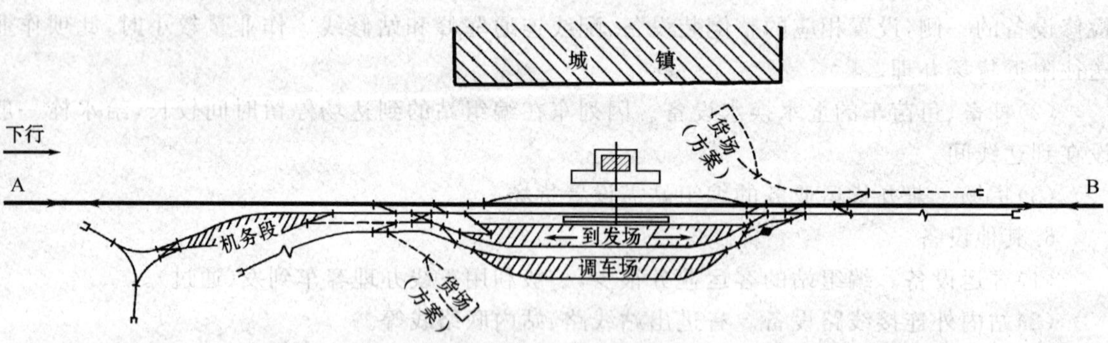

图 3-2-1　单线铁路横列式区段站布置图型

无改编中转货物列车自 A 方向接入到发场后，机车入段，车列进行技术作业，然后换挂机车（或本务机车在到发线上进行整备，或者仅更换乘务组）向 B 方向出发。

到达解体货物列车自 A 方向接入到发场后，机车入段，车列经技术检查，由调车机车牵引至牵出线解体。车列解体后，车辆在调车场集结待编或待送。

自编始发货物列车的车流，在调车场集结成列，经过编组作业由调车机车转至到发场进行技术检查等作业，挂上本务机车后出发。

车列解体后，本站货物作业车在调车场内集结成组，由调车机车送往货场（或岔线）。装卸完毕的车辆又由调车机车自货场（或岔线）取回至调车场，编入自编始发车列内。

站修作业场(或车辆段)扣修的车辆,亦由调车机车自调车场送至站修作业场(或车辆段),修竣的车辆又自作业地点取回至调车场。

从上述作业流程分析,可得出下列结论:

(1)旅客列车到发线应紧靠正线,使旅客列车到发有顺直的进路。所有客运设备应设于靠城镇的一侧,以利客运业务的组织及旅客出入车站。

(2)货物列车到发场也应紧靠正线,使列车到发有顺直及便捷的进路。

(3)调车场应尽量靠近到发场,使车列牵出转线的行程较短,干扰较少。

(4)机务设备的位置应尽可能接近到发场,并且要有便捷的通路,以利机车及时换挂和整备。

(5)货场的位置,一方面希望设于靠城镇一侧,便于货物搬运;另一方面又希望靠近调车场,以减少车辆取送时间及干扰。岔线应尽可能从调车场或货场接轨,以利本站作业车的取送。

(6)站修作业场(或车辆段)要靠近调车场,以缩短扣修车辆的取送行程。

二、主要设备的相互位置及相互联系

车站各项主要设备是为承担各项作业而专门设置的。但从整个车站来看,各项作业是紧密联系而又相互制约的。因此在布置车站各项设备时,必须注意其相互联系。

在设计过程中,技术站的车场和各项设备的相互配置,在满足需要的通过能力和改编能力、节省工程投资和运营支出、保证车站进一步发展的可能性和更好地为城镇及工农业生产服务的前提下,应符合下列要求:

(1)车站各组成部分工作上的协调性。

(2)车站作业的流水性和设备使用的灵活性。

(3)减少进路交叉和作业干扰。

(4)缩短机车、车辆和列车的走行距离及在站停留时间。

(5)便于采用相适应的现代化技术装备。

区段站是为相邻牵引区段服务的,主要办理无改编中转列车的作业,因而缩短中转列车的停站时间及提高车站的通过能力就成为研究区段站设备配置的主要任务。

编组站以处理改编中转货物列车为主,调车设备是其核心设备,编组站车场和各项设备的配置要围绕提高调车作业效率和车站改编能力来进行。

1.客运业务设备及客运运转设备的配置

编组站很少办理客运业务,一般不设客运设备,仅利用正线办理客车通过作业。

办理客运业务的区段站的旅客站房应设在城市主要居民区一侧,并与城市干道相通,以方便客运业务的组织及旅客集散、行包托取。旅客列车到发线要靠近站房并直接连通正线,其一端应接通机务段,以便必要时更换机车;另一端与牵出线要有直接通路,以便利调车机车自牵出线往到发线摘挂客车车辆。到发线与旅客站房之间要留有适当距离,以便将来发展。

到发线与旅客站台的布置形式,主要需考虑正线布置要顺直;客、货列车能便捷到发,站内交叉少;旅客跨越线路少,横越线路设备建筑费用小;便于货场设置、支线引入及岔线接轨;便于线路保养维修及进一步发展。图 3-2-2(a)、图 3-2-2(b)分别为单线和双线铁路区段站应优先采用的旅客站台与到发线布置方案。

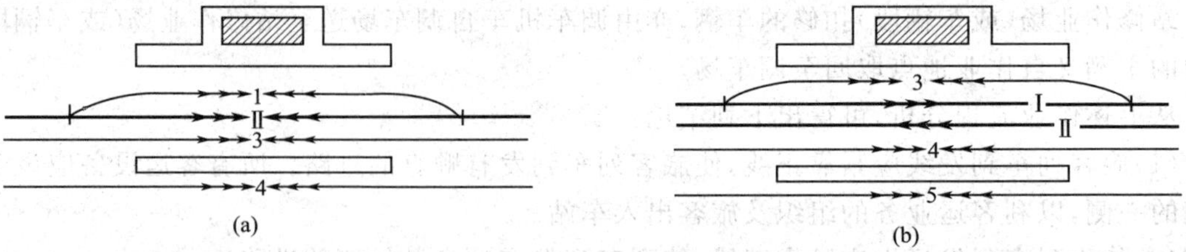

图 3-2-2　区段站旅客站台与到发线布置方案

2. 货运运转设备的配置

区段站的货物列车到发线设在与旅客列车到发线相对应的正线的另一侧并与正线接通，使列车到发有顺直及便捷的进路。仅办理机车乘务组换班的双线铁路区段站，可在站房同侧适当增加到发线。编组站作业量较大时，应分别设置到达场和出发场，以提高作业的流水性。为加速无改编中转列车作业，减少对其他作业的干扰，有时需单独设置通过车场（直通场）。

为保证各衔接方向列车同时到发，避免与其他作业进路交叉干扰，一般应将上、下行货物列车到发线分别设置。

由于到达解体列车要从到发场经由调车设备进行解体，自编始发列车要进行编组并经由牵出线送往到发场发车，因此调车场应尽量靠近到发场。到发场与调车场纵列配置可以提高车站作业的流水性，但为了减少站坪长度，区段站的调车场一般和到发场并列配置，编组站则根据作业需要进行配置。

编组站通过车场的位置，应根据通过列车运行顺直，便于甩挂作业，机车出、入段便捷，对编组站作业干扰少，节省设备和定员等要求确定。横列式编组站的通过车场一般设在到发场旁；混合式和纵列式编组站的通过车场一般设在出发场旁；当通过列车有甩无挂时，也可以设在邻近机务段的到达场旁。

随着运量的增长，有时需对货运运转设备进行扩建和改建，因而在货运运转设备的配置上应考虑未来发展的可能。当区段站到发场与调车场需要扩建时，一般可将调车场的部分股道改作到发线，而在调车场外侧加铺调车线。

图 3-2-3 为区段站货运运转设备及机务设备的一种配置方案，这是上、下行货物列车共用一个到发场，调车场设于到发场外侧的单线横列式区段站布置图型。

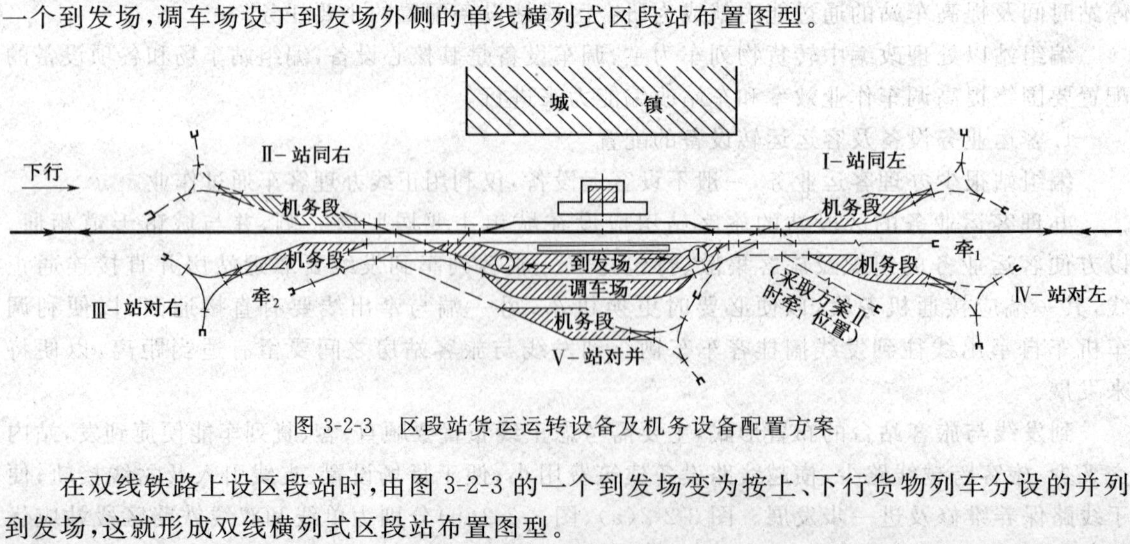

图 3-2-3　区段站货运运转设备及机务设备配置方案

在双线铁路上设区段站时，由图 3-2-3 的一个到发场变为按上、下行货物列车分设的并列到发场，这就形成双线横列式区段站布置图型。

当双线铁路横列式区段站的运量较大，旅客列车对数又较多时，可将上、下行两个方向的到发场分设于正线两侧，逆运行方向全部错移，这就形成纵列式区段站布置图型。

当客、货行车量均较大，对既有区段站改建受条件限制，原有横列式布置的车站，横向无进一步发展可能时，可将原有的站场改为专供旅客列车使用的到发场，另建供货物列车使用的到发场和调车场，这就构成了旅客列车到发场与货运运转设备纵向配列的图型，即客、货纵列式区段站布置图型。

如果改编中转列车的比重较大，可将上下行到发场分设在调车场的两侧，采用外包正线，这样就形成一级三场横列式编组站布置图型。

随着改编中转列车比重的增加，可将到达场、出发场与调车场纵列，从而形成单向混合式或纵列式编组站布置图型，进一步还可采用两套调车设备，形成双向编组站布置图型。

从以上初步分析可知，技术站各种布置图型的构成与发展，主要是根据车站行车量大小及性质、车站通过能力、改编能力等有关的各项设备相互位置来确定的。

3. 机务设备的配置

机务设备的设置位置与本务机车在技术站的换挂、出入段及整备作业密切相关。合理配置机务设备不但能加速机车车辆周转、提高车站通过能力及节省基建投资，而且对站场各项设备的总体布局及发展也有很大影响。

机务段的位置应根据车站及机务段性质、作业要求、机务段的规模、车站布置图型、远期发展和城镇规划等条件，结合地形、地质、水文、主要风向和便于排水等因素确定。机务段应靠近到发场及通过车场，并且要有便捷的通路，以利机车及时出入段。另外，应保证在咽喉区有足够的平行进路，以使列车到发、机车出入段及调车作业可以同时进行。

在区段站上，机务段的位置可以有如图 3-2-3 所示的五种方案。

机务段设在站房同侧左端（简称站同左——第Ⅰ方案）及站房同侧右端（简称站同右——第Ⅱ方案）方案。这两种方案的缺点较多，如机务段设在站房同侧，会恶化城镇居民区的环境；到发场的列车更换机车时，必须跨越正线；靠机务段一端站场咽喉区布置复杂；而另一端机车出入段走行距离长；在改建时因城镇用地紧张，发展比较困难。所以在新建区段站时，一般不采用这两种方案。

机务段设在调车场外侧与调车场并列（简称站对并——第Ⅴ方案）。采用这种方案时，机车出入段虽与调车作业相干扰，但与列车到发的交叉则平均分配在车站两端咽喉区。两端咽喉构造较简单，不需设专用机车走行线。机车出入段时，在站内走行距离可大大缩短，用地也较少。其主要缺点是车站横向发展比较困难，尤其是当改编作业量较大时，对调车作业干扰较大，故一般不宜采用。在改编作业量很小的区段站上，如为远期无大发展的内燃或电力机务段且其规模又较小时，也可考虑选用该方案。

机务段设在站房对侧右端（简称站对右——第Ⅲ方案）及站房对侧左端（简称站对左——第Ⅳ方案）。这两种方案的缺点是用地较大，机务段一端咽喉比较复杂，另一端机车走行距离较长。但它明显的优点是机车出入段对作业的干扰比其他任何方案都少。

在双线横列式区段站上，到发场（线）通常是按行车方向别（上、下行）使用的。若机务段在站对右位置，则一个方向机车出入段与另一个方向列车出发产生进路交叉；若机务段在站对左位置，则一个方向机车出入段与另一个方向列车到达产生进路交叉。显然，列车出发较列车到达的速度低，较为安全；占用进路时间短，妨碍的时间也较少。由此可知，到达交叉比出发交叉严重。尤其当发展成纵列式布置图型时，站对右方案的机车走行距离远比站对左方案要短。

因此，站对右方案较站对左方案更为有利。

在单线横列式区段站上，上、下行到发场(线)混用，机车出入段与上、下行两个方向列车到达、出发进路所产生的交叉性质相同，机务段设在站对右或站对左方案对进路交叉的影响并不明显。

综上所述，新建横列式区段站首先应考虑机务段设于站对右的位置，其次是站对左的位置。对没有解编作业或远期没有多大发展的区段站，同时又受地形条件限制时，方可考虑将机务段设于站对并的位置。机务段设在站同左及站同右的方案，缺点较多，一般不采用。在我国横列式区段站上，机务段设在站对右及站对左位置的，约占总数的 2/3。其中新建横列式区段站的机务段大部分设在站对右的位置，其次为站对左及站对并的位置。

机务段在纵列式区段站上的位置，应使中部咽喉区有适当发展余地。为疏解中部咽喉交叉干扰，应使正线有外包机务段的条件。

机务段在客货纵列式区段站上的位置应结合具体情况，因地制宜地选择。

新建区段站设有内燃机务段时，如采用肩回交路，在机务段所在站上，全部机务设备均设在段内。在机务折返段所在站上，如机车不需要转向，而气候条件又适合在露天进行整备作业时，其整备设备的用地宽度一般为 30～50 m。这时，在横列式区段站上，折返段也可考虑设在到发场近旁，以减少机车走行距离及咽喉区的进路交叉；在纵列式区段站上，折返段也可考虑设在中部咽喉区附近。如采用循环交路，无论机务段或机务折返段所在的车站上，主要整备设备都可考虑设在到发线上(图 3-2-3 中的①、②)或设在上、下行到发场之间，或设于咽喉区附近，力求机车往返行程及交叉干扰少，以保证在规定的停站时间内顺利完成整备作业。

在电力牵引的区段站上，仍需以内燃机车作调车机车。若有支线衔接，在支线上往往仍需采用内燃牵引。而且在电气化时，亦应尽量利用原有机务设备。故在实践中，电力机务段一般都属于混合段性质。其机务设备在区段站内的配置方案，与内燃牵引的情况基本相似。由于不需要设燃料供应设备，故更便于将全部整备设备布置在到发线范围内。

机务段在编组站上的设置位置视布置图的类型及各项设备的相互位置，并结合地形、地质和风向等条件确定。

横列式编组站机务段应与到发场纵列设置，一般设在接发列车较多的到发场出口端，若上、下行作业量较均衡时，机务段的设置位置应利于发展为单向混合式编组站或双向编组站。

单向混合式编组站的机务段，通常有布置在到达场两侧或调车场尾部牵出线两侧 4 种方案。为减少机车出入段对调车场尾部牵出线能力的影响，方便通过列车换挂本务机车并利于向纵列式图型发展，一般将机务段设在到达场旁边反驼峰方向一侧。

单向纵列式编组站的机务段有布置在到达场两侧、调车场两侧或出发场两侧 6 种方案。为减少机车出入段走行距离和对站内其他作业的交叉干扰，有利于发展为双向编组站，机务段一般设在到发较为集中的出发场或到达场旁反驼峰方向一侧。

在双向编组站上，一般将机务段设在两套调车系统之间并靠近车流较大的出发及通过车场一端。路网性的双向编组站，为减少机车出入段的走行距离及与其他作业的交叉干扰，可考虑增设第二套整备设备。

当编组站的通过列车较多且机车不进段作业时，经技术经济比较，可在通过车场附近设置必要的机务整备设备。

4. 货运业务设备(货场或岔线)的配置

货运业务设备的设置位置既要根据地方货源、货流情况，靠近城市主要工业区及货物集散地，又要考虑地形条件，节省造价；既要便利装卸车辆取送作业，又要考虑地方运输的便捷，有利于铁路与其他运输方式的衔接、配合，方便集疏运。因此，技术站的货运业务设备位置应结合城市规划、货源及货流方向、地形条件、地方搬运方式、城市道路与铁路交叉的方式、环境保护需要、铁路行车量、货物品种及装卸量等加以确定。

货运业务设备在区段站内的位置，基本上可归纳为两类：一类在站房同侧（方案Ⅰ、Ⅱ），另一类在站房对侧（方案Ⅲ、Ⅳ），如图 3-2-4 所示。

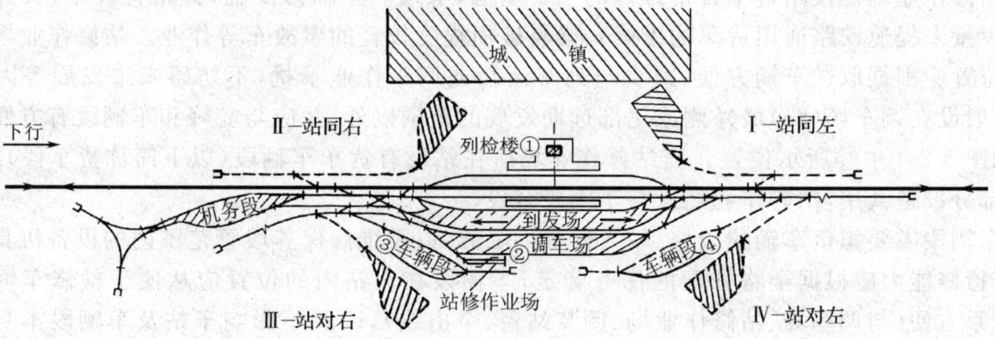

图 3-2-4　区段站货运业务设备（货场）及车辆设备的配置方案

由于一般区段站均位于中、小城镇，所以货场设在站房同侧，也就是设在城镇主要货源、货流的同侧。其优点是货场靠近工矿企业、物资单位与居民区，便于货物集散，货主搬运车辆无须跨越正线。其缺点是货场作业车取送必须跨越正线，干扰正线行车，在货场规模大、占地多时，布置上也有一定困难。当货场设于机务段同一端时（方案Ⅱ），对作业影响更大，会影响咽喉的通过能力。因此，在方案Ⅰ、Ⅱ中，当机务段设于站对右位置时，在其他因素相同的情况下，以采用方案Ⅰ为宜。

当货源、货流主要方向在站房对侧时，将货场设在调车场一侧最为理想，这样既便于取送作业，又有利于货主搬运。但在大部分情况下，这一位置往往与城镇主要货源、货流不一致。其优缺点正好与货场在站房同侧时相反。所以，只有当行车量与装卸车数两者都较大而又设有立交设备时，才宜把货场设在站房对侧。这时，货场应与机务段位于同一端，以利车站纵向发展。

一般来说，单线铁路区段站的货场宜设于站房同侧，咽喉结构简单的一端。远期将发展成为双线铁路的区段站，在地方运量较少时，货场仍宜设在站房同侧。当近、远期地方运量均较大，且在站房同侧布置较大的货场有困难时，货场可设于调车场一侧次要牵出线附近（方案Ⅲ）。如近期运量小、远期运量大时，则可根据情况有计划地分设两个货场。对某些品种特殊的专业性货场，如危险品、有毒品、有碍卫生的粉末状货物，则应远离城镇居民区，设在城镇的下风方向。

当正线列车对数较多，货场装卸量较大时，站房同侧的货场应设货场牵出线，避免占用正线调车。设在调车场同侧的货场，如调车场的牵出线作业量大时，也可预留或设置货场牵出线。如货场与城市不在正线的同一侧，且正线行车量、调车作业量和货物装卸作业量均较大时，在工程不很困难的情况下，城市通往货场道路与铁路的交叉应采用立体交叉。

为减少对编组站各项作业的干扰，货场（或岔线）最好不在编组站接轨，如必须在编组站接轨时，其衔接方式应视货场（或岔线）到发车流性质及车站布置图型等因素确定，一般不宜靠近机务段的咽喉区。如果货场（或岔线）以到达车流为主，宜在调车场尾部接轨，以便于把在调车场集结的车辆及时送往货场（或岔线）；如果货场（或岔线）以出发车流为主，宜在到达场的咽喉区接轨，以便于货场（或岔线）取回的车辆及时解体；如果货场（或岔线）的到发车流较均衡，应根据编组站的站型确定接轨位置。

5. 车辆设备

用于货物列车技术检查、制动机试验、故障处理等日常检修的列检作业场应根据保证车辆运行安全、提高运输效率的要求，结合列检作业安全保证距离、站型及线路特点等进行设置，通常设在到达场、出发场和到发场的适当地点。为方便与车站运转部门联系，在区段站上列检楼往往设在站房附近，如图 3-2-4 中①所示位置。

站修作业场是铁路货车日常维修的主要基地，承担摘车临修及辅修(指特种车、长大货物车及少量未提速铁路通用货车的维修)、修复破损程度较轻的事故车等作业。站修作业场在车站的位置应根据取送车辆方便、减少与列车运行或调车作业干扰，不妨碍未来发展等因素确定，一般设在调车场(线)最外侧或尾部远期发展的范围以外，并应与驼峰和车辆段有方便的通路，如图 3-2-4 中②所示位置。当站修作业场所在站设有货车车辆段(以下简称货车段)时，为便于部分设备共用，站修作业场可与车辆段合设。

车辆段主要担负车辆的段修、较大修程的临修，以及维修保养段管范围内的设备机具等任务，其检修能力应根据全路分配的任务确定，车辆段在车站内的位置应从便于检修车辆的取送，联系方便(与调车场、站修作业场、倒装站台、牵出线)，以及不影响车站及车辆段本身发展等方面综合考虑。出入车辆段的线路切割正线或列车到发径路时，应检算其通过能力。为便于车辆扣修，车辆段应设在有较多空车方向一侧，并与调车场有方便的联系。一般情况下，单向纵列式编组站的车辆段设在调车场尾部的一侧或调车场旁侧。单向横列式和混合式编组站的车辆段可设在调车场尾部牵出线一侧或调车场尾部附近正线的外侧。双向编组站的车辆段应设在两套调车系统之间，并靠近主要空车方向系统的调车场尾部附近。

第二节　布置图型分析方法

技术站布置图型表示出车站各项设备的总体布局。图型选择是否合理对铁路运营、工程投资、城镇规划和工农业的发展都有很大的影响。

在车站新建和改扩建设计中，分析研究布置图型的目的是要根据其在路网中的作用、各衔接方向数目、运量及车流性质、作业特点，结合城镇规划及地形、地质条件，并考虑预留发展等因素，选择合理的布置图型或提出正确合理、切实可行的新建或改扩建方案。

在车站的运营工作中，分析研究布置图型主要是为了找出车站各项设备的薄弱环节，提出合理运用各项设备的作业方案及改善各项设备的具体措施，提高车站的通过能力。

车站布置图型的分析及选择，一般可按下列方法和步骤进行。

一、分析研究收集的相关资料

(1)当地自然条件及地理特征，城市现状及发展规划、工农业布局等。

(2)车站远、近期客货运量及其在路网中的作用。

(3)相邻区段主要技术特征，包括衔接方向、正线数目、线路等级、限制坡度、机车交路、牵引类型、牵引定数、岔线接轨位置等。

(4)车站各项设备的数量及技术条件。

二、综合分析车站的各项设备及其运用情况

1. 各项设备的相互位置及相互联系

(1)正线与到发场(线)的相互位置及相互联系。

(2)在到发场(线)内,旅客列车到发线与货物列车到发线之间、各方向货物列车到发线之间、无改编中转列车到发线与改编列车到发线之间的相互位置和相互联系。

(3)到发场(到达场、出发场)、调车场和牵出线的相互位置及相互联系。

(4)机务设备的位置及其与到发场(线)的联系。

(5)车辆设备的位置及其与调车设备的联系。

(6)货场的位置及其与调车场、牵出线的联系。

(7)岔线接轨位置及其与调车设备的联系。

2. 各项设备的运用及作业情况

一般应对下列各项作业进行详细分析:旅客列车的到发及技术作业;无改编中转货物列车的到发及技术作业;改编中转货物列车的到发、技术作业及调车作业;客、货机车交路及机车出入段;货场及岔线的取送作业;扣修车的取送作业等。在既有车站上,可参阅列车运行图、列车编组计划及车站行车工作细则等文件进行分析。

3. 分析布置图型的内在规律

根据布置图型各项设备相互位置及作业联系,找出在一定布置图型条件下车站(车场)咽喉区产生的主要交叉干扰,明确布置图型的优缺点及其适用条件。

第三节 区段站布置图型分析

一、横列式区段站布置图型

1. 单线铁路横列式区段站布置图型

图 3-2-1 为单线铁路横列式区段站布置图型,上、下行货物列车到发线共用一个到发场,调车场设于到发场外侧,在车站 B 端主要牵出线上预留了小能力驼峰及驼峰迂回线的位置。

从图 3-2-1 可以看出,车站咽喉可以保证客、货列车的到发,本务机车的出入段,改编列车的解体和编组,本站作业车的取送及必要时由调车场直接向区间发车等作业进路。

A 端咽喉区可保证旅客(或货物)列车到(发)、机车出(入)段、调车三项平行作业。B 端咽喉区可保证旅客(或货物)列车到(发)、机车出(入)段两项平行作业;或列车到(发)、调车两项平行作业。

在该布置图型中,全部到发线均为双进路,线路按作业要求进行适当分组。靠近正线的线路应尽可能用来接发无改编中转列车;靠近调车场的线路则主要作为接发改编列车之用。这样,可以在办理中转货物列车到发作业的同时,进行解编车列的转场作业,以增加两端咽喉的机动性。

应当指出,图 3-2-1 的布置尚存在车站 A 端咽喉接发改编列车时与机车出入段进路产生交叉的问题。当货场设在车站 B 端咽喉站房同侧,在进行车辆取送作业时,必然与该咽喉的行车和调车作业进路相交叉。

当单线铁路行车数量增长,更换机车次数增加时,为减少货物列车到发与机车出入段的交叉,在到发场内应设有机车走行线,为下行货物列车本务机车出入段走行之用。

图 3-2-5 为单线铁路横列式区段站运转设备布置详图。到发场内线路按 2、2 分组,中间设机车走行线一条。A 端咽喉区设有机车出、入段线各一条。

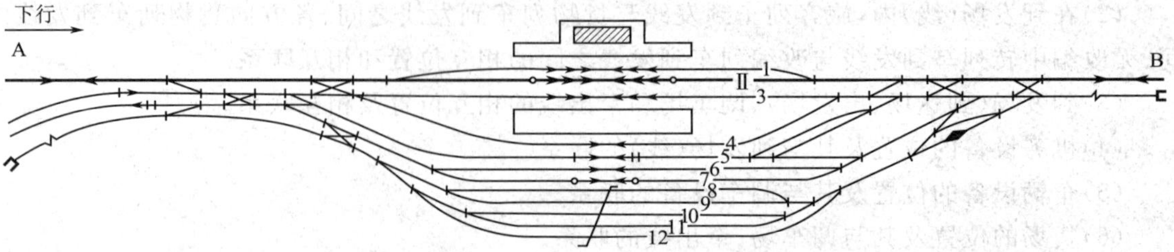

图 3-2-5　单线铁路横列式区段站运转设备布置详图

2. 双线铁路横列式区段站布置图型

图 3-2-6 为双线铁路横列式区段站布置图型，各项主要设备的相互位置和单线横列式区段站大体相似。旅客站房等客运业务设备位于城镇一侧，设有基本站台及中间站台各一座。

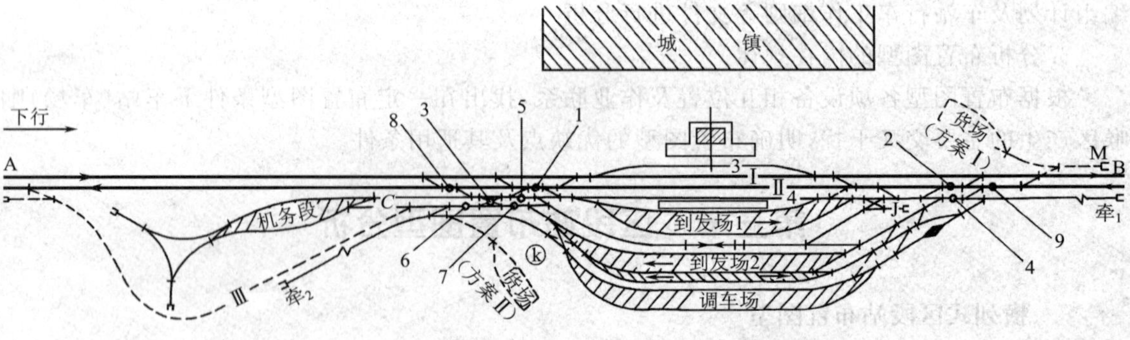

图 3-2-6　双线铁路横列式区段站布置图型

Ⅰ、Ⅱ道是正线，旅客列车到发线紧靠正线。在没有交会的情况下，A 或 B 方向到达的旅客列车可进入 3 道，停靠基本站台以方便旅客进出站。在两交会时，A 方向旅客列车进 3 道停靠基本站台；B 方向旅客列车进 4 道停靠中间站台一侧。若有三交会时，则第三列旅客列车可停靠于中间站台另一侧的货物列车到发线上。为便于旅客列车换挂机车，旅客列车到发线与机务段有渡线连通。牵出线 1、2 与旅客列车到发线均有直接通路，以便个别车辆的摘挂。

货物列车到发场 1、2 相互间及其与旅客列车到发线相互间都是平行布置。到发场 1 供下行货物列车使用，到发场 2 供上行货物列车使用。在同一到发场中，无改编中转列车一般使用靠近正线一侧的线路；而改编列车则使用靠近调车场一侧的线路。这是为了尽可能避免中转列车到发与解编车列转线的交叉干扰。有的车站将到发场 2 靠调车场一侧的部分线路设置为双进路，用来接发上、下行两个方向的改编列车，以增加设备的机动灵活性，并可减少一部分交叉干扰。

调车场位于到发场 2 的外侧，两端均有牵出线，在 B 端牵出线上设有小能力驼峰，以保证解体编组和取送车辆等调车作业的顺利进行。

机务段位于站对右位置，有两条机车出入段线。站内设一条机车走行线供下行方向列车机车出(入)段走行之用。B 端咽喉设尽头式机待线 J，供下行列车机车出入段时停留及交会之用。

货场设在方案Ⅰ或Ⅱ的位置，两者各有所长，可根据当地具体情况进行选择。

车站需设车辆段时，可设于货场(方案Ⅱ)与调车场之间ⓚ处。

图 3-2-7 为双线铁路横列式区段站运转设备布置详图。此设计能保证：

(1)车站两端咽喉不少于四项平行作业。图中 A 端最大平行作业数可达到五项，即下行旅客列车到达、上行旅客列车出发、机车出段、机车入段、调车作业。B 端最大平行作业数可达到四项，即下行货物列车或旅客列车出发、上行货物列车或旅客列车到达、机车经机待线出（入）段、调车作业。

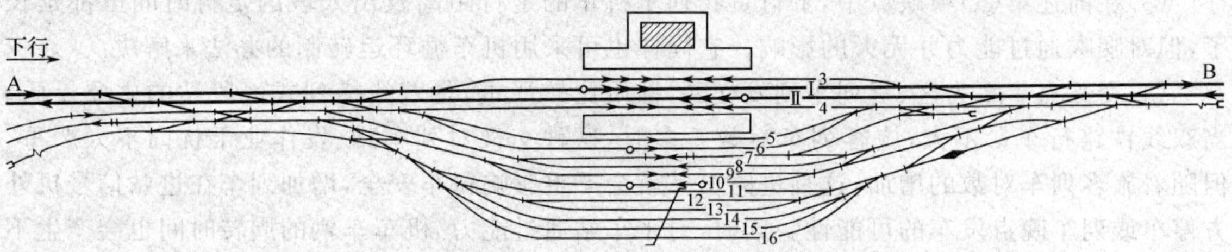

图 3-2-7　双线铁路横列式区段站运转设备布置详图

（2）同一方向的上、下行货物列车可以同时接发，同一方向的上、下行旅客列车可以同时接发。

（3）同一车场的无改编中转列车到发时，可同时办理改编列车车列经由牵出线的转场作业。

（4）客、货列车接发与牵出线调车作业可以同时进行。

（5）必要时能由调车场直接向区间发车，以及到发场可以反方向接发车，保证车站的机动性。

双线铁路横列式区段站布置图型的主要优点是布置紧凑，站坪长度短，占地少，设备集中，管理方便，作业灵活性大，对各种不同地形的适应性强。但尚存在下列主要缺点：

（1）由于两个到发场同在正线一侧，车站 A 端上行旅客列车出发进路与下行货物列车到达进路产生交叉干扰（图 3-2-6 中交叉点 1）；B 端上行旅客列车到达进路与下行货物列车出发进路产生交叉干扰（图 3-2-6 中交叉点 2）。

（2）由于两个到发场平行配置在调车场同一侧，上行货物列车自到发场 2 的出发进路与到发场 1 解编车列经由牵出线 2 的转场进路产生交叉（图 3-2-6 中交叉点 3）；上行货物列车接入到发场 2 的到达进路与到发场 1 解编车列经由牵出线 1 的转场进路产生交叉（图 3-2-6 中交叉点 4）。

（3）由于两个到发场平行配置在调车场同一侧，而机务段又位于站对右的位置，上、下行货物列车机车出入段与到发场 1 的解编车列经由牵出线 2 的转场产生进路交叉（图 3-2-6 中交叉点 5、6）。

（4）由于两个到发场平行配置在正线同一侧，到发场 2 上行货物列车出发进路与下行货物列车机车出入段进路产生交叉干扰（图 3-2-6 中交叉点 7）。

（5）由于机务段设在站对右位置，因此下行货物列车机车出入段走行距离比较长。

为克服双线铁路横列式区段站布置图型的上述缺点，可采取以下措施：

（1）在设有机务段的区段站上，只要采用机车循环运转制交路，本务机车在到发线上进行整备，不再入段，5、6、7 三个交叉点就可避免。在采用电力或内燃牵引的条件下，在到发线上或其附近进行整备作业的可能性大为增加，这些交叉被疏解的可能性就越大。在运量较大的双线铁路上，还可以在 A 端修建绕过机务段的外包正线Ⅲ，如图 3-2-6 中的机务段外侧虚线所示。这时，上行货物列车可经由正线Ⅲ出发，则交叉点 7 也就完全疏解了。

（2）交叉点 3、4、5、6 也可用变更到发场与调车场的相互位置，即将到发场 1、2 分设于调车场两侧来解决。在区段站上，一般改编列车数目不多，所以这些矛盾并不严重。在不影响上行货物列车到发及机车出入段的情况下，有时可将到发场 2 靠调车场一侧的线路用来接发下行改编列车，这样就疏解了交叉点5、6。但若将下行改编列车固定在到发场2外侧的线路到发，则有可能与上行货物列车的到发产生新的交叉干扰。

(3)在前述第(5)项缺点中，下行货物列车机车的走行距离及出入段的走行时间虽都延长了，但对咽喉通过能力并无大的影响。它同样也可采用机车循环运转制的办法来解决。

(4)交叉点1、2为客、货列车到发交叉，性质比较严重，是双线横列式区段站的主要矛盾。当双线铁路行车量不大，旅客列车对数不多时，这种交叉对列车到、发作业干扰尚不太严重。但随着旅客列车对数的增加，这种进路交叉就会严重影响行车安全，增加列车在进站信号机外方停车或列车晚点发车的可能性。同时，对于车站通过能力、机车车辆的周转时间也会产生不利影响。要从根本上解决这一矛盾，就需要采用另一种区段站布置图型，变更到发场与正线相互间的配置位置。

二、纵列式区段站布置图型

在双线铁路上当运量较大时，为了减少站内两端咽喉区上下行客货列车进路的交叉干扰，区段站可采用纵列式布置图型。图3-2-8为双线铁路纵列式区段站布置图型。图3-2-9为双线铁路纵列式区段站运转设备布置详图。

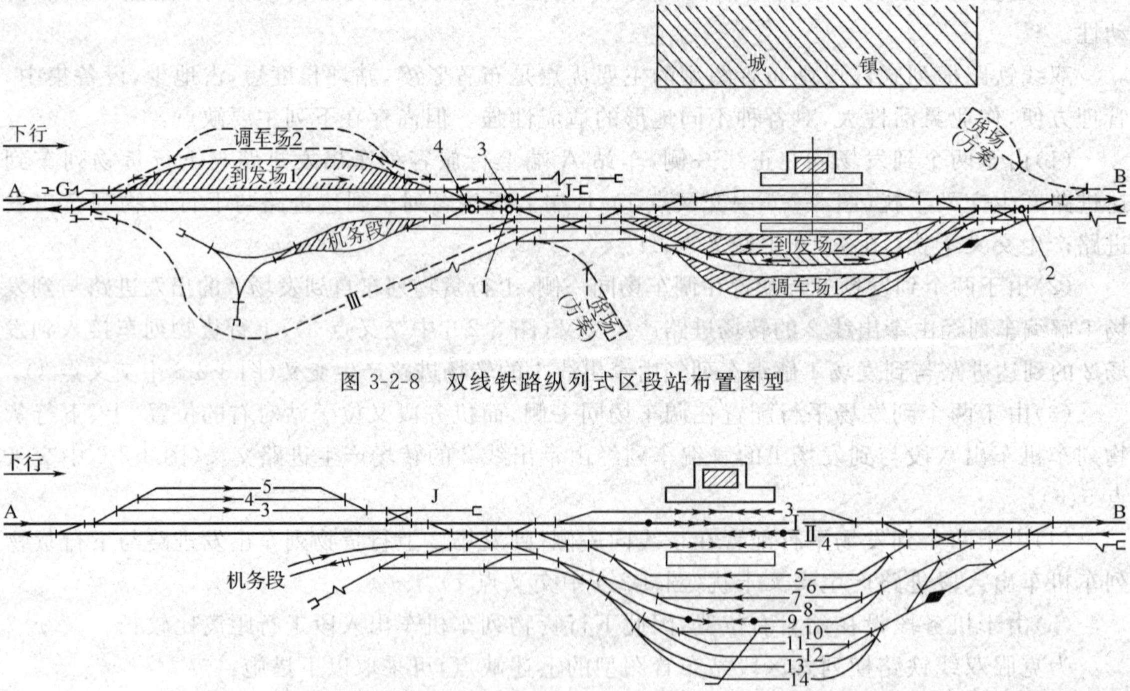

图3-2-8 双线铁路纵列式区段站布置图型

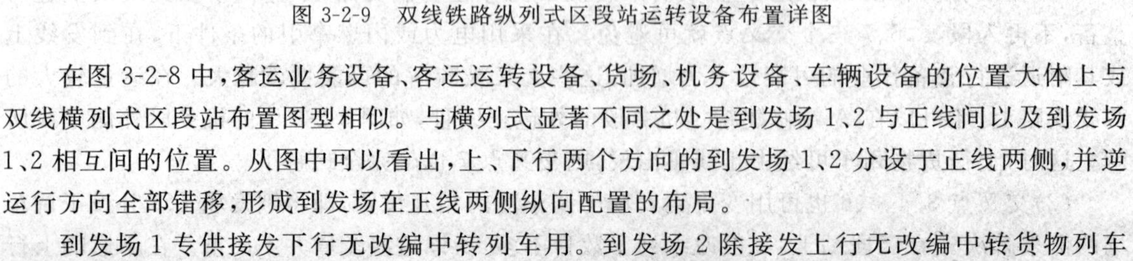

图3-2-9 双线铁路纵列式区段站运转设备布置详图

在图3-2-8中，客运业务设备、客运运转设备、货场、机务设备、车辆设备的位置大体上与双线横列式区段站布置图型相似。与横列式显著不同之处是到发场1、2与正线间以及到发场1、2相互间的位置。从图中可以看出，上、下行两个方向的到发场1、2分设于正线两侧，并逆运行方向全部错移，形成到发场在正线两侧纵向配置的布局。

到发场1专供接发下行无改编中转列车用。到发场2除接发上行无改编中转货物列车外，在靠近调车场一侧的线路上还办理上、下行两个方向的全部改编货物列车的到发作业。在区段站上，改编列车的数量不多，故下行方向改编列车的机车出入段不设专用的机车走行线，而是利用到发场 2 的空线走行。到发场 1 设有机待线 J，机车可经由机待线从中部咽喉出入段。

双线铁路纵列式区段站一般只设一个供上、下行两个方向共用的调车场，并应尽可能设于解编作业量较大的一个方向的到发场一侧。但在城镇一侧，用地往往较紧张，故一般常将调车场设于城镇对侧的到发场外方，如图 3-2-8 所示，它与另一方向的到发场 1 应有直接通路。

A 端咽喉区可保证两项平行作业，即列车到、列车发；B 端咽喉区可保证三项平行作业，即列车到、列车发、调车；中部咽喉区能保证四项平行作业，即下行列车发（通过）、上行列车发、机车出（入）段、调车。

到发场为纵列布置并设在正线两侧，不仅能够保证双线横列式图型所具有的基本作业条件，还能疏解双线横列式图型中一些主要交叉点，如下行无改编中转货物列车与上行旅客列车在车站两端咽喉区进路上的到发交叉点。这是双线纵列式图型最突出的优点，也是采用双线纵列式图型的根本原因。此外还能疏解下行无改编中转列车接发车进路及其机车出入段与下行改编列车经由牵出线转场的进路交叉，缩短下行无改编中转列车机车出入段的走行距离。

但是，双线纵列式并未解决双线横列式图型中存在的另一些缺点，如上行无改编中转货物列车出发切断下行无改编中转货物列车机车出入段的进路（图 3-2-8 中交叉点 4）；下行改编列车的到、发进路与上行旅客列车的发、到进路仍有交叉干扰；下行改编列车的机车出入段走行距离仍然很长。

除此之外，纵列式布置图型还产生了如下一些新的矛盾：

（1）由于只设一个调车场，下行改编列车就需全部在上行到发场 2 靠近调车场一侧的线路上到发。因此，下行改编列车的到达（出发）进路与上行无改编中转列车的出发（到达）进路有交叉干扰（图 3-2-8 中交叉点 1、2）。当下行改编货物列车数量较小时，影响并不严重。

（2）当调车机车往返于到发场 1 与调车场 1 之间，进行车组的换挂、地方车辆和扣修车的取送等作业时，必须横切中部咽喉区的正线和机车出入段的通路。若这类作业次数较少，对车站工作的影响不大。但作业次数增多时，势必加重中部咽喉区的负担，往往成为纵列式布置图型本质上的弱点。

（3）由于下行到发场 1 在正线另一侧，下行无改编中转货物列车的机车出入段必须跨越正线，与上、下行旅客列车的到发进路发生交叉（图 3-2-8 中交叉点 3、4）。在机务段所在站上，此交叉可采用机车循环运转制交路来解决，或者用修建外包正线Ⅲ来解决。

（4）由于上、下行到发场系纵列式布置，故要求有很长的站坪。另外还多一个咽喉道岔区，在工程造价和运营支出方面都比横列式有较大增加。

从上面的分析可以看出，纵列式布置图型虽然疏解了横列式布置图型的一些主要交叉点，但与改编列车有关作业所产生的进路交叉，从某种意义上来说，还有所发展。下行改编列车无法像横列式布置图型那样活用到发场 1 及到发场 2 的线路，只能全部接入到发场 2 外侧的线路。随着解编作业量的增长，这一矛盾就更为突出。当双方向改编作业量都较大，而相互间交换车流又不多时，也可考虑在到发场 1 的外侧再修建一个调车场。但由于有两套调车设备，两调车场间的交换车辆取送将会切断中部咽喉的作业。

三、客货纵列式区段站布置图型

由于运量增长或新线引入，既有的横列式区段站横向发展受到限制，或客、货运量大，站内作业交叉干扰严重时，可将原有站场改为旅客列车运转车场，并沿正线的适当距离另建与其纵列的货物运转车场，形成客货纵列式区段站布置图型。此种图型往往是改建时逐步形成的，故客、货运转设备和机务设备相互位置的配置形式很多。图 3-2-10 所示为双线铁路客货纵列式区段站，货运运转车场的上、下行场分别位于正线两侧横列布置，其优缺点与纵列式布置图型大致相同。

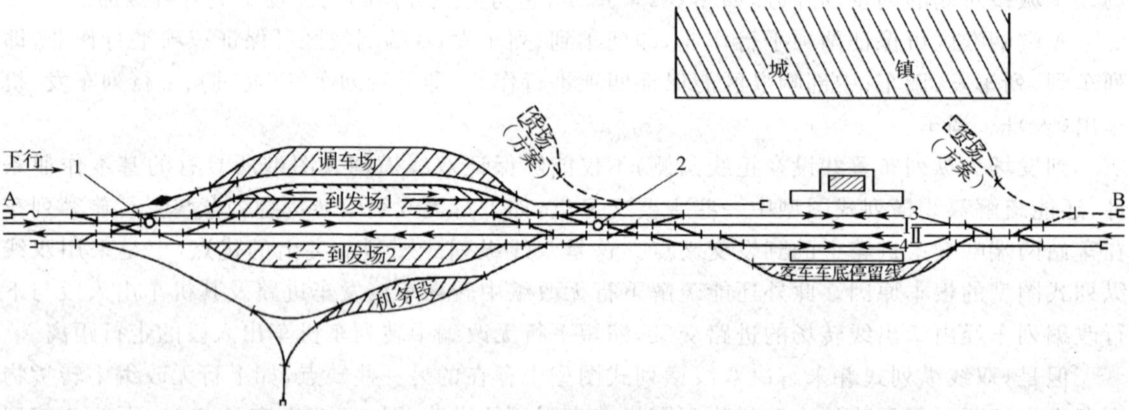

图 3-2-10　双线铁路客货纵列式区段站布置图型

在旅客列车到发场中，Ⅰ、Ⅱ道为货物列车通过的正线，3、4 道为旅客列车到发线。站房对侧的客车车底停留线供本站始发、终到的客车车底及个别客车的停留及整备之用。

货物列车到发场 1、2 分设于正线两侧，互相平行配列。到发场 2 办理上行无改编中转列车的到发；到发场 1 除接发下行无改编中转列车外，还办理两个方向全部改编列车的到发作业。

调车场可根据各方向的解编作业量及货场、岔线的位置，设在比较适宜的地点。在图 3-2-10中，调车场设在到发场 1 的外侧，对货场取送车作业及岔线的接轨都比较有利。

机务段设在到发场 2 的一侧，有两个出入口，上、下行货物列车的机车出入段都比较方便，走行距离也较短。当有客运机车换挂时，机务段也可设在中部咽喉区附近，以便兼顾客、货列车的机车换挂。某些车站为了充分利用原有设备，仍保留设在站房对侧与旅客列车到发场并列的机务设备，而在货物列车到发场远离旅客列车到发场的一端，添设一套整备设备。

货场多设在靠城镇一侧，以便利城镇的搬运作业。

A 端咽喉区可保证四项平行作业，即列车到、列车发、机车出(入)段、调车；B 端咽喉区可保证三项平行作业，即列车到、列车发、客车车底整编；中部咽喉区可保证四项平行作业，即列车到、列车发、机车出(入)段、调车。

实践证明，在我国区段站发展及改建中形成的客货纵列式布置图型，虽然是在一定条件限制下修建起来的，但它却解决了横列式区段站的基本矛盾(即一个方向的旅客列车与另一个方向的货物列车的到发交叉)。当然，上行改编列车的到发与下行旅客列车的到达仍有交叉干扰。下行货物列车及上行改编货物列车的机车出入段还要横切两条正线，这也是客货纵列式布置图型一个比较突出的缺点。

四、枢纽区段站布置图型

有两条或两条以上的铁路线会合或交叉的区段站称为枢纽区段站。目前，我国的枢纽区段站大部分是由于支线引入后会合而形成的，一般有 3～4 个衔接方向。

1. 枢纽区段站车流分类

枢纽区段站由于引入线路的方向增多，各方向间就形成了不同性质的车流。车流大致可分为以下三类：

(1)本线车流，即在两条本线上来往的车流。

(2)转线车流，即从一条线路转至另一条线路的车流，它的运行方向不变，无须在站内折返。

(3)折角车流，即从一条线路转至另一条线路的车流，但运行方向发生变更，需要在站内折返。

在上述各种车流中，对车站作业产生最不利影响的是折角车流。由这些车流组成的中转列车，在经过车站时需要变更列车的运行方向，既增加车站的调车作业量，又延长中转列车在站停留时间。

此外，如各方向的牵引种类和技术条件不同，就有可能引起转线中转列车重量的变更。这些车流及作业的特点都给枢纽区段站的设计和工作组织带来一系列的复杂问题。

2. 枢纽区段站设计特点

在设计枢纽区段站时，除考虑到一般区段站的基本要求外，还应满足下列要求：

(1)各主要方向的无改编中转货物列车通过车站时应尽量不变更运行方向。

(2)各方向进出站线路均应有独立进路通向到发场，保证能同时接入各方向的列车。

(3)当列车密度较大、进路交叉较多、对列车正常运行有较大影响而平面疏解又有困难时，应在有关的进出站线路上修建跨线桥。

枢纽区段站布置图型的布局及各项设备的配置方案与一般区段站大同小异。但在设计或运营中，还应注意下述问题：

(1)从设备数量来看，衔接的方向愈多，则列车密集到达的可能性愈大。故其到发线数目可按表 3-3-2(见后)中数目酌情增加。

(2)从咽喉构造来看，为保证各方向列车同时到达，势必要随着衔接方向数目的增多而相应增加平行作业的数量，同时也要配合到发场内线路的分组，相应地加铺必要的道岔、渡线及梯线，保证车站咽喉构造的灵活性。

(3)从车场分工方案来看，应根据车流性质、数量、衔接方向及地形条件，结合进出站线路的疏解布置进行整体考虑，确定是按线路使用为主，还是按行车方向使用为主，以利减少交叉干扰，充分发挥咽喉通过能力。

图 3-2-11(a)所示的枢纽区段站示意，车场分工按线路别使用。到发场 1 固定为 A、B 线路方向接发车，到发场 2 固定为 C、D 线路方向接发列车。

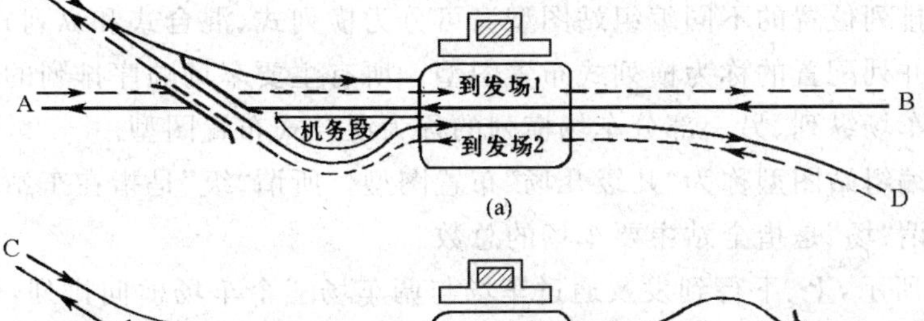

(a)

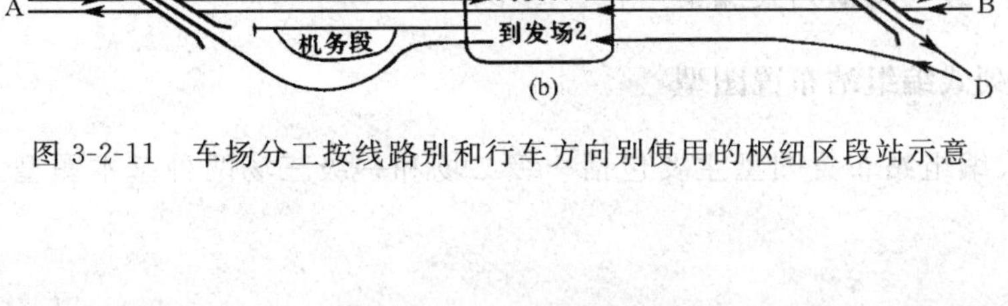

(b)

图 3-2-11 车场分工按线路别和行车方向别使用的枢纽区段站示意

图 3-2-11(b)所示的枢纽区段站示意图,车场分工按行车方向别使用。到发场 1 固定为各方向上行列车的接发,到发场 2 固定为各方向下行列车的接发。

图 3-2-12 为单、双线铁路三个方向横列式枢纽区段站布置图型。A、B 方向为双线,C 方向为单线,两条线路在该站会合,C 方向从车站 B 端引入。

为了平衡两端咽喉区的负荷,机务段设在 A 端站对右位置。货场也设在 A 端,根据城镇规划及货源大小设于站同右或站对右的位置。

Ⅰ、Ⅱ道为正线兼通过线,Ⅲ道为正线兼旅客列车到发线,5、6、8～11 道为货物列车到发线。除Ⅰ、Ⅱ道外,所有到发线都按双进路设计,便于折角列车作业。7 道为机车走行线。在 B、C 端咽喉设有尽头式机待线一条。

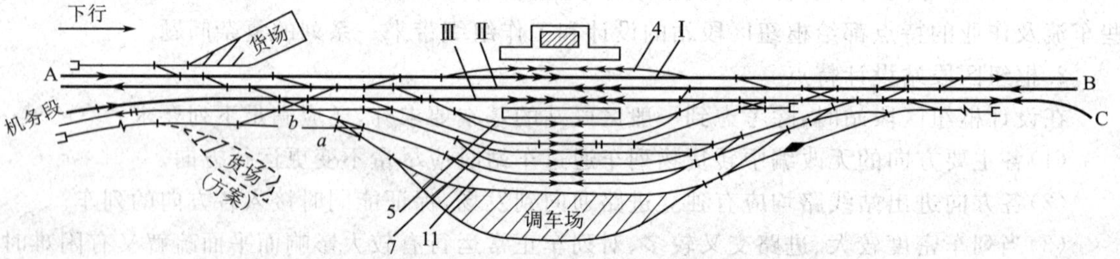

图 3-2-12　单、双线铁路三个方向横列式枢纽区段站布置图型

该布置图的咽喉区构造也比较灵活,B、C 端能保证两方向的列车同时到发,A 端咽喉区采用交分道岔和交叉渡线,可缩短咽喉区的长度。

第四节　编组站布置图型分析

根据编组站所处路网位置、衔接干支线的数目、运量及车流性质、车站作业特点、城市规划要求及工程条件等不同因素,在满足前述配置要求的前提下,随编组站各项设备相互位置的不同,可构成不同的配置图型。

一般而言,编组站图型可分为单向(single direction)和双向(double direction)两类。凡上、下行改编车流共用一套调车设备完成解编作业的编组站图型,称为单向布置图型。凡设有两套调车设备分别承担上、下行改编车流的解编作业的编组站图型,称为双向布置图型。一般情况下,两个调车驼峰应彼此相对设置。

按车场相互排列位置的不同编组站图型又可分为横列式、混合式和纵列式三种。上、下行到发场与调车场并列配置的称为横列式布置图型。所有主要车场顺序排列的称为纵列式布置图型。部分主要车场纵列、另一部分车场横列的称为混合式布置图型。

习惯上还把编组站图型称为“几级几场”布置图型。所谓“级”是指在车站中轴线上纵向排列的车场数。所谓“场”是指全站主要车场的总数。

如图 3-2-13 所示,上、下行到发及通过车场与调车场三个车场横向排列,仅设一套调车设备,可称为单向一级三场横列式编组站布置图型。

一、单向横列式编组站布置图型

单向横列式编组站布置图型主要包括一级二场和一级三场两种基本图型。

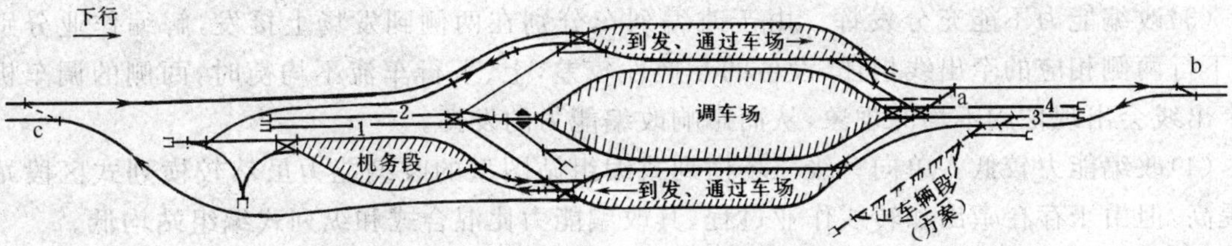

图 3-2-13 单向一级三场横列式编组站布置图型

1. 设备布置特点

单向一级三场横列式编组站(single directional lateral-type marshalling station with three yards in one stage)布置图型(图 3-2-13)的基本特征是上、下行到发场并列在共用调车场的两侧。作为横列式区段站的改进图型,其布置特点如下:

(1)两到发场分设在调车场两侧,三场横列,避免了列车到发与车列牵出或转线作业进路间的交叉。

(2)正线外包,消除了横列式区段站图型的客、货到发进路交叉。

(3)上、下行通过车场设在到发场外侧,无改编中转列车接发与改编列车转线互不干扰,且与尾部牵出线连通,便于进行成组甩挂和坐编作业。为了增加线路使用的机动灵活性,减少定员,节省开支,常将通过车场和到发场合并在一起,但在使用上,仍尽量将无改编中转列车接在靠近正线的车场外侧,以保持上述优点。

(4)机务段设在接发列车较多的到发场出口咽喉处,以方便该方向的本务机车及时出入段,另一方向列车的本务机车经机走线由机务段另一端出入段。这样,可减少机车出入段与其他作业进路的交叉干扰,并使各方向机车在站内的总走行距离最小。当上、下行行车量差别不大时,机务段可设在驼峰一端,以利于发展为单向混合式编组站,也可设在上行到发场出口处(图3-2-13),以利于发展为双向编组站时机车出入段。

(5)车辆段设在调车场尾部正线外侧,便于利用尾部调车机车取送检修车。站修作业场一般设在调车场外侧的线路上。

(6)调车场头尾各设两条牵出线,驼峰的位置应根据主要改编车流方向、地形、风向及进一步发展条件确定。驼峰朝向应考虑改编重车流比例稍大的方向,同时考虑将来车站发展不致引起驼峰方向的根本改变。

(7)两到发场与调车场之间通过四条联络线连接。

2. 单向一级三场横列式编组站布置图型的优缺点分析

单向一级三场横列式编组站克服了横列式区段站存在的客货交叉、货调交叉、解编能力低等缺点,具有站坪长度短、工程费用少、车场较少、管理方便和作业灵活等优点。但该图型也存在较多缺点:

(1)解体牵出困难。调车场位于两到发场之间,整个站场短而宽。由于驼峰峰高的要求,使峰前牵出线与到发场标高相差较大,场间联络线既有小半径曲线,又有较大坡度。当牵引定数较大时,向驼峰牵出线牵出较为困难。加之调车机车牵引力一般较小,当天气较差时,甚至需分两次牵出或头尾同时牵出解体,极大地降低了改编能力。

(2)改编车流折返走行距离长。这是横列式编组站的固有缺点。由于到发场往调车场的牵出和转线距离较横列式区段站有所增加,且有折返行程,增加了车辆在站作业的中转时间和调车机车行程。

(3)改编能力不能充分发挥。由于改编列车分别在两侧到发场上接发,解编作业分别由上、下行两侧相应的牵出线担任,设备的互换性较差,上、下行车流不均衡时,两侧的调车机车和牵出线会出现忙闲不均的现象,从而影响改编能力的发挥。

(4)改编能力较低。单向一级三场横列式编组站图型的改编能力虽然较横列式区段站有所提高,但由于存在牵出和转线作业过程,其改编能力比混合式和纵列式编组站均低。

一级三场编组站衔接方向为单线时,为简化进出站线路布置及疏解,一般可按线路别布置使用到发场,为平衡两侧牵出线的解编作业量,设计时应结合各衔接方向线路的引入,合理安排两侧到发场的分工。当衔接方向为双线时,应按方向别布置使用到发场,可将到发场内部分线路设计为双进路,并在其进站线路上铺设相应的渡线(图 3-2-13 设置渡线 a、b、c),根据站内作业情况通过调整该某一方向改编列车的接发车进路,使两到发场接发的改编列车数接近相等,以平衡双方向的改编作业量。若编组站衔接三个方向时,可以将其中两个方向分别固定接入上、下行到发场,第三方向的进出站线路则连通上、下行两个到发场(图 3-2-14)。

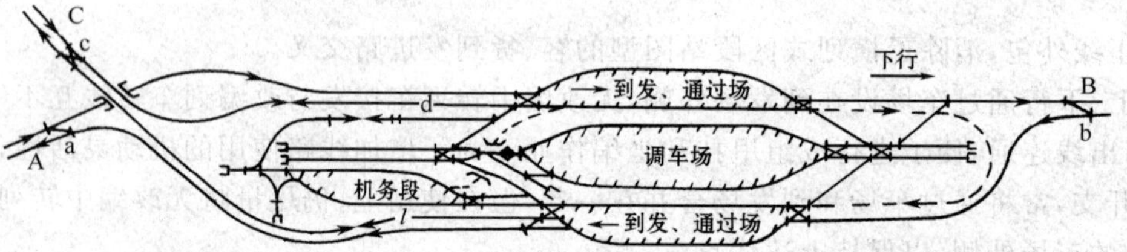

图 3-2-14　衔接三个方向的单向一级三场横列式编组站布置图型

3. 适应范围

单向一级三场编组站图型适用于双方向改编车流较均衡、解编作业量不大或地形条件困难、远期又无大发展的中、小型编组站,也可作为其他大中型编组站的过渡图型,可适应 3 200～4 700 辆/d 的解编作业量。当一级三场编组站采用小能力驼峰,驼峰使用 1 台调车机车,实行单推单溜作业方式,调车场尾部使用 2 台调车机车时,解编能力主要受驼峰控制。若尾部牵出线承担一部分解体作业,解编能力可适当提高。当驼峰和尾部均使用 2 台调车机车,实行双推单溜作业方式时,驼峰和尾部牵出线能力基本平衡。

二、单向混合式编组站布置图型

单向混合式编组站布置图型主要包括二级四场和二级三场两种基本图型。

(一)单向二级四场混合式编组站布置图型

1. 设备布置特点

单向二级四场混合式编组站(single directional combination-type marshalling station with four yards in two stages)布置图型(图 3-2-15)的基本特征是各衔接方向的共用到达场和调车场纵列配置,而上、下行出发场(通过车场)并列设在调车场的两侧。其设备布置特点是:

(1)共用到达场与调车场纵列配置,车列解体时不需牵出作业。

(2)上、下行通过车场分别设在两个出发场的外侧。通过车场与出发场既可共用列检设备,又增加了线路使用的机动灵活性,而且,也便于利用调车场尾部牵出线进行成组甩挂或坐编作业。

(3)如果没有其他条件限制,机务段一般设在到达场旁边反驼峰方向(以下简称反向)一侧。除顺驼峰方向(以下简称顺向)无改编中转列车和自编始发列车外,其他大部分本务机车出入段均比较便捷。

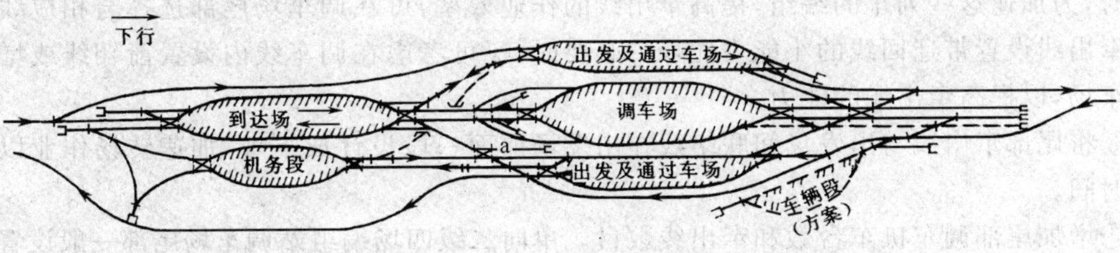

图 3-2-15　单向二级四场混合式编组站布置图型

反向到达解体列车的本务机车经到达场入口咽喉入段。反向无改编中转列车和自编始发列车的本务机车经由反向出发场与机务段之间的机车走行线出入段，径路便利且顺直。

当车站作业量较大时，可设置穿越驼峰跨线桥的峰下机走线(图 3-2-15)。顺向到发列车的本务机车均可经峰下机走线出入段。当车站作业量较小或因地形及水文地质条件不合适时，为避免较大工程费用，也可不设峰下机走线。此时，顺向到发列车的本务机车出入段有以下三条通路：①横切到达场出口咽喉，这样会严重干扰推峰作业，降低驼峰解体能力。②绕道调车场尾部牵出线，这样机车走行距离长，且干扰尾部牵出线作业，影响尾部编组能力。③绕到达场进口咽喉，利用下行正线(业务量较小时)或专用机走线或到达场的调车机车走行线(顺向到解列车)出入段。此方案虽然会影响顺向改编列车接车，但时间短，干扰少，是比较可行的方案。

(4)车辆段位置与一级三场相同，设在调车场尾部适当地点。

(5)在到达场与调车场之间，设有中小能力驼峰，一般实行双推单溜作业方式。调车场尾部设 2 条牵出线，通常配备 2 台调车机车。

2.单向二级四场混合式编组站的优缺点分析

单向二级四场编组站作为单向一级三场编组站的改进图型，其主要优点是：

(1)由于顺反方向改编列车均接入与调车场纵列配置的峰前到达场，消除了横列式布置图型中牵引定数较大的到解列车整列牵出的困难。

(2)通过列车的成组甩挂作业较为方便。

(3)改编列车和驼峰调车机车的作业行程均较短，而且列车解体作业时间较短，驼峰作业效率较高，解体能力与纵列式基本相同。

(4)车站站坪长度较纵列式布置图型短，可减少工程量，节约用地。

但是，这种图型也存在许多缺点，主要表现在以下两方面。

(1)调车场尾部编组能力较低。

由于调车场与上、下行出发场横向排列，单向二级四场编组站仍存在编成车列转线折返走行的缺点，增加了尾部牵出线的负担和车辆走行距离，尾部牵出线的编组能力仍保持横列式编组站的水平。因此，虽然其驼峰能力较大，而且还可以用改造调车设备的方式进一步提高解体能力，但会造成调车场头尾能力不协调的缺陷，从而影响全站设备能力的发挥。为提高单向二级四场编组站尾部编组能力，可以采取如下加强措施：

①部分调车场线路直接发车。即采用编发线布置，使部分列车直接从编发线出发，减少编成车列向出发场的转线作业，使尾部牵出线能力得到提高。这是我国应用较为成功和最为普遍的一种措施。

②调车场尾部设置小能力驼峰。当多组列车、摘挂列车和枢纽小运转列车的编组作业量较大时，为加速这些列车的编组，提高牵出线的作业效率，可在调车场尾部选择与相应线束连接的牵出线设置带迂回线的小能力驼峰。必要时，还可考虑在调车线内设置箭翎线或增设辅助调车场，以提高牵出线的能力。

③将尾部牵出线与出发场间联络线在出发场前面一段设计成下坡，加速转场作业以节省转线时间。

④增加尾部调车机车台数和牵出线数目。单向二级四场编组站调车场尾部一般设置 2 条牵出线，配备 2 台调车机车。若配备 3 台调车机车，其中 1 台用于替班，因减少了整备作业、交接班或取送车而延误的时间，牵出线的能力将有所提高，但调车机车的有效工作时间较短，效率较低。若采用 3 条牵出线、3 台调车机车同时进行编组作业，尾部编组能力可有较大提高。但因出发场分设在调车场两侧，中间牵出线编成车列的转线与外侧牵出线的编组作业相互干扰，中间牵出线的能力不能充分发挥，应注意咽喉设计的灵活性。

⑤出发场后移(图 3-2-16)。将两侧出发场向调车场尾部靠拢布置，尽量缩短编成车列的转线距离，从而减少转线时分，提高尾部能力。但是，这种布置造成出发场部分线路设在曲线上，会增加列车起动阻力，对发车作业带来不便。

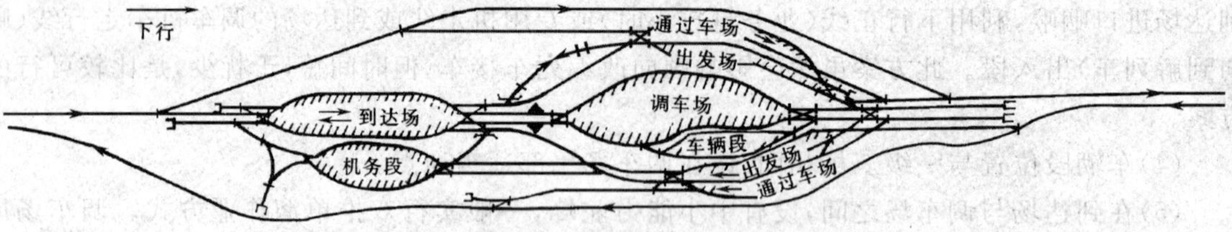

图 3-2-16　单向二级四场(出发场后移)编组站布置图型

⑥调车场尾部燕尾式布置(图 3-2-17)。将调车场尾部按线束左右分开，分别与两侧出发场并拢。这样，上、下行可各设两条互不干扰的尾部牵出线，并可缩短牵出线与出发场的距离，减少转线时间，从而提高尾部能力。但这种布置两侧牵出线互相协作较困难，作业机动性较差，可能会出现忙闲不均现象。当货场及岔线在尾部一侧接轨时，会增加另一侧转送的复杂性，而且不利于将来向纵列式发展。

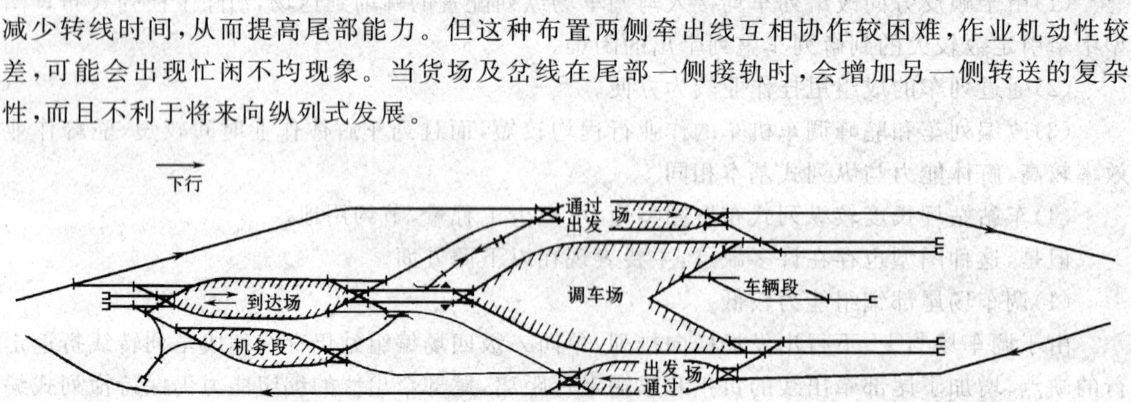

图 3-2-17　单向二级四场(调车场尾部燕尾式)编组站布置图型

⑦调车场尾部咽喉区采用对称道岔、线束布置，可使尾部咽喉长度有较大缩短，从而减少车列转线的调车作业时间。其缺点是当调车场头部采用四线束，尾部采用三条牵出线时头尾咽喉布置配合较复杂。

⑧调车场尾部采用调车集中控制设备。其优点是可保证调车作业安全，提高平面调车效

率(压缩钩分、减少作业联系时间、提高调车机车牵引速度和减少岔前折返时间),节省定员,减轻劳动强度,且投资较少,有利于既有站场改造。

以上各项措施,均能不同程度地解决单向二级四场编组站头尾能力不协调这一矛盾。在实际应用时,应结合具体情况加以分析,有时也可以几种方案同时选用。随着编组站综合自动化程度的提高和设备的完善,调车场尾部能力可得到进一步提高。

(2)反向改编列车到达与出发的进路交叉。

反驼峰方向的到达解体列车可以从到达场出口咽喉处接入,称之为反接(opposite arrival);也可以从到达场入口咽喉处接入,称之为环接(circular arrival)。单向二级四场编组站反向改编列车到达进路按反接设计。

反向改编列车到发进路的交叉是各衔接方向共用峰前到达场的单向编组站图型的"固有"缺点。由于单向二级四场编组站的能力受尾部牵出线控制,这一交叉不是能力的限制因素,因此,当运量不太大时,允许其以平交形式存在;当运量上升时,若交叉点负荷不太严重,可以采用平面疏解方式;当运量继续上升,交叉点负荷严重时,则需采用立体疏解形式。

①平面疏解。这种布置是将反向改编列车的接车进路分为两条。一般情况下,利用反向出发场外侧正线反接列车进入峰前到达场。此时反向改编列车横切反向出发场出口咽喉,将会干扰反向列车出发和本务机车出入段。但是,在反向出发场的进口咽喉,由牵出线向反向出发场的转线作业,可以顺利进行。如果反向列车正在发车,为保证接发车同时进行,反向改编列车可经反向出发场内侧靠近调车场的线路接入到达场,这时,反向改编列车接车横切反向出发场进口咽喉,可能会与反向改编车列转线发生交叉。

把反向改编列车接车与其他作业的交叉分散在出发场两端咽喉,是二级式编组站减少这一交叉的主要措施。

②跨线桥立体疏解。从理论上分析,当运量继续上升,交叉点负荷严重,平面疏解不堪重负时,应修建跨线桥疏解反向改编列车接发车进路的交叉。但由于受机务段和反向出发场位置的限制,在站内很难完成,必须把跨线桥设在站外,修建反向改编列车的环接正线,此时,反向改编列车的接车进路由反接改为环接。这样虽然可同时解决反向列车到发交叉和部分反接列车与推峰作业的干扰,能力和作业效率均有较大提高。但将恶化进出站线路平纵断面的技术条件,限制车站未来发展,并需增加工程费用和列车走行公里。故只有当反向改编车流量很大,对反向出发场和推峰作业的交叉干扰严重,并造成对车站解编能力的限制,且车站又无发展为双向的可能时,方考虑采用立体疏解。

3.适应范围

综合上述,单向二级四场混合式编组站图型一般适用于解编作业量较大或解编作业量大而地形条件困难的大、中型编组站。当顺向改编车流的比重较大或顺、反向改编车流较均衡而顺向车流为重车流时,在运营上是有利的。当调车场头部设置小能力驼峰,配置 2 台调车机车,实行双推单溜作业方式,尾部设 2 条牵出线和 2 台调车机车时,解编能力受尾部编组能力控制。如驼峰调车机车协助尾部担任一部分作业,使调车场解编能力大致平衡,解编能力可适当提高。若调车场头部设置中能力驼峰,单向二级四场布置图型的解体能力与纵列式布置图型相差不多,但调车场尾部的编组能力不足。单向二级四场编组站图型一般可适应 4 500～5 200 辆/d 的解编作业量(不含驼峰半自动化、自动化和加强尾部编组能力所提高的作业量)。

(二)单向二级三场混合式编组站布置图型

单向二级四场混合式编组站布置图型中取消顺向出发场,顺向自编始发列车全部在调车场内供车流集结、编组又兼发车的编发线上出发，便形成单向二级三场混合式编组站布置图型(图 3-2-18)。

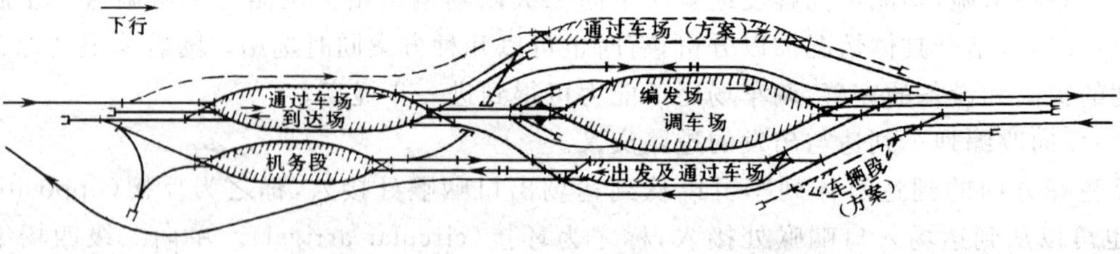

图 3-2-18　单向二级三场混合式编组站布置图型

1. 设备布置及作业特征

(1)取消顺向出发场，顺向改编列车全部在编发线上发车，减少了车列转线过程，而且，尾部调车机车还节省了从出发场返回调车场的时间。一般情况下(有效长度 850 m)，顺向自编始发列车每列可节省约 10 min 的编组时间(调车机车省 15～17 min)，占每列平均编组时间的 1/4～1/3。编组时间的缩短减轻了尾部牵出线的负担，相应地提高了尾部编组能力。

(2)调车场尾部咽喉增加了挂本务机车及发车对调车机车编组作业的干扰。据有关站的能力查定资料，这种干扰约占全部发车次数的 30％，而且，挂本务机车及发车占用尾部咽喉的时间(约 10 min)较设出发场时编组转线占用调车机车的时间要少。如果调车场尾部咽喉区的布置适当，三项作业(本务机车挂车、发车、编组调车)还可以部分平行办理。由于牵出线、咽喉、调车机车工作时间得到充分利用，因此，调车场尾部能力并不会受到影响。

(3)编发线和机走线的位置。调车场(编发场)内的线路一般分三类。第一类是供顺向单组、双组或多组列车车流集结、编组和出发的编发线；第二类是调车线，用来集结双组列车车流和加挂车组及反向车流；第三类是杂用线，包括地方作业车、危险品车等停留线和站修线等。这三类线路在调车场内的位置应使列车出发作业和挂机车与调车作业隔离，并使单组列车车流作业与双组或多组列车车流作业分开。因此，在固定线路用途时，为减少作业间的干扰，一般应将编发线尤其是其中车流较强、每昼夜出发列车较多的到站(去向)，固定在最外侧，车流强度中等的单组、双组和多组列车到站依次排列。调车线在编发线与杂用线之间，杂用线设在调车场最内侧。

机车走行线布置在调车场紧靠编发线的最外侧，便于顺向自编始发列车挂本务机车，而且可最大限度地保证列车出发和挂机车与编组调车作业平行进行，保证调车场尾部有较大的作业能力。

(4)顺向通过车场的位置依一昼夜办理无改编中转列车数量和有无甩挂作业而定。若无改编中转列车数量较大，且增减轴甩挂作业也较多时，可在调车场顺驼峰方向左侧(原顺向出发场位置)设置专门的通过车场(图 3-2-18 虚线)，以便更好地与尾部牵出线联系。若作业量较少时，可将办理通过列车作业的线路设在峰前到达场外侧，这样可充分发挥到发线的使用效率，且可节省工程投资、列检设备和定员。

(5)反驼峰方向一般不采用编发线。这是由于反驼峰方向列车出发或挂机车时，整个线束的道岔操纵撤出驼峰自动集中，影响驼峰作业。

2. 编发线给设计和运用带来的问题

单向二级三场编组站图型除具有单向二级四场编组站图型的主要优点外，由于取消了顺向出发场，由编发线直接发车，相应地提高了尾部作业能力，克服了单向二级四场编组站图型解编能力不协调的缺陷，而且工程投资和运营费用也比较节省。但是，编发线的运用也存在作业安全条件较差；编组和集结满轴后进行编组和出发作业时，不能再向该线路继续溜放车辆；站线储备能力相对较小，“弹性”较差等缺点。

(1)编发线续溜车的处理。所谓续溜车是指当一个车列在调车场固定线路上集结完毕，在进行编组、技检和出发作业这段时间内，由驼峰继续溜下的该到站(去向)的车辆。此时，为保障安全，在待发车列未腾空该线路之前，续溜车辆不得进入原固定线路。

可用借线法或增线法来处理续溜车。

借线法是将续溜车溜入车流强度较小的线路内，与该线路上其他到站合并，编组时再倒开，或将续溜车暂时溜入原固定线路的相邻空线集结，待原固定线路腾空后，由调车机车转回。此法比较机动灵活，能充分利用设备潜力，但是会额外增加车辆和调车机车的走行里程，使驼峰或牵出线的能力受到损失。

增线法是增加调车线数目来集结续溜车，这样会引起工程费的增加，降低不设出发场的经济有利性，但可从根本上解决续溜车问题。研究和实践经验表明，凡每昼夜总车流量大于350辆的到站(去向)，可增加一条线路，供其处理续溜车专用(增线专用)。凡两个或三个到站(去向)每昼夜总车流量之和大于350辆者，可增加一条线路，供其续溜车作业轮流使用(增线活用)。只有车流达到一定数量时，增线才是合理的，当编组到站少，车流量较小时，采用借线法较为有利。

(2)编发线安全设施。编发线的作业安全主要表现在：采用信号联锁装置以防止驼峰续溜车辆误入车列编成的线路；列检、商检、运转人员在编发线开始作业前应设置脱轨器进行防护；编发线发车时，发车进路应与其他敌对进路隔开；采用铁鞋制动时，可在编发线出口端设置脱鞋器，以避免压鞋发车。必要时，可在相邻调车线的尾部加设止轮器，以防止编发线发车时，邻线溜放车辆撞入。

在进行站场设计时，应搞好线束分组，精心设计咽喉，集中设置编发线，以减少作业人员跨越线路的数目，兼顾效率和安全。

3. 单向二级三场编组站图型的车流特点

单向二级三场编组站适用于改编作业量在3 500辆左右的中型编组站。由于顺向改编车流全部利用编发线发车，使其车流特性具有一定适应性，适合二级三场编组站图型的车流特点是：

(1)车流量大且组号简单。这种车流特性适于组织单组或双组列车，每个组号通常使用两条线路，单组或双组列车的编组作业简单，时间短，在编组和办理出发作业的时间内，续溜车可以进入另一线路继续集结，对线路使用影响不大，有利于加速车辆周转和提高尾部能力。而多组列车每一组号车流量小，不可能仍为每一组号分配两条线路，造成续溜车借线反钩作业增加，降低驼峰能力或加重尾部咽喉负担，因此，不宜采用编发线。

(2)小运转车流大。小运转列车一般不进行列检作业，牵引定数不十分固定，运行线安排比较灵活，集结、编组和出发作业的时间较短，采用编发线可适应小运转列车作业简单和车辆周转快的特点。

此外，衔接方向的多少对编发线的布置也有影响。编发线须按去向固定使用，调车场尾部咽喉为保证各方向编组和发车同时进行，衔接方向多时，必然布置复杂；衔接方向少时，尾部布置便比较简单。因此，衔接方向少，也是考虑采用编发线的一个条件。

由于采用编发线需要增加调车场的线路数目,相应增加调速设备的投资,尤其在编组站驼峰设置自动化、半自动化控制设备时,需经技术经济比较确定是否采用编发线。

三、单向三级三场纵列式编组站布置图型

单向三级三场纵列式编组站(single directional longitudinal-type marshalling station with three yards in three stages)布置图型(图 3-2-19)的基本特征是各衔接方向共用的到达场、调车场、出发场依次纵列配置。

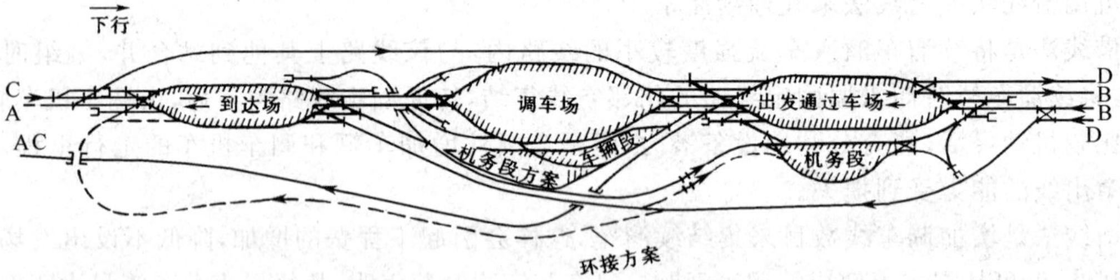

图 3-2-19 单向三级三场纵列式编组站布置图型

(一)设备布置特点

(1)所有衔接方向到达的改编列车均接入一个共用的峰前到达场,全部解编作业集中在共用的调车场上办理,发往各方向的自编始发列车也集中在一个共用的出发场上作业。

(2)通过车场一般设在出发场外侧。无改编中转列车运行顺直,本务机车出(入)段便捷,便于利用尾部牵出线和调车机车进行甩挂作业,可以和出发场的车列共用列检设备,线路布置紧凑、互换性强,可增加线路使用的灵活性。

若无改编中转列车有甩无挂,且机务段位于到达场一侧,通过车场也可设在到达场外侧,这样布置虽然增加列检作业场造价,但当改编列车密集到达时,有利于线路调剂使用,可提高编组站作业的可靠性。

当上、下行改编车流比较均衡且机务段设在调车场一侧时,或者驼峰采用双溜放作业时,通过车场采用混合布置,即重车流方向通过车场与到达场并列,空车流方向通过车场与出发场并列较为合理。

(3)机务段设在出发场附近反向通过车场的外侧。大多数本务机车出入段均比较便捷,尤其便于出发列车及时挂机车,以保证列车正点出发。为减少与其他作业干扰、不妨碍驼峰作业,单向三级三场编组站均设置峰下跨线桥,顺向到达机车可通过峰下机走线入段。反向到达机车则需通过到达场内专用机车走行线方能入段,走行距离较长,有时会对推峰作业造成干扰。

机务段的位置与通过车场、进出站线路布置密切相关。如果通过车场设在到达场外侧,机务段可设在到达场反驼峰方向一侧,既便于机车出入段,又不会影响车站发展为双向编组站。当采用环接、环发(或反发)进路布置时,如果通过车场位于出发场旁侧,从机车出入段走行距离和对站内作业的交叉干扰来比较,机务段应设在调车场反驼峰方向到发的一侧(图 3-2-19 虚线),缺点是占地过多,不利于发展为双向站型。

(4)车辆段布置在调车场旁侧,既可利用空地又不妨碍发展,并且便于利用尾部牵出线进行车辆取送作业。

编组站采用电力和内燃牵引时,随着机车、车辆的整备和修理设备逐步实现机械化和自动化,车辆段可以与机务段布置在一起。虽然该位置不一定能照顾到取送车的便利,但有利于共

用机械修配、动力供应、管道等生产设备和生活设施，可节约用地，降低管理费用。因此，如果新建编组站具备共用设备的有利条件时，可考虑将车辆段和机务段联合设置在同一地点。

(5)正线外包，到发进路立交疏解。由于三级三场编组站解编能力较大，为使各部分能力协调一致，并为行车安全创造条件，反向改编列车的到发进路一般采用正线外包，立交疏解布置。

(二)单向三级三场编组站的优缺点

单向三向三场编组站布置图型由于到、调、发纵向配列，其主要优点是：

(1)为各方向到达改编的列车创造了良好的作业条件。顺、反向改编列车在站内的到达、解体、集结、编组、出发过程都是“流水式”作业。

(2)改编车辆和调车机车作业行程短，解编效率高，能力较大。由于减少了车列推峰解体前的转线过程，编成车列转往出发场的调车过程也较短，每一车列的解编时间有所缩短，且转场作业相互干扰少，调车场尾部根据需要还可以增设牵出线，因此车站的解编能力均比较大。当调车场头部设置中能力驼峰，配备2～3台调车机车，实行双推单溜作业方式，尾部设2条牵出线，使用2台调车机车时，解编能力受尾部编组能力限制，可承担的解编作业量为6 500～6 700辆/d。若尾部使用3台调车机车，解编能力受驼峰解体能力限制，可承担的解编作业量为7 200～8 000辆/d。

(3)站内各种作业交叉干扰较横列式和混合式都少，车站通过能力较大。

(4)同类车场集中布置且仅设一套调车设备，站内线路运用机动灵活，线路数目、用地面积和车站定员均较双向布置图有较大节省，有利于实现编组站现代化。

单向三向三场编组站布置图型的主要缺点是：

(1)反向改编列车走行里程较长。这是单向编组站布置图型的共同缺点，但纵列式与横列式和混合式相比，一些车辆转线里程转化成了列车走行里程。采用反接、反发布置时，以股道有效长度850 m计，反向改编列车较顺向改编列车要往返多走行相当于到达场中心至出发场中心距离的两倍，约7.2 km。

(2)车站站坪长度较长，6～8 km，地形条件较复杂时往往很难找到这样的场地。

(3)站内采用跨线桥立体疏解布置，不利于向双向编组站布置图型发展。

(三)反向改编列车接发车进路的设计

1.引入方式

反向改编列车可采用反接或环接方式接入到达场，自编始发的反向列车可采用反发(opposite departure)或环发(circular departure)方式由出发场入口咽喉或出口咽喉端发车。

反向改编列车接发车进路的引入方式，即采用反接、反发或环接、环发，可根据反向改编列车到发对驼峰和尾部牵出线能力的影响程度及工程运营方面的因素，综合比选确定。

反向改编列车接发车进路采用反接、反发布置方式时，列车走行径路和铺轨里程较短，可节省运营支出和工程投资。但对车列的推峰和转场作业可能会因进路交叉产生延误，影响机车车辆的周转和解编能力。

环接、环发布置方式虽然可以彻底疏解上述交叉延误，使解编能力得到提高。然而，环接时在到达场出口咽喉处仍存在反向改编列车本务机车入段与车列推峰作业的交叉，只是交叉性质不同且延误时间较短。同时，修建环线既要增加正线铺轨里程和工程投资，又会增加列车走行公里，占地面积较多，环线内的土地也不好利用。

关于反接对推峰产生的交叉延误，若到达场出口咽喉按图3-2-20布置，反向接车线群有两排平行渡线，则从理论上分析，由于存在平行进路，反向改编列车接入不同股道，与反向车列推峰产生交叉的概率不同，延误的列数也不同。

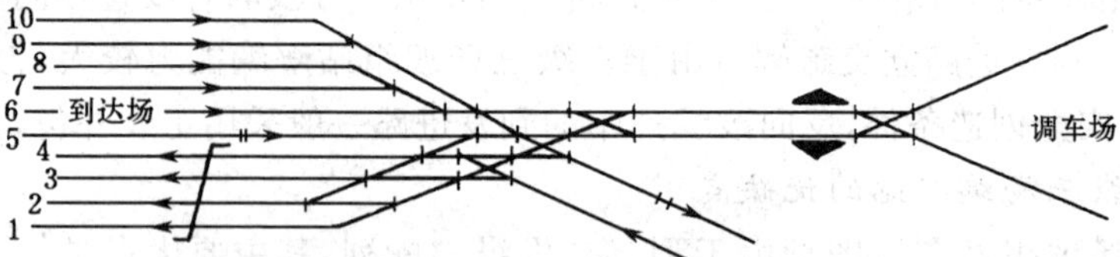

图 3-2-20　到达场反向接车咽喉布置图型

设 n_1 为每昼夜接入的反向改编列车数，n_2 为顺接列车数，S_1 为反向接车线路数，S 为到达场总接车线路数，每条反向接车线的反接概率和推峰概率分别为 $P_1=\dfrac{n_1}{S_1(n_1+n_2)}$、$P_2=\dfrac{1}{S}$，则到达场反接延误推峰解体的概率为

$$P_1P_2+P_1(P_2+P_2)+\cdots+P_1(S_1-1)P_2=\frac{S_1(S_1-1)}{2}P_1P_2$$

一昼夜推峰解体与反接交叉的次数为

$$n_{交叉}=\frac{1}{2}(n_1+n_2)S_1(S_1-1)P_1P_2$$

设反向列车接车占用交叉点的时间为 $t_{接}$，车列推峰解体占用交叉点的时间为 $t_{解}$。如果将反接作为优先进路，即每次交叉时不论反向到达列车先到或后到，都先接车而让推峰延误，则平均每次交叉延误推峰解体时间为$(t_{接}+t_{解})/2$，一昼夜反接列车延误推峰解体的总时间为

$$t_{损}^{峰}=\frac{1}{4}(t_{接}+t_{解})(n_1+n_2)S_1(S_1-1)P_1P_2$$

以图 3-2-20 所示到达场为例，当 $n_1=32$ 列，$n_2=48$ 列，$t_{接}=10$ min，$t_{解}=15$ min 时，反向改编列车占总改编列车的比重 $\alpha=0.4$，$t_{损}^{峰}=66.7$ min；当 $n_1=24$ 列，$n_2=56$ 列时，$\alpha=0.3$，$t_{损}^{峰}=50$ min。

推峰被延误的时间随反接列车所占比重的不同而异。由于单向纵列式站型的反向改编车流比重较小，一般在 40%以下，所以在保证反接进路优先的条件下，反接对驼峰能力的影响并不是很大。

如果反接和推峰作业为同等重要进路，即反接列车先到时推峰产生延误，推峰作业先开始时反接列车在信号机外停车等待，则平均每次交叉延误推峰解体的时间为$(t_{接}+t_{解})/4$，反接对驼峰能力的影响更小。

实际上，如果作业计划安排合理，增加线路运用的机动灵活性，还可以减少延误。而且，当运量增长、反接与推峰作业交叉严重时，也可采取一定措施，诸如在到达场增设 1～2 条备用线，专供妨碍驼峰解体作业的反向改编列车接车用；或者在到达场入口咽喉端设转线牵出线，供到达场外侧停放的车列转线至内侧，以疏解反接与推峰作业的交叉。

三级三场编组站尾部牵出线能力在考虑反发的干扰后，仍不会成为全站能力的薄弱环节。

因此，一般情况下，反向改编列车接发车进路按反接、反发设计，并预留有发展为环接、环发的条件。当反驼峰方向衔接方向及到发列车数较多时，应根据驼峰和尾部牵出线的能力分别对待。若到达场出口咽喉设计复杂，反接进路对推峰干扰严重，且驼峰能力紧张时，反向改编列车可采用环接方式，保留反发进路。若考虑调车场头尾解编能力的协调，反发列车的方向在 2 个及以上时，以环发设计为宜。另外，当驼峰采用双溜放作业时，为保证驼峰能力的充分发挥,必须采用环接方式。

2. 交叉疏解

无论反向改编列车的接发车进路采用何种引入方式,列车到发的进路交叉总是存在的。根据保证行车安全和需要的通过能力及便于发展的原则,可以采用平面和立体两种疏解布置方式。

(1)平面疏解布置。此种布置为各作业进路在交叉点的前方设置一条安全线。其优点是布置简单、工程投资少、不影响车站的发展。其缺点是影响两交叉进路的通过能力,如果平交点设在反向正线上并距峰前到达场较近,适应的行车量一般为 60 列以下。如果平交点设在出发场出口咽喉端,则由于每列到达或出发列车占用交叉点的时间可以缩短,适应的行车量一般为 70～80 列。

(2)跨线桥立体疏解。为了与站场纵断面配合,到达进路应在桥上通过,出发进路设在桥下通过。修建跨线桥的主要优点是每个方向的列车均有独立的进路,通过能力不会受到影响,可保证行车的绝对安全。但也存在一些缺点。首先,在站内调车场附近修建立交桥,对车站进一步发展为双向布置图型极为不利,易于造成废弃工程。其次,为了保证立交桥上、下线路间约8 m的标高差,有时受地形限制或为节省用地及缩短立交桥跨度,往往要采用较大的坡道和较小半径的曲线,将恶化进出站线路的平、纵断面技术条件,影响运营。另外,修建跨线桥的工程造价较高。

单向三级三场编组站能力较大,为使各部分能力协调一致,并为行车安全创造条件,反向改编列车的到发进路宜采用立交。当初期行车量不大或发展为双向编组站的时间较短时,在保证行车安全的前提下(良好的平、纵断面技术条件,先进的信号系统等),也可以采用平交。

(四)适应范围

单向三级三场纵列式编组站布置图型适用于顺驼峰方向改编车流较强,解编作业量大,衔接方向较多,要求车站具有较大的机动灵活性,而且地形条件允许采用 6～8 km 站坪或近期运量虽然不大,但远期又有较大发展的大型编组站。当调车场头部设置大能力驼峰,配置 2～3 台调车机车,实行双推单溜作业方式,尾部设 2～3 条牵出线时,一般可适应 6 500～8 000 辆/d 的解编作业量。

我国铁路编组站建设,大部分是在分期建设过程中逐步发展起来的。当单向混合式编组站扩建为到达场、调车场与出发场纵列配置的编组站图型时,在结合利用既有机务段和车场股道设备的情况下,根据作业需要,也可保留原反向出发及通过车场,成为单向三级四场纵列式编组站布置图型。

为了加强单向编组站的解体能力,改善车站运营质量指标,加快车辆周转和降低运输成本,当双方向改编车流均较大,且作业量的增长速度并不太快时,为推迟或减少双向编组站的建设,可考虑将单向编组站按双溜放作业方式设计,即采用"单向双溜放"编组站。根据折角车流的作业需要,调车场中部的部分线路可以设计为两侧驼峰溜放线的共用线路。调车场尾部的布置形式及调车设备的配置,应保证其作业能力与驼峰能力相适应。反向改编列车的到达进路宜设计为环接,出发进路宜设计为环发或反发。

四、双向三级六场纵列式编组站布置图型

(一)图型特征及设备布置特点

双向三级六场纵列式编组站布置图型(图 3-2-21)的基本特征是上、下行各有一套独立的

调车作业系统，驼峰方向相对，车场配置均按到达场、调车场、出发场顺序排列。其设备布置有如下特点：

(1)上、下行通过车场分别设置在各系统出发场的外侧，使出发列车技术作业集中办理，增加线路使用灵活性，便于成组甩挂作业。为减少某一系统无改编中转列车本务机车走行公里，也可将两通过车场均布置在车站设置机务段一端，即一个系统的通过车场与出发场并列，另一系统的通过车场和到达场并列，但该系统通过列车本务机车出入段横切到达场出口咽喉，影响驼峰能力，并且需增加列检设备。

(2)机务段设在两套调车系统之间。机务段设在两调车场之间，虽与各车场联系方便，但由于调车场线路数目较多，为避免扩大车站横向占地面积，通常不宜采用。机务段一般情况下设在机车折返较多一端的到达场与出发场之间，并铺设两条机车走行线，使本务机车出入段总行距离最短。为了减少车站另一端本务机车出入段的走行距离及与站内其他作业的干扰，必要时可在车站另一端设置第二套机车整备设备。

(3)两套调车系统间设置场间联络线，将到达场、调车场和出发场相互联结起来，以便处理交换车流(transferred wagon flow)。

(4)车辆段设在两调车系统之间靠近空车较多方向的调车场尾部，便于车辆扣修及与调车场联系。

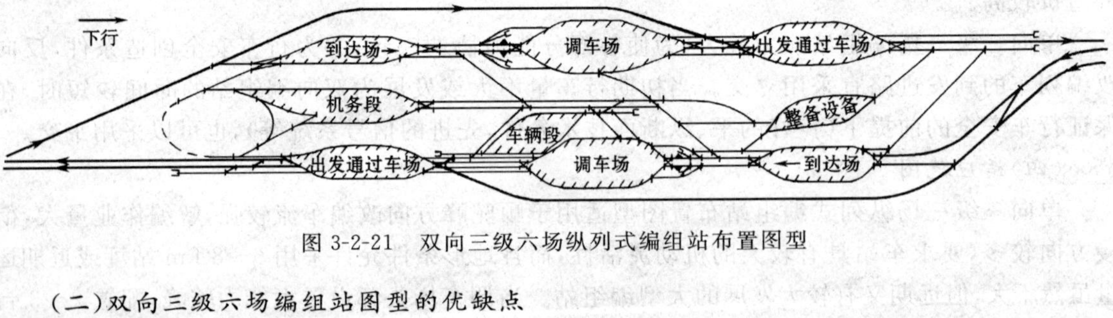

图 3-2-21　双向三级六场纵列式编组站布置图型

(二)双向三级六场编组站图型的优缺点

与单向编组站图型比较，双向三级六场编组站图型的优点是：

(1)反向改编车流无多余折返走行。除折角车流外，上、下行改编列车在站内的作业均是流水式的，径路顺直，可节省运营费。

(2)能力较大。双向三级六场编组站设有两套完善的调车系统，车场均为纵向排列，进路交叉少，通过能力和改编能力均较大。

(3)由于车场多，线路容量大，对调整列车运行、适应运量波动有较大的机动性。

(4)当编组站衔接方向较多时，有利于减少进出站线路布置和疏解的复杂性。

双向三级六场编组站图型的主要缺点是：

(1)两个调车系统间交换折角车流的走行距离长，重复作业较多。衔接 3 个及以上方向的编组站必然会产生折角车流。由于折角车流在车站的一端到发，对于双向编组站就必须将其由某一调车系统转到另一调车系统，这样不仅会增加机车车辆的折返走行，延长车辆在站停留时间，使运营费用增加，同时还会产生转场与其他作业的交叉干扰，而且对折角改编车流还需重复解体，消耗驼峰解体能力。

(2)占地面积大，车站定员多，工程费用高。站坪全长 8～10 km，由于两个调车系统方向相反，要求地形两端高、中间低，使得两系统纵、横断面布置较复杂，排水处理较困难。

(3)两系统间相互协作困难。某一线路方向新线建成，受分流影响或其他原因导致车流减少时，易于出现忙闲不均或能力不协调现象。

（三）折角车流的处理方法

双向编组站只要有三个及以上衔接方向时，由于各衔接方向分别固定使用两个调车系统，必然会产生两系统间的折角车流。对车站解编能力的消耗及造成的影响和损失随折角车流数量的增加而增大。因此，当采用双向编组站布置图时，必须考虑减少折角车流的措施和对不可避免的折角车流在站内的处理方法。

1.减少折角车流的方法

(1)正确选择进站线路的引入方向。折角车流的产生是因衔接方向引入不同的调车系统而引起的，所以在各衔接方向之间交流的车流量一定时，减少折角车流的方法主要就是寻求两系统间交换车流最小的进站线路布置方案。例如，当车站衔接A、B、C三个方向时，若A、B间的交换车流最小，则A、B两方向从车站同一端引入，C方向从另一端引入。

(2)合理选择编组站的位置。若在多方向衔接的枢纽内新建或改建编组站时，应做多方案站址选择，使折角车流量最小。如图3-2-22所示，当CD、CE间车流量较小时，编组站可设于Ⅰ处。反之，若CD、CE间车流量较大时，可将编组站移至位置Ⅱ处，此时，CD、CE间不再存在折角车流问题。

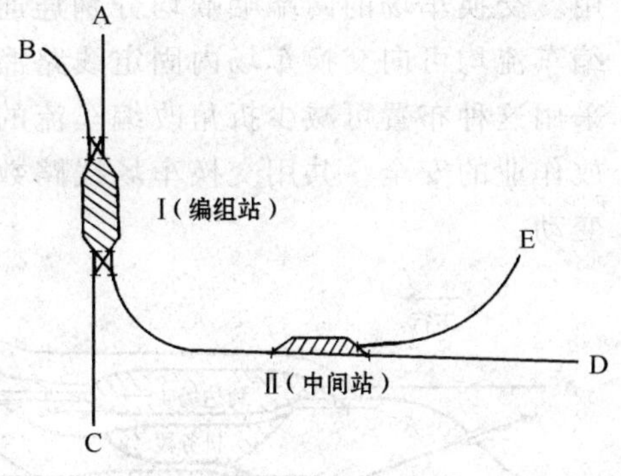

图3-2-22　编组站位置的合理布置

(3)设置第二进站线路。使折角车流多的衔接方向具有分别引入两个系统到达场的进站通路，变部分折角车流为顺向车流(图3-2-23虚线)。

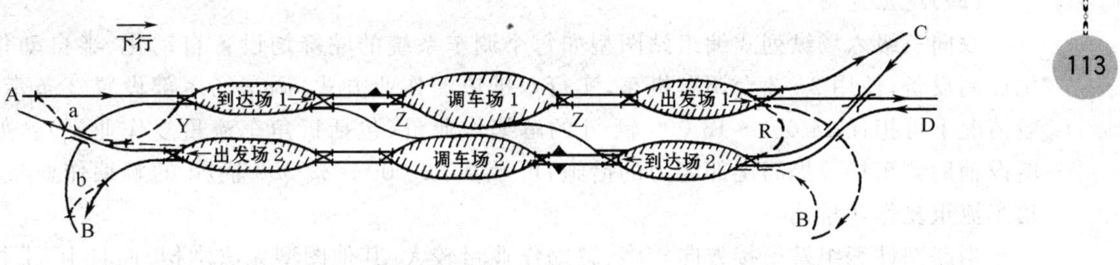

图3-2-23　具有双进站线路的双向编组站

折角车流可分为折角直通车流和折角改编车流，在站内不进行改编的为折角直通车流，在站内进行改编并需重复分解的为折角改编车流。因其在站内的作业流程不同，所以，对这两种折角车流的处理也有所不同。

2.折角直通车流的处理

(1)在进站线路上增设渡线，并把通过车场的部分线路设为双进路。如图3-2-23中，利用增设的a、b渡线将AB间的折角直通车流反接入出发场2外侧的通过车场，可减少车辆的转场作业，此时上行发车进路需具备反向接车条件。

(2)到达场与出发场之间设置环线(图3-2-23联络线R)。使折角直通车流经此环线由到达场转至出发场外侧的通过车场。

3.折角改编车流的处理

(1)两系统间设置方便的联络线。可在两系统的到达场与调车场间铺设联络线(图3-2-23

中联络线 Z)，以便把折角改编车辆从一个系统的调车场直接送到另一系统的到达场，进行重复解体。

如果折角改编车辆较多，每次集结为一大列再转场时，可以在车站一端设专门牵出线转送。该牵出线与出发场出口咽喉和另一系统的到达场的入口咽喉连通(图 3-2-23 联络线 Y)。

如果两系统车场间距离较远，也可以在一个系统的到达场与另一个系统的出发场间铺设环线(图 3-2-23 联络线 R)，将折角改编车流顺向送入另一系统的到达场，避免影响驼峰能力。但是铺轨里程和占地都比较多，需经技术经济比选采用。

(2)两系统调车场中间设置共用的交换车场(图 3-2-24)，供两系统间折角改编车流集结用。交换车场的两端咽喉均分别连通两系统的驼峰和尾部牵出线，以保证两系统的折角改编车流均可向交换车场内固定线路溜放，车流集结满轴后，可由交换车场转至相应出发场。采用这种布置可减少折角改编车流的重复解体作业，但应保证双方向驼峰共用交换车场溜放作业的安全。共用交换车场线路数目及分工可根据折角车流的去向、数量的不同而有所变动。

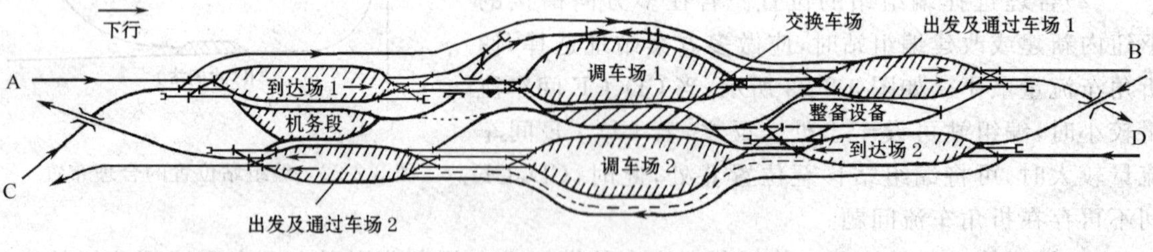

图 3-2-24　具有共用交换车场的双向编组站

(四)适应范围

双向三级六场纵列式编组站图型如每个调车系统的驼峰均设置自动化、半自动化或机械化控制设备，使用 2～3 台调车机车，实行双推单溜作业方式，调车场尾部设置 3 条牵出线，一般情况下可担任 14 000～16 000 辆/d 的解编作业量(包括折角车流重复作业量)。如果采取增设辅助调车场等提高尾部能力的措施，可承担 20 000～22 000 辆/d 的解编作业量(包括折角车流重复作业量)。

当路网性编组站衔接方向较多、解编作业量较大(其他图型无法承担)而且上、下行改编车流量比较均衡，而折角改编车流量比重不大，地形条件又不受限制时，可采用双向三级六场布置图型。

五、双向混合式编组站布置图型

双向混合式编组站布置图型是指两个调车系统的车场数目和相互位置不同而组成的图型。由于车场排列方案很多，所以布置图型多种多样。

1. 双向二级六场混合式编组站布置图型

双向二级六场混合式编组站布置图型(图 3-2-25)是双向布置图型中两系统均采用二级式布置的代表图型。其基本特征是双方向均为到达场与调车场纵列、出发场及通过车场在调车场外侧横列。与单向纵列式图型相比，本图型的主要优点是解编能力较大，两个方向的改编车流在站内的作业行程均较短，通过列车的成组甩挂比较方便。主要缺点是增加了工程投资和折角车流的重复作业及维修管理方面的运营支出。

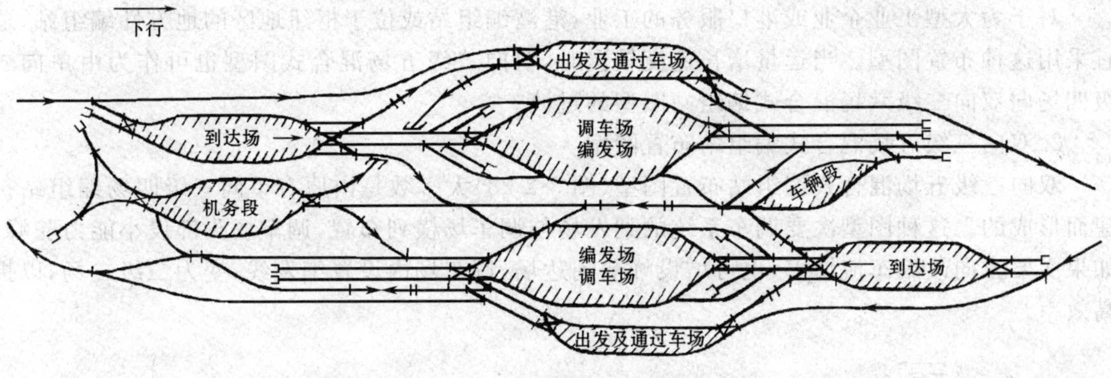

图 3-2-25 双向二级六场混合式编组站布置图型

双向二级六场布置图型一般适用于双方向解编作业量均较大或解编作业量均大而地形条件受限制且折角车流较少的大型编组站。在设计中,当既有单向二级四场编组站解编作业量迅速增加,且上、下行改编车流比较均衡,折角车流在总改编车流中的比重较小,经技术经济比较,认为发展成单向纵列式并不有利,且场地横向扩展不受限制时,可向双向二级六场图型过渡。

为了消除调车场尾部牵出线都向一侧转场对编组能力的影响,可在调车场内侧设置编发线群,使部分或全部自编始发列车从调车场直接发车,从而提高尾部编组能力,减少改编车辆在站内的作业行程,并可加速车辆周转。因此,在设计时,如果车流条件合适,可按改编列车的出发全部或部分在编发线办理,形成双向二级四场纵列式或双向二级五场混合式布置图型。

若一个方向的改编车流量较小,根据实际需要,次要的调车系统也可采用到发场与调车场横列的配置作为过渡,构成图 3-2-26 所示的双向二级四场混合式或图 3-2-27 所示的双向二级五场混合式编组站布置图型。此时,到发场可设在调车场外侧,调车场头部设小能力驼峰,两个系统的调车场均设置部分编发线。如果次要方向通过列车较多,折角车流又极少时,也可将其调车场设在到发场外侧,这样虽然折角改编车流的作业径路不顺直且与列车到发产生交叉,但可改善本务机车出入段条件。

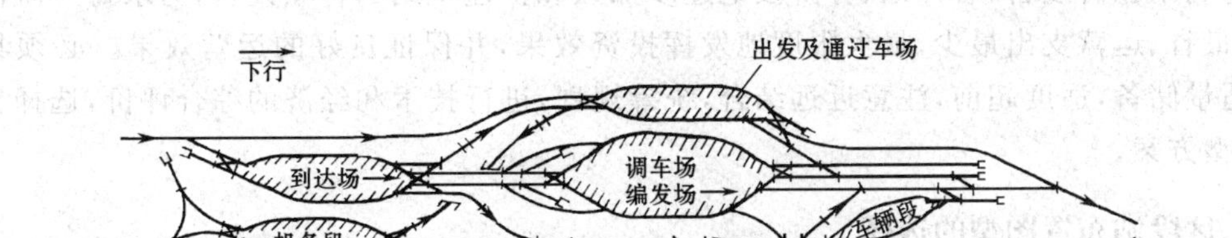

图 3-2-26 双向二级四场混合式编组站布置图型

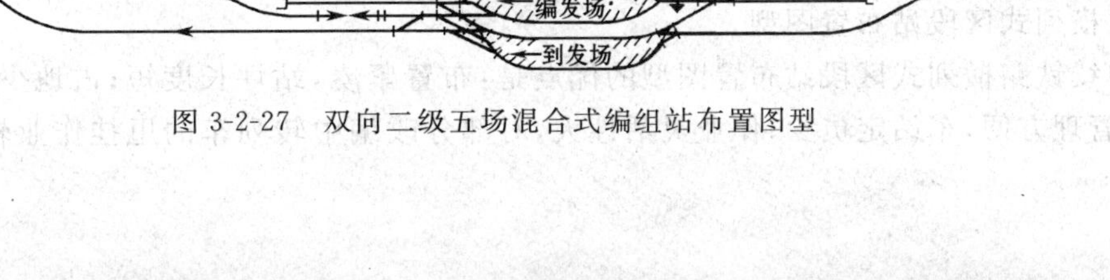

图 3-2-27 双向二级五场混合式编组站布置图型

对于为大型工业企业或港口服务的工业、港湾编组站或位于枢纽地区的地方性编组站，适宜采用这种布置图型。当运量增长速度较慢时，双向二级五场混合式图型也可作为由单向二级四场向双向二级六场混合式编组站图型的过渡。

2. 双向三级五场混合式编组站布置图型

双向三级五场混合式编组站布置图型(图 3-2-28)大多数是由原有单向三级四场编组站扩建而形成的。这种图型次要调车系统的到发场与调车场横列布置，调车场头部设小能力驼峰。如果次要方向改编车流增多，也可增设峰前到达场，调车场内设置编发线，变为二级二场，以提高效率。

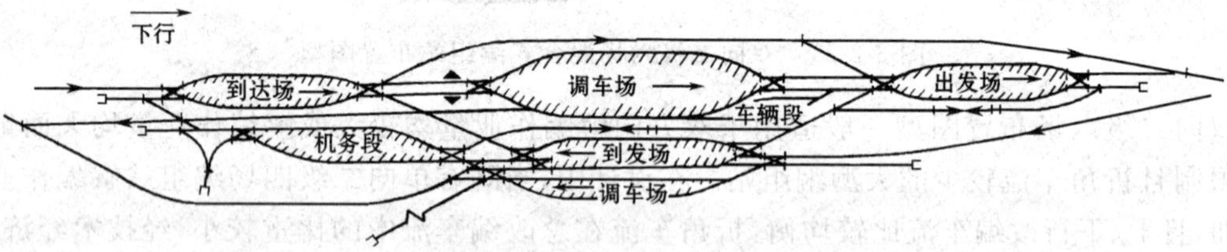

图 3-2-28　双向三级五场混合式编组站布置图型

第五节　技术站布置图型的选择

车站布置图型的选择是一项复杂而细致的工作，是车站设计工作最基本和最重要的环节。图型选择是否适当，不仅直接影响工程投资的大小和车站运输任务的完成质量及将来的发展，而且对城市规划、经济发展都有很大影响。

布置图型选择涉及的因素很多，如技术站在路网和枢纽中的地位和作用；衔接线路的方向数；按路网规划技术站分工所承担的作业量和作业性质；工程地质条件；所在城市的经济地位和发展规划；技术站的作业特点及原有设备可以利用的程度等。应在综合分析上述因素的基础上，兼顾运营和工程两方面的要求，因地制宜地选择运营方便、技术先进、节省投资并能照顾将来发展的技术站布置图型。

应当指出，在上述诸因素中，作业量和作业性质及工程地质条件对布置图型的选择往往起主导作用。

从技术站各种类型布置图型的分析可以看出，一定类型的布置图型适合一定的车流数量、性质和特点及地形条件。在选择技术站布置图型及进行设计和建设时，应少占或不占用耕地，要充分估计到铁路技术装备现代化对站场布局的影响，结合各种布置图型之间的演变发展规律，尽量利用原有设备，有计划、分阶段地逐步加强和扩建车站的各项设备，力求每一阶段的工程造价最省、运营支出最少，最大限度地发挥投资效果，并保证良好的运营效果。必须具有前瞻性，适量储备，适度超前，注意近远结合，统筹规划，进行技术和经济的综合评价，选择合理的布置图型方案。

一、区段站布置图型的选择

1. 横列式区段站布置图型

单线铁路横列式区段站布置图型的优点是：布置紧凑，站坪长度短；占地少，设备集中，投资省，管理方便，车站定员少；作业灵活性大，对部分改编中转列车的甩挂作业较方便；对各种不同地形的适应性强，并便于进一步发展。缺点是一个方向的列车机车出入段走行距离长，站房同侧的岔线接轨不方便。

新建单线铁路区段站应采用横列式布置图型。

双线铁路横列式区段站图型的优缺点与单线横列式在许多方面是相似的。但是，从单线发展成双线后，在车站两端咽喉区会产生上下行客货列车的到发进路交叉，这是双线横列式布置图型本质上的缺点。因此，在双线铁路上，如无其他条件限制，则旅客列车对数的多少往往就成为是否选择横列式布置图型的基本因素。

2.纵列式区段站布置图型

纵列式区段站布置图型的优点是：作业上的交叉干扰较横列式少；机车出入段走行距离短；当机车采用循环运转制时，到发线上的整备设备比较集中；站房同侧的支线或岔线接轨也比较方便。它的缺点是：站坪长度长，占地多；设备分散，投资大；定员较多，管理不便；一个方向货物列车的机车出入段要横切正线。因此，只有在采用循环运转制或机车无须进段整备时，才能充分发挥纵列式布置图型的优越性。

单线铁路区段站一般很少采用纵列式布置图型。只有当多方向线路引入，各方向的客、货列车对数又较多，若采用横列式布置图型，两端咽喉区交叉干扰大，进出站线路疏解困难，这时，如地形条件适宜，才可预留或采用纵列式布置图型。

在双线铁路区段站上，如有运量较大的线路引入，旅客列车对数较多及为客货机车交路始、终点，且地形条件适宜时，可采用或预留纵列式布置图型。站房同侧有货运量较大的支线或岔线接轨时，可考虑采用纵列式布置图型。在从单线发展成双线时，如原有横列式布置图型的发展受到地形、既有设备及车站周围建筑物的限制，也可改建为纵列式布置图型。

3.客货纵列式区段站布置图型

由于客货纵列式布置图型往往是在改建时逐步形成的，故客、货运转设备和机务设备相互位置的配置形式很多。其优缺点与纵列式布置图型大致相同。它的站坪长度一般较纵列式布置图型稍短。由于客货两场分设并专用，货运运转设备较纵列式布置图型相对集中，客货运作业相互干扰少，管理也较纵列式方便。此外，客货纵列式布置图型的调车场更有可能布置在城镇一侧，有利于岔线的接轨和取送作业。其缺点是机务段位置往往不容易与客、货运车场很好配合；客、货两场距离较近时，靠客运车场一端牵出线的长度往往不能满足整列调车需要或部分位于曲线上；有一个方向列车机车出(入)段需横切正线；对区间通过能力也可能有所影响。

在我国单线、双线铁路上，均有客货纵列式布置的站型，尤其是在双线既有站改建时，为了充分利用既有设备，在横向发展受到限制时，常采用这类布置图型。

区段站的任务主要是办理无改编中转列车的技术作业，同时还办理一定数量改编列车(区段列车和摘挂列车)作业。横列式和纵列式或客货纵列式布置图型多数情况下适合于区段站新建或改建设计采用。

双线铁路区段站客、货运量均较大，并有运量较大的线路(或岔线)引入，改编列车较多，且地形条件适宜，可预留或采用正线外包并将两到发场并列分设在调车场两侧的一级三场布置图，可以克服横列式和纵列式图型站内作业交叉严重的缺点，避免部分客、货列车到与发、货物列车到(发)与调车转线及机车出(入)段作业的交叉。其缺点是改编列车转线较横列式布置图型走行距离远；折角列车如果不需要转场，可将到发线设为双进路，但要增设联络线解决反向发(接)车问题。

一级三场布置图型的客运设备一般有三种设置形式：客运车场与货运车场纵向布置；为集

中办理旅客列车到发而将客运设备设在外包正线的一侧；客运设备分设于外包正线两侧。

二、编组站布置图型的选择

(一)单向或双向调车系统的选择

在选择编组站布置图型时，首先应该确定是采用单向还是双向调车系统。

单向编组站与双向编组站相比，具有设备集中、便于管理、占地少、节省投资等优点。随着现代化技术装备的发展，单向编组站的能力有所提高，其适应范围也有所扩大。结合我国编组站的修建经验和发展规律，新建编组站，一般因初期运量不大，引入线路不多，应优先采用单向布置图型。

双向编组站具有较大的通过能力和改编能力，双方向改编列车和车辆没有多余的走行，可较多地节省列车公里运营支出和相应的机车、车辆购置费及货物延迟损失费。其缺点是由于车场重复设置，增加了定员、工程投资和占地面积，而且当折角车流量较大时，重复作业影响车站能力。因此，当双方向改编车流量大、折角改编车流量占总改编车流量的比重小(小于15%)且地形条件允许时，或单向编组站能力满足不了需要时，可采用双向编组站。当车流量不超过单向调车系统的作业能力时，若车流性质均衡性较强且折角车流比重很小，可通过技术经济比较决定采用单向或双向布置图型。

由于地形和车流等条件的影响，有时也可用路网上相邻的两个编组站或在枢纽内设置两个单向编组站来代替一个双向编组站。

设有两套调车系统的双向编组站，可按两系统驼峰相对布置，各系统车场分开设立，也可按两系统驼峰朝向相同、作业性质相同车场并列联合(或分开)布置，形成所谓“单向双系统”布置图型。

(二)各车场配列形式的选择

仅设一套调车系统的单向编组站在设置和选定主要车场配列形式方面，具有下列特点和发展趋势：

(1)作业相同的主要车场集中设置，可减少作业交叉，节约用地，便于管理，有利于编组站设备现代化改造。

(2)到达场和调车场顺序纵列布置，可保证到达和解体“流水”作业，提高驼峰能力。

(3)调车场和出发场横列或纵列布置需经技术经济比选确定。国外编组站发展的经验表明，货物列车属于长、大、重的国家，调车场和出发场呈横列布置占较大比重，以缩短站坪长度，减少反向改编列车的走行里程；货物列车属于短、小、轻的国家，调车场和出发场呈纵列布置占较大比重。

(4)取消专用出发场，自编列车从调车场内的编发线直接发车。

因此，一般情况下，衔接方向少，地区车流较强，上、下行改编车流量较均衡，地形又比较困难时，应优先采用到达场与调车场纵列的二级式图型。而衔接方向较多，总改编车流量大，编组远程到达站多，上、下行改编车流相差悬殊，地形不受限制时，应优先采用到、调、发纵列的三级式图型。

关于双向编组站，两个调车系统的车场数量和配置形式，应根据各系统的车流量和作业特点进行选择。

(三)调车方向的选择

单向编组站驼峰调车方向的确定，即驼峰位置的选择，应符合下列三项原则：

(1)应与主要改编车流方向一致。当上、下行方向改编车流量接近时，应照顾重车流方向或车流组成比较复杂的方向。

(2)应与地面标高相适应。驼峰的位置与朝向，会影响到达场、调车场、出发场的标高，到达场的设计标高要求高于调车场和出发场，如果地面自然标高比较合乎这个设计要求，可相应减少土石方工程量，节省投资。

(3)应与控制风向一致。驼峰方向与控制风向一致，可以降低驼峰高度，节省土方工程量和调速工具投资。

这三个条件是很难统一的，发生矛盾时，应首先考虑主要改编车流量及其方向，并兼顾地形及气象条件进行综合分析。

(四)正线位置的选择

编组站内客、货共用的正线，是指供客、货列车共线进出编组站的运行线路，在货物列车全部进入编组站后，则是指供旅客列车通过的运行线路，不包括因枢纽布局形成的客、货列车分线运行时旅客列车的运行正线。编组站内通过正线一般可按外包式、一侧式或中穿式布置。正线布置与列车运行及编组站作业条件有密切关系。不同布置形式的选择应根据路段设计速度、行车量、客运站位置、货场和岔线的布置及编组站采用的布置图型类型等因素确定。

(1)外包式正线编组站(图 3-2-29)。正线分别设在编组站的两侧，正线行车与站内作业完全分开，只有同方向客、货列车运行进路的分歧(a、c 两点)与会合(b、d 两点)，不存在双方向客、货列车运行径路的交叉；客、货设备纵列布置时，进站线路不必设立体疏解布置。其缺点是外包正线呈曲线形，客车运行速度受限；上、下行正线分设，需设单独路基，增加工程量，不利于在编组站一侧并列设置客运站；当有货场和岔线接轨时，取送作业要与一条正线交叉。

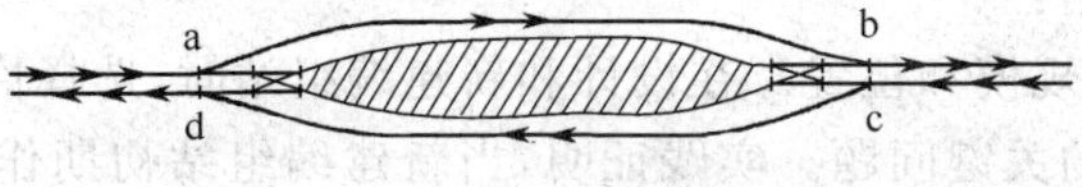

图 3-2-29 外包式正线编组站

如果客运站与编组站纵列配置，且通过客车速度不高，衔接货场和岔线作业量较少的双线编组站，宜采用外包式正线。

(2)一侧式正线编组站(图 3-2-30)。正线设于编组站一侧，线路顺直，旅客列车通过速度较高；不影响编组站向另一侧发展；便于客运设备的集中设置和货场或岔线的衔接；两正线共用一路基，节省工程费用。其缺点是相对方向客、货列车到发进路有交叉(如图 3-2-30 中 1、2 点所示)，必要时需设跨线桥疏解。

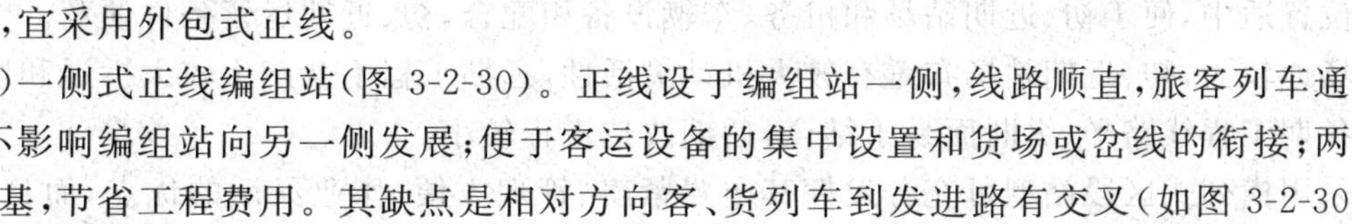

图 3-2-30 一侧式正线编组站

这种布置方式适合客运站与编组站并列配置，或编组站通过客车较多，速度较高，在正线对侧又有较多的岔线或货场接轨时采用。

(3)中穿式正线编组站。正线从编组站中间穿过，正线两侧上、下行系统各设有到发场和调车场。正线顺直，有利于编组站向两侧发展，与货场、岔线取送作业不交叉。但正线将上、下行系统分割，车列转场、一个系统的机车出入段均与正线交叉，而且设备分散，互换性和机动灵活性也较差。改建时，为充分利用原有设备，可以保留，新建编组站一般不采用。

第六节　编组站的分阶段发展

按照路网发展规划和编组站在路网中的地位和作用，根据运量增长和运营需求，近远结合，以近为主，统筹规划，有计划、有步骤地设计和建设初、近、远期工程，使编组站的规模始终和其所承担的作业量相适应，满足经济发展的需求。

我国绝大部分编组站，虽然建设的年限长短不同，但其共同的规律都是从小到大，分阶段发展起来的。

一、分阶段发展方案的确定

在设计和新建编组站时，不仅要注意选择适合远期发展要求的合理布置图型，而且要研究和确定编组站的分阶段发展方案。在建设中应以区域经济发展为基础，结合路网整体布局规划，控制初期规模，根据远期需要适当预留发展空间。

在确定分期工程时，既要避免近期工程完全按远期预留的框架建设造成运营不便和增加投资；也要避免单纯考虑近期需要以致配置不当造成将来扩建时大量拆改工程并影响运营。必须注意近远结合，使编组站的分阶段发展符合客观实际的需要，并尽量减少累计的各期基建和运营费用、占地面积及工程量。根据我国铁路部分编组站分阶段发展的实践经验，编组站建设中应注意以下几个问题：

(1)选好初期工程的规模和位置。在设计和新建编组站时，选择恰当的初期过渡工程的规模和位置是分阶段发展的关键问题。实践证明，当新建编组站初期作业量较小而远期发展规模较大时，可在初期工程中修建一个区段站型编组站作为过渡阶段，其位置一般选在远期调车场位置。原因如下：

①位置适中，便于初、近期站场和机务、车辆设备相配合，初、近期运营条件便利。

②场地较大，初、近期站场布置有较大机动灵活性，远期工程不会产生较大拆迁和废弃。

③各期工程线路平、纵断面易于结合，后期改造工程较小。

④采用横列式区段站型可充分发挥其布置紧凑、管理方便、作业灵活的优点，而且发展的“可塑性”大，根据运量的变化情况，可发展成一级三场或二级四场甚至三级式编组站布置图型。

⑤远期调车场路基标高一般接近自然地面标高，初、近期工程在此处发展，土石方工程量较小，可加速施工进度。

(2)初期过渡车场的平、纵断面，应尽可能按远期要求设计，以避免扩建时造成大量废弃。一般而言，初期工程中铺设线路数目的多少对扩建工程虽然也会有所影响，但只涉及部分线路铺设或拆迁的问题，而车场平、纵断面的设计是否恰当，对扩建工程造成的影响则很大。例如，某编组站上行系统设计为纵列式，在第二期工程中修建了一个峰前到达场和小能力驼峰，为了节省土方工程量，该到达场未按远期预定标高修建。以后在对驼峰进行现代化改造，改建为中能力驼峰时，因峰高增加需将到达场抬高 1.7 m，不得不先拆除全部线路，进行填方后重新铺设线路，造成了更多的浪费。同时，施工给正常的运营工作也带来较大困难，专门铺设了临时车场来分担作业，使施工过渡的附加费用也大大增加。

（3）机务段、车辆段等建筑物和固定设备，可分期扩建时应分期修建。如果分期施工会引起大量废弃工程或干扰严重时，可考虑一次建成。为了避免远期扩建工程有大量废弃或迁就初期修建的既有设备给运营作业造成长期困难。无论分期修建或一次建成，这些大型建筑物的初期工程均应按远期预留的位置修建。

由于种种主、客观因素的影响，设计所依据的运量资料经常会发生变化，不言而喻，设计编组站的可能发展阶段并不一定是实际运营采用的发展阶段。编组站实际采用的发展阶段主要根据其改编作业量的增长速度并考虑每期工程设计施工所需期限来选定。

二、设计举例

某枢纽新建编组远期规模为双向三级六场，初期因运量较小，在预定为上行调车场的位置修建横列式区段站型的编组站，分担枢纽内原有编组站的一部分作业，作为第一期工程。在枢纽总改编作业量虽有增长，但仍不是很大的情况下，采用这种过渡方式，既减轻原有编组站的负担，又推迟了大量工程投资。随着运量的增加，第二期工程按预留位置修建了到、调、发三场纵列的下行系统，未干扰原有上行系统。以后，随着运量的进一步增加，第三期工程对下行系统进行扩建，各车场均增铺了股道，由中能力机械化驼峰改建为大能力半自动化驼峰。随着枢纽地区经济的发展和路网规划的需要，第四期工程对上行系统进行改造，初期修建的车场改做调车场。增设与其纵列配置的到达和出发车场，形成双向三级六场编组站。该站的整个发展过程先后历时 30 年，无废弃工程，除驼峰改建外，施工对运营干扰极少，是一个符合实际的合理过渡方案。

某新建编组站远期规模为单向三级三场，初期先在预定的出发场位置修建了一级三场编组站，在远期到达场位置设部分股道作为通过车场，并按预留位置在通过车场附近修建了机务段（图 3-2-31）。

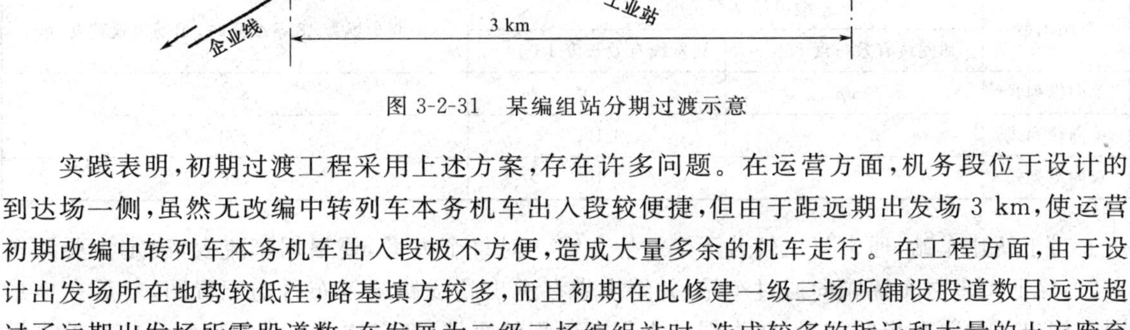

图 3-2-31　某编组站分期过渡示意

实践表明，初期过渡工程采用上述方案，存在许多问题。在运营方面，机务段位于设计的到达场一侧，虽然无改编中转列车本务机车出入段较便捷，但由于距远期出发场 3 km，使运营初期改编中转列车本务机车出入段极不方便，造成大量多余的机车走行。在工程方面，由于设计出发场所在地势较低洼，路基填方较多，而且初期在此修建一级三场所铺设股道数目远远超过了远期出发场所需股道数，在发展为三级三场编组站时，造成较多的拆迁和大量的土方废弃工程。

第三章　车场及线路设计

第一节　编组站车场中轴线的确定

一、编组站车场位置的选择

编组站占地面积很大，车场位置选择适当与否，不仅直接关系到工程费用和施工期限，而且对今后运营工作有很大影响。选择时应考虑以下方面：

(1)应根据铁路网规划所确定的编组站的位置和作用、新线引入方向、相邻编组站分工、机车车辆设备布局和整备规模进行编组站选址。

(2)编组站的位置不仅要符合枢纽总体布局，而且要选择拆迁少、地形地质条件适合各主要车场和大型建筑物布置的场地。

(3)编组站占地面积很大，选定位置时应尽可能远离机场、大桥、水坝等重要大型设施与建筑物，避免相互干扰。整个站场要少占农田，土石方工程量应尽量减少。机辆设施、货场等应选择比较宽敞、没有高填深挖、承载力较大的地段。

(4)当设计编组站位于大中城市附近时，应充分考虑城市规划的要求，务必使编组站线路、设备布置和城市发展密切配合。一般以距城市边缘 3～10 km 为宜。

(5)站内桥涵要尽量避开路基较宽的地带。

(6)车站位置应与公路、河流平行设置，一般不轻易改动它们。非交叉不可时，应选择站内较窄处，并要考虑立交的可能性。

(7)要适当预留发展余地，不使线路增延等有过大的土方工程。

新建单向编组站，必须尽可能布置在平坦的地点，顺调车方向有不大的下坡更好。一般不应设在不利于车站横向发展的斜陡山坡上。

选址时，编组站的站坪长度和宽度，一般可参考表 3-3-1 数据选择。

表 3-3-1　编组站站坪长度、宽度参考表

车站图型	编组站站坪长度/m		当调车场为 48 条线路时，车场大致宽度/m
	到发线有效长度 850 m	到发线有效长度 1 050 m	
单向纵列式	5 300	5 900	350
单向横列式	3 700	4 100	400
双向纵列式	5 500	6 100	700

对于新建车站，通常要比较若干个站坪方案。对每个方案，要根据车流表，确定主要调车方向，保证大多数车辆顺向通过车站，并绘出带有进出站线路疏解布置的配置图，然后在地形图上标出各主要车场的位置，并根据最小土方工程的要求，选定这些车场的标高。应当首先把占地最大的调车场布置适当，驼峰和到达场应布置在较高的地点。

为了进行方案的技术经济比较，要计算修建带疏解设备的车站工程投资及列车在枢纽内走行的运营费。工程费只考虑房屋和建筑物的拆迁、道路的改线、土方工程、桥涵工程、线路上部建筑和电力接触网等。其他项目,可以认为各方案相同。

对于被评选为优秀的方案,还要进行地方条件、工程地质的调查及详细的航测。有了这些材料,加上早先编制的经济、车流资料,就可以对编组站做进一步设计。

二、车站中轴线的折角

编组站占地面积很大,特别是三级式图型,长达 6～8 km。如果要求到达场、调车场、出发场都布置在直线上,车站中轴线贯穿三场并与车场中轴线相吻合,有时是很难办到的。特别是受地形、地物等客观条件限制时,不得不考虑车站中轴线折角。

从理论上讲,可以在到达场进、出口咽喉,调车场头、尾部,出发场进、出口咽喉六处进行车站中轴线的折角。利用到达场进口咽喉、出发场出口咽喉转角(图 3-3-1),不影响车站作业,是可行的,必要时可以采用。但是,在车站一端转角,不能从根本上解决车站中轴线长而直、难与地形相适应的矛盾。车站中轴线的折角设在到达场出口咽喉会造成推峰调车机车瞭望信号不便,影响作业。设在调车场头部会使驼峰溜放部分变长,难、易行线阻力差加大,从而导致峰高增加,投资加大,制动能力浪费,并且影响调车视线。影响最小的方案,是利用出发场进口咽喉处转角(图 3-3-2)。这里,调车场尾部和出发场进口咽喉之间有 200～300 m 距离,编组作业整列牵出的机会较少,故对作业影响最小。利用调车场出口咽喉转角(图3-3-3),可能会造成调车线有效长度不均衡,对调车作业的影响比利用出发场进口咽喉处转角要大,但必要时也可采用。

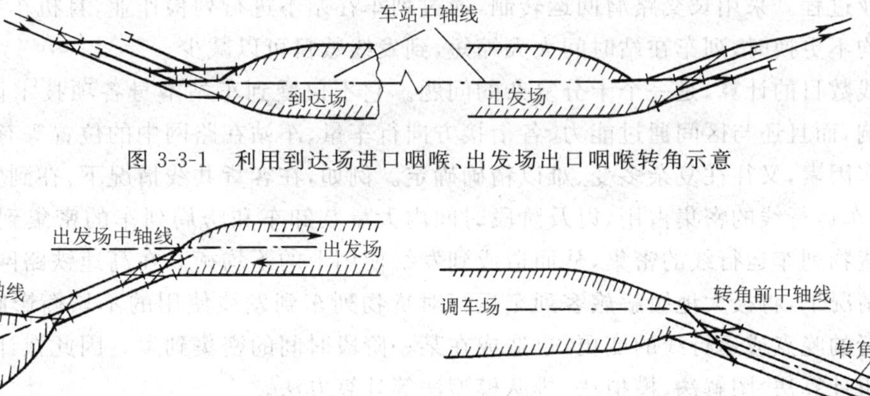

图 3-3-1　利用到达场进口咽喉、出发场出口咽喉转角示意

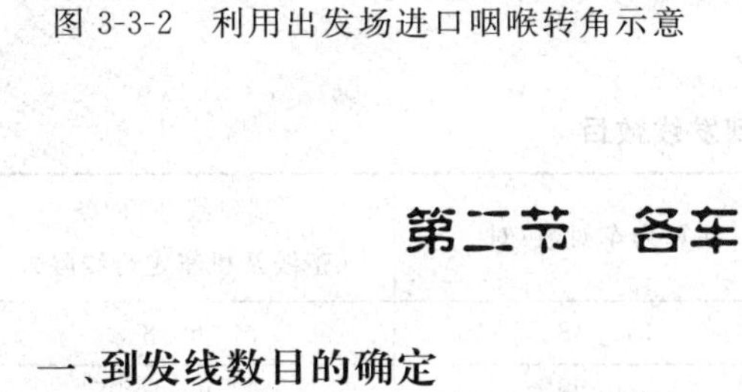

图 3-3-2　利用出发场进口咽喉转角示意

图 3-3-3　利用调车场出口咽喉转角示意

第二节　各车场线路数目的确定

一、到发线数目的确定

影响列车到发线数目的主要因素有以下几项:

(1)列车对数及其性质。列车对数的多少及货物列车的种类直接影响到发线被占用的次数及时间。列车到发对数愈多,所需到发线数目也应相应增加。但线路数目并不是完全随列

车数增加而按比例增加的。列车的性质直接影响着列车占用到发线的次数及时间。无改编中转列车一到一发只占用到发线一次，而改编中转列车到一列占用到发线一次，发一列又占用到发线一次，每次占用时间要比无改编中转列车增加 30%。

(2)衔接线路方向数及相邻区段的闭塞方式。当车站衔接线路方向数较多、区间采用调度集中或双线自动闭塞等设备时，列车密集到达的可能性较大，所需的到发线数目也应考虑适当增加。

(3)车站布置图型的类型。车站布置图型的类型不同，线路灵活使用的可能性也不同，影响线路数目的确定。如横列式区段站图型，到发线多为双进路，正线往往可部分兼作到发线使用，线路数目就会少些。纵列式区段站图型，大部分到发线为单进路，正线不是都能兼作到发线使用，线路数目就要多一些。客货纵列式区段站，由于客、货分场，到发线不能混用，正线为通过线，所需到发线就更多一些。

(4)技术作业过程及作业方式。列车占用到发线时间的长短与列车技术作业时间长短密切相关。而在各项技术作业时间中，又以列检所需的技术检查时间为最长。由于列检作业场设置地点不同，检查内容亦有差别，占用到发线的时间亦不同。如位于长大坡道地段的区段站上，列车在到发线上经常大量更换闸瓦，所需技术作业的时间就较长。一般对无改编中转列车的自动制动机只做部分试验，而对始发列车及部分改编中转列车，则需进行全部试验，它们占用到发线的时间也就较长。

(5)机车交路。在采用肩回运转交路的情况下，列车占用到发线的时间要比采用循环运转制长。因为采用循环运转制时，在无改编中转列车的技术作业过程中，可减少到达试风和出发试风等作业过程。采用长交路肩回运转制，通过列车在站不进行列检作业，且机车乘务组和列车乘务组均不更换时，列车在站时间大大缩短，到发线数目可以减少。

到发线数目的计算，是一个十分复杂的问题。它不仅受到车站本身各项技术设备数量和负荷的影响，而且还与区间通过能力、各衔接方向行车量、车站在路网中的位置等有密切关系，而其中许多因素，又往往复杂多变、难以精确确定。例如，在客货共线情况下，在到发线的使用上，由于客车运行线的密集占用，以及阶段时间内大量装卸车和跨局列车的密集到发，造成基本运行图货物列车运行线的密集，从而造成到发线使用上的不均衡。在高速铁路网络形成后，客货分线情况下，将极大地缓解旅客列车运行对货物列车到发线使用的不均衡影响；此外，日常列车运行的晚点或运行线的变更，也造成在某一阶段时间的密集到发。因此在计算方法上，发展了分析计算法、图解法、模拟法、排队模型法等计算方法。

根据《站规》规定，区段站上为客、货列车使用的到发线数目，应根据列车的种类、性质和数量等确定，一般情况下可按表 3-3-2 所列数字确定。

表 3-3-2　区段站到发线数目

换算列车对数/对	到发线数目/条（正线及机车走行线除外）	换算列车对数/对	到发线数目/条（正线及机车走行线除外）
≤12	3	37～48	6～8
13～18	4	49～72	8～10
19～24	5	73～96	10～12
25～36	6	>96	12～14

注：1. 区段站某一方向的换算列车对数，等于该方向各类客、货列车对数(可按该方向接发的各类列车列数除以 2 求得)分

别乘以相应的换算系数后相加的总数。当查表确定到发线数目时，尽端式区段站按接发车一端的各个方向相加后总的换算对数确定，但可适当减少；通过式区段站按各个方向相加后总的换算对数的1/2确定。列车对数的换算系数：直达、直通、小运转列车为1，有解编作业的直达、直通、区段、摘挂和快零货物列车为2，始发、终到的旅客列车为1，立即折返的小编组旅客列车为0.7，停站的旅客列车为0.5，机车乘务组换班不列检的货物列车为0.3，不停站的客、货列车不计。

2. 两个方向以上线路引入（包括按行车办理的铁路专用线）的区段站，考虑列车的同时到发，到发线数目可适当增加。

3. 对表中到发线数目的幅度，可按换算列车对数的大小对应取值。

4. 采用追踪运行图时，到发线数目增加1条。

5. 区段站的尽头式正线按到发线计算。

6. 客、货纵列式区段站的货物列车到发线数目应扣除旅客列车的换算对数后按本表采用，旅客列车到发线数目按表5-2-1的规定取值。一级三场区段站的到发线数目按上、下行分场的换算列车对数分别按本表采用。

编组站到发线数目的确定应满足衔接方向列车运行图和车站技术作业过程的需要。《站规》规定，编组站到达场、到发场和出发场的线路数目应根据办理的列车数、列车性质、列车密集到发和车站技术作业过程等因素分析计算和模拟确定，设计时可按表3-3-3选用。

表3-3-3　编组站到达场、到发场和出发场线路数目

到发列车数/列	线路数目/条	到发列车数/列	线路数目/条
≤18	3	55～66	6～7
19～30	3～4	67～78	7～8
31～42	4～5	79～90	8～9
43～54	5～6	91～102	9～10

注：1. 使用本表时，到发列车数不应分方向选用，而应将车场各衔接线路的到、发列数加总后选用。

2. 表中线路数目的幅度，可按列车数的大小对应取值，超出本表范围的，可按外延法推算。

3. 小运转列车一般不作技术检查。有一定数目的小运转列车的到达场、到发场和出发场，其线路数目可按表中数字酌量减少。

4. 表中无甩挂或有甩挂作业的通过列车一到一发按一列计算。由于无甩挂作业的通过列车占用到发线的时间较少，其线路数目宜采用表中的下限数值。当通过车场不单独设置而通过列车的比例较大时，也可采用表中的下限数值。由于有甩挂作业的通过列车需在车场内存放甩挂车辆，占用到发线时间较长，线路数目宜采用表中上限数值。

5. 衔接方向较多时，列车密集到达机会也相应增加。按上表选用时，如车场到达的衔接方向达到三个及以上，可再增加一条线路。对峰前到达场，尚应考虑每一衔接方向不少于2条线路；如办理的列车数较少，也可将到达场线路总数适当减少。

编组站工作是一个不可分割的整体，各部分相互影响，如到达场的线路数目与驼峰利用率有关，驼峰利用率又与调车线数目有关。同时，到发线数目与设备的配置也有关系。在有充分依据时，可以根据需要，采用分析计算、图解或仿真等方法确定到发线数目。

到发场内除了接发列车用的到发线外，还应根据不同站型及车场作业需要设置本务机车走行线、调车机车走行线、折角车流的转场线等。一般情况下，按方向别使用的单向一级三场编组站，在其机务段对侧的到发场，因考虑本务机车出入段的需要，应增加一条机车走行线。单向二级四场编组站的顺向出发场中，应增加一条机车走行线，到达场内增加一条调车机车走行线。单向三级三场编组站的到达场和出发场都应各增设一条调车机车走行线。至于到达场和出发场是否需设本务机车走行线，则视机务段的位置决定，如机务段设在出发场旁反向一侧，则到达场还需增加一条本务机车走行线。

每昼夜通过车场的机车在36次及以上的区段站应设1条机车走行线。横列式区段站的非机务段一端的咽喉区和纵列式区段站上机务段对侧到发场出发一端的咽喉区，应设机待线。机待线宜为尽头式，必要时也可为贯通式。机待线有效长度应根据牵引机车长度和相应的安全距离确定。尽头式应采用 45 m，困难条件下，不应小于牵引机车长度加 10 m；贯通式应采用 55 m，困难条件下，不应小于牵引机车长度加 20 m。双机牵引时，上述有效长度应另加 1 台机车长度。

横列式区段站的机务段与到发场之间应设机车出、入段线各 1 条，当出、入段机车每昼夜不足 60 次时可缓设或仅设 1 条。采用其他图型时，根据具体情况确定。

到发线的长度应满足干线标准有效长度要求。

二、调车场线路数目和有效长度的确定

调车场的线路数目和有效长度与列车运行线的排列、本站与邻站的编组分工、线路的固定使用方法及有无可能实行编发或坐编作业等因素有关。调车场的线路数目及其总容量既要保证车列不因调车场容量小经常满线而产生待解时间，或者因线路数目不够需重复解体，影响驼峰能力，又要使线路不过于富余，浪费基建投资。

调车场的线路按其用途可分为以下四类：

(1)供列车编组计划规定的到站或去向的车辆解体、集结、编组用的线路，包括直达、直通、区段、摘挂列车、小运转列车集结、解编用的线路和编发线。

(2)供空车解体、集结、编组用的线路。

(3)供本站作业车或两场交换车用的线路。

(4)供进行其他专门作业用的车辆停留线路，主要指待整、倒装车、待修车、超限车、或禁止过峰车、危险品、易燃品车的停留线。

编组站调车场线路用途不同，所需线路数也不一样：

(1)各种列车集结、解编所用的线路。这类线路为调车场的主要线路，其数目是根据列车编组计划的组号和车流量来确定的。通常是一个组号或一个去向设 1 条。其优点是解体照顾编组，避免了重复解体作业，同时可加速解编作业进度，均衡调车场头部驼峰和尾部牵出线作业负荷。

当某些组号车流量大，采用 1 条线路续溜车辆重复解体作业不利时，可酌情增加一条线路。根据我国目前实际运营情况统计，直达、直通或区段列车中某个组号每昼夜车流量超过 200 辆，或者小运转列车某组号日车流量超过 250 辆可酌情增加 1 条线路。集结编组摘挂列车用的线路每一衔接方向设 1 条，如开行重点摘挂列车时，根据到站数和车流量大小可适当增设。

若车流量较小，如直达、直通或区段列车两个组号日车流量之和不足 100 辆时，可合用 1 条调车线。

(2)集结空车用的调车线。这类线路每站至少需设 1 条。根据调查没有一个编组站不产生空车的，只是数量多少有异。如空车较多时，应分空车车种(主要分空敞车、空棚车)，分别按第一项集结直达、直通或区段列车用的调车线数目的规定设置。

(3)编发线。根据调查，大运转列车用的编发线，车流量在 150 辆以下不需要 2 条线路。集结约 400 辆配备 2 条线路的车站，线路使用紧张，实际往往需要占用 3 条线路。因此，规定集结编组大运转列车用的编发线每一组号车流量在 150 至 350 辆时设 2 条。350 辆以上时，可增设 1 条。如若干组号的车流量均较小时，其编发线总数可酌情减少。由于编挂辆数随牵引定数而不同，因此设计时还应考虑平均每条编发线编发列车不应少于 2 列，以提高编发线的效率。

小运转列车一般不受牵引定数限制，出发不做技检，且有专门小运转机车牵引，不额外增加编发线的停留时间。因此集结编发小运转列车用的编发线数目可采用小运转调车线数目的规定。

(4)集结地方车辆用的调车线。其数目应根据卸车地点(货场、货区、工业企业线等)和卸车数量而定。如根据设备和作业特点自装卸地点取回的车辆需要占用调车场停留时，可适当增加线路。线路有效长度应根据车流量大小确定。

(5)调车场的其他线路。这些线路应根据当地具体情况和需要设置。根据对26个编组站的调查，设置情况如下：

①设有整、倒装车辆线的有9个车站，其中专用1条线路的有2个车站，合用的有7个车站。

②设有待修车辆线的有20个车站，其中设有1条线路以上的有6个车站(即按厂修、段修、临修分别设置)，专用1条线路的有6个车站，合用线路的有8个车站。

③设有超限货物车辆和禁止过峰车辆用的线路有11个车站，其中专用1条线路的有2个车站，合用线路的有9个车站。

④设有装载爆炸品、剧毒气体、压缩气体、液化气体和放射性物品等车辆的线路有19个车站，其中专用1条线路的有10个车站，合用线路的有9个车站(绝大部分与超限和禁止过峰车辆合用)。

以上调查结果，经多年使用基本是合适的。但近年来因调车场调速设备和制式的不断发展，现代化设备的广泛运用，在提高驼峰解体能力的同时，也可相应提高调车线的使用能力。

调车场采用不同的调速设备及调速制式，用途不同，线路有效长度也不一样。

驼峰调车场采用半自动化和自动化调速设备，调车线有效长度计算的起终点为调车线内进口第一制动位(即常称的第三制动位)末端(设有轨道电路时，为其后的轨道绝缘节)至调车线尾部警冲标；当尾部道岔为电气集中时，则为其内方的调车信号机或设有编发线的出站信号机。

在驼峰调车场采用半自动化和自动化设备情况下，驼峰溜放车辆的连挂率可达95%左右，车列解体产生的平均天窗尚不足一个，其平均距离约40 m。集结编组直达、直通、区段和空车用的调车线有效长度可按到发线有效长度确定，该长度能够满足上述车列集结的需要。集结编组摘挂、小运转列车的调车线有效长度，根据调查，驼峰溜放车辆与尾部编组车辆之间的安全隔离距离为40～60 m，再加上天窗距离40 m，故此种列车的调车线有效长度规定为各自车列长度加80～100 m。

在驼峰调车场采用减速器和铁鞋作为调速设备情况下，考虑溜放车辆的天窗总长度及其他调车作业的需要，调车线有效长度应按各类列车的列车长度再加20%计算。

编组站调车场线路数目和有效长度可归纳见表3-3-4，供设计时参照使用。

表3-3-4　调车场线路数目和有效长度

序号	线路用途	线路数目	有效长度
1	集结编组直达、直通和区段列车	按编组计划每一个组号设1条；当每昼夜的车流量超过200辆，可增设1条，当车流量较小，两个组号可合用1条	按到发线有效长度，部分线路可略小于上述长度
2	集结空车	按空车车种和每昼夜车流量参照第1项规定确定，但集结空车的线路每站(或双向编组站的每一调车场)至少1条	按到发线有效长度，部分线路可略小于上述长度

续上表

序号	线路用途	线路数目	有效长度
3	集结编组直达、直通和区段列车的编发线	重车按组号,空车按车种,根据每昼夜的车流量分别确定,车流量 150～350 辆设 2 条,350 辆以上可增设 1 条	按到发线有效长度
4	集结编组摘挂列车	每一衔接方向设 1 条;开行重点摘挂列车可根据车流量大小适当增加	每一衔接方向有 1 条按其车列长度加 80～100 m
5	集结编组小运转列车(包括集结编发小运转列车的编发线)	按编组计划每一组号每昼夜车流量大小分别确定: (1)250 辆及以下设 1 条 (2)250 辆以上设 2 条	按其车列长度加 80～100 m
6	交换车(需要重复解体的车辆)	双向编组站每一调车场不少于 1 条;采用双溜放的单向编组站根据图型布置需要确定	根据车流量大小确定
7	本站作业车	根据卸车地点和卸车数确定	根据车流量大小确定
8	整装、换装车辆	1 条	可小于到发线有效长度
9	待修车辆	1 条	可小于到发线有效长度
10	装载超限货物的车辆和禁止过驼峰车辆	1 条	可小于到发线有效长度
11	装载危险货物车辆	1 条	可小于到发线有效长度

注:1. 表列序号 1、2,有效长度栏"按到发线有效长度"的线路,可按集结编组单组列车的需要确定。

2. 当到发线有效长度为 1 050 m 时,表列序号 1、3、5,"线路数目"栏之车流量应再增加 50 辆。

3. 表列序号 8～11,根据实际需要可单独或合并设置。

现繁忙干线的到发线有效长度为 1 050 m 者渐多,编组站调车线有效长度也相应增长,确定调车线数目的车流量限值也应有所提高。因此,在确定调车线数目计算车流量的限值时,给定了一个 50 辆的波动范围。具体设计中,可结合采用的调速设备和制式、调车线有效长度等,确定使用上限或下限值。

区段站调车线的数目和有效长度应根据衔接线路的方向数、有调作业车数量、调车作业方法和列车编组计划等确定。并应符合下列规定:每一衔接方向设调车线不少于 1 条,车流大的方向可适当增加,其有效长度不应小于到发线有效长度。本站作业车停留线 1 条;待修车和其他车辆停留线不少于 1 条,如车数不多时可共用 1 条;如有岔线接轨且车辆较多时,可增加 1 条;有危险品车辆停留时,应设危险品车辆停留线 1 条。上述调车线有效长度应按该线上所集结的最大车辆数确定。

三、牵出线数目和有效长度的确定

编组站上牵出线数目,主要根据调车作业量和调车区的划分确定。

在设计编组站时,调车场尾部牵出线的编组能力与驼峰头部解体能力协调配合是十分重要的。在调车场头尾解编分工较明确的编组站上,一般解体能力较大。牵出线能力不足,会造成调车场内车辆集结满线,解体能力不能充分发挥,致使到达列车不能及时解体,严重影响运输秩序。因此,设计牵出线的基本原则是按照驼峰最大解体能力计算确定牵出线数目。初期运量较小时可缓修,但应预留位置。

编组站牵出线的数目，除按调车作业量进行计算外，不同编组站图型和作业方法对其也有影响。横列式布置图型两端牵出线的分工比较灵活，为照顾上、下行到发列车的编组作业，一般调车场尾部设 2 条牵出线为宜。二级式编组站的调车场头尾解编分工比较明显，当头部为小能力驼峰时，尾部设 2 条牵出线便可满足需要。头部为大、中能力驼峰时，尾部需设 3 条牵出线才能配合头部能力，但编发作业较多时，也可减为 2 条。三级式编组站的尾部牵出线一般应设 3 条或更多，以与头部能力相适应。

编组站牵出线有效长度，可按到发线有效长度加 30 m 设计。主要考虑以下因素：

(1)调车机车长度，一般为 25 m。

(2)调车时距车挡安全距离，不少于 10 m。

(3)在到发线上列车到达的附加制动距离规定为 30 m。牵出时由于使用调车机车，只有部分车辆连接风管，牵引力和制动力都不如正规列车。为保证能以较高的调车速度安全转线，可考虑比照上述制动距离适当增加，采用 50 m。

以上三项共计比列车计长增加 85 m，列车最大计长等于到发线有效长度减 60 m(本务机车长度和附加制动距离)，故牵出线有效长度进整设计为到发线有效长度加 30 m。

根据调查，各编组站的列车解体都是采用一次牵出，故为解体用的牵出线应满足整列牵出的作业要求。但如受地形限制或工程特别困难，在某些作业量较小的编组站，当到发场与调车场尾部咽喉区贴近时，有时可结合编组作业采用溜放转场的作业方法。这种方法一般分两次转场，第一次不超过半列，溜放时用手闸制动；第二次再由调车机车带车连挂。在这种情况下，以编组为主的牵出线，其有效长度应满足分两次完成整列转场。考虑到第一次溜放时车辆不宜过多和制动距离等需要，故规定其有效长度不应小于到发线有效长度的 2/3。

在区段站上，有调作业车数量的多少、改编列车的编组要求、调车作业的方法、站内调车机车的台数及作业分工、货场与岔线的位置及其作业量等，对牵出线的数目和长度都有影响。

区段站的调车场两端应各设 1 条牵出线。如每昼夜实际解编作业量不超过 7 列时，次要牵出线可缓设。主要牵出线有效长度不应小于到发线有效长度，并应满足调车作业通视良好的要求，以保证整列一次转线的安全和提高作业效率。在困难条件下仅进行加减轴作业时可适当缩短。次要牵出线有效长度不应小于到发线有效长度的一半。如有运量较小的线路或岔线在该站接轨，其平、纵断面又适合调车时，可利用该线作为次要牵出线。

第三节　编组站各车场及线路的平、纵断面设计

一、到、发场的平、纵断面设计

1. 到、发场的平面设计

编组站的到达场、到发场或出发场一般应设计在与编组站中轴线相平行的直线上。到发线布置在曲线上时会影响司机视线，使作业条件恶化，安全性差；增加列车起动阻力，对运营不利；钢轨与机车车辆轮缘磨耗加大，增加线路养护维修困难等。作业量大的编组站，其到发场或到达场、出发场一般都应设置在直线上。如果条件困难，为了节省工程，可允许利用咽喉区的道岔布置及其连接曲线，在车场咽喉部分设置较小的转角以适应地形的需要，但在线路有效长度范围内，仍应保持直线。

在特别困难条件下，如有充分依据时，允许将到达场、到发场和出发场设在同向曲线上，其

曲线半径不应小于 800 m。但在任何情况下，道岔都必须铺设在直线上。

2. 到、发车场的纵断面设计

编组站到、发场纵断面的设计原则是能保证列车安全停车、顺利起动，还应保证有利于调车和车列转线及停留车辆不会溜逸等。

峰前到达场的纵断面主要考虑有利于进行列车接发、列检、调车和推峰等作业。设在面向驼峰的下坡道上，可提高驼峰解体效率。同时为防止车辆溜逸，保证作业安全。峰前到达场宜设在面向驼峰的下坡道上，困难时也可设在上坡道上，其坡度值不应大于 1‰。

出发场和到发场的纵断面主要考虑有利于列车接发、列检、调车及转场等作业，为照顾顺、反方向接发车和车列转场作业的方便，一般宜设在平道上。在困难条件下，也可设在不大于 1‰的坡道上。

既有编组站各车场的坡度大于 1‰的情况较多，改建既有站时，如将其坡度均改为不大于 1‰，有可能造成较大的工程量或出现很大的困难。在实际使用中，有些坡度较大的车场，可维持原有坡度，而采取适当的防溜措施，保证作业安全。

二、调车场的平、纵断面设计

1. 调车场的平面设计

调车场的中轴线必须是直线，除两端咽喉连接形成的曲线外，调车场必须设在直线上。调车线设在曲线上严重影响调车作业（如有的调速工具不能安装在曲线上），此外，曲线调车线增加车辆溜放阻力，易造成车钩连挂时钩位不正。

2. 调车场的纵断面设计

驼峰调车场内的线路坡度直接影响到驼峰的解体效率和作业安全，应根据调车场采用的不同调速制式和调速工具分别设计。具体设计要求将在第四篇中结合各种调速制式的讲解具体介绍。

三、牵出线的平、纵断面设计

1. 牵出线的平面设计

一般情况下，牵出线应设在直线上。牵出线设在曲线上会造成调车机车司机瞭望信号困难，调车机车司机与调车人员联系不便，调车速度不易控制，给作业带来困难，不仅降低了调车效率，而且作业也不安全，容易发生事故。

对于办理解编作业的调车牵出线，因调车工作量大，作业较繁忙，一般应设计为直线。在困难条件下，可将牵出线设在不小于 1 000 m 的同向曲线上；在特别困难条件下，半径不得小于 600 m。除在咽喉区附近为调整线间距离外（如由 5 m 调至 6.5 m）而设置的转线走行地段外，牵出线不应设在反向曲线上。仅办理摘挂、取送作业的货场或其他场、段的牵出线，在特别困难条件下，曲线半径不得小于 300 m。

2. 牵出线的纵断面设计

牵出线的纵断面应根据不同的调车方式设计。平面牵出线应设计为面向调车场不大于 2.5‰的下坡道或平道。在调车场尾部咽喉区部分，因考虑道岔、曲线阻力折减，采用不大于 4‰的下坡道。

办理摘挂、取送作业的货场或其他场、段的牵出线，宜设在不大于 1‰的坡道上。在困难条件下，可设在不大于 6‰的坡道上。

小能力驼峰和坡度牵出线的纵断面，应根据车辆阻力等条件单独设计。

四、其他线路的平、纵断面

其他线路是指站内除正线、到发线、调车线、牵出线以外的行驶非正规列车的线路，如场间联络线、机车走行线等。这些线路上运行的车列速度较低，因此其平、纵断面允许采用较低的技术标准，以节省工程投资，适应线路、设备的布置。

编组站的环到、环发线只运行货物列车，进出站速度较低，在困难条件下，为了减少用地、拆迁和工程量，可采用不小于 250 m 的曲线半径。

站内联络线、机车走行线和三角线等的曲线半径不应小于 200 m。

纵断面的最大坡度：凡停放车辆的线路，不能陡于 1‰，以防止车辆自行溜逸；凡通行车列的线路，其坡度应保证停车后能顺利起动；站内联络线不陡于 20‰；段外机车走行线的坡度在不设立交时，不大于 12‰；设立交时，不陡于 30‰。

在三角线曲线范围内，坡度不应大于 12‰。在三角线尽头线范围内，应设计为平道或面向车挡不大于 5‰的上坡道。

机待线的坡度应设计为平道或面向车挡不大于 5%的上坡道。

转车盘前应有长度不小于 50 m 的平坡段。

第四节 车场咽喉区的布置及设计

车站主要车场咽喉区布置是否合理，不仅对保证车站必要的通过能力和各车场的作业安全、工作效率有极大的影响，而且，对全站的站坪长度、铺设的道岔及钢轨数量，以及用地面积、土石方数都有直接的关系。

一般情况下，合理的咽喉区布置应符合下列基本要求：

(1)保证必要的平行作业进路。

(2)进路交叉数量应减少到最低限度。

(3)尽量缩短咽喉区长度。

(4)力求各条线路有效长度接近相等。

(5)铺设的道岔要少。

总之，咽喉设计要保证安全、满足能力及作业上的需要，符合经济原则和保留进一步发展的可能性。

一、区段站咽喉区设计

(1)选择区段站参考详图。根据选定的区段站布置图型和确定的各项设备的数量，选择近似的区段站详图作为设计车站咽喉时的参考。

(2)确定咽喉区平行进路的数量。《站规》规定，采用肩回交路的区段站咽喉区，其进路应保证不少于表 3-3-5 所列的主要平行作业数量。有干、支线接轨时，需相应地增加平行作业数量。图 3-3-4 为两个方向的双线铁路横列式区段站布置图型，A 端咽喉区有 5 条平行进路，B 端咽喉区有 4 条平行进路，A 端最多可保证 5 项平行作业，B 端可以保证 4 项平行作业。

(3)确定线路间距。首先根据各种列车的数量合理地确定到发线固定使用方案，设置到发线的单进路或双进路，确定通行超限货物列车的线路，再进一步根据相邻线路间办理作业的性质，设置在相邻线路间有关设备的计算宽度、线路中心线至主要建筑物(设备)的距离、车站线间距离等规定，定出线路间距。

(4)到发场线路分组。到发场内线路分组可以保证必要的平行作业，调整线路有效长度。此外，分组所形成的隔开进路，有利于保证作业的安全。

到发线分组的方法应根据线路数目及作业要求来确定。图 3-3-4 下行到发场有 3 条到发线，由于到发场 A 端主要办理下行中转货物列车到达或 4 道的部分上、下行旅客列车到发作业，它们在咽喉区有部分共同径路，因此这两项作业不可能同时进行。到发场分组不能增加列车到、发的平行作业，反而延长了咽喉区的长度，所以下行到发场在 A 端不分组。下行到发场 B 端按 1(条)、2(条)分组，以使 4 道列车出发与 5、6 道机车出(入)段同时进行。上行到发场有 4 条线路，A、B 两端均为 2(条)、2(条)分组，这样就能使 8 道(或 9 道)在接发列车时 10 道(或 11 道)可以同时进行车列转线作业。

表 3-3-5　区段站咽喉区平行作业数量

图型	条件		咽喉区位置	平行作业数量	平行作业内容
横列式	单线铁路	平行运行图列车对数在 18 对及以下	非机务段端	2	列车到(发)、调车
			机务段端	2	列车到(发)、机车出(入)段
		平行运行图列车对数在 18 对以上	非机务段端及机务段端	3	列车到(发)、机车出(入)段、调车
	双线铁路		非机务段端	3	列车到、列车发、调车或列车到(发)、机车出(入)段、调车
			机务段端	4	列车到、列车发、机车出(入)段、调车或列车到(发)、机车出段、机车入段、调车
纵列式	双线铁路		中　部	4	下行列车出发(通过)、上行列车发、机车出(入)段、调车

(5)合理布置道岔和渡线。道岔和渡线的布置应保证咽喉区各项作业进路的要求，同时应尽量减少道岔的数量，缩短各项作业进路及整个咽喉区的长度，即贯彻通、活、紧、省四个方面的布置原则。

"通"就是按作业要求设置一定数量的进路，以保证必要的作业能畅通无阻，无须"之"字走行。图 3-3-4 中 A、B 两端咽喉区至少应保证下列各项主要作业：①旅客列车到(发)；②货物列车到(发)；③机车出(入)段；④区段及摘挂等改编列车在解编时车列的转线；⑤牵出线调车。

除此之外，两端咽喉区还应设置必要的渡线和道岔，保证上行到发场能反方向接发列车。上(下)行到发场部分线路接发列车时，其余线路可以进行转线调车作业。调车场能直接向区间发车，旅客列车到发线应与牵出线有直接通路等作业进路，以增加咽喉的机动性。例如 A、B 两端咽喉分别设渡线 a、b 就是为了使下行货物列车能在下行到发场(4、5、6 道)办理到发，这是必不可少的进路。但这时下行改编列车仍无法利用上行到发场，调车场与下行正线亦无直接通路，故需添设渡线 a′、b′。

"活"就是在已设有主要进路的基础上，增设渡线或道岔来增加咽喉的机动灵活性，增加更多的平行作业组合。例如，A、B 两端咽喉取消 a、b 渡线，虽然接发上、下行货物列车的进路仍然走得通，但是不能保证上、下行同时接发货物列车。又如在 A 端咽喉增设渡线 p，可保证 10、

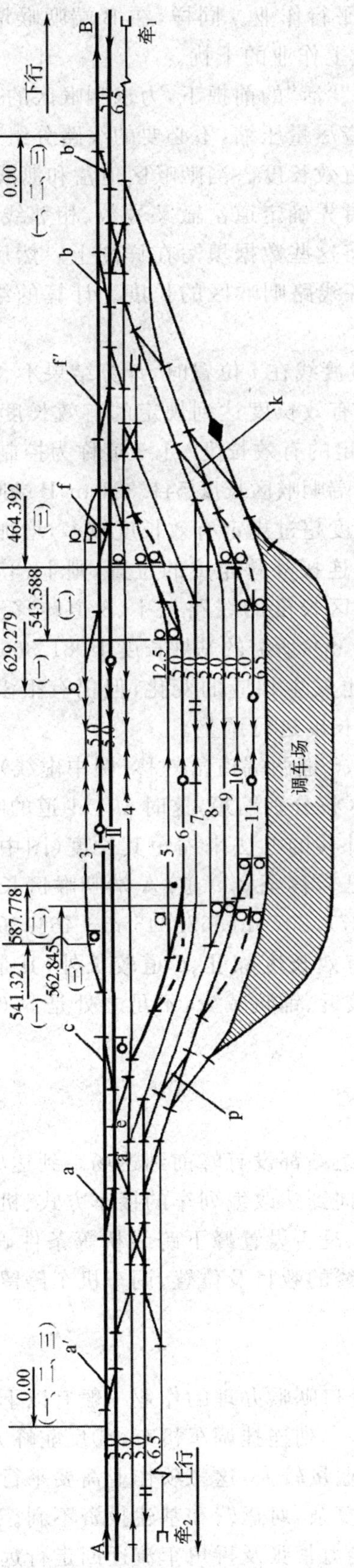

图 3-3-4 双线铁路横列式区段站布置图型(单位:mm)

11 道列车到、发与牵出线 2 调车的平行作业。同样,在 B 端咽喉增设渡线 k,可避免在 10、11 道上 B 方向列车到发与驼峰迂回线上作业的干扰。

“紧”就是布置紧凑,在保证“通”“活”的前提下,力求咽喉区的长度最短。

“省”是指不必要的道岔、渡线应尽量压缩,不必要的线路分组可以省略。

(6)计算咽喉区长度和到发线有效长度。当咽喉区道岔和渡线的布置确定之后,在计算咽喉区长度和到发线有效长度时,应首先确定道岔辙叉号数、相邻线路间距、相邻道岔中心的距离及信号机和警冲标的位置等,并将这些数据填写在详图上。然后从咽喉区最外道岔的基本轨接头向内分别推算出 A、B 两端各线路咽喉区的长度。计算的结果填入车站咽喉区长度及到发线有效长度的计算表中。

在图 3-3-4 中,当 B 端咽喉布置渡线在 f 位置时,计算结果Ⅰ、3 道为全部到发线中有效长度最短的线路。若使这两条到发线有效长度达到规定的有效长度(本例为 850 m),则其他到发线有效长度肯定能达到或大于规定的有效长度。Ⅰ、3 道称为控制有效长度的线路,其两端咽喉区则为控制站坪长度的咽喉区(A 端咽喉区长度 541.321 m,B 端咽喉区长度 629.279 m)。如按此方案进行设计,其他线路有效长度超过规定有效长度较多,增加不必要的铺轨数量。

如果将渡线 f 及其相应的线路连接外移至 f′的位置,则Ⅰ、3 道有效长度相应增加,Ⅰ、3 道咽喉区长度缩短。这时控制咽喉区长度的线路从Ⅰ、3 道转移至 5、6 道(A 端咽喉区长度 587.778 m,B 端咽喉区长度 543.588 m),所需的站坪长度 1 981.366 m(587.778 m+543.588 m+850 m)缩短,其他线路有效长度也发生相应的变化,但仍有很多线路超过规定的有效长度较多,铺轨浪费大,因此还应对有效长度进行调整。

从图 3-3-4 中可以看出,如将 5、6 道两端道岔外移(图中虚线),改道岔普通式终端连接为背出式连接,则这两条线路的咽喉区将分别缩短,这时 10、11 道的咽喉区将成为控制站坪的咽喉区,所以同样可以再用道岔背出外移的办法来缩短其长度(图中虚线)。10、11 道两端道岔外移之后,控制咽喉区长度的线路已转移至 8、9 道(A 端咽喉区长 562.845 m,B 端咽喉区长 464.392 m),其所需站坪长度为 1 877.237 m(562.845 m+464.392 m+850 m),已在《线规》规定的范围之内。经计算,各线路有效长度除Ⅱ、6 道较长外,其余都已接近 850 m。经过调整有效长度后,各到发线有效长度接近、铺轨减少,不足之处是 5、6、10、11 道在有效长度范围内都有一段曲线,瞭望不便。

二、编组站到达场咽喉区设计

凡是二级式编组站或三级式编组站都设有峰前到达场。到达场咽喉区设计要根据车场衔接方向数、各方向行车量、反驼峰方向到达改编列车的接车方式、机务段和通过车场的位置、驼峰作业采用双推单溜还是双推双溜、是否设置峰下跨线桥等条件确定。着重解决线路的合理分组、两端咽喉区的平行进路、机走线的数目及位置、调车机车停留线的布置等问题。

(一)办理作业及平行进路

1. 到达场进口咽喉区

以单向编组站为例,其到达场进口咽喉办理的作业一般有以下三项:①各方向到达改编列车接车;②向部分线路上停留的待解车列连挂调车机车;③反驼峰方向到达列车的本务机车入段。一般二级式和三级式编组站作业量较大,这三项作业需要平行进行。编组站衔接方向多,势必造成咽喉及进站线路疏解布置复杂,对运营和基建投资不利。但是,如将引入线路分散接轨,将造成接轨站与编组站间通过能力紧张及折角车流迂回走行远等问题。一般情况下,直接引入编组站的线路，顺反两方向加起来，最好不要超过 4 个。这样，到达场进口咽喉的接车进路最少为 1 个，最多也只有 3 个（2 个顺向，1 个反向环接）。向待解车列挂调车机车进路1～2 条，反向列车本务机车入段进路 1 条，共计需要 3～6 条进路。

2. 到达场出口咽喉区

以单向编组站为例，其到达场出口咽喉办理的作业主要有以下三项：①推送车列上峰解体和调车机车返回；②反驼峰方向列车到达；③顺、反向本务机车入段。推送解体进路一般要 2 条，以充分发挥驼峰作业效率，保证至少具备双推单溜作业条件。为使调车机车返回不影响推峰作业，可再单设 1 条调车机车返回线。反方向接车进路不宜多设，一般以 1 条为宜，以免过多地干扰推峰解体作业。为使顺驼峰方向本务机车入段能与其他作业平行进行，应设置峰下跨线桥。

（二）线路分组

为保证上述主要作业能同时进行，不仅要求咽喉布置要有必要的平行进路，而且还必须将该车场的线路相应地划分为若干线束，以与咽喉的进路相适应。通常车场线路划分的组数应多于或至少等于咽喉平行进路的数量。这样，才能保证咽喉区的平行作业能够实现，并且具有较大的灵活性。

线路分组的多少与编组站图型以及到达场衔接线路数等有关。以单向三级三场为例，到达场的线路按照用途应分为以下几组：顺驼峰方向接车线 2～3 组；反驼峰方向改编列车接车线 1 组；调车机车走行线 1～2 条；本务机车入段线 0～1 条。如果无改编中转列车也在这里办理作业，尚需设通过线 1～2 组。

到达场线路的固定使用应与进站线路及推峰解体作业相配合，以避免不必要的进路交叉。如单向三级三场峰前到达场，无改编列车的通过线应设在到达场的最外侧，邻靠顺向无改编列车到发线内侧布置顺向改编列车接车线 2～3 组，邻靠反向无改编列车到发线内侧布置反向改编列车接车线。

机车走行线的位置，视其用途而定。

调车机车走行线以设在两组顺向接车线之间较好。如作业繁忙或采用双推双溜作业时，应考虑设两条调车机车走行线，一条设在顺向接车线之间，另一条设在顺反向接车线之间。

反驼峰方向改编列车本务机车走行线的布置应视机务段位置而定。当机务段与出发场并列时，为了机车回段与反向列车接车能同时进行，则机车走行线应设在顺反向接车线之间（此时应与调车机车走行线的设置统筹考虑）。若机务段与到达场并列，则在进口咽喉端设机待线，由机务段另一端入段，车场内可不必单设本务机车走行线。若反驼峰方向改编列车全部采用环接方案，则由出口咽喉直接入段，到达场内也不必另设本务机车走行线。

（三）设计举例

图 3-3-5 为双向编组站衔接两个顺向线路方向的到达场咽喉布置图型。共设有 7 条线路，其中 1～3 道，5～7 道为 A、B 方向改编列车接车线，4 道为调车机车走行线。在进口端共有 3 项平行作业，A、B 方向接车和调车机车折返可同时进行。如铺设渡线（图中虚线），则 1～2 或 6～7 道接车时，调车机车仍可去 3、5 道连挂。在出口端，最多也可进行 3 项作业，即一条推送线办理车列推峰解体，另一条推送线办理调车机车返回，同时到达列车机车入段。机待线为 1～3 道机车入段用，利用空档先穿越一条推送线至机车走行线，然后再横切另一条推送线入段，即利用闸式线路疏解进路交叉。渡线（图中虚线）是为 5～7 道车列推峰，左侧推送线调车机车折返之用。

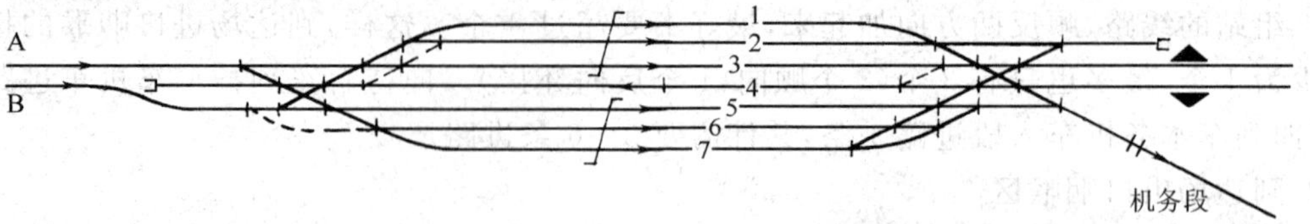

图 3-3-5　双向编组站衔接两个顺向线路方向的到达场咽喉布置图型

图 3-3-6 为单向二级四场编组站到达场咽喉布置图型。机务段和到达场并列，无峰下跨线桥。该图衔接四个方向，A、C 顺接，B、D 合并进路反接。到达场共设 9 条线路，6 道为机车走行线。该图进口端最多可保持 A、C 方向同时接车，B、D 方向本务机车入段和向部分线路上待解车列连挂调车机车等四项平行作业。出口端可办理车列推峰解体、本务机车入段（或调车机车返回）和 B、D 方向接车等三项作业。为了缩短咽喉长度，大量采用交叉渡线和复式交分道岔，效果较好。

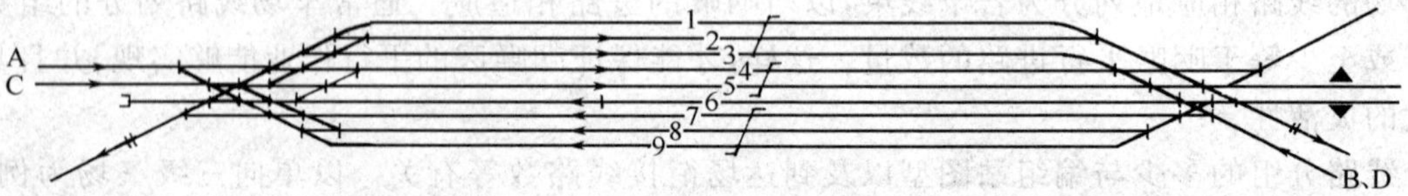

图 3-3-6　单向二级四场编组站到达场咽喉布置图型（机务段在到达场旁）

图 3-3-7 和图 3-3-8 为单向三级三场编组站到达场咽喉布置图型。图 3-3-7 的机务段设在共有出发场旁，因而到达场需设 B、D 方向本务机车折返线（和到发线兼用）。顺向机车利用峰下跨线桥入段。该图进出口都可保持四项平行作业，咽喉布置机动灵活。图 3-3-8 为采用环接、双推双溜的到达场布置图型，机务段设在调车场旁。由于采用环接，到达场内不设本务机车走行线。为了最大限度发挥驼峰解体能力，场内设有专用调车机车折返线。咽喉布置灵活，能满足多种平行作业组合需要。

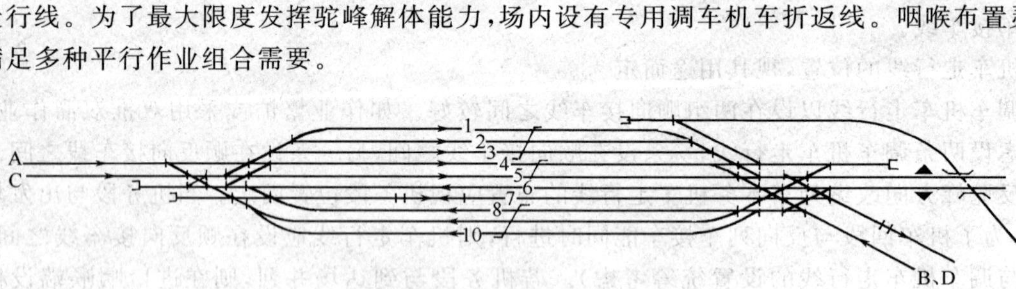

图 3-3-7　单向三级三场编组站到达场咽喉布置图型（机务段在出发场旁）

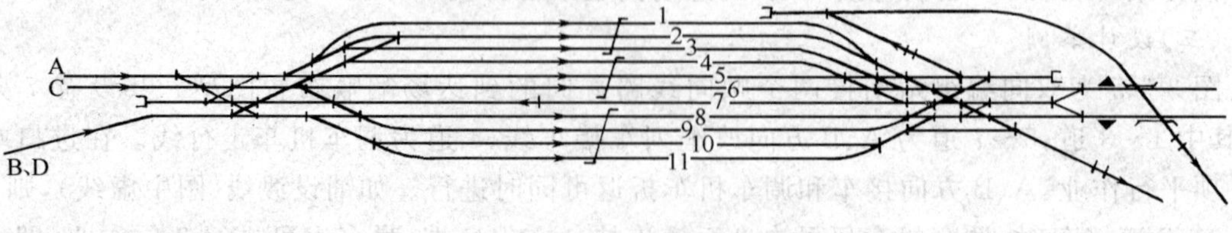

图 3-3-8　单向三级三场编组站到达场咽喉布置图型（机务段在调车场旁）

三、出发场咽喉区设计

单向或双向三级式和大部分二级式编组站都设有出发场。与调车场并列的二级式编组站出发场,其咽喉区布置和一级三场的到发场类似,这里重点分析三级式编组站出发场的咽喉结构。

三级式出发场分为两种,一是双向编组站的出发场,它仅供一个方向(上行或下行)使用,作业单纯,咽喉布置简单;二是单向编组站双方向共用的出发场,其两端咽喉区作业繁多,结构也较复杂,而它的布置形式又和机务段、通过车场的位置、车场的使用方式、调车场尾部牵出线数目、机车走行线的数目及分布等因素有关。

(一)办理作业及平行进路

1. 出发场进口咽喉区

以单向三级三场编组站为例,其出发场进口咽喉办理的作业,一般有以下四项:①顺向无改编中转列车接车;②在各牵出线上办理的调车作业,包括编成车列向出发场牵出转线;③反向自编列车及无改编中转列车发车;④顺、反两方向本务机车出入段。

调车场与出发场间牵出线数目应视图型而定。大型的三级三场编组站,为了和头部的大能力驼峰相适应,牵出线通常不应少于 3 条,但也不宜太多,否则调车机车作业相互干扰严重,一般以 4 条为限。至于双向编组站,因为只编一个方向的列车,当作业量不大时,可设 2 条牵出线。

机车出入段的径路,要看机务段的位置。如机务段与到达场或调车场并列,则顺反两方向的机车出入应有两条进路。顺向机车出入段,利用峰下跨线桥绕调车场顺向左侧至出发场。反向机车走行线,布置在调车场顺向右侧。若机务段与出发场并列,反向机车由机待线转至出发场挂机,顺向机车出入应有两条通路,一条穿越出发场,另一条设在出口咽喉。这样布置,可以分散机车出入与反向无改编中转列车接发的交叉。

至于接发车进路,考虑到出发场进口咽喉是三级式编组站作业最繁忙、能力最薄弱的区域之一,所以不宜多设。一般是顺向无改编中转列车接车进路 1 条,反向发车进路 1～2 条。

这样,出发场进口咽喉共需要作业进路 6～9 条。

2. 出发场出口咽喉区

以单向三级三场编组站为例,其出发场出口咽喉办理的作业主要有以下四项:①顺驼峰方向无改编中转列车或自编列车发车;②调车机车转线;③反驼峰方向无改编中转列车到达;④顺向本务机车出入段等。

顺向发车进路系由衔接线路方向数而定,一般是 1～2 条。有反向列车环发时需再增设 1 条。接车进路通常为 1 条。

调车机车转线一般利用咽喉处进行,不另设专用机待线。

顺向本务机车出入段,有两条通路。一条是机车走行线设在顺反向发车线之间,由机待线连通顺向发车每一条线路。另一条进路是由机务段在出口处直接连通机待线,起到分散进路交叉和机动灵活的作用。

若无改编中转列车有甩挂作业时,尚需设置单独的牵出线。

(二)线路分组

为保证上述主要作业能同时办理,出发场线路一般分为:①顺向无改编中转列车到发线 1 组;②顺向自编列车发车线 1～2 组;③本务机车走行线 1 条;④反向自编列车发车线 1～2 条;⑤反向无改编中转列车到发线 1 组。各组线路在车场内的安排,应与区间正线及场间连接线位置相适应,以尽量减少作业进路的交叉干扰。

(三)设计举例

图 3-3-9 为双向编组站具有两个发车方向的出发场咽喉布置图型。共设有 10 条线路,其中

1～3 道为顺向无改编中转列车到发线，4～7、8～10 道为自编列车发车线，其中包括机走线 1 条。

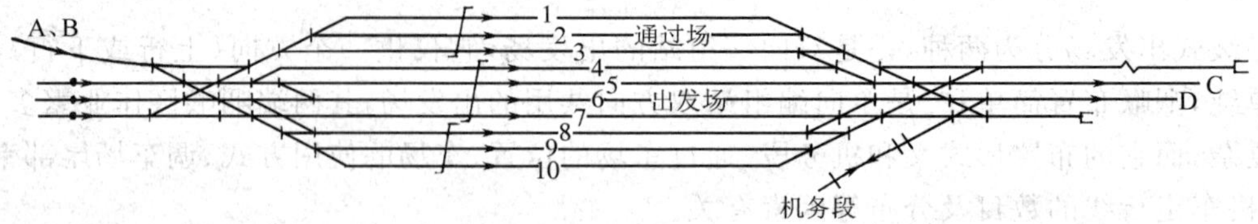

图 3-3-9　双向编组站具有两个发车方向的出发场咽喉布置图型

进口咽喉可以保证无改编中转列车到达与三条牵出线调车转线等四项作业同时进行。出口咽喉能够满足无改编中转列车部分车组甩挂、顺向发车、调车机车转线和连挂本务机车等作业的需要。

图 3-3-10 为单向编组站具有两个顺向一个反向发车进路的出发场咽喉布置图型。共设有 14 条线路，其中 1～3、13～14 道为顺反两方向无改编中转列车到发线，4～7 道为顺向自编列车发车线，9～11 道为反向自编列车发车线，8、12 道为机车走行线。

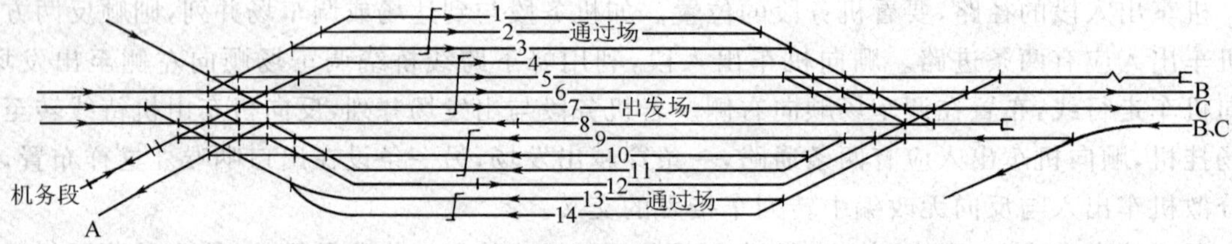

图 3-3-10　单向编组站具有两个顺向一个反向发车进路的出发场咽喉布置图型

进口咽喉可以保证在三条牵出线作业的情况下，顺向无改编列车接车、反向本务机车出入段和反向列车发车等六项平行作业。出口咽喉在 B、C 两方向接发车的同时，还可以进行顺向无改编中转列车部分车组甩挂、本务机车出入段或调车机车转头等作业。咽喉布置能够满足作业需要。

四、到发场咽喉区设计

(一)顺向到发场(一级三场)

1. 办理作业及平行进路

在进口咽喉区，主要有以下三项作业：①顺驼峰方向列车接车；②到达解体列车向驼峰牵出转线；③顺向列车本务机车出入段。

在出口咽喉区，办理的作业也主要有以下三项：①向各衔接方向发车；②编成车列由调车场尾部调车机车牵出转线；③顺向到发列车换挂本务机车。

2. 线路分组

为保证上述作业能尽量同时办理，到发场线路一般分为三组：①顺向无改编中转列车到发线 1 组；②顺向改编列车到发线 1 组；③机车走行线 1 条。

线路的排列可按无改编中转列车到发线设在最外侧，改编列车接车线靠近调车场，机车走行线设在这两类线路中间。这样布置虽存在着顺向改编列车的到达与机车出入段走行的交叉，但避免了机车出入段与驼峰调车机车牵出解体顺向改编列车的交叉，两种交叉相比，此设计干扰较少。

3. 设计举例

图 3-3-11 为一级三场编组站顺向到发场咽喉布置图型。共设有 7 条线路，其中 1～2 道为顺向无改编中转列车到发线，4～7 道为顺向改编列车到发线，3 道为机走线。该咽喉平面布置充分利用道岔转角，结构紧凑，作业方便，进路灵活。

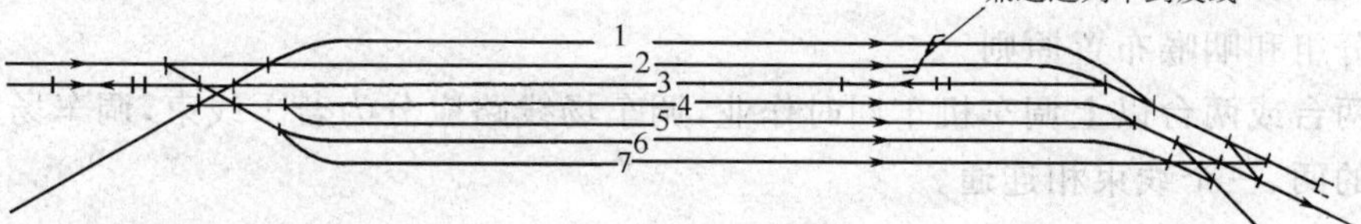

图 3-3-11 一级三场编组站顺向到发场咽喉布置图型

(二)反向到发场(一级三场)

1. 办理作业及平行进路

在进口咽喉区，只有各衔接线路方向接车和编成车列由牵出线转线两项作业。

在出口咽喉区，办理的作业主要有以下三项：①向各衔接方向发车；②到达解体列车向驼峰牵出转线；③反向列车本务机车出入段。

由于一级三场是小型编组站，衔接线路方向不多，机车出入段也不太频繁。所以在进口咽喉处，一般有 2～3 条作业进路，在出口咽喉处有 3～5 条作业进路即可。

2. 线路分组

为保证上述作业能尽量同时办理，到发场线路一般分为三组：①反向无改编中转列车到发线 1 组；②反向改编列车接车线 1 组；③反向自编列车发车线 1 组。

线路的排列可按无改编中转列车到发线设在最外侧，改编列车接车线靠近调车场，中间布置自编列车发车线。这样布置使两端咽喉负荷较均衡。实际作业中，可结合线路固定使用，随列车到发和车站作业情况灵活使用。

3. 设计举例

图 3-3-12 为一级三场编组站反向到发场咽喉布置图型。共设有 8 条线路，其中 1～3 道为无改编中转列车到发线，4～5 道为自编始发列车发车线，6～8 道为到达解体列车接车线。每条线路都连通各个衔接方向和两端牵出线，布置灵活，作业方便，能够满足作业需要。

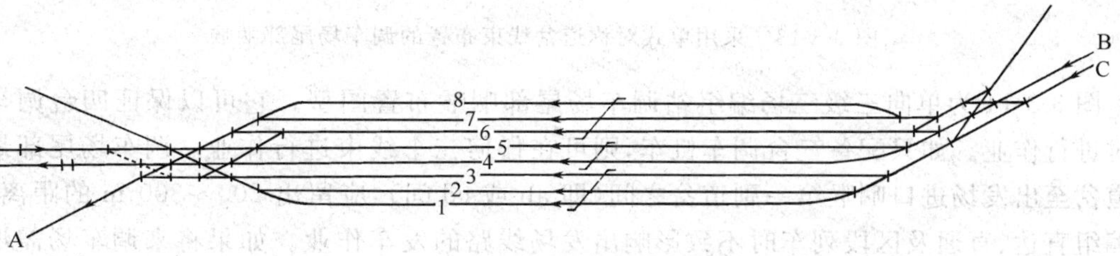

图 3-3-12 一级三场编组站反向到发场咽喉布置图型

五、调车场尾部咽喉区设计

(一)不设顺向编发线的调车场尾部

1. 办理作业及平行进路

不设顺向编发线的调车场尾部咽喉区一般办理两项主要作业：①按编组计划编组列车；

②将编成车列转线至出发场。此外，还承担向车辆段、货场等处取送车辆的作业，但业务量不大，不需单独设置平行进路，对调车场尾部布置影响很小。

编组列车和牵出转线需要的平行进路数量，应与设置在尾部的牵出线数(三级式编组站为调车场与出发场之间的连线)相适应。而牵出线数目应根据改编作业量的大小和尾部调车机车数量而定，通常为 2～4 条。

2. 线路分组和咽喉布置原则

为便于两台或两台以上调车机车同时作业，调车场线路应分为若干线束，调车场尾部牵出线都与其中的两、三个线束相连通。

咽喉布置一般应满足以下要求：

(1)每条牵出线连接的调车线及负担的作业量应力求均衡。

(2)从整个尾部咽喉区布置来看，采用对称式梭形车场和单式对称道岔，有利于缩短咽喉区长度和调车机车作业行程。

(3)为增加作业的机动和灵活性，各线束连接时，应保证各牵出线上的调车机车有直接去相邻线束作业的进路条件，并有部分线束与相邻牵出线调车机车平行作业的可能性。

3. 设计举例

图 3-3-13 为采用单式对称道岔线束布置的调车场尾部咽喉。当调车线为 24～32 条时，一般缩短咽喉长度 100～120 m，可提高调车场尾部编组能力。

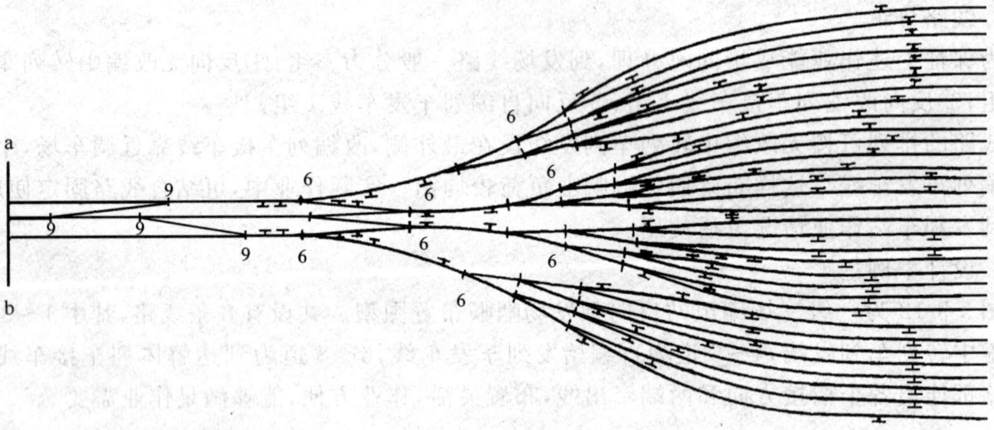

图 3-3-13　采用单式对称道岔线束布置的调车场尾部咽喉

图 3-3-14 为单向三级三场编组站调车场尾部咽喉布置图型。它可以保证四台调车机车同时进行作业。如只配备三台调车机车，则可在任何三个线束进行作业。调车场尾部最后一副道岔至出发场进口咽喉第一副道岔之间(即 ab 或 cd 间)，应留出 200～300 m 的距离，以保证编组直达、直通及区段列车时不致影响出发场线路的发车作业。如果将来调车场需增延线路有效长度，则应在设计时另外预留。

(二)设有顺向编发线的调车场尾部

1. 办理作业及平行进路

设有顺向编发线的调车场，其顺向自编列车在编发线上完成集结、编组、技检、发车作业。反向自编列车仍需设出发场，由尾部调车机车牵出转线后，再办理发车作业。该调车场尾部咽喉区主要办理以下四项作业：①按编组计划编组列车；②将反向自编列车牵出转线至出发场；

③本务机车去编发线连挂车列;④顺向自编列车发车。此外,还承担向车辆段、货场等处取送车辆的作业,但业务量不大,对调车场尾部布置影响很小。

平行进路一般为 3～5 条。

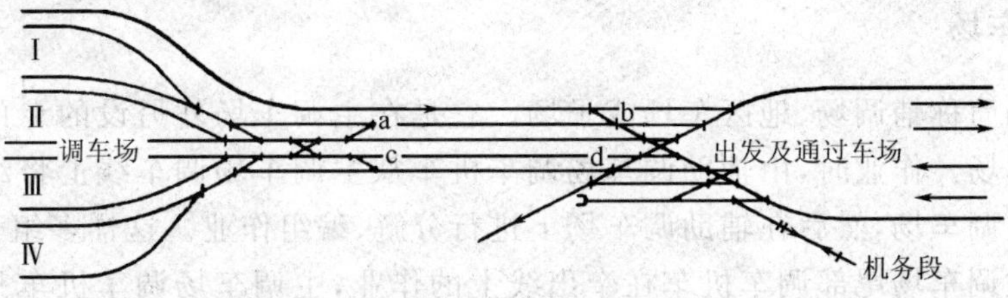

图 3-3-14 单向三级三场编组站调车场尾部咽喉布置图型

2.线路分组和咽喉布置原则

线路分组和咽喉布置原则与不设顺向编发线的调车场基本相同。顺向编发线应选择调车场顺向最外侧 1～2 个线束布置。

3.设计举例

图 3-3-15 为具有编发线的调车场尾部咽喉布置图型。图中发车线与牵出线平行走行了一段距离,这样设计增加了线路运用的机动性,当作业繁忙时,发车线与牵出线可以互换作业。

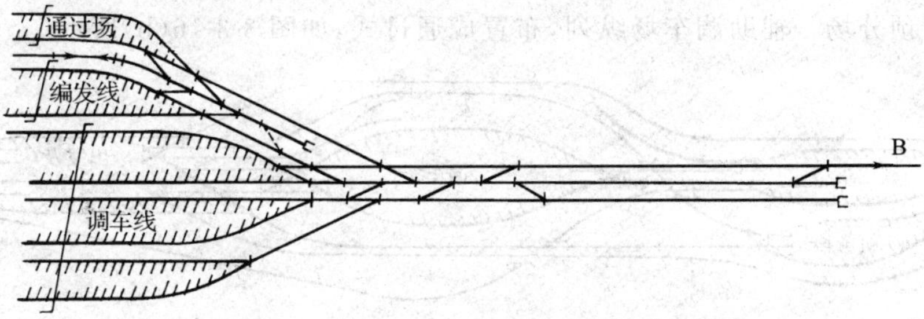

图 3-3-15 具有编发线的调车场尾部咽喉布置图型

第五节 辅助调车场及箭翎线设计

在编组站编组发出的各种列车中,按编组要求和内容区分,有直达、直通、区段、摘挂和小运转列车。前三种列车通常由 1～2 个组号组成,在 1～2 条调车线集结,编组作业比较简单。一般只需顶车、连挂(或邻线车组转线连挂)、牵出转线就完成了编组作业,每列编组时间20～25 min。后两种列车属于多组列车,列车组成组号多,每个组号的车流强度小,通常按方向在一条调车线上集结。编组时,需重新牵出解体,按编组计划选编成组,有的还要按站顺连挂成列,然后才能转线腾空调车线。多组列车编组复杂、作业时间长,占用调车线和牵出线时间较多,干扰、影响其他列车的编组作业,降低调车场尾部整体编组能力。因此,解决好这部分多组列车的编组问题,对于处理好调车场头尾能力协调,提高解编系统的整体能力是十分重要的。

提高调车场尾部的能力,除本篇第二章已讨论的几种措施外,目前国内外广泛采用的是设立辅助编组站、箭翎线和辅助调车场。

摘挂及小运转等多组列车的解编作业划归枢纽内辅助编组站办理,是简化主要编组站作业的措施之一,但同时将造成调车作业分散,增加两站间交换车数量和重复改编作业量,车辆停时将有所延长。

随着编组站解编作业量的增加，提高调车场尾部能力的需求也越来越强。目前在我国的编组站设计中，已开始更多地采用辅助调车场。

一、辅助调车场

辅助调车场简称辅调场、地区车场或子场。它是在主调车场外另设的专门用于多组列车编组的小型调车场。作业时，由辅助调车场调车机车从主调车场调车线上将组成多组列车的车辆一次牵出主调车场，然后在辅助调车场上进行分解、编组作业。这样多组列车的重复解编作业不会影响主调车场尾部调车机车在牵出线上的作业，主调车场调车机车只需进行单组和双组列车的连挂和转线，作业简化，交叉干扰减少，作业能力大大提高。郑州北、徐州北等站都先后修建了辅助调车场，效果显著。

1.辅助调车场的设置位置

辅助调车场一般设在主调车场尾部牵出线一侧。但其合理位置往往也随编组站图型、车流的性质及比例不同而有所差异。

一般情况下，三级式编组站的辅助调车场可设在主调车场旁、地区车流比重较大的一侧，布置成尽端式，如图 3-3-16(a)所示。其多组车流在主调车场内靠辅助调车场一侧调车线上预分，利用调车场尾部牵出线(或另设)在辅助调车场进行编组作业。当地区车流量较大时，可在调车场一侧按预分场—辅助调车场纵列，布置成通过式，如图 3-3-16(b)所示。

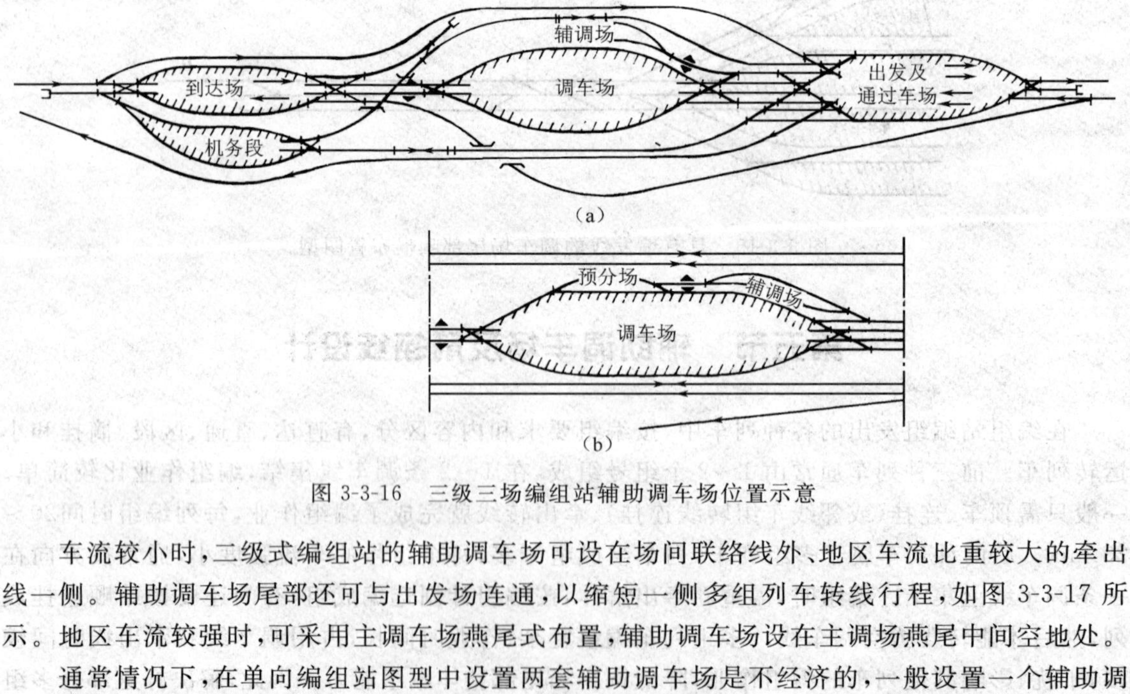

图 3-3-16　三级三场编组站辅助调车场位置示意

车流较小时，二级式编组站的辅助调车场可设在场间联络线外、地区车流比重较大的牵出线一侧。辅助调车场尾部还可与出发场连通，以缩短一侧多组列车转线行程，如图 3-3-17 所示。地区车流较强时，可采用主调车场燕尾式布置，辅助调车场设在主调场燕尾中间空地处。

通常情况下，在单向编组站图型中设置两套辅助调车场是不经济的，一般设置一个辅助调车场即可满足全站多组列车编组作业的需要。至于双向编组站，应视车流量等具体情况而定。

2.辅助调车场线路数目及布置

根据对我国摘挂列车、小运转列车车流组号不完全的统计和分析，在采用合理的调车作业方法条件下，辅助调车场一般有 5～6 条调车线即可满足需要，其有效长度一般采用 400～500 m。

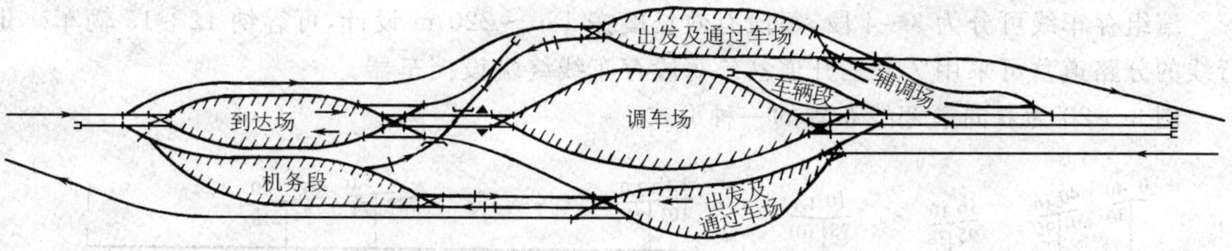

图 3-3-17 二级四场编组站辅助调车场位置示意

辅助调车场线路可设计为尽头式(图 3-3-18),也可设计为通过式。为加速编组作业,辅助调车场的牵出线上一般应设小能力驼峰,场内应结合纵断面设计采用减速顶、可控顶、停车顶、停车器等不同调速设备。

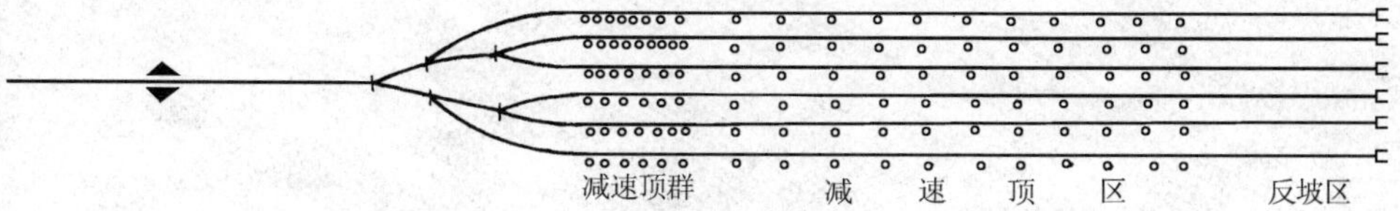

图 3-3-18 尽端式辅助调车场布置图型

二、箭翎线

1. 单向箭翎线

单向箭翎线也称 S 形箭翎线,由三条尽头线组成,如图 3-3-19 所示。中间为走行线,两侧为编组存车线,其一端连牵出线,另一端为车挡。由于选编、连挂牵出作业只能在一端进行,同时线路布置像"箭翎",故称单向箭翎线。

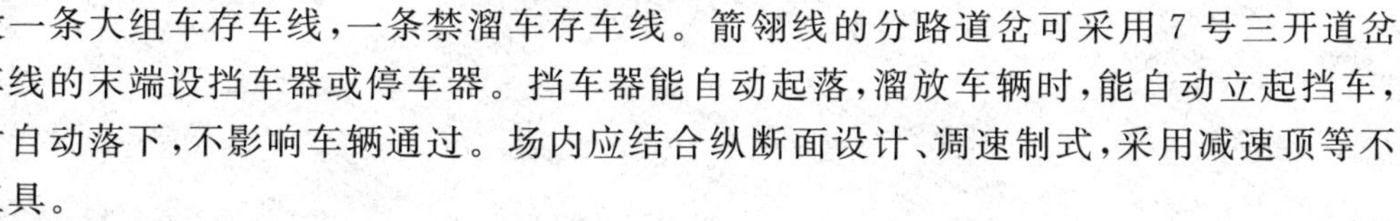

图 3-3-19 单向箭翎线减速顶方案平纵断面

编组存车线各分成 3～4 段,每段有效长度按 150 m 计(即可以存 10 个车)。在箭翎线头部另设一条大组车存车线,一条禁溜车存车线。箭翎线的分路道岔可采用 7 号三开道岔。编组存车线的末端设挡车器或停车器。挡车器能自动起落,溜放车辆时,能自动立起挡车,连挂车辆时自动落下,不影响车辆通过。场内应结合纵断面设计、调速制式,采用减速顶等不同的调速工具。

与尽端式辅助调车场相比,单向箭翎线作业效率较高,能力较大。但是铺轨、铺岔、用地都多,所需设备(如挡车器)较复杂,工程投资相应也较大。因此,只有在摘挂车流较大时,才比较适用。

2. 双向箭翎线

与单向箭翎线不同的是,双向箭翎线设在调车场内,也是由三条线路组成,中间为走行线,两侧为编组存车线。其一端与解体主驼峰直接连通,另一端与尾部牵出线相连。由于主驼峰可直接向编组存车分段线溜放固定到站的车辆,尾部牵出线调车机车又可去各线段连挂车辆,两端都可作业,故称双向箭翎线,也叫 D 形箭翎线。

编组存车线可分为3～4段，每段有效长度按180～220 m设计，可容纳12～15辆车。走行线的分路道岔可采用7号三开道岔。每段存车线终端设挡车器。

图3-3-20为双向箭翎线布置的一种形式。

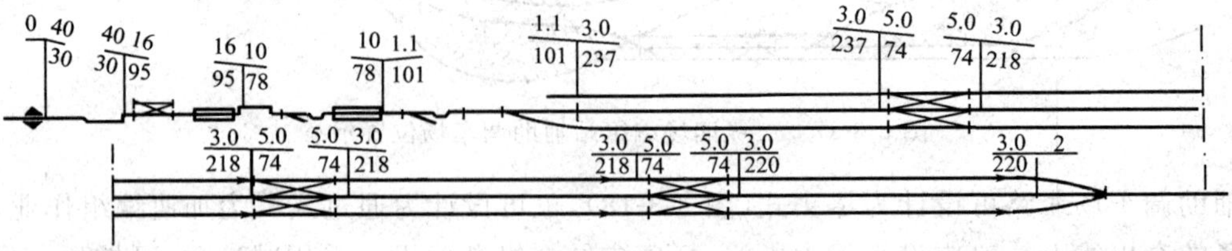

图3-3-20　双向箭翎线平纵断面

第四章　机务和车辆设备

第一节　机务设备

一、机务设备的分类及设置原则

(一)机务设备的分类

根据机车作业性质不同,机务设备可分为以下几种形式。

1. 机务段

机务段(locomotive depot)配属有机车,担任邻近区段机车交路的机车运用、整备及检修等作业。按机车修程和牵引种类机务段可分为以下三种:

(1)中修机务段。担任机车的整备作业及中修、小辅修等作业。

(2)小辅修机务段。担任机车的整备作业及小辅修等作业。

(3)运用机务段。担任干线机车交路的机车保养和运用任务,可设机车辅修设备。

2. 机车检修段

机车检修段主要承担机车高等级修程,原则上不承担机车运用工作。

3. 机务折返段

机务折返段(locomotive return depot)承担各交路方向机车折返时机车运转整备和乘务员管理工作,可以有以下两种形式:

(1)无派驻机车的折返段。这种折返段无派驻机车(或仅派驻有少量调车机车和小运转机车,但仍按无派驻机车考虑),不担任机车交路,仅为外段机车折返整备。根据需要设置全部或部分运转整备设备,不设检修设备。

(2)有派驻机车的折返段。这种折返段有派驻机车,担任工作量较小的机车交路、小运转和调车业务,设有运转整备设备。为了派驻机车的需要,有时可设置机车中检及部分临修设备。

4. 机务折返所

机务折返所(locomotive return point)承担小运转机车或较少对数交路的机车整备工作。

5. 机务换乘所

机务换乘所承担机车乘务组中途换班乘务员的管理工作,为长交路乘务员中途换乘之处,负责安排乘务员的出乘班次和生活。

6. 调车机车整备所

调车机车整备所承担沿线调车机车、小运转机车整备工作。

(二)机车交路

1. 机车交路的设计原则

(1)机车交路应根据牵引种类、机车类型、编组站分工、车流性质、线路条件和运用环境,并结合路网规划、机务设备布局、既有设备利用等因素，实行机车集中配置，乘务分段担当，向同方向或多方向延伸覆盖，经技术经济比较确定。

(2)机车交路应采用长交路。客运机车交路宜从一个大型客运站至下一个大型客运站；货运机车交路宜从一个编组站至下一个编组站。

(3)机车运转宜采用肩回运转制。当直通列车对数较多，货流比较稳定时，也可采用循环或半循环运转制。

(4)干线机车乘务制度宜采用轮乘制，调车机车、小运转机车可实行包乘制。乘务员一次乘务作业工作时间应符合相关规定。机车司机、副司机配班值乘时，旅客列车不超过 8 h，货物列车不超过 10 h；机车单班单司机值乘时间标准由铁路局集团公司制定；机车双班单司机值乘时，加上出退勤工作时间，旅客列车不超过 15 h，货物列车不超过 16 h。

(5)不同牵引种类区段的接轨点一般应设在机务段或机务折返段所在的车站。

2.机车交路种类

(1)肩回运转外段驻班交路，如图 3-4-1 所示。

(2)肩回运转立即折返交路，如图 3-4-2 所示。

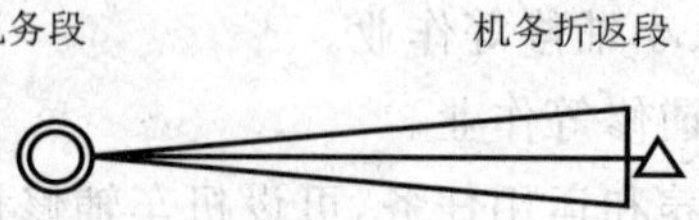

图 3-4-1　肩回运转外段驻班交路

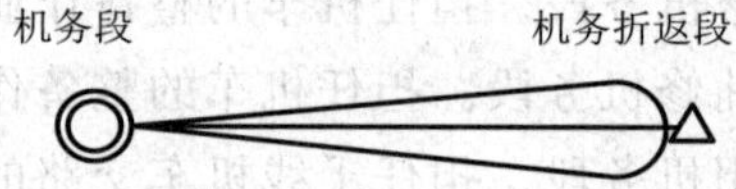

图 3-4-2　肩回运转立即折返交路

(3)肩回运转中途换班交路，如图 3-4-3 所示。

(4)循环运转交路，如图 3-4-4 所示。

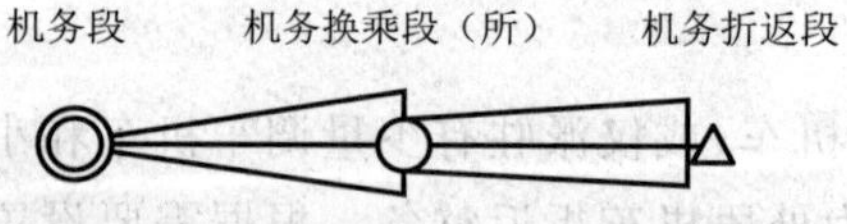

图 3-4-3　肩回运转中途换班交路

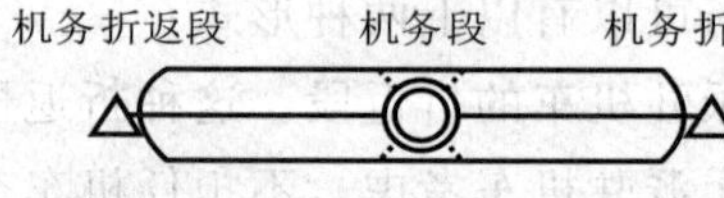

图 3-4-4　循环运转交路

(5)半循环运转交路，如图 3-4-5 所示。

(三)机务设备设置原则

机务设备设置应遵循以下主要原则：

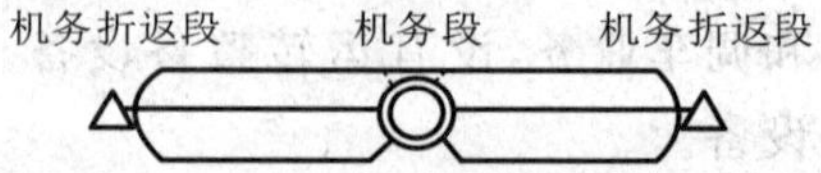

图 3-4-5　半循环运转交路

(1)机务设备的设置应贯彻长交路、轮乘制、专业化、集中修的技术政策，坚持以可靠性为中心的维修理念，以计划预防修为基础，适应换件修、主要零部件专业化集中修和状态修的发展要求，以充分发挥各项设备能力和提高机车运用效率。

(2)在满足运输要求的条件下，机务段、机务折返段应设置在地级以上城市或有工矿企业的地区，并应有市政设施接驳条件。

(3)机务设备的分布及规模应根据机务工作量、既有机务设备能力及分布情况，并结合路网规划、机车检修布局规划、专业化集中修分工、机车回送条件等确定。

(4)枢纽内客运站与编组站距离较远且客、货运作业量较大时，应分设客运和货运机务设备；客、货运作业量较小时，客、货运机务设备可合设。

(5)电力牵引区段机务段(所)应根据需要设置应急内燃机车的运用、整备及检修设施。

二、机务段(所)的设备

机务段的设备包括机车运用设备、机车整备设备、机车检修设备和其他设备。机务折返段不设检修设备。

1.机车运用设备

(1)机务段应设置机车调度室、派班室、分析室,机务折返段(所)应设置派班室。机务段机车调度、派班用房应集中设置。

(2)机务换乘所应设置值班室、乘务员公寓和必要的配套设施。

(3)机务段(所)应设置电务车载设备检修、测试间。

(4)机务段(所)应根据需要设置乘务员待班房屋及公寓,待班房屋及公寓宜合并设置。机务段还应设置职工教育、实训等设施。

(5)有担当动车组任务的机务段所在地车站或动车组司机集中继乘车站,应根据动车组司机乘务交路设置动车组运用车间。

2.机车整备设备

为保证机车在定期检修之间正常地担任牵引任务,必须对机车进行日常整备。机车运转整备设备是机务段的主要组成部分,是机车运行的基本保证,直接影响机车运用效率。

机务段(所)应设置满足机车整备、地勤检查、行修、检测、工具备品、保洁等需要生产房屋;设置机车车号识别、上砂、检测、清洗、卸污等设备;根据需要可设置机车转向设备及走行部动态监视、轮对及受电弓动态监测装置。

机车整备线群包括机车出入段线、机车整备待班线、机车走行线、转向设备、卸油线、卸砂线、卸机油线、机车外皮清洗线等。

(1)内燃机车整备设备。内燃机车整备场应设置机车冷却水、燃油卸发存储、油脂发放、储砂与上砂设施。除此之外,内燃机车整备设备还包括机车外皮洗刷、检查、待班、转向、化验、自动停车装置的测试设备等。

(2)电力机车整备设备。电力机车的运转整备设备一般应根据需要设置机车外皮洗刷、给砂、给润滑油、检查、待班、自动停车装置测试等设备。电力机车整备场应设置受电弓检测设备,根据需要可设置自动过分相检测装置。

采用肩回运转制时,机车的主要整备设备应设在机务段内;采用循环运转制时,机车的主要整备设备可设在机务折返段内,如经过技术经济比选认为合理时,也可在机务段所在站到发线上设置必要的整备设备。

3.机车检修设备

检修设备的合理设计直接关系到机车检修质量、检修停时及基建投资效果。检修设备的规模及能力可根据机务段所承担的机车修程和检修工作量确定。机车检修厂房由机车检修库、转向架间、柴油机间、零部件检修间、清洗间、喷漆库、整车试验库、机车负载试验站及辅助生产房屋等组成。

检修线群包括中修库线、小修、辅修库线、油漆库线、机车负载试验线等。

4.其他设备

其他设备还包括救援设备、动力设备、设备维修间、材料库、中心备品库和辅助房屋等。

三、机务设备的布置

(一)机务段平面布置

1. 整备设备的布置原则

整备设备的布置可遵循以下原则:

(1)各项整备作业应尽量平行进行,动车次数要少,整备行程要短而顺直,尽量避免机车在段内走行的相互干扰,为缩短机车整备作业时间,保证安全与便利地进行整备作业创造条件。

(2)在同一段(所)内,有不同牵引种类的机车整备作业时,内燃与电力机车的整备待班线应分开设置。

(3)在客、货机车混合段内,客、货运机车分开使用时,整备台位宜共用,待班线可单独设置。

2. 整备设备的布置方式

内燃、电力机车的整备设备较为简单,整备场的占地面积较小,容易按平行作业进行布置。内燃、电力机车机务段内应考虑设转向设备,机务折返段不设转向设备。

内燃机车在段内的整备作业程序为:转向→给燃料油、给润滑剂、给砂、给冷却水、检查机车、吹扫牵引电动机→待班,对应的设备布置如图 3-4-6 所示。

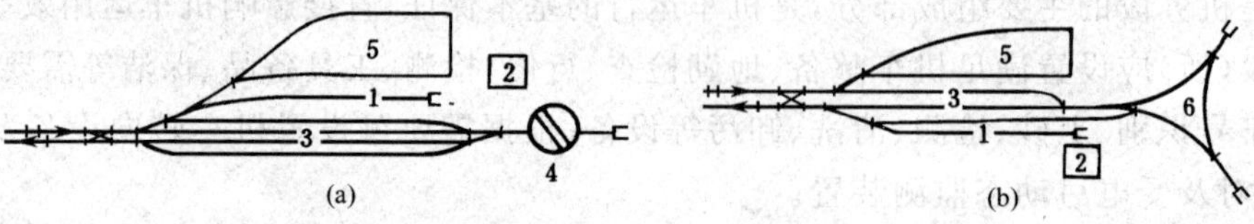

1—卸油线;2—油库;3—整备、待班;4、6—转向;5—厂房。

图 3-4-6 内燃机务段布置

注:图(b)去掉卸油线和油库即为电力机务段布置。

电力机车在段内的整备作业程序为:转向→给润滑剂、给砂、检查机车、吹扫牵引电动机→待班,对应的设备布置如图 3-4-6(b)和图 3-4-7 所示。

3. 检修设备的布置

为使厂房之间的配件、材料搬运方便,检修厂房应尽量布置在同一标高上。根据作业需要,定修库应直接与修配车间相连或靠近修配车间。

中修库线及小辅修库线一般可分为两组,分别布置在修配车间两端或两侧。

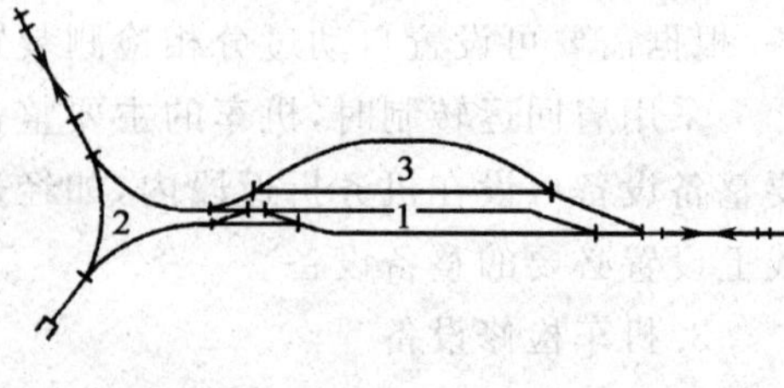

1—整备、待班;2—转向;3—厂房。

图 3-4-7 电力机务段布置

4. 检修设备与整备设备的相对位置

检修设备与整备设备一般采用平行布置。平行布置的主要优点是设备集中、便于管理、作业联系方便、检修线群可与出段待班线部分连接,保证机车自车库出段有方便的通路。库线采用贯通式布置时,另一端可与机务段的尾部三角线连接。

采用平行布置方式时,机务段的长度一般较短,但占地较宽。当地形、地质条件在宽度上受到限制时,也可考虑改变上述检修线群在整备线群部分的出岔地点,而使检修设备与整备设备适当地纵向错开，其错开的距离应随地形和地质条件不同而异。

图 3-4-8 为内燃机车中修机务段布置图，它的整备线群与检修线群错列分布。

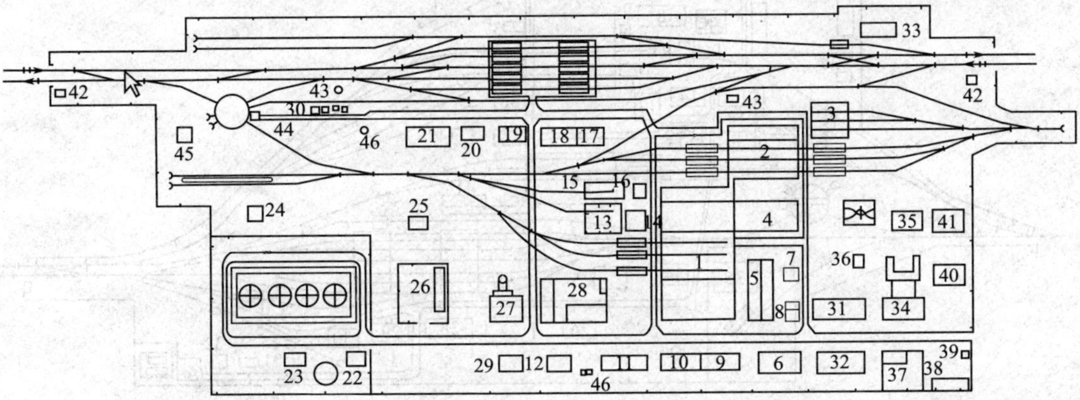

1—中修库及边跨；2—小修库及边跨；3—辅修库；4—机床间；5—冷却器、热交换器间；6—检对办公室；7—配电间；8—空压机间；9—热处理间；10—蓄电池间；11—材料间；12—锻工间；13—清洗棚；14—存轮棚；15—喷漆库；16—杠间；17—机车信号、无线测试间；18—运转整备楼；19—地勤、行修间；20—干砂间；21—冷却水制备、油脂发放间；22—油库值班间；23—消防泵间；24—油泵间；25—危险品仓库；26—污水处理间；27—锅炉房；28—材料院；29—汽车库；30—水阻实验间；31—设备车间；32—技术室；33—救援列车办公室；34—食堂；35—浴室；36—茶炉房；37—教育室；38—自行车棚；39—门卫；40—段办公室；41—候乘楼；42—闸楼；43—扳道房；44—转盘工休息室；45—油脂再生间；46—厕所。

图 3-4-8 内燃机车中修机务段布置图

图 3-4-9 为内燃机车小修机务段布置图，它的整备线群与检修线群平行分布。

图 3-4-10 为电力机车中修机务段布置图，它的整备线群与检修线群平行分布。

图 3-4-11 为电力机车小修机务段布置图，它的整备线群与检修线群平行分布。

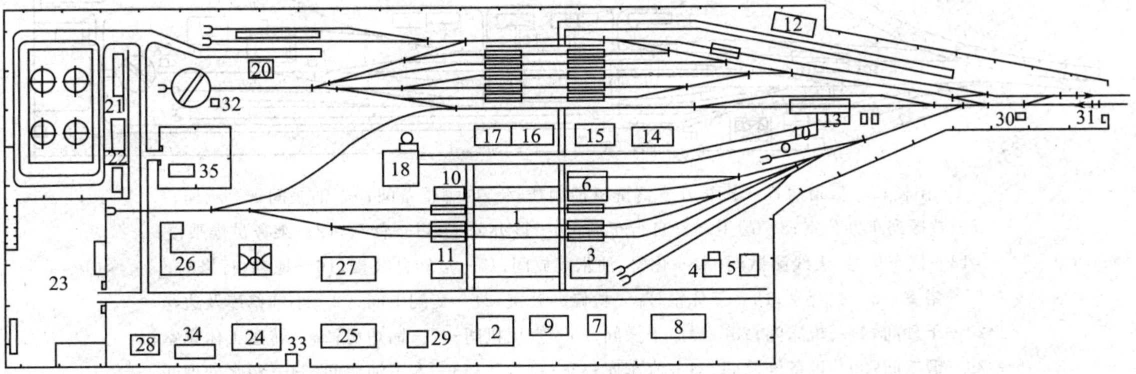

1—小修库及边跨；2—机床间；3—蓄电池间；4—空压机间；5—锻工间；6—辅修库；7—变配电所；8—设备车间；9—计量仪表燃系间；10—清洗间；11—检修办公室；12—救援列车办公室；13—机车外皮清洗机控制楼；14—干砂间；15—冷却水制备、油脂发放间；16—运转办公室；17—机车信号、无线测试间；18—锅炉房；19—水阻实验间；20—油泵间；21—油库值班间；22—消防泵间；23—材料院；24—段办公室；25—教育值班室；26—食堂；27—浴室；28—汽车库；29—工休室；30—扳道房；31—闸楼；32—转盘工休息室；33—门卫；34—自行车棚；35—污水处理间。

图 3-4-9 内燃机车小修机务段布置图

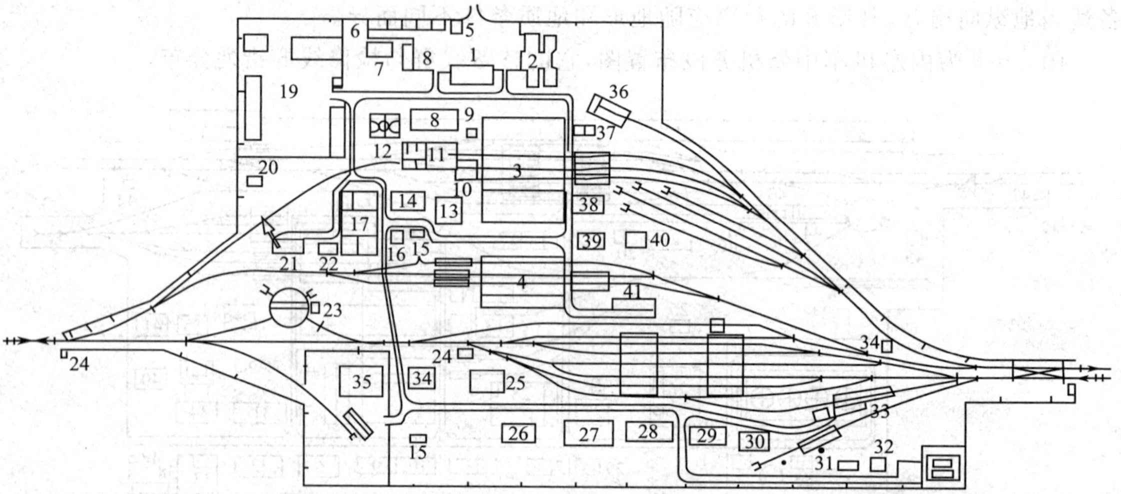

1—段办公室；2—食堂；3—中修库及边跨；4—小辅修库及边跨；5—门卫；6—自行车棚；7—工休室；
8—检修办公室；9—毛线间；10—清洗间；11—轮对间；12—存轮棚；13—浸漆干燥间；14—机床间；
15—厕所；16—茶炉房；17—设备维修间；18—汽车库；19—材料院；20—危险品库；21—锻工、挂表间；
22—变配电间；23—转盘工休息室；24—扳道房；25—教育楼；26—候班楼；27—运转楼；
28—整备、监控间；29—机车信号、无线测试间；30—干砂间；31—油泵间；32—内燃整备间；
33—机车外皮清洗机控制楼；34—浴室；35—锅炉房；36—喷漆库；37—木工间；
38—蓄电池间；39—空压机间；40—污水处理间；41—救援列车办公室。

图 3-4-10　电力机车中修机务段布置图

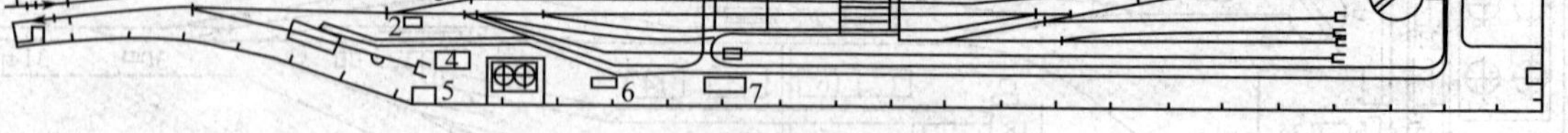

1—闸楼；2—扳道房；3—机车外皮清洗机控制楼；4—内燃整备间；5—油泵间；6—厕所；
7—救援列车办公室；8—门卫；9—自行车棚；10—段办公室；11—食堂；12—乘务员候乘楼；
13—机车信号、无线测试间；14—化验、油脂发放间；15—运转办公楼；16—地勤、行修间；
17—浴室；18—教育室；19—工休室；20—检修办公室；21—变配电间；22—小辅修库及边跨；
23—干砂间；24—机床间；25—浸漆干燥间；26—空压机间；27—锅炉房；28—转盘工休息室；
29—锻工间；30—设备维修间；31—汽车库；32—材料院；33—木工油漆间；34—污水处理间。

图 3-4-11　电力机车小修机务段布置图

(二)机务折返段、所平面布置

机务折返段、所设置有简单的整备设备。内燃、电力机车折返所一般仅设机车检查、待班设备。必要时也可设内燃机车给燃料油的设备。

图 3-4-12 为内燃派驻机车折返段布置图。

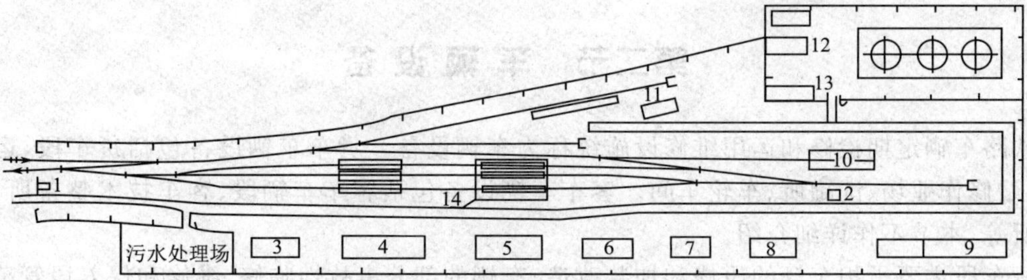

1—闸楼;2—扳道房;3—机车信号、无线测试间;4—整备间;
5—运转办公楼;6—食堂;7—浴室;8—锅炉房;9—公寓;
10—辅修库;11—油泵间;12—油库值班室;13—消防泵间;14—整备棚。

图 3-4-12 内燃派驻机车折返段布置图

图 3-4-13 为内燃或电力机务折返段布置图。

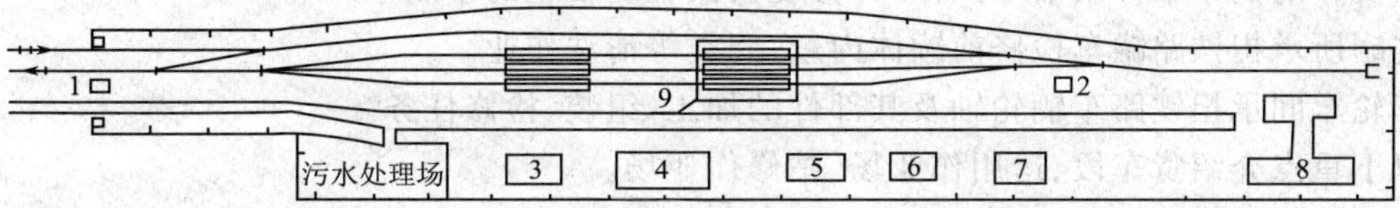

1—闸楼;2—扳道房;3—机车信号、无线测试间;4—运转办公楼;5—食堂;
6—浴室;7—锅炉房;8—公寓;9—整备棚。

图 3-4-13 内燃或电力机务折返段布置图

图 3-4-14 为机务折返所布置图。

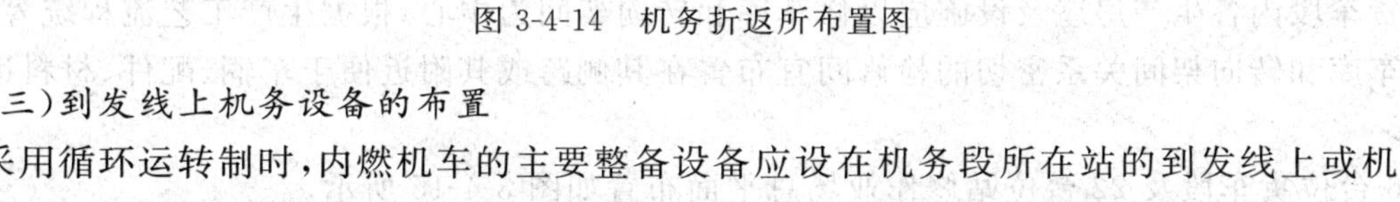

1—闸楼;2—扳道房;3—机车信号、无线测试间;4—运转办公楼;
5—食堂;6—浴室;7—锅炉房;8—公寓;9—整备棚。

图 3-4-14 机务折返所布置图

(三)到发线上机务设备的布置

采用循环运转制时,内燃机车的主要整备设备应设在机务段所在站的到发线上或机务折返段内,并应根据技术经济比较确定。电力机车的主要整备设备应设在机务折返段内,并在机务段所在站的到发线上设必要的整备设备。

(1)内燃机务段所在站到发线上的机务设备应有给燃料油、给砂、给冷却水、给润滑油等设备,还应有吹扫牵引电动机的给风栓及检查坑等。

(2)电力机务段所在站到发线上的机务设备主要应有给砂、给润滑油、吹扫牵引电动机的给风栓及检查坑等,由于不需要供应燃料,其设备较内燃机车更为简化,在到发线机车停留处布置整备设备亦更为容易。

第二节　车辆设备

铁路车辆定期检修和运用维修设施统称为车辆设备。货车车辆设备包括货车段、运用作业场、站修作业场、洗罐所、车轮车间。客车车辆设备包括客车车辆段、客车技术整备所、客车列检所等，本节不作详细介绍。

货车段主要承担车辆的段修和加装改造、车辆的部分事故性临修、维修和保养段管范围的设备、机具，并供应所需的材料和配件。

运用作业场主要承担铁路货车运用维修任务，包括列检作业场、技术交接作业场等。列检作业场承担货物列车技术检查、制动机试验、故障处理，扣留定检到期铁路货车等任务。技术交接作业场承担出入厂矿、企业港口等货物列车的技术交接检查故障处理等工作。

铁路货车的站修作业场(vehicle repair yard at station)是铁路货车日常维修的主要基地。它承担货车的摘车临修及辅修工作，并修复破损程度较轻的事故车。

洗罐所承担铁路罐车检修前罐体内壁、阀类等清洗作业。

车轮车间承担铁路车辆轮轴及其部件的加工、组装、检修任务。

以下重点介绍货车段、运用作业场、站修作业场。

一、货 车 段

货车段设置在有车辆解编作业和空车集结且便于扣车的编组站、工业站或港湾站。其规模应根据不同车型的修程及检修周期、段修工作量、加装改造工作量和修车时间等因素确定。新建货车段修车台位数一般为10～36个。

货车段一般由修车库、辅助车间、办公生活房屋和线路四部分组成。

货车段一般设有出入段线、牵出线、修车线、预检预修线、调梁线、存车线、轮对装卸线、材料装卸线、调车机车停放线等线路。设置预检预修棚(库)、修车库、转向架间、钩缓间、轮轴间、存轮棚、制动间、制动梁间、配件检修中心、配件配送中心、设备维修间、压缩空气站、材料仓库、化验室、计量室、污水处理厂(站)、调车机车库，根据需要可设置滚动轴承间、木工间、车体除锈间、车体涂装间、锅炉房及采暖换热站等。

货车段内各生产房屋及设施应以修车库和转向架间为中心，根据生产工艺流程统筹布置。与修车库和转向架间关系密切的检修间宜布置在其侧跨或其附近便于车辆、配件、材料运输的地点。

6台位货车段及22台位站修作业场总平面布置如图3-4-15所示。

二、运用作业场

1.列检作业场

列检作业场(vehicle repair place)应满足保证车辆运行安全、提高运输效率的要求，结合运输组织、机车交路、运行工况、列检作业安全保证距离等进行设置。

列检作业场根据检修范围、工作性质划分为特级和一级列检作业场两类。

特级列检作业场设在作业量大(日均解编作业量$\geqslant$3 000辆)的编组站。其任务是对列车按规定的技术作业范围进行检查修理，保证列车能安全运行到下一个列检作业场。

一级列检作业场设在列车编组作业量较大或大量装卸货物的其他编组站、区段站，以及停

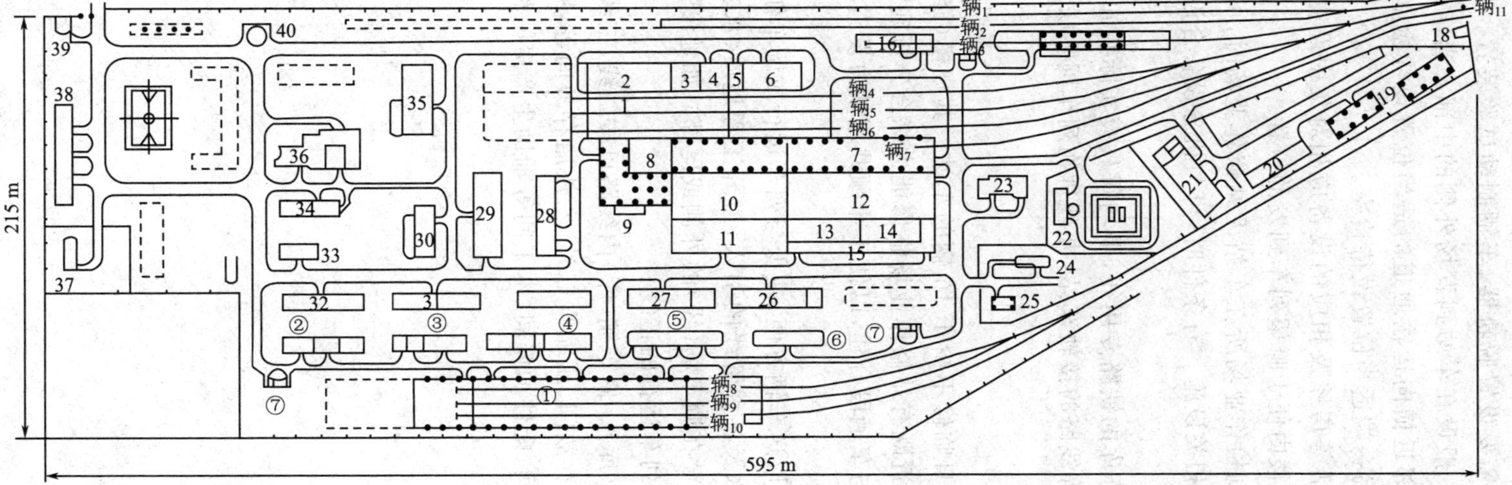

1—修车库；2—钩缓间；3—铆焊间；4—备品间；5—车体涂装间；6—木工间；7—存轮棚；8—转向架冲洗间；9—水泵间；10—转向架间；11—配件检修中心；12—轮轴间；13—轮对滚动轴承同温压装间；14—滚动轴承退卸间；15—滚动轴承间；16—调车机车库；17—调梁库；18—门卫；19—材料棚；20—易燃品间；21—材料库；22—油泵间；23—锅炉房；24—气浮间；25—浮油收集棚；26—机械钳工间；27—金属利材间；28—制动间；29—设备维修间；30—压缩空气站；31—电气工具设备修车办公更衣综合楼；32—化验计量修配办公综合楼；33—变电所；34—浴室；35—锻工间；36—食堂；37—工休室；38—段办公室；39—门卫；40—厕所。

①—修车棚；②—材料库(棚)；③—木工备品修车工具存放间；④—锻工熔焊配件加修间；⑤—工具机械钳工间；⑥—站修作业场办公楼；⑦—厕所。

股道表：辆$_{1\sim2}$—存车线；辆$_{3}$—调梁线；辆$_{4\sim6}$—修车线；辆$_{7}$—轮对装卸线；辆$_{8\sim10}$—站修线；辆$_{11}$—牵出线。

图 3-4-15　6 台位货车段及 22 台位站修作业场总平面布置

车技术作业中转列车较多的区段站、中间站。其任务是对列车按规定的技术作业范围进行检查，消除危及行车安全的故障。

在进行列检作业的列车到发线路上需要设置脱轨器、车辆制动试验装置。为避免列检人员跨越调车线和正线作业，列检作业场一般设在车站到发场外侧的中部。当作业线路有效长度为 850 m 及以上时，应在到发场两端邻近横向运输通道的适当位置设待检室；当列检楼设在到发场的一端时，宜在到发场中部和另一端适当位置设待检室。

列检作业场的工作、办公、料具、生活等房屋及相应的设备应相对集中设置在列检楼内。列检值班员室设于列检楼内或车站调度楼内便于瞭望列车到发的位置。

为满足铁路货车摘车临修的需要，列检作业场所在车站无站修作业场时，可设置边修线，其直线段有效长度不小于 60 m，并配置相关设施。有条件时，可与机务设备合设。

2. 技术交接作业场

技术交接作业场设在有翻车机、解冻库的铁路专用线，平均每昼夜实际装卸车数≥300 辆的厂矿、港口、铁路专用线、工程临管线等线路的接轨车站，办理货物列车国际联运的国境站。

三、站修作业场

站修作业场设在有列检作业场且每日临修不少于 16 辆的车站。其规模(修车台位数)应根据日均铁路货车摘车临修工作量和邻近既有站修作业场临修能力综合分析确定。当站修作业场所在站有货车段时，站修作业场宜与车辆段合建，以便于兼顾共用动力设施和性质相同的辅助生产设施。

站修作业场在车站上的位置应根据取送车辆方便、减少与列车运行或调车作业干扰，具有良好的自然排水条件，便于城市给水排水及各种管线的引入，避开工程地质、水文地质不良地段，不妨碍未来发展等因素确定，一般可设在调车场(线)的外侧或尾部。如地形条件不允许时可另选位置，但其通路应避免切割客、货列车运行的正线。

站修作业场应设置站修线和修车棚(库)。修车棚(库)内线路可按二线、三线设计。

站修作业场独立设置时应配置配件存放间、压缩空气站、乙炔瓶存放间等，距离车辆段大于 100 km 时，宜设置旋轮作业间、制动间、配件加修间、木工间等辅助生产房屋和设备。

第五章 车站通过能力

第一节 概 述

车站通过能力是在车站现有设备条件下，采用合理的技术作业过程，一昼夜能够接发各方向的货物(旅客)列车数和运行图规定的旅客(货物)列车数。

车站通过能力包括咽喉通过能力和到发线通过能力。

咽喉通过能力是指车站某咽喉区各衔接方向接、发车进路咽喉道岔组通过能力之和，咽喉道岔组通过能力是指在合理固定到发线使用方案及作业进路条件下，某衔接方向接、发车进路上最繁忙的道岔组一昼夜能够接、发该方向的货物(旅客)列车数和运行图规定的旅客(货物)列车数。

到发线通过能力是指到达场、出发场、通过场或到发场内办理列车到发作业的线路，采用合理的技术作业过程和线路固定使用方案，一昼夜能够接、发各衔接方向的货物(旅客)列车数和运行图规定的旅客(货物)列车数。

1. 计算车站通过能力的目的

(1)确定新建车站的通过能力，检查其是否能满足计算年度运量的需求。

(2)查明既有车站通过能力的利用情况，根据运量增长的需要，有计划地进行车站改、扩建。

(3)找出车站设备和作业组织中的薄弱环节，挖掘潜力，提高效益。

(4)查明车站各项设备间、车站与区间通过能力是否协调，以便制定加强措施。

2. 车站通过能力的影响因素

(1)车站技术设备的特征。如站场的类型、咽喉区的结构、到发线的数目和进路、到发线有效长度及车站信联闭的类型等。

(2)车站办理列车的种类和数量。如客货列车的比重、摘挂列车的数量等。随着旅客列车和摘挂列车数量的增加，车站通过能力将有所降低。

(3)货物列车到发的均衡程度。货物列车到发的不均衡性与列车运行图和车站衔接的方向数有关，随着不均衡性的增加，车站通过能力将有所降低。

(4)到发线的空费时间。到发线一昼夜不能被用来接发列车的空闲时间称为空费时间。它是由于列车到发的不均衡、列车各作业环节衔接不紧密等原因而产生的。随着空费时间的增加，车站通过能力将会降低。

3. 计算车站通过能力的方法

(1)分析计算法或称公式计算法，包括直接计算法和利用率计算法两种。

直接计算法的一般计算公式为

$$N=\frac{1\,440}{t_{占}} \tag{3-5-1}$$

式中 N——车站某项设备的通过能力，列；

$t_{占}$——每列车到发作业占用某项设备的平均时间，min；

1 440——一昼夜时间的分钟数，min。

利用率计算法的一般计算公式为

$$K=\frac{\sum nt_{占}}{1\ 440} \tag{3-5-2}$$

$$N=\frac{n}{K} \tag{3-5-3}$$

式中　K——车站某项设备的利用率；

n——占用某项设备的现有列车数。

分析计算法只能求出车站某项设备通过能力的概略平均值，但方法简便，节省计算时间，无论新建车站或既有车站在计算通过能力时均可采用该法。

(2)图解计算法。该方法是根据车站相邻区段的列车运行图、车站技术设备的固定使用方案、车站技术作业过程和作业时间标准等有关资料，绘出列车接发、车列解体、集结、编组、机车出入段等作业过程的图表，以求得车站各项设备的通过能力。

这种方法的特点是能把区间和车站各项技术设备作为一个统一的整体来求得车站的通过能力，比分析法更符合实际。但绘制这种图表复杂费时，新建车站因缺少原始资料不能采用。一般可在作业繁忙的既有站绘出高峰阶段的作业图解，用来弥补分析计算法之不足或用于客运站求算通过能力。

(3)计算机模拟法。该方法以计算机模拟为基本手段，把列车在站内的各项作业过程作为一个相互关联的排队系统，模拟、统计出计算车站通过能力有关参数，然后计算车站的通过能力。这是解决多因素相关联问题求解的较先进方法。它不但克服了分析法片面考虑某单项因素求解的缺陷，而且还可以解决车站与区间之间、车站内各项技术设备之间能力的协调问题。

第二节　车站咽喉通过能力计算

车站咽喉通过能力的计算一般均采用利用率计算法，可按下列方法进行计算。

一、咽喉占用时间标准的确定

1. 列车占用咽喉时间标准

(1)列车接车占用咽喉时间($t_{接}$)。列车接车占用咽喉时间是指自开始准备接车进路时起，至列车进入到发线警冲标内方停车时止的时间，可用查定方法或按式(3-5-4)计算：

$$t_{接}=t_{准}+t_{进} \tag{3-5-4}$$

式中　$t_{准}$——准备接车进路及开放信号时间，min；

$t_{进}$——列车通过进站距离的时间，自接车进路准备完毕时起，至列车腾空该咽喉区时止的时间，min，且

$$t_{进}=0.06\times\frac{L_{进}}{v_{进}}=0.06\times\frac{l_{列}+l_{确}+l_{制}+l_{进}}{v_{进}} \tag{3-5-5}$$

其中　$L_{进}$——列车进站距离(图 3-5-1)，m，

$v_{进}$——列车进站平均速度，km/h，

$l_{列}$——列车长度，m，

$l_{确}$——在司机确认信号的时间内，列车所走行的距离，m，

$l_{制}$——列车制动停车距离，m，

$l_{进}$——由进站信号机起至咽喉道岔联锁区段轨道绝缘(分段解锁时)止的距离，m。

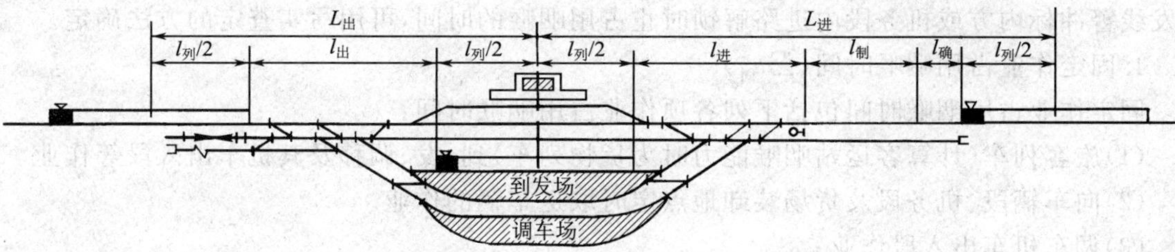

图 3-5-1 接发列车进路距离示意

(2)列车出发占用咽喉时间($t_{发}$)。列车出发占用咽喉时间是指自准备发车进路时起至列车腾空车站线路时止的时间,可用查定方法或按式(3-5-6)计算:

$$t_{发}=t_{准}+t_{出} \tag{3-5-6}$$

式中 $t_{出}$——自发车进路准备完毕后,自列车起动时起,至列车尾部离开发车进路最外方道岔或咽喉道岔联锁区段轨道绝缘止的时间,min,且

$$t_{出}=0.06\times\frac{L_{出}}{v_{出}}=0.06\times\frac{l_{列}+l_{出}}{v_{出}} \tag{3-5-7}$$

其中 $L_{出}$——列车出站距离(图 3-5-1),m,

$v_{出}$——列车出站平均速度,km/h,

$l_{出}$——由出站信号机起至发车进路最外方道岔或咽喉道岔联锁区段轨道绝缘止的距离,m。

2.调车占用咽喉时间标准

(1)车列牵出占用咽喉时间($t_{牵}$)。车列牵出占用咽喉时间是指调车机车由驼峰或牵出线指定地点起动时起,至将到发场的车列牵出至车列尾部腾空到发线时止的时间范围内,占用咽喉的时间,可用查定方法或按式(3-5-8)计算:

$$t_{牵}=t_{空程}+t_{准}+0.06\times\frac{L_{牵}}{v_{牵}} \tag{3-5-8}$$

式中 $t_{空程}$——调车机车由牵出线指定地点至到发场的空行时间,min;

$L_{牵}$——车列自到发场至牵出线牵出时行经的距离,m;

$v_{牵}$——车列牵出平均速度,km/h;

$t_{准}$——准备进路时间,事先准备好进路时,可略而不计。

(2)车列转线占用咽喉时间($t_{转}$)。车列转线占用咽喉时间是指调车机车由调车场连挂车列起动时起至将车列转往到发线,摘机后返回牵出线时止的时间范围内,占用咽喉的时间,可用查定方法或按式(3-5-9)计算确定:

$$t_{转}=t_{准}+0.06\times\frac{L_{转}}{v_{转}}+t_{空程} \tag{3-5-9}$$

式中 $L_{转}$——车列由调车场至牵出线转线时行经的距离,m;

$v_{转}$——车列转线平均速度,km/h;

$t_{空程}$——调车机车由到发场返回牵出线指定地点的空行时间,min。

(3)取车(送车)占用咽喉时间($t_{取(送)}$)。取车(送车)占用咽喉时间是指自准备取(送)进路时起,至车列离开该咽喉区进路解锁时止占用咽喉的时间,可以用写实查定的方法确定。

3.机车占用咽喉时间($t_{机}$)

机车占用咽喉时间包括机车出段、入段占用咽喉的时间,是指自准备进路时起至机车进入到发线警冲标内方或机务段内进路解锁时止占用咽喉的时间，可用写实查定的方法确定。

4. 固定作业占用咽喉时间（$\sum t_{固}$）

固定作业占用咽喉时间包括下列各项作业占用咽喉时间：

(1)旅客列车（计算客运站咽喉能力时为货物列车）到、发、调移及其机车出入段等作业。

(2)向车辆段、机务段及货场装卸地点定时取送车辆的作业。

(3)调车机车出入段作业。

5. 妨碍时间（$\sum t_{妨}$）

咽喉道岔（组）的妨碍时间是指由于列车、调车车列和机车占用与咽喉道岔（组）有关进路上的其他道岔而妨碍了该咽喉道岔（组）的使用时间。

按其产生条件的不同，妨碍时间可分为直接妨碍时间和间接妨碍时间。

(1)直接妨碍时间。某一妨碍进路与咽喉道岔（组）的全部占用进路互相敌对时，受此妨碍进路影响而造成该咽喉道岔（组）不能使用的时间称为直接妨碍时间。例如，图 3-5-2 中 A 端咽喉往 10 道接 A 方向到达摘挂列车占用①、③、⑦、⑨号咽喉道岔组，这时⑤、⑪道岔组虽然不直接占用，但必须完全停止使用，从而对该两个道岔组产生了妨碍时间。由于直接妨碍时间比较直观，在计算时可将其列入咽喉道岔占用时间计算表，并用括号标出，以示区别。

(2)间接妨碍时间。某一妨碍进路只与咽喉道岔（组）的部分进路互相敌对而造成的妨碍时间称为间接妨碍时间。例如，图 3-5-2 中 B、C 端咽喉，当利用道岔组②、④、⑩、⑭办理 B 方向改编货物列车接入到发线 9、10 道时，对于道岔组⑥，它可以办理 3、4、5 道机车出入段作业，但不可以办理 3、4、5 道向 C 方向的出发作业。这种部分作业的交叉妨碍称为间接妨碍，所造成的无法利用的时间即为间接妨碍时间。

间接妨碍时间计算较为复杂，为简化起见，在计算车站咽喉通过能力时，可概略计入空费时间内，在空费系数中予以扣除。

咽喉占用时间标准可参考表 3-5-1。

表 3-5-1　咽喉道岔占用时间表

顺序	作业名称	时间标准/min	顺序	作业名称	时间标准/min
1	货物列车接车占用	6～8	4	旅客列车出发占用	4～6
2	旅客列车接车占用	5～7	5	单机占用	2～4
3	货物列车出发占用	5～7	6	调车作业占用	4～6

二、道岔组占用时间计算

1. 确定到发场线路合理分工方案

到发场线路合理分工方案的实质就是合理分配各车场每条线的作业量，应根据到发线数目、行车量、咽喉布置特点等因素来确定，并应遵守下列两点要求：

(1)均衡使用到发线，使每条线的接发列车数或总占用时间大致相等。

(2)合理利用咽喉区的平行进路，使作业量不致过分集中于个别咽喉道岔（组）。

图 3-5-2 所示某区段站到发线固定使用方案见表 3-5-2。现有行车量如图 3-5-2 所示。

2. 按咽喉区进行道岔分组

车站咽喉区道岔较多，为了简化计算，可按不同情况将道岔进行分组，分组的原则如下。

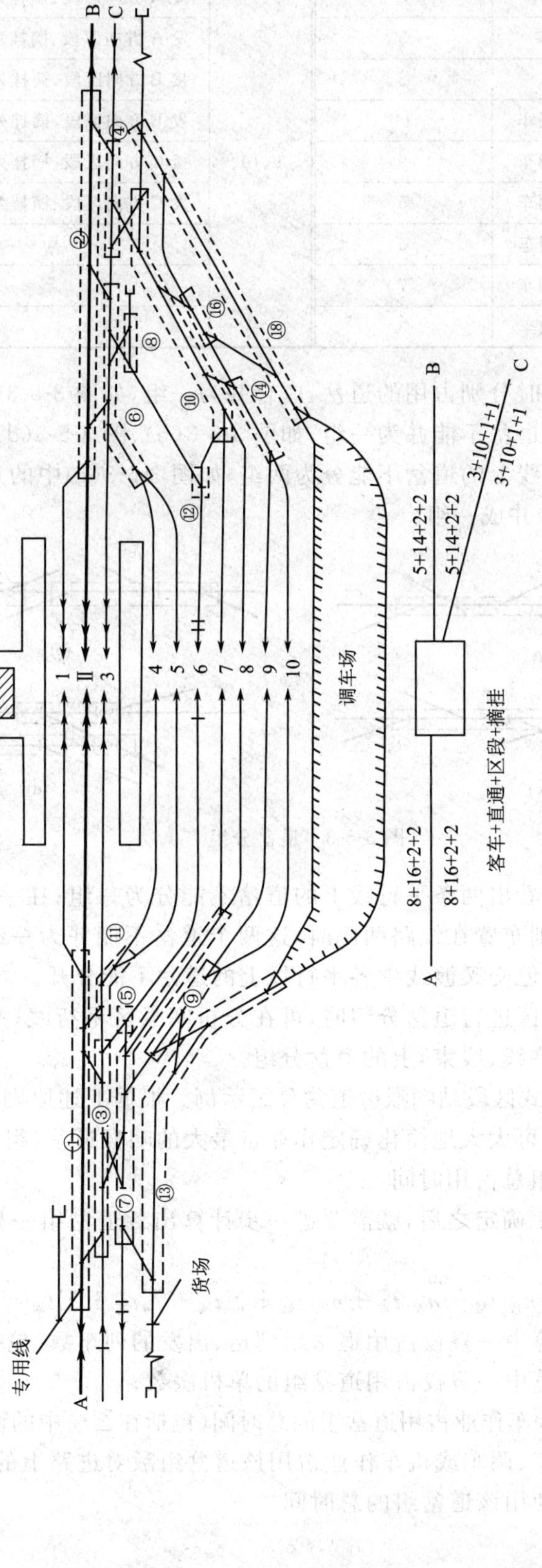

图 3-5-2　某区段站线路布置及行车量

表 3-5-2　某区段站到发线固定使用方案

线路编号	固定用途	一昼夜接发列车数	线路编号	固定用途	一昼夜接发列车数
1	接 A 到 B、C 旅客列车	8	9、10	接 A 方向区段、摘挂列车	2+2
3	接 B 到 A 旅客列车	5		发 A 方向区段、摘挂列车	2+2
	接 C 到 A 旅客列车	3		接 B 方向区段、摘挂列车	2+2
4、5	接 A 到 B 直通货物列车	11		发 B 方向区段、摘挂列车	2+2
	接 B 到 A 直通货物列车	9		接 C 方向区段、摘挂列车	1+1
7、8	接 A 到 C 直通货物列车	5		发 C 方向区段、摘挂列车	1+1
	接 B 到 C 直通货物列车	5			
	接 C 到 A 直通货物列车	7			
	接 C 到 B 直通货物列车	3			

(1)不能被两条进路同时分别占用的道岔，应合并为一组，如图 3-5-3(a)所示。

(2)两条平行进路上的道岔不能并为一组，如图 3-5-3(b)、图 3-5-3(d)所示。

(3)交叉渡线中各平行线上的道岔不能分为两组，如图 3-5-3(c)中的道岔 5 必须与道岔组 7 合并而不能与道岔组 3 合并成一组。

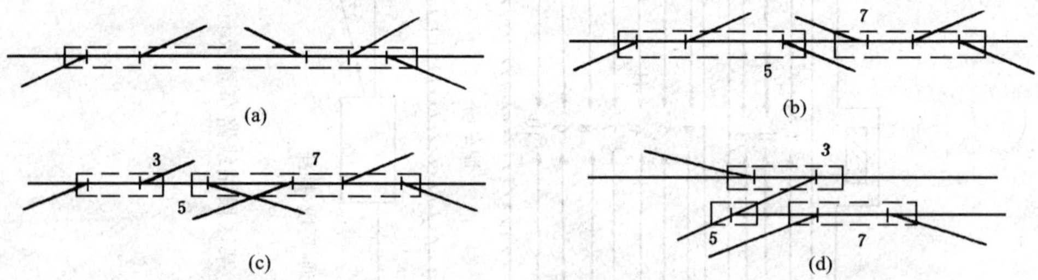

图 3-5-3　道岔分组

按上述分组原则，可以看出两条平行线上的道岔不能分为一组；在一条线路上的道岔，如有两个道岔岔尾相对且分别布置在线路两侧时，这两个道岔不能并为一组。两个道岔间的其他道岔可分到两边任一组，但交叉渡线中各平行线上的道岔不能分开。

因此，对一个车站咽喉区进行道岔分组时，可在分析咽喉区平行线(平行梯线、线束)的基础上，再对各平行线(平行梯线、线束)上的道岔分组。

图 3-5-2 为一单线横列式区段站咽喉区道岔分组示例。根据上述原则，A 端咽喉分为 7 组，B、C 端咽喉分为 9 组，这样可大大地简化确定作业量最大的咽喉道岔(组)的工作。

3.计算咽喉区各道岔组总占用时间

道岔分组及到发场分工确定之后，就需要进一步计算出各道岔组一昼夜进行各项作业的总占用时间 T，即

$$T=n_{接}\ t_{接}+n_{发}\ t_{发}+n_{机}\ t_{机}+\sum t_{调}+\sum t_{妨}+\sum t_{固} \tag{3-5-10}$$

式中　$n_{接}$，$n_{发}$——列入计算中一昼夜占用道岔组到达、出发的列车数(包括摘挂列车)；

$n_{机}$——列入计算中一昼夜占用道岔组的单机次数；

$\sum t_{调}$——一昼夜调车作业占用道岔组的总时间(包括在$\sum t_{固}$中的调车作业时间除外)；

$\sum t_{妨}$——由于列车、调车或机车作业占用该道岔组敌对进路上的其他道岔组，而须完全停止使用该道岔组的总时间。

该区段站A端咽喉总占用时间可列表计算(表3-5-3)。同样,可计算B、C端咽喉的总占用时间(略)。

表3-5-3　A端咽喉区占用时间计算表

编号	作业进路名称	占用次数	每次占用时间/min	总占用时间/min	咽喉区道岔组占用时间/min					
					①	③	⑤	⑦	⑨	⑪
Ⅰ	Ⅱ	Ⅲ	Ⅳ	Ⅴ	Ⅵ					
固定作业										
1	1道接A到B、C旅客列车	8	7	56	56					
2	3道发B到A旅客列车	5	5	25	25					25
3	3道发C到A旅客列车	3	5	15	15					15
4	往机务段送车	2	5	10				10	10	
5	从机务段取车	2	5	10		10	(10)	10	10	
6	A端调车机车入段	2	3	6				6	6	
7	A端调车机车出段	2	3	6		6	(6)	6	6	
8	B、C端调车机车入段	2	3	6			6	6		
9	B、C端调车机车出段	2	3	6		6	6			
10	A端专用线送车	2	10	20	20	20	(20)	20	20	(20)
11	A端专用线取车	2	10	20	20	20	(20)	20	20	(20)
12	A端货场送车	2	10	20						
13	A端货场取车	2	10	20						
	$\sum t_{固}$				136	62	68	78	72	80
主要作业										
14	4、5道接A至B无改编中转列车	11	8	88	88					88
15	上述列车到达机车经6道入段	11	3	33			33	33		
16	上述列车出发机车经6道出段	11	3	33		33	33			
17	4、5道发B至A无改编中转列车	9	6	54	54					54
18	上述列车到达机车入段	9	3	27		27	(27)	27		27
19	上述列车出发机车出段	9	3	27		27				27
20	7、8道接A至C无改编中转列车	5	8	40	40	40	(40)	40		(40)
21	上述列车到达机车经6道入段	5	3	15			15	15		
22	上述列车出发机车经6道出段	5	3	15		15	15			
23	7、8道发C至A无改编中转列车	7	6	42	42	42	(42)	42		(42)
24	上述列车到达机车入段	7	3	21				21		
25	上述列车出发机车出段	7	3	21		21	(21)	21		
26	7、8道B至C、C至B无改编到达机车入段	8	3	24				24		
27	7、8道B至C、C至B出发机车经6道出段	8	3	24		24	24			
28	9、10道接A到区段、摘挂列车	4	8	32	32	32	(32)	32	32	(32)

续上表

编号	作业进路名称	占用次数	每次占用时间/min	总占用时间/min	咽喉区道岔组占用时间/min					
					①	③	⑤	⑦	⑨	⑪
Ⅰ	Ⅱ	Ⅲ	Ⅳ	Ⅴ	Ⅵ					
	主要作业									
29	上述列车到达机车经6道入段	4	3	12			12	12		
30	9、10道向A发区段、摘挂列车	4	6	24	24	24	(24)	24	24	(24)
31	上述列车出发机车出段	4	3	12		12	(12)	12	12	
32	9、10道B、C到区段、摘挂机车入段	6	3	18				18	18	
33	9、10道发B、C区段、摘挂的机车经6道出段	6	3	18		18	18			
34	自编始发区段、摘挂列车向9、10道转线	10	15	150					150	
	$T-\sum t_{固}$				280	315	348	321	236	334
	T				416	377	416	399	308	414
	K/%				26.8	28.6	31.7	29.5	21.6	30.7

注：1.第Ⅱ栏根据车场到发线固定使用方案的规定，填写咽喉区全部作业进路名称。

2.第Ⅲ栏根据计算行车量和到发线固定使用方案填入一昼夜各种行车、调车和机车出入段次数。

3.第Ⅳ栏根据计算或查定的各单项时间作业标准填写。

4.第Ⅴ栏为第Ⅲ栏与第Ⅳ栏的乘积。

5.第Ⅵ栏为根据各作业进路占用道岔组情况，将第Ⅴ栏的数据逐项填入相关的道岔组栏内。

6.带括号的时间为某项作业对该道岔组的直接妨碍时间。

三、咽喉通过能力计算

1.计算咽喉道岔(组)通过能力利用率

咽喉道岔(组)通过能力利用率 K 按式(3-5-11)计算：

$$K=\frac{T-\sum t_{固}}{(1-\gamma_{空费})(1\,440-\sum t_{固})} \tag{3-5-11}$$

式中 $\gamma_{空费}$——考虑咽喉道岔(组)的空费时间和间接妨碍时间扣除的系数，根据《车站行车工作细则编制规则》(TG/201A—2020)规定，可采用0.15～0.20。

总占用时间 T 和固定作业占用咽喉时间 $\sum t_{固}$ 均可由表3-5-3中查得。

2.咽喉道岔组的选定

车站内凡办理接发列车的咽喉区均应计算其通过能力。它是由各咽喉区内负荷量最大即 K 值最大的道岔组(最繁忙咽喉道岔组)一昼夜内能够办理的到发列车数所决定的。但当有下述情况时，则需要根据以下规定选定两个或更多的咽喉道岔组：

(1)一个咽喉区如有两个以上的衔接方向时，应分别按各该衔接方向接车进路或发车进路，并考虑其直接妨碍道岔组，选定 K 值最大的道岔组为咽喉道岔组。

(2)同一衔接方向的列车经由各个不同的进路到、发时，应分别不同进路选定咽喉道岔组。

在图3-5-2的示例中A端咽喉4、5道接A到B无改编中转列车经由道岔组①、⑪，由表3-5-3中可以看出道岔组⑪的 K 值较大(30.7%)；7、8道接A到C无改编中转列车经由道岔组①、③、⑦，对道岔组⑤、⑪为直接妨碍，由表3-5-3中可以看出其中道岔组⑤的 K 值最大(31.7%)；9、10道接A方向到达解体列车经由道岔组①、③、⑦、⑨，对道岔组⑤、⑪为直接妨碍，由表 3-5-3 中可以看出其中道岔组⑤的 K 值最大（31.7%）。因而该咽喉区 A 方向的接车进路有两个咽喉道岔组（⑤、⑪），作为该咽喉计算 A 方向接车通过能力的咽喉道岔组。

同样，A 端咽喉 4、5 道发 B 到 A 无改编中转列车经由道岔组①、⑪，由表 3-5-3 中可以看出道岔组⑪的 K 值较大（30.7%）；7、8 道发 C 到 A 无改编中转列车经由道岔组①、③、⑦，对道岔组⑤、⑪为直接妨碍，由表 3-5-3 中可以看出其中道岔组⑤的 K 值最大（31.7%）。9、10 道发 A 方向自编始发列车经由道岔组①、③、⑦、⑨，对道岔组⑤、⑪为直接妨碍，由表 3-5-3 中可以看出其中道岔组⑤的 K 值最大（31.7%）。因而该咽喉区 A 方向的发车进路有两个咽喉道岔组（⑤、⑪），作为该咽喉计算 A 方向发车通过能力的咽喉道岔组。

同理，可以确定 B、C 端咽喉，4、5 道接、发 B 方向无改编中转列车的咽喉道岔组为②；7～10 道接、发 B、C 方向无改编中转列车及区段、摘挂列车的咽喉道岔组为⑩。

3. 计算咽喉道岔组的通过能力

现将图 3-5-2 某区段站咽喉通过能力计算结果列入表 3-5-4。

表 3-5-4　某区段站咽喉通过能力计算结果

接发车方向		列车种类	股道	经由道岔组	咽喉道岔组	利用率 K	通过能力 N/列	小计/列
接车	A	无调	4、5	①、⑪	⑪	0.307	35.8	64.2
			7、8	①、③、⑦、⑤、⑪妨碍	⑤	0.317	15.8	
		有调	9、10	①、③、⑦、⑨、⑤、⑪妨碍	⑤	0.317	12.6	
	B	无调	4、5	②、⑥	②	0.231	40.0	71.7
			7、8	②、④、⑩	⑩	0.284	17.6	
		有调	9、10	②、④、⑩、⑭	⑩	0.284	14.1	
	C	无调	7、8	④、⑩	⑩	0.284	35.2	42.2
		有调	9、10	④、⑩、⑭	⑩	0.284	7.0	
发车	A	无调	4、5	①、⑪	⑪	0.307	29.3	64.0
			7、8	①、③、⑦、⑤、⑪妨碍	⑤	0.317	22.1	
		有调	9、10	①、③、⑦、⑨、⑤、⑪妨碍	⑤	0.317	12.6	
	B	无调	4、5	②、⑥	②	0.231	47.6	72.3
			7、8	②、④、⑩	⑩	0.284	10.6	
		有调	9、10	②、④、⑩、⑭	⑩	0.284	14.1	
	C	无调	7、8	④、⑩	⑩	0.284	35.2	42.2
		有调	9、10	④、⑩、⑭	⑩	0.284	7.0	

按车站各衔接方向计算的咽喉道岔组通过能力按式（3-5-12）、式（3-5-13）计算：

接车

$$N^i_{货接}=\frac{n^i_{货接}}{K} \tag{3-5-12}$$

发车

$$N^i_{货发}=\frac{n^i_{货发}}{K} \tag{3-5-13}$$

式中　$N^i_{货接}$，$N^i_{货发}$——i 方向货物列车接车或发车的咽喉道岔组通过能力；

$n^i_{货接}$，$n^i_{货发}$——i 方向列入计算中接入或出发的货物列车数。

车站某咽喉区的通过能力计算公式为

接车 $N_{货接}=\sum N^{i}_{货接}$

发车 $N_{货发}=\sum N^{i}_{货发}$

由某站咽喉通过能力计算表 3-5-4 可得 A 端咽喉货物列车通过能力为

接车 $N^{A}_{接}=64.2$ 列

发车 $N^{A}_{发}=64.0$ 列

B、C 端咽喉货物列车通过能力为

接车 $N^{BC}_{接}=113.9$ 列

发车 $N^{BC}_{发}=114.5$ 列

第三节　车站到发线通过能力计算

到发线通过能力可采用利用率计算法进行计算。

一、占用到发线时间标准的确定

1. 无调中转货物列车占用到发线时间 $t_{中}$

$$t_{中}=t_{接}+t_{中技}+t_{待发}+t_{发} \tag{3-5-14}$$

式中 $t_{接}$——列车接车占用到发线时间，min；

$t_{发}$——列车出发占用到发线时间，min；

$t_{中技}$——无调中转列车技术作业占用到发线时间（根据该种列车技术作业过程的规定取值），min；

$t_{待发}$——列车等待出发占用到发线时间，min。

2. 部分改编中转货物列车占用到发线时间 $t'_{中}$

$$t'_{中}=t_{接}+t'_{中技}+t_{待发}+t_{发} \tag{3-5-15}$$

式中 $t'_{中技}$——部分改编中转货物列车（包括变更列车运行方向、变更列车重量、换挂车组）技术作业占用到发线的时间（根据该种列车技术作业过程的规定取值），min。

3. 到达解体货物列车占用到发线时间 $t_{解}$

$$t_{解}=t_{接}+t_{解技}+t_{待解}+t_{牵} \tag{3-5-16}$$

式中 $t_{解技}$——到达解体列车技术作业占用到发线的时间（根据该种列车技术作业过程的规定取值），min；

$t_{待解}$——列车等待解体占用到发线的时间，min；

$t_{牵}$——车列牵出占用到发线的时间，min。

4. 自编出发货物列车占用到发线时间 $t_{编}$

$$t_{编}=t_{转}+t_{编技}+t_{待发}+t_{发} \tag{3-5-17}$$

式中 $t_{转}$——车列转线占用到发线的时间，min；

$t_{编技}$——自编出发列车技术作业占用到发线的时间（根据该种列车技术作业过程的规定取值），min。

5. 单机占用到发线时间 $t_{机}$

接发运行图规定的单机占用到发线时间（$t_{机}$）可根据咽喉通过能力计算部分所述的方法进行查定。

6. 固定作业占用到发线的时间

(1)旅客列车占用到发线的时间。

(2)向车辆段、机务段及货物装卸地点定时取送车辆占用到发线的时间(不占用到发线时可以不计)。

7. 其他作业占用到发线的时间

(1)接发军用列车占用到发线的时间。

(2)牲畜列车上水、上饲料占用到发线的时间。

此外,如该站有转场(交换)车,应按一种车列计算其占用到发线的时间。

各种等待时间(待解、待发)标准应采取有效措施,将其压缩到最小限度。可用图解法或分析法予以确定。

图解法是指编制车站工作日计划图或用技术作业图表图解的方法。分析法是指根据新的列车运行图实行后一至三个月完成的实绩,通过对过长的等待时间加以认真分析,剔除不合理部分,并与近期的实绩进行比较后确定。

二、到发线总占用时间的计算

一昼夜总占用时间(T)按式(3-5-18)计算:

$$T=n_{中}\,t_{中}+n'_{中}\,t'_{中}+n_{解}\,t_{解}+n_{编}\,t_{编}+n_{机}\,t_{机}+\sum t_{固}+\sum t_{其他} \tag{3-5-18}$$

式中　$n_{中}, n'_{中}, n_{解}, n_{编}, n_{机}$——列入计算中一昼夜在该到发场办理到发作业的无调中转、部分改编中转、到达解体、自编出发的列车数和单机数;

$t_{中}, t'_{中}, t_{解}, t_{编}, t_{机}$——办理以上各种列车一列或单机一次占用到发线的时间,min;

$\sum t_{固}$——一昼夜固定作业占用到发线的时间,min;

$\sum t_{其他}$——一昼夜其他作业占用到发线的时间,min。

三、到发线通过能力利用率的计算

$$K=\frac{T-\sum t_{固}}{(1-\gamma_{空})(1\,440M-\sum t_{固})} \tag{3-5-19}$$

式中　K——到发线通过能力利用率;

M——用于办理列车到发技术作业的线路数;

$\gamma_{空}$——到发线空费系数,根据《车站行车工作细则编制规则》(TG/201A—2020)规定,其值可取 0.15～0.20。

四、到发线通过能力计算

应按方向和列车种类分别计算到发线接车和发车的通过能力。

接发无调中转货物列车:

$$N_{货中}=\frac{n_{中}}{K} \tag{3-5-20}$$

接发部分改编中转货物列车:

$$N'_{货中}=\frac{n'_{中}}{K} \tag{3-5-21}$$

接入到达解体货物列车:

$$N_{货解}=\frac{n_{解}}{K} \tag{3-5-22}$$

发出自编货物列车：

$$N_{货编}=\frac{n_{编}}{K} \tag{3-5-23}$$

到发线（场）接发该方向货物列车的通过能力为

接车

$$N_{货接}=N_{货中}+N'_{货中}+N_{货解} \tag{3-5-24}$$

发车

$$N_{货发}=N_{货中}+N'_{货中}+N_{货编} \tag{3-5-25}$$

某到发场接发货物列车的通过能力为

$$N_{接发}=N_{货中}+N'_{货中}+N_{货解}+N_{货编} \tag{3-5-26}$$

若该站有几个到发场，则全站接发货物列车的通过能力为各到发场通过能力之和。

五、到发线通过能力计算举例

某单线横列式区段站线路布置及行车量如图 3-5-2 所示，具有两个到发场，到发场 1 设有 3 条到发线（3、4、5 道），到发场 2 设有 4 条到发线（7、8、9、10 道），其固定用途见表3-5-2。

各种列车占用到发线的时间为

$$t_{中}=t_{接}+t_{中技}+t_{待发}+t_{发}=8+37+25+6=76\ (\text{min})$$

$$t'_{中}=t_{接}+t'_{中技}+t_{待发}+t_{发}=8+69+25+6=108\ (\text{min})$$

$$t_{解}=t_{接}+t_{解技}+t_{待解}+t_{牵}=8+30+45+7=90\ (\text{min})$$

$$t_{编}=t_{转}+t_{编技}+t_{待发}+t_{发}=15+30+56+6=107\ (\text{min})$$

各车场办理各种作业占用到发线时间可列表计算，见表 3-5-5。

表 3-5-5　各车场办理各种作业占用到发线时间计算表

场别	作业项目	每昼夜作业次数	每次作业时间/min	占用时间/min	
				总占用时间 T	其中固定作业占用到发线时间 $\sum t_{固}$
到发场 1	接发 B、C 到 A 旅客列车	8	25	200	200
	接发 A 到 B 无调中转货物列车	11	76	836	—
	接发 B 到 A 无调中转货物列车	9	76	684	—
	小　计	—	—	1 720	200
到发场 2	接发 A 到 C 无调中转货物列车	5	76	380	—
	接发 C 到 A 无调中转货物列车	7	76	532	—
	接发 B 到 C 无调中转货物列车	5	108	540	—
	接发 C 到 B 无调中转货物列车	3	108	324	—
	接 A、B、C 到解区段列车	5	90	450	—
	接 A、B、C 到解摘挂列车	5	90	450	—
	发 A、B、C 自编区段列车	5	107	535	—
	发 A、B、C 自编摘挂列车	5	107	535	—
	小　计	—	—	3 746	0

到发场 1 的利用率为

$$K_1=\frac{1\ 720-200}{(1\ 440\times 3-200)\times(1-0.2)}\approx 0.461$$

到发场 2 的利用率为

$$K_2=\frac{3\ 746-0}{(1\ 440\times 4-0)\times(1-0.2)}\approx 0.813$$

分方向按列车种类别的到发线通过能力计算见表 3-5-6。

表 3-5-6　分方向按列车种类别的到发线通过能力计算表　　单位:列

接车或发车	方向	列车种类				合计
		直通		区段	摘挂	
		到发场 1	到发场 2			
接车	A	23.8	6.2	2.5	2.5	35.0
	B	19.5	6.2	2.5	2.5	30.7
	C	—	12.3	1.2	1.2	14.7
	小计	68.0		6.2	6.2	80.4
发车	A	19.5	8.6	2.5	2.5	33.1
	B	23.8	3.7	2.5	2.5	32.5
	C	—	12.3	1.2	1.2	14.7
	小计	67.9		6.2	6.2	80.3

因此,按方向别到发线的接发车通过能力为

A 方向 $N_{接}^{A}=35.0$ 列,$N_{发}^{A}=33.1$ 列;

B 方向 $N_{接}^{B}=30.7$ 列,$N_{发}^{B}=32.5$ 列;

C 方向 $N_{接}^{C}=14.7$ 列,$N_{发}^{C}=14.7$ 列。

为了衡量车场到发线的负荷,到发线的通过能力还应按车场别进行计算。此时无调中转列车一接一发计一列,有调中转解体一列计一列,编组一列计一列,故

到发场 1 到发线的通过能力为 20/0.461≈43.4(列);

到发场 2 到发线的通过能力为 40/0.813≈49.2(列);

全站到发线的通过能力为 43.4+49.2=92.6(列)。

六、车站最终通过能力的确定

车站最终通过能力是将咽喉、到发线的通过能力及调车设备的改编能力进行综合分析,针对车站的薄弱环节,重新调整咽喉、车场、驼峰和牵出线的分工,最后确定的车站按方向别一昼夜所能通过的最多货物(旅客)列车数和运行图规定的旅客(货物)列车数。

在确定车站最终通过能力时,应首先将车站各项设备的能力进行汇总。

1. 咽喉通过能力汇总

当某方向接车或发车经由两条及其以上进路时,汇总后的咽喉能力应等于各进路咽喉道岔组办理该方向接车或发车的通过能力之和。表 3-5-4 中 A 方向咽喉的接车能力,到发 1 场无调中转列车的咽喉道岔组为⑪号,其能力为 35.8 列;到发 2 场的无调和有调中转列车的咽喉道岔组为⑤号,其能力分别为 15.8 列和 12.6 列,则 A 方向货物列车咽喉接车能力为 35.8+

15.8＋12.6＝64.2(列)。

2.到发线通过能力汇总

当某方向接车或发车由几个车场办理时，汇总后到发线通过能力应等于各车场办理该方向接车或发车的通过能力之和。表3-5-7中A方向到发线的接车能力，到发场1无调中转列车到发线的通过能力为23.8列；到发场2无调中转和有调列车到发线的通过能力分别为6.2列和5.0列，则A方向到发线的接车能力为23.8＋6.2＋5.0＝35.0(列)。

表3-5-7　车站最终通过能力计算表　　单位：列

方向	接发车	列车种类	列入计算中的列车数	各部分通过能力						受何限制	最终通过能力
				道岔组⑪	道岔组⑤	到发场1	到发场2	道岔组②	道岔组⑩		
A	接车	无调	11	35.8		23.8				到发线	23.8
			5		15.8		6.2			到发线	6.2
		有调	4		12.6		5.0			到发线	5.0
		计	20							到发线	35.0
	发车	无调	9	29.3		19.5				到发线	19.5
			7		22.1		8.6			到发线	8.6
		有调	4		12.6		5.0			到发线	5.0
		计	20							到发线	33.1
B	接车	无调	9			19.5		40.0		到发线	19.5
			5				6.2		17.6	到发线	6.2
		有调	4				5.0		14.1	到发线	5.0
		计	18							到发线	30.7
	发车	无调	11			23.8		47.6		到发线	23.8
			3				3.7		10.6	到发线	3.7
		有调	4				5.0		14.1	到发线	5.0
		计	18							到发线	32.5
C	接车	无调	10				12.3		35.2	到发线	12.3
		有调	2				2.4		7.0	到发线	2.4
		计	12							到发线	14.7
	发车	无调	10				12.3		35.2	到发线	12.3
		有调	2				2.4		7.0	到发线	2.4
		计	12							到发线	14.7
		利用率		0.307	0.317	0.461	0.813	0.231	0.284		

3.方向别最终通过能力的确定

咽喉和到发线通过能力按方向别汇总后，车站最终通过能力应按办理该方向列车的各项设备中受控制的(即利用率最大)某项设备的能力来确定。

当车站有几个到发场分别接发列车，而经由的咽喉有几条不同进路时，则最终通过能力的确定应考虑以下两种情况。

(1)一条固定进路一个到发场。

如果同一方向的列车,只经由一条固定的接(发)车进路并在一个到发场内办理接(发)列车作业时,则该方向的接(发)车最终通过能力等于该进路上受控制的某项设备(咽喉或到发线)能够办理该方向最多的列车数。

(2)几条不同进路几个到发场。

如果同一方向的列车经由几条不同的接(发)车进路并在不同的到发场内办理接(发)车作业时,则该方向的接(发)车最终通过能力应等于各该进路上受控制的某几项设备(咽喉或到发线)能够办理该方向最多的列车数之和。表 3-5-7 中 A 方向的接车能力受到发场 1 和到发场 2 到发线通过能力的控制,到发场 1 的接车能力为 23.8 列,到发场 2 的接车能力为 11.2 列,故 A 方向最终的接车能力为 23.8+11.2=35.0(列)。

必须指出,当某些区段站上有调中转列车较多时,其接、发车能力还可能受车站改编能力的限制。此时,应对该站改编能力进行计算后,再求得该站按方向别有调中转列车的接(发)车通过能力。

4.车站最终通过能力的确定

车站最终通过能力应按受控制的某项设备的接车和发车通过能力分别进行计算。

接车能力 $$N_{接}=\sum n_{接}^{i} \tag{3-5-27}$$

发车能力 $$N_{发}=\sum n_{发}^{i} \tag{3-5-28}$$

式中 $n_{接}^{i}$,$n_{发}^{i}$——i 方向的接车或发车能力。

例如,某区段站 A、B、C 方向的能力均受到发线能力的控制,由表 3-5-7 计算可得,全站的货物列车接车能力 $N_{接}=N_{接}^{A}+N_{接}^{B}+N_{接}^{C}=35.0+30.7+14.7=80.4$(列),全站的货物列车发车能力为 $N_{发}=N_{发}^{A}+N_{发}^{B}+N_{发}^{C}=33.1+32.5+14.7=80.3$(列)。

第四节 编组站到达场到发线通过能力计算方法

一、编组站车列作业排队服务系统

编组站(三级三场)由到达场、驼峰,调车场、牵出线、出发场及其相应的技术设备组成,共同完成车列的到达、解体、集结、编组和出发作业。它们之间相互联系又相互制约,可以看成是一个大的服务系统。根据排队论和车列在站内的作业流程,这个大系统又可分为三个排队服务子系统(图 3-5-4)。

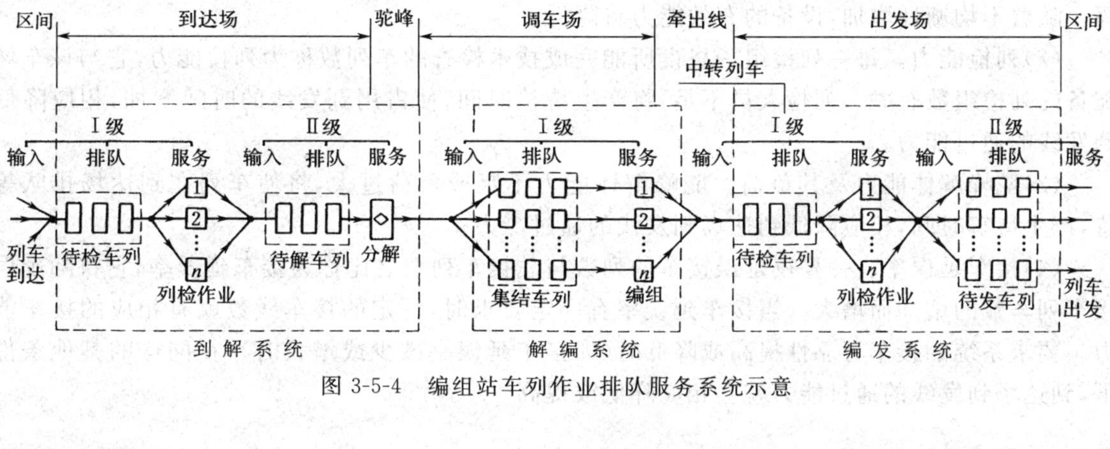

图 3-5-4 编组站车列作业排队服务系统示意

1.到解系统

到解系统的作业过程是由列车自区间到达时起，经列检、推峰至车列解体完毕为止，可视为二级排队服务系统。第一级为到达列检服务系统，这里的列检组是服务员，列检作业时间为服务时间。改编列车到达时，若有空闲的列检组，则立即进行列检作业；若没有空闲的列检组，车列（或列车）必须在到达场或进站信号机外排队等待。当有几个列检组时，可视为多通道排队服务系统。第二级为解体服务系统，这里的驼峰是服务员，车列解体时间为服务时间。列检作业结束后，若当时驼峰空闲，可立即上峰解体；若驼峰不空闲，则车列需在到达场排队等待。当实行双推单溜作业组织方式解体时，可视为单通道排队服务系统。

2.解编系统

解编系统作业过程如下，当在驼峰上解体的车组在各自的调车线上集结成新的车列，车列集结完了时刻，若牵出线调车机车空闲，则立即进行编组；若牵出线调车机车不空闲，则车列在调车线上排队等待。显然，该系统的服务员是尾部牵出线和调车机车，车列编组和转线时间是服务时间。当峰尾设几条牵出线和使用几台调车机车时，可视为几个独立的单通道排队服务系统。

3.编发系统

编发系统作业过程包括自编出发列车和无调中转列车进入出发场，在这里进行出发前的技术作业和发车作业，也可以视为二级排队服务系统。第一级为出发列检服务系统，这里的列检组是服务员，列检作业时间为服务时间。自编列车或无调中转列车进入出发场时，若有空闲的列检组，则立即进行列检作业；否则，车列（或列车）必须在出发场或进路信号机外方排队等待。若有几个列检组时，可视为多通道排队服务系统。第二级为出发服务系统。列检作业结束后，若当时区间有运行线并有本务机车，则列车可立即发往区间；否则，车列须在出发场排队等待发车。这里，服务员是各个出发区间，服务时间是往各出发区间的发车间隔时间。当出发场衔接几个方向时，该系统可视为多个单通道排队服务系统。

在到解系统和编发系统中，列检组数也可以经过适当调整来适应驼峰作业和出发作业，使待检车列数减至最少。这时，到解和编发系统也可视为一级排队服务系统。

二、到达场到发线通过能力的影响因素及其基本计算公式

到达场的主要任务是保证完成车列解体前的技术准备工作和不间断地自区间接入解体列车。到达场到发线的通过能力应根据随机排队服务系统的理论来确定。

影响到达场到发线通过能力的因素很多，主要有下列几项：

(1)列车到达的不均衡性。列车均衡到达、均衡作业时，运输设备的能力才能得到充分发挥。随着不均衡性增加，设备的有效能力将降低。

(2)列检能力。每一列检组一昼夜所能完成技术检查的车列数称为列检能力，它与该车场配备的列检组数有关。列检人员不足，将产生待检时间，使占用到发线的时间增加，相应降低到发线的通过能力。

(3)驼峰解体能力及其负荷。驼峰解体能力不足或负荷过大，将使车列在到达场排队等待，产生待解时间，相应降低到达场到发线的通过能力。

(4)接车延误率。一昼夜延误接车的列数与总接车列数之比称为接车延误率，它将随延误接车列车数的增加而增大。当接车延误率有一定要求时，一定的接车线数就有相应的接车能力。要求系统的接车可靠性提高或降低时（即接车延误率减少或增大时），在同样的其他条件下，到达场到发线的通过能力就会相应降低或提高。

(5)空费系数。到发线未被利用的空闲时间与货物列车占用线路的总时间之比，称为空费系数。空费时间是由于列车到达不均衡、列车作业各环节间不可能完全密切配合，以及 24 h 不可能被每列车占用到发线的时间除尽等众多原因产生的，因此合理的空费时间在任何情况下将是不可避免的。空费系数越大，到发线通过能力越低。

根据上述影响到发线通过能力的因素可见，到达场到发线通过能力是有条件的。它是指驼峰能力、列检能力、列车到达间隔与作业时间分布规律等一定的条件下，按照不间断接车可靠性的要求，到发线一昼夜可能接入的最多列车数。

到达场到发线通过能力可用直接计算法确定，其一般计算公式为

$$n_{到}=\frac{(1-\gamma'_{空})(1\,440M_{到}-\sum t_{固})}{t_{到占}} \tag{3-5-29}$$

式中 $n_{到}$——到达场到发线的通过能力，列；

$\gamma'_{空}$——到达场到发线的空费系数，见式(3-5-34)；

$M_{到}$——扣除本务机车和调车机车走行线以后，到达场可用于办理列车技术作业的线路数；

$\sum t_{固}$——接发旅客列车、定时取送车辆等固定作业占用到发线的时间(不包括摘挂列车占用到发线的时间)，min；

$t_{到占}$——到发线通过能力利用程度达到饱和时每列解体列车平均占用到发线的时间，min，且

$$t_{到占}=t^{到}_{技占}+t^{到}_{待} \tag{3-5-30}$$

其中 $t^{到}_{待}$——车列在到达场的等待时间，包括待检和待解时间，min，

$t^{到}_{技占}$——技术作业占用到发线的时间，min，应分别衔接方向、列车种类按式(3-5-31)进行分项查定：

$$t^{到}_{技占}=t_{接}+t_{到技}+t_{推占}+t_{解占}+t_{他占} \tag{3-5-31}$$

其中 $t_{接}$——接车作业占用到发线时间，min，计算和查定方法见区段站通过能力计算，

$t_{到技}$——到达技术作业占线时间，按各站《站细》规定的货物列车技术作业程序及时间标准确定，通常解体列车到达技术作业时间标准可取 25～35 min，

$t_{推占}$——车列预推过程占线时间，自调车机车挂妥车列向峰顶预推之时起至车列头部到达预推停车点时止的时间，一般根据预推距离和速度不同可取 4～5 min，

$t_{解占}$——车列分解过程占线时间，由车列头部从预推停车点向峰顶推进时起至到发线腾空进路解锁时止的时间，可根据车列长度及推峰速度不同取 6～9 min，

$t_{他占}$——其他作业占线时间，如单机到达等，可通过统计或写实办法确定其占用总时间$\sum t_{其他}$，然后按统计或写实期间解体列车总数$\sum n_{解}$，确定其他作业占用到发线的时间，即

$$t_{他占}=\frac{\sum t_{其他}}{\sum n_{解}} \tag{3-5-32}$$

由式(3-5-29)可知，对一个具体车站，$M_{到}$、$\sum t_{固}$ 是已知值，而在 $t_{到占}$ 中，当列车编成辆数、列车进站速度、列检定员数一定的条件下，列车技术作业平均占线时间也是相对稳定的。它基本上服从正态分布，可以通过统计或查定取其平均值。但待检和待解时间及每列摊到的空费时间则与列检和驼峰负荷水平、列车到达间隔和列检、驼峰作业的不均衡性及到达场接车的可靠性要求有关。因此，如何正确确定在与到发线通过能力相对应的行车量情况下列车的占线时间(主要是待检、待解)和线路空费系数的合理值，是到达场到发线通过能力计算的关键。分

析证明，待检、待解时间和空费系数的影响因素是错综复杂的，很难用理论公式表达，可采用计算机模拟法取得有关数据并进行回归，求得其经验公式。

三、计算等待时间和空费系数的经验公式

1. 计算等待时间的经验公式

$$t_{待}^{到}=158.83+44.73\nu-3.1176n_{峰}+0.00988n_{峰}^{2}+61.08\times\frac{n_{解}\ t_{到技}}{1440C}+0.00404n_{解}^{2} \tag{3-5-33}$$

式中 ν——列车到达间隔的变异系数(根据数理统计，在一般情况下，到达场衔接三个及其以下方向时可取0.75～0.8，平均取0.775，四个及其以上方向时，取0.85～0.90，平均取0.875)；

$n_{峰}$——驼峰的解体能力(包括重复解体交换车的能力)，以列数计；

$n_{解}$——一昼夜到达场到达解体的列车数；

$t_{到技}$——到达技术作业时间，min；

C——列检组数，当到达技术作业时间取25、30、35 min时，分别按一昼夜办理39、34、30列计算。

2. 计算空费系数的经验公式

$$\gamma'_{空}=0.203-0.012M_{到}+0.00024n_{峰}+0.163\nu \tag{3-5-34}$$

式中符号意义同前。

由于$t_{待}^{到}$计算公式中的$n_{解}$在确定通过能力时就是该到达场到发线的通过能力$n_{到}$，将$t_{待}^{到}$计算公式代入式(3-5-29)，可得一个$n_{到}$的三次方程式，解该方程式并考虑合理解可得到$n_{到}$。令

$$a=\frac{61.08t_{到技}}{1440\times0.00404C}=10.5\frac{t_{到技}}{C}$$

$$p=\frac{t_{技占}^{到}+158.83+44.73\nu-3.1176n_{峰}+0.00988n_{峰}^{2}}{0.00404}-\frac{a^{2}}{3}$$

$$q=-\frac{(1-\gamma'_{空})(1440M_{到}-\sum t_{固})}{0.00404}-\frac{a^{3}}{27}-\frac{ap}{3}$$

得

$$n_{到}=\sqrt[3]{-\frac{q}{2}+\sqrt{\left(\frac{q}{2}\right)^{2}+\left(\frac{p}{3}\right)^{3}}}+\sqrt[3]{-\frac{q}{2}-\sqrt{\left(\frac{q}{2}\right)^{2}+\left(\frac{p}{3}\right)^{3}}}-\frac{a}{3} \tag{3-5-35}$$

第五节　编组站出发场到发线通过能力计算方法

一、出发场到发线通过能力基本计算公式

编组站的出发场(含与其并列的通过场)一端连接着调车场尾部牵出线(或联络线)及外包调车场的站内正线，另一端连接着各出发区间。其主要任务是：第一，正确及时地完成车列出发前的技术准备工作，并保证不间断地接入中转列车和按运行图规定的时刻发车；第二，保证繁忙期间能从调车场不间断地转入编成的车列，及时腾空调车场的线路，为驼峰的正常解体作业创造条件。

出发场的作业经常是不稳定的，其客观因素是编成车列自调车场转入及中转列车自区间到达的不均衡性，以及由于旅客列车和摘挂列车运行影响而产生的货物列车运行线在运行图上铺画的

不均衡性。在一昼夜的繁忙期，出发场将会满线，乃至延误一部分列车的接入或转入。而在非繁忙期间，又会出现出发场内线路空闲，没有列车占用。因此，计算出发场到发线通过能力时，办理一列出发列车平均占用线路时间，除列车实际占用时间外，还应包括一定的空闲时间。

出发场到发线的通过能力同样可结合设备、车流及作业组织等具体条件采用直接计算法进行确定，其基本计算公式为

$$n_{发}=\frac{(1-\gamma''_{空})(1\,440M_{发}-\sum t_{固})}{t_{发占}} \tag{3-5-36}$$

式中 $n_{发}$——出发场到发线通过能力，列；

$M_{发}$——扣除本务机车及调车机车走行线后，出发场可用于办理技术作业的线路数；

$\gamma''_{空}$——出发场线路的空费系数；

$t_{发占}$——到发线利用程度达到饱和时，每列出发列车平均占用到发线时间，min，且

$$t_{发占}=t^{发}_{技占}+t^{发}_{待} \tag{3-5-37}$$

其中 $t^{发}_{待}$——列车在出发场的等待时间，包括待检和待发时间，

$t^{发}_{技占}$——每列车出发技术作业占线时间，min，且

$$t^{发}_{技占}=t_{转(接)}+t_{发技}+t_{发}+t^{发}_{他占} \tag{3-5-38}$$

其中 $t_{转(接)}$——办理列车转线(中转列车为接车)占线时间，可按写实查定，$t_{接}$取 5～8 min，$t_{转}$取 7～9 min，

$t_{发技}$——办理列车技术作业时间，始发列车取 25～35 min，无改编中转列车取 35～40 min，部分改编中转列车取 45～55 min，

$t_{发}$——列车出发占线时间，可按写实查定，一般取 5～7 min，

$t^{发}_{他占}$——其他作业占线时间，min，包括单机接发、机车整备、非定时取送等随行车量增长而变化的其他技术作业占线时间，可通过统计或写实查定，并按式(3-5-39)计算：

$$t^{发}_{他占}=\frac{\sum t_{其他}}{\sum n_{发}} \tag{3-5-39}$$

其中 $\sum t_{其他}$——查定期间其他技术作业一昼夜占线总时间，min，

$\sum n_{发}$——查定期间一昼夜发出的货物列车总列数。

由此可见，出发场到发线通过能力主要取决于办理出发作业的出发线数目 $M_{发}$、办理一列出发列车平均占线时间 $t_{发占}$及固定作业时间$\sum t_{固}$。对具体车站而言，$M_{发}$ 及$\sum t_{固}$ 是确定值，而在 $t_{发占}$中，当出发场咽喉结构、列车编成辆数、列车出站速度、列检组数及其作业组织一定的条件下，列车办理技术作业平均占线时间 $t^{发}_{技占}$是相对稳定的，它服从正态分布，可以取统计平均值，或通过写实查定。待检时间可以看作是待发时间的转化，在列检组数足够(负荷在 75%以下)时，可以不必单独列出。而待发时间和空费时间两项，根据统计可知，在总占用时间中约占 70%，且与很多随机因素有关，不易查定。因此，如何正确而简便地推算出在一定条件下到发线通过能力利用程度达到饱和尚能保证出发场正常工作时的列车待发和线路空费时间的合理值，是计算出发场到发线通过能力的关键。

二、待发时间和空费时间主要影响因素分析和确定方法

1. 待发时间影响因素分析

(1)列车出发间隔。货物列车行车量越大，列车出发间隔越小，列车技术作业完了时刻与最近出发运行线发车时刻之间的时间，即待发时间将呈减小的趋势。

(2)列车出发间隔的不均衡性。由于放行旅客列车和摘挂列车及在运行图上预留天窗的影响,货物列车的出发间隔实际上是很不均衡的。旅客列车密集出发及天窗前后一段时间内,势必产生大量货物列车长时间停留在出发场待发,使停留时间延长。

(3)出发场的衔接方向(发车进路)数。当出发场通过能力一定时,衔接方向数越多,每一方向所摊到的平均行车密度越小,列车平均间隔也就越大,从而列车待发时间将有增大趋势。

(4)列车运行线的专门化。固定运行线(长线、短线)增多,不仅会使每种列车的平均出发间隔加大,而且会增大列车技术作业完了时刻与按运行图出发时刻紧密衔接配合的难度,这样必然会增大列车待发时间。

(5)备用运行线的比率。备用运行线数增多,列车选择最近运行线出发的概率增加,从而列车待发时间有减小趋势。备用运行线的比率小,表明区间通过能力的负荷大,即区间通过能力利用程度高,列车待发时间有增加的趋势。

(6)牵出线调车机车或出发场输入通道的负荷。输入通道负荷增大,列车进入出发场的不均衡程度降低,有利于减小待发时间。反之,降低输入通道的负荷,可以减小接车延误率,待发时间则将有增大的趋势。

此外,交接班、吃饭、机车整备及其他作业组织上的问题等,如果使出发场某些作业出现较长时间的中断,也会对待发时间产生不良的影响。

2.空费时间影响因素分析

(1)列车密度。随着列车数量的增加,为适应繁忙阶段需要而增铺的到发线也将随之增多,在非繁忙阶段,这些增铺的线路就要空闲起来,从而造成空费时间增大。

(2)输入流到达间隔时间的不均衡程度。由于受列车不均衡到达或转入的影响,一昼夜个别阶段将会出现接入或转入出发场的列车数显著减少,造成线路空闲、无列车占用,导致空费时间增大。

(3)出发场的衔接方向(发车进路)数。在出发场线路总数一定的情况下,如到发线按衔接方向分区固定使用,则方向愈多,每一发车区所摊到的线路数目愈少,从而机动调整余地愈小,导致空费时间呈增大趋势。

(4)办理技术作业的占线时间。$t_{技占}$ 增大时,由于小于 $t_{技占}$ 的空档无法利用,同一线路上连续办理两列车之间的空档(即空费时间)有增大趋势。

(5)备用运行线的比率。区间备用运行线的比率增加,可使列车占线时间(待发部分)缩短,间接地使空费时间呈减少的趋势。

通过以上分析可见,各种因素对列车待发及线路空费时间的影响是错综复杂的,有的又是相互矛盾的,很难用理论公式表达。为了确切反映各种影响因素的有关参数及找出测算系统处于平稳状态、到发线运用达到一定水平时列车待发时间和线路空费时间的经验公式,须对编发系统进行模拟。

根据模拟输出的参数,对车列在出发场的等待时间进行回归,经过检验和参考现场实际资料进行修正后,得到计算待发时间的经验公式如下:

$$t_{待发}=19.182+8.184D-1.677\alpha+16.96\nu_{入}+5.564M_{发}-0.325M_{发}^2 \quad (3\text{-}5\text{-}40)$$

式中 $t_{待发}$——车列在出发场的等待出发时间,min;

D——出发场能同时出发的进路数;

α——区间通过能力后备占区间通过能力的百分数,一般取5%~15%(正常情况下取10%);

$M_{发}$——出发场用于办理货物列车技术作业的到发线数；

$\nu_{入}$——列车到达和转线间隔变异系数，可取 0.7～0.9。

在允许的车列转线和列车到达出发场的延误率下，系统处于平稳状态，通过能力达到饱和时，一列货物列车摊到的线路空费时间 $t_{空费}^{发}$ 可按下列经验公式计算：

$$t_{空费}^{发}=-5.193+0.516t_{接占}^{发}+4.092D-0.864\alpha+4.987\nu_{入}+2.867M_{发}-0.168M_{发}^{2} \tag{3-5-41}$$

式中各项符号意义同前。

第六节 编组站编发线通过能力计算方法

编发线的发车能力 $N_{编发}$ 按式(3-5-42)计算：

$$N_{编发}=\frac{(1-\gamma_{空})(1\,440M-\sum t_{固})}{t_{编发}} \tag{3-5-42}$$

式中 M——编发线数目；

$\gamma_{空}$——编发线空费系数，取 0.15～0.20；

$t_{编发}$——一列列车平均占用编发线的时间，min，且

$$t_{编发}=t_{预占}+t_{分解}+t_{集占}+t_{待编}+t_{编}+t_{发技}+t_{待发}+t_{发}+t_{其他} \tag{3-5-43}$$

其中 $t_{预占}$——开始向编发线解体前预先办理进路的时间，自允许推峰时起至车列推到峰顶时止的时间，min，

$t_{分解}$——解体一车列的时间，min，

$t_{集占}$——集结一车列占用编发线的时间，根据实际查定的资料予以确定，min，

$t_{待编}$——集结终了以后等待编组时间，min，

$t_{编}$——车列的编组时间，min，

$t_{发技}$——列车出发技术作业占用时间，min，

$t_{待发}$——列车待发时间，自出发技术作业终了至发车时止的时间，min，

$t_{发}$——发车时占用编发线时间，自列车起动时起至列车腾空该线路时止，min，

$t_{其他}$——摊到每列占用该编发线的其他作业时间，min。

应当指出，上述公式只适应于车列在本线集结本线发车的情况下。实际作业中，编发线的固定使用方案是多种多样的，故上述计算方法有一定局限性。

复习思考题

1. 编组站的主要任务是什么？
2. 区段站在路网上的分布取决于哪些因素？
3. 根据编组站在路网中的位置、作用和所承担的作业量，编组站分为哪几类？各有何特征？
4. 编组站在作业和设备配置上与区段站有何异同点？
5. 以单线铁路横列式区段站为例分析列车及机车车辆在区段站内的作业过程。
6. 技术站各项设备应如何合理配置？
7. 默画出并分析双线铁路横列式区段站布置图型。
8. 依据双线铁路横列式布置详图分析其两端咽喉各能保证哪些平行作业？存在哪些主要

的进路交叉？疏解这些进路交叉的途径是什么？

9.分析双线铁路纵列式区段站布置图型其两端咽喉区、中部咽喉区各有哪几项平行作业？疏解了双线横列式图型中哪些主要交叉点？但又产生了哪些新的问题？

10.分析横列式、纵列式、客货纵列式区段站布置图型各存在哪些主要优缺点？说明各布置图型的采用条件。

11.枢纽区段站有几类车流？对车站作业产生最不利影响的是哪类车流？

12.除考虑一般区段站的一些基本要求外，枢纽区段站在设计上还应满足哪些要求？

13.试述单向一级三场横列式编组站布置图型消除了横列式区段站的哪些缺点？仍然存在哪些缺点？解决途径如何？

14.当驼峰头部采用双推单溜作业方式、峰尾用2台机车进行编组作业时，试从能力的角度分析单向二级四场混合式编组站布置图型在这种作业条件下产生的主要问题及解决的主要措施。

15.适合编发线的车流特点是什么？采用编发线会产生什么问题？应如何解决？

16.如何确定单向三级三场纵列式编组站布置图型反向改编列车接发车进路的引入方式？

17.分析单向三级三场纵列式编组站布置图型机务段的位置与通过车场及进出站线路布置的关系。

18.双向编组站布置图型的折角车流有哪几种？对其处理方法有何不同？

19.在单向编组站布置图型中，驼峰调车方向的选择应符合什么原则？

20.编组站的正线位置分哪几种？简述其优缺点。

21.试述单向和双向编组站布置图型的主要优缺点及采用条件。

22.在确定编组站的分阶段发展方案时，应注意哪些问题？

23.影响列车到发线数目的主要因素及其原因是什么？

24.如何布置列车到发线的单、双进路？

25.确定编组站到达场、到发场、出发场中调车机车走行线、本务机车出入段线位置时分别应考虑哪些因素？

26.影响编组站调车场线路数目的因素有哪些？

27.说明辅助调车场的设置条件及在编组站中的合理设置位置。

28.单向箭翎线与双向箭翎线有何区别？

29.车站咽喉设计要满足哪些要求？具体设计步骤是什么？

30.根据机车作业性质不同，机务设备都有哪几种形式？各自承担哪些作业？

31.说明车辆设备的分类及其作用。

32.什么是车站通过能力？为什么要计算车站通过能力？

33.什么是车站咽喉通过能力和咽喉道岔组通过能力？其计算的目的有何不同？

34.说明计算车站通过能力各种方法的原理及其发展趋势。

35.什么是车站最终通过能力？它在车站运营工作中有何实际意义？

36.到发线的空费时间中应考虑哪些因素？

37.编组站到达场到发线通过能力的影响因素有哪些？

38.分析编组站编发线通过能力的影响因素。

39.咽喉通过能力与到发线通过能力是否互相影响，能否互相转移？

40.为什么驼峰解体能力会影响到发线的通过能力？

第四篇

调车驼峰

第一章　驼峰设计基础

第一节　驼峰的组成及分类

一、驼峰的组成

驼峰(hump)是指将调车场始端道岔区前的线路抬到一定高度，主要利用其高度和车辆自重，使车辆自动溜到调车线上，用来解体车列的一种调车设备。

驼峰的范围是指峰前到达场(不设峰前到达场时为牵出线)与调车场头部之间的部分线路区域(图 4-1-1)。

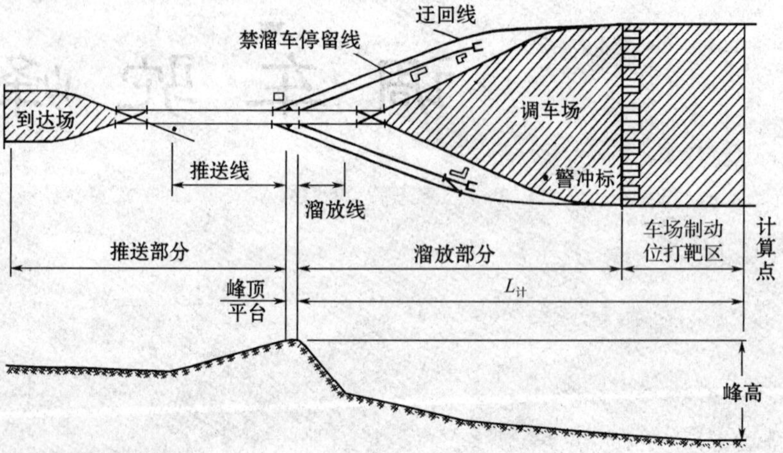

图 4-1-1　驼峰各组成部分

1. 推送部分(humping section)

推送部分是指经由驼峰解体的车列，其第一钩位于峰顶平台始端时，车列全长所在的线路范围。其中，由到达场出口端最外道岔(或牵出线)到峰顶平台始端用以向峰顶推送车列的线路叫推送线(hump lead)。设置这一部分的目的是使车辆得到必要的高度，并使车钩压紧，以便摘钩。

2. 溜放部分(rolling section)

溜放部分是指由峰顶(hump crest)(峰顶平台与溜放部分的变坡点)到调车场第一制动位入口或计算点(calculate point of hump)(调车场不设减速器制动位时)的线路范围，其中，从峰顶至第一分路道岔始端的一段线路叫溜放线(rolling track)。

3. 峰顶平台(platform of hump crest)

峰顶平台(图 4-1-2)是连接指驼峰推送部分与溜放部分的一段平坡地段。峰顶平台包括为连接压钩坡(coupler compression grade)、加速坡(acceleration grade)而设置的两条竖曲线的切线长。不包括竖曲线的切线长时叫净平台。

迂回线(around about line of hump)是为将待解体车列内不能通过驼峰或减速器的车辆

绕过峰顶送往调车场而设置的线路。

禁溜车停留线(no-rolling car storage)是暂时存放解体作业过程中不能从驼峰溜放车辆的线路。

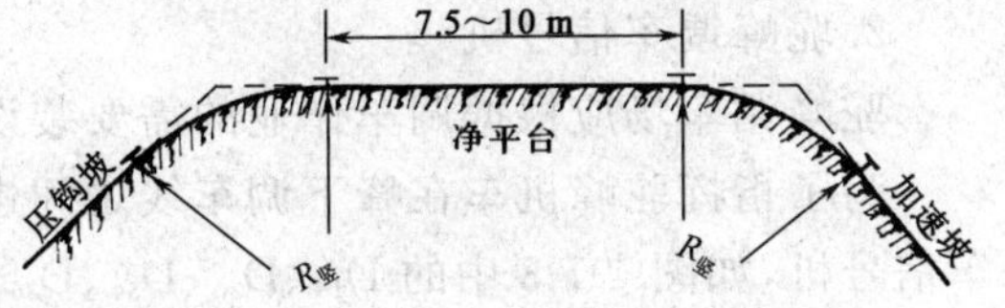

图 4-1-2 峰顶平台

二、驼峰的分类

根据每昼夜解体的车辆数和相应的技术设备，调车驼峰可分为以下三类。

1. 大能力驼峰

大能力驼峰日解体能力 4 000 辆以上，应设 30 条及以上调车线和 2 条溜放线，应配有推峰速度控制、钩车(cut of wagons)溜放速度控制、驼峰进路控制和调车场尾部停车防溜控制系统。

2. 中能力驼峰

中能力驼峰日解体能力为 2 000～4 000 辆。应设 17～29 条调车线，宜设 2 条溜放线，应配有驼峰进路控制、推峰速度控制、钩车溜放速度控制和调车场尾部停车防溜控制系统。

3. 小能力驼峰

小能力驼峰日解体能力为 2 000 辆以下，应设 16 条及以下调车线，宜设 1 条溜放线，应配有驼峰进路控制和调车场尾部停车防溜控制系统。

设计驼峰时，应根据解体作业量、车站站型及发展趋势确定驼峰类型及技术设备，并应根据运量增长和技术设备条件预留远期发展的可能性。

第二节 现代化驼峰设备

一、驼峰地面固定信号

为了指挥调车作业，在驼峰范围内设有各种信号设备。现以图 4-1-3 为例，简要介绍有关驼峰调车场头部地面固定信号设备的作用和设置位置。

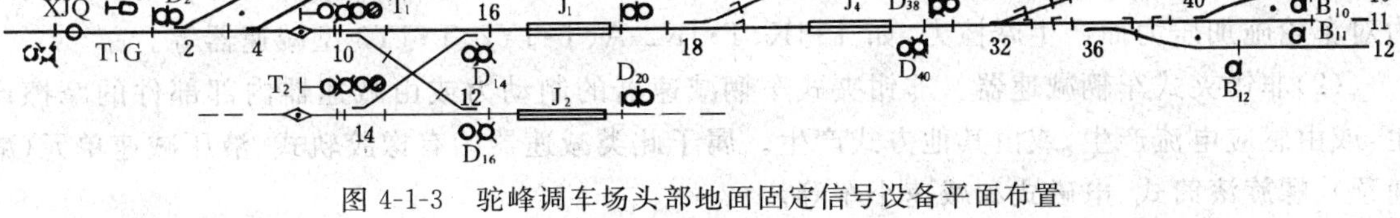

图 4-1-3 驼峰调车场头部地面固定信号设备平面布置

1. 驼峰信号机

驼峰信号机用来指挥驼峰机车进行解体作业，每条推送线设一架，位于驼峰峰顶平台与加速坡变坡点的左侧，如图 4-1-3 中的 T_1、T_2 所示。

当调车场与到发场纵列布置时，到达场的到发线上应装设驼峰辅助信号机，驼峰辅助信号机可兼作出站或发车进路信号机。

驼峰信号机或辅助信号机显示距离不能满足要求或瞭望困难时，应装设驼峰复示信号机。

2. 驼峰调车信号机

驼峰调车场应根据调车作业的需要装设驼峰调车信号机。

为了指挥驼峰机车在峰下调车线之间进行转线调车，在每个线束的头部均应设有线束调车信号机，如图 4-1-3 中的 D_{18}、D_{20}、D_{34}、D_{36}、D_{38}、D_{40}所示。

当一个线束内有两台以上的调车机车进行整理作业时，由于一个线束设置一架上峰方向的线束调车信号机（如 D_{36}是 1 线束上峰方向调车信号机）难以区分指示哪台机车上峰作业，因此应在每条调车线上设置线路表示器，如图中的 B_1、B_2、…、B_{12}所示。

为了指挥驼峰机车在峰上进行调车作业，如经由迂回线向调车场转送禁止过峰的车辆等作业，应设有峰上调车信号机，如图中 D_2、D_6、…、D_{50}所示。

二、驼峰调速设备

（一）驼峰调速设备的功能

1. 间隔制动

间隔制动(braking for interval)的作用是调控前后溜放钩车保持必要的安全间隔，使分路道岔来得及转换，使减速器能及时转换其制动或缓解状态，以便车辆顺利通过溜放部分进入调车线。

2. 目的制动

目的制动(target braking)的作用是调控溜放钩车能与调车线上的停留车辆安全连挂或停在预定地点。

3. 调速制动

调速制动(speed control braking)用以调整钩车的溜放速度，使车辆溜入道岔和减速器时不超过允许速度。

（二）驼峰调速设备的分类

1. 按调速功能分

(1)减速设备。在钩车溜放过程中，减速设备用以消耗钩车的能量使车辆减速，如钳夹式车辆减速器(retarder)、减速顶(retarder unit)等。

(2)加速设备。在钩车溜放过程中，加速设备给予钩车能量使其加速，如绳索牵引推送小车、加速顶(accelerator)等。

(3)加减速设备。加减速设备兼有加速和减速功能，如加减速顶等。

2. 按制动方式分

(1)钳夹式车辆减速器。钳夹式车辆减速器借助于车轮两侧制动夹板上的水平方向制动力对车轮施加压力而产生摩擦力，如 T·JK、T·JK2-A、T·JY2、T·JY3 型减速器等。

(2)非钳夹式车辆减速器。非钳夹式车辆减速器的制动力或由减速器内部部件的摩擦产生，或由感应电流产生，或由其他方式产生。属于此类减速器的有橡胶轨式、液压减速单元（减速顶）、螺旋滚筒式、电磁式和减速小车等。

（三）钳夹式车辆减速器

钳夹式车辆减速器按其制动力的来源，可分为外力式和重力式两种。按动力系统分类又可以分为液压型、气动型和电机型（电动型）。

1. 外力式（非重力式）车辆减速器

外力式车辆减速器是以压缩空气为动力，通过压缩空气进入制动缸推动制动夹板对溜行车辆的轮对产生侧压力，使车辆减速。制动力的大小由压缩空气的压力决定，一般使用中分为四个等级，可对不同车辆施行制动。图 4-1-4 为 T·JK 型车辆减速器构造及动作示意。

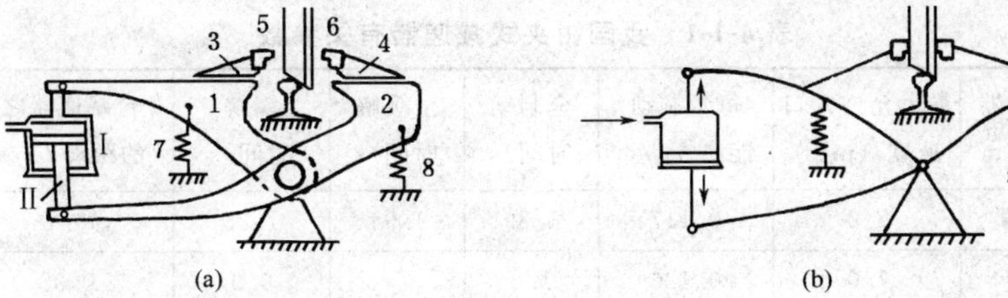

1、2—钳形杠杆；3、4—制动梁；5、6—制动夹板；7、8—拉伸弹簧和压缩弹簧。

图 4-1-4 T·JK 型减速器构造及动作示意

2. 重力式车辆减速器

重力式车辆减速器是利用被制动车辆本身的重量，通过可浮动基本轨及制动钳的传递，使安装在制动钳上的制动轨（即制动夹板）对车轮两侧产生侧压力而进行制动。它的制动力与被制动车辆的重量成正比。按可浮动基本轨及制动夹板起落的动力不同，又可分为电动重力式、液压重力式、气动重力式、液压和气动两用重力式车辆减速器。图 4-1-5 为 T·JY2 型车辆减速器构造及动作示意。

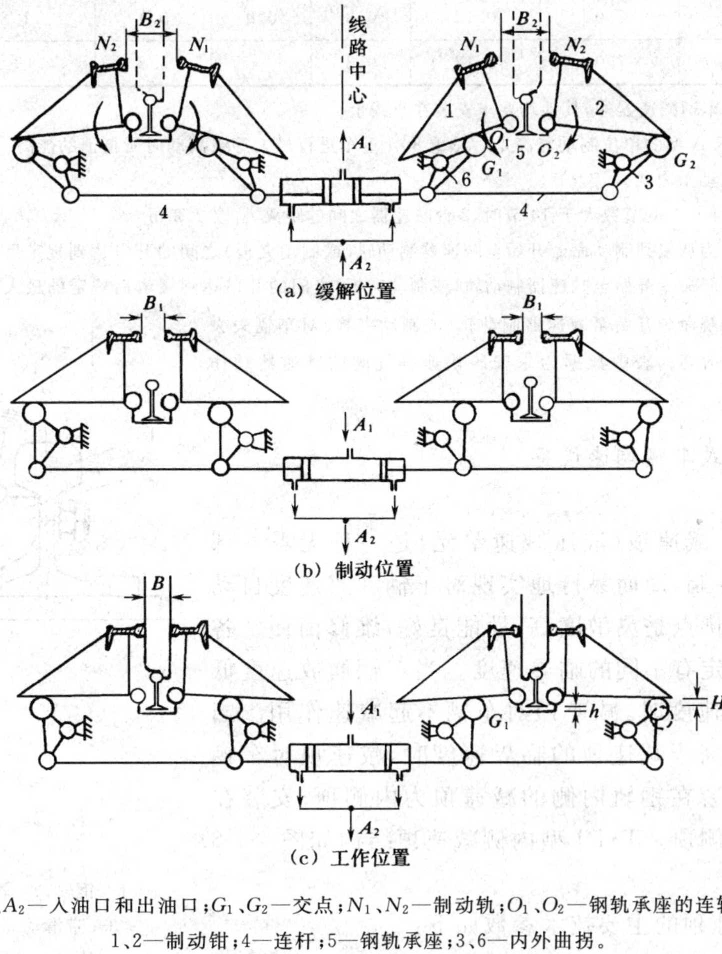

A_1、A_2—入油口和出油口；G_1、G_2—交点；N_1、N_2—制动轨；O_1、O_2—钢轨承座的连轴；
1、2—制动钳；4—连杆；5—钢轨承座；3、6—内外曲拐。

图 4-1-5 T·JY2 型减速器构造及动作示意

我国钳夹式车辆减速器的有关参数见表 4-1-1。

表 4-1-1 我国钳夹式减速器有关参数

减速器类型	每节减速器长度 $l_{制}$/m	最大允许入口速度/(m/s)	每米制动能高 $h_{制}$/m	全制动时间/s	全缓解时间/s	缓解时间/s	2 台减速器之间的距离 $l_{间}$/m	减速器喇叭口长度 l_R/m
T•JK	1.8	7.0	0.117	1.39	1.94	1.23	0.4	0.55
T•JK-A	1.8	7.0	0.126	1.2		0.9	0.32	0.55
T•JK3 T•JK3-A	1.2	7.0	0.125	0.9	1.15	0.4±0.15	1.2(2.2)	0.58
T•JY1	1.2	7.0	0.093	≤0.9	≤0.8	0.3±0.1	1.2	0.35
T•JK2	1.2	7.0	0.12	0.6	0.9	0.5	1.2	0.5
T•JY2	1.2	7.0	0.12	0.9	0.8	0.4	1.2	0.5
T•JY3-A	1.2	7.0	0.125	<0.9	1.15	<0.45	1.2	0.58
T•JK1-C	1.2	7.0	0.12	≤0.8	≤0.9	≤0.5	1.4	0.58
T•JK2-A	1.2	7.0	0.12	0.6	0.9	0.5	1.2	0.58
T•JY2-A	1.2	7.0	0.12	0.8	0.9	0.4	1.2	0.58
T•JD2	1.2	7.0	0.12	0.3	—	0.2	—	—

注:1. 除 T•JK 型车辆减速器外,其他均要求安装在直线上。

2. T•JK、T•JK-A 型的单位制动能高是对总重 80 t 重车进行最大等级制动时所抵消的能高。

3. T•JD2 为电动重力式。

4. T•JK3、T•JK3-A 的节数大于 14 节时,2 台减速器之间的距离 $l_{间}$ 取 2.2 m。

5. 全制动时间为从接到制动命令开始至减速器制动轨(或制动夹板)之间的开口达到规定尺寸的时间;全缓解时间为从接到缓解命令开始至减速器制动轨(或制动夹板)之间的开口达到缓解后规定的最大尺寸的时间;缓解时间为从接到缓解命令开始至减速器制动轨(或制动夹板)对车辆失去减速作用的时间。表中数据为未安装快速排气阀的减速器动作时间。

(四)非钳夹式车辆调速设备

1. 减速设备

(1)减速顶。减速顶(液压减速单元)是一种无需外部能源,无需外部控制,简而易行地实现对车辆溜放速度自动控制的设备。其优点是灵敏度高,性能良好,维修简便。各类型的减速顶规定有不同的临界速度。当车辆溜放速度低于减速顶的临界速度时,减速顶对车辆不起减速作用。当车辆的溜放速度高于减速顶的临界速度时,减速顶对车辆起减速作用。安装在钢轨内侧的减速顶为内侧顶;安装在钢轨外侧的为外侧顶。T•DJ 型内侧减速顶结构如图 4-1-6 所示。

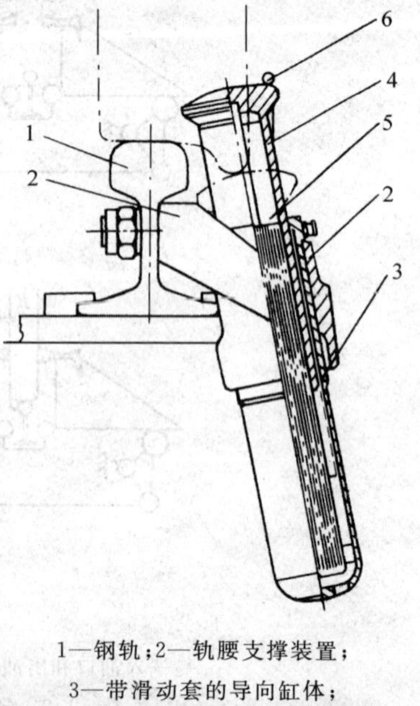

1—钢轨;2—轨腰支撑装置;3—带滑动套的导向缸体;4—顶帽管;5—减速装置;6—止推销。

图 4-1-6 T • DJ 型内侧减速顶结构

T•DJ 型减速顶的主要技术参数如下:

临界速度	0～5 m/s
最高限制速度	25 km/h

制动功　　0.1～0.135 t·m/每轮次(最小轮重 1.625 t)

环境温度　　−40～＋45 ℃

(2)可控减速顶。在普通减速顶构造的基础上安装一个控制装置就成为可控减速顶。通过控制装置,可控减速顶可以保持普通减速顶的工作状态。也可以锁闭减速顶,使其保持非工作状态,对车辆的溜行不起减速作用。根据调车作业的需要,可以随机地控制减速顶,令其对溜行中的车辆起减速作用或不起减速作用。可控减速顶的优点是调速灵活性强。其不足之处是需要外部控制,需要在调车场内铺设电缆与每个可控顶相连接,既要增加工程投资,又会对工务维修带来不利影响。

此外,还有单向减速顶、双临界速度减速顶等。

2. 加速设备

(1)绳索牵引推送小车。绳索牵引推送小车是调车场内推送车辆用的一种加速设备。由绳索牵引沿调车线往返走行,以安全连挂速度推送钩车使其与调车线上的停留车安全连挂。

图 4-1-7 为绳索牵引推送小车结构示意。推送小车沿钢轨内侧轨底走行。推送小车两侧各有一个能上、下运动的推送臂,用来推送车辆的轮缘。小车向推送方向走行时,推送臂抬起,保持在推送位置。当钩车的速度高于小车的速度,从后面追越小车时,小车的推送臂落下。小车返回时,推送臂落下并锁闭。回到起始位置时,推送小车处于死锁闭状态,以保证调车作业的安全。小车的各种运动状态由控制台上的停机、返回、推送、追车等按钮控制。

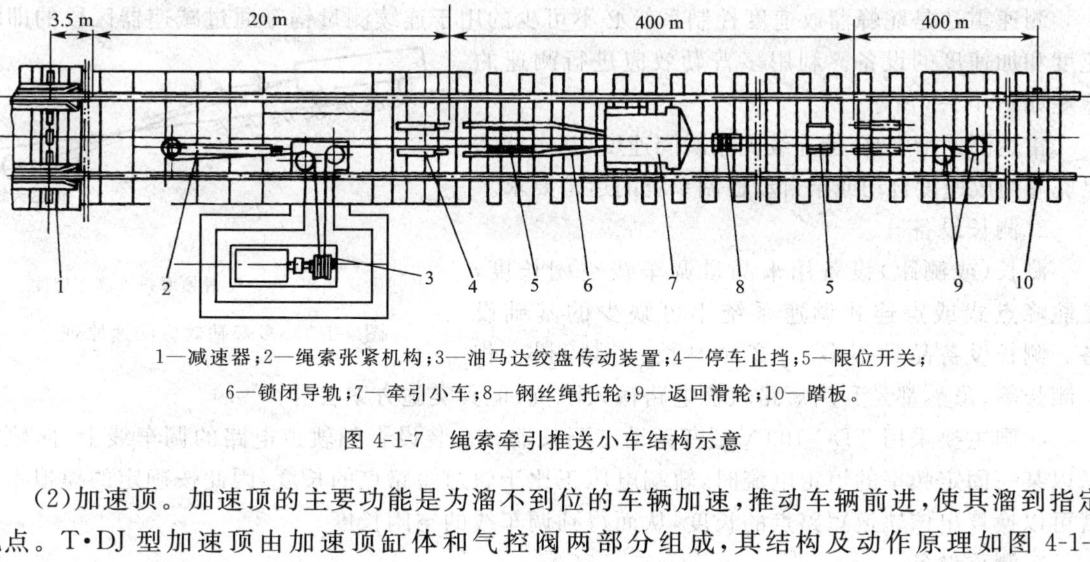

1—减速器;2—绳索张紧机构;3—油马达绞盘传动装置;4—停车止挡;5—限位开关;
6—锁闭导轨;7—牵引小车;8—钢丝绳托轮;9—返回滑轮;10—踏板。

图 4-1-7　绳索牵引推送小车结构示意

(2)加速顶。加速顶的主要功能是为溜不到位的车辆加速,推动车辆前进,使其溜到指定地点。T·DJ 型加速顶由加速顶缸体和气控阀两部分组成,其结构及动作原理如图 4-1-8 所示。

3. 加减速设备

可锁闭式加减速顶是一种加减速调速设备。它由可锁闭式减速顶、压缩空气控制阀和加速顶三部分组成。可锁闭式减速顶布置在前面,加速顶布置在后面。当车辆的速度低于临界速度时,减速顶不起作用。当车辆的速度高于临界速度时,加速顶不起作用,而使减速顶起减速作用。因此,加减速顶是根据车辆溜行速度是低于还是高于预定的临界速度,给溜行车辆以推力或阻力,从而达到调节车辆溜行速度的目的。

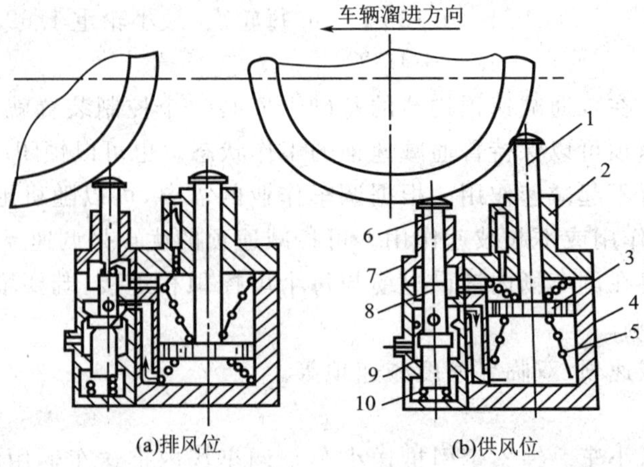

1—加速顶；2—缸盖；3—活塞；4—缸体；5—加速缸；6—速度阀；7—阀盖；8—活塞杆；9—阀体；10—弹簧。

图 4-1-8 T·DJ 型加速顶结构及动作原理

三、驼峰测量设备

驼峰测量设备主要有测速雷达、测长设备、测重设备、测阻设备等。

1. 测速雷达

测速雷达是驼峰溜放速度控制系统必不可少的用于连续测量钩车通过减速器区段的即时速度和加速度的设备。利用多普勒效应进行测速的原理如图 4-1-9 所示。

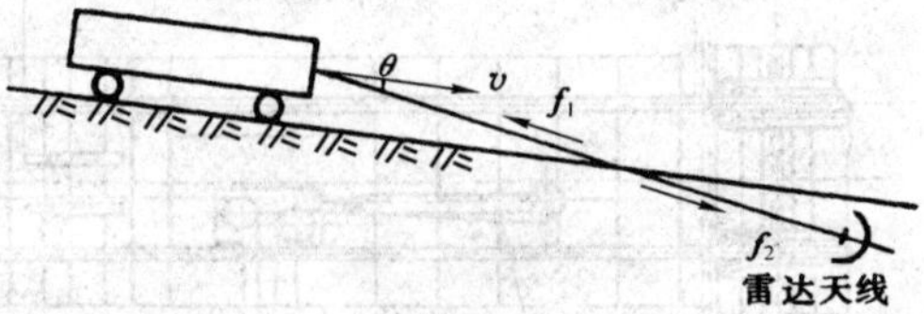

f_1—发送频率；f_2—反射频率；v—溜车速度。

图 4-1-9 多普勒效应测速原理

雷达测速精度高，能连续测量瞬间速度，基本能满足驼峰溜放速度自动或半自动控制系统的运营要求。

2. 测长设备

测长(或测距)设备用来测量调车线空闲长度，是驼峰点式或点连式调速系统不可缺少的基础设备。测长设备品种很多，有音频测长、工频测长、相位测长等，虽然都是利用短路轨道电路输入阻抗，但其实施方案各异。

我国主要采用 TDC-103A 型音频动态测长器。在装设音频轨道电路的调车线上，向轨端送以某一固定频率的恒定电流时，轨端电压正比于轨道短路点的长度，因此按确定的模拟系数就可以换算出该轨道短路点的长度，从而得到调车线的空闲长度。

3. 测重设备

测重设备是驼峰自动化基础设备之一，用于测量溜放车组的轮重、总重和平均重量等级，作为确定减速器制动等级和评估车辆溜放阻力的重要依据，一般设置在驼峰第一分路道岔保护区段内。近年来，我国多采用 T·ZY 型塞孔式压磁测重机。测量的车辆可以按其重量分为四个等级：一级车≤23.0 t；23.1≤二级车≤40.0 t；40.1≤三级车≤55.0 t；四级车>55.0 t。

4. 测阻设备

能否准确地测量和处理溜放车辆的阻力是影响调速效果的关键因素之一。在减速器前一般都要设测阻区段，以便测出溜放车辆的运动加速度，进一步计算阻力值。

车辆运动单位总阻力 r 与运动加速度 a 的关系式如下：

$$r=i-\frac{a}{g'} \tag{4-1-1}$$

式中　r——车辆运动单位总阻力，N/kN；

i——测阻区段的坡度，‰；

a——车辆运动加速度，m/s^2；

g'——考虑了车轮转动惯量影响的重力加速度，m/s^2，其计算公式为

$$g'=\frac{g}{1+\frac{0.42}{Q}n} \tag{4-1-2}$$

其中　g——标准自由落体加速度，为 $9.8\ m/s^2$，

n——计算车辆的轴数，

Q——计算车辆的总重，t。

车辆在不太长的测阻区段上的运动，可以看作是匀加速（或匀减速）运动。测量加速度一般是通过测量车辆在两点的速度 v_1、v_2 和经过两点的间隔时间 t 而求得。其平均加速度 $\bar{a}$ 为

$$\bar{a}=\frac{v_2-v_1}{t} \tag{4-1-3}$$

对测阻区段始、终端速度的测量一般有两种方法，即雷达测速和踏板（车轮传感器）测速。测阻设备安装示意如图 4-1-10 所示。

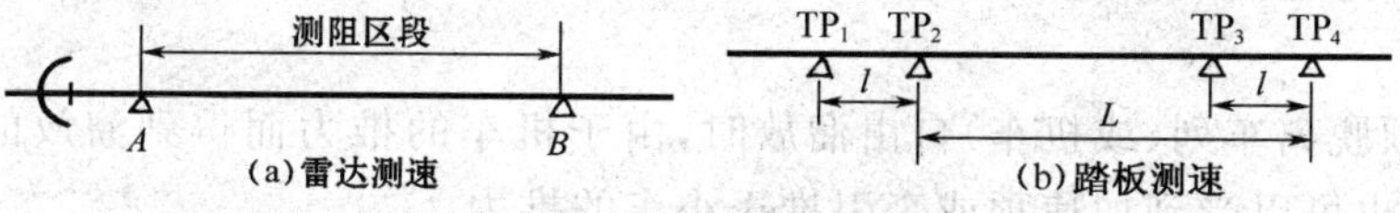

图 4-1-10　测阻设备安装示意

四、驼峰溜放进路自动控制设备

驼峰进路包括推送进路、溜放进路和调车进路。其中推送进路和调车进路实行联锁集中控制，也可以在联锁的基础上实行自动控制。溜放进路实行自动控制。控制系统可以通过道岔和信号机的继电执行组合执行控制命令，也可以由电子执行电路来操纵道岔动作和信号机的显示，接受其状态表示信息。

车列解体前可由解体计划编制系统向进路控制系统自动输入解体钩计划，也可以由驼峰值班员人工办理存储手续（半自动）。车列解体开始后，随着钩车的溜放，进路控制系统自动控制分路道岔自动适时转换。

五、驼峰推峰机车速度控制设备

驼峰推峰机车速度控制有以下四种方式。

1. 驼峰信号控制方式

驼峰机车速度控制最基本的方法是驼峰值班员通过驼峰信号的显示，指示司机人工控制机车推峰速度（pushing speed）；也可以由驼峰自动化系统根据钩车的长度，自动选择推峰速度，自动操纵驼峰信号的显示。

2. 驼峰机车信号控制方式

在驼峰机车上复示驼峰信号机的显示，可以改善信号瞭望条件。

3. 驼峰机车遥控控制方式

驼峰值班员通过机车遥控设备发出推峰速度命令，直接操纵机车推峰作业，可避免机车司机响应速度控制命令的滞后，有利于实现变速推峰，提高解体效率。

4. 驼峰机车自动控制方式

驼峰自动化系统根据车组大小、前后钩车间隔、相邻两车组最后分路道岔的位置等因素自动选择推峰速度，自动控制机车的推峰速度。

六、自动提钩及自动摘接风管设备

列车在开始解体前，要关闭车辆的折角塞门，封闭货车制动机的风路，并拆开风管接头，将其悬挂在风管销上。在车列解体作业中，要根据解体计划摘开车钩。车列编成后还要进行接风管作业。上述这些作业到目前为止，国内外都是用人工操作。驼峰作业中自动提钩和自动摘接风管的设备还处在研究试验阶段。

第三节　驼峰溜放钩车运动的基本原理

一、驼峰溜放钩车的受力分析

车辆自驼峰峰顶向调车场溜放过程中，作用在车辆上的力主要有以下几种。

1. 推力

车辆自峰顶脱离车列（或机车）自由溜放时，由于机车的推力而得到溜放的初速度。车辆在溜放过程中，也可以受到加速顶或牵引推送小车的推力。

2. 车辆本身的重力

车辆自峰顶向下溜放时，是由高处往低处沿着面向调车场的一系列下坡道运行，因而车辆本身的重力产生与斜坡平行的分力，可以促使车辆加速溜放。

3. 车辆溜放阻力

车辆在溜放过程中所受的阻力包括基本阻力、风和空气阻力、道岔冲击阻力和曲线附加阻力。

4. 制动力

制动力是指制动设备对溜放中的车辆施加制动而产生的制动阻力。

下面就车辆沿斜面运动时作用在车辆上的各种力进行分析。

车辆沿坡道溜放时（图 4-1-11），其重量 Q 可以分成两个互相垂直的分力 F 和 P。其中 P 与该坡道斜面相垂直，使钩车车轮和钢轨之间产生黏着作用，F 与坡道斜面相平行，为钩车溜放的动力。即使驼峰的坡度较陡，如坡度为 50‰，斜面与水平线所成的倾斜角 α 也只有 $2°52'$，因此，将斜面长度 AB 看成等于其水平投影的长度 BC，不会影响计算所要求的精确度，即

$$\sin\alpha \approx \tan\alpha \approx i‰$$

$$\cos\alpha \approx 1$$

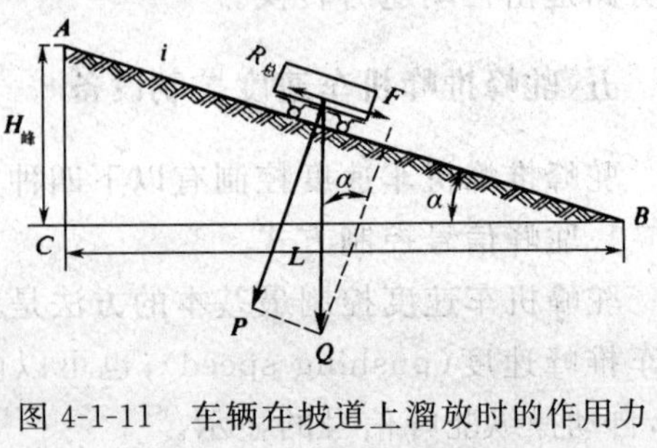

图 4-1-11　车辆在坡道上溜放时的作用力

由图 4-1-11 可知：

$$P=Q\cos\alpha\approx Q$$

$$F=Q\sin\alpha\approx Q\tan\alpha\approx Qi‰$$

式中 i——坡度，‰。

当车辆自驼峰向下溜放时，它是在力 F 的作用下运动的，力 F 的大小取决于车辆的重量和坡度。这一运动又同时受阻力 $R_{总}$ 的反作用。$R_{总}$ 的大小取决于车辆的重量和车辆在溜放过程中所受到的单位总阻力 r，r 以 N/kN 计，或以‰表示(1 N/kN=1‰)，即

$$R_{总}=Qr\times10^{-3} \tag{4-1-4}$$

因此，车辆溜放时所受的合力为

$$F-R_{总}\approx Q(i-r)\times10^{-3} \tag{4-1-5}$$

由式(4-1-5)可知，此合力为正值时，溜放车辆将加速运行；此合力为负值时，溜放车辆将减速运行；此合力为零时，溜放车辆以等速运行。

二、车辆溜放阻力的计算

车辆所受阻力包括基本阻力、风阻力、曲线附加阻力、道岔阻力等。

(一)过峰车辆的分类

在驼峰设计中，为了计算货车的溜放阻力、峰高及调速设备的数量，将经过驼峰解体的车辆分为易行车(easy rolling wagons)、中行车(middle rolling wagons)和难行车(hard rolling wagons)三种。根据对全路现有货车的种类和比重的调查统计，目前我国对三种车辆的规定如下。

易行车——经驼峰溜放时，基本阻力与风阻力之和最小的车辆，规定采用满载的 70 t 敞车(C_{70})，总重 94 t；

中行车——经驼峰溜放时，基本阻力与风阻力之和较小的车辆，规定采用不满载的 70 t 敞车(C_{70})，总重 70 t；

难行车——经驼峰溜放时，基本阻力与风阻力之和较大的车辆，规定采用不满载的 70 t 棚车(P_{70H})，总重 30 t。

难、中、易行车的主要尺寸见表 4-1-2。

表 4-1-2 计算车辆的主要参数

车型	车辆长度/m	外轴距/m	内轴距/m	自重/t	载重/t	车厢长×宽×高/m
C_{70}	13.976	11.04	7.38	23.8	70.0	13.30×2.900×2.369
P_{70H}	17.066	13.93	10.27	24.6	70.0	16.10×2.800×3.717

(二)车辆溜放的基本阻力

1. 基本阻力的产生

基本阻力(basic resistance)是指车辆在平直线上溜行时，除风阻力以外所受的阻力。基本阻力主要由下述原因产生：

(1)车轮轴颈与轴瓦(或滚动轴承)间的摩擦。

(2)车轮踏面与轨面间的滚动摩擦。

(3)车轮与轨面间的滑动摩擦。

(4)车辆溜行中的冲击、振动和摇摆。

2.基本阻力的计算

在平直线路上溜行的车辆，其基本阻力受到车速、车重、环境温度、湿度、风速、风向、轨距、道床等级、车轮踏面、轮径、轴承类型、货物装载等诸多因素的影响。其中许多因素是随机的，很难用数学公式来计算确定其数值。但可以根据大量的实测资料，统计分析并测度各因素与基本阻力之间的关系，从而推导出反映这种关系的回归方程式。

滚动轴承货车单位基本阻力的计算公式为

$$r_{基}=2.439+(0.000\,08Q-0.017\,43)t-0.015Q+0.000\,17t^2+0.1v_{车}\pm1.65\sigma_{基}+(1-k)\times0.39 \tag{4-1-6}$$

式中 $r_{基}$——货车溜放的单位基本阻力，N/kN；

Q——计算车辆总重，t；

t——环境气温，℃；

$v_{车}$——车辆平均溜放速度，m/s；

k——参数，驼峰溜放部分 $k=0$，调车场 $k=1$；

$\sigma_{基}$——车辆溜放基本阻力离散程度的均方差，难行车取“+”，中行车取“0”，易行车取“－”。

$$\sigma_{基}=0.602-(0.001\,2+0.000\,02Q)t-0.003Q+0.000\,02t^2 \tag{4-1-7}$$

计算减速器制动能高时，易行车在溜放部分的基本阻力可采用1.0 N/kN。

（三）车辆溜放的风阻力

1.风阻力的产生

风阻力(resistance due to wind effect)是指车辆在溜放过程中与空气的相对运动而产生的阻力（或推力）。风阻力与车辆的形状、大小、表面光滑程度、车辆的溜放速度（rolling speed)、风速及风向与溜车方向所成的夹角等因素有关。车辆的风阻力由三部分组成，第一部分是车辆前端部迎面的正压力和尾部的负压力形成的压差，第二部分是车辆表面与空气的摩擦，第三部分是车辆尾部产生的涡流。

车辆在溜放过程中，有时候为正向（迎面）来风，有时候为斜向来风，当然也有时候为顺风。正向来风时，风向与车辆纵轴方向（即车辆溜行方向）相一致，因此风压力与车辆纵轴方向也一致。斜向来风时，风向与车辆纵轴方向有夹角 β，风压力可分成两个力：一个平行于车辆纵轴方向的力；另一个垂直于车辆纵轴方向的力。

计算峰高时只取与车辆纵轴方向平行的分力，即风阻力；与纵轴方向垂直的分力侧向推动车轮与钢轨产生摩擦力，但是与轮轨间的横向滑动摩擦力相比，风压力很小，可以不考虑。根据空气动力学原理，将车辆按一定比例尺缩小做成模型，将模型放在风洞内吹风，通过测力天平测出各种模型在不同吹风角度 α（模型可以转动）时的风阻力与侧压力，并计算出各个 α 角时的模型纵轴方向阻力系数 C_{x1}，再结合实际溜车时的受风情况，通过换算得出计算车辆风阻力的公式和相应的阻力系数。图4-1-12为风洞实验设备示意。

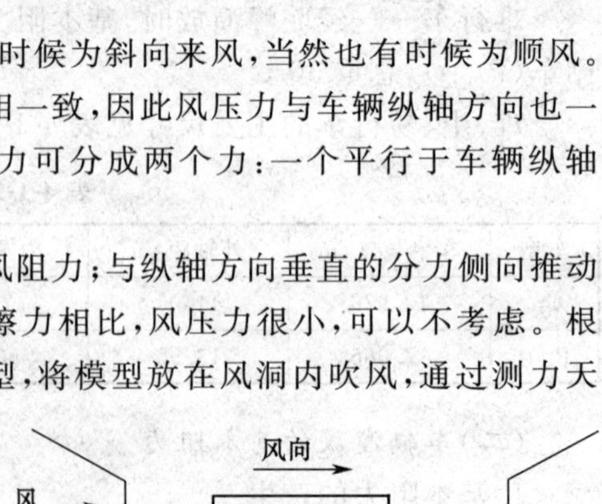

图4-1-12 风洞实验设备示意

2.风阻力的计算

车辆单位风阻力 $r_{风}$ 可按式(4-1-8)计算：

$$r_{风}=\frac{\rho f\frac{C_{x1}}{C_{x0}}}{2Q\cos^2\alpha}(v_{车}\pm v_{风}\cos\beta)^2 \tag{4-1-8}$$

式中　$r_{风}$——车辆单位风阻力或推力，N/kN，当逆风或顺风而 $v_{风}\cos\beta<v_{车}$ 时，为阻力，取"+"，当顺风而 $v_{风}\cos\beta>v_{车}$ 时，取"−"；

ρ——气流密度，与气压和气温有关，当气压为 0.1 MPa，气温为 0 ℃时，$\rho=0.125\ \mathrm{kg\cdot s^2/m^4}$；

f——正向吹风时车辆的受风面积，m^2，是货车正面车厢面积(全部)与下部走行结构面积(部分)之和，可按表 4-1-3 采用；

$v_{车}$——车辆的溜放速度，m/s；

$v_{风}$——计算风速，m/s；

β——$v_{风}$ 方向与车辆纵轴方向的夹角，(°)；

α——风速与车速的合成速度 $v_{合}$ 方向与车辆纵轴方向的夹角，(°)；

C_{x1}——$v_{合}$ 方向与车辆纵轴方向成夹角 α 时的风阻力系数；

C_{x0}——正向吹风($\alpha=0$)时车辆的风阻力系数；

Q——车辆总重，t。

图 4-1-13 为车辆溜放时的合成速度。

表 4-1-3　受风面积 f

车　型	车辆正面计算受风面积 f/m^2
P_{70H}	11.41
C_{70}	7.71

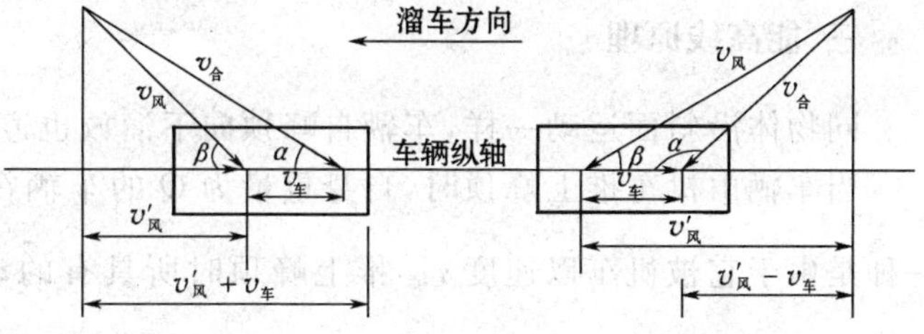

图 4-1-13　车辆溜放时的合成速度

从图 4-1-13 中可以看出：

$$\alpha=\arctan\frac{v_{风}\sin\beta}{v_{车}\pm v_{风}\cos\beta} \tag{4-1-9}$$

$$v_{合}=\frac{v_{车}\pm v_{风}\cos\beta}{\cos\alpha} \tag{4-1-10}$$

式(4-1-9)、式(4-1-10)中，逆风时取"+"，顺风时取"−"。

《铁路驼峰及调车场设计规范》(TB 10062—2018)(以下简称《驼峰规范》)规定，计算风阻力时，β 取 0°，α 取 0°，C_{x1}/C_{x0} 取 1。

(四)曲线附加阻力和道岔阻力

1. 曲线附加阻力

曲线附加阻力(curve resistance)是车辆溜经曲线时产生的附加阻力。引起曲线附加阻力的原因如下：

(1)由于离心力的作用，车辆进入曲线时车轮轮缘压向外轨轨头内侧并产生横向滑动，引起摩擦。

(2)车辆心盘及旁承因为转向架的转动而产生摩擦。

(3)由于曲线部分内外轨的长度不相等，使轮轨间产生滑动摩擦。

曲线阻力的大小与曲线半径、车辆溜放速度、车辆重量及外轨超高等因素有关。从测试结果分析，单位曲线阻力与曲线半径 R 有密切关系，$r_{曲}=f(R)$，单位曲线阻力与半径成反比。单位长度的单位曲线阻力可表示为

$$r_{曲}=\frac{C}{R}=\frac{C\pi\alpha}{180l_{曲}} \tag{4-1-11}$$

式中 $r_{曲}$——单位曲线阻力，N/kN；

C——常数，采用经验数据；

R——曲线半径，m；

α——曲线转角，(°)；

$l_{曲}$——曲线长度，m。

有关研究部门建议，每1°曲线转角的单位曲线阻力功采用8 N·m/kN。

2.道岔阻力

道岔阻力(switch resistance)是由于车轮溜经道岔时撞击尖轨和辙叉而产生的阻力。道岔阻力与气温、货车重量的关系不大。溜放车辆通过道岔的速度不很高时，对阻力的影响也不大。车辆通过一组逆向道岔的单位阻力功采用24 N·m/kN。通过一组顺向道岔或交叉渡线中的菱形交叉的单位阻力功采用12 N·m/kN，通过一组三开道岔或复式交分道岔的单位阻力功采用48 N·m/kN。

三、能高线原理

同物体沿斜面运动一样，车辆自峰顶向下溜放也遵循能量守恒、能量转换定律。

当车辆由机车推上峰顶时，自身重量为 Q 的车辆在峰顶 A 处的总能量由两种能量组成：一种是由于它被机车以速度 $v_{推}$ 推上峰顶时所具有的动能 $\frac{Qv_{推}^2}{2g'}$；另一种是由于它在峰顶处对调车线计算点有一个高差 $H_{峰}$ 而具有的势能 $QH_{峰}$。车辆在峰顶 A 点时，对计算点 D 来说，它具有的总能量为 $\frac{Qv_{推}^2}{2g'}+QH_{峰}$，如图4-1-14所示。

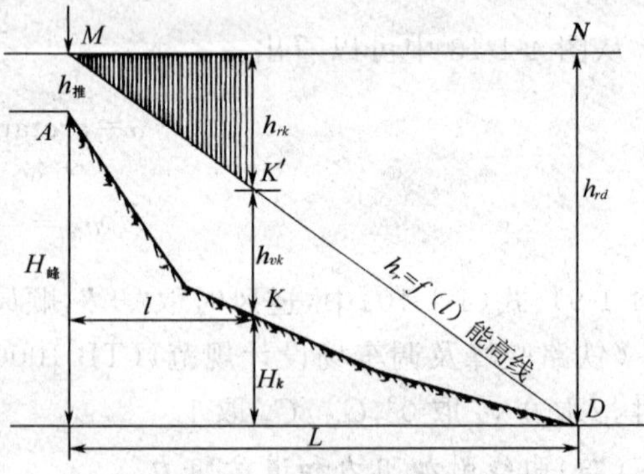

图4-1-14 能高线图

车辆在溜放过程中为了克服各种阻力就要损失一定的能量，这叫作阻力损失或能量损失，又叫作阻力功。假设车辆的溜放距离为 L(m)，则总阻力功为

$$R_{总}\ L=QrL\times10^{-3} \tag{4-1-12}$$

式中 $R_{总}$——车辆总阻力，N；

r——车辆溜放时的单位总阻力，$r=r_{基}+r_{风}+r_{曲}+r_{岔}$，N/kN。

如果车辆溜经 L 距离后，它在峰顶所具有的总能量全部消耗掉，则在 L 距离的终点停住。

$$QH_{峰}+\frac{Qv_{推}^2}{2g'}-QrL\times10^{-3}=0$$

或

$$H_{峰}+\frac{v_{推}^2}{2g'}-rL\times10^{-3}=0 \tag{4-1-13}$$

当车辆溜经距离 l 到达溜放部分某点 K 时，在克服各种阻力之后仍有剩余势能 QH_k(H_k

为点 K 到计算点 D 的高差，m）和动能$\frac{Qv_k^2}{2g'}$，则车辆在 K 点将以速度 v_k 继续溜行。

$$QH_{峰}+\frac{Qv_{推}^2}{2g'}-Qrl\times10^{-3}=QH_k+\frac{Qv_k^2}{2g'}$$

或

$$H_{峰}+\frac{v_{推}^2}{2g'}-rl\times10^{-3}=H_k+\frac{v_k^2}{2g'} \tag{4-1-14}$$

如果把车辆的动能和阻力功认为是假想的高度或换算高度，式(4-1-13)和式(4-1-14)也可以表示为

$$H_{峰}+h_{推}-h_{rd}=0 \tag{4-1-15}$$

$$H_{峰}+h_{推}-H_k-h_{rk}=h_{vk} \tag{4-1-16}$$

式中 $h_{推}$——车辆在峰顶 A 点的动能高，也可称速度高，m，$h_{推}=\frac{v_{推}^2}{2g'}$；

h_{vk}——车辆溜到纵断面上任意点 K 的动能高，m，$h_{vk}=\frac{v_k^2}{2g'}$；

h_{rk}——纵断面上 K 点的阻力高或者阻力损失，m，$h_{rk}=rl\times10^{-3}$；

h_{rd}——D 点的阻力高或者阻力损失，m，$h_{rd}=rL\times10^{-3}$。

从式(4-1-15)、式(4-1-16)可以看出，车辆在纵断面上任意点的速度与车辆从 h_{vk} 的高度垂直降落时所具有的速度是一样的。该两式反映了车辆由峰顶向下溜放运动的功、能转换关系。为了简化并便于分析驼峰溜放部分车辆的运动，通常用能高线图（图 4-1-14）表示这两个关系式。

图 4-1-14 所示能高线图的绘制方法如下：由距峰顶向上 $h_{推}$处作水平线 MN。如果在车辆溜放过程中没有阻力，就没有克服阻力的能高(energy head)损失，则 MN 线就是溜放进路上各点的能高线。但实际上在溜放过程中有各种阻力，因而就会产生克服各种阻力的能高损失 h_r，所以，由 MN 线上与纵断面各点相对应的点向下绘出垂直于 MN 的各阻力高（即能高损失）。连接各阻力高末端各点，形成一条线 $MK'D$，这条线就是阻力高线 $h_r=f(l)$。显然，由这条线上的任意一点 K' 至 MN 线的垂直距离 h_{rk} 即为车辆由峰顶到该点的能高损失（阻力高），而由该点至纵断面上的相应点 K 的垂直距离 h_{vk} 即为车辆溜到该点时剩余的动能高。因此，$MK'D$ 也称为能高线。

应当指出，车辆在整个溜放部分溜行的全部过程中，在各处受到的阻力并不是一个常数，所以整条能高线并不是一条直线，而是一条曲线或折线。图 4-1-14 已作了简化。由图4-1-14可以看出，当能高线与纵断面相交于 D 点时，表明车辆的总能量由于克服各种阻力所做的功全部消耗完而在 D 点停住，即

$$H_{峰}=h_{rd}-h_{推} \tag{4-1-17}$$

当车辆溜到 K 点时，具有剩余的动能高 h_{vk}。由图 4-1-14 可知

$$h_{vk}=H_{峰}+h_{推}-H_k-h_{rk} \tag{4-1-18}$$

知道了车辆在驼峰任意一点的动能高 h_{vk}后，即可求得其相应的速度，即

$$v_k=\sqrt{2g'h_{vk}} \tag{4-1-19}$$

当车辆以速度 v_j 通过驼峰纵断面上 J 点时，它到 K 点的速度 v_k 可依能量守恒定律计算：

$$\frac{Qv_k^2}{2g'}-\frac{Qv_j^2}{2g'}=\frac{1}{1\,000}(Qli-Qlr)$$

$$v_k^2 - v_j^2 = 2g'l(i-r)\times 10^{-3}$$

即

$$v_k = \sqrt{v_j^2 + 2g'l(i-r)\times 10^{-3}} \quad (4\text{-}1\text{-}20)$$

车辆通过坡段 l 的平均速度为 $\frac{v_j+v_k}{2}$，通过该坡段的走行时间 t 可按式(4-1-21)确定：

$$t = \frac{2l}{v_j + v_k} \quad (4\text{-}1\text{-}21)$$

式(4-1-17)～式(4-1-21)可以用来解决驼峰的设计、计算、检算及分析驼峰纵断面设计中的有关问题。利用能高线的原理和方程式，可以计算驼峰的高度，计算车辆在纵断面上各点的速度，计算车辆通过各坡段的时间，还可以对高度(势能)、速度(动能)和阻力功等进行换算。

四、气象资料的分析

当计算车辆的重量和溜行速度确定后，其基本阻力值便取决于环境温度，风阻力值便取决于风向、风速及风向与溜车方向的夹角。

驼峰溜车方向两侧 90°范围内的风向和无风为逆风风向，其余风向为顺风。例如，某驼峰调车场中轴线的方位角为 SSW2°SW，各逆风风向及夹角 β 如图 4-1-15 所示。

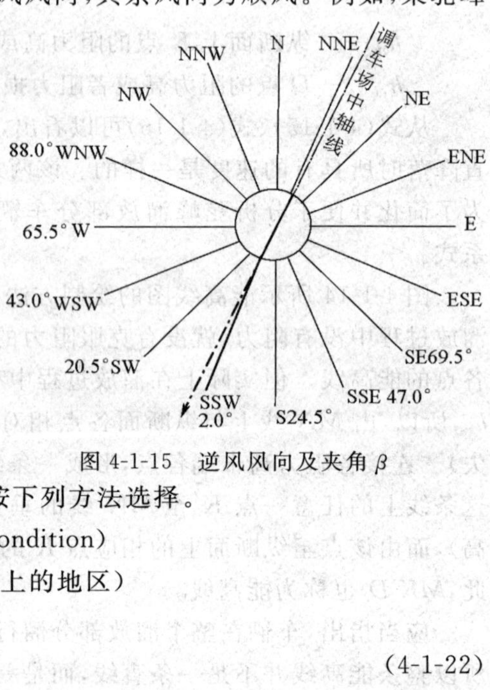

图 4-1-15 逆风风向及夹角 β

气候的变化规律是以年为周期不断进行循环的，气象资料的选择应以年为单位，选择的时期越长，资料的可靠性越高，但工作量会增加。关于气象资料确定的问题，《驼峰规范》规定，应收集驼峰所在城市或地区 10 年各月的月平均气温和月平均风速的气象资料，当无该城市或地区的气象资料时，可采用临近城市或地区的气象资料。

收集资料后分别将 10 年各月的月均气温和月平均风速作为样本，采用数理统计方法，作成相互独立的近似正态分布曲线，取均值 $\overline{t}$、$\overline{v}_f$，求 σ_t、σ_f，然后按下列方法选择。

(一)溜车不利条件(rolling car at unfavourable condition)

1. 南方地区(10 年各月的月平均气温在 0 ℃及以上的地区)

计算气温按式(4-1-22)计算：

$$t = \overline{t} - 1.96\sigma_t \quad (4\text{-}1\text{-}22)$$

式中 t——计算气温，℃；

$\overline{t}$——根据 10 年各月的月平均气温计算的年平均气温，℃；

σ_t——计算气温的均方差，℃。

计算风速按式(4-1-23)计算：

$$v_f = K_f(\overline{v}_f + 1.96\sigma_f) \quad (4\text{-}1\text{-}23)$$

式中 v_f——计算风速，m/s；

$\overline{v}_f$——根据 10 年各月的月平均风速计算的年平均风速，m/s；

σ_f——计算风速的均方差，m/s；

K_f——计算系数，一般情况取 1.0，当设计驼峰的溜车方向与当地冬季主要季风方向相反时取 1.5，且由此计算的 v_f 不宜大于 5.0 m/s。

2.北方地区

计算气温按式(4-1-24)计算:

$$t=\overline{t}-1.5\sigma_t \tag{4-1-24}$$

计算风速按式(4-1-25)计算:

$$v_f=K_f(\overline{v}_f+1.5\sigma_f) \tag{4-1-25}$$

计算风向为溜车正面逆风,风向与溜车方向的夹角为 0°。

(二)溜车有利条件(rolling car at favourable condition)

计算气温采用 27 ℃。溜放速度与溜放间隔检算时,计算风速按无风计算;计算夏季限制峰高、设计驼峰溜放部分纵断面及计算调速设备制动能力时,风阻力按零计算。

第四节 驼峰调速系统

驼峰调速系统(hump speed control system)是根据驼峰采用的调速设备、合理的平纵断面、相应的测量设备(测重、测速、测阻、测长等)、计算设备和控制设备等,对钩车溜放全过程的速度进行调整和控制,以保证道岔的安全转换和与停留车的安全连挂。

驼峰调速系统采用的调速设备不同,所采用的测量设备和控制设备也不一样。例如,全部采用减速器调速时,需要设置测速、测阻、测长和计算机等设备,来对钩车溜放全过程的速度进行自动控制。又如全部采用减速顶调速时,由于每个减速顶本身具有判别钩车速度与自动调速的功能,因此不需要测量、计算和控制等设备。

驼峰调速系统基本上可分为点式调速系统、连续式调速系统和点连式调速系统三大类。

一、点式调速系统

(一)系统特点

在驼峰溜放部分及调车线内,车辆溜放的调速设备全部采用减速器,在溜车径路上的一个或几个固定地点设置减速器制动位(retarder location),每个制动位控制钩车一定的溜放距离,这种调速制式称为点式调速系统(point type speed control system)。点式调速系统的平、纵断面和速控模式如图 4-1-16 所示。

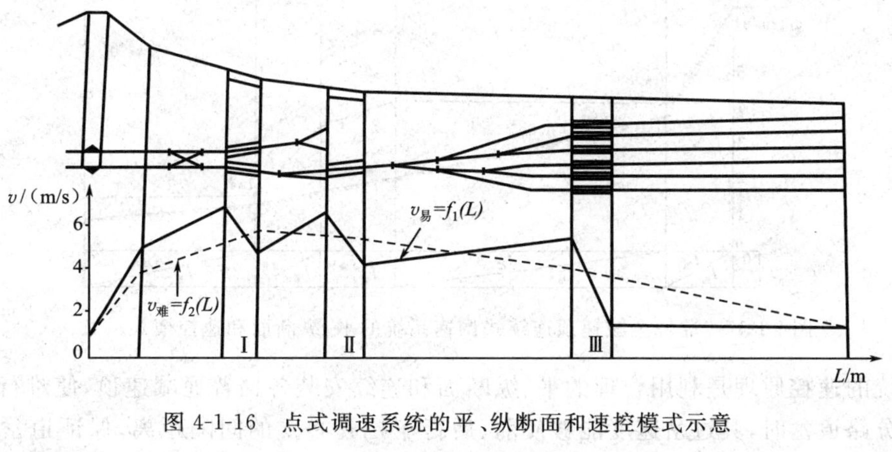

图 4-1-16 点式调速系统的平、纵断面和速控模式示意

点式调速系统的钩车在溜放过程中,由测量设备测出影响减速器出口速度的各项参数(如

钩车的重量等级、溜放阻力、停留车位置和钩车的实际溜放速度 $v_{实}$ 等)，计算设备根据这些参数按照一定的数学模型计算出溜放钩车通过减速器的出口速度 $v_{出}$，并控制减速器的动作。当 $v_{实}>v_{出}$ 时，减速器对钩车实施制动，当 $v_{实}\leqslant v_{出}$ 时，减速器自行缓解。

(二)系统功能评价

点式调速系统采用减速器调速。减速器单位制动能力大，控制灵活，能适应复杂的钩车组合条件，提高推峰速度，钩车通过分路道岔和减速器制动位的速度比较高。该系统的运营效果取决于驼峰运营条件的好坏。例如，美国、加拿大等以重载运输为主的铁路，其车辆自重和载重均较大，溜放阻力及其离散度小；车辆和车钩的结构及材质强度都较高，同时货物的包装及装载采用了加固与防冲措施，安全连挂速度(coupling speed)均较大(一般可达 9.6 km/h)；货物列车虽然较长，但大多为分组列车，在多条较短的调车线上集结编组而成，调车场“目的制动”调速的控制距离较短。由于具有上述较好的运营条件，点式调速系统的运营效果好。因此，美、加等国以全减速器点式调速系统为驼峰现代化的定型制式。

全减速器点式调速系统的主要缺点是该系统全部采用钳夹式减速器作为调速设备，对于新型钢板车、油轮、大轮、薄轮货车，减速器的制动力衰减较大，影响制动效果和作业安全，需采取人工防护措施。

二、连续式调速系统

在驼峰溜放部分和调车线内，连续布设调速设备，实现对钩车的连续式调速。全减速顶连续式调速系统简称连续式调速系统(continued speed control system)。该系统可分为以下几种。

(一)驼峰全减速顶连续式调速系统

1. 系统特点

驼峰全减速顶连续式调速系统的平、纵断面和速控模式如图 4-1-17 所示。

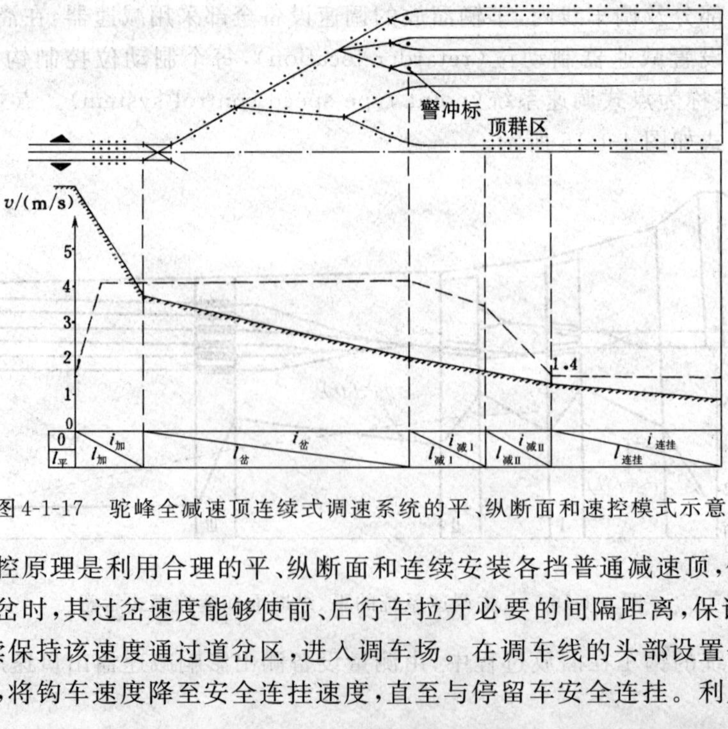

图 4-1-17　驼峰全减速顶连续式调速系统的平、纵断面和速控模式示意

该系统的速控原理是利用合理的平、纵断面和连续安装各挡普通减速顶，使难行车从峰顶溜至第一分路道岔时，其过岔速度能够使前、后行车拉开必要的间隔距离，保证道岔的安全转换，并使钩车继续保持该速度通过道岔区，进入调车场。在调车线的头部设置一定长度的减速顶群(密集布顶)，将钩车速度降至安全连挂速度，直至与停留车安全连挂。利用减速顶控制中

行车和易行车溜行的多余能量，使难、中、易行车等速运行。

2.系统功能评价

与全减速器点式调速系统相比较，驼峰全减速顶连续式调速系统在功能方面有以下优点：

(1)安全连挂率高，减少了驼峰机车下峰整场时间，从而提高了驼峰的解体能力。

(2)调速系统稳定可靠，速度控制为群控方式，个别减速顶甚至几个减速顶发生故障时，对速控的影响很小。

(3)不需要外部能源，不需要外部控制设备，工程和设备投资省，运营支出少。

(4)系统结构简单，调速工具单一，安装简单，工期短，便于保养维修，对运营干扰少。

驼峰全减速顶连续式调速系统的主要缺点是解体速度较低，解体能力较小。可在地形坡度较陡、车流性质单一(如工业站)的中、小能力驼峰上采用。

(二)股道全减速顶连续式调速系统

股道全减速顶连续式调速系统的特点是从峰顶至调车线的顶群区入口处不设调速设备，在调车场内的布顶方式与驼峰全减速顶连续式调速系统相同。这种调速系统适合于中、小能力驼峰现代化使用。图 4-1-18 为股道全减速顶连续式调速系统示意。

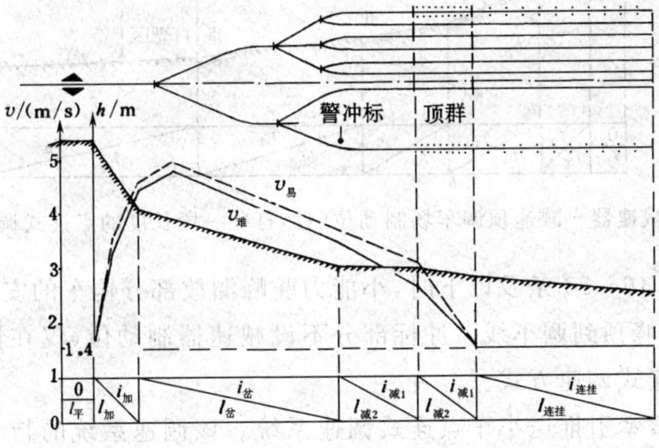

图 4-1-18　股道全减速顶连续式调速系统示意

(三)可控顶连续式调速系统

可控顶连续式调速系统采用优化的驼峰平、纵断面设计，应用“模糊控制”理论布设可控减速顶和普通减速顶；并利用计算机实时控制，按“速度逼近法”调速，最大限度地缩小难、易行车时差；布设在调车场入口处的可控减速顶群，有利于对大组空车调速，必要时可“让头拦尾”或“自由通过”，以确保前后钩车溜放间隔。这种调速系统运营效果良好，适合于中、小能力驼峰现代化使用。

三、点连式调速系统

点连式调速系统(point-continued speed control system)是利用减速器(点式)与减速顶、可控减速顶、加减速顶、绳索牵引推送小车等(连续式)调速设备相互结合的一种调速系统。在驼峰溜放部分和调车场股道入口地段采用点式调速，在调车线的车辆连挂区与停车区采用连续式调速。其具体调速方式有：减速器＋减速顶点连式调速系统；减速器＋绳索牵引推送小车点连式调速系统；减速器＋锁闭式加减速顶点连式调速系统等。

1. 系统特点

(1)减速器＋减速顶点连式调速系统。图 4-1-19 为减速器＋减速顶调车场制动位(Ⅲ)打靶一段长度的点连式调速系统。该系统Ⅰ、Ⅱ、Ⅲ制动位采用减速器进行间隔制动及目的制动。减速器动作灵活,可以适应车流性质复杂、解体能力大的要求。调车场内的目的调速主要采用减速顶,可充分发挥减速顶连挂率高、运营效果好的优点。我国铁路调车驼峰广泛采用这种调速系统。

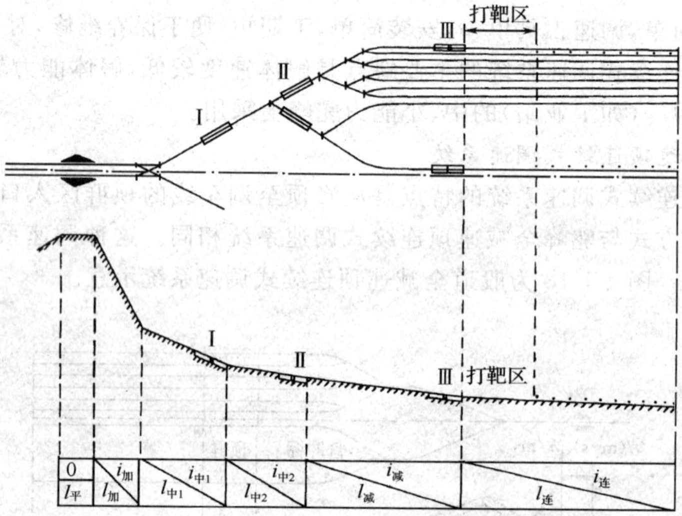

图 4-1-19　减速器＋减速顶调车场制动位(Ⅲ)打靶一段长度的点连式调速系统示意

调车场的线路在 16～20 条及以下时,小能力驼峰溜放部分钩车的安全间隔可以用合理的平、纵断面来解决,从峰顶到调车线警冲标部分不设减速器制动位,仅在调车场头部设减速器制动位,采用车场点连式调速方式。

(2)减速器＋绳索牵引推送小车点连式调速系统。该调速系统的特点是Ⅰ、Ⅱ、Ⅲ制动位采用减速器点式调速,Ⅲ制动位打靶长度(较短)以后的目的调速采用绳索牵引推送小车。对于溜不到停车目标的难、中行车,用小车进行推送,以 1.4 m/s 的速度与停留车安全连挂。图 4-1-20为减速器＋绳索牵引推送小车点连式调速系统示意。

该调速系统安全连挂率高,建设投资略高,适用于调车线坡度比较平缓的繁忙编组站。

(3)减速器＋锁闭式加减速顶点连式调速系统。锁闭式加减速顶具有加速与减速两种功能,当钩车溜行速度大于 5 km/h 时,对钩车发挥减速作用;当钩车溜行速度小于 3 km/h 时,对钩车起加速作用,可以增加调车作业的安全连挂率。

2. 系统功能评价

减速器＋减速顶(打靶)点连式调速系统的主要优点如下:

(1)发挥了点式与连续式两种调速系统的优点,又相互弥补了各自的不足;既保持了减速器调速的机动灵活性,又发挥了调车线内用减速顶连续调速安全连挂率高的优点。在运营上能适应复杂的钩车组合条件,满足大、中能力驼峰对解体能力的要求。

(2)点连式调速系统的解体能力大。

(3)点连式调速系统比点式调速系统有较大的经济效益。

点连式调速系统的主要缺点如下：

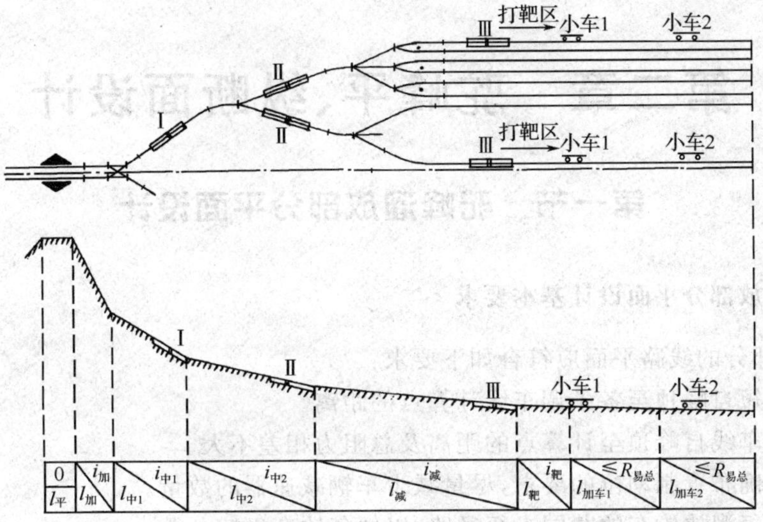

图 4-1-20 减速器+绳索牵引推送小车点连式调速系统示意

(1)点连式调速系统的设备品类多,管理与维修不便。

(2)在点式速控范围内,用减速器进行调速,减速器对油轮、大轮、薄轮货车的制动力衰减,速控误差大。

四、驼峰调速系统的选择

驼峰的调速系统种类应根据驼峰类型、所在地区的气象条件、工程运营费用及调车线有效长度等因素综合分析确定,并应按下列原则选择：

(1)大能力驼峰应优先选用设两级间隔制动位和一级车场制动位的减速器与减速顶组合的点连式调速系统。既有驼峰及调车场改建困难时,经技术经济比较,也可选用减速器与牵引小车或减速器与加速顶、减速顶组合的点连式调速系统。当调车线有效长度较短,车辆阻力离散度较小时,可采用点式调速系统。

(2)中能力驼峰宜选用设两级或一级间隔制动位和一级车场制动位的减速器与减速顶组合的点连式调速系统。既有驼峰及调车场改建困难时,经技术经济比较,也可选用减速器与加速顶、减速顶组合的点连式调速系统。当调车线有效长度较短,车辆阻力离散度较小时,经比选可采用点式调速系统。

(3)小能力驼峰可根据解体作业量、调车线数目、车流性质和气象条件等因素按下列要求选定其调速系统种类：

①解体作业量为 1 200 辆/d 以上,调车线 12～16 条的驼峰及调车场,宜选用不设间隔制动位的点连式调速系统或可控顶调速系统。

②解体作业量为 1 200 辆/d 及以下,调车线 5～12 条的驼峰及调车场,在解体作业量和调车线数目接近上限,且远期发展较快的情况下,一般选用不设间隔制动位的点连式调速系统;在其他情况下可以选用可控顶或股道全减速顶调速系统。解体作业量及调车线数目较少时,也可以先采用脱鞋器与减速顶组合的简易点连式调速系统过渡。

第二章　驼峰平、纵断面设计

第一节　驼峰溜放部分平面设计

一、驼峰溜放部分平面设计基本要求

驼峰溜放部分的线路平面应符合如下要求：

(1)尽量缩短自峰顶至各条调车线计算点的距离。

(2)各条调车线自峰顶至计算点的距离及总阻力相差不大。

(3)满足正确布置制动位的要求，尽量减少车辆减速器的数量。

(4)尽量缩短溜放钩车的共同走行径路，以便各钩车迅速分散。

(5)不铺设多余的道岔、插入短轨及反向曲线，以免增加阻力。

(6)道岔的布置、各类调速设备的设置及各部分线路间的距离均应符合安全条件。

二、驼峰溜放部分平面设计的具体规定

1. 道岔类型

为了缩短自峰顶至调车线计算点的距离，并便于调车场内股道成线束形对称布置，一般在调车场头部采用 6 号对称道岔和 7 号三开道岔。当调车场内股道较多时，最外侧线束的最外侧道岔可以采用交分道岔或 9 号单开道岔。

2. 道岔绝缘区段

在道岔采用集中控制的情况下，为了防止在道岔转换过程中驶入车辆以致造成事故，应在每一分路道岔(branch turnout)的尖轨尖端前设一段保护区段 $l_{保}$，它是道岔绝缘区段 $l_{绝}$ 的一部分(图 4-2-1)。其长度取决于道岔转换时间 $t_{转}$ 和车辆驶入各该道岔的最大速度 $v_{最大}$，即

$$l_{保}=v_{最大}\cdot t_{转} \tag{4-2-1}$$

式中的 $v_{最大}$ 对于第一分路道岔和其他道岔是有区别的，因为第一分路道岔距峰顶较近，速度稍低。

$$l_{绝}=0.008+l_{短}+q+l_{尖}+l_{突} \tag{4-2-2}$$

式中　$l_{突}$——道岔尖轨末端至外侧基本轨接缝处的距离，m；

q——道岔基本轨接缝至尖轨尖端的距离，m；

$l_{短}$——保护区段内插入短轨的长度，m；

$l_{尖}$——尖轨长度，m。

$l_{短}$、$l_{保}$、$l_{绝}$ 等有关资料见表 4-2-1。

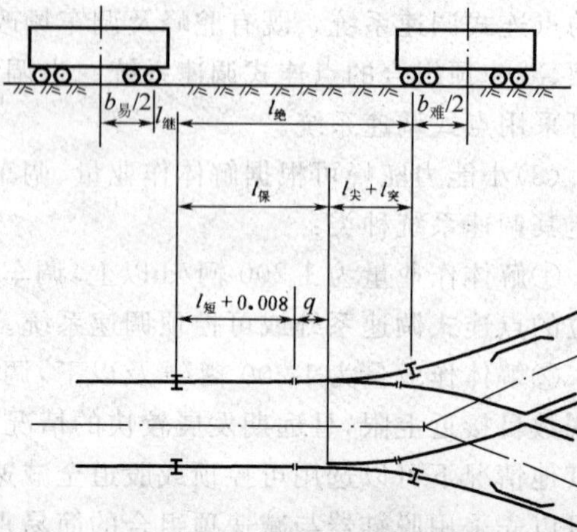

图 4-2-1　道岔绝缘区段

表 4-2-1 道岔保护区段及绝缘区段长度参考表

驼峰类型	道岔位置	道岔类型	转辙机类型	溜放部分调速设备类型	$l_{短}$/m	$l_{保}$/m	$l_{绝}$/m	$v_{最大}$/(m/s)
大中能力驼峰	第一分路道岔	6号对称	ZK	T·JK-A T·JK3-A	5.0	6.308	12.828	6.3
			ZD	T·JY	6.25	7.558	14.078	6.2
		6.5号对称	ZK	T·JK-A T·JK3	5.0	6.218	12.618	6.2
			ZD	T·JY	6.25	7.468	13.868	6.2
		7号三开	ZK	T·JK-A T·JK3-A	5.0	6.233	12.486	6.2
	其余分路道岔	6号对称	ZK	T·JK-A T·JK3-A	6.25	7.558	14.078	7.5
			ZD	T·JY	7.0	8.308	14.828	6.9
		6.5号对称	ZK	T·JK-A T·JK3	6.25	7.468	13.868	7.2
			ZD	T·JY	7.0	8.218	14.618	6.8
		7号三开	ZK	T·JK-A T·JK3-A	6.25	7.483	13.736	7.4
		9号单开	ZK	T·JK-A T·JK3-A	5.0	7.658	20.463	7.6

3.线束的布置

调车场线路采用线束形布置可以缩短前后行钩车的共同溜行径路。在大、中能力驼峰上，往往是在每一线束之前设有一个制动位。调车线总数一定时，每一线束内的股道数增多，线束数就可以减少，因而可以节省一些制动设备，但是却会增加溜经这一制动位的车数，也会增加这一制动位至最后分路道岔的距离，这将使前后钩车在最后道岔分路时加长共同经路，降低驼峰解体能力。每一线束内的线路数与调车场总线路数、每条线路的车流强度和性质及驼峰的作业量等因素有关，当采用单式对称道岔时，每一线束一般采用6～8条线路。

在调车线多的调车场，由于中间线束比较顺直，曲线阻力较小，因此中间线束的股道可以较外侧线束稍多，以平衡各股道的总阻力。

当调车场的线路在16条以上时，一般都采用两侧对称的线束形布置线束分配方案见表4-2-2。

表 4-2-2 线束分配方案

调车线数目/条	12	16	18	20	24	28	32	36	40	48
线束数(束)及每束线路数目/条	2×6	2×8	2×5＋2×4	2×6＋2×4	4×6	2×6＋2×8	4×8	6×6	4×6＋2×8	6×8

4.减速器制动位的布置

除T·JK型车辆减速器可在曲线轨道上使用外，其余均应安装在直线上，其始、末端(减速器入、出口制动夹板始、末端或制动钳中心)至道岔或曲线的最小直线段长度应满足减速器结构安装的要求。非重力式减速器前的直线段是为了设置护轮轨，使车辆的转向架进入减速器时运行平稳，避免对减速器产生侧向冲击。直线段的长度要视所采用的护轮轨的长度而定。非重力式减速器之后的直线段用于设置复轨器。减速器前后设置直线段长度的具体数值可根据减速器和道岔的类型，从设计手册中查得。

两相邻线路安装T·JK、T·JK-A型减速器时，两减速器始端之间的线路间距不应小于4 m。安装T·JY、T·JK3等其他类型减速器时，其前为6号对称道岔，两减速器入口端制动钳中心处的线路间距不应不小于 3.8 m,减速器前为 7 号三开道岔时,两减速器入口端制动钳中心处的线路间距不应不小于 4 m。

设在每条调车线始端的调车场减速器制动位距溜放部分最后分路道岔后警冲标的距离不小于 42 m。减速器入口距离岔后曲线尾端要有一定长度的直线段,在不设测阻区段的情况下,此直线段需一辆车(14 m)长度,以使溜放车辆进入减速器时两个转向架都处在直线段上,不受曲线的影响。此直线段内可设雷达天线。

各股道的车场减速器制动位应设在同一横断面上,以方便减速器的养护维修和布置横向动力管沟及运输道路,有利于纵断面设计和车辆溜放速度控制。

5.曲线设置

在不增加驼峰溜放部分长度的情况下,应采用较大的曲线半径。道岔后连接曲线宜避免设同向或反向曲线。

为了缩短驼峰调车场咽喉长度,曲线可以直接连接道岔基本轨或辙叉跟(第一分路道岔除外),其轨距加宽和外轨超高可以在曲线范围内处理,曲线加宽递减率与道岔相同。

为了缩短调车场头部的长度,或者为了得到必要的线路间距,在两连续道岔之间,往往需要在道岔保护区段的插入短轨范围内设置曲线。该曲线转角 α 可由式(4-2-3)计算:

$$\alpha=\frac{180l_{短}}{\pi R} \tag{4-2-3}$$

式中 R——曲线半径,m。

6.道岔连接

线束内两组设有绝缘区段的顺向道岔之间插入短轨的长度,除需保证道岔安全转换外,还应保持两相邻调车线之间有必要的线间距离,设于三开道岔后的对称道岔还要满足道岔转辙机安装要求。

设有绝缘区段的对向道岔间应根据转辙机类型插入短轨。

7.溜放线的数目

驼峰溜放线的数目应根据调车线数目、线束数目、解体作业量和作业方式确定。采用单溜放作业方式时,可设 1~2 条溜放线。采用双溜放作业方式时,应设 2 条溜放线。

8.峰顶至第一分路道岔前基本轨缝的距离

峰顶至第一分路道岔之间一般都不设制动位。因此,峰顶至第一分路道岔之间的距离应根据推峰速度和加速坡的坡度计算确定,以保证在溜车不利条件下从峰顶溜下不利钩车组合时(前难后易),第一分路道岔能够及时转换位置,使前后钩车安全地通过该道岔,分别进入不同股道。

根据我国驼峰运营经验和理论分析,当加速坡的坡度为 30‰~55‰时,第一分路道岔的基本轨接缝至峰顶之间的距离以采用 30~40 m 为宜。当推峰速度为 1.4~1.9 m/s 时,可以保证有足够的道岔转换时间。

三、驼峰溜放部分平面设计方法

调车场头部平面图可以人工绘制,也可以采用计算机辅助设计。图 4-2-2(见书后插图)为 36 条调车线的驼峰头部平面图,其中道岔为 6 号对称道岔,减速器为 T·JK 型。

第二节 驼峰高度计算

一、有关线路计算范围

1. 难行线(hard rolling track)

难行线是指调车场所有溜车的线路中车辆溜放总阻力最大的线路。

2. 易行线(easy rolling track)

易行线是指调车场所有溜车的线路中车辆溜放总阻力最小的线路。

3. 驼峰溜车方向

调车场头部两侧互相对称的车场,以调车场中轴线作为溜车方向。

二、溜车条件

1. 溜车不利条件

溜车不利条件是指车辆的基本阻力与风阻力之和为最大的溜放条件。

2. 溜车有利条件

溜车有利条件是指车辆的基本阻力与风阻力之和为最小的溜放条件。

三、驼峰峰高计算

驼峰峰高是指峰顶与难行线计算点之间的高差。驼峰峰高(hump height)应根据驼峰的类型、朝向、所在地区的气象条件及采用的调速系统等因素确定。

计算点是在确定驼峰高度时,保证计算车辆在给定溜车条件下溜到调车线某处停车或具有一定速度的地点。驼峰调车场采用的调速制式不同,计算点的位置也不同。

1. 大、中能力驼峰

大、中能力驼峰峰高应保证在溜车不利条件下,以 1.4 m/s 的推峰速度解体车列时,难行车能溜至难行线的计算点并达到其调速系统规定速度的要求。当设计驼峰的溜车方向与当地冬季主要季风方向相反时,设计峰高应按计算出的峰高再增加 10%。

减速器+减速顶点连式驼峰的高度,应保证在溜车不利条件下以 1.4 m/s 的推峰速度解体车列时,难行车溜到打靶区段(shot area)末端仍有 1.4 m/s 的速度进入减速顶的控制区。峰高 $H_{峰}$ 可按式(4-2-4)计算:

$$H_{峰}=[L_{溜}^{难}(r_{溜基}^{冬难}+r_{溜风}^{冬难})+L_{场}^{难}(r_{场基}^{冬难}+r_{场风}^{冬难})+8\sum\alpha_{难}+24n_{难}]\times10^{-3}+\frac{v_{挂}^{2}}{2g'_{难}}-\frac{v_{推}^{2}}{2g'_{难}} \tag{4-2-4}$$

式中 $L_{溜}^{难}$——峰顶至难行线车场制动位入口的距离,m;

$L_{场}^{难}$——难行线车场制动位入口至计算点的距离,m;

$r_{溜基}^{冬难}$,$r_{场基}^{冬难}$——溜车不利条件下,难行车在驼峰溜放部分和车场部分的单位基本阻力,N/kN;

$r_{溜风}^{冬难}$,$r_{场风}^{冬难}$——溜车不利条件下,难行车在驼峰溜放部分和车场部分的单位风阻力,N/kN;

$\sum\alpha_{难}$——峰顶至难行线车场制动位入口范围内的曲线、道岔转角之和,(°);

$n_{难}$——峰顶至难行线车场制动位入口范围内的道岔个数；

$v_{推}$——推峰速度，m/s；

$v_{挂}$——难行车溜至计算点的速度，m/s；

$g'_{难}$——考虑了转动惯量影响的难行车重力加速度，m/s^2。

《驼峰规范》规定在计算峰高、难行车溜放基本阻力和风阻力时，驼峰溜放部分难行车平均溜放速度可按表4-2-3采用；打靶区难行车平均溜放速度可按表4-2-4采用。

表4-2-3　溜放部分难行车平均溜放速度　　单位：m/s

计算气温/℃	计算风速								
	点连式调速系统			连续式调速系统			点式调速系统		
	3	4	5	3	4	5	3	4	5
0及其以上	4.8	4.9	5.0	4.9	5.0	5.1	5.4	5.5	5.6
−5	4.9	5.0	5.1	5.0	5.1	5.2	5.5	5.6	5.7
−10	5.0	5.1	5.2	5.1	5.2	5.3	5.6	5.7	5.8
−15	5.0	5.1	5.2	5.1	5.2	5.3	5.7	5.8	5.9
−20	5.1	5.2	5.3	5.2	5.3	5.4	5.7	5.8	5.9
−25	5.2	5.3	5.4	5.2	5.3	5.4	5.8	5.9	6.0

注：1. 股道全顶连续式溜放部分难行车平均溜放速度采用点连式的速度值。

2. 溜放部分不设间隔制动位的小能力驼峰，夏季易行车在驼峰溜放部分的平均溜放速度宜采用5.8 m/s，冬季难行车在驼峰溜放部分的平均溜放速度宜采用5.1 m/s。

3. 如果计算值与表中风速、气温不对应，建议计算风速向上取值后查表，计算气温向下取值后查表，或采用插值方法计算。

表4-2-4　打靶区难行车平均溜放速度　　单位：m/s

计算气温/℃	0及其以上	−5	−10	−15	−20	−25
点连式、连续式调速系统	2.2	2.2	2.2	2.3	2.4	2.4
点式调速系统	3.5	3.6	3.7	3.8	4.0	4.0

2. 小能力驼峰

溜放部分不设调速设备的小能力驼峰，对于调车场内设减速器＋减速顶的点连式调速系统，峰高应保证在溜车有利条件下以1.4 m/s的推峰速度解体车列时，易行车溜入易行线车场制动位的速度不大于其制动能高允许的速度，峰高$H_{峰}$可按式(4-2-5)计算：

$$H_{峰}=[L_{溜}^{易}(r_{溜基}^{夏易}+r_{溜风}^{夏易})+8\sum\alpha_{易}+24n_{易}]\times10^{-3}+\frac{v_{入}^{2}}{2g'_{易}}-\frac{v_{推}^{2}}{2g'_{易}}+\Delta h \tag{4-2-5}$$

式中　$L_{溜}^{易}$——峰顶至易行线车场制动位入口的距离，m；

$r_{溜基}^{夏易}$——溜车有利条件下，易行车在驼峰溜放部分的单位基本阻力，N/kN；

$r_{溜风}^{夏易}$——溜车有利条件下，易行车在驼峰溜放部分的单位风阻力，N/kN；

$\sum\alpha_{易}$——峰顶至易行线车场制动位入口范围内的曲线、道岔转角之和，(°)；

$n_{易}$——峰顶至易行线车场制动位入口范围内的道岔个数；

$v_{入}$——车场制动位总制动能高减去15%～20%的安全量后，所能吸收的车辆动能所对应的速度，m/s；

$g'_{易}$——考虑了转动惯量影响的易行车重力加速度，m/s^2；

Δh——易行线车场制动位入口处与难行线计算点处的轨面高差，前者比后者高时取正值，反之取负值，m。

式(4-2-5)计算的峰高称为减速器的限制峰高($H_{减限}$)。驼峰峰高还应该保证溜车不利条件下以 1.4 m/s 的推峰速度解体车列时，难行车溜到难行线车场制动位出口处保持 1.4 m/s 的速度，根据这一条件计算的峰高可以认为是保证钩车溜行远度的冬季需要峰高($H_{冬需}$)。

调车线头部不设减速器制动位时，峰高应保证溜车有利条件下以 1.4 m/s 的推峰速度解体车列时，易行车溜入调车场易行线警冲标的速度不大于 5.0 m/s，该峰高可以认为是保证溜放作业安全的夏季限制峰高($H_{夏限}$)。峰高($H_{冬需}$)还应保证溜车不利条件下以 1.4 m/s 的推峰速度解体车列时，难行车溜到难行线计算点(警冲标后 50 m)处停车。

(1)当 $H_{冬需} \leqslant H_{减限}$ 时，采用 $H_{减限}$ 为设计峰高，在保证作业安全的条件下，能提高驼峰解体效率；若采用 $H_{冬需}$ 为设计峰高，可根据设计峰高要求确定减速器的用量，节省工程投资。

(2)当 $H_{冬需} > H_{减限}$ 时，采用 $H_{减限}$ 为设计峰高不能满足难行车在溜车不利条件下溜出车辆减速器的要求，此时应以 $H_{冬需}$ 作为设计峰高，因而需要增加调车线车辆减速器的用量，但当采用 6+6 节减速器仍不能满足要求时，应在驼峰溜放部分增设间隔制动位。

(3)当 $H_{冬需} \leqslant H_{夏限}$ 时，采用 $H_{夏限}$ 为设计峰高，既能保证作业安全，溜车有利条件下易行车不超速，又能增加难行车的溜行远度，提高驼峰解体效率。

(4)当 $H_{冬需} > H_{夏限}$ 时，采用 $H_{夏限}$ 为设计峰高能满足在溜车不利条件下以 1.4 m/s 的推峰速度解体车列时，难行车溜到难行线警冲标(溜不到计算点)，此峰高适用于作业量较少的驼峰。当 $H_{夏限}$ 不能使难行车在溜车不利条件下溜到难行线警冲标时，应采用 $H_{冬需}$ 为设计峰高，并在驼峰溜放部分增设间隔制动位。

采用可控顶连续式调速系统时，峰高应保证溜车有利条件下以 1.4 m/s 的推峰速度解体车列时，在可控顶全制动条件下，易行车溜出最后分路道岔的速度不大于 4.5 m/s，溜出可控顶群的速度不大于 1.4 m/s；溜车不利条件下以 1.4 m/s 的推峰速度解体车列时，在可控顶非制动条件下，难行车溜至打靶区末端有 1.4 m/s 的速度；在以 1.4 m/s 推峰速度解体车列时，满足难行车组与易行车组合在各分路道岔溜放间隔条件下，尽量减少布顶数量。

四、驼峰峰高计算举例(点连式)

(一)已知条件

(1)驼峰头部平面如图 4-2-2(书后插页)所示。调车线 36 条，难行线为 2 道。2 道连接曲线末端距车场制动位始端有 15 m 直线段。车场制动位长 25 m，打靶长度 100 m。

(2)道岔为 6 号对称双开，转辙机为 ZK 型。

(3)溜放部分采用 T·JK 型车辆减速器，调车场头部采用 T·JK2-A 型车辆减速器。

(4)气象资料：

①溜车不利条件——气温 $t=-10$ ℃，风速 $v_{风}=5$ m/s，风向与溜车方向的夹角 $\beta=0°$。

②溜车有利条件——气温 $t=27$ ℃，无风。

(二)溜车不利条件难行车基本阻力

1. 计算难行车基本阻力离散度的均方差 $\sigma_{基}$

$$\sigma_{基}=0.602-(0.001\,2+0.000\,02Q)t-0.003Q+0.000\,02t^2$$

$$=0.602-(0.001\,2+0.000\,02\times30)\times(-10)-0.003\times30+0.000\,02\times(-10)^2$$

$=0.532(\mathrm{N/kN})$

2.计算难行车在驼峰溜放部分单位基本阻力 $r_{溜基}^{冬难}$

查表 4-2-3，$t=-10$ ℃，$v_{风}=5$ m/s，得 $v_{车}=5.2$ m/s。

$$
\begin{aligned}
r_{溜基}^{冬难} &= 2.439+(0.000\,08Q-0.017\,43)t-0.015Q+0.000\,17t^2+0.1\,v_{车}+1.65\,\sigma_{基}+0.39 \\
&= 2.439+(0.000\,08\times30-0.017\,43)\times(-10)-0.015\times30+0.000\,17\times(-10)^2+ \\
&\quad 0.1\times5.2+1.65\times0.532+0.39 \\
&= 3.944\,1(\mathrm{N/kN})
\end{aligned}
$$

3.计算难行车在车场部分的单位基本阻力 $r_{场基}^{冬难}$

查表 4-2-4，$t=-10$ ℃，得 $v_{车}=2.2$ m/s。

$$
\begin{aligned}
r_{场基}^{冬难} &= 2.439+(0.000\,08Q-0.017\,43)t-0.015Q+0.000\,17t^2+0.1\,v_{车}+1.65\,\sigma_{基} \\
&= 2.439+(0.000\,08\times30-0.017\,43)\times(-10)-0.015\times30+0.000\,17\times(-10)^2+ \\
&\quad 0.1\times2.2+1.65\times0.532 \\
&= 3.254\,1(\mathrm{N/kN})
\end{aligned}
$$

(三)溜车不利条件难行车风阻力

1.计算难行车在驼峰溜放部分的单位风阻力 $r_{溜风}^{冬难}$

查表 4-1-3 得 $f=11.41\ \mathrm{m}^2$；$\dfrac{C_{x1}}{C_{x0}}=1$；查表 4-2-3，$t=-10$ ℃，$v_{风}=5$ m/s，得 $v_{车}=5.2$ m/s。

$$
\begin{aligned}
r_{溜风}^{冬难} &= \frac{0.063\dfrac{C_{x1}}{C_{x0}}f}{Q\cos^2\alpha}(v_{车}\pm v_{风}\cos\beta)^2 \\
&= \frac{0.063\times1\times11.41}{30\times1}\times(5.2+5)^2 \\
&\approx 2.492\,9(\mathrm{N/kN})
\end{aligned}
$$

2.计算难行车在车场部分的单位风阻力 $r_{场风}^{冬难}$

查表 4-1-3 得 $f=11.41\ \mathrm{m}^2$；$\dfrac{C_{x1}}{C_{x0}}=1$；查表 4-2-4，$t=-10$ ℃，得 $v_{车}=2.2$ m/s。

$$
\begin{aligned}
r_{场风}^{冬难} &= \frac{0.063\dfrac{C_{x1}}{C_{x0}}f}{Q\cos^2\alpha}(v_{车}\pm v_{风}\cos\beta)^2 \\
&= \frac{0.063\times1\times11.41}{30\times1}\times(2.2+5)^2 \\
&\approx 1.242\,1(\mathrm{N/kN})
\end{aligned}
$$

(四)计算峰高

根据图 4-2-2 的调车场头部平面计算得：$L_{溜}^{难}=377.232$ m，$L_{场}^{难}=125$ m，$\sum\alpha_{难}=77.744°$，$n_{难}=5.5$ 个。

$$
\begin{aligned}
H_{峰} &= [L_{溜}^{难}(r_{溜基}^{冬难}+r_{溜风}^{冬难})+L_{场}^{难}(r_{场基}^{冬难}+r_{场风}^{冬难})+8\sum\alpha_{难}+24n_{难}]\times10^{-3}+\frac{v_{推}^2}{2g'_{难}}-\frac{v_{推}^2}{2g'_{难}} \\
&= [377.232\times(3.944\,1+2.492\,9)+125\times(3.254\,1+1.242\,1)+8\times77.744+24\times \\
&\quad 5.5]\times10^{-3}+0 \\
&= [2\,428.242+562.025+621.952+132]\times10^{-3} \\
&\approx 3.744(\mathrm{m})
\end{aligned}
$$

第三节 驼峰溜放部分纵断面设计

驼峰的峰高相同而纵断面的设计不同时，车辆在纵断面上各点的溜行速度、溜行时间和前后钩车的间隔却不一样。因此，驼峰峰高确定以后溜放部分纵断面设计的优化，对驼峰作业的安全、解体能力和工程投资具有重要意义。

决定前、后行钩车间隔的主要因素有：推峰速度 $v_{推}$、线路坡度、前后钩车的溜放阻力差、钩车长度及溜行距离等。

前、后行钩车在峰顶的间隔 $t_{隔}$ 是指钩车的中心先后通过峰顶的间隔时间。

$$t_{隔}=\frac{L_{前}+L_{后}}{2v_{推}} \tag{4-2-6}$$

式中 $L_{前}$，$L_{后}$——前、后行钩车的长度，m。

由式(4-2-6)可见，钩车长度一定时，$v_{推}$ 愈高，$t_{隔}$ 越小；$v_{推}$ 一定时，钩车长度愈长，$t_{隔}$ 越大。连续溜放单个车时，$t_{隔}$ 最小。为了保证分路道岔和车辆减速器在前后两钩车间来得及转换或改变其工作状态，$t_{隔}$ 应符合下列条件：

$$t_{隔}\geqslant \Delta t+t_{占} \tag{4-2-7}$$

式中 Δt——前钩车与后钩车从峰顶溜到分路道岔或车辆减速器的走行时间差，s；

$t_{占}$——前钩车占用分路道岔或车辆减速器的时间，s。

由式(4-2-7)可见，如果减少 $t_{隔}$，也就是提高 $v_{推}$，必须减少 Δt 和 $t_{占}$。其中 Δt 主要由前后两钩车的速度差引起，$t_{占}$ 由前钩车经过道岔绝缘区段或减速器的平均速度决定。

由式(4-1-20)和式(4-1-21)可知，在难、易行车阻力差一定的条件下，坡度愈陡，阻力对溜放速度的影响越小，难、易行车的溜放速度差越小，Δt 也越小。而且，坡度愈陡，溜放钩车通过分路道岔和减速器的速度越高，$t_{占}$ 也越小。因此，驼峰溜放部分纵断面的坡度越陡，钩车溜放速度越高，分路道岔和车辆减速器安全转换或改变工作状态所需要的间隔时间和难易行车走行时差越小，就越能提高推峰速度，也即提高驼峰解体能力和作业效率。结合驼峰解体作业的实际需要，应将溜放部分设计为前陡后缓的凹形纵断面。如图 4-2-3 所示，在方案Ⅲ的纵断面上，车辆溜到任一地点的速度高 h_v 均较方案Ⅰ、Ⅱ高。

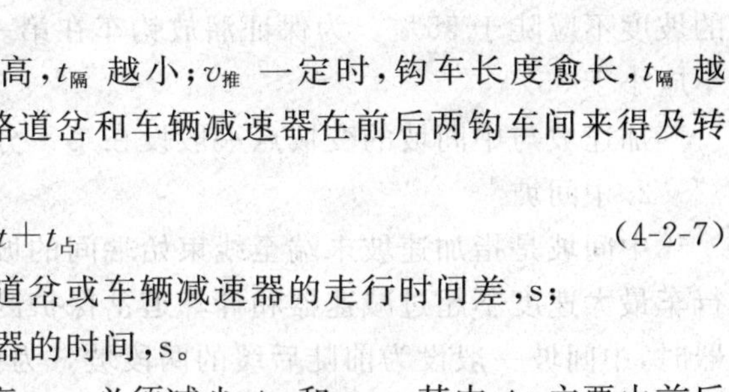

图 4-2-3 溜放部分纵断面设计方案

一、驼峰溜放部分纵断面设计基本要求

(1)驼峰溜放部分纵断面应设计为面向调车场方向的连续递减的下坡，并尽量提高钩车在溜放部分的平均溜放速度，以保证在正常推峰速度条件下，钩车通过分路道岔和减速器有足够间隔。

(2)大、中能力驼峰，以 1.9 m/s 的推峰速度解体车列，在溜车有利条件下，易行车进入减速器时不超过最大的允许速度，通过道岔保护区段时不超过计算保护区段时所采用的最大速度。

(3)纵断面的变坡点距减速器制动位、道岔尖轨和辙叉部分不小于竖曲线的切线长 $T_{竖}$。

$$T_{竖}=\frac{R\Delta i}{2\times 1\ 000} \tag{4-2-8}$$

式中 R——连接竖曲线半径,m;

Δi——相邻部分坡度的代数差,‰。

连接纵断面相邻坡段的竖曲线半径,峰顶邻接压钩坡不应小于 350 m,邻接加速坡应为 350 m,溜放部分的其他坡段不应小于 250 m,迂回线竖曲线半径不应小于 1 500 m。

二、各坡段设计

驼峰溜放部分纵断面一般由加速坡(acceleration grade)、中间坡(intermediate grade)和道岔区坡(grade of switch area)组成。

1. 加速坡

根据机车结构特点及车钩允许坡度差,考虑我国气候特点及峰高范围,为保证峰顶与第一制动位间的最大高差及驼峰溜放部分纵断面的合理性,驼峰调车机车采用内燃机车时,加速坡的坡度不应陡于 55‰。为保证溜放钩车在第一分路道岔的必要间隔,峰高较低时加速坡坡度不应小于 35‰。

加速坡与中间坡的变坡点一般设在第一分路道岔前,以便于工务维修,有利作业安全。

2. 中间坡

中间坡是指加速坡末端至线束始端间的坡段。中间坡的坡度应保证在溜车有利条件下易行车最大速度不超过减速器和计算道岔保护区段时的允许速度。驼峰溜放部分设有车辆减速器时,中间坡一般设为前陡后缓的两段坡。为提高钩车的平均溜放速度,节省土方工程,应尽量加大第一坡段的坡度。第二段坡的坡度一般不小于 8‰,寒冷地区可适当加大。驼峰溜放部分不设车辆减速器时,为提高钩车的溜放速度,中间坡应使大部分钩车不减速,其坡度一般不小于 5‰。

3. 道岔区坡

道岔区坡是指线束道岔始端至车场制动位始端或计算点(调车场不设减速器制动位时)之间的坡段。道岔区坡的平均坡度不宜太陡,当驼峰溜放部分设有车辆减速器时,可以提高钩车溜出线束减速器的速度,以较高的速度通过道岔区;溜放部分不设减速器制动位时,减少道岔区坡的坡度可以适当加陡中间坡,有利于提高钩车的平均溜放速度。但道岔区坡也不能太缓,以避免溜放钩车减速太快,停在道岔区影响作业安全。

道岔区坡可设 1~2 个坡段,线束道岔始端至最后分路道岔设较陡的下坡,最后分路道岔至调车线调速设备之间可设平坡或较小的反坡。道岔区坡的平均坡度不宜大于 2.5‰,边缘线束不应大于 3.5‰。

三、点连式驼峰溜放部分纵断面优化设计

采用减速器+减速顶点连式调速系统的大、中能力驼峰的解体能力大,要求有较高的解体速度和车辆溜放速度。在设计驼峰溜放部分纵断面时,应使车辆在峰顶脱钩后尽快加速到或接近允许的最大速度,然后保持高速溜行,进入道岔区后由于曲线和道岔的附加阻力比较大,钩车溜放呈减速趋势,但钩车的溜行速度仍然比较高,一直到钩车进入车场制动位(Ⅲ制动位)经过目的制动后,速度才迅速降下来。这样,钩车溜放过程的速度曲线 $v=f(l)$ 即所谓的矩形速度曲线。由于难、易行车的溜放阻力相差比较大,对纵断面的要求不同,适合难行车实现矩形速度曲线的纵断面对易行车则不利。

驼峰溜放部分纵断面除了要保证钩车高速溜放外,还应保证前后钩车溜经道岔和减速器

制动位时有必要的时间间隔(或距离)。因此,又希望难、易行车的速度曲线互相接近,使难、易行车的溜行时差 Δt 最小。因而溜放部分纵断面应兼顾难、易行车两方面的要求,所谓的矩形速度曲线只能是近似的。

点连式驼峰溜放部分纵断面可分为加速区、高速区和减速区等坡段,各坡段的设计方法及步骤如下。

(一)绘制难行线平面展开图

绘制难行线平面展开图时,需计算峰顶至各道岔中心、曲线的始点和终点、减速器有效制动位始端和终端的长度(图 4-2-4),计算图中曲线和道岔的转角度数及道岔数。

图 4-2-4 为根据图 4-2-2 绘制的难行线(2 道)展开图,其中各制动位减速器为实际布设数量。图 4-2-4 中 P 为各点的代号,峰顶至 $P_1, P_2, \cdots, P_n$ 各点的长度可根据驼峰溜放部分平面图计算求得。

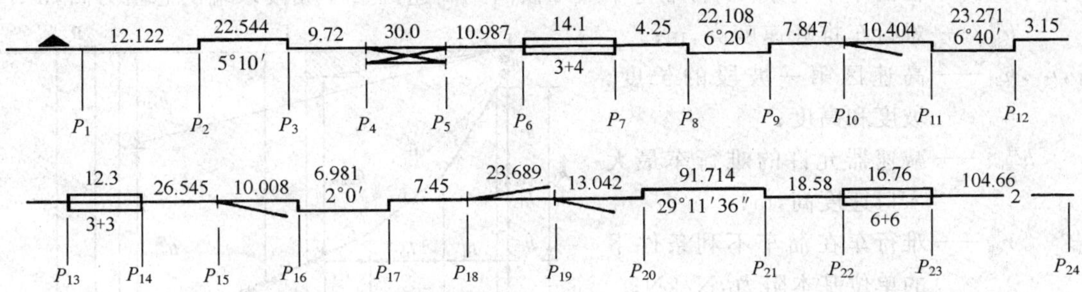

图 4-2-4　驼峰溜放部分难行线平面展开图

(二)计算加速区的高度

加速区的高度应使易行车在溜车有利条件下,以 1.9 m/s 的推峰速度解体车列,溜到Ⅰ制动位有效制动长度的始端时,其速度不超过减速器允许的最大入口速度 v_{max}。加速区的长度为峰顶至Ⅰ制动位有效制动长度始端的距离(图 4-2-5)。加速区的高度 h_1 可用式(4-2-9)计算:

$$h_1 = h_{v\max}^{易} + h_{r1}^{易} - h_{推}^{易} \tag{4-2-9}$$

式中　$h_{v\max}^{易}$——减速器允许的易行车最大入口速度高,m;

$h_{推}^{易}$——易行车的推峰速度高,m;

$h_{r1}^{易}$——在溜车有利条件下,易行车从峰顶溜放到Ⅰ制动位有效制动长度始端的总阻力高,m,且

$$h_{r1}^{易} = [l_1 (r_{基}^{易} \pm r_{风}^{易}) + 8\sum\alpha + 24n] \times 10^{-3} \tag{4-2-10}$$

其中　l_1——加速区坡段长度,m,

$r_{基}^{易}$——溜车有利条件下易行车的单位基本阻力,N/kN,

$r_{风}^{易}$——溜车有利条件下易行车的单位风阻力,N/kN,

$\sum\alpha, n$——在 l_1 范围内的转角度数和道岔数。

加速区的平均坡度 i_1 为

$$i_1 = \frac{h_1}{l_1} \tag{4-2-11}$$

(三)高速区设计

高速区一般设计成 $l_{21} i_{21}$ 和 $l_{22} i_{22}$ 两个坡段。高速区应使难行车用 1.9 m/s 的推峰速度解

体，在溜车不利条件下自由溜过加速区以后，在高速区的第一坡段 $l_{21}i_{21}$ 范围内继续加速到减速器允许的最大速度，然后在第二坡段 $l_{22}i_{22}$ 范围内保持高速溜行。

高速区的长度 l_2 是从Ⅰ制动位有效制动长度的始端到Ⅱ制动位有效制动长度的末端。

1. 设计高速区第一坡段

高速区两个坡段的变坡点宜靠近Ⅱ制动位，距Ⅱ制动位有效制动长度始端的距离大于 $T_{竖}+l_R$（图 4-2-5），根据变坡点的位置确定 l_{21} 和 l_{22} 的长度，然后计算第一坡段的坡度 i_{21}。由图 4-2-5 可知：

$$h_1+h_{21}+h_{推}^{难}=h_{r21}^{难}+h_{v\max}^{难} \tag{4-2-12}$$

$$h_{21}=[(l_1+l_{21})(r_{基}^{难}+r_{风}^{难})+8\sum\alpha+24n]\times10^{-3}+h_{v\max}^{难}-h_1-h_{推}^{难} \tag{4-2-13}$$

$$i_{21}=\frac{h_{21}}{l_{21}} \tag{4-2-14}$$

式中 $h_{r21}^{难}$——在溜车不利条件下，难行车从峰顶溜到高速区第一坡段末端的总阻力高，m；

$h_{推}^{难}$——难行车推峰速度高，m；

l_{21}, i_{21}, h_{21}——高速区第一坡段的长度、坡度和高度；

$h_{v\max}^{难}$——减速器允许的难行车最大入口速度高，m；

$r_{基}^{难}$——难行车在溜车不利条件下的单位基本阻力，N/kN；

$r_{风}^{难}$——难行车在溜车不利条件下的单位风阻力，N/kN。

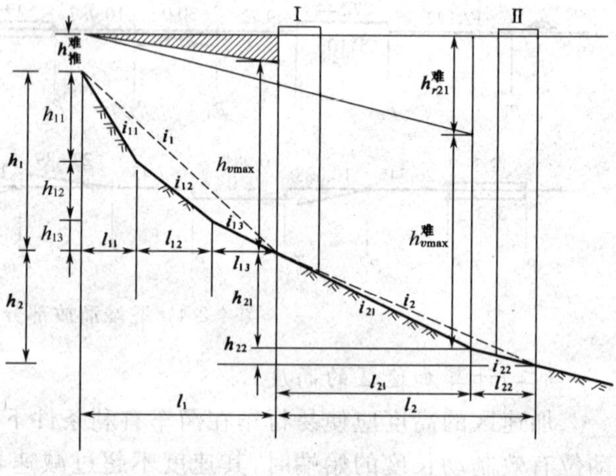

图 4-2-5 加速区、高速区纵断面图

2. 设计高速区第二坡段

高速区的第二坡段 $l_{22}i_{22}$ 应使难行车在溜车不利条件下离开第一坡段后，继续保持高速溜行。因此，应使第二坡段的坡度 i_{22} 等于难行车的阻力当量坡。在 l_{22} 范围内没有曲线和道岔，故

$$i_{22}=r_{总}^{难}=r_{基}^{难}+r_{风}^{难} \tag{4-2-15}$$

$$l_{22}=l_2-l_{21} \tag{4-2-16}$$

$$h_{22}=l_{22}i_{22} \tag{4-2-17}$$

式中 l_{22}, i_{22}, h_{22}——高速区第二坡段的长度、坡度和高度。

如果 $i_{22}<8‰$，则应采用 $i_{22}=8‰$。但这样会使难行车在 $l_{22}i_{22}$ 范围内继续加速运行，最后超过 $h_{v\max}$。为此，可调整 i_{21}，令 $i'_{21}=i_{21}-\Delta i$，则

$$\Delta i=\frac{l_{22}(8-r_{总}^{难})}{l_{21}} \tag{4-2-18}$$

（四）加速区设计

加速区一般设计成三个坡段 $l_{11}i_{11}$、$l_{12}i_{12}$、$l_{13}i_{13}$，如图 4-2-5 所示。

1. 设计加速区第一坡段

加速区的第一坡段 $l_{11}i_{11}$ 应使各种走行性能的钩车在峰顶脱钩后尽快加速，使前后钩车拉开间隔。因此，第一坡段的坡度值 i_{11} 应设计成较陡的坡度。

加速区第一坡段的坡度较陡时，l_{11} 的长度应短一些，变坡点设在第一分路道岔之前。

2. 设计加速区第三坡段

为了不在Ⅰ制动位始端变坡，应使加速区第三坡段的坡度 $i_{13}=i_{21}$。加速区第三坡段 $l_{13}i_{13}$ 与第二坡段 $l_{12}i_{12}$ 变坡点的位置一般设在Ⅰ制动位与顺向道岔之间。如上述位置的长度放不下竖曲线的两条切线，则应将变坡点设在第一分路道岔之前(此时加速区为两段坡)。

3. 设计加速区第二坡段

加速区第一坡段 $l_{11}i_{11}$ 和第三段坡 $l_{13}i_{13}$ 设计完成后，可进行加速区第二坡段 $l_{12}i_{12}$ 的设计。

$$l_{12}=l_1-l_{11}-l_{13} \tag{4-2-19}$$

$$h_{12}=h_1-h_{11}-h_{13} \tag{4-2-20}$$

$$i_{12}=\frac{h_{12}}{l_{12}} \tag{4-2-21}$$

式中　l_{12}，i_{12}，h_{12}——加速区第二坡段的长度、坡度和高度。

若 $i_{12}<i_{13}$，则应调整 $l_{11}i_{11}$，使 $i_{12}\geqslant i_{13}$，但 h_1 的总高度不变。

另外，如驼峰峰高较低时，高速区设计的坡度较缓。在这种情况下，可将易行车在溜车有利条件下，以 1.9 m/s 的推峰速度解体，溜到Ⅰ制动位有效制动长度始端时，其速度小于减速器允许的最大入口速度 $v_{\max}$，即降低加速区的高度 h_1。

(五)Ⅲ制动位坡段及打靶坡段

点连式驼峰溜放部分的Ⅰ、Ⅱ制动位主要担当间隔制动，Ⅲ制动位的任务是承担溜放钩车的目的制动，对入线的钩车进行调速，使之安全进入连挂区(coupling zone)。Ⅲ制动位的坡度一般采用 2‰～3‰，高寒地区采用 3‰～4‰。Ⅲ制动位的长度一般采用 25～30 m。

打靶坡段的坡度与长度取决于气象条件及减速器出口速度控制误差和难、易行车离开Ⅲ制动位的出口速度等因素。

实践证明，如果打靶坡度偏陡，将发生易行车超速，即偏陡的打靶坡度，其坡长受易行车控制；而偏缓的打靶坡度，其坡长受难行车溜放远度的控制。打靶长度一般为 80～150 m。设计中应因地制宜、综合考虑，合理地确定 $l_{靶}$ 的长度。我国南方地区车辆的单位阻力小，驼峰高度较低，适当增加 $l_{靶}$ 的长度可增加驼峰的高度，有利于驼峰纵断面的设计，可以提高驼峰的作业效率。在寒冷地区，车辆的单位阻力较大、驼峰的高度较高时，适当减少 $l_{靶}$ 的长度，降低峰高，对驼峰作业和工程投资都有利。

打靶坡段的坡度一般采用 0.6‰～1.0‰的下坡，必要时可以采用平坡。

(六)减速区设计

减速区的长度 l_3 为Ⅱ制动位有效制动长度的末端至Ⅲ制动位有效制动长度始端的距离。减速区的高度为

$$h_3=H_{峰}-h_1-h_2-h_4 \tag{4-2-22}$$

设有Ⅲ制动位的点连式驼峰，钩车离开Ⅱ制动位的出口速度比较高，减速区的坡度应使易行车在溜车有利条件下适当减速。减速区可采用 0‰～2.5‰的下坡。如果驼峰峰高较高，减速区的坡度值大于易行车在该坡段的阻力当量坡时，应保证易行车溜到Ⅲ制动位的入口速度不超过制动能高允许的速度。如果峰高较低，计算结果 h_3 为负值时，减速区为反坡。为避免出现反坡，可减少加速区第一坡段 $l_{11}i_{11}$ 的坡度或长度，或者减少高速区第一坡段 $l_{21}i_{21}$ 的长度或坡度。

减速区一般设计成三个坡段 $l_{31}i_{31}$、$l_{32}i_{32}$ 和 $l_{33}i_{33}$，如图 4-2-6 所示。

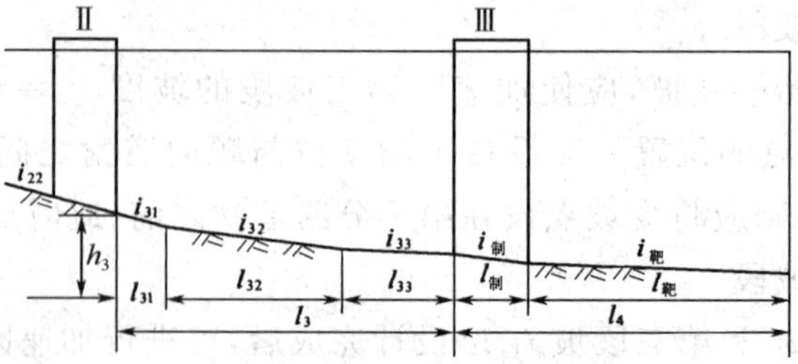

图 4-2-6 减速区、Ⅲ制动位及打靶坡段纵断面

1. 设计减速区第一坡段

为了不在Ⅱ制动位末端变坡，设 $i_{31}=i_{22}$，$l_{31}\geqslant T_{竖}+l_R$，使 i_{31} 与 i_{32} 变坡时其竖曲线的切线不侵入Ⅱ制动位范围内。

2. 设计减速区第二、三坡段

在设计 $l_{32}i_{32}$ 和 $l_{33}i_{33}$ 时，应先计算这两个坡段的平均坡 $i_{均}$：

$$i_{均}=\frac{h_3-h_{31}}{l_3-l_{31}} \tag{4-2-23}$$

式中 h_3——减速区的高度，m，且

$$h_3=l_{31}i_{31}+l_{32}i_{32}+l_{33}i_{33} \tag{4-2-24}$$

l_3——减速区的长度，m。

$i_{均}$ 取四位小数，如第四位小数小于 5，取 5；大于 5，则进一位取三位。例如，$i_{均}=0.001\,7$，取三位小数 0.002。然后取 $i_{32}=i_{均}$，令 $i_{33}=i_{32}-1‰$（或 0.5‰）。i_{32} 和 i_{33} 的值确定后，用式(4-2-25)、式(4-2-26)计算 l_{32} 和 l_{33}：

$$l_{32}=\frac{h_3-h_{31}-(l_3-l_{31})\cdot i_{33}}{i_{32}-i_{33}} \tag{4-2-25}$$

$$l_{33}=l_3-l_{31}-l_{32} \tag{4-2-26}$$

图 4-2-7 为点连式驼峰在溜车不利条件下难、易行车速度曲线。图中实线为难行车自由溜放的速度曲线，虚线为易行车经制动位调速后的速度曲线。

从图 4-2-7 中可以看出，在加速区范围内，易行车的速度高于难行车；在高速区范围内，难行车的速度高于易行车；在减速区范围内，难、易行车的速度互有高低；在打靶区范围内，难行车的速度又高于易行车。从车辆在纵断面上溜行的全过程来看，难、易行车的溜行速度都比较高，而且互相接近，可以保证 1.4 m/s 以上的推峰解体速度。

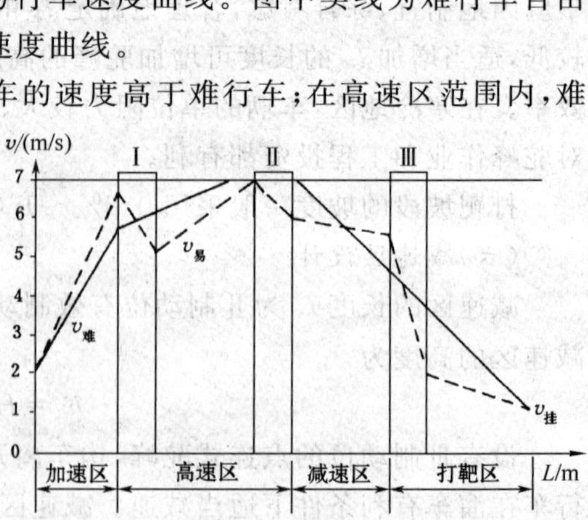

图 4-2-7 点连式驼峰在溜车不利条件下难、易行车速度曲线

综上所述，点连式驼峰溜放部分纵断面设计的特点如下：

(1)在溜车有利条件下，用易行车从峰顶溜到Ⅰ制动位有效制动长度入口时，其速度不超过允许速度为约束条件，进行加速区的设计。

(2)在溜车不利条件下，用难行车从峰顶溜到Ⅱ制动位有效制动长度入口时，其速度不超过允许速度为约束条件，进行高速区的设计。

(3)减速区的坡度一般采用易行车在溜车有利条件下的阻力当量坡，使易行车溜出高速区之后不加速。

四、点连式驼峰溜放部分纵断面设计示例

由图 4-2-4 可计算出自峰顶至各点 P 的长度,见表 4-2-5。

表 4-2-5 峰顶至各点的长度

单位:m

P_1	0.000	P_7	99.473	P_{13}	170.503	P_{19}	257.476
P_2	12.122	P_8	103.723	P_{14}	182.803	P_{20}	270.518
P_3	34.666	P_9	125.831	P_{15}	209.348	P_{21}	362.232
P_4	44.386	P_{10}	133.678	P_{16}	219.356	P_{22}	380.812
P_5	74.386	P_{11}	144.082	P_{17}	226.337	P_{23}	397.572
P_6	85.373	P_{12}	167.353	P_{18}	233.787	P_{24}	502.232

参见本章第二节峰高计算,可得 $H_{峰}=3.744$ m。

驼峰溜放部分纵断面设计结果:

$l_{11}=28.000$　　$i_{11}=45‰$　　$h_{11}=1.260$

$l_{12}=55.000$　　$i_{12}=19‰$　　$h_{12}=1.045$

$l_{13}=2.373$　　$i_{13}=14‰$　　$h_{13}=0.033$

$l_1=85.373$　　$h_1=2.338$

$l_{21}=82.627$　　$i_{21}=14‰$　　$h_{21}=1.157$

$l_{22}=14.803$　　$i_{22}=8‰$　　$h_{22}=0.118$

$l_2=97.430$　　$h_2=1.275$

$l_{31}=2.197$　　$i_{31}=8‰$　　$h_{31}=0.018$

$l_{32}=192.232$　　$i_{32}=0‰$　　$h_{32}=0$

$l_3=194.429$　　$h_3=0.018$

$l_{41}=25.000$　　$i_{41}=2‰$　　$h_{41}=0.05$

$l_{42}=100.000$　　$i_{41}=0.6‰$　　$h_{41}=0.06$

$l_4=125.000$　　$h_4=0.11$

$L=502.232$　　$H=3.741$

根据计算结果绘制纵断面图,如图 4-2-8 所示。

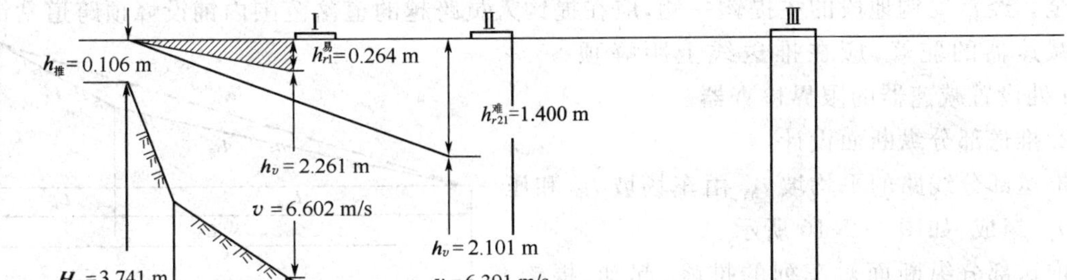

图 4-2-8 点连式驼峰溜放部分纵断

第四节　峰顶平台及有关线路平、纵断面设计

一、峰顶平台

峰顶平台的用途是连接溜放部分和推送部分，防止解体作业中发生车辆断钩、脱钩，并保证不致降低驼峰的实际高度等。压钩坡坡度较大时，峰顶平台长度也应采用较大值。峰顶净平台的长度一般采用 7.5～10 m，并应能满足禁溜车停留线在峰顶出岔时设置尖轨或辙叉的要求，如图 4-2-9 所示。

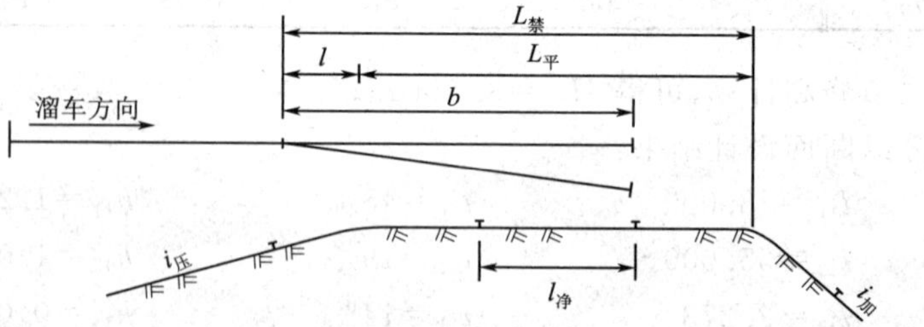

图 4-2-9　峰顶平台设计示意

二、推送部分平、纵断面设计

1. 推送部分平面设计

驼峰设峰前到达场时，推送部分的线路平面应符合峰前到达场的布置要求。

驼峰推送线的数目与站型、解体作业量和作业方式有关。驼峰前设有到达场时，应设 2 条推送线；如采用双溜放作业时，可设 3～4 条推送线；峰前无到达场时，根据驼峰解体作业量和作业方式，可设 1 条或 2 条推送线(即牵出线)。

驼峰前设到达场的推送线的长度应结合作业要求及站坪条件确定。到达场靠峰顶端最外道岔基本轨接缝或逆向道岔后警冲标至迂回线道岔基本轨接缝之间的长度可采用 130 m。

推送线经常提钩的地段应设计成直线，推送线不宜采用对称道岔。两推送线间不应设置房屋，两推送线的线间距离不应小于 6.5 m。当需要设置有关设备时，不应妨碍调车人员的作业安全。经常提钩地段的主提钩一侧，应在提钩人员跨越的道岔范围内铺设峰顶跨道岔铺面。设有减速器的驼峰，应在推送线上距峰顶 80～100 m处设置减速器的限界检查器。

2. 推送部分纵断面设计

推送部分线路的平均坡 $i_{推}$ 由车场坡 $i_{场}$ 和压钩坡 $i_{压}$ 组成，如图 4-2-10 所示。

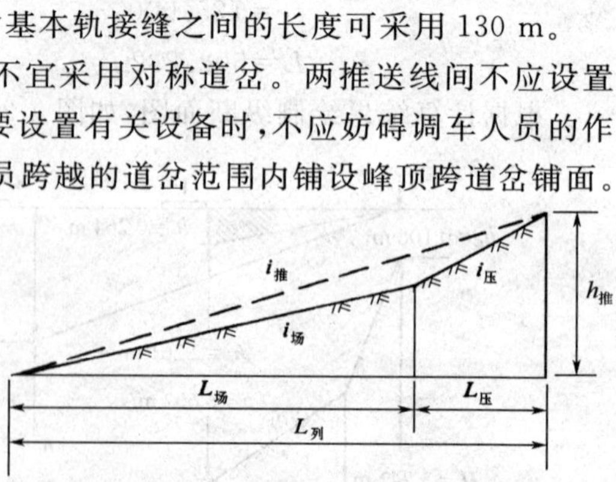

图 4-2-10　驼峰推送部分纵断面

推送部分纵断面对车列的推峰、起动、提钩、解体速度及机车的燃料消耗等都有影响，对峰前到达场(或牵出线)、进站线路的纵断面和工程数量也有影响。因此，设计时应综合考虑作业的要求和运营费、工程费的经济合理性。

推送部分线路纵断面的设计条件如下：

(1)保证在任何困难条件下，能够安全起动车列。满载大型车组成的满重车列及既满重又

满长的车列，从坡度大、曲线和道岔阻力大的线路向峰顶推送，当第一辆车位于峰顶停车后能再起动；当第一辆车是禁溜车，送入峰顶禁溜车停留线停车后反牵时能够安全起动；满载大型车组成的部分车列，位于推送部分最困难的位置停车后能再起动。

(2)峰前应设一段坡度不小于10‰且长度不小于50 m的压钩坡，以便提钩。

驼峰推送部分的平均坡度可利用式(4-2-27)进行计算：

$$i_{推}=\frac{\frac{1}{g}F_{q}\lambda_{q}-(Gr'_{起}+Pr''_{起})}{G+P}-\frac{8\sum\alpha+24n}{L_{列}} \tag{4-2-27}$$

式中 F_q——驼峰调车机车起动牵引力，kN；

λ_q——推峰机车起动牵引力修正系数，牵引状态下为0.9，推送状态下为0.8；

P,G——机车、车列重量，t；

$r'_{起}$——机车推送状态下的单位起动基本阻力，N/kN，取5 N/kN；

$r''_{起}$——车辆单位起动基本阻力，N/kN，取3.5 N/kN；

$L_{列}$——解体车列的全长，m；

n——$L_{列}$ 范围内的道岔个数；

$\sum\alpha$——$L_{列}$ 范围内的曲线转角，(°)。

设有峰前到达场的驼峰，应结合到达场的纵断面和横断面，确定推送部分的纵断面。无峰前到达场的驼峰，应结合到发场的标高和场间联络线的平、纵断面，确定推送线的高差和纵断面。

驼峰推送部分纵断面一般设计成靠到达场坡度缓、靠峰顶坡度陡的多段坡。

三、迂回线平、纵断面设计

设有峰前到达场的大、中能力驼峰宜设2条迂回线，通过大型车较少的中能力驼峰宜设1条迂回线。无峰前到达场的小能力驼峰调车场内设减速器时可以设1条迂回线，调车场内不设减速器时可根据平面布置、峰高和作业要求设置。

迂回线从推送线上出岔，应采用9号单开道岔，一般连接调车场外侧一条调车线。当不能通过峰顶和减速器的车辆较少，仅在驼峰的一侧修建迂回线时，应设在不进行提钩作业的一侧，如图4-2-11(a)所示。

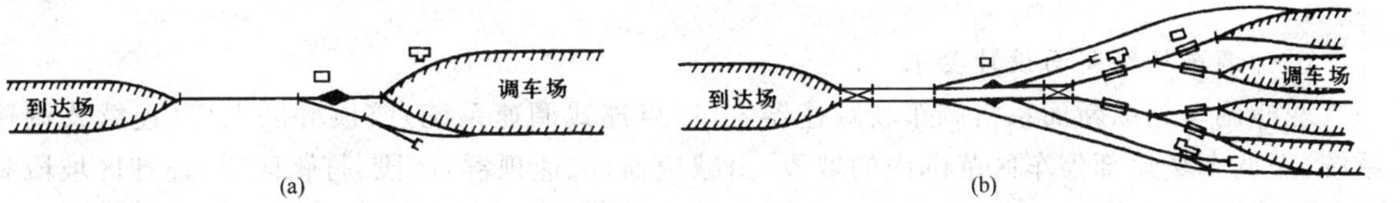

图4-2-11 迂回线、禁溜车停留线平面设计示意

迂回线纵断面可设计成在始端道岔后有一段平坡，然后为一段不陡于20‰的下坡与调车线连接。这种方式作业比较方便。例如，在解体过程中，遇有不能通过峰顶和减速器的车辆时，可先暂存在平坡地段内，等机车空闲时再送往调车场，这样可节省调车行程和时间。

迂回线竖曲线半径应满足车辆底梁不碰钢轨，跨装货物的游车与货物不互相碰撞，以及两相邻车辆不会自行脱钩等要求。

四、禁溜车停留线平、纵断面设计

禁溜车停留线(图 4-1-1 和图 4-2-11)的数目应根据需要确定。大、中能力驼峰宜设置 2 条禁溜车停留线,小能力驼峰调车线数目在 12 条以上时,宜设置 1 条禁溜车停留线,有效长度可采用150 m。调车线数目在 12 条以下时,禁溜车停留线可根据需要设置,有效长度可采用100 m。如禁溜车较少,可与迂回线合设 1 条。

禁溜车停留线停车区段内应设计为直线。如果禁溜车停留线从推送线上出岔时,应采用 9 号单开道岔,辙叉设在峰顶平台上。小能力驼峰的加速坡坡度小于 40‰时,尖轨可设在峰顶平台上。禁溜车停留线与迂回线合设时,始端道岔应设在压钩坡上。

禁溜车停留线应避开信号楼等建筑物,禁溜车停留线上的停留车不应妨碍调车人员的瞭望。

禁溜车停留线的纵断面应设计成凹形,在始端道岔至警冲标附近设计为下坡,然后设一段平坡,距车挡10 m范围内为不小于 10‰的上坡。这样有利于防止禁溜车溜回峰顶或撞击车挡。

迂回线与禁溜车停留线合设时,应铺设安全线,其长度应满足距车挡10 m范围内设置不小于 10‰上坡。

第五节　调车场平、纵断面设计

一、调车场尾部平面设计要求

调车场尾部平面应满足下列设计要求:

(1)调车场尾部牵出线数目应根据车站布置图型、调车区作业分工、作业量和作业方法等因素确定。

(2)调车场尾部咽喉区宜采用线束形布置,每条牵出线连接的调车线数目应尽量相等。宜采用 9 号单开道岔及交叉渡线,在集中控制时可采用交分道岔。主要编组摘挂等多组列车的线束也可以采用 6 号对称道岔。

(3)调车场尾部采用调车进路集中控制时,应按照道岔集中钩车溜放条件要求,设置道岔间插入短轨,或预留道岔集中控制对短轨要求条件。

二、调车场纵断面

(一)调车场纵断面设计要求

驼峰调车场纵断面系指调车场减速器入口(点连式调速系统)或顶群区入口(连续式调速系统)至调车场尾部停车区范围内的坡段,由减速器(减速顶群)区段、打靶区段、连挂区坡段和尾部停车区坡段组成。调车场纵断面与采用的调速系统类型和控制长度及调车场所处的地理位置有关。

车辆自峰顶脱钩后,经溜放部分Ⅰ、Ⅱ制动位调速后进入调车线,再由调车线头部的Ⅲ制动位(减速顶群)"打靶"一段距离,使车辆低速进入减速顶控制的连挂区段,然后以不大于允许的连挂速度继续往前溜行,直至与停留车或前行车安全连挂。图 4-2-12 为点连式驼峰调车场平、纵断面示意。

减速器(顶群)坡段应设计为顺溜车方向的下坡。打靶区坡段应设计为下坡,点连式调速系统高差严重不足时可设计为平坡。

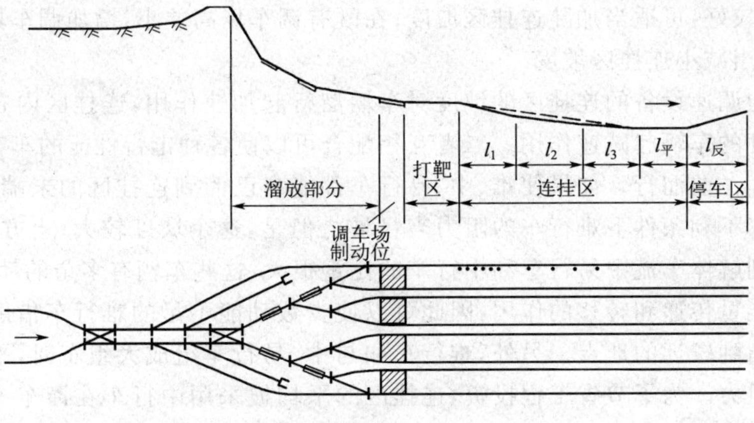

图 4-2-12 点连式驼峰调车场平、纵断面示意

连挂区为车辆集结的区段。以减速顶为调速设备的连挂区应设计为前陡后缓多坡段的纵断面。在高差相同的条件下，多坡段纵断面与单一坡段纵断面相比较，前者对运营更为有利。表 4-2-6 为连挂区不同纵断面方案比较：第一方案采用 1.3‰的单一坡度；第二方案采用由 2.3‰至平坡的多坡段纵断面。

从表中数字可以看出，第一方案难行车的溜行远度为 36 m，中行车的溜行远度126 m，易行车的溜行远度为700 m以上。第二方案难、中、易行车的溜行远度分别为87 m、422 m和632 m。我国编组站调车线有效长度一般在850 m以上，扣除调车线头部的打靶区和尾部反坡的长度后，用来集结车辆的长度约为600 m。在这个长度范围内，设计成 3～4 个坡段，每个坡段150～200 m，这样的纵断面比较符合运营要求。第一方案的纵断面，难行车、中行车溜行的距离都比较近，对车列集结不利；易行车溜行可达700 m以上，没有必要。第二方案难行车溜行的距离比较远，中行车能溜到车列长度的 2/3 以上，易行车能溜到车列的尾部，可以满足车辆集结要求。因此，多坡段纵断面优于单坡段纵断面。

表 4-2-6 连挂区不同纵断面方案比较

断面	第一方案	第二方案				
	$\frac{1.3}{700}$	$\frac{2.3}{100}$	$\frac{1.8}{250}$	$\frac{1.1}{150}$	$\frac{0.6}{100}$	$\frac{0.0}{100}$
平均坡度/‰	1.3	1.3				
高　差/m	0.91	0.91				
布顶数/个	120	135				
气　温/℃	0	0				
风　速/(m/s)	1.75	1.75				
难行车溜行远度/m	36	87				
中行车溜行远度/m	126	422				
易行车溜行远度/m	＞700	632				

尾部停车区段的作用是防止驼峰解体时车辆溜出调车线的末端，并利用停车区进行尾部调车作业。

(二)连挂区的平均坡度

连挂区的长度是从打靶区的末端至尾部停车区始端的距离。连挂区内采用减速顶调速时，若地形条件较好，可适当加陡连挂区坡度；在既有调车场高差小，增加调车场坡度会造成工程困难时，可适当减小连挂区坡度。

以减速顶为调速设备的连挂区的坡度对车辆溜行起加速作用，连挂区内布置的减速顶可对超过规定速度的车辆起减速作用。二者互相配合可以使各种走行性能的车辆均以不高于允许连挂速度继续往前溜行。如果使难、中、易行车都能自己溜到连挂区的末端，则连挂区的平均坡应采用溜车不利条件下难行车的阻力当量坡。但是，这个坡度较大，土方工程量大，布顶数量多。考虑到解体车流中易行车和中行车的比重很大，这些车辆有多余的动能，在串车连挂时对难行车有能量传递和转移的作用，因此可以使少数动能不足的难行车借助易行车和中行车的多余动能溜到较远的地点。另外，难行车如与中、易行车组成大组车时，平均阻力也小于单个难行车的阻力。为了节省工程投资，连挂区的平均坡采用中行车在溜车不利条件下的阻力当量坡。

（三）点连式驼峰调车场连挂区各坡段设计

1. 连挂区第一坡段设计

对于前陡后缓多坡段的连挂区，其第一坡段起排空作用，应使难行车在溜车不利条件下能溜出这个坡段，使易行车在溜车有利条件下不超速。为此，需要在该坡段设置相应数量的减速顶，对易行车进行减速。

要使难行车溜行的距离愈长，则第一坡段的坡度就应愈陡。我国北、南方地区一般采用2.3‰～2.6‰，东北地区采用2.6‰～3.2‰。连挂区第一坡段的长度应根据解体车流情况、调车线有效长度、地形条件或原有车场的纵断面（改建时）来确定，当调车线有效长度为1 050 m，调速系统的控制长度为800～850 m时，第一坡段一般取150～200 m。如解体车流中难行车较多时，第一坡段应尽量采用200 m。这样可以使连挂区的前部经常保持空线，有利于大组车的溜放。如条件困难时，可缩短其长度。当调车线有效长度为850 m，调速系统的控制长度为600～650 m时，第一坡段一般取100～150 m。

2. 连挂区第二坡段的设计

第二坡段应使大量的中行车顺利地通过该坡段。因此，其坡度取中行车在溜车不利条件下的阻力当量坡。我国北、南方地区一般采用1.7‰～2.2‰，东北地区一般采用2.2‰～2.4‰。有根据时可以适当增减。

第二坡段的长度应根据中行车需要的溜行远度而定。一般要求中行车能溜到调车线有效长度的3/4处。因此，第二坡段的长度一般取150～200 m。

3. 连挂区第三坡段的设计

第三坡段的坡度应采用易行车在溜车有利条件下的阻力当量坡为0.6‰～1.0‰。当调车线有效长度为1 050 m时，第三坡段的长度一般为150～200 m。当调车线有效长度为850 m时，第三坡段一般取100～150 m。

4. 连挂区平坡

连挂区第四段坡设为平坡，当调车线有效长度为1 050 m时，平坡段的长度一般为50～150 m。当调车线有效长度为850 m时，平坡段一般取50～100 m。

（四）尾部停车区

调车场尾部停车区（指连挂区平坡末端至警冲标）应采用面向调车场的1.5‰～2.5‰的下坡，坡长100～150 m。困难情况下，该坡段范围的高差不应小于0.2 m。当调车场尾部无多组列车编组作业的线束时，该坡道可加大到4‰，但应保证牵出车列在任何地段停车后能够起动。

三、调车场尾部道岔区纵断面

调车场尾部平面牵出线应设在不大于2.5‰的面向调车场的下坡道上或平道上，并保证整列牵出时，停车后能够起动。

调车场尾部道岔区应设在面向调车场的下坡上，其坡度不应小于1.5‰。办理多组列车编组作业的单独线束道岔区的平均坡度不宜大于2.5‰，边缘线路不应大于3.5‰。

第三章　驼峰调速系统设计

第一节　减速器制动位的设置

一、制动位级数的选择

1. 一级制动位

当调车作业量小、调车线数目少、驼峰的溜放部分比较短、峰高比较低、需要的制动能力较小时，可在溜放部分设一级制动位。其作用是兼顾间隔制动和目的制动。

中能力驼峰的溜放部分需要设一级制动位或二级制动位。其合理选择取决于以下两个条件：

(1)设一级制动位时，易行车在溜车有利条件下进入减速器时，应不超过允许的入口速度。

(2)设一级制动位时，难—中—难的钩车组合，在溜车不利条件下，前后钩车在最后分路道岔处要有足够的间隔时间来保证道岔转换。

2. 二级制动位

驼峰作业量大、调车线数目多、溜放部分比较长时，溜往相邻调车线的前后钩车共同走行的经路长，容易发生追钩。由于驼峰作业量大，要求车列推峰解体速度比较高，前后钩车离开峰顶的间隔时间 $t_{隔}$ 比较小，前后钩车拉不开距离。所有这些都增加了对钩车进行间隔制动的概率。在上述情况下，溜放部分一般需要设二级制动位。

与设一级制动位相比较，设二级制动位可以减少减速器的数量(因一级制动位设在线束前)，并有利于解决间隔制动与目的制动之间的矛盾。4 个线束 24 条调车线以上的驼峰一般设二级制动位。

3. 三级制动位

大、中能力驼峰的作业量比较大，为了提高驼峰的解体能力，要求有较高的推峰解体速度。在调车线的头部设Ⅲ制动位时，可以使钩车高速通过道岔区，并可保证前后钩车之间有必要的间隔，从而提高驼峰的解体能力。近年来，国内外大、中能力驼峰广泛采用三级制动位。

二、制动位的设置位置

1. 设一级制动位

设一级制动位的驼峰，其制动位一般控制 6～8 条调车线，也可控制 3～4 条调车线。前者因线束少需要的减速器数量也少，但制动位控制的线路多，目的制动与间隔制动的矛盾比较大。后者需要的减速器多，但制动位控制的调车线少，目的制动与间隔制动的矛盾也小。

如溜放部分较短、气候条件好，也可将制动位设在每条调车线的始端。这样溜放效率较高，但需要的减速器数量多，且需要考虑减速器的控制方式。

2. 设二级制动位

(1)Ⅰ制动位设在第 1 分路道岔与第 2 分路道岔之间。Ⅰ制动位距峰顶不应太近也不宜太远。太近时，前行车溜行速度尚未提高就在制动位进行制动，将破坏与后行车的间隔，影响后行车的继续溜放，势必降低峰顶推峰速度。太远时，峰顶至Ⅰ制动位间的平均坡度变缓，前、后钩车在Ⅰ制动位前就有可能发生"追钩"现象。

Ⅰ制动位不宜设在峰顶与第1分路道岔之间，因为前、后钩车通过第1分路道岔所需要的间隔是由峰顶与该道岔之间的长度和坡度来保证的。Ⅰ制动位若设在峰顶与第1分路道岔之间，延长加速区段的长度，则会破坏驼峰设计的合理性。

(2)Ⅰ、Ⅱ制动位间应有一定的距离。两个制动位若相距太近，当前行车在Ⅱ制动位制动时，可能引起后行车在Ⅰ制动位进行不必要的制动，进而影响后续钩车的溜放，降低峰顶推峰速度。

(3)Ⅱ制动位设在每个线束之前。驼峰调车场平面一般采用线束形布置，多数钩车均在前几个道岔分路，在线束道岔分路的概率较小。因此，在满足作业需要的情况下，为了尽量减少减速器的数量，可将Ⅱ制动位设在每个线束的前面，以目的制动为主，必要时也进行间隔制动。当最后分路道岔处出现前行车溜行近、后行车溜行远的情况时，可适当降低峰顶推峰速度，以解决钩车的间隔问题。

3.设三级制动位

设有三级制动位时，Ⅰ、Ⅱ制动位主要担当间隔制动和调速制动，Ⅰ制动位设在第1分路道岔与第2分路道岔之间，Ⅱ制动位设在每个线束之前。Ⅲ制动位进行目的制动，一般设在调车线的头部，距离警冲标的长度不小于70 m。

第二节　驼峰间隔制动位减速器制动能高计算

一、设两级间隔制动位

1.总制动能高的计算

两级间隔制动位的总制动能高(energy head of retarder location)应保证在溜车有利条件下，以1.9 m/s的推峰速度解体车列时，易行车经过Ⅰ、Ⅱ制动位全部制动后，溜到易行线警冲标的速度不大于安全连挂速度(1.4 m/s)。图4-3-1为二级间隔制动位总能高图。

总制动能高 $H_{制}$ 可按式(4-3-1)计算：

$$H_{制}=H_{峰}+h_{推}^{易}-h_{r}^{易}-h_{挂}^{易}-H_{警}^{易} \tag{4-3-1}$$

式中 $H_{峰}$——驼峰峰高，m；

$h_{推}^{易}$——易行车推峰解体速度高，m；

$h_{挂}^{易}$——易行车安全连挂速度高，m；

$H_{警}^{易}$——易行线警冲标与计算点之间的高差，m；

$h_{r}^{易}$——易行车由峰顶至易行线警冲标范围内为克服各种阻力所消耗的能高，m，且

$$h_{r}^{易}=[l_{警易}(r_{基}^{易}+r_{风}^{易})+8\sum\alpha+24n]\times10^{-3} \tag{4-3-2}$$

其中 $l_{警易}$——从峰顶至易行线警冲标的距离，m，

$\sum\alpha$——$l_{警易}$范围内的曲线和道岔总转角，(°)，

n——$l_{警易}$范围内的道岔个数，

$r_{基}^{易}$——易行车在溜车有利条件下的单位基本阻力，N/kN，

$r_{风}^{易}$——易行车在溜车有利条件下的单位风阻力，N/kN。

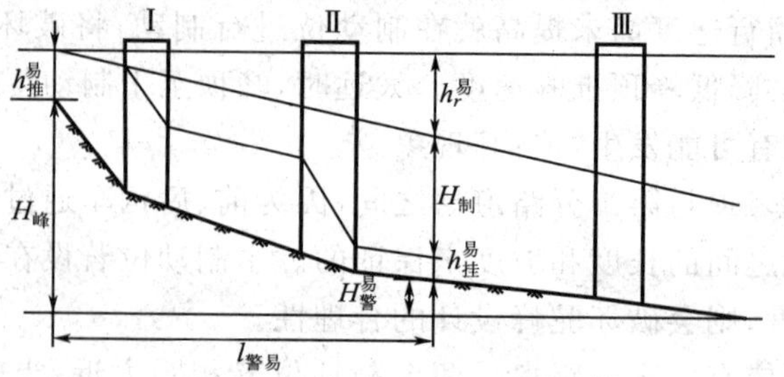

图 4-3-1　二级间隔制动位总能高图

2. Ⅱ制动位能高的确定

驼峰溜放部分设有两级间隔制动位时，在需要的总制动能高确定后，还应合理地分配Ⅰ、Ⅱ制动位的制动能高。从效率方面来讲，分配给Ⅱ制动位的能高越大越好。这样Ⅰ制动位的制动能高小，车辆的溜放速度就可以提高。但是，Ⅱ制动位的制动能高越大，需要的减速器总数就越多。调车场的线束越多，需要的减速器也越多。为了提高驼峰的作业效率，在设有两级间隔制动位的驼峰上，首先应满足Ⅱ制动位必要的制动能高，然后确定Ⅰ制动位的能高。

Ⅱ制动位必要的制动能高与下列因素有关：

(1)车辆进入制动位的速度。车辆进入Ⅱ制动位的速度高，需要的制动能高大；速度低，则需要的制动能高小。但钩车低速进入Ⅱ制动位时，与后行车的间隔不易保证，将影响峰顶推峰速度。

(2)车辆离开制动位的速度。车辆离开Ⅱ制动位的出口速度低，则需要的制动能高大；出口速度高，则需要的制动能高小。但是，溜“堵门车”时，其出口速度不能高，否则容易超速连挂。Ⅱ制动位的制动能高应保证车辆溜到调车线警冲标附近时不超过安全连挂速度。

(3)制动位的坡度。Ⅱ制动位的坡度陡，需要的制动能高大；坡度缓，则需要的制动能高小。但坡度不能太缓，如果太缓，车辆在制动位上夹停，则缓解后不能自动溜走，影响作业。我国规定Ⅱ制动位坡度不小于8‰，寒冷地区要适当加大。

(4)车辆的溜放阻力。车辆溜放阻力小，需要的制动能高大；阻力大，则需要的制动能高小。

根据上述因素考虑，Ⅱ制动位能高可以根据易行车在溜车有利条件下以6.3～7.0 m/s的速度进入减速器，经制动后溜到易行线警冲标的速度不大于安全连挂速度(1.4 m/s)计算。应有的 $H_{制}^{Ⅱ}$ 如图 4-3-2 所示。其计算公式如下：

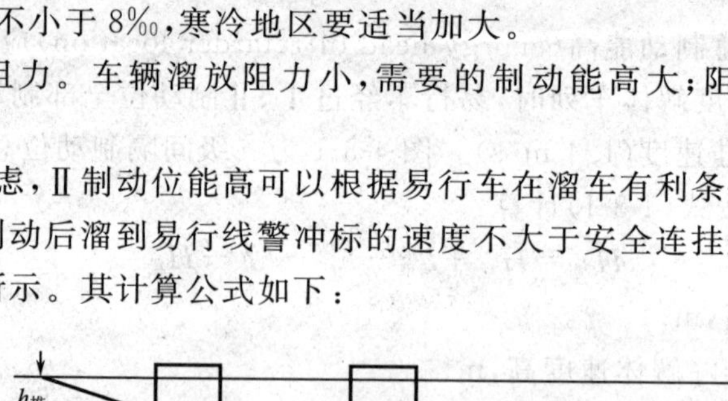

图 4-3-2　Ⅱ制动位能高图

$$H_{制}^{Ⅱ}=h_{v\max}+h_{减}+H_{制末}-h_r^{易}-h_{挂}-H_{警}^{易} \tag{4-3-3}$$

式中　$h_{v\max}$——车辆到达Ⅱ制动位有效制动长度始端的最大动能高，m；

$h_{减}$——Ⅱ制动位减速器有效制动长度始、末端的高差，m；

$h_r^{易}$——易行车在溜车有利条件下由Ⅱ制动位有效制动长度始端到易行线警冲标为克服各种阻力所消耗的能高，m；

$h_{挂}$——车辆溜到易行线警冲标时的动能高(应不超过安全连挂速度)，m；

$H_{制末}$——Ⅱ制动位减速器有效制动长度末端与计算点的高差，m。

3. Ⅰ制动位能高及减速器数量的确定

Ⅰ制动位一般应设两台(2组)减速器，以便一台维修或有故障时使用另一台。车辆经Ⅰ制动位制动后，进入Ⅱ制动位的速度不应超过减速器的最大允许速度。如果峰高较低，需要的制动能高较小，Ⅰ制动位停用后车辆进入Ⅱ制动位的速度不超过最大允许速度时，Ⅰ制动位也可以设一台减速器。Ⅰ制动位的能高 $H_{制}^{Ⅰ}$ 可按式(4-3-4)计算：

$$H_{制}^{Ⅰ}=H_{制}-H_{制}^{Ⅱ} \tag{4-3-4}$$

计算时要求，当Ⅰ制动位停用一台减速器时，易行车在溜车有利条件下，以 1.9 m/s 的推峰速度解体车列时，进入Ⅱ制动位的速度不应超过其最大允许入口速度。

需要的制动能高确定后，还应另加安全量 $\Delta h_{制}$。

$$\Delta h_{制}=H_{制}\alpha \tag{4-3-5}$$

式中 α——减速器安全系数，取 0.15～0.2。

增加 $\Delta h_{制}$ 主要是为保证安全溜放，其原因是：

(1)制动夹板与车轮间的摩擦系数受材质、车轮与制动夹板间的润滑情况和制动夹板与车轮摩擦后的温度等因素的影响而有所变动。

(2)减速器在制动状态时，两制动夹板间的开口数值是根据大多数车轮的厚度确定的。遇有薄轮车时，制动能力将降低。

(3)车轮半径的大小不同，制动能力也不一样。半径越大，制动力越小。

各级制动位减速器数量 n_i 按式(4-3-6)计算：

$$n_i=\frac{\dfrac{H_{制}^{i}(1+\alpha)}{\mu}+l_{补}}{l_{减}} \tag{4-3-6}$$

式中 μ——减速器单位制动能高，m/m；

$l_{减}$——每节减速器长度，m；

$l_{补}$——驼峰采用钩车溜放速度自动控制时，减速器要求的补充长度，m，手动控制时为零。

二、设一级间隔制动位

驼峰溜放部分设一级制动位时，其制动能高应保证在溜车有利条件下，以 1.9 m/s 的推峰速度解体时，易行车经间隔制动位全部制动后，溜到易行线警冲标的速度不大于安全连挂速度(1.4 m/s)，并留有一定的安全量。制动位应设两台(2组)减速器，一台减速器停用时，驼峰能正常作业。

第三节　点连式驼峰三级制动位减速器制动能高计算

采用点连式调速系统的驼峰调车场制动位能高计算应从运营高效和经济合理两方面综合

考虑。从运营高效的要求考虑，希望调车场制动位的减速器节数多一些；从经济合理的角度考虑，希望调车场制动位减速器的节数少些。《驼峰规范》规定，点连式调速系统的驼峰调车场制动位有效制动能高不宜小于 1.3 m。

设有三级制动位的驼峰，Ⅰ、Ⅱ制动位主要用作间隔制动和调速制动，Ⅲ制动位的作用主要为目的制动。三级制动位减速器的制动能高应作为一个整体统一计算。

以下介绍一种点连式驼峰三级制动位能高计算及分配方法。

1. 三级制动位总能高的计算

三级制动位总能高应保证易行车在溜车有利条件下，以 1.9 m/s 的推峰解体速度经Ⅰ、Ⅱ、Ⅲ制动位全部制动后，使易行车在Ⅲ制动位末端停车。

三级制动位总能高 $H_{制}^{总}$ 可按式(4-3-7)计算：

$$H_{制}^{总}=H_{峰}+h_{推}^{易}-h_{r\text{Ⅲ}}^{出易}-H_{末} \tag{4-3-7}$$

式中　$H_{末}$——Ⅲ制动位有效制动长度出口与计算点的高差，m；

$h_{r\text{Ⅲ}}^{出易}$——易行车在溜车有利条件下从峰顶溜到Ⅲ制动位有效制动长度出口的阻力高，m，且

$$h_{r\text{Ⅲ}}^{出易}=[l_{\text{Ⅲ}}^{出}(r_{基}^{易}+r_{风}^{易})+8\sum\alpha+24n]\times10^{-3} \tag{4-3-8}$$

其中　$l_{\text{Ⅲ}}^{出}$——从峰顶到Ⅲ制动位有效制动位出口的长度，m，

$\sum\alpha,n$——在 $l_{\text{Ⅲ}}^{出}$ 范围内的转角度数和道岔个数。

式中其他符号同式(4-3-1)、式(4-3-2)。

2. Ⅰ制动位能高计算

Ⅰ制动位能高应根据其入口速度和出口速度而定。在溜车有利条件下，易行车从峰顶溜到Ⅰ制动位有效制动长度入口的速度不得超过减速器允许的最大入口速度(峰高较低时，宜小于最大入口速度)。易行车在Ⅰ制动位出口的速度应根据Ⅱ制动位允许的最大入口速度确定，如图 4-3-3 所示。

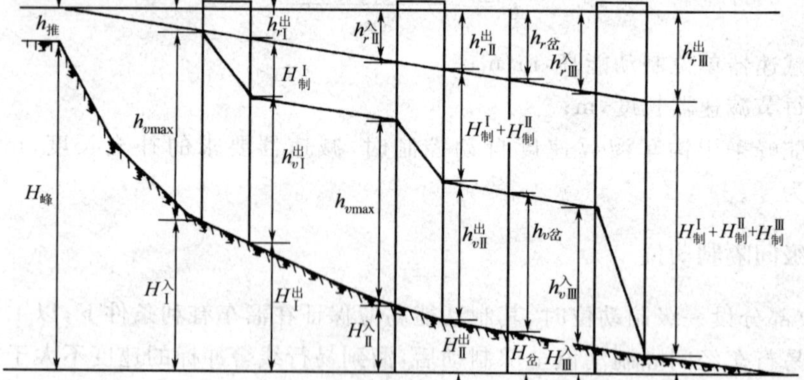

图 4-3-3　三级制动位能高图

注：1. $h_{r\text{Ⅰ}}^{入}$、$h_{r\text{Ⅰ}}^{出}$、$h_{r\text{Ⅱ}}^{入}$、$h_{r\text{Ⅱ}}^{出}$、$h_{r岔}$、$h_{r\text{Ⅲ}}^{入}$、$h_{r\text{Ⅲ}}^{出}$ 分别为易行车从峰顶溜到Ⅰ、Ⅱ、Ⅲ制动位有效制动长度入口、出口和最后分路道岔中心的阻力高，m。

2. $h_{v\max}$、$h_{v\text{Ⅰ}}^{出}$、$h_{v\text{Ⅱ}}^{出}$、$h_{v岔}$、$h_{v\text{Ⅲ}}^{入}$ 分别为易行车从峰顶溜到各制动位有效制动长度入口、出口和最后分路道中心的速度高，m。

3. $H_{\text{Ⅰ}}^{入}$、$H_{\text{Ⅰ}}^{出}$、$H_{\text{Ⅱ}}^{入}$、$H_{\text{Ⅱ}}^{出}$、$H_{岔}$、$H_{\text{Ⅲ}}^{入}$、$H_{末}$ 分别为各该处与打靶区末端(计算点)的高差，m。

$$H_{制}^{Ⅰ}=H_{峰}+h_{推}^{易}-h_{rⅡ}^{入易}-h_{v\max}^{易}-H_{Ⅱ}^{入} \tag{4-3-9}$$

式中　$h_{v\max}^{易}$——减速器允许的最大入口速度(7m/s)高,m;

$H_{Ⅱ}^{入}$——Ⅱ制动位有效制动长度入口与计算点的高差,m;

$h_{rⅡ}^{入易}$——易行车在溜车有利条件下从峰顶溜到Ⅱ制动位有效制动长度入口的阻力高,m,且

$$h_{rⅡ}^{入易}=[l_{Ⅱ}^{入}(r_{基}^{易}+r_{风}^{易})+8\sum\alpha+24n]\times10^{-3} \tag{4-3-10}$$

其中　$l_{Ⅱ}^{入}$——从峰顶到Ⅱ制动位有效制动长度入口的距离,m,

$\sum\alpha,n$——$l_{Ⅱ}^{入}$范围内的转角度数和道岔个数。

3. 溜车不利条件下难行车在最后分路道岔的过岔速度计算

设有三级制动位的驼峰,解体速度比较高,在难—易—难溜放顺序时,车辆在最后分路道岔处的溜放间隔往往构成驼峰解体能力的限制因素。在溜车不利条件下,难行车通过最后分路道岔的速度$v_{岔}^{难}$是难行车在峰顶脱钩后自由溜放的速度,$v_{岔}^{难}$为最小的过岔速度。用式(4-3-11)可以近似求出最小$v_{岔}^{难}$:

$$v_{岔}^{难}=\sqrt{2g'_{难}l'_{岔}(i'_{岔}-r_{总}^{难})\times10^{-3}+v_{31}^{2}} \tag{4-3-11}$$

式中　$l'_{岔}$——从Ⅱ制动位后面的变坡点到最后分路道岔中心的长度,m;

$i'_{岔}$——$l'_{岔}$范围内的坡度,‰;

$r_{总}^{难}$——溜车不利条件下难行车通过$l'_{岔}$的单位总阻力,N/kN,且

$$r_{总}^{难}=r_{基}^{难}+r_{风}^{难}+\frac{8\sum\alpha+24n}{l'_{岔}} \tag{4-3-12}$$

其中　$\sum\alpha,n$——$l'_{岔}$范围内的转角度数和道岔个数,

v_{31}——难行车在Ⅱ制动位后面变坡点处的速度(即l_{31}坡段末端的速度),m/s,且

$$v_{31}=\sqrt{(H_{峰}+h_{推}^{难}-h_{r31}^{难}-H_{31})2g'_{难}} \tag{4-3-13}$$

其中　H_{31}——l_{31}坡段的末端与计算点的高差,m,

$h_{r31}^{难}$——溜车不利条件下难行车从峰顶溜到l_{31}坡段末端的阻力高,m,且

$$h_{r31}^{难}=[l'_{31}(r_{基}^{难}+r_{风}^{难})+8\sum\alpha+24n]\times10^{-3} \tag{4-3-14}$$

其中　l'_{31}——从峰顶到l_{31}坡段末端的长度,m,

$\sum\alpha,n$——l'_{31}范围内的转角度数和道岔个数。

$v_{岔}^{难}$求出后,应进一步检查该速度能否保证在溜车不利条件下,难、易行车在最后分路道岔处的安全间隔,即

$$t_{隔}\geqslant t_{占}^{难}+\Delta t \tag{4-3-15}$$

式中　Δt——难、易行车从峰顶溜到最后分路道岔绝缘区段始端的走行时间差,s;

$t_{占}^{难}$——难行车占用最后分路道岔的时间,s,且

$$t_{占}^{难}=\frac{l_{绝}+b_{难}}{v_{岔}^{难}}+t_{继} \tag{4-3-16}$$

其中　$b_{难}$——难行车的外轴距,m,

$l_{绝}$——最后分路道岔绝缘区段的长度,m,

$t_{继}$——电气或电空集中控制道岔的继电器转换时间,s。

难、易行车在峰顶脱钩的时间间隔$t_{隔}$按式(4-2-6)计算,将$t_{隔}$、$t_{占}^{难}$代入式(4-3-15),经整理后得

$$v_{岔}^{难}=\frac{2v_{推}(l_{绝}+b_{难})}{l_{难}+l_{易}-2v_{推}(\Delta t+t_{继})} \tag{4-3-17}$$

例如，$v_{推}=1.9\ m/s$，$l_{绝}=14.078\ m$，$b_{难}=13.930\ m$，$b_{易}=11.040\ m$，$l_{难}=17.066\ m$，$l_{易}=13.976\ m$，$\Delta t=1.2\ s$，$t_{继}=0.5\ s$，$t_{隔}=7.059\ s$。将以上数据代入式(4-3-17)，得

$$v_{岔}^{难}=\frac{2\times1.9\times(14.078+13.930)}{17.066+13.976-2\times1.9\times(1.2+0.5)}=\frac{106.4304}{31.042-6.46}\approx4.330\ (m/s)$$

检查结果表明，要保证7 km/h(1.9 m/s)的推峰解体速度，必须使难行车在溜车不利条件下通过最后分路道岔的速度 $v_{岔}^{难}\geqslant4.330\ m/s$。

4.确定溜车不利条件下易行车在最后分路道岔的过岔速度

按难—易—难车辆溜放顺序溜放时，要保证难—易行车之间和易—难行车之间必要的间隔，易行车的最小过岔速度为

$$v_{岔}^{易}=\frac{l_{绝}+b_{易}}{t_{隔}+\Delta t-t_{继}} \tag{4-3-18}$$

将上述有关参数代入式(4-3-18)得

$$v_{岔}^{易}=\frac{14.078+11.040}{7.059+1.2-0.5}=\frac{25.118}{7.759}\approx3.237(m/s)$$

从计算结果来看，易行车只要具有3.237 m/s的过岔速度，就可以保证易—难溜放顺序的安全间隔。但是，3.237 m/s的过岔速度太低，会影响驼峰的作业效率。为此，可使溜车不利条件下易行车的过岔速度与难行车的过岔速度相等，即 $v_{岔}^{易}=v_{岔}^{难}$，这样既可以保证难—易—难溜放顺序的安全间隔，又可以提高驼峰的作业效率。

5.溜车不利条件下易行车在Ⅲ制动位有效制动长度入口速度的计算

易行车在最后分路道岔的过岔速度确定后，据此可以计算易行车在Ⅲ制动位有效制动长度入口的速度 $v_{Ⅲ入}^{易}$。

$$v_{Ⅲ入}^{易}=\sqrt{2g'_{易}l''_{岔}(i''_{岔}-r_{总}^{易})\times10^{-3}+(v_{岔}^{易})^{2}} \tag{4-3-19}$$

式中 $l''_{岔}$——从最后分路道岔中心到Ⅲ制动位有效制动长度入口的距离，m；

$i''_{岔}$——在 $l''_{岔}$ 范围内的坡度，‰；

$r_{总}^{易}$——溜车不利条件下易行车在 $l''_{岔}$ 范围内的单位总阻力，N/kN，其值为

$$r_{总}^{易}=r_{基}^{易}+r_{风}^{易}+\frac{8\sum\alpha+24n}{l''_{岔}} \tag{4-3-20}$$

其中 $\sum\alpha$，n——$l''_{岔}$ 范围内的转角度数和道岔个数。

6.溜车不利条件下易行车在Ⅲ制动位有效制动长度出口速度的计算

溜车不利条件下易行车在Ⅲ制动位有效制动长度出口的速度 $v_{Ⅲ出}^{易}$ 可按式(4-3-21)计算：

$$v_{Ⅲ出}^{易}=\sqrt{2g'_{易}l'_{靶}(r_{总}^{易}-i'_{靶})\times10^{-3}+v_{挂}^{2}} \tag{4-3-21}$$

式中 $l'_{靶}$——从Ⅲ制动位有效制动长度出口到打靶区末端的距离，m；

$i'_{靶}$——$l'_{靶}$ 范围内的平均坡度，‰；

$v_{挂}$——钩车的安全连挂速度，m/s；

$r_{总}^{易}$——溜车不利条件下易行车在 $l'_{靶}$ 范围内的单位总阻力，N/kN。

由于在打靶长度范围内没有曲线和道岔，钩车的溜放速度也比较低，因此基本阻力和风阻力与溜放部分不同，应单独计算溜车不利条件下易行车的基本阻力和风阻力。

7.Ⅲ制动位能高 $H_{制}^{Ⅲ}$ 计算

$$H_{制}^{Ⅲ}=\frac{{v_{Ⅲ入}^{易}}^{2}-{v_{Ⅲ出}^{易}}^{2}}{2g'_{易}}-h_{rⅢ}^{效}+H_{Ⅲ}^{效} \tag{4-3-22}$$

式中 $H^{效}_{Ⅲ}$——Ⅲ制动位有效制动长度入口与出口的高差,m;

$h^{效}_{rⅢ}$——车辆从Ⅲ制动位有效制动长度入口到出口损失的阻力高,m,且

$$h^{效}_{rⅢ}=l^{效}_{Ⅲ}\times r^{易}_{总}\times 10^{-3} \qquad (4\text{-}3\text{-}23)$$

其中 $l^{效}_{Ⅲ}$——Ⅲ制动位的有效制动长度,m,

$r^{易}_{总}$——溜车不利条件下易行车在 $l^{效}_{Ⅲ}$ 范围内的单位总阻力,N/kN。

应当说明的是,Ⅲ制动位的能高是根据溜车不利条件下易行车需要的能高而确定的。在溜车不利和有利条件下,Ⅲ制动位对易行车使用相同的制动能高,目的是适当减少Ⅲ制动位的能高,增加Ⅱ制动位的能高,节省工程投资。

8. Ⅱ制动位能高 $H^{Ⅱ}_{制}$ 计算

$$H^{Ⅱ}_{制}=H^{总}_{制}-H^{Ⅰ}_{制}-H^{Ⅲ}_{制} \qquad (4\text{-}3\text{-}24)$$

计算所得Ⅱ制动位能高必须保证易行车在溜车有利条件下,以减速器允许的最大入口速度进入Ⅱ制动位,并经全部制动后,溜至易行线Ⅲ制动位入口处的速度不超过允许的最大入口速度。

9. 各制动位减速器节数计算

根据Ⅰ、Ⅱ和Ⅲ制动位采用的减速器类型及安全系数 α,可计算各制动位需要的制动能高及减速器的节数。

第四节 调车场内减速顶设置

一、减速顶的设置条件

1. 对调车线坡度的要求

减速顶的设置与调车线的坡度有密切关系。如果要求难行车在溜车不利条件下能自由溜到调车线的末端,那么布置减速顶的调车线坡度 $i_{顶}$ 则应大于冬季难行车的总阻力 $r^{难}_{总}$,即

$$i_{顶}\geqslant r^{难}_{基}+r^{难}_{风} \qquad (4\text{-}3\text{-}25)$$

在设计中,根据具体条件,调车场的坡度一般按中行车的阻力当量坡来考虑。

2. 减速顶设置数量的确定

按上述要求设计的调车线,每条线应设置的减速顶数量 D 应根据易行车的多余能高计算确定。

$$D=(1+\alpha)K(i_{顶}-r^{易}_{总})l_{顶}\times 10^{-3} \qquad (4\text{-}3\text{-}26)$$

式中 α——减速顶制动能高安全量,取 0.05~0.08;

$l_{顶}$——设置减速顶的坡段长度,m;

K——吸收易行车每米能高需要的减速顶台数,台/m,且

$$K=\frac{Q}{n_{轴}A} \qquad (4\text{-}3\text{-}27)$$

其中 Q——车辆总重,t,

$n_{轴}$——车辆的轴数,

A——每个减速顶的制动功,t·m/轮次。

当一条调车线内有不同的坡度时,减速顶数量应根据不同坡度按公式分别计算。

减速顶数量确定后,可根据式(4-3-28)求出设置减速顶的间距 $l_{间}$,即

$$l_{间}=\frac{l_{顶}}{D} \tag{4-3-28}$$

具体布置减速顶时，为了提高运营效果，应考虑以下各种条件：

(1)在寒冷地区，应根据冬、夏季节易行车总阻力的差异确定减速顶的设置距离。冬季稍稀，夏季较密。

(2)为了避免难行车和大于难行车总阻力的车辆在调车线的前半段停车，可充分利用后行的易行车和中行车适当冲撞前行的难行车，使其溜到较远处。考虑到这种情况，在设计调车线坡度时，应使前半部坡度稍陡，布置的减速顶也应稍密一些。

二、调车场连挂区布顶设计

1.顶群区设计

点连式驼峰在调车线的头部设有Ⅲ制动位，车辆进入Ⅲ制动位以后，打靶一段距离进入连挂区。由于车辆在打靶区末端的速度有波动，因此有时发生超速情况。为了保证作业安全，可以在连挂区的始端设一个顶群(密集布顶)，将车辆的速度调节到安全连挂速度。

顶群区的作用主要是对易行车、中行车进入连挂区的速度进行小幅度的调整。顶群区的长度取决于难行车进入顶群的速度，应避免难行车在顶群内停车或发生撞车事故。由于顶群区的长度较短，不宜单独划分坡段，可以设在连挂区第一坡段内，其坡度与第一坡段相同。也可以将顶群的一部分布置在打靶区的缓坡上，另一部分设在连挂区的始端。

2.各坡段布顶设计

在连挂区各坡段范围内，如果其坡度大于易行车在溜车有利条件下的阻力当量坡，则需要布置相应数量的减速顶，使易行车匀速运动。

在连挂区的各坡段内，应使减速顶均匀分布，以实现调速的连续性。因此，在调车线上单侧布顶方式较双侧布顶为好。单侧布顶时，顶间的距离相当于双侧布顶的一半，可减缓易行车在顶间的加速现象。另外，另一侧钢轨不装减速顶仍可行驶单轨小车，不影响工务的维修养护工作。

3.调车线连挂区布顶的总长度

调车线连挂区布顶的总长度与线路的坡度和有效长度有关。连挂区布顶的总长度一般为350～650 m，每条线布顶150～200个。在点连式调速系统中，适当缩短布顶的总长度对运营和投资都有利，因为在调车场尾部进行车列转线或发车作业时，车列起动后逐渐加速，愈早离开布顶区，遇到减速顶的阻力就愈少，减速顶受到的冲击也愈小，对减速顶的养护维修、延长使用寿命都有重要意义。

第四章 驼峰检算

第一节 检算目的和要求

驼峰溜放部分的平面和纵断面设计完成后,应进行检算。

一、检算目的

(1)检算驼峰线路的平面和纵断面的设计是否合理。

(2)检算驼峰高度和减速器制动位的能高及分布是否符合要求。

(3)检算以规定的推峰速度连续溜放难—中—难单个车辆或难行车组(8 辆空车)—单个易行车(采用调速顶)时,通过各分路道岔、减速器制动位和警冲标时的间隔,从而确定驼峰的解体速度。

二、检算要求

驼峰检算可以采用图解法或分析计算法。应根据驼峰采用的调速系统,分别按照不同的溜车条件,对不同的计算车辆进行检算。检算时,一般绘制下列各项曲线或计算下列各项数据:

(1)在溜车不利条件下难行车不进行制动而溜往难行线的速度曲线和时间曲线。

(2)在溜车不利条件下中行车进行部分制动并溜往难行线相邻线路的速度曲线和时间曲线。

(3)在溜车有利条件下易行车在各制动位进行全部制动的速度曲线。

(4)对于采用连续式调速系统的驼峰,需要绘制或计算溜车不利条件下,难、易行车溜出顶群区的速度和时间曲线。采用驼峰全顶和股道全顶调速系统时,还要绘制或计算难行车组、易行车溜出难行线顶群区的速度和时间曲线。

第二节 检算方法

一、图解时采用的比例尺

绘制速度曲线和时间曲线所采用的比例尺见表 4-4-1。

检算时可采用一般比例尺,其精度要求为:线路长 1 m,单位阻力 0.1 N/kN,高度 0.001 m,能高 0.001 m,坡度 0.1‰,速度 0.1 m/s,转角 0.1°,时间 0.1 s。

表 4-4-1 图解时采用的比例尺

名 称	单位	比例尺/mm	
		一般的	放大的
单位阻力 r	N/kN	15	10
速度 v	m/s	40	56.5
线路长度 l	m	1	3
时间 t	s	2	5
时间基线至坐标原点的距离 Δl		80	94.5

二、计算折算坡度

在绘制速度曲线和时间曲线时，首先要计算难行线及其相邻线路的折算坡度。相邻线路的折算坡度只在最后分路道岔以后有所不同。折算坡度 i'(‰)可按式(4-4-1)计算：

$$i'=i-\frac{8\sum\alpha+24n}{\Delta l} \tag{4-4-1}$$

式中　i——Δl 范围内的设计坡度，‰；

$\sum\alpha, n$——Δl 范围内的转角度数(包括道岔转角)、道岔个数；

Δl——折算坡度的坡段长度，m。

Δl 应按设计的实际坡段划分，如图 4-4-1 所示(见书后插页)。减速器制动位要单独划分出来，制动位范围内没有道岔和曲线时，不需要进行折算。

如果一个道岔位于两个坡段上，则其道岔阻力可计算到尖轨部分，而道岔曲线阻力可计算到辙叉部分。

计算结果列入图 4-4-1 下侧，并画出各段折算坡度的分段线。

三、计算单位阻力

应根据不同的溜放条件(不利、有利)及不同的车辆类型(难行车、中行车)分别计算单位阻力并绘制阻力曲线 $r=f(v)$。

由于道岔阻力和曲线阻力已经在实际坡度内进行了折算，因此，单位阻力中只有基本阻力和风阻力。车辆在溜放过程中的速度 $v_车$ 是变化的，应根据不同的 $v_车$(0～7 m/s)计算相应的基本阻力和风阻力。

四、检算图的布置形式

(1)检算图中 O 点为峰顶，从 O 点向右为 x 轴，表示溜放部分的长度。

(2)由 O 点向上的 y 轴表示速度 v 和时间 t。

(3)由 O 点向左 80 mm 处(即 Δl)画时间基线。

(4)在 x 轴下边画出溜放部分各坡段的坡度及长度。

(5)再往下画出难行线及相邻线路的折算坡度及长度。

(6)最下边画难行线及其相邻线路的平面展开图。

(7)根据平面展开图，画出各分路道岔绝缘区段和减速器有效制动位在 x 轴上的位置及长度(交叉渡线的顺向道岔不画)。

根据 $l_绝$ 的长度(图 4-2-1)，从道岔中心往前量取 $l=a+l_短+0.008$ 的长度，即为绝缘区段的始端。由始端往后量取 $l_绝$ 的长度，即为绝缘区段的末端。

在平面图中，制动位的长度为已知，每端减去喇叭口的长度 l_R，即为有效制动位的长度。一个制动位如果由两组减速器组成，则两组减速器应分开画，因为每组减速器可单独控制(制动或缓解)，这样可以缩短前、后行溜放车辆在制动位处的间隔。

五、绘制速度曲线

根据速度曲线绘制原理，利用阻力曲线和 r 轴(相当于线路折算坡度 i')绘制速度曲线。现以点连式驼峰为例介绍其画法，如图 4-4-1 所示(插页)。

1. 溜车不利条件下难行车的速度曲线(难-1)绘制

在溜车不利条件下，难行车是从峰顶自由溜行(不进行制动)到打靶区末端的。

(1)在溜车不利条件下难行车阻力曲线的 v 轴上，取 $v_0 \sim v_0 + \Delta v$(m/s)一段(Δv 越小，精度越高)的中点(表示该速度范围内的平均阻力)，在 r 轴上取 $r = i'_{11}$(N/kN)(相当于 i'_{11} 折算坡)的一点，作两点的连线。

(2)在速度轴上，从峰顶 $v_{推} = v_0$ 开始，作上述两点连线的垂直线，画到 $v = v_0 + \Delta v$(m/s)为止。

(3)按上述方法顺序绘制，画到变坡点时，剩余的线段长度不足 Δv(m/s)，这时可与前一段合并为一个线段(或单独作为一个线段)，然后取该线段的中点，作该点与 $r = i'_{11}$(N/kN)两点连线的垂直线，画到变坡点(其余类推)。

(4)画到变坡点以后，将 r 轴上的 i'_{11}(N/kN)移到 $r = i'_{12}$(N/kN)的一点。继续绘制第二坡段范围内的速度曲线。以此类推，一直画到计算点为止，即可得出难-1速度曲线。

当难行车的溜放速度降至1.4 m/s时，在理论上该点应为打靶区的末端(计算点)，但实际上该点与计算点往往有一段距离。这是因为计算基本阻力 $r_{基}^{难}$ 和风阻力 $r_{风}^{难}$ 时，采用 $v_{车}$ 的平均值与实际情况不符造成的。

2. 溜车不利条件下中行车的速度曲线(中-1)绘制

在溜车不利条件下，中行车溜往难行线相邻线的过程中要进行制动。该速度曲线需分段绘制。

(1)从 $v_{推} = v_0$ 开始，绘制峰顶到Ⅰ制动位有效制动长度入口端的一段。

(2)从Ⅱ制动位有效制动长度入口端，以 $v = 7$ m/s开始，逆溜车方向(以下简称逆向)绘制到Ⅰ制动位有效制动长度出口端的一段。

(3)令溜车不利条件下中行车在最后分路道岔中心处的速度等于难行车在该点的速度，即 $v_{岔}^{难} = v_{岔}^{中}$，由此，逆向绘制最后分路道岔中心到Ⅱ制动位有效制动长度出口端的一段。

(4)从最后分路道岔中心，以 $v_{岔}^{难}$ 的速度开始，顺向绘制到Ⅲ制动位有效制动长度入口端的一段。

(5)从打靶区末端(计算点)，以 $v_{挂} = 1.4$ m/s开始，逆向绘制到Ⅲ制动位有效制动长度出口端的一段。

(6)各制动位的入口至出口端的速度曲线可以用直线连接起来，但需要检算减速器的制动能力是否够用。

六、绘制时间曲线

根据时间曲线的原理，利用速度曲线和时间基线绘制时间曲线，如图4-4-1所示(插页)。

1. 溜车不利条件下难行车时间曲线(难-1)绘制

(1)在溜车不利条件下难行车的速度曲线难-1上，取 $v_0 \sim v_0 + \Delta v$(m/s)一段的中点，投影到时间基线上。然后取该投影点与 O 点的连线(O 点固定为连线的一个端点)。

(2)从 O 点作上述连线的垂直线，该垂直线即为时间曲线的方向，O 点为始端。该垂线与另一条垂线[从速度曲线上 $v = v_0 + \Delta v$(m/s)向下面 x 轴所作的垂线]相交处，为该小段速度曲线相对应的时间曲线的末端。依此继续进行，即可画出难-1时间曲线。

2. 溜车不利条件下中行车的时间曲线(中-1)绘制

同理，用上述方法绘制溜车不利条件下中行车从峰顶溜往难行线相邻线的时间曲线。中-1时间曲线在难-1时间曲线的上面，相距 $t_{隔}$。

$$t_{隔}=\frac{13.976+17.066}{2\times1.4}\approx11.086\approx11(\mathrm{s})$$

3. 画另一条时间曲线(难-1)

从峰顶距中-1时间曲线始端 $t_{隔}=11$ s处开始,绘制难-1时间曲线的平行线,得另一条难-1时间曲线。

七、车辆溜放间隔检算

上述三条时间曲线的间隔是在溜车不利条件下以一定的推峰速度连续溜放难-中-难单个车辆时前后两车的重心在溜放部分各点的时间间隔。如果作 x 轴的平行线与两条时间曲线相交,两相邻交点即表示前后两车相隔 $t_{隔}$ 从峰顶开始溜放而在某一瞬间两车重心的距离,即等于两车重心在该瞬间的间隔距离。在某处作 x 轴的垂线与两条时间曲线相交,两相邻时间曲线交点的距离即表示前、后两车的重心先后溜到该处时的间隔时间。因此,利用时间曲线的上述特性,可以检算前、后两车通过各分路道岔和减速器时其间隔时间能否满足转换道岔和减速器的需要,如图4-4-1所示。

(一)通过设有绝缘区段的道岔时的溜放间隔

1. 最小间隔时间 $t_{隔}$

$$t_{隔}\geqslant t_1-t_2+t_{继} \tag{4-4-2}$$

式中 t_1——前行车从峰顶开始脱钩至该车最后轴出清道岔绝缘区段的溜行时间,s;

t_2——后行车从峰顶开始脱钩至该车最前轴溜至距道岔绝缘区段始端 $vt_{继}$ 处的时间,s;

$t_{继}$——继电器吸起所需的时间,s。

2. 两车重心间的最短距离 l

$$l\geqslant\frac{b_{难}+b_{中}}{2}+l_{绝}+vt_{继} \tag{4-4-3}$$

式中 $b_{难}$,$b_{中}$——难、中行车的外轴距,m;

$l_{绝}$——道岔绝缘区段的长度,m;

v——后行车接近道岔绝缘区段的速度,m/s。

(二)通过减速器时的溜放间隔

1. 最小间隔时间 $t_{隔}$

$$t_{隔}\geqslant t_1-t_2+t_{减} \tag{4-4-4}$$

式中 t_1——前行车从峰顶开始脱钩至该车最后轴出清减速器有效制动长度末端的时间,s;

t_2——后行车从峰顶开始脱钩至该车最前轴溜至减速器有效制动长度始端的时间,s;

$t_{减}$——减速器的制动或缓解时间(表4-1-1),s。

2. 两车重心间的最短距离 l

$$l\geqslant\frac{b_{难}+b_{中}}{2}+l_{减}+vt_{减} \tag{4-4-5}$$

式中 $l_{减}$——减速器有效制动长度,m;

v——后行车接近减速器制动位时的速度,m/s。

(三)通过设有绝缘区段的分路道岔时的溜放间隔检算

利用难-1和中-1时间曲线,按下列顺序检算在溜车不利条件下(前行车为难行车、后行车为中行车)通过第一分路道岔时的间隔及其相应的峰顶推峰速度(图4-4-1)。

(1)作 x 轴的平行线 AB 通过第一分路道岔的绝缘区段。A、B 两点分别表示难行车和中行车重心的位置。

(2)B 点至绝缘区段末端的距离为 $b_{难}/2$，表示难行车的最后轴刚出清绝缘区段。此时，AB 线的 t 坐标值等于难行车由峰顶溜到 B 点所需的时间 t_1。A 点至绝缘区段始端的距离为 $b_{中}/2$，表示中行车最前轴刚进入绝缘区段。通过 A 点作垂线与中-1 时间曲线相交，交点的 t 坐标值等于中行车从峰顶溜到 A 点所需的时间 t_2。从 A 点的垂直线向上取 C 点，使 AC 的长度相当于 $t_{继}$(图 4-4-1 中 $t_{继}=0.5$ s)。

(3)如果 C 点在中-1 时间曲线的下边，即 C 点在交点的下边，则表示 $t_{隔}$ 有富余，此时，对第一分路道岔而言还可适当缩短 $t_{隔}$，以提高驼峰的解体速度。

如果 C 点恰好落在中-1 时间曲线上，即点 C 与交点重合，则表示前、后行车辆的间隔时间刚刚满足需要。

如果 C 点在中-1 时间曲线的上边，即点 C 在交点的上边，则表示前、后行车辆的时间间隔不够，不能保证道岔转换，需加大 $t_{隔}$，即降低驼峰解体速度。

(4)用同样方法，可以检算车辆通过其余分路道岔时的间隔及其相应的驼峰解体速度。

(四)通过制动位时的溜放间隔检算

利用中-1 和难-1 时间曲线，按下列顺序检算在溜车不利条件下(前行车为中行车、后行车为难行车)，通过Ⅱ制动位第二组减速器时的间隔及其相应的驼峰解体速度(图 4-4-1)。

(1)作 x 轴的平行线 DE 通过Ⅱ制动位的第二组减速器，D、E 两点分别表示中行车和难行车重心的位置。

(2)使 D 点至制动位有效制动长度末端的距离为 $b_{中}/2$，表示中行车的最后轴刚出清制动位。此时，DE 线的 t 值等于中行车从峰顶溜到 D 点所需的时间 t_1。E 点至制动位有效制动长度始端的距离为 $b_{难}/2$，表示难行车的最前轴刚进入制动位。通过 E 点作垂线与难-1 时间曲线相交，其交点的 t 坐标值等于难行车从峰顶溜到 E 点所需的时间 t_2。在垂线上取 F 点，EF 的长度相当于减速器的缓解时间。减速器的制动或缓解应根据解体车列的作业要求而定。前行车制动，后行车不制动，EF 为缓解时间；前行车不制动，后行车制动，EF 为制动时间；前、后行车均制动，EF 为零(制动后不转换)；前、后行车均不制动，EF 为零(缓解后不转换)。

(3)如果 F 点在难-1 时间曲线的下边，则表示间隔有富余，对该制动位来讲，$t_{隔}$ 可以适当缩短，驼峰解体速度可以提高。

如果 F 点恰好落在难-1 时间曲线上，则表示车辆间隔刚够前行车占用减速器及转换的需要。

如果 F 点在难-1 时间曲线的上边，则表示前后车辆的间隔不够，需加大 $t_{隔}$，即降低驼峰解体速度。

(4)用同样方法可以检算车辆通过其余制动位时的时间间隔及其相应的驼峰解体速度。

(五)检算结果分析

(1)全部分路道岔和制动位检算以后，应以其中 $t_{隔}$ 最大的值作为峰顶的时间间隔，进而确定驼峰解体速度。一般情况下，当难行车在前、中行车在后时，无论是在溜车有利条件下还是在溜车不利条件下，$t_{隔}$ 的最大值均受最后分路道岔的限制。

(2)如 $t_{隔}<11$ s，说明溜放部分纵断面比较理想，驼峰解体速度可以大于 1.4 m/s，解体能力还可提高。如 $t_{隔}>11$ s，说明纵断面不能保证 1.4 m/s 的推峰速度，在这种情况下，有时可以对Ⅱ制动位采用不同的制动能高，调整车辆溜放速度曲线和时间曲线。如果不能调整或调整后仍不能满足要求，应重新设计纵断面。

第五章　车站改编能力计算

第一节　驼峰解体能力的计算方法

在合理使用技术设备的条件下，车站调车设备一昼夜内能够解体和编组的货物列车数或货车辆数称为车站改编能力(sorting or classifying capacity at station)。车站改编能力由解体能力和编组能力组成。

解体能力是指驼峰或牵出线在既有技术设备、作业组织方法及调车机车台数条件下，一昼夜能解体的货物列车数或货车辆数。

在到达场与调车场纵列的编组站上，驼峰一般只进行解体作业，其解体能力可根据不同调车机车台数和作业组织方法采用直接计算法计算。在到发场与调车场横列的技术站上，调车场两端的驼峰或牵出线既承担解体作业又进行编组作业时，解体和编组能力可按利用率法进行计算。

一、一台调车机车实行单推单溜的驼峰解体能力

1. 计算方法

当驼峰使用一台机车进行单推单溜(single humping and single rolling)作业时，其解体能力 $N_{解1}^{单单}$ 按式(4-5-1)计算：

$$N_{解1}^{单单}=\frac{(1-\alpha_{空费})(1\,440-\sum t_{固})}{t_{解占}^{单单}}\quad(列)\tag{4-5-1}$$

式中　$\alpha_{空费}$——驼峰空费系数，由于列车到达不均衡、作业间不协调及设备故障等原因所引起的驼峰无法利用的空费时间(不计调车组交接班等驼峰作业中断期间内产生的空费)占一昼夜时间的比重，一般可取 0.03～0.05；

$\sum t_{固}$——固定作业占用驼峰的总时间，min；

$t_{解占}^{单单}$——采用单推单溜作业方式解体一个车列平均占用驼峰的时间，min。

2. 固定作业时间

式(4-5-1)中的固定作业占用驼峰的总时间 $\sum t_{固}$ 按式(4-5-2)计算：

$$\sum t_{固}=\sum t_{交接}+\sum t_{吃饭}+\sum t_{整备}+\sum t_{客妨}+\sum t_{取送}^{点}+\sum t'_{取送}\quad(min)\tag{4-5-2}$$

式中　$\sum t_{交接}$——机车乘务组和调车组一昼夜的交接班总时间，min；

$\sum t_{吃饭}$——机车乘务组和调车组一昼夜的吃饭总时间，min；

$\sum t_{客妨}$——一昼夜内由于旅客(通勤)列车横切峰前咽喉妨碍驼峰解体作业的总时间，min；

$\sum t_{取送}^{点}$——一昼夜内由于驼峰机车进行固定的取送等调车作业而占用驼峰的时间，min；

$\sum t'_{取送}$——一昼夜内驼峰机车应担当的取送等调车作业中未占用驼峰的时间，min；

$\sum t_{整备}$——一昼夜内一台调车机车进行整备作业的总时间(与机车类型及整备作业地点的远近有关)，min。

内燃机车的整备作业时间 $T_{整备}^{内}$ 按式(4-5-3)计算：

$$T_{整备}^{内}=t_{整备}^{内}+t_{走行}^{内}\quad (\text{min})\tag{4-5-3}$$

式中　$t_{整备}^{内}$——内燃机车进行整备作业的时间,min;

$t_{走行}^{内}$——内燃机车从等待作业地点至整备作业地点的走行时间,min。

3.单推单溜解体一个车列的时间

式(4-5-1)中单推单溜作业方式解体一个车列平均占用驼峰的时间 $t_{解占}^{单单}$ 按式(4-5-4)计算:

$$t_{解占}^{单单}=t_{空程}+t_{推}+t_{分解}+t_{禁溜}+t_{整场}+t_{妨}\quad (\text{min})\tag{4-5-4}$$

式中　$t_{空程}$——空程时间,调车机车自峰顶或待作业地点去待解车列尾部连挂并完成试牵引的时间,min;

$t_{推}$——推峰时间,调车机车将待解车列从到达场(到发场)推送至峰顶的时间,min;

$t_{分解}$——驼峰分解车列的时间,min;

$t_{禁溜}$——解体一个车列平均摊到的解、送禁溜车的时间,min;

$t_{整场}$——解体一个车列所摊到的驼峰机车下峰消除车辆之间的天窗和恢复调车线固定使用等整理车场的时间,min;

$t_{妨}$——解体一个车列平均摊到的妨碍时间,min。

式(4-5-4)中的 $t_{空程}$,因车站布置图的不同,计算方法也有所不同,一般有两种情况。

(1)当到达场与调车场纵列布置时(图 4-5-1),$t_{空程}$ 按式(4-5-5)计算:

$$t_{空程}=\frac{0.06\times(l'_{咽}+l_{效}+l''_{咽})}{v'_{空}}+\frac{0.06l_{挂}}{v''_{空}}+t_{挂妨}+t_{岔}+t_{挂}\quad (\text{min})\tag{4-5-5}$$

式中　$l'_{咽}$,$l''_{咽}$——到达场出口咽喉区、进口咽喉区长度,m;

$l_{效}$——到达场线路有效长度,m;

$l_{挂}$——由机待线最外方道岔的基本轨接缝至待挂车列的平均走行距离,m;

$v'_{空}$,$v''_{空}$——驼峰机车自峰顶至机待线、机待线至挂车的平均走行速度,km/h,其中 $v'_{空}$ 可取 25 km/h,$v''_{空}$ 可取 15 km/h;

$t_{挂妨}$——在到达场入口处由于顺向改编货物列车的到达与驼峰机车去机待线的进路或驼峰机车由机待线去连挂待解车列的进路发生交叉而影响驼峰机车及时连挂的妨碍时间,此项妨碍时间与到达场入口咽喉的构造、顺向改编货物列车接入线路位置有关,min;

$t_{岔}$——机待线道岔转换时间,可取 0.2 min;

$t_{挂}$——驼峰机车连挂待解车列后试牵引的时间,可取 1.0 min。

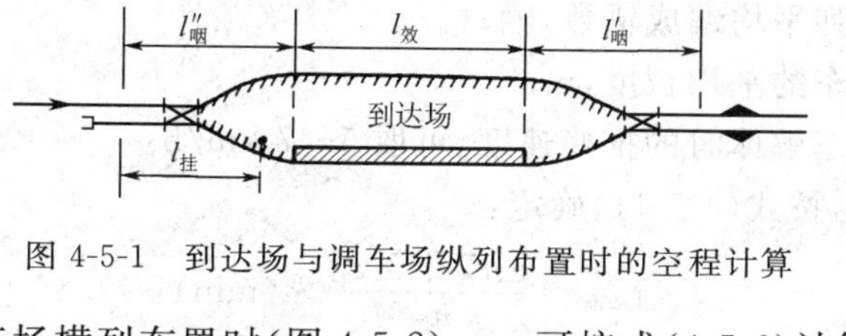

图 4-5-1　到达场与调车场纵列布置时的空程计算

(2)当到发场与调车场横列布置时(图 4-5-2),$t_{空程}$ 可按式(4-5-6)计算:

$$t_{空程}=0.06\times\left(\frac{l'_{咽}+l_{联}}{v'_{空}}+\frac{l_{挂}}{v''_{空}}\right)+t_{挂妨}+t_{挂}+t_{通}\quad (\text{min})\tag{4-5-6}$$

式中　$l_{联}$——联络线长度,m;

$l'_{咽}$——峰前咽喉区长度,m;

$l_{挂}$——从到发场咽喉区最外方道岔基本轨接缝到待挂车列的距离,m;

$t_{通}$——开通进路时间,min。

其他符号意义同前。

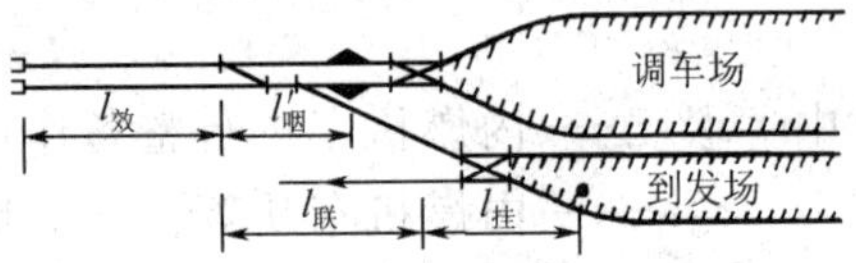

图 4-5-2　到发场与调车场横列布置时的空程计算

由于设备和作业方式的不同,式(4-5-4)中的 $t_{推}$ 的计算方法也不尽相同。当到发场与调车场横列时,$t_{推}$ 包括驼峰机车将待解车列从到发场牵出到牵出线,并从牵出线将待解车列的第一辆车推到峰顶驼峰信号机处的时间。

$$t_{推}=0.06\times\left(\frac{l_{挂}+l_{联}+l_{效}}{v_{转}}+\frac{l'_{咽}}{v_{推}}\right)\quad(\text{min})\tag{4-5-7}$$

式中　$l_{效}$——牵出线有效长度,m;

$v_{转}$,$v_{推}$——转线、推送的平均速度,km/h。

当到发场与调车场纵列时,$t_{推}$ 包括驼峰机车自到达场推送车列起动时起,至将待解车列的第一辆车推到峰顶驼峰信号机处的时间。$t_{推}$ 也可以分为预推和续推两部分。

预推时间 $t_{预推}$ 系指驼峰机车自到达场推送车列起动时起至将车列的第一辆车推送到预推停车地点时止的时间,其值为

$$t_{预推}=0.06\times\frac{l'_{预推}}{v_{预推}}\quad(\text{min})\tag{4-5-8}$$

式中　$l'_{预推}$——预推距离,m;

$v_{预推}$——驼峰机车进行预推的平均速度,可取 6 km/h。

续推时间 $t_{续推}$ 系指驼峰机车将推送车列的第一辆车从预推的停车地点推至峰顶信号机处所需的时间,其值为

$$t_{续推}=0.06\times\frac{l_{续推}}{v_{续推}}=0.06\times\frac{l'_{咽}-l'_{预推}}{v_{续推}}\quad(\text{min})\tag{4-5-9}$$

式中　$l_{续推}$——续推的距离,m;

$v_{续推}$——续推的平均速度,可取 3～6 km/h。

式(4-5-4)中的 $t_{分解}$ 是自车列的第一辆车越过驼峰信号机时起,到最后一钩车溜出后调车机车停轮时止的纯分解时间。它不包括解体过程中产生的进路交叉的妨碍时间及解禁溜车的时间。此项时间与解体车列的平均编成辆数和分解车列时的平均解体速度有关。

$$t_{分解}=0.06\times\frac{m_{解}\ l_{车}}{v_{分解}}\quad(\text{min})\tag{4-5-10}$$

式中　$m_{解}$——解体车列平均编成辆数,辆;

$l_{车}$——每辆货车的平均长度,m;

$v_{分解}$——驼峰机车解体时的推峰速度,可取 5～7 km/h。

式(4-5-4)中的 $t_{禁溜}$ 按式(4-5-11)确定:

$$t_{禁溜}=\frac{\sum t_{禁}^{解}+\sum t_{禁}^{送}}{n_{解}}\quad(\text{min})\tag{4-5-11}$$

式中　$\sum t_{禁}^{解}$——每昼夜解禁溜车占用驼峰的时间之和,每次解禁溜车的时间系自驼峰机车停止溜放车组时起,到将禁溜车送入禁溜车停留线或迂回线后返回峰顶重新开始推峰解体时止,min;

$\sum t_{禁}^{送}$——每昼夜往峰下固定线路送禁溜车而占用驼峰的时间之和,每次送禁溜车的时间系自驼峰机车从峰顶起动时起,到将禁溜车送到调车场内固定线路后返回

峰顶或开始下一作业时止，min；

$n_{解}$——一昼夜该驼峰解体的车列数。

式(4-5-4)中的$t_{整场}$与驼峰溜放部分和调车场内采用的调速方式、峰高及其溜放部分纵断面的情况、调车线数及其有效长度、列车编成辆数、调车场头部与尾部调车机车的分工，以及调车人员的技术熟练程度等因素有关。驼峰机车每次下峰整场的时间$t'_{整场}$系自下峰信号机开放时起，到调车机车整场完毕返回峰顶或开始下一项作业时止使驼峰作业中断的时间。如峰上有两台机车，在一台调车机车下峰整场，另一台调车机车仍可进行推峰解体时，此整场时间只记实际占用驼峰或实际中断驼峰作业的时间。

$$t_{整场}=\frac{\sum t'_{整场}}{n_{解}} \quad (\text{min}) \tag{4-5-12}$$

式(4-5-4)中的$t_{妨}$按式(4-5-13)计算：

$$t_{妨}=\frac{\sum t_{妨}^{反}+\sum t_{妨}^{机}}{n_{解}} \quad (\text{min}) \tag{4-5-13}$$

式中 $\sum t_{妨}^{反}$——一昼夜从峰前到达场出口咽喉反接改编货物列车妨碍驼峰机车推峰解体的时间，min；

$\sum t_{妨}^{机}$——当无峰下跨线桥且到达场入口又无机车入段通道时，到达的本务机车都从到达场出口咽喉入段从而妨碍驼峰机车推峰解体的时间，min。

驼峰解体能力若以辆数为单位，可按式(4-5-14)计算：

$$B_{解1}^{单单}=N_{解1}^{单单}\cdot m_{解} \quad (辆) \tag{4-5-14}$$

二、两台调车机车实行双推单溜的驼峰解体能力

1. 计算方法

当驼峰使用两台机车实行双推单溜(double humping and single rolling)作业方式时，其解体能力$N_{解2}^{双单}$按式(4-5-15)计算：

$$N_{解2}^{双单}=(1-\alpha_{空费})\left(\frac{1\,440-\sum t'_{固}}{t_{解占}^{双单}}+\frac{2\sum t_{整备}+\sum t'_{取送}}{t_{解占}^{单单}}\right) (列) \tag{4-5-15}$$

式中 $t_{解占}^{双单}$——采用双推单溜作业方式解体一个车列平均占用驼峰的时间，min。

2. 固定作业时间

式(4-5-15)中的固定作业总时间$\sum t'_{固}$与式(4-5-2)中的固定作业总时间$\sum t_{固}$略有不同。当两台调车机车的乘务组、调车组交接班和吃饭同时进行，而调车机车的整备作业交替进行时，其固定作业总时间按式(4-5-16)确定：

$$\sum t'_{固}=\sum t_{交接}+\sum t_{吃饭}+2\sum t_{整备}+\sum t_{客妨}+\sum t_{取送}^{点}+\sum t'_{取送} \quad (\text{min}) \tag{4-5-16}$$

3. 双推单溜解体车列时间

采用双推单溜作业方式时，解体一个车列平均占用驼峰的时间$t_{解占}^{双单}$按式(4-5-17)计算：

$$t_{解占}^{双单}=t_{分解}+t_{禁溜}+t_{整场}+t_{妨}+t_{间隔} \quad (\text{min}) \tag{4-5-17}$$

式中 $t_{间隔}$——驼峰间隔时间，自第一车列的最后一钩车溜出调车机车停轮时起至第二车列的第一辆车推到驼峰信号机处止的峰顶最小技术间隔时间，它包括转换道岔、开放驼峰信号、司机确认信号、车列自预推停车地点起动至车列的第一辆车推到驼峰信号机处等项作业的时间，min。

其他符号意义同前。

按辆数计算驼峰解体能力时，$B^{双单}_{解2}$按式(4-5-18)计算：

$$B^{双单}_{解2}=N^{双单}_{解2}\cdot m_{解}\quad(辆)\tag{4-5-18}$$

三、三台调车机车实行双推单溜的驼峰解体能力

1. 计算方法

当驼峰使用三台机车实行双推单溜作业方式时，其解体能力按式(4-5-19)计算：

$$N^{双单}_{解3}=(1-\alpha_{空费})\times\frac{1\ 440-\sum t''_{固}}{t^{双单}_{解占}}\quad(列)\tag{4-5-19}$$

2. 固定作业时间

在峰上配备三台调车机车并实行双推单溜作业时的固定作业总时间$\sum t''_{固}$，与一台机车单推单溜和两台机车双推单溜作业情况下又有所不同。三台调车机车的乘务组、调车组的交接班、吃饭仍同时进行，但三台调车机车的整备作业应轮流进行。当其中一台调车机车进行整备和不占用驼峰的取送等调车作业时，峰上仍有两台调车机车进行双推单溜的解体作业。$\sum t''_{固}$可按式(4-5-20)确定：

$$\sum t''_{固}=\sum t_{交接}+\sum t_{吃饭}+\sum t_{客妨}+\sum t^{占}_{取送}\quad(\text{min})\tag{4-5-20}$$

以辆数为单位的驼峰解体能力$B^{双单}_{解3}$按式(4-5-21)计算：

$$B^{双单}_{解3}=N^{双单}_{解3}\cdot m_{解}\quad(辆)\tag{4-5-21}$$

四、高峰小时驼峰解体能力

高峰阶段的驼峰解体能力应满足列车不间断到达和出发作业需要，在高峰阶段不考虑吃饭、交接班、机车整备等作业时间，高峰小时驼峰解体能力$N^{高峰}_{小时}$按式(4-5-22)计算：

$$N^{高峰}_{小时}=\frac{60}{t_{分解}+t_{禁溜}+t_{间隔}+t_{反妨}}\quad(列)\tag{4-5-22}$$

式中　$t_{反妨}$——解体一个车列平均摊到的反接妨碍(从峰前到达场出口咽喉反接改编货物列车妨碍驼峰机车推峰解体)的时间，min。

以辆数为单位的高峰小时解体能力$B^{高峰}_{小时}$按式(4-5-23)计算：

$$B^{高峰}_{小时}=N^{高峰}_{小时}\cdot m_{解}\quad(辆)\tag{4-5-23}$$

第二节　调车场尾部牵出线编组能力的计算方法

编组能力是指牵出线或驼峰在既有技术设备、作业组织方法及调车机车台数等条件下，一昼夜能编组的货物列车数或货车辆数。

调车场尾部牵出线编组能力可用直接计算法或利用率计算法进行计算。

一、直接计算法

1. 计算方法

用直接计算法计算调车场尾部牵出线编组能力$N_{编}$时，可按式(4-5-24)计算：

$$N_{编}=\frac{(1\ 440M_{机}-\sum t_{固})(1-\alpha)}{t_{编}}+N_{摘}\quad(列)\tag{4-5-24}$$

式中　$M_{机}$——尾部配备的编组调车机车台数；

$N_{摘}$——一昼夜编组的摘挂列车数；

α——妨碍系数，一台调车机车时采用 0.03～0.05，两台调车机车时采用 0.06～0.08，三台调车机车时采用 0.08～0.12；

$t_{编}$——平均编组一个车列（包括直达、直通、区段及小运转）的时间，min；

$\sum t_{固}$——固定作业总时间，即

$$\sum t_{固}=\sum t_{交接}+\sum t_{吃饭}+\sum t_{整备}+\sum t_{取送}+\sum t_{摘挂}\quad(\text{min})\tag{4-5-25}$$

其中　$\sum t_{摘挂}$——编组摘挂列车占用总时间，min。

2. 平均编组一个车列的时间

式(4-5-24)中 $t_{编}$ 可按式(4-5-26)确定：

$$t_{编}=t_{空程}+t_{连挂}+t_{选编}+t_{转线}+t_{整场}\quad(\text{min})\tag{4-5-26}$$

(1)$t_{空程}$为空程（空钩）时间，它与调车场和出发场或到发场的相互位置有关。当调车场与出发场纵列布置时[图 4-5-3(a)]，$t_{空程}$按式(4-5-27)计算：

$$t_{空程}=0.06\times\frac{(2l'_{咽}+l_{效}+l''_{咽})}{v_{空}}\quad(\text{min})\tag{4-5-27}$$

式中　$l'_{咽}$——出发场出口咽喉长度，m；

$l_{效}$——出发场线路有效长度，m；

$l''_{咽}$——包括出发场入口咽喉及其与调车场连接部分、调车场尾部咽喉的总长度，m；

$v_{空}$——尾部调车机车空程平均走行速度，km/h。

当调车场与到发场横列布置时[图 4-5-3(b)]，$t_{空程}$按式(4-5-28)计算：

$$t_{空程}=0.06\times\frac{(l_{咽}+l_{联}+l_{挂})}{v_{空}}\quad(\text{min})\tag{4-5-28}$$

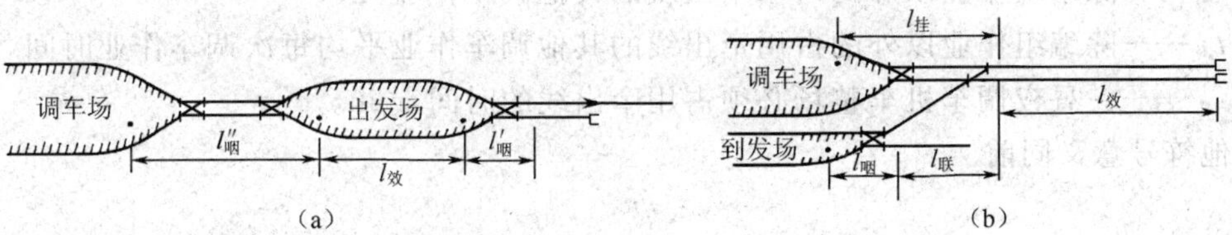

图 4-5-3　编组时间计算

(2)$t_{连挂}$为调车机车将集结在调车场内一条或几条调车线上的车辆（或车组）连挂成列，并按转线要求连接好规定数量风管的时间，其值取决于调车场内调速工具的类型、调车线上集结车辆的连挂率、解体车列的钩数、列车编成辆数及在几条线上连挂等因素，一般通过查定取值。

(3)$t_{选编}$为根据编组计划及其他有关编组作业的规定，将集结在一条或几条调车线上的车辆选编成组，或改变车辆在车列中的位置，解送扣修车、整装车、倒装车等技术作业所需时间，其值取决于列车编组计划的要求、改编车流的性质、隔离车和关门车的多少、尾部咽喉区结构、有无辅助调车场及尾部调车机车台数等因素，一般通过查定取值。

(4)$t_{转线}$为将连挂好的车列自调车场转往出发场（或到发场）的时间，它与调车场尾部咽喉区长度、出发场入口咽喉区长度及两者连接部分的长度、出发场线路有效长度，以及列车编成辆数等因素有关。

调车场与出发场纵列布置的编组站[图 4-5-3(a)]，车列转线时间 $t_{转线}$按式(4-5-29)计算：

$$t_{转线}=0.06\times\frac{l''_{咽}+l_{效}}{v_{转}}\quad(\text{min})\tag{4-5-29}$$

调车场与出发(到发)场横列布置的编组站[图 4-5-3(b)],车列转线时间 $t_{转线}$ 按式(4-5-30)计算:

$$t_{转线}=0.06\times\frac{l_{挂}+2l_{效}+l_{联}+l_{咽}}{v_{转}}\quad(\text{min})\tag{4-5-30}$$

式中 $v_{转}$——车列转线的平均速度,km/h。

(5)$t_{整场}$ 为利用尾部调车机车消除集结车辆之间的天窗,恢复线路固定使用和向尾部警冲标方向带车等整场作业时间,一般通过查定取值。

以辆数为单位的编组能力 $B_{编}$ 按式(4-5-31)计算:

$$B_{编}=N_{编}\cdot m_{编}\quad(\text{辆})\tag{4-5-31}$$

式中 $m_{编}$——编组车列的平均编成辆数,辆。

二、利用率计算法

采用利用率计算法计算调车场尾部牵出线编组能力 $N_{编}$ 时,可按式(4-5-32)计算:

$$N_{编}=\frac{n_{编}}{K}+N_{摘}\quad(\text{列})\tag{4-5-32}$$

$$K=\frac{T-\sum t_{固}}{(1\,440M_{机}-\sum t_{固})(1-\alpha)}\tag{4-5-33}$$

$$T=n_{编}\ t_{编}+n_{调}\ t_{调}+\sum t_{站整}+\sum t_{固}\quad(\text{min})\tag{4-5-34}$$

式中 $n_{编}$——平均每昼夜编组的直通、区段、小运转、交换车总列数,列;

K——利用率;

T——一昼夜调车场尾部牵出线的总作业时间(不含妨碍时间),min;

$n_{调}$——除编组作业以外的占用牵出线的其他调车作业,次;

$t_{调}$——除编组作业以外的占用牵出线的其他调车作业平均每次调车作业时间,min;

$\sum t_{站整}$——一昼夜调车机车整场必须占用牵出线的时间,min。

其他符号意义同前。

第三节 车站改编能力的确定

车站改编能力应按下列步骤和要求确定。

1. 方向别和列车种类别的改编能力确定

将全站各个调车场的驼峰和牵出线的解体、编组能力按照方向和列车种类进行汇总,计算要求见表 4-5-1。

表 4-5-1 驼峰(牵出线)解体(编组)能力计算表

方向	列车种类	一昼夜解(编)列车数	各方向该种列车占总数的比例/%	每列平均编成辆数	解体(编组)能力	
					列	辆

2. 各调车系统的改编能力确定

(1)到达场和调车场纵列的编组站的驼峰主要担当解体作业,调车场尾部的牵出线主要担当编组作业，其改编能力按照经过合理调整驼峰和牵出线作业负担后的解体能力和编组能力二者中较小者的两倍计算。

(2)横列式编组站或混合式编组站调车场两端的驼峰、牵出线既解又编时，其改编能力按牵出线或驼峰的解体、编组能力之和计算。

(3)驼峰或牵出线合解、合编列车的改编能力，以驼峰或牵出线上进行该项作业的钩数（或辆数）按比例折合列数计算。

(4)部分改编列车的改编能力按改编辆数的比例折合列数计算。

(5)担当重复解体转场（交换）车的驼峰，应按含转场（交换）车和不含转场（交换）车分别表示其解体能力。

3.全站改编能力的确定

单向编组站全站的改编能力即为该调车系统的改编能力。双向编组站的改编能力为上、下行两套调车系统改编能力之和。

复习思考题

1.驼峰由哪几部分组成的？各部分的线路范围是什么？

2.根据作业量及相应的技术设备，调车驼峰分为几类？各有何特征？

3.现代化驼峰主要采用哪些设备？目前，我国驼峰常用的设备有哪些？

4.驼峰车辆溜放阻力包括哪几种？其产生的原因是什么？

5.驼峰设计中为何要划分易行车、中行车、难行车？我国驼峰设计中对三种车的车型和重量是怎样规定的？

6.驼峰自动化调速系统基本上可分哪几类？各有何特点和区别？

7.我国驼峰广泛采用何种调速系统？为什么？

8.驼峰调车场溜放部分平面设计的要求有哪些？在设计过程中如何体现这些要求？

9.驼峰调车场溜放部分道岔设置保护区段的作用是什么？

10.驼峰迂回线、禁溜车停留线的设计条件是什么？

11.试绘图说明能高线原理及其用途。

12.峰高计算的条件是什么？

13.驼峰溜放部分为什么设计成凹形纵断面？

14.驼峰溜放部分纵断面设计的要求有哪些？在设计过程中如何体现这些要求？

15.在驼峰溜放部分纵断面设计过程中，应如何兼顾难、易行车两方面的要求？

16.能高线原理在点连式驼峰溜放部分纵断面优化设计的方法和具体步骤中是如何体现的？

17.点连式驼峰溜放部分纵断面优化设计有什么特点？

18.点连式驼峰调车场设计打靶区段的目的是什么？

19.试述点连式驼峰调车场连挂区的作用及采用多坡段纵断面的原因。

20.驼峰推送部分的设计条件是什么？

21.试述在驼峰溜放部分设置减速器制动位的作用。

22.如何确定减速器制动位的设置级数及各级制动位的设置位置？

23.各级减速器制动位必要制动能高的影响因素有哪些？

24. 各部位减速器制动能高的确定有何异同点？

25. 驼峰各部位减速器制动能高的确定与纵断面设计有何关系？

26. 为提高运营效果，应如何在调车线上布置减速顶？

27. 为什么要进行驼峰检算？

28. 难、易行车在溜车不利和有利条件下的速度曲线和时间曲线的绘制方法有何不同？

29. 如何利用时间曲线检算前后行车辆在分路道岔和减速器处的溜放间隔？

30. 计算驼峰解体能力时，采用 1 台、2 台和 3 台调车机车时固定作业时间有何区别？

31. 计算牵出线编组能力时为何将摘挂列车的编组作业列入固定作业中？

32. 驼峰解体能力与牵出线编组能力是否相互影响，能否相互转化？应如何协调二者之间的关系？

第五篇

客运站

第一章　客运站布置图型

第一节　概　　述

在客流较大的大、中等城市，专门为旅客办理客运业务并设有旅客乘降设施的车站称为客运站(passenger station)。以办理客运为主，兼办少量货运作业的车站，也称为客运站，有时又称铁路旅客车站。客运站是铁路旅客运输的基本生产单位，主要任务是组织旅客安全、迅速、准确、方便地上、下车；办理行包、邮件的装卸搬运；组织旅客列车安全、正点到发和客车车底取送、动车组出入段；为旅客提供高质量的服务。

与货运工作比较，客运工作有许多不同的特点。其一，客运工作的对象是旅客，必须坚持“以人为本”的理念，满足旅客在旅行中的需要和提高客运服务质量是客运工作的首要任务。其二，由于客流波动性和旅客列车到发昼夜间或平时与节假日间的不均衡性较大，要求客运站必须有较大的通过能力储备。其三，客运站有大量的客流进出站，有大量的行包、邮件搬运，有各种城市交通工具的流动，形成了各种流线，这些流线必须合理地进行组织与疏解。以上这些特点对客运站设备的布置与设计提出了许多特殊的要求。

一、客运站分类

1. 按所衔接铁路线的运输性质分

(1)客货共线铁路客运站，设在客货共线运行的铁路线上，主要办理客运技术作业和客运业务。

(2)客运专线铁路客运站，设在客运专线铁路线上，专门办理客运技术作业和客运业务。根据服务区域范围、设计速度和运营模式差异，可以分为高速铁路客运站、城际铁路客运站、市域(郊)铁路客运站。

如果客运专线引入既有客货共线铁路车站，客运站可以合并设置。

2. 按客运站布置图型分

(1)尽端式客运站，其站场线路为尽头式。

(2)通过式客运站，其站场线路为通过式，两端咽喉均连通正线。

(3)混合式客运站，部分站场线路为通过式，部分线路为尽头式。

3. 按办理客运作业量大小分

根据旅客最高聚集人数或高峰小时发送量可把客运站分为特大型、大型、中型和小型四类(表5-1-1)。

最高聚集人数是指客运站全年上车旅客最多月份中，一昼夜在候车室内瞬时(8～10 min)出现的最多候车(含送客)人数的平均值。高峰小时发送量是指车站全年上车旅客最多月份中，日均高峰小时旅客发送量。

客货共线铁路客运站规模通常按旅客最高聚集人数划分，高速铁路与城际铁路客运站规模按高峰小时发送量划分。

表 5-1-1 客运站规模

车站规模	旅客最高聚集人数 H/人	高峰小时发送量 PH/人
特大型	$H \geqslant 10\ 000$	PH⩾10 000
大型	$3\ 000 \leqslant H < 10\ 000$	5 000⩽PH<10 000
中型	$600 < H < 3\ 000$	1 000⩽PH<5 000
小型	$H \leqslant 600$	PH⩽1 000

4. 按办理列车种类分

(1)以办理始发、终到列车为主的客运站,以办理始发、终到列车为主,不办理或仅办理少量中转列车。

(2)以办理中转列车为主的客运站,以接发中转旅客列车为主,不办理或仅办理少量始发、终到旅客列车。

(3)办理始发、终到和中转列车的客运站,既办理始发、终到旅客列车,又接发中转旅客列车。

5. 按技术作业性质分

客运专线车站按业务性质可分为客运站和越行站;客运站按照技术作业性质可以分为中间站和始发站。

(1)越行站,专门为办理旅客列车越行作业而设的车站,不办理客运业务。

(2)中间站,主要办理列车通过和越行作业、客运业务和少量列车折返作业。

(3)始发站,主要办理列车的始发、终到作业和客运业务,可设有客车段(所)或存车场。

6. 按功能组成性质的不同分

(1)交通枢纽型客运站,满足铁路旅客乘降的同时,还需要将铁路、城市轨道交通、公交等多种交通方式有机衔接、融为一体,便利旅客乘降和换乘。

(2)城市综合体型客运站,是城市传统建筑类型和其他功能单元复合重构而成的多功能交叉、并存的立体空间系统,综合了交通、商业、服务业、办公、居住等功能。

二、客运站设计理念

1. 功能性

功能性的核心内涵是"以人为本、以流为主"。"以人为本"就是以旅客为本,以方便旅客使用为前提。从客运站总体规划到细部设计,都以尽力为旅客提供方便、舒适的乘车环境,快捷、便利的换乘条件和人性化的优质服务为目标;"以流为主"是指客运站流线设计应以明确清晰、短捷通畅、互不干扰为主要目标。

(1)注重流线组织,缩小换乘距离。一是流线组织简洁顺畅。要把各种流线简洁顺畅放在重要位置,尤其是进站和出站的流线。二是流线组织短捷合理。用立体的建造手法将其他各种交通方式引入客运站,最大限度地缩短旅客在站内及换乘的行走距离,避免流线迂回。三是站内导向直观明确。要以直观的信息、标识引导系统,使旅客在客运站内的每一个方位都有明确的方向感,能够便捷地完成进出站过程。

(2)为旅客提供舒适的站内空间。把最大的空间、最便捷的通道、最好的环境留给旅客。集散厅、候车区(厅、室)、售票厅等重要空间,做到空间开敞、视线通透,尽量创造优美的室内景致和宽阔的视野。采用跨度大、空间高、开敞通透、方便使用的无站台柱雨棚,确保站台通畅无碍。

(3)为旅客提供良好的站内服务。在站内服务设施的设计上，注重候车环境的舒适性、乘降服务的便捷性、信息服务的直观性、商业服务的周到性。

2.系统性

系统性不仅是指客运站内部各种设施间的有机结合，而且要以“系统集成、整体最优”为目标，以客运站为中心，实现城市其他交通工具与铁路之间的有机衔接、系统优化，使客运站成为城市综合交通枢纽及城市综合体。客运站站址选择应与城市规划相配合，在适应和满足城市功能布局、交通网络及城市景观等方面要求的前提下，客运站应尽可能深入城市中心，充分发挥铁路运营全天候、准时、方便的服务功能，与城市融为一体，站城融合，系统整合站区内部与周边城市功能，以带动城市周边区域发展。与城市轨道交通、道路交通有效衔接，最大程度方便旅客换乘。客运站各组成部分应形成统一整体，把紧密相关的车站广场、站房、站场客运设施等三大部分，作为完整的整体来统一规划建设，并在平面位置、空间关系上重叠、复合。

3.先进性

树立“服务社会、先进适用”的设计理念，在站房规模、功能布局及站场设置中要有前瞻意识，保证客运站在未来较长的时期内能够满足运输服务的需求，在站房及内部设施上充分考虑建筑的节能、环保，适应可持续发展要求，充分利用科学、先进、适用的新技术、新工艺，确保客运站建筑成为不朽之作。

(1)前瞻性的规模、布局与标准。站场规模是制约运输能力最重要的因素之一，到发线与站台的数量要保证将来能够具备充足的运输能力；为旅客提供的站内通过、滞留和等候空间，需充分考虑将来发展的需求，尤其要针对一些永久性的工程进行前瞻性的把握，例如宽敞的通道、大跨度的柱网布置、易于分割的充足的候车空间；对于标准的确定还要充分地考虑使用耐久性要求。

(2)完善的公共安全技术。客运站作为大型公共建筑，是人员密集的场所，必须确保公共安全。一是结构安全。必须慎重对待结构方案，防范工程技术风险。二是消防安全。科学合理地确定疏散口的数量与宽度，避免拥堵，确保旅客安全疏散。三是交通疏解安全。合理安排通道、出入口与楼扶梯，避免人车混行与交叉，确保人流和车流疏解畅通。

(3)先进的节能环保技术。一是节能降耗，二是减振降噪。

4.文化性

客运站的站房要体现城市传统文化的特色，与当地自然环境融为一体，与当地风土人情完美结合，体现现代建筑艺术，营造舒适的旅行环境。实现交通功能、时代特征与地域文化的完美结合，形神兼备，和而不同。

(1)体现地域特征及人文特色。客运站建筑形式和空间要与当地地理气候特征相适应，与具体地形地貌相协调。站房建筑应从人文环境的历史性、文化性、社会性入手，以建筑语言综合体现人文特色与文化底蕴。

(2)体现时代特征。建筑作品是时代的写照，是经济社会、科技文化的综合反映。站房建筑应注重体现时代特征，适应时代要求，以全新的建筑语言，表现时代风貌，体现先进的理念和现代文化，体现出建筑建造技术的最高发展水平。

(3)体现交通建筑特征。一是体现交通功能的空间特点。客运站的交通功能要求建筑内部应是大跨度、宽敞明亮、相互渗透的开阔空间。二是体现简约的建筑风格。客运站建筑形式应以功能使用为前提，大力提倡简洁、实用的风格。

5.经济性

贯彻强本简末的原则，要有适合发展阶段的节俭理念，最大限度地降低建设成本，系统考虑建筑全寿命成本，合理把握客运站规模及建设标准，注重近远期结合，把客运站建设成为资源节约型、环境友好型车站。

(1)合理把握客运站规模及标准。客运站建设用地要遵循空间集约化原则，依据普速铁路、高速铁路、城际铁路、市域(郊)铁路等不同的客流特点及效率来确定客运站的建筑规模。公共区域的规模与设施水平，努力做到最优。非公共区域则在保证基本使用的条件下，尽可能压缩规模，降低造价。区别对待不同类型的站房标准，重要客运站的标准应适当提高，一般中小型客运站则应突出其实用与简约的标准。

(2)充分考虑近远期结合。在客运站的规划与建设中，既要解决当前的矛盾和问题，又要本着“立足当前，着眼长远”的原则，在技术标准的选择、规模的确定、工程设施的配备等方面均应兼顾近远期的发展需求。要按照未来发展趋势控制工程的规模与投资，避免因初期投资限制造成建成不久就因规模不足、标准落后而需改造或废弃。

(3)兼顾建设投入与维护成本。客运站的全寿命成本由建设投入和运营维护费用两部分构成，一次投资和维护费用的大小都会影响投资效益。因此，经济性并不是造价越低廉就越好，建设中既要重视对一次性投入的控制，又要综合考虑维护费用的开支。

客运站的功能性、系统性、先进性、文化性、经济性是一个辩证统一的有机整体，它们既密切联系又相互制约，既相辅相成，又互为前提，不可分割，体现了客运站建设中继承传统与发展创新的统一，追求物质功用和精神价值的统一，满足时代要求与顺应国情条件的统一。

随着我国城镇化进程的发展，为了充分满足人民日益增长的美好生活需要，客运站的设计和建设逐步展现出“畅通融合、绿色温馨、经济艺术、智能便捷”的新特征，实现“交通综合、站城融合、功能复合、生态结合、智能统合”，进一步提高旅客运输能力和综合换乘效率，进一步提升旅行体验。同时，客运站还应发挥促进城市更新改造和助推经济转型升级的时代新价值。

第二节 客运站总体布局

一、客运站的作业

1.客运服务作业

客运服务作业包括旅客上下车、候车、问询、小件寄存，以及对旅客文化、饮食、住宿、购物和卫生方面的服务等。

2.客运业务

客运业务包括客票发售，行包承运、装卸、保管和交付，邮件装卸和搬运等。

3.技术作业

按列车种类不同，客运站办理下述技术作业：

(1)始发、终到列车。包括列车接发、机车换挂、列车技术检查、车底取送、动车组出入段、个别客车甩挂及餐车整备等。

(2)通过列车。包括列车接发、机车换挂或整备、列车技术检查、客车上水、卸污。个别情况下还办理个别客车甩挂，变更列车运行方向，办理餐车供应及上燃料等作业。

(3)市郊(通勤)列车。包括列车接发、机车换挂、列车技术检查、动车组出入段或车底取送等。

(4)某些客货共线铁路客运站还办理少量货物列车的到发和通过作业。

二、客运站的组成

1. 站房

站房(passenger station building)是客运站办理客运业务的公共建筑。按功能分为公共区、办公区和设备区,主要包括进站、出站集散厅,候车区(厅、室),售票用房,客运作业及附属用房,行包用房,以及为旅客服务的商业用房等。

2. 站场

站场(station yard)是办理客运技术作业的地方,包括线路(正线、到发线、机车走行线、机待线、车辆停留线等)、站台、雨棚、跨线设施等。

3. 车站广场

车站广场(station square)是客运站与城市的接合部,是联系站房平台与城市道路、供旅客集散与换乘的场地。车站广场一般由专用车道、城市交通配套设施、人行区域、绿化与景观用地等组成。

三、客运站的布局

按照车站广场、站房和站场相互之间在平面和立体上的位置关系,客运站总体布局可分为以下形式。

1. 线侧式布局

线侧式布局(图 5-1-1)的车站广场、站房、站场在平面上依次布置,是最常用的和简单经济的客运站布局方式,包括线侧上式、线侧平式和线侧下式。根据站台与站房地坪的高差关系,旅客进出站采用天桥或地道,或同时采用天桥及地道,适合上进下出、下进下出流线组织方式。

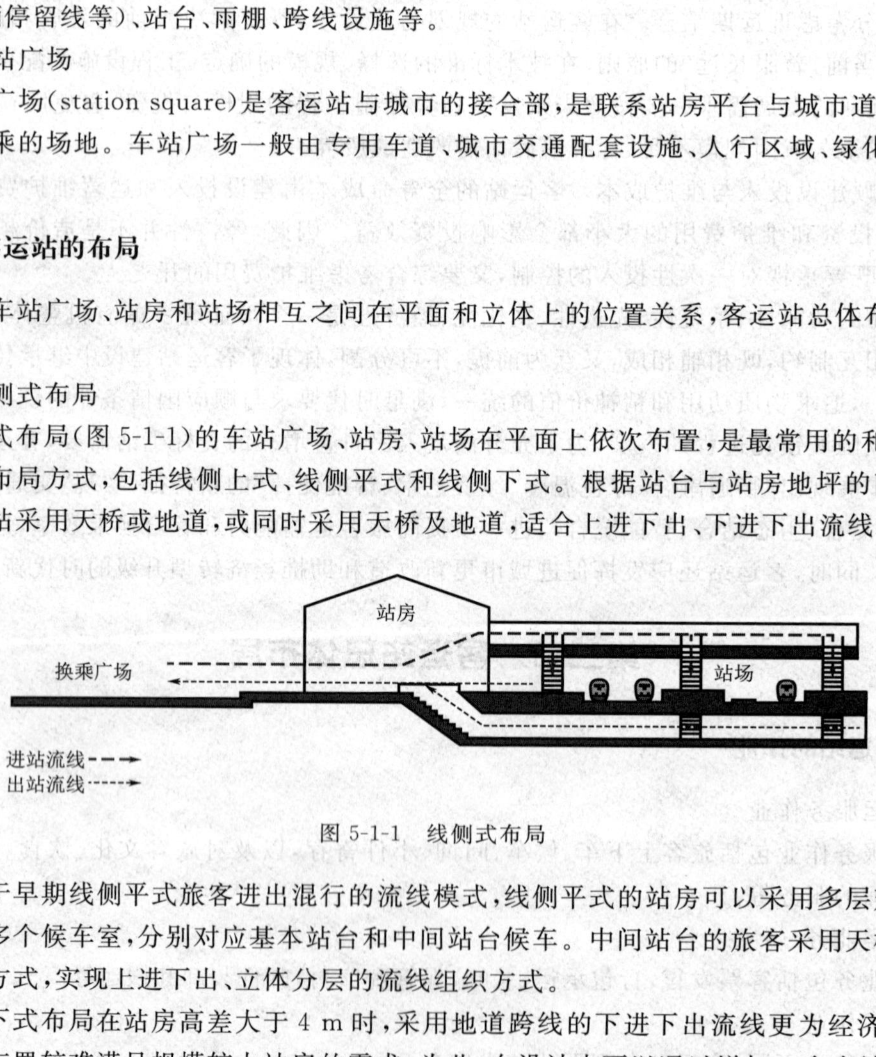

图 5-1-1　线侧式布局

相较于早期线侧平式旅客进出混行的流线模式,线侧平式的站房可以采用多层建筑,并在各层设置多个候车室,分别对应基本站台和中间站台候车。中间站台的旅客采用天桥进站、地道出站的方式,实现上进下出、立体分层的流线组织方式。

线侧下式布局在站房高差大于 4 m 时,采用地道跨线的下进下出流线更为经济合理。但这种平面布置较难满足规模较大站房的需求,为此,在设计中可以通过增加一个出站架空层来补齐站坪高差,站房实际变成上进下出的线侧平式。

线侧上式布局在实际工程中较少遇到,理论上的合理方式是采用天桥进站。

2. 线上式布局

线上式布局(图 5-1-2)的站房与站场竖向叠合布置,在站场两侧均可设置车站广场,可充分利用站场上方的空间,缩短旅客流线、节省城市用地,旅客可分别从站场的两侧出入车站,共用高架候车设施，提高城市交通接驳效率，并可有效缝合城市空间。线上式布局形式是我国大型客运站的主流形式，适合上进下出、上进上出流线组织方式。

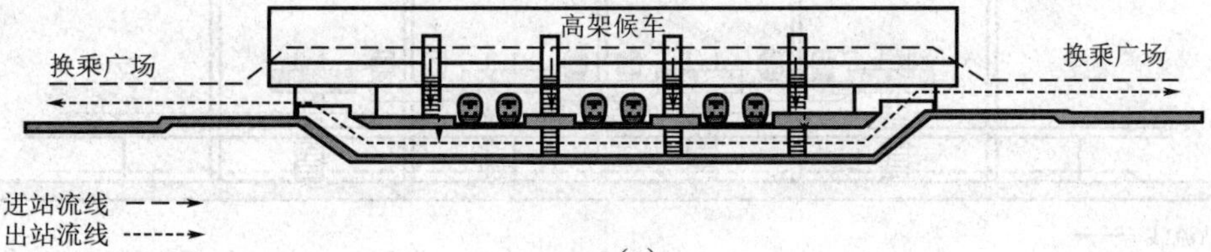

(a)

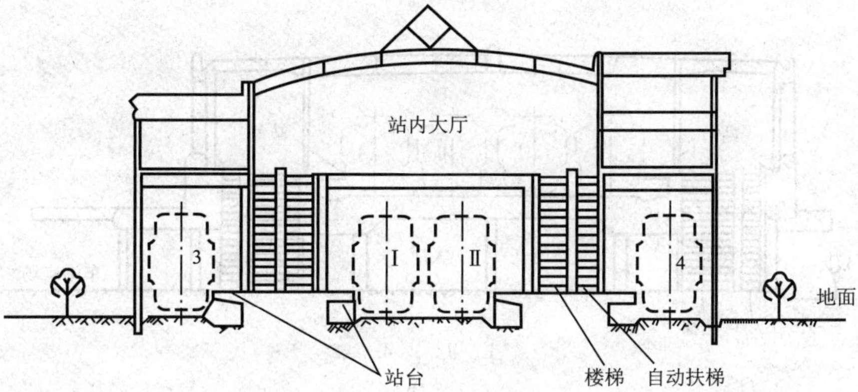

Ⅰ、Ⅱ、3、4—线路。

(b)

图 5-1-2 线上式布局

3. 双高架布局

双高架布局(图 5-1-3)形式的车站广场、站房、站场实现了完全的竖向叠合布置，形成“高架候车＋高架站场”的双高架布局特征，适合上进下出或上进下出与下进下出相结合的流线组织方式。由于结构上将客运站建在了铁路桥梁之上，因此诞生了“桥建合一”的结构形式，如武汉站、广州南站、郑州东站和襄阳东站等。

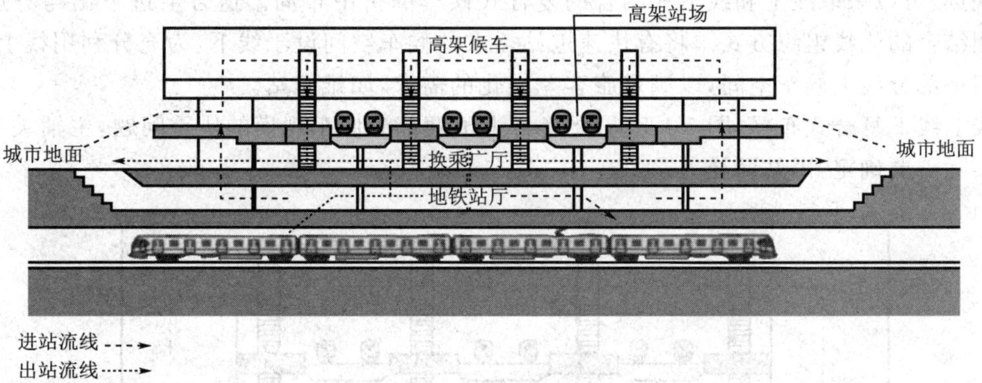

图 5-1-3 双高架布局

4. 线下式布局

由于高架站场的出现，出现了利用铁路桥下的空间设置候车室，采用下进下出流线的线下式布局(图 5-1-4)，如苏州北站、无锡东站、常州北站等，流线为不分层下进下出。这种仅有2～4 个站台、站房规模较小的线下式客运站，桥梁的特征更加明显，所以又被称为“桥式车站”。

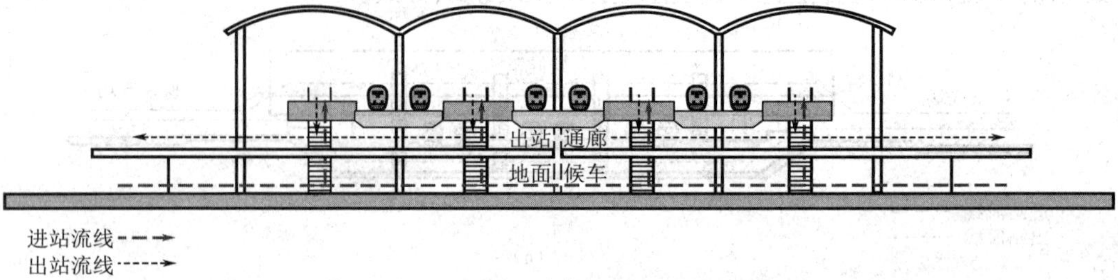

(a)

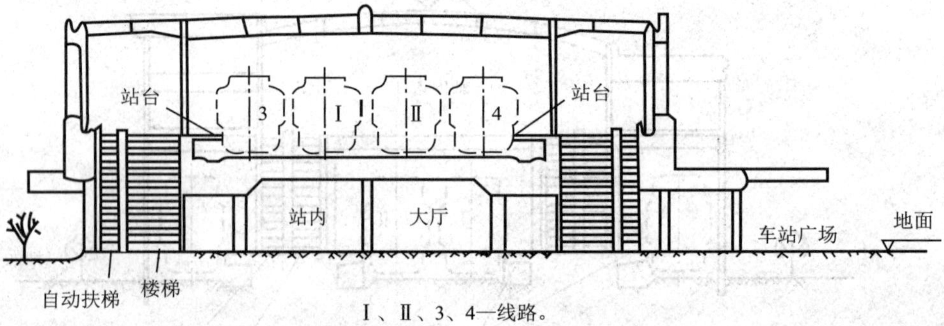

Ⅰ、Ⅱ、3、4—线路。

(b)

图 5-1-4　线下式布局

桥建合一技术的成功，尤其是全框架桥建合一形式的逐渐成熟，为在大规模站场下方设置分层站房的大型线下式车站提供了条件。佛山西站是我国第一个采用分层下进下出流线的全线下式高速铁路车站，短捷的流线和紧凑的布局，非常经济高效。

这种布局在国外是主流形式，如日本的东京站等。

5.线上线下复合式布局

为克服线下式和双高架布局存在的因为站场较高，线上候车流线竖向提升大，不够经济高效的缺点，可以采取线上和线下相结合的复合式候车的折中布局。适合上进下出与分层下进下出相结合的流线组织方式。将有快速进站需求的候车空间设于线下，为充分利用线上空间，仍保留一部分线上候车空间，以满足旅客差异化的需求，如雄安站。

线上线下复合式布局(图 5-1-5)需要考虑上下两部分候车规模的比重问题，主辅关系可以根据实际需要确定，因站而异。

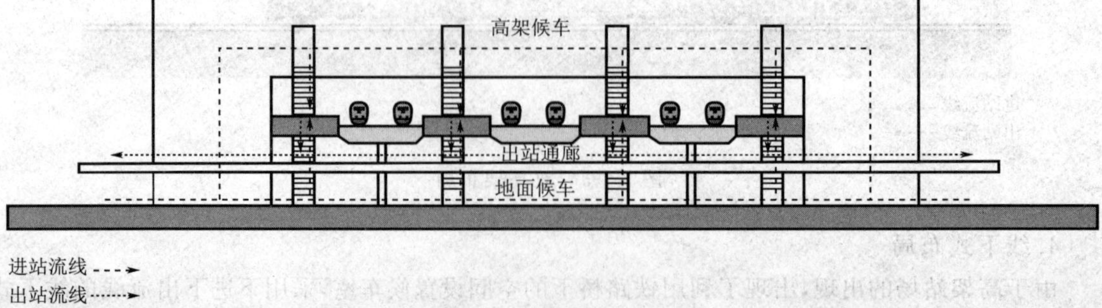

图 5-1-5　线上线下复合式布局

6. 全(半)地下站场布局

位于都市中心区的铁路及车站非地面化的途径,一是将铁路高架起来,形成桥式车站;二是将铁路埋设于地下,形成地下车站(图 5-1-6)。如深圳福田站和北京城市副中心通州站均为地下站。

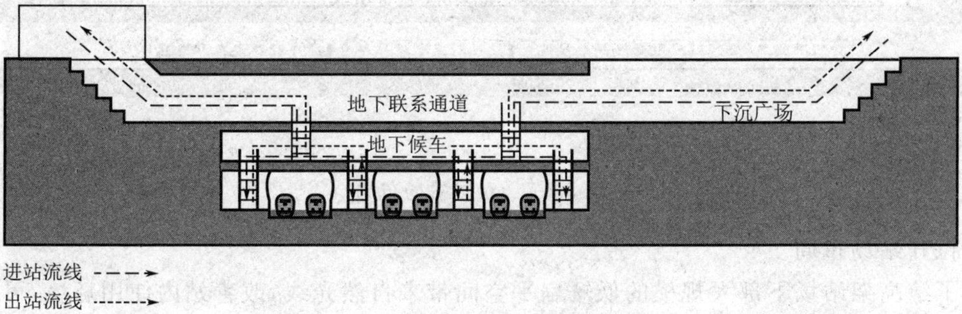

(a)

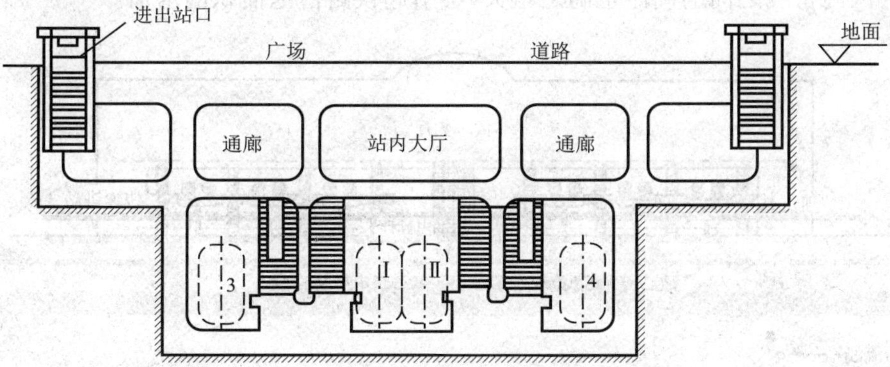

Ⅰ、Ⅱ、3、4—线路。

(b)

图 5-1-6　地下站场布局

如果铁路站场位于城市主要地面标高以下,但站房主体部分基本都位于地面以上,则称为半地下车站,如广州新塘站和深圳西丽站。

站场位于地下,车站的布局和流线与地面车站有很大不同,但更多的是工程技术上和安全运营上的挑战。总体而言,地下站场在集约土地、站城融合和便利城市交通、提升周边环境品质方面具有巨大优势,而在消防、疏散、结构空间和经济性方面存在不足,并且随着埋深和站场规模的增加,此类问题更加突出,因此站场股道不宜太多。

7. 双层站场布局

双层站场布局(图 5-1-7)是指不同标高的铁路线路在车站交会,形成多层的铁路站场,可以分为叠合车场和立交车场两大类,适合上进下出与下进下出相结合的流线组织方式。如北京丰台站采用了高速车场与普速车场上下叠合式双层站场,其间夹一层候车站房的布局形式,其中普速车场位于地面层,采用上进下出的流线组织方式;高速车场位于 23 m 标高层,采用下进端出的流线组织方式。如鄂州站、上饶站、肇庆东站等都是不同走向的铁路在车站位置立交,虽然站房布局有变化,但基本上相当于两个邻近的车站加连通设施。双层站场的布局有多种可能性,将促使城市更加集约化利用土地资源。

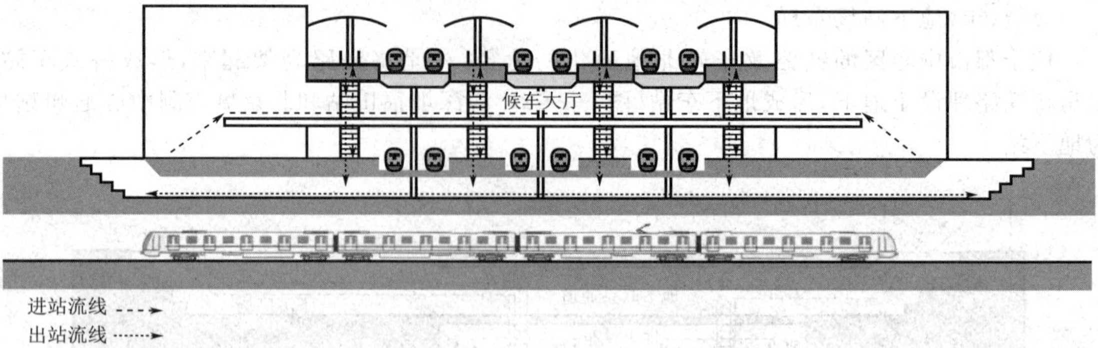

图 5-1-7　双层站场布局

8.拉开站场布局

为了给高架站场下部大规模的低矮扁平空间带来自然光线，改善站内使用环境，可以在两场之间拉开一定的净距，以设置采光天窗。但是，铁路站场拉开（图 5-1-8）后占地较大，尤其是出入车站的区间正线之间的间距也随之增大，会引起铁路占地面积的增加。

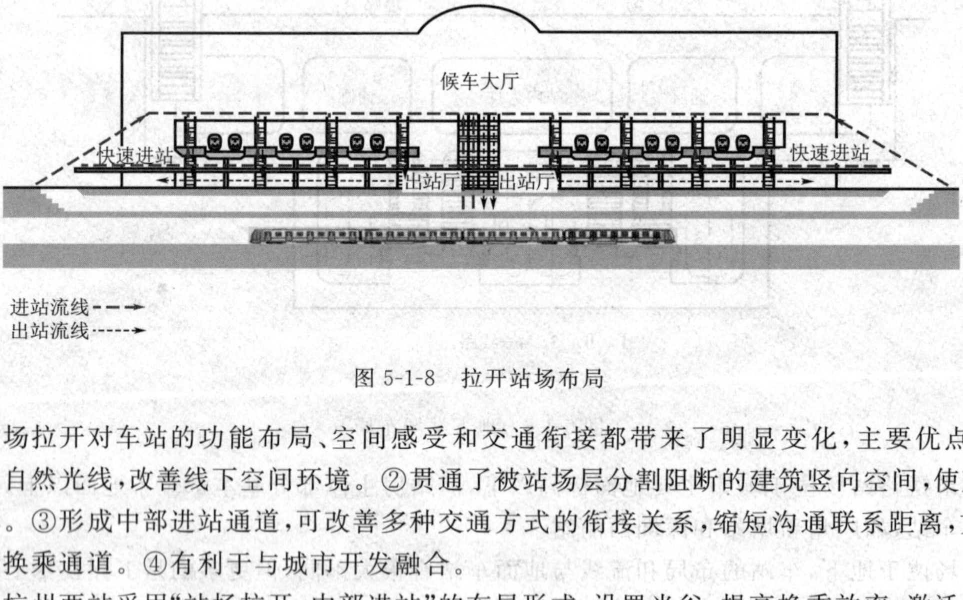

图 5-1-8　拉开站场布局

站场拉开对车站的功能布局、空间感受和交通衔接都带来了明显变化，主要优点如下：①引入自然光线，改善线下空间环境。②贯通了被站场层分割阻断的建筑竖向空间，使建筑融为一体。③形成中部进站通道，可改善多种交通方式的衔接关系，缩短沟通联系距离，方便构建快捷换乘通道。④有利于与城市开发融合。

如杭州西站采用“站场拉开，中部进站”的布局形式，设置光谷，提高换乘效率，激活低效用地。利用两场之间拉开的空隙，引入城市道路，实现多方向可达。激活“咽喉区”下的消极空间，设置线下夹层，满足旅客快速进站及换乘需求。打造绿色生态和智慧生活的站城综合体，极大地改善了铁路与两侧城市的关系，使站城更加紧密地连接到一起。

9.新老站场并列布局

新老站场并列布局（图 5-1-9）的情况类似于拉开站场布局，新建铁路引入既有站时受限于客观存在的前提制约条件，需要解决新老设施的连通协同和城市交通配套设施的均衡性问题，克服既有站不利因素的影响，如福州南站、厦门北站、苏州北站等。

站场条件是客运站设计布局的基础，客运站布局也会反过来对站场提出一些要求，两者之间的互动会形成更加合理的客运站设计。但通常的设计中，站场往往是给出的前提条件，其对客运站布局会产生直接而单向的重大影响。

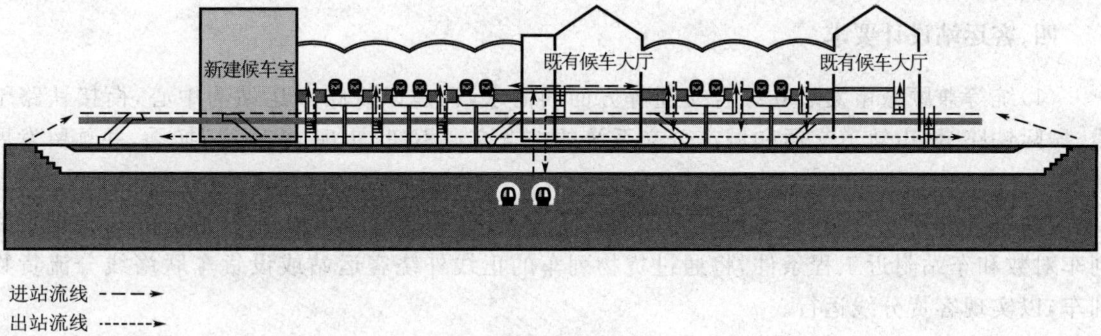

图 5-1-9 新老站场并列布局

图 5-1-10 从轨顶标高、站台数量、车场数量等站场条件梳理了客运站布局宜采取的合理形式。

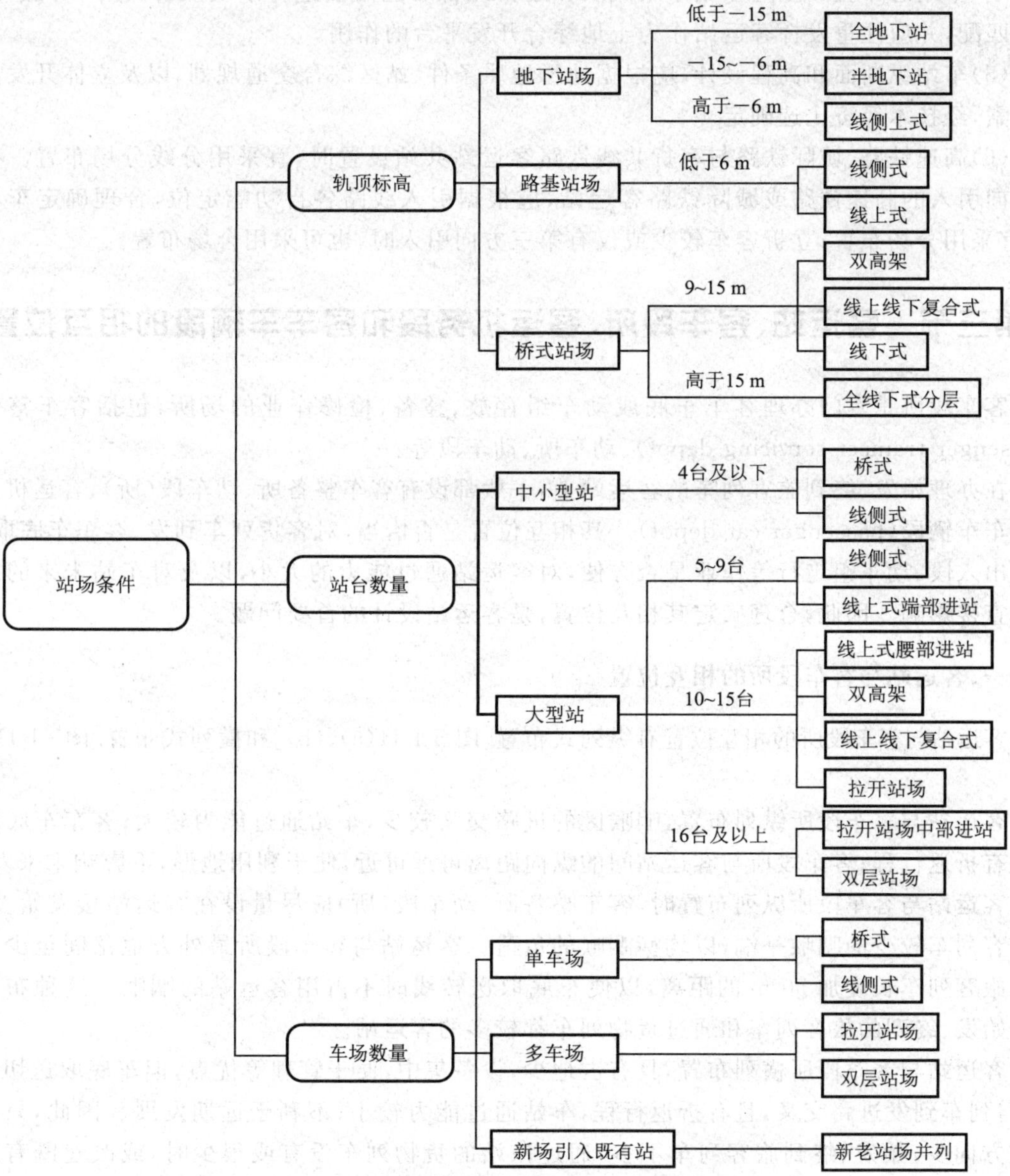

图 5-1-10 站场条件对客运站布局的影响

四、客运站设计要求

(1)统筹兼顾城市发展和综合交通等方面的需求,构建以铁路客运站为中心,衔接铁路干线、城际铁路、城市轨道交通和城市公交系统的综合交通枢纽,实现“零距离”换乘,并预留发展条件。

(2)以办理始发、终到旅客列车为主的位于大城市、铁路枢纽内的主要客运站,可根据货物列车对数和车站附近工程条件,将通过货物列车的正线外绕客运站或设货车联络线分流货物列车,以实现客货分线运行。

(3)车站平面布置满足旅客列车快速、顺畅运行的需要,车站到发线和咽喉通过能力应与衔接线路区间通过能力相协调,有多项技术作业时,应满足平行作业需要。

(4)车站总布置图型应根据车站流线和运营设备功能需求进行系统设计,做到功能协调、能力匹配,并应注重发挥客运站作为土地综合开发平台的作用。

(5)车站纵断面和高程设计,应根据地形地质条件、站区综合交通规划,以及立体开发需要等因素,经技术经济比选确定。

(6)高速铁路、城际铁路与客货共线铁路客运站共站设置时,宜采用分线分场布置。有多个方向引入的高速铁路或城际铁路客运站,应根据引入线路各自功能定位,合理确定车场布置,宜采用分场布置;立折客车较少或仅有第三方向引入时,也可采用合场布置。

第三节　客运站、客车段所、客运机务段和客车车辆段的相互位置

客车段所是专门办理客车车底或动车组存放、整备、检修作业的场所,包括客车整备所(passenger trainset servicing depot)、动车所、动车段等。

在办理始发、终到旅客列车的客运站上,一般都设有客车整备所、动车段(所)、客运机务段和客车车辆段(passenger car depot)。其相互位置是否恰当,对客货列车到发、客车车底取送、机车出入段、动车组走行等作业是否方便,对客运站通过能力的大小,以及对车站未来的发展都有直接影响。因此,合理确定其相互位置,是客运站设计的首要问题。

一、客运站与客车段所的相互位置

客运站与客车段所的相互位置有纵列式布置[图 5-1-11(a)、(b)]和横列式布置[图5-1-11(c)]两种。

客运站与客车段所纵列布置,咽喉区的进路交叉较少,车站通过能力较大;客车车底的取送没有折返行程;客车段所与客运站间的纵向距离可远可近,便于利用地形,不影响未来发展。

客运站与客车段所纵列布置时,客车整备所、动车段(所)应尽量设在客运站接发始发、终到旅客列车较少的咽喉一端,以均衡咽喉的负荷。客运站与客车段所最外方道岔间至少留有一列旅客列车长度加 50 m 的距离,以便车底取送转线时不占用客运站的咽喉。这种布置适用于始发、终到的旅客列车和通过货物列车都较多的客运站。

客运站与客车段所横列布置,具有占地少,设备集中,便于管理等优点,但车底取送切割正线,与列车到发进路交叉,且有折返行程,车站通过能力较小,不利于远期发展。因此,只有在引入方向少,始发、终到旅客列车不多,通过该站的货物列车没有或很少时,或改建既有客运站,为了充分利用既有客车段所时,方可采用。

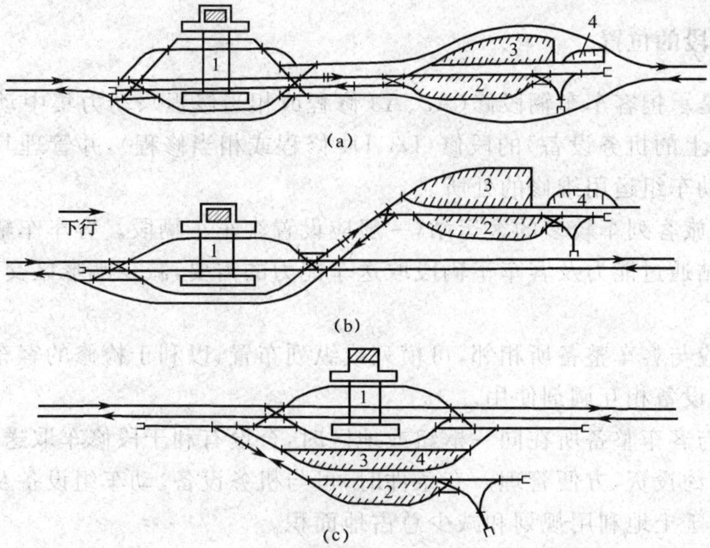

1—客运站；2—客运机务段；3—客车整备所；4—客车车辆段。

图 5-1-11　客运站、客车整备所、客运机务段、客车车辆段的相互位置

二、客运站正线与客车段所的相互位置

双线铁路上，当客运站与客车段所纵列布置时，有正线外包客车段所[图 5-1-11(a)]和两正线在客车段所一侧[图 5-1-11(b)]两种不同布置方案。

正线外包的布置方案可减少旅客列车到发和货物列车通过与客车车底取送的交叉干扰。但其缺点是正线不顺直，列车运行条件差，职工出入客车段所、机务段和车辆段时，须跨越正线，客车段所、机务段等的发展受到一定的限制。

两正线在客车段所一侧的布置方案可克服正线外包布置方案所存在的一些缺点，但由于客货列车经正线到发和通过与客车车底取送、机车出入段严重交叉，将对咽喉通过能力产生巨大影响。

客车段所在站房一侧时，应优先考虑将客车段所布置在发车方向一端。其理由是客车段所位于发车方向一端时，取送上行车底与下行发车进路交叉；客车段所位于接车方向一端时，取送上行车底与下行到达进路交叉。

当客运站与客车段所横列时，应尽量使两正线顺直，并将客车段所布置在站房对侧，如图 5-1-11(c)所示。

三、客运机务段的位置

以机车牵引客车为主的客运站的客运机务段有与客车整备所分设和与客车整备所合设两种不同方案。当两者分设于客运站两端时，客车车底取送和机车出入段作业分散在两端咽喉，通过能力较大，有利于各自的发展，但用地较多，对城市干扰也大，往往会引起较大的拆迁工程。

两者合设于车站一端时，用地较集中，对城市干扰少，便于利用本务机车取送客车车底，有些设备(如动力、机修、生活设施等)可以共用，可节省投资。因此，当客货列车对数较多，客运站与客车整备所纵列布置并设置外包正线时，客运机务段与客车整备所合设于车站一端是较为有利的方案。

四、客车车辆段的位置

客车车辆段是承担客车车辆段修(A2、A3 修程或相当修程)、动力集中动车组的拖车和控制车(不含控制车上的机务设备)的段修(D3、D4 修程或相当修程),并管理其管辖范围内客车车辆和动力集中动车组运用维修的处所。

在始发、终到旅客列车较多的客运站,一般应设置客车车辆段。客车车辆段与客运站的相对位置应满足车站通过能力及客车车辆段取送车能力的需要,减少咽喉区交叉干扰,缩短取送车走行距离。

客车车辆段应与客车整备所相邻,可横列或纵列布置,以利于检修的客车由整备所往车辆段取送,以及某些设备相互调剂使用。

客车车辆段与客车整备所在同一枢纽或地区时,合设有利于段修车取送,共用部分生产和办公生活房屋,节约投资,方便管理。有条件时,可与机务设备、动车组设备及其他铁路运维设施合址设置,有利于土地利用规划和减少总占地面积。

第四节　客运站布置图型分析

客运站布置图型应满足下列一些基本要求:

(1)根据设计期客运量的需求,正确确定旅客列车到发线数目及有效长度,合理布置正线、机走线、站台及其他各项设备的位置。

(2)选择合适的客运站布置图型,保证咽喉区必要的平行作业数量,使咽喉布置紧凑,进路灵活机动。

(3)根据客运站的规模,合理布置站房、站台和跨线设施,保证进站旅客流线与出站旅客流线分开,行包流线与旅客流线分开,尽量减少旅客上、下车的走行距离,方便旅客乘车。

客运站的布置图型按线路配置的不同可分为通过式、尽端式和混合式三种。根据车场的合设与分设可分为合场和分场布置图型。

一、通过式客运站布置图型

通过式客运站(through-type passenger station)布置图型如图 5-1-12 所示,其全部旅客列车到发线为贯通式,设有两个咽喉区,站房在正线一侧,高架候车室为跨线式,基本站台与中间站台用地道相连。图 5-1-12(a)、(b)为客车段所和客运机务段布置在正线一侧,图 5-1-12(c)为客车段所和客运机务段布置在两正线之间。

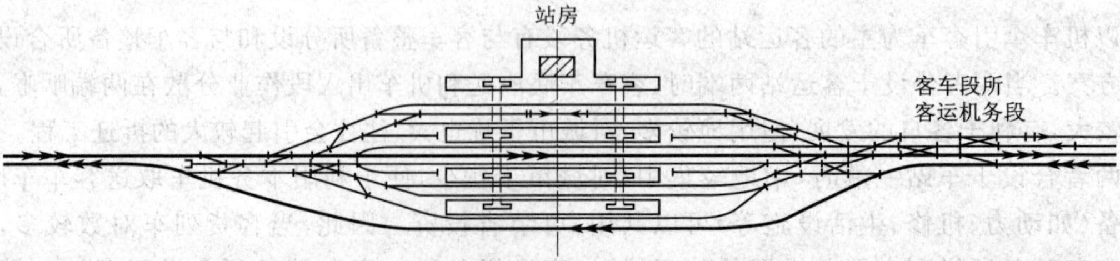

(a) 客车段所与客运机务段在站房同侧

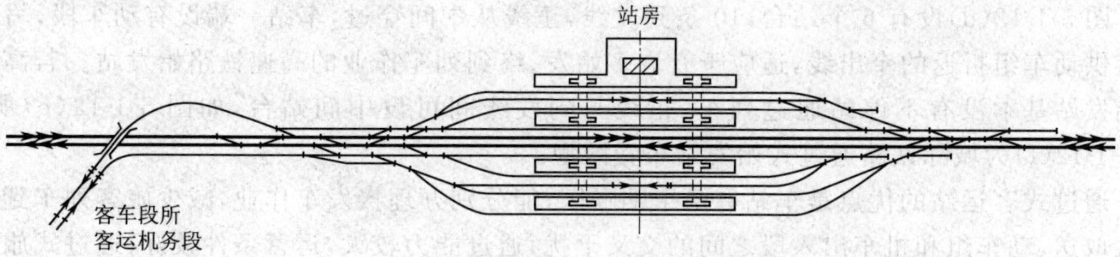

（b）客车段所与客运机务段在站房对侧

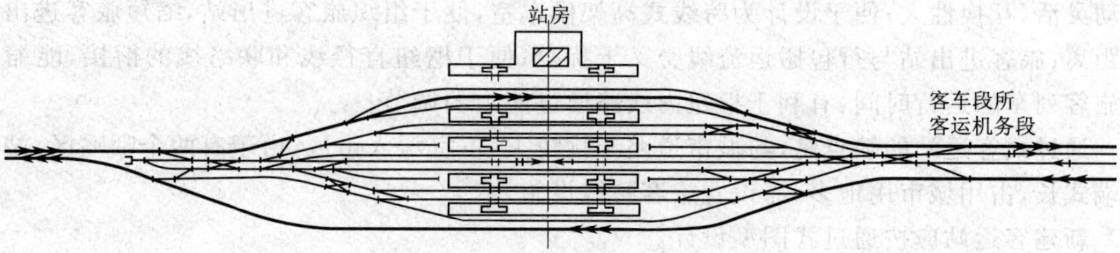

（c）客车段所与客运机务段在两正线间

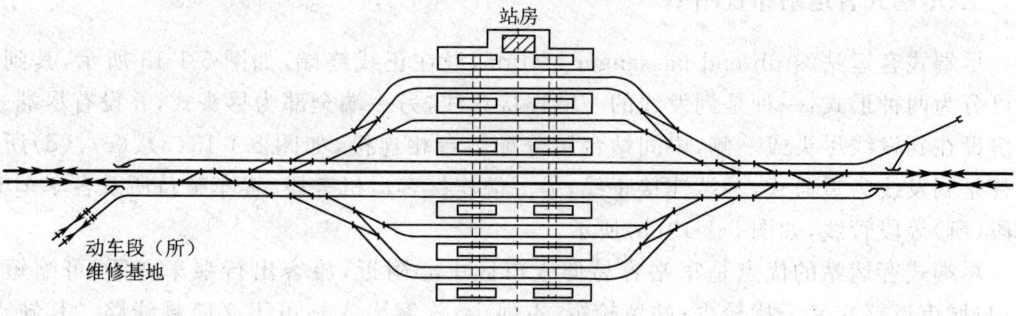

（d）正线不邻靠站台的高速铁路通过式始发站

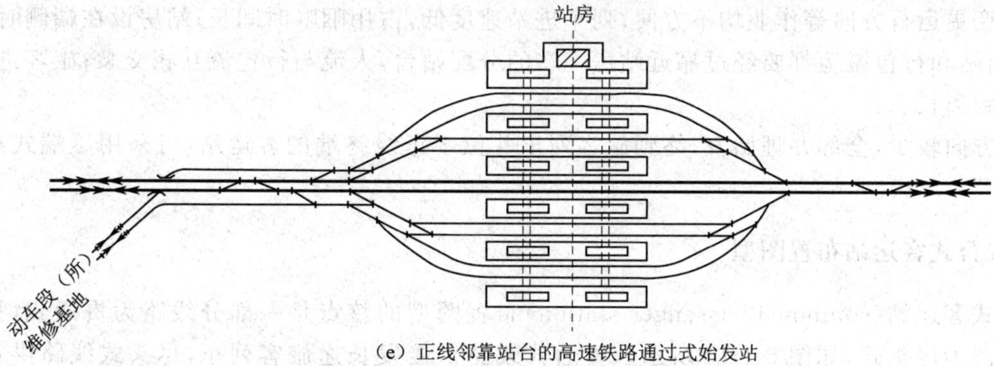

（e）正线邻靠站台的高速铁路通过式始发站

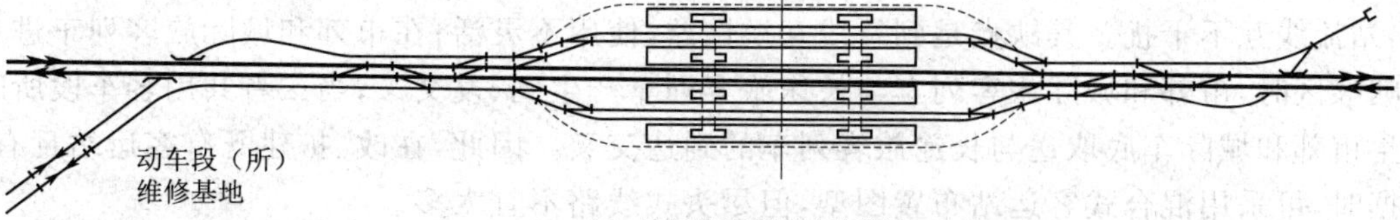

（f）城际铁路通过式始发站

图 5-1-12　通过式客运站布置图型

图 5-1-12(d)设有 6 个站台，10 条到发线，正线从中间穿过，车站一端设有动车段，另一端设有供动车组折返的牵出线，适应于有许多始发、终到列车作业的高速铁路始发站。若高速铁路始发站基本没有不停站通过列车，正线与到发线间可设中间站台，如图 5-1-12(e)所示。图 5-1-12(f)为城际铁路通过式始发站布置图型。

通过式客运站的优点是车站有两个咽喉区，能分别办理接发车作业，减少旅客列车到发与车底取送、动车组和机车出入段之间的交叉干扰，通过能力较大，运营条件较好；通过式旅客列车到发线能接入和通过较多方向的列车，除折角列车外，不必变更列车运行方向，到发线使用机动灵活，互换性大；便于设计为跨线式高架候车室，便于组织旅客进出站，缩短旅客进出站走行距离；旅客进出站与行包搬运流线交叉干扰少；便于枢纽直径线和联络线的衔接，能缩短部分旅客列车的运行时间，有利于枢纽内线路通过能力的调节。

通过式客运站的缺点是，与城市道路干扰较大，不宜深入市区，由于有两个咽喉区，站坪较尽端式长，占用城市用地多，需设置旅客跨线设施。

新建客运站应按通过式图型设计。

二、尽端式客运站布置图型

尽端式客运站(stub-end passenger station)设在正线终端，如图 5-1-13 所示，其到发线布置可分为两种形式：一种是到发线的一端连接正线，另一端全部为尽头式，并设有尽端式站台，站房设在到发线尽头或一侧，中间站台用分配站台相连接，如图 5-1-13(a)、(c)、(d)所示。另一种是到发线为贯通式，一端连接正线，另一端连接客运机务段、客车整备所及客车车辆段、动车段(所)等段管线，如图 5-1-13(b)所示。

尽端式客运站的优点是车站容易伸入市区中心附近，旅客出行乘车方便，可缩短出行时间；与城市道路交叉干扰较少；站坪较短，占地少；旅客出入站可不必跨越线路。其缺点较多，主要有：车站作业集中在一端咽喉区进行，进路交叉干扰大，车站通过能力小；对通过列车的换挂机车和变更运行方向等作业均不方便；列车进站速度低，占用咽喉时间长；站房设在端侧时，旅客进、出站和行包搬运都要经过靠近站房一端的分配站台，人流与行包流互相交叉；旅客进、出站走行距离长。

衔接方向较少，全部办理始发、终到旅客列车并位于正线终端的客运站，可采用尽端式布置图型。

三、混合式客运站布置图型

混合式客运站(combined passenger station)布置图型的特点是一部分线路为贯通式，另一部分线路为尽头式，如图 5-1-14 所示。贯通式线路供接发长途旅客列车，尽头式线路供接发小编组的市郊和城际旅客列车。这种布置图型的优点是当车站衔接的某一方向市郊列车较多时，设置部分有效长度较短的尽头式线路，可节省投资和用地；市郊和城际旅客与长途旅客进、出站流线互不干扰。其缺点是到发线互换性差，使用不灵活；在市郊和城际旅客列车进、出车站咽喉区时，市郊和城际旅客列车与长途旅客列车产生到、发交叉；当二者共用客车段所时，又产生市郊和城际车底取送与长途旅客列车的到达交叉。因此，在改、扩建既有客运站且有充分依据时，可采用混合式客运站布置图型，但尽头式线路不宜太多。

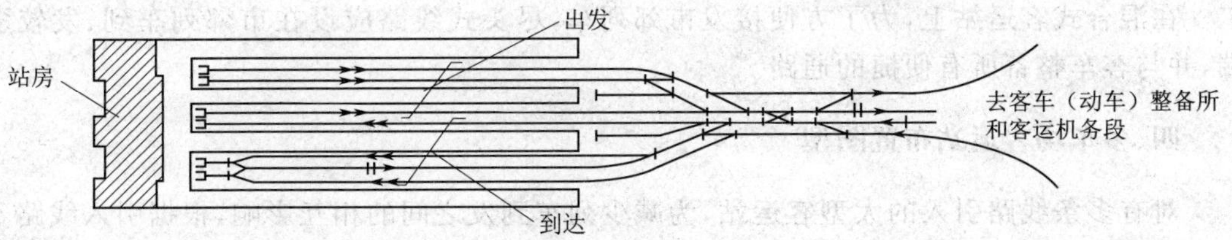

（a）到发线为尽头式

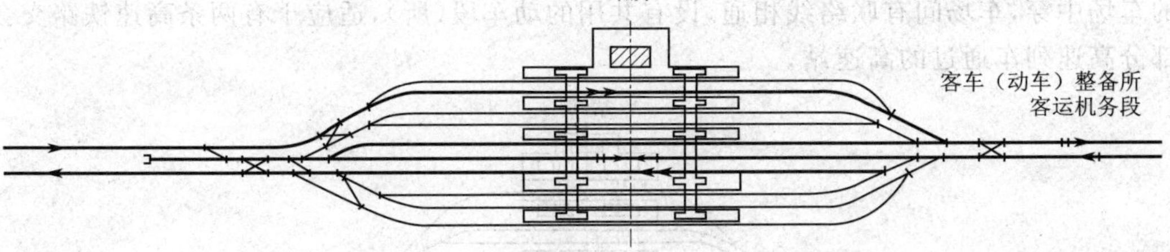

（b）到发线为贯通式

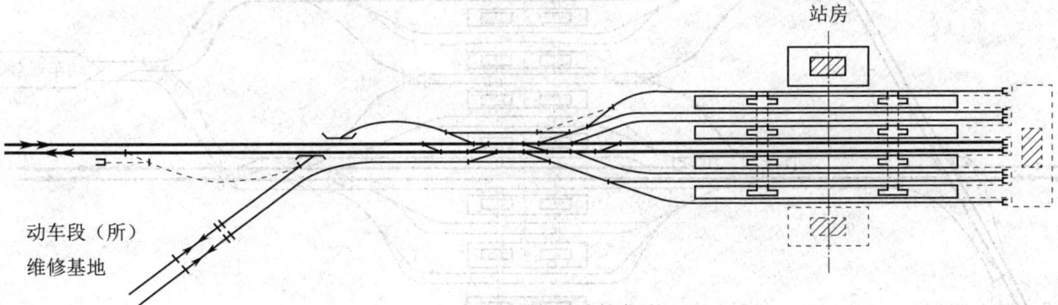

（c）高速铁路尽端式始发站

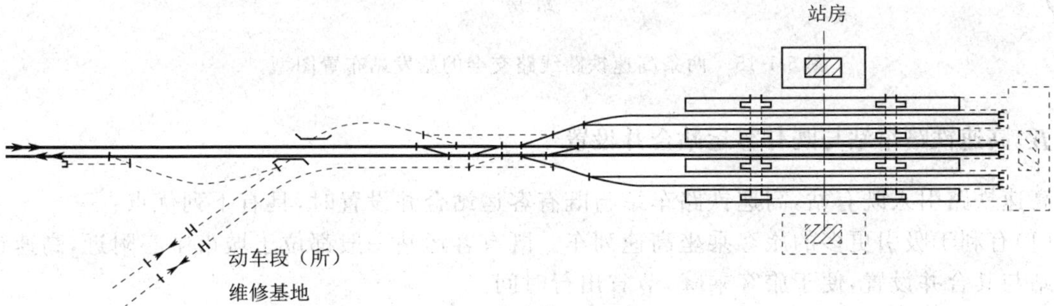

（d）城际铁路尽端式始发站

图 5-1-13　尽端式客运站布置图型

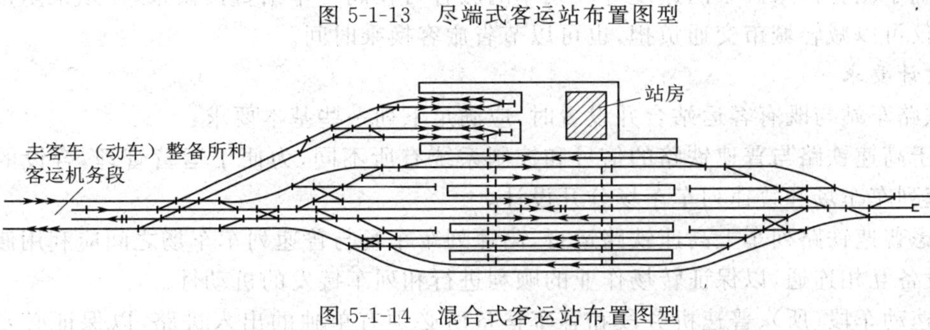

图 5-1-14　混合式客运站布置图型

在混合式客运站上，为了方便接发市郊列车，尽头式线路应设在市郊列车到、发较多的一端，并与客车整备所有便捷的通路。

四、多车场客运站布置图型

对有多条线路引入的大型客运站，为减少列车到发之间的相互影响，根据引入线路不同的功能定位，可以按照线路别分场布置。对仅有第三方向引入的客运站，可通过增加平行进路的方式并按方向别合场布置。如图 5-1-15 所示，衔接两条高速铁路，设有两个车场，两条正线从各自的车场中穿，车场间有联络线相通，设有共用的动车段(所)，适应于有两条高速铁路交会，并有部分高速列车通过的高速站。

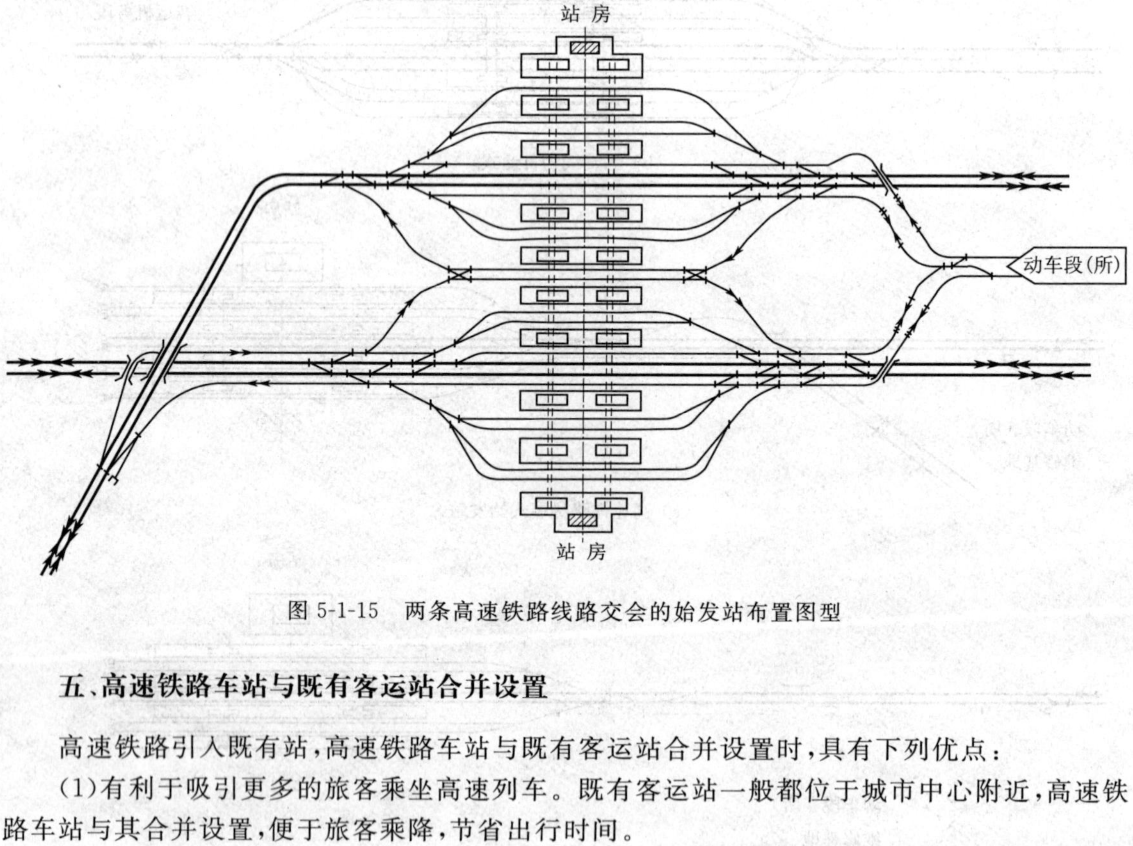

图 5-1-15　两条高速铁路线路交会的始发站布置图型

五、高速铁路车站与既有客运站合并设置

高速铁路引入既有站，高速铁路车站与既有客运站合并设置时，具有下列优点：

(1)有利于吸引更多的旅客乘坐高速列车。既有客运站一般都位于城市中心附近，高速铁路车站与其合并设置，便于旅客乘降，节省出行时间。

(2)有利于充分利用既有客运站的站场、站房及城市旅客服务设施，节省工程投资和城市用地。

(3)有利于旅客换乘。不同速度等级列车的旅客可在同一车站直接换乘，无须乘坐市内交通工具，不仅可以减轻城市交通负担，也可以节省旅客换乘时间。

(一)设计要求

高速铁路车站与既有客运站合并设置时，应满足下列一些基本要求：

(1)由于高速铁路与普速铁路的信号和控制系统有所不同，为便于运营管理，合设的客运站应按高速列车车场和普速列车车场分开设计。

(2)考虑普速铁路列车上高速铁路运行，高速列车车场与普速列车车场之间应利用渡线或立交疏解设备互相连通，以保证转场作业的顺利进行和列车接发的机动性。

(3)高速动车段(所)、普速机务段和客车整备所必须有单独的出入进路，以保证必要的通过能力。

(4)旅客站房共用。为了有利于旅客换乘和高速铁路旅客流线与普速铁路旅客流线互不交叉,高速铁路旅客与普速铁路旅客的进、出站通路及其候车区(厅、室)应尽量分开。

(二)设计方案

高速铁路引入既有站时,有以下几种方案可供选择。

1. 高速车场与普速车场在同一平面并列合设

图 5-1-16 为改建后天津站布置图型,该站位于既有京山普速铁路上,京津城际铁路、津秦高速铁路引入后,天津站进行了大规模改造,形成从北向南依次为京津城际车场(4 台 7 线)、津秦车场(3 台 6 线)、普速车场(3 台 5 线)三场并列。

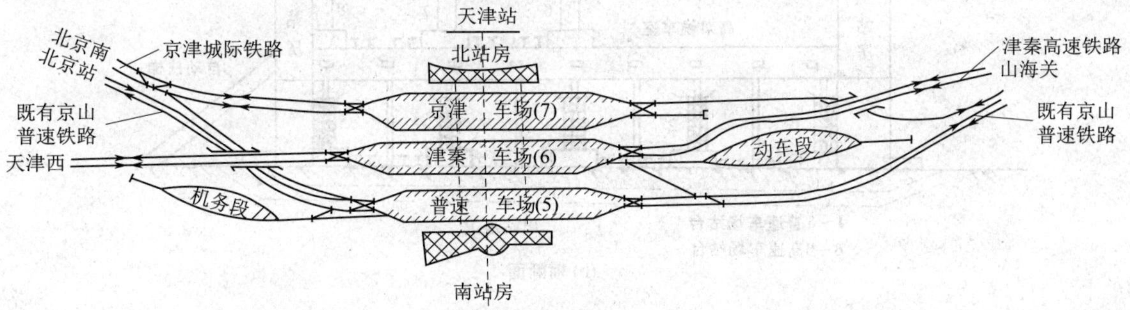

图 5-1-16　高速车场与普速车场在同平面合设布置图型

保留南站房,新建北站房,满足京津城际铁路引入之需,新建高架候车厅,连接南北站房,实现 10 个站台全覆盖。新建地下进站厅,实现与地铁的衔接与换乘。各车场之间设有渡线或联络线,以保证场间必要的联系。

2. 既有站上方设高架高速列车车场布置方案

图 5-1-17 为高速铁路线高架引入既有站,在其上方设高架高速列车车场,承担接发高速旅客列车和不停车通过车站的旅客列车任务;桥下地面既有站为普速车场,承担接发始发、终到、停站通过的普速铁路旅客列车的任务。两车场两端采用进出站线路立交疏解设备互相连通,以便于跨线列车上、下高速铁路。高速铁路旅客可通过主、副站房的自动扶梯和高架候车室通廊进、出站和换乘。普速铁路旅客可通过高架候车室和地道进、出站。

3. 既有站下方设地下高速车场布置方案

图 5-1-18 为高速铁路从地下引入既有站,在既有站地下新建高速车场。车场两端采用进出站线路疏解设备相联结,以便跨线列车上、下高速铁路。高速铁路旅客可沿地道和自动扶梯进出站和换乘,普速铁路旅客可沿高架候车室和地道进、出站。

高速铁路车站与既有站合设时,究竟采用何种布置方案,应根据城市规划、既有客运站设备、当地地形地物、高速铁路引入枢纽的方式,以及工程投资、施工难易程度等因素,通过技术经济比选后确定。

(三)车场联络线设计方案

高速铁路车站与既有站合并设置时,高速车场与普速车场要分开设计。当高速铁路采用不同速度等级旅客列车共线运行时,两车场之间必须设置联络线,以便普速铁路跨线列车能顺利上(下)高速铁路运行。联络线可以有以下几种设计方案供选择:

(1)高速车场与普速车场等高并列设站时,联络线设计方案如图 5-1-19 所示。根据两车场并列时咽喉区的结构和间距的大小,修建联络线 A 和 B,由于该线采用的道岔及曲线半径都较小，普速列车上(下)高速铁路要限速行驶。

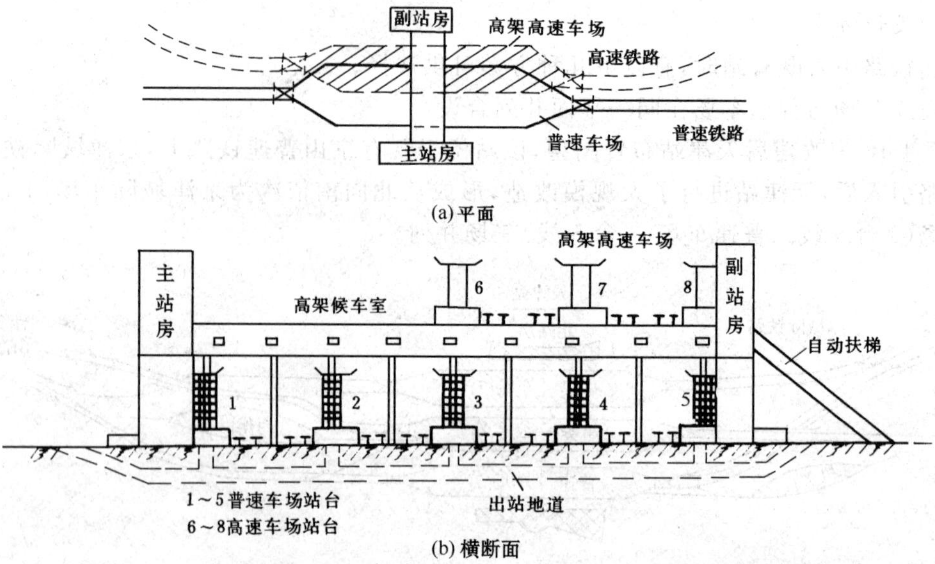

图 5-1-17　既有站上方设高架高速车场平面、横断面布置图型

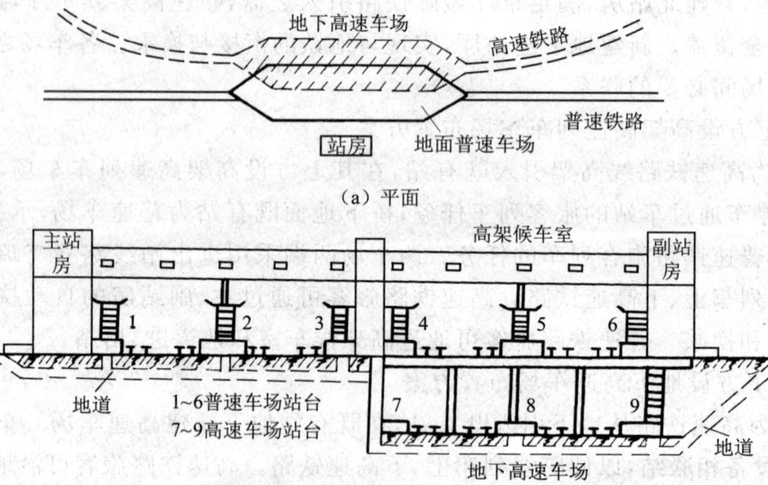

图 5-1-18　既有站下方设地下高速车场平面、横断面布置图型

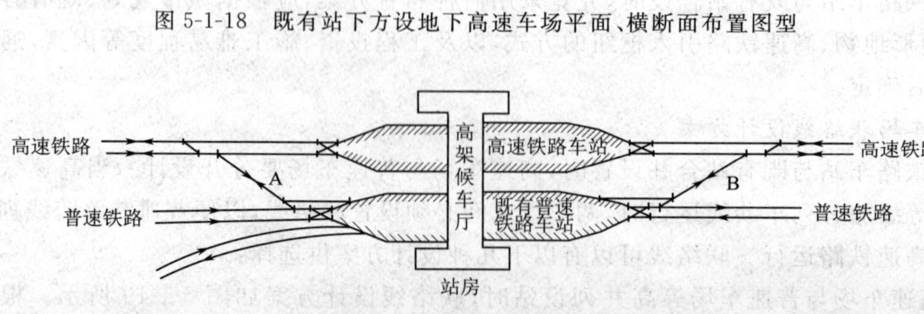

图 5-1-19　高速车场与普速车场等高并列时的联络线设计方案

(2)高架或地下高速车场与普速车场不等高并列设站时，联络线设计方案如图 5-1-20 所示。根据两车场的高差，设计具有上(下)坡纵断面的联络线。普速列车可经由车站两端高速铁路与普速铁路共同的咽喉区通过联络线上(下)高速铁路运行。联络线的坡度、曲线半径和道岔应按高速铁路设计有关规定设计。

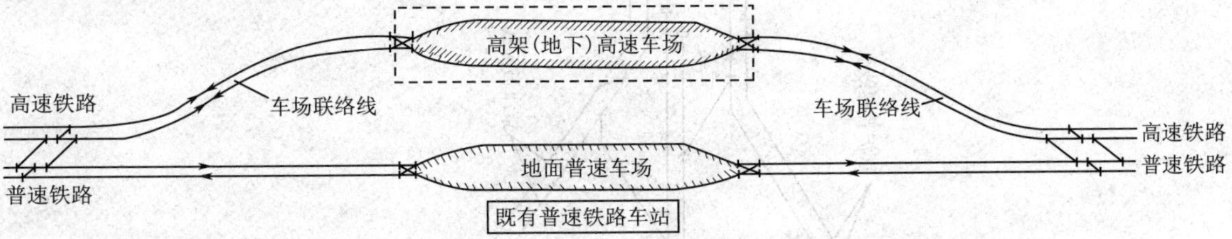

图 5-1-20　高架或地下高速车场与普速车场不等高并列时的联络线设计方案

(3)共用既有普速铁路车站，预留高速铁路车站的联络线设计方案如图 5-1-21 所示。当高速铁路引入枢纽须从城市外围通过，并新设高速铁路车站，而该城市发展目前还难以形成强大客流点，高速铁路车站的修建可考虑分期实施方案，即近期既有普速铁路车站可作为普速、高速共用，在车站两端修建低于高速铁路标准的两条联络线，供既有普速铁路车站接发车，远期预留新高速铁路车站。远期该联络线采用立体疏解，供既有普速铁路的列车上(下)高速铁路线行驶。这种方案可节约近期修建高速铁路的投资。

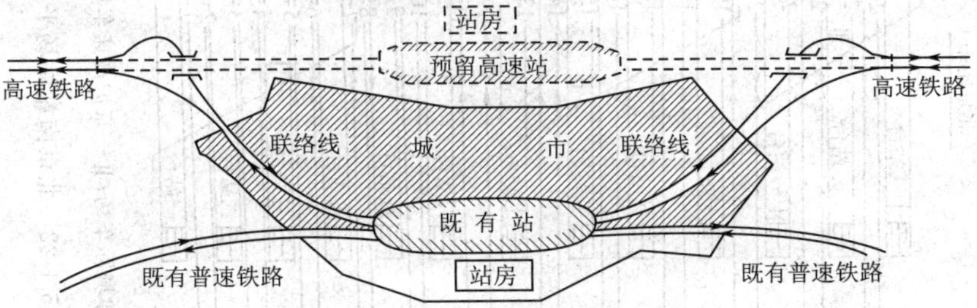

图 5-1-21　近期预留高速铁路车站，远期改建联络线设计方案

第五节　高速客运站举例

一、站场布置

北京南站位于北京铁路枢纽的东南部，2008 年正式投产，是京津城际铁路和京沪高速铁路的起点站。站场为通过式，东端衔接京津城际铁路(天津方向)和京山线(北京方向)，西端衔接京山线(山海关方向)和京沪高速线(上海方向)和北京动车段。站场由南往北，依次为京津城际车场Ⅰ(4 台 7 线)、京沪高速车场Ⅱ(6 台 12 线)、普速车场Ⅲ(3 台 5 线)，如图 5-1-22 所示。车场Ⅰ办理京津间始发、终到城际列车，车场Ⅱ办理京沪间始发、终到高速列车，车场Ⅲ办理普速和市郊列车通过停站作业。

二、旅客站房

北京南站站房共有五层，地上两层、地下三层。地上两层是高架层(图 5-1-23)和站台层，地下三层是换乘层、地铁 4 号线和地铁 14 号线站台层。

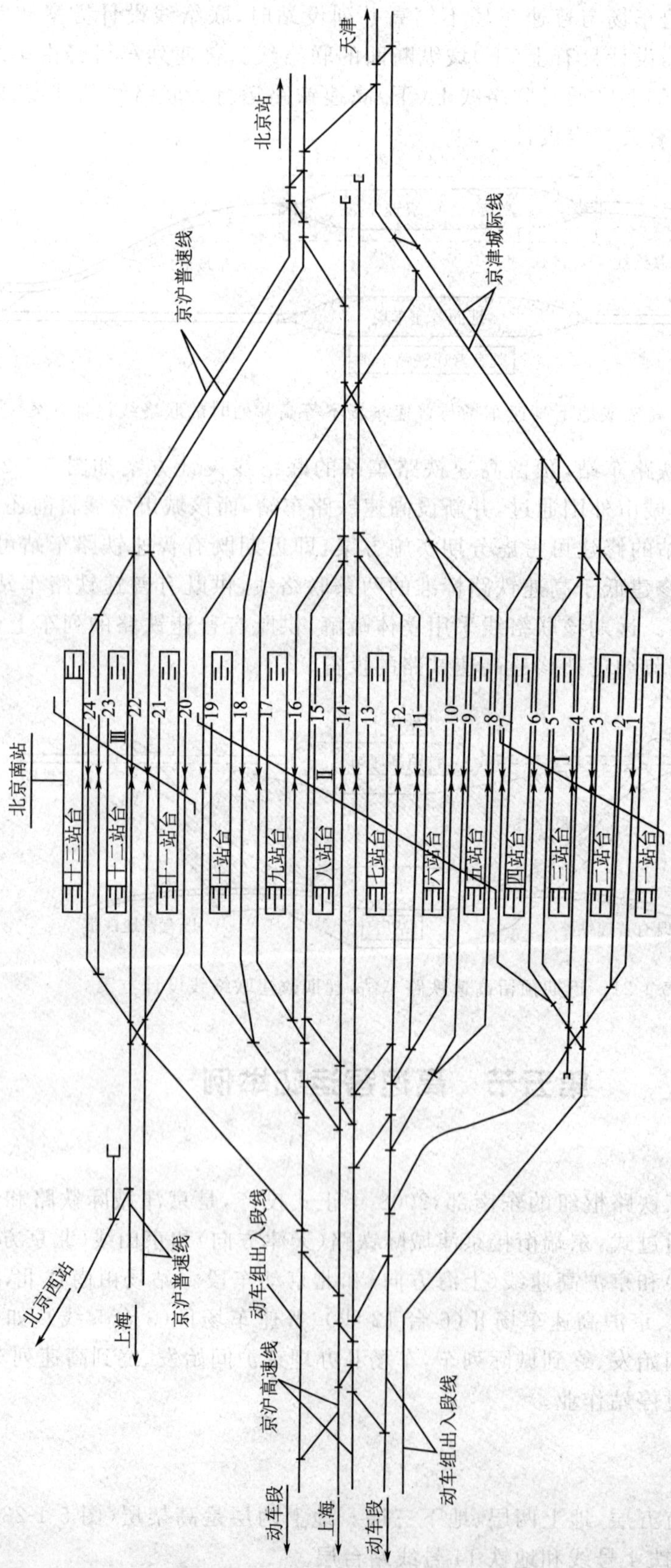

Ⅰ—京津城际车场；Ⅱ—京沪高速车场；Ⅲ—普速车场。

图 5-1-22　北京南站站场平面布置图型

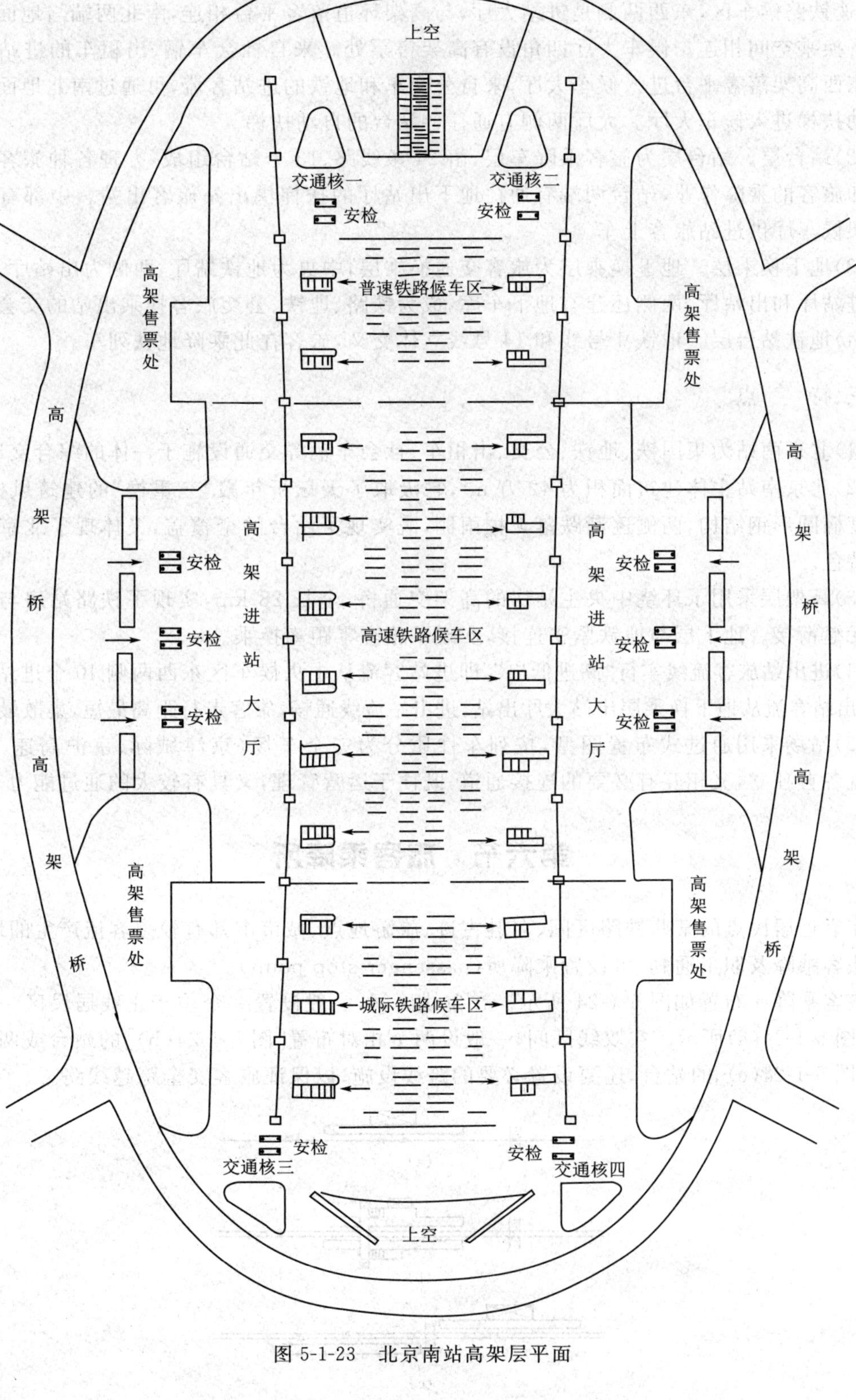

图 5-1-23 北京南站高架层平面

(1)高架层。高架层为旅客进站层，中央为候车大厅，自南向北依次为京津城际、京沪高速、普速铁路候车区，东西两侧是进站大厅，与高架环道落客平台相连，南北两端与地面进站厅和地下换乘空间相连。候车大厅四角设有高架售票处。来自社会车辆、出租车的进站客流可通过东西高架落客平台进入候车大厅，来自公交车和地铁的进站客流，可通过南北地面进站厅的自动扶梯进入候车大厅。大厅两侧有通往各站台的自动扶梯。

(2)站台层。站台层为旅客乘降车层，由 24 条线路、13 个站台组成，办理各种旅客列车的到发和旅客的乘降作业，站台两端有通往地下出站厅的扶梯供出站旅客出站。中部有扶梯通往高架候车厅供进站旅客上车。

(3)地下换乘层。地下换乘层为旅客交通换乘层，中央为地铁站厅，西侧为出站厅，东侧为快速进站厅和出站厅，两侧还建有地下车库，成为铁路、地铁、公交旅客换乘出站的交会点。

(4)地铁站台层。地铁 4 号线和 14 号线立体交叉，旅客在此乘降地铁列车。

三、特　　点

(1)北京南站为集国铁、地铁、公交、出租车、社会车辆等交通设施于一体的综合交通枢纽。

(2)北京南站主体建筑面积为 42 万 m^2，它汲取了天坛祈年殿"三重檐"的建筑风格，采用大跨度椭圆形钢结构，两侧逐渐跌落无柱雨棚，既实现了站台的全覆盖，又体现了北京鲜明的文化特色。

(3)高架层采用了环绕中央主站房的高架交通桥，全长 28 km，实现了铁路站房与城市公交的无缝衔接。地下层与地铁紧密连接，实现了旅客零距离换乘。

(4)进出站旅客流线实行"高进低出"，即进站客流从中央候车区东西两侧 10 个进站口进站候车，出站客流从地下换乘层出站大厅出站，进出站流线通畅，旅客走行距离最短，集散最快。

(5)站场采用通过式布置图型，按列车性质分为三个车场(京津城际、京沪高速、普速车场)，既各自独立，又相互有必要的连接通道，既便于运营管理，又具有较大的通过能力。

第六节　旅客乘降所

在靠近居民点的某些铁路区间、名胜古迹、旅游地点、城市市郊有较多客流产生的地段，为方便旅客乘降及职工通勤，可设置乘降所(passenger stop point)。

旅客乘降所布置如图 5-1-24 所示。在单线区间，一般设置一个位于正线居民区一侧的站台，如图 5-1-24(a)所示。在双线区间，一般设两个相对布置[图 5-1-24(b)]的站台或两个交错布置[图 5-1-24(c)]的站台，还要设置必要的跨线设施，以保证旅客安全跨越线路。

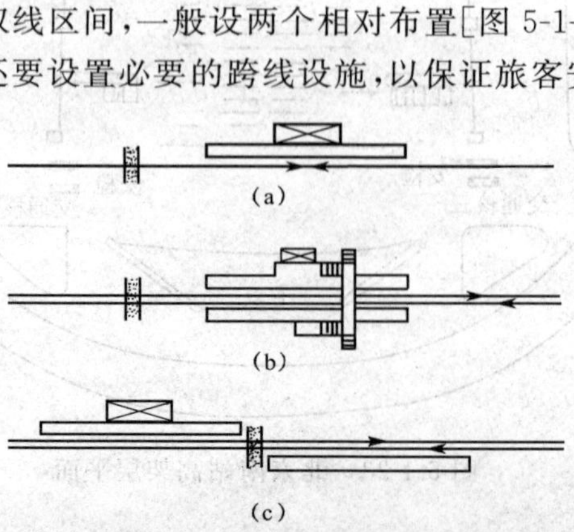

图 5-1-24　旅客乘降所布置图型

旅客乘降所应设在线路的平直部分，其坡道应满足有关设计的要求，必要时可设在能保证旅客列车起动的坡道上。

旅客乘降所不属于分界点。由于旅客列车的停站在一定程度上会影响区间的通过能力，故应严格按照需要予以设置。

第二章　客运设备设施

第一节　客运站线路

根据作业的要求，客货共线铁路客运站需设有正线、旅客列车到发线、货物列车到发线、机车走行线和机待线，以及客车车辆停留线、行包装卸线等。客运专线铁路车站需设正线、旅客列车到发线、动车组走行线，办理立折列车作业的中间站，需在接车方向末端设置或预留折返线。

一、正　　线

客运站正线的位置与站型有关。对于客货共线铁路通过式客运站，货物列车通过正线的位置应根据车站咽喉的进路交叉情况、货物列车的运行条件及其对客运作业的影响等因素予以确定。

对于双线铁路客运站，当客车整备所与客运站纵列布置且位于靠站房一侧时[图 5-1-12(a)]，两正线应分别设在上、下行到发线之间和站房对侧的最外侧。这样，一方面可保证下行货物列车或在本站不停车的旅客列车通过正线顺直，运行平顺；另一方面也可使下行客车车底的取送不与正线交叉，第一、二站台旅客上、下车及行包邮件装卸等作业都较安全。当客车整备所与客运站纵列且位于两正线之间时[图 5-1-12(c)]，应将下行正线布置在第一、二站台之间，上行正线布置在站房对面的外侧。这样，可使列车到发、通过与机车出入段、客车车底取送交叉干扰减少，提高咽喉的通过能力。

路段设计行车速度为 120 km/h 及以上时，双线铁路客运站的两正线应并行中穿设置[图 5-1-12(b)]，客车段所与客运站纵列设置于区间正线外侧，为减少车站咽喉区交叉干扰，各走行线与正线立交疏解。

对于单线通过式客运站，为了使客车车底取送及机车出入段与货物列车通过正线不发生交叉，其正线位置宜设在站房对面的最外侧。

位于大城市的主要客运站，结合枢纽总布置图型，经过技术经济比较，有条件时可将通过货物列车的正线外绕客运站或设联络线分流经由该客运站的货物列车。

尽端式客运站的正线一般没有货物列车通过，从区间直接引入车站的线路即为正线。

二、旅客列车到发线

客运站旅客列车到发线数目与下列因素有关：

(1)各种旅客列车占用到发线的时间标准。

(2)运行图规定的旅客列车到达、出发和到发间隔时间标准。

(3)旅客列车不均衡到发程度及高峰期列车到发密度，这与客运站衔接的方向数、接发旅客列车的性质等因素有关。

(4)车站到发线与站台的相互位置，以及其他列车占用旅客列车到发线的情况等。

普速铁路旅客列车到发线数目应根据旅客列车对数及其性质、引入线路数目和车站技术作业过程等因素，按表 5-2-1 采用。

表 5-2-1 普速铁路旅客列车到发线数目表(一)

始发、终到旅客列车换算对数/对	到发线数目/条	始发、终到旅客列车换算对数/对	到发线数目/条
12 及以下	3	25～26	5～7
13～24	3～5	37～50	7～9

注：1. 表中到发线数目的范围可按列车换算对数的多少对应取值。

2. 办理通过旅客列车的客运站到发线数目，可将通过旅客列车折合始发、终到列车后采用表中数值，每对通过的普速列车可按折合 0.5 对始发、终到列车计。当普速客车、动车组列车共用到发线时，可将动车组列车折合为普速客车，每对始发终到动车组列车折合为 0.4 对始发终到普速客车；立即折返、停站通过的动车组列车分别折合 0.9 对、0.7 对始发终到动车组列车。

3. 始发、终到普速旅客列车在 50 对以上时，到发线数目可按分析计算确定。

当始发、终到普速旅客列车对数在 50 对以上时，到发线数目可按式(5-2-1)计算：

$$m=\frac{N}{n} \tag{5-2-1}$$

式中 m——旅客列车到发线数目，条；

N——计算期客运站办理始发、终到旅客列车总折算对数；

n——每条旅客列车到发线办理始发、终到旅客列车的对数，且

$$n=\frac{k_{到}(1\ 440-t_{空})}{t_{占}^{始、终}} \tag{5-2-2}$$

其中 $k_{到}$——旅客列车到发线最大利用系数，其值可取 0.5～0.65，通过列车比重较大时取小值，比重较小时取大值，

$t_{占}^{始、终}$——每对始发、终到列车平均占用到发线时间，其值可取 120 min，

$t_{空}$——客运站一昼夜内不办理旅客列车作业的空闲时间，其值可取 180～300 min。

根据以上公式及数据，可以推算出旅客列车在 50 对以上时所需要的旅客列车到发线数，见表 5-2-2。

表 5-2-2 普速铁路旅客列车到发线数目表(二)

始发、终到旅客列车换算对数/对	到发线数目/条	始发、终到旅客列车换算对数/对	到发线数目/条
51～68	9～11	76～87	13～15
69～75	11～13	88～100 及以上	15 以上

双线通过式客运站到发线应设计为双进路，以保证到发线使用的机动性和灵活性(图 5-1-12)。

双线引入的尽端式客运站，其到发线可按到达、始发别固定使用，即一部分线路主要是列车到达，另一部分线路主要是列车出发。这样，在咽喉区可避免列车到达与出发进路的交叉及列车到发与车底取送的交叉(图 5-1-13)。

高速铁路车站到发线数目应根据客流量和运输性质[列车越行、立即折返、始发、终到、有无动车段(所)等]确定。越行站上下行均需要办理越行作业，设 2 条到发线。中间站除办理越行作业外，还要办理客运业务，设 2～4 条到发线，有少量折返列车作业时，可以适当增加到发

线数目。始发站到发线数目应根据旅客列车对数及其性质、列车开行方案、引入线路数目和车站技术作业过程等因素确定，并应满足高峰时段列车密集到发的需要，其数目可按表 5-2-3 确定。

表 5-2-3　高速铁路始发站到发线数目

列车换算对数/对	到发线数目/条（正线除外）	列车换算对数/对	到发线数目/条（正线除外）
70 及以下	5	111～150	8～10
71～110	6～8	151～190	10～12

注：1. 表中到发线数目的范围可按列车换算对数取值。

2. 列车对数换算系数如下：始发、终到列车（出入段）为 1.0；始发、终到列车（立即折返）为 0.9；停车通过列车为 0.7。

3. 列车均需停站的站内正线，可全部按到发线计算；以始发、终到列车为主，仅有少量不停车列车通过的始发站的正线（邻靠站台时）可以适当考虑按到发线使用。

城际铁路中间站可根据作业量设 2～4 条到发线。始发站到发线数目应根据旅客列车对数、列车种类、列车开行方案、停站时间、引入线路数目等因素确定，并应满足高峰时段列车密集到发的需要，其数目可按表 5-2-4 确定。

表 5-2-4　城际铁路始发站到发线数目

列车换算对数/对	到发线数目/条（正线除外）
70 及以下	5
71～110	6～8

注：1. 表中到发线数目的范围可按列车换算对数取值。

2. 列车对数换算系数如下：始发、终到列车（出入段）为 1.0；始发、终到列车（立即折返）为 0.9；停车通过列车为 0.7。

3. 列车均需停站的站内正线，可全部按到发线计算；以始发、终到列车为主，仅有少量不停车列车通过的始发站的正线（邻靠站台时）可以适当考虑按到发线使用。

对于客运量相对较小，停站客车较少，或设站条件困难，设计中结合列车开行方案，部分车站可不设到发线。

为减少故障列车对列车运行的影响，保障作业安全，故障列车要就近安排离开正线进入停留线或检修基地。因此，故障列车需就近进入车站的到发线。如果车站未设置到发线，考虑故障列车的停留需要，每隔 3～5 个车站范围内有一个车站需要考虑设置故障车停留线。

有上水和卸污作业要求的车站，应在相关到发线旁设置客车给水栓和卸污设施。

三、货物列车到发线

客货共线铁路客运站一般不办理货物列车的技术作业，货物列车沿正线通过车站。当客运站有干、支线接轨或因区间距离长，根据区间通过能力的需要，货物列车在客运站上要办理列车会让、越行或其他技术作业时，则必须设置货物列车到发线。旅客列车到发线有效长度满足货物列车所需有效长度时，可与旅客列车到发线混用；旅客列车到发线有效长度不够且延长有困难，列车密度大、货物列车停留次数多时，应在客运站上单独设置货物列车到发线。其设置位置宜远离站房，以减少对客运作业的干扰。

货物列车到发线数目应根据运量及客运站引入的方向数确定，一般可设 1～2 条，当引入方向有两个以上时可酌情增加。

四、机车走行线和机待线

客运站应根据运输需要，配套设置或预留客运机务段、客车段所等运营设施，为减少客车车底、机车（动车组）进出站与正线行车干扰，出入段（所）的线路与正线应立体疏解。

单线通过式客运站的客、货列车对数不多，机车出入段和调车机车走行次数较少，一般不设机车走行线和机待线，可利用正线或空闲的旅客列车到发线走行或停留。

当客、货列车对数较多时，双线通过式客运站应设机车走行线和机待线。但运营初期客运量不大时可缓设。当客运机务段和客车整备所在两正线靠站房同侧一端时，应将机车走行线设在第一、二站台之间[图 5-1-12(a)]；当客运机务段和客车整备所设在两正线之间时，应将机车走行线设在上、下行旅客列车到发线之间[图 5-1-12(c)]，以减少机车出入段与列车到发的交叉。在客、货列车较多的单线通过式客运站上，一般应设机待线，供客运机车停留折返时使用。机待线一般宜设在机务段相对一端咽喉区的两正线之间，并应为尽头式，有渡线与各条到发线连通。

尽端式客运站办理的旅客列车对数较多，特别是有折角的通过旅客列车时，应在站内一处或两处的站台间设 3 条线路，其中中间 1 条为机车走行线，尽头处用渡线或三开道岔相连接，以便机车折返(图 5-1-13)。当运量不大，旅客列车同时占用相邻两到发线的概率较小时，也可不设机车走行线。

五、站场咽喉区布置

（一）平行进路设置

由于客运站作业存在昼夜明显的不均衡性，为保证旅客列车集中到发时客运站行车作业的安全和方便，满足车站通过能力的需要，咽喉区布置应保证下列必要的平行作业。

单线铁路客运站，在设有客车段所和客运机务段一端咽喉区应保证列车到达（或出发）与客车车底取送（或动车组、机车出入段）两项平行作业；在另一端设有机待线时，也应保证列车到达（或出发）与机车（动车组）出（入）段两项平行作业。

双线铁路客运站，咽喉区应保证列车到达、出发与机车出（入）段（或客车车底取送、动车组走行）三项平行作业或列车到达、出发与机车出（入）段、客车车底取送（动车组走行）等四项平行作业。

有较多立折列车作业的客运站，为便于立折列车折返，减少立折列车对车站通过能力的影响，应考虑设置顺接反发或反接顺发的平行进路。

（二）立折列车通路设置

折返作业的特征决定了必然产生一定的作业交叉，当折返作业量较大时交叉干扰严重，既不利于运营安全，同时对正线（主要是车站咽喉区）或到发线通过能力产生不利影响。对于这类车站的咽喉区设计，需要考虑设置立折列车通路来消除或减少交叉干扰。在车站存在多进路交叉情况下，可以设置平行进路，或者增设相应的疏解线以立交形式进行消解，达到提高咽喉区通过能力的目的。

1. 站前折返咽喉布置

站前折返是指折返列车在同一条到发线上完成所有作业，其作业流程为：列车进站停车→终到旅客下车→出发旅客上车→列车经进站端反向驶入另一正线返回。折返方式可选择顺接反发、反接顺发两种。可采用平面交叉不设折返线(包括正线中穿和正线外包两种方式)、设反发(反接)联络线立体疏解等方式。

(1)正线中穿平面交叉折返方式。如图 5-2-1 所示,采用正线两侧到发线非对称型顺接反发布置。3、4、5 道固定为折返用,列车原位折返,不设折返线。1、2、8、9 道固定为方向别停站通过列车用。A 端咽喉区满足 3~5 道站前立折与 1、2 道停站通过平行作业。

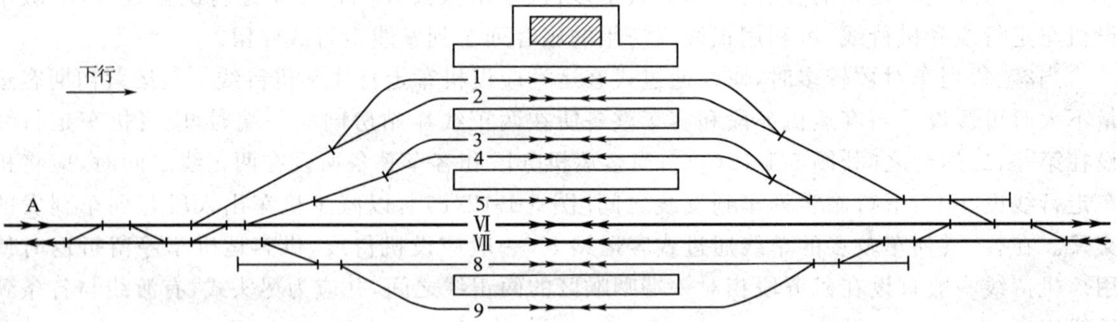

图 5-2-1　正线中穿平面交叉折返布置

由于立折列车发车切割正线,与不停站通过列车或同线束到发线接车平面交叉干扰,故该布置方式适用于无通过列车或通过列车较少、可通过铺画列车运行图在时间和空间上疏解的车站。

平面交叉折返方式一般都采用顺接反发布置,是由于平面反接要在站前切割两条正线,同时影响到下行正线到达间隔及上行正线的出发间隔,影响正线通过能力,对运营安全造成影响。

(2)正线外包平面交叉折返方式。为避免正线中穿平面交叉折返方式发车切割正线,可采用正线外包车场设计,折返到发线设于正线间,即"燕尾式"布置(图 5-2-2),将与正线交叉转为发—到交叉。停站通过列车利用外侧 1、8 道作业,折返列车主要利用正线间 3、4、5、6 道"顺接反发折返",不设折返线。如图 5-2-2 所示,正线间到发线均可往 A、B 方向原位折返,使用灵活。但仍可能存在到发线间发—到交叉,且正线间夹大量三角地,站坪长度大,若两端为桥隧时工程更大,仅适用于特殊困难情况。

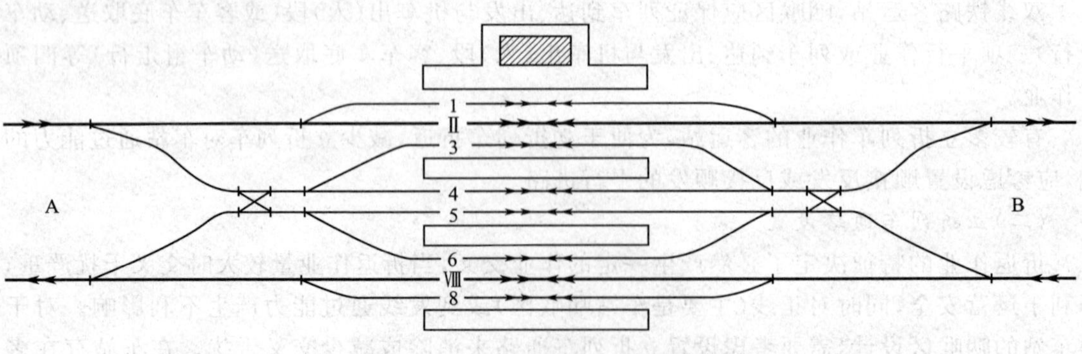

图 5-2-2　正线外包平面交叉折返布置

(3)立体疏解折返方式。为避免立折列车出发切割正线或与同侧到达列车交叉干扰,当工程条件许可时,可采用设反发(反接)联络线的布置形式。

图 5-2-3 为设反发联络线原位折返布置,其中 1、2、3 道固定为折返用并设顺接反发立交联络线,4、5、8、9 道固定为方向别停站通过列车用。1、2 道立折可与正线通过或 4、5 道停站通

过作业平行。

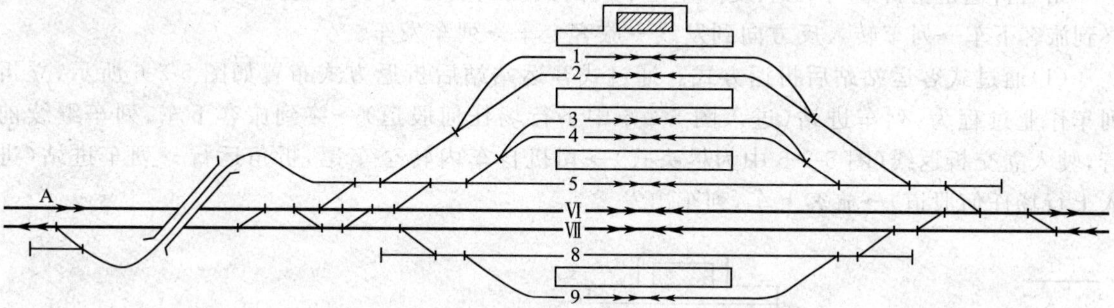

图 5-2-3　设反发联络线原位折返布置

图 5-2-4 为设反接联络线原位折返布置，其中 5、6、7、8 道固定为折返用并设反接顺发立交联络线，1、4 道固定为方向别停站通过列车用。7、8 道立折可与正线通过或 4、5、6 道停站通过作业平行。

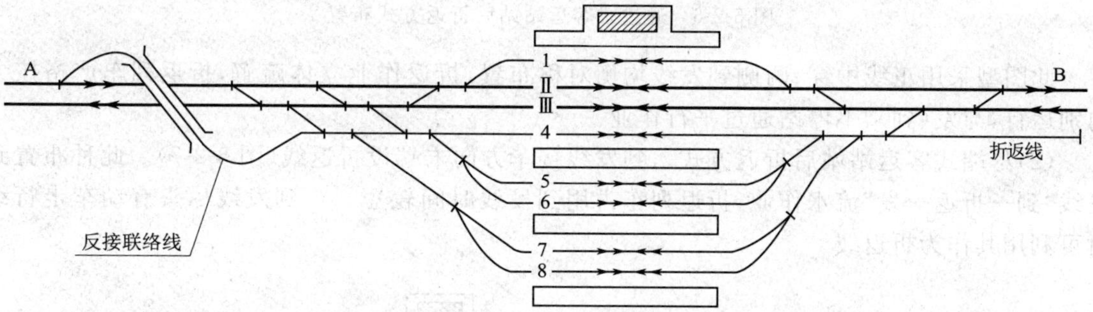

图 5-2-4　设反接联络线原位折返布置

当尽端式客运站采用站前折返时，一般设站前折返线或设反发(接)联络线(图 5-2-5)。

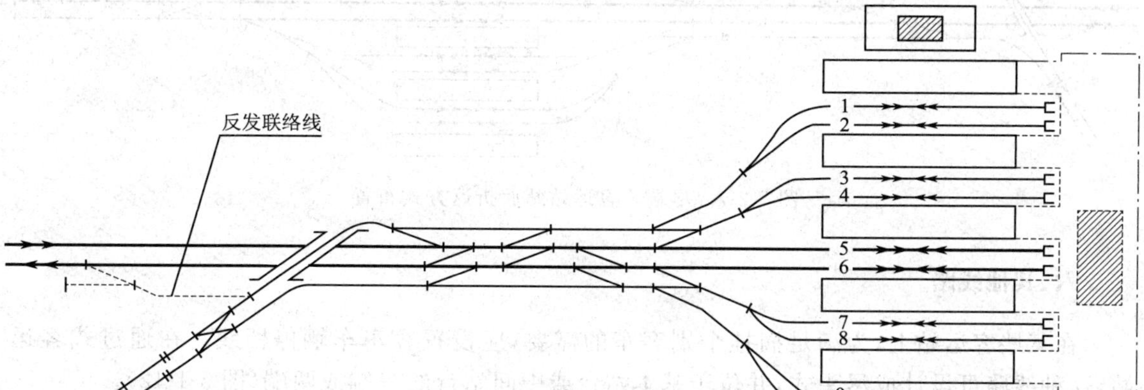

图 5-2-5　尽端式客运站原位折返布置

尽端式客运站设站前折返线时，立折列车需要转运上下行两条到发线，作业效率低，工程实际中只有当一侧到发线规模过于饱满时才采用站前折返线形式。

2.站后折返咽喉布置

站后折返是指折返列车到、发作业在不同的到发线上完成,其作业流程为:列车进站停车→终到旅客下车→列车转入反方向到发线→旅客上车→列车发车。

(1)通过式客运站站后折返方式。通过式客运站站后折返方式布置如图 5-2-6 所示,立折列车作业过程为:列车进站(进入图 5-2-6 中下行场任何股道)→终到旅客下车,列车继续前行,驶入立交折返线(图 5-2-6 中为尽头式)→司机自车内转至车尾,折角运行→列车进站(进入上行场任何股道)→旅客上车,列车出发。

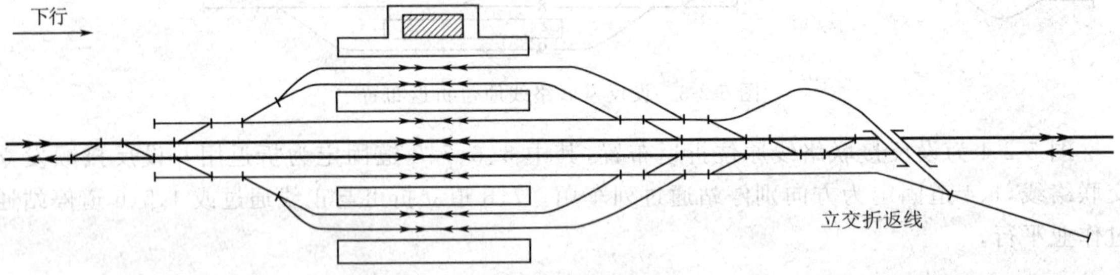

图 5-2-6　通过式客运站站后折返方式布置

此图型采用正线中穿、两侧到发线均衡对称布置,折返作业立体疏解,折返列车严格按方向别运行,与发(到)、不停站通过平行作业。

(2)尽端式客运站站后折返方式。到发线接车方向末端设折返线(图 5-2-7)。此种布置到发线"到—折返—发"流水作业,折返列车占用到发线时间较短。当到发线尽头有动车走行线时可利用其作为折返线。

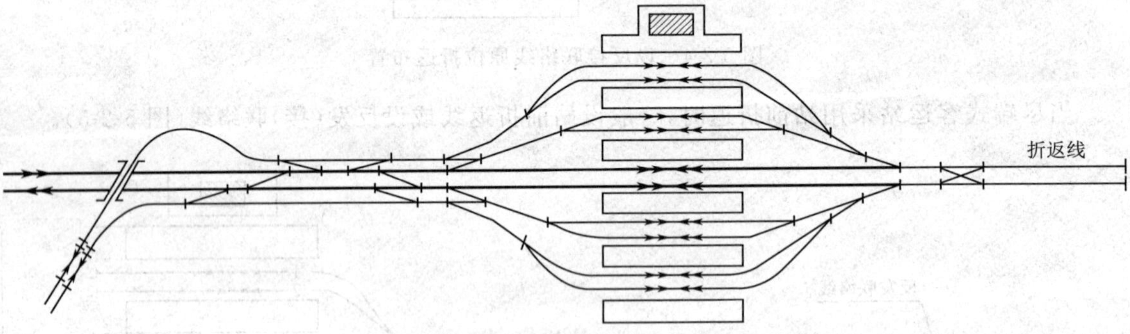

图 5-2-7　尽端式客运站站后折返方式布置

六、其他线路

在某些客运站上,为满足摘挂个别客车的需要,应设置客车车辆停留线。在通过式客运站,这种线路可设计成尽头式,并位于基本站台或中间站台的一端或两端(图 5-1-12)。

在办理整车行包(包括季节性快运货物和团体行包)业务的客运站上,根据需要可设置行包装卸线和站台。其位置应考虑行包装卸、堆放,以及行李车取送方便,一般可设在基本站台靠行包房一端的适当地点。

第二节 旅客站房

一、布置要求

旅客站房是旅客办理购票、托取行包，以及候车的场所，是车站广场与站场相连接的中枢。在设计和布置旅客站房的各项设备时，必须满足下列要求：

(1)旅客站房的位置应与城市规划和城市交通有机配合。与城市轨道交通站点合建站房时，应整体规划，统一设计。通过式客运站站房应设在车站线路靠城市中心一侧或两侧(跨线式站房时)；尽端式客运站站房宜设在旅客列车到发线尽头，条件允许且有适当根据时也可设在线路一侧。大型或特大型通过式客运站站房除在靠城市中心一侧设主站房以外，还可在另一侧设副站房，二者间用高架候车室连通。

(2)站房总布置图型应与车站广场、跨线设施布置密切配合，避免旅客走行路径中多余的高差变化，尽量缩短旅客进站和出站的时间。

(3)站房应设置站房平台。站房平台是站房室外向城市方向延伸一定宽度，连接站房各个部位及进出口的平台。站房平台长度不应小于站房主体建筑的总长度。与车站广场衔接的平台宽度，特大型站不宜小于 35 m，大型站不宜小于 25 m，中小型站不宜小于 10 m。采用立体交通布局方式时，其站房平台应分层设置，每层平台的宽度不宜小于 10 m。

(4)站房内应按功能区分为公共区、设备区和办公区，各区应划分合理，功能明确，便于管理。公共区应采用开敞空间布局，旅客服务设施齐备，旅客流线顺畅、有序。

(5)站房各房室、通道及售票窗口必须有足够的面积和数量，以满足客运量最繁忙时的需求，并为扩建、改建留有余地。

(6)大型和特大型客运站房可设计为集旅客服务、商业、餐饮、娱乐等为一体的多功能综合大楼，不仅可以方便旅客，疏解候车室拥挤人群，给车站增加经济效益，而且还可以减少城市拆迁，节约用地。

(7)旅客站房是城市的重要公共建筑，是城市的“大门”，因此在建筑艺术上应力求与城市的环境、传统、文化相结合，体现出城市的建筑风貌和民族特色，使站房既经济实用，又雄伟壮观。

二、客运站流线及其疏解

在客运站内，旅客、行包、车辆等的流动行驶路线通常称为“流线”。流线是客运站，特别是站场、站房和车站广场总体布置的主要依据。流线设计的好坏，不但影响客运设施的作业能力和效率，同时也关系到旅客服务质量的优劣，以及客运人员工作是否方便等问题。因此，合理的流线组织是客运站设计中的重要课题。

流线按其性质的不同分为旅客流线、行包(快运)流线和车辆流线；按其流动方向的不同又分为进站、出站和换乘流线。

1. 流线设计要求

(1)尽量避免各种流线互相交叉干扰。大型、特大型客运站的旅客进站流线、出站流线和换乘流线应分开设置；旅客流线与车辆、行包和邮件流线宜相对独立；长途旅客与市郊旅客进出站流线分开；发送行包与到达行包流线分开；车站职工出入口与旅客出入口分开；公共汽车与出租车、社会车辆流线分开设置。

(2)最大限度地缩短旅客在站内的步行距离,避免流线迂回,进站、出站和换乘流线应便捷。

(3)尽量避免出站人流拥挤,在大型、特大型客运站要布置多个出口,以最快速度疏散旅客。

(4)无障碍流线应连续、完整,并与市政交通无障碍设施衔接。无障碍设施应满足行动障碍旅客购票、候车、进站、出站、行包托取的需求。

2.进站旅客流线

进站客流在检票前比较分散,不同性质的旅客在不同时间内办理各种旅行手续,并在相应地点候车。进站旅客流线按旅客性质不同可分为以下几种:

(1)普通旅客流线。普通旅客流线是进站客流中的主要流线。多数旅客的进站流程是到站→问讯→购票→安检→候车→检票→上车。

(2)中转旅客流线。根据换乘时间的长短,有的中转旅客办理签票后即入候车室,随普通旅客一起检票进站;也有的中转旅客不出站而在站台上换乘列车。

(3)市域(郊)旅客流线。市域(郊)客流密集到达,候车时间短,多数随普通旅客一起检票进站。

(4)特殊旅客流线。特殊旅客包括老幼病残孕旅客,中型以上客运站应设置无障碍候车区,并应邻近进站检票口及无障碍电梯。

(5)贵宾流线。其流线要求与普通旅客分开,需设置单独出入口和直通车站广场的车行道。

3.出站旅客流线

出站旅客的特点是人流集中,密度大,走行速度快,使用站房时间短。一般情况下,普通、市域(郊)、中转换乘旅客均聚集在一起经出站口出站。当市域(郊)旅客较多时,可单独设置出站口。

4.行包(快运)流线

(1)发送行包(快运)流线。发送行包的作业流程是托运→过磅→保管→搬运→装车。发送行包(快运)流线应与到达行包(快运)流线分开。大型客运站行包托运处设在售票处附近,并应在站台两端设置专用的行包地道,以便行包搬运。

(2)到达行包(快运)流线。到达行包的作业流程是卸车→搬运→保管→提取。大型客运站行包提取处设在出站口附近,并设置专用的行包地道与各中间站台相联结。

5.车辆流线

车辆流线是指车站广场的公交车、出租车、社会车辆、自行车等车辆的流线。在车站广场应与城市交通相配合,合理组织各种车辆进出广场的线路,规划各种车辆的停靠位置和场所,使旅客乘车安全方便,迅速疏散。

6.进站和出站旅客流线疏解方式

根据客运站总平面布局和空间组合不同,疏解进站和出站旅客流线的方式有以下几种:

(1)主要进、出站流线在同一平面上错开,如图 5-2-8(a)所示。为了更好地配合车站广场的车辆流线组织,需将进、出站流线在同一平面上的左、右侧分开。通常把进站流线安排在站房右侧,出站流线安排在站房左侧。这种方式一般适合于线端式客运站房及中、小型线侧式单层的客运站房。

(2)主要进、出站流线在空间上错开,如图 5-2-8(b)所示。利用站房不同平面来组织进、出站流线。一般将进站流线安排在上层,出站流线安排在下层,并建筑有较大坡度从地面通向上层的通道。这种方式一般适合于线侧式大型双层客运站房。

(3)主要进、出站流线在平面和空间同时错开,如图 5-2-8(c)所示。进站流线由下层入站经自动扶梯进上层候车，检票上车。出站流线经站房左侧跨线地道由下层出站。这种方式一般适合于线侧式大型双层客运站房。

(4)主要进、出站流线在主、副站房的平面和空间同时错开，如图 5-2-8(d)所示。这种客运站可使旅客同时由主、副站房进出站，适合于设有主、副站房并用高架候车室相连接的特大型线侧式站房。

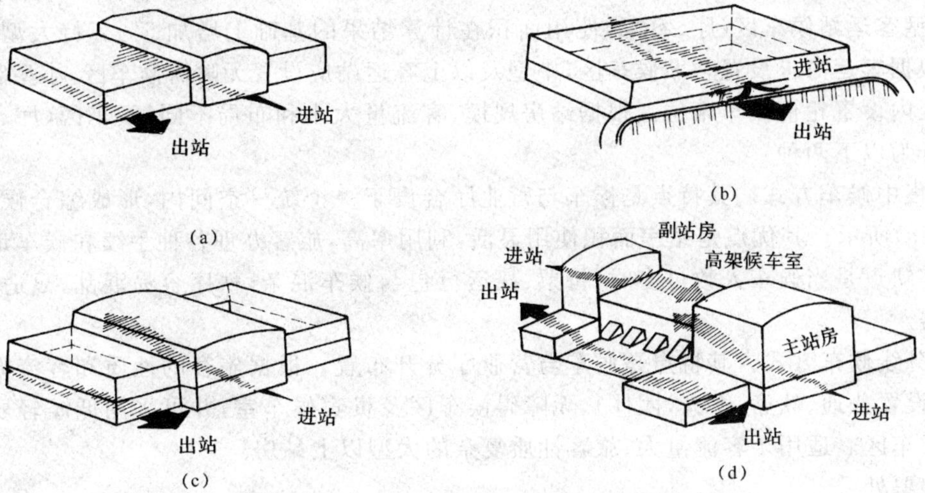

图 5-2-8 进、出站旅客流线疏解示意

旅客流线设计还要适应铁路运营管理模式的变化和调整，如一些城际铁路采取“先检后候”作业模式，一些小型客运站采取进出站合流设计以提高使用效率。

三、旅客站房的合理布置

旅客站房的布置应根据站房的等级、类型、服务旅客的性质、车站工作量等因素来确定。一般应按功能分为公共区、办公区和设备区。公共区为向旅客开放使用的区域，包括进站、出站集散厅，候车区(厅、室)，售票厅，行包托运厅、提取厅，旅客服务设施(问讯、查询、邮电、商业、厕所)，进站通廊等。公共区内可以划分付费区和非付费区。办公区由行政管理、客运作业及附属用房组成。设备区主要包括给水排水、供暖通风和空气调节、电力、通信、信号、信息设备及其用房。

站房建筑面积根据最高聚集人数确定，中小型客运站为 5～8 m^2/人，特大型、大型客运站为 8～15 m^2/人。设有与其他交通设施间的换乘区域、城市通廊的站房，换乘区域、城市通廊的建筑面积可根据实际情况确定。城市轨道交通车站、公交车站、社会车辆及出租车停车场等交通配套设施和站外综合商业设施面积不计入站房建筑面积。

1. 集散厅

集散厅是用于旅客站房内疏导旅客的大厅，是旅客的主要集散区域。进站口处有进站集散厅，它连接各候车区(厅、室)，具有分配旅客进站候车的功能；出站口处有出站集散厅，它连接地下通道、地铁等，具有疏散旅客出站的功能。小型客运站的进站集散厅与候车区(厅、室)合并设置，使用面积不小于 250 m^2，出站集散厅使用面积不小于 150 m^2；进出站集散厅合设时，使用面积不小于 350 m^2。中型及以上客运站进站、出站集散厅按高峰小时发送量确定使用面积，进站集散厅人均使用面积应不小于 0.25 m^2/人，出站集散厅人均使用面积应不小于 0.2 m^2/人。

进站集散厅应设置问询、小件寄存等服务设施，中型及以上客运站宜设自助存包柜。出站集散厅内应设置旅客卫生间和检补票室。

在进站集散厅应设置安检区，安检区的使用面积根据安检设备数量、布置方式及安检作业要求综合确定。

2. 候车区(厅、室)

候车区(厅、室)总使用面积应根据最高聚集人数按人均使用面积不小于 1.2 m^2确定。特大型、大型客运站候车区(厅、室)的使用面积在计算结果的基础上增加 5%。特大型、大型客运站宜根据客运需求设置软席候车区，中型及以上客运站应设置无障碍候车区，小型客运站应在候车区内设置轮椅候车席位。根据站房规模、客流量大小和布局不同，候车区(厅、室)的布置方式分为以下两种：

(1)集中候车方式。其特点是候车与营业厅合设于一个统一空间内，形成综合候车室，如图 5-2-9(a)所示。其优点是站房面积使用灵活，利用率高，旅客办理各种手续和候车地点一目了然。其缺点是当候车人数过多时，售票、托运行包与候车混杂，秩序容易混乱，只适用于中、小型站房。

(2)分线候车方式。其特点是候车与营业厅分开布置。根据旅客的性质和客流方向等特点，分别设置普通、软席、军人(团体)、无障碍候车区及贵宾候车室，并可采用低矮轻质隔断划分各类候车区。适用于客流量大、旅客性质复杂的大型以上站房。

3. 售票处

售票处通常要求布置在进站旅客流线中靠前且旅客易于找到的明显地方。

(1)设在综合候车室内，如图 5-2-9(a)所示。其特点是售票处明显易找，在空间使用上具有较大的灵活机动性，旅客流线行程短，但购票旅客对候车旅客影响较大。此种布置适用于中、小型客运站房。

(2)设在营业厅内，如图 5-2-9(b)所示。其特点是旅客购票与候车不干扰。此种布置适用于中型站房。

(3)在站房外单独设置，如图 5-2-9(c)所示。售票处与候车室用通廊相连接，可避免候车与购票的干扰，但旅客走行流程较长。当车站为多层站房时，售票处宜分层设置。大型、特大型客运站，可在进站通道附近单独设置售票处。

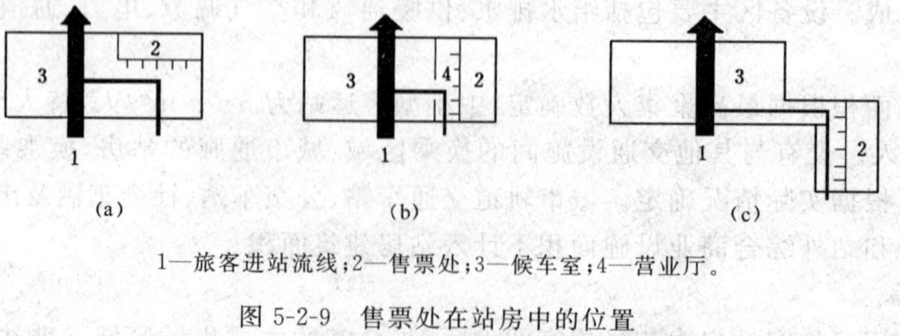

1—旅客进站流线；2—售票处；3—候车室；4—营业厅。

图 5-2-9 售票处在站房中的位置

在市郊旅客较多的客运站，可在检票口附近设置独立的售票处。

旅客站房售票窗口的数量应根据窗口售票设备数量确定，且每个售票厅宜预留 1～2 个售票窗口。相邻售票窗口的中心间距宜为 1.6 m，售票厅进深，特大型客运站不宜小于 16 m，大型客运站不宜小于 11 m，中小型客运站不宜小于 9 m。

客运站可根据需要设置自动售(取)票机，必要时可设置独立的自动售(取)票厅。

4.行包房

客货共线铁路客运站行包房(baggage office)的位置应与旅客托、取行包的顺序及行包流线紧密结合，尽量减少与其他流线的交叉。行包房的位置还应与候车区(厅、室)、站台和车站广场取得有机联系，与跨线设施及行包运输方式密切配合。

(1)设一个行包房兼办托运和提取业务。根据其不同设置位置又有以下两种形式：

①设在旅客进、出站流线之间，如图 5-2-10(a)所示。其特点是旅客上车前托运行包和出站后提取行包的流程较短。但旅客出站流线、行包托取流线和行包专用车辆流线集中，容易堵塞，不利安全，同时也不利于设置室外行包堆放场，故只适用于中、小型站房。

②设置在站房的右侧或左侧，如图 5-2-10(b)、(c)所示。其特点是旅客流线、行包流线和车辆流线间干扰较少，便于设置室外行包堆放场。图 5-2-10(b)对来站托运行包的旅客比较方便；图5-2-10(c)对离站提取行包的旅客比较方便。但图 5-2-10(b)旅客出站后立即提取行包与进站旅客流线交叉；图 5-2-10(c)旅客来站托运行包与出站旅客流线交叉。由于出站后立即提取行包的旅客较少，故大、中型客运站设置一个行包房时，宜采用图 5-2-10(b)的布置。

(2)设两个行包房分别办理托运和提取业务，如图 5-2-10(d)所示。发送行包房布置在站房右侧，到达行包房布置在站房左侧。这种布置既方便了进、出站旅客托、取行包，又避免了旅客流线与行包流线的互相干扰。但这种布置对行包仓库利用不灵活，需增加管理人员，行包搬运不便。这种布置适用于大型或特大型站房。

大型及以上旅客站房和线下式站房的行包房宜设在地下或多层行包库内，各层间采用垂直升降机和皮带搬运设施搬运行包。中转行包量较大时，宜单独设置中转行包房。特大型、大型站房的行包库房宜与跨越股道的行包地道相连。特大型站的行包提取厅可设置行包传送带。

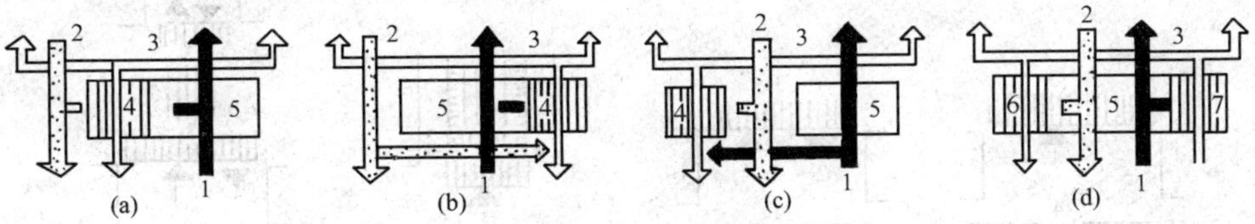

1—进站旅客流线；2—出站旅客流线；3—行包流线；4—托取行包房；5—站房；6—到达行包房；7—发送行包房。

图 5-2-10　行包房在站房中位置

行包用房的主要组成应符合表 5-2-5 的规定，行包托取厅使用面积及托取窗口数不应小于表 5-2-6 的规定。

表 5-2-5　行包用房的主要组成

房间名称	设计行包库存件数 N/件			
	$N \geqslant 2\,000$	$1\,000 \leqslant N < 2\,000$	$400 \leqslant N < 1\,000$	$N < 400$
行包库	应设	应设	应设	应设
行包托运厅、提取厅	应设	应设	应设	应设
办公室	应设	应设	应设	宜设
票据室	应设	应设	宜设	不设
总检室	应设	不设	不设	不设
装卸工休息室	应设	应设	宜设	不设
牵引车库	应设	应设	宜设	宜设
拖车存放处	应设	宜设	宜设	不设

表 5-2-6　行包托取厅使用面积及托取窗口数

名　称	设计行包库存件数 N/件					
	$N<600$	$600\leqslant N<1\ 000$	$1\ 000\leqslant N<2\ 000$	$2\ 000\leqslant N<4\ 000$	$4\ 000\leqslant N<10\ 000$	$N\geqslant 10\ 000$
托取窗口/个	1	1	2	4	7	10
托取厅/m^2	15	25	30	60	150	300

5. 站房的出口和入口

站房的主要出、入口是站房与车站广场的接合部，是进、出站旅客流线的起讫点，其位置应根据车站广场道路分布和交通组织来确定。站房入口要面临广场，并靠近公交车到站的停车场，使旅客一进广场就能明显地看到。出站口也要面临广场，并靠近公交车离站的停车场。进站口与出站口间要保持一定的距离，以避免进、出站客流相互干扰。

站房出、入口布置形式有以下几种：

(1)中、小型客运站入口设在站房中部或偏右部，出口设在站房左侧或偏左部，以便利交通车辆右侧行驶，如图 5-2-11(a)、(b)所示。

(2)到发线按线路别使用的尽端式客运站，可结合城市交通组织和车站广场设计，在站房的正面或侧面分设两个出口，如图 5-2-11(c)所示。

(3)特大型客运站可结合主、副站房和主、副广场的设计，在站房中部和左侧设置两个进站口和两个出口，如图 5-2-11(d)所示。

在站房下层或广场设有地铁时，可分别设置与地铁相连通的出入口。

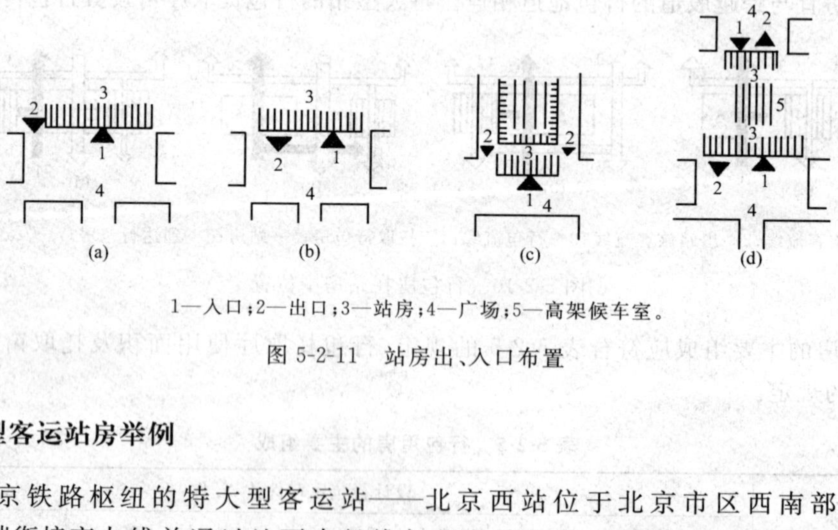

1—入口；2—出口；3—站房；4—广场；5—高架候车室。

图 5-2-11　站房出、入口布置

四、大型客运站房举例

位于北京铁路枢纽的特大型客运站——北京西站位于北京市区西南部，距市中心 6.7 km，东端衔接京九线并通过地下直径线与北京站相连，西端与京广线相接，主要承担京广、京九线的旅客列车接发，现介绍如下。

1. 站房

北京西站采用主、副站房配合相应的车站广场和高架候车室的布置形式(图 5-2-12)，总建筑面积约 50 万 m^2。

北站房为主站房，采取综合楼形式，分主楼、东西副楼和东西配楼，东西向全长 736 m。主楼主体采用门形结构，上耸立有四角三重檐尖塔，高 102 m。设有售票厅、候车室、乘务员公寓及商业用房等。东西副楼设行包房、商业、旅馆及部分生活用房。东西配楼为市政用房。

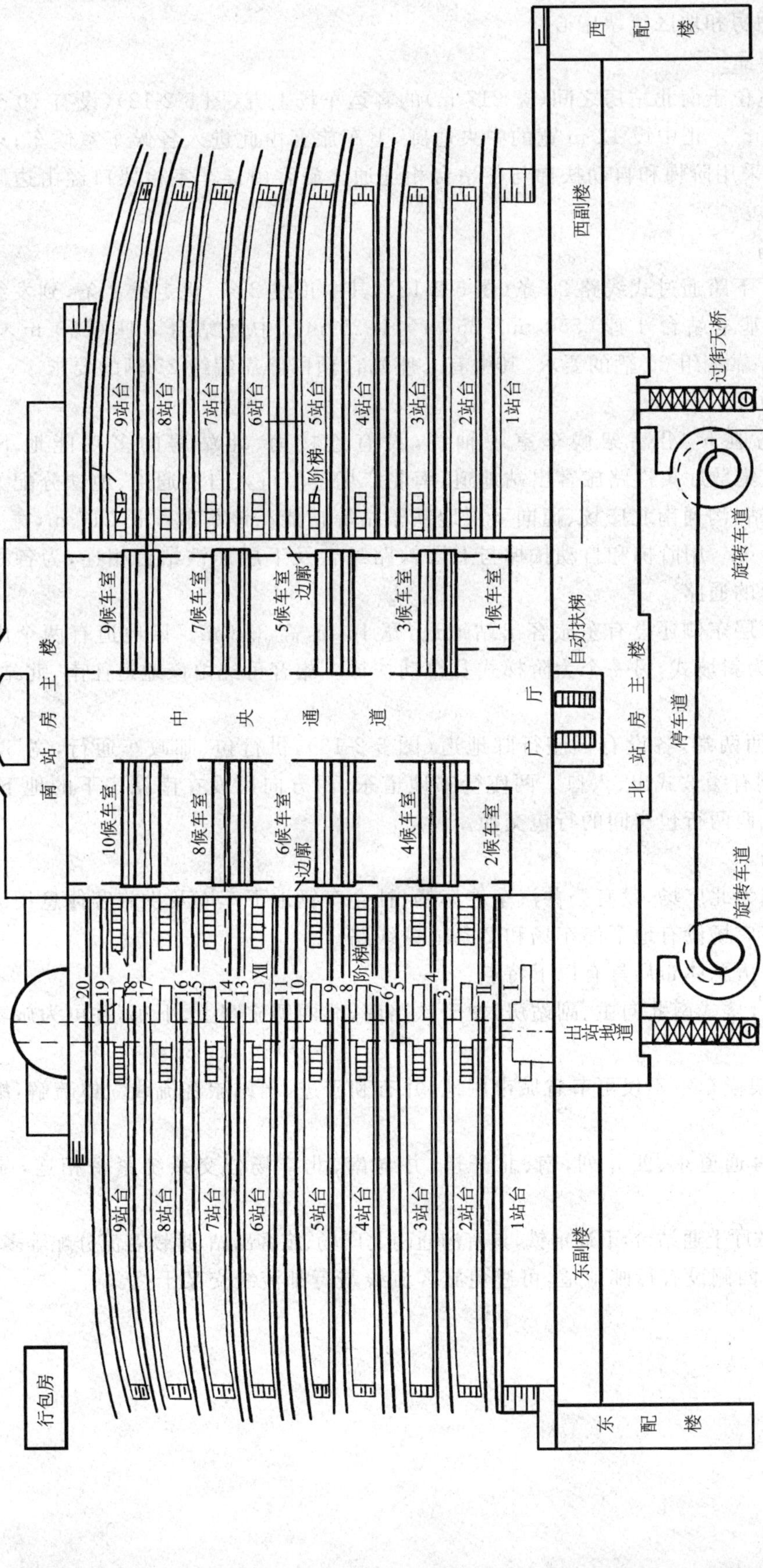

图 5-2-12　北京西站高架候车室及线路

南站房为副站房，包括主楼、行包房和信号楼，东西向全长 201 m，中央大厅高 39.05 m，主楼设有旅客用房和地区售票中心。

2.高架候车室

高架候车室位于南北站房之间（宽 217 m）的客运车场上方（图 5-2-12），设有 10 个高架候车室，计 2.4 万 m^2。正中设 12 m 宽的中央通廊，上车旅客由此进入各候车室候车；东西两侧设 4 m 宽边廊，采用阶梯和自动扶梯与各站台相连通。旅客由候车室检票口经由边廊到站台上车，走行距离短。

3.客运车场

高架候车厅下跨通过式线路 20 条（图 5-2-12），其中正线 2 条，机走线 2 条，到发线 16 条。站台 9 座，其中基本站台 1 座（550 m×25 m×1.25 m），中间站台 8 座（550 m×12 m×1.25 m），满足停靠编组 20 辆的要求，其中有 3 座站台预留停靠编组 25 辆的要求。

4.地下集散厅

在客运车场地下，沿高架候车室中轴线，设有连接南、北站房的多功能地下集散厅（图 5-2-13）。该集散厅集铁路旅客出站地道、南北广场过境行人自由通道、地铁分配大厅于一体，具有旅客出站、沟通南北广场、通向下层地铁车站等功能。该集散厅长 217 m，宽 86.3 m，总面积约 1.9 万 m^2，用阶梯和自动扶梯与上层铁路站台及下层地铁站台相连，为各种需要的旅客提供最便捷的通路。

在站房地下层东侧还设有东旅客出站地道，宽 10 m，高 3.8 m。该地道有两个出入口通向各站台，一个为斜坡式，另一个为阶梯式及自动扶梯。旅客可经由该地道往南、北站房出站。

5.行邮地道

在车站东、西两端，各设有一座行邮地道（图 5-2-13），供行包、邮政车通行，宽 5.2 m，高 3.0 m，站台两侧有缓坡式出、入口。两座行邮地道东、西方向用设在南站房下的地下 U 形通道连接，以便东、西两行包房间的行包交换。

6.车站广场

北站房北侧为北广场，设有公共汽车停车场、社会车辆地下车库及供旅客休息用的下沉式广场。南站房南广场设有地下停车场和 2 条地铁线路。

北京西站站房总体布局具有以下特点：

(1)采用综合楼式南北向主、副站房，便于铁路南、北两侧旅客上、下车，并可为旅客服务提供方便条件。

(2)采用高架候车室不仅可节省城市用地，并有利于进、出站旅客流线立体疏解，缩短旅客上、下车行程。

(3)出站旅客通道东、西并列，南、北开口，并与南、北广场公交系统紧密相连，疏散客流快捷。

(4)地下集散厅上通站台，下通地铁，具有沟通南北广场、旅客出站、地铁客流分配等多种功能。

(5)站台东、西侧设有行邮地道，可避免旅客流线与行邮流线交叉干扰。

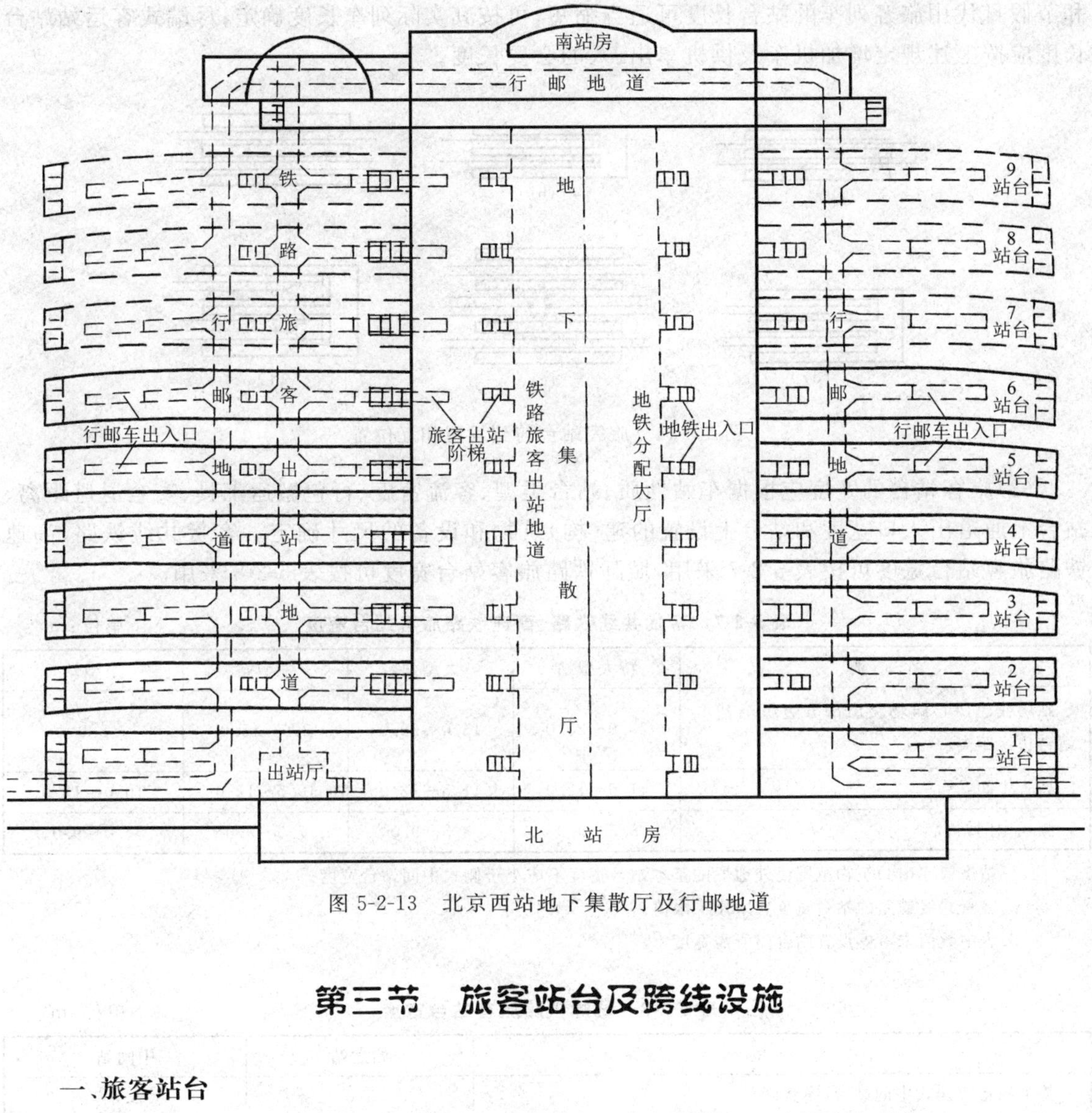

图 5-2-13 北京西站地下集散厅及行邮地道

第三节 旅客站台及跨线设施

一、旅客站台

为保证旅客上、下车的安全和便利，加快旅客的乘降速度，缩短行包、邮件的装卸时间，在办理旅客乘降的车站和乘降所，均应设置旅客站台(passenger platform)。

(1)旅客站台的数量及位置应与站房、旅客列车到发线的布置相适应，站台与线路的相互位置如图 5-2-14 所示。每两站台之间设一条到发线[图 5-2-14(a)、(b)]，能保证旅客由一个站台下车的同时另一个站台的旅客上车，加快旅客上、下车时间。但当旅客到发线较多时，站台增多，占地面积大，对列检作业及更换轨枕不方便，站台利用率也低。每两站台之间设两条到发线[图 5-2-14(c)、(d)]，可克服上述缺点，是一种最广泛的布置形式。每两站台之间也可布置三条到发线[图 5-2-14(e)、(f)]，在通过式客运站上，中间一条用作列车通过或机车走行，在尽端式客运站上，中间一条仅用作机车走行。

(2)旅客站台长度应根据旅客列车编挂辆数确定。高速铁路的旅客站台应按 450 m 设置；城际铁路采用 8 辆编组时的站台长度可按 220 m 设置。接发机车牵引旅客列车的站台长度按 550 m 设置；困难条件下，可根据客车编组情况适当缩短；仅服务于短途小编组旅客列车和节假日代用旅客列车的站台长度可适当缩短，可按其实际列车长度确定；尽端式客运站站台长度应按上述规定增加机车及供机车出、入的必要长度。

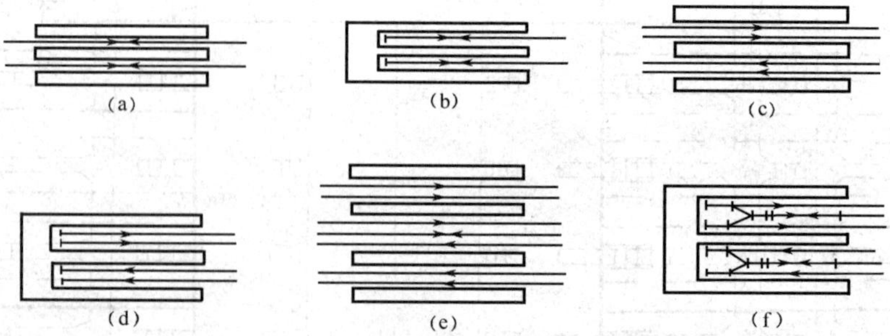

图 5-2-14　旅客站台与到发线相互位置

(3)旅客站台的宽度应根据车站性质、站台类型、客流密度、行包搬运工具、安全退避距离、站台上通道出入口宽度和站台上设置的建(构)筑物和设备的尺寸确定。客货共线铁路、高速铁路旅客站台宽度可按表 5-2-7 采用，城际铁路旅客站台宽度可按表 5-2-8 采用。

表 5-2-7　客货共线铁路、高速铁路旅客站台宽度　　单位：m

名　称	特大型站	大型站	中型站	小型站
站房或建(构)筑物突出部分边缘至基本站台边缘距离	20.0～25.0	15.0～20.0	8.0～15.0	8.0
岛式中间站台	11.5～12.0	11.5～12.0	10.5～12.0	10.0～12.0
侧式中间站台	8.5～9.0	8.5～9.0	7.5～9.0	7.0～9.0

注：1. 站房或建(构)筑物范围以外地段的基本站台宽度不应小于侧式中间站台宽度。
2. 客货共线铁路的站台宽度宜采用下限值。
3. 表中数值未考虑设置站台门所需宽度。

表 5-2-8　城际铁路旅客站台宽度　　单位：m

名　称	始发站	中间站
基本站台或侧式中间站台(净宽度)	5.0	5.0
岛式中间站台	11.5	8.5～10.5

注：1. 位于旅客进出站通道出入口处的基本站台宽度或侧式中间站台宽度应结合出入口宽度确定。
2. 地下车站或站台上出入口为 3 个及以上时，岛式中间站台宽度可结合出入口的设置计算确定。
3. 表中数值未考虑设置站台门和建(构)筑物所需宽度。

旅客站台出入口或建(构)筑物边缘至靠线路侧站台边缘的距离不应小于 3 m，困难条件下，中小型客运站不应小于 2.5 m；改建既有站，其中一侧距离不应小于 2 m。旅客站台宜设在直线上，位于曲线地段时，站台端部最小宽度不宜小于 5.0 m。

(4)按站台面高出相邻线路轨顶面的高度，旅客站台可分为以下三种：

①低站台。低站台的高度为 0.3 m，站台面在客车车厢阶梯最低踏步以下，旅客上、下车、行包装卸不方便，受线路养护时抬道的影响大。其优点是造价低，通行超限货物列车不受限制，便于进行列检作业。

②一般站台。一般站台的高度为 0.5 m，站台面与客车车厢阶梯最低踏步基本相平。这

种站台克服了低站台的一些缺点，无超限货物列车通过的站台一般都可采用。仅运行普速客车的既有站可保留采用。

③高站台。高站台的高度为 1.25 m，站台面与客车车厢底面基本等高，便于旅客上、下车，但不便于列检作业，造价贵，且靠站台的线路不能通行超限货物列车，旅客列车不能高速行驶。非邻靠正线或不通行超限货物列车到发线的旅客站台宜采用。

客运专线客运站一般均采用高站台，高站台两端应设置台阶或坡道及防护栅栏，设宽度不小于 1.0 m 的栅栏门，并标有禁行标志。

旅客站台不宜邻靠正线，不应邻靠有货物列车通过的正线，改建困难时，可保留邻靠正线的低站台。如果站台邻靠正线设置，列车通过速度大于 80 km/h 时，应在距离站台边缘 1.5 m 处设置站台安全标线，必要时在距离站台边缘 1.2 m 处设置安全防护措施；列车通过速度不大于 80 km/h 时，应在距离站台边缘 1.0 m 处设置站台安全标线。站台位于到发线一侧时，应在距离站台边缘 1.0m 处设置站台安全标线。站台上设置站台门时，可不设站台安全标线。

站台面横坡不应大于 1%。

二、跨线设施

跨线设施(track-crossing facilities)是站房与中间站台间或站台与站台间的来往通道。按与站内线路交叉方式的不同，跨线设施分为平过道、天桥和地道。按其用途之不同，跨线设施分为供旅客使用的进出站通道和供搬运行包、邮件、餐饮物料等使用的作业通道。

1. 平过道

在客运量较小的通过式客运站上，供旅客使用的平过道(foot pass between platform)布置在站台的中部接近进、出站检票口处。供搬运行包使用的平过道设在站台的两端。平过道的宽度不应小于 2.5 m。

2. 旅客进出站天桥和地道

(1)在旅客上、下车人数较多且旅客出、入站的通路经常被通过列车、停站列车或调车作业阻断的通过式客运站上，以及站房设于线路一侧、旅客列车较多的尽端式客运站上，应设置天桥或地道。

(2)天桥的优点是造价低，受水文、地质条件影响小，维修、扩建方便，排水、通风、采光条件好，但其升降高度较大，斜道占用站台面积较多，遮挡工作人员视线，故应优先采用地道。天桥和地道的出、入口应与站台、站房、进出站检票口及车站广场的位置相配合，以减少旅客在站内的交叉干扰。其位置应保证旅客通行的安全与便利。

(3)天桥、地道的数量应根据同时上、下车的客流量和旅客进出站流线等因素确定。小型客运站一般设置 1 处天桥或地道；大、中型客运站设 2 处地道(下进下出)或 1 处进站天桥、1 处出站地道(上进下出)；特大型客运站一般设置 3 处地道(下进下出)或 1 处进站天桥、2 处出站地道(上进下出)；设有高架跨线候车室时，进站天桥应与高架候车室合设。

(4)天桥、地道的宽度应根据客流密度确定，主要取决于一次下车或同时进站上车的旅客最大人数，且净宽和净高应符合表 5-2-9 的规定。

(5)天桥和地道的出、入口阶梯或斜道宽度一般与天桥和地道的宽度相同。通向各站台的天桥、地道宜设双向出、入口。出、入口宽度应符合表 5-2-10 的规定。出入口设有自动扶梯或升降电梯时，其宽度根据升降设备的数量和要求确定。

表 5-2-9　旅客进、出站通道最小净宽和最小净高　　单位：m

客运站规模	特大型	大型（城际铁路始发站）	中、小型（城际铁路中间站）
最小净宽	12.0	8.0～12.0	6.0～8.0
地道最小净高	3.0		2.5
封闭天桥最小净高	3.5		3.0

表 5-2-10　旅客站台出入口宽度　　单位：m

客运站规模		特大型、大型	中型	小型
客货共线铁路、高速铁路	基本站台和岛式中间站台	5.0～5.5	4.0～5.0	3.5～4.0
	侧式中间站台	5.0	4.0	3.5～4.0
城际铁路	站台	—	4.5～5.0	3.0～4.0

3. 作业地道

客运站应根据行包、邮件、餐饮物料配送、垃圾转运，以及保洁机具和维修设备作业需要，设置通往各站台的作业地道。特大型、大型客运站不应少于 1 处，有始发、终到客车作业的中型客运站可设置 1 处，小型客运站可与旅客出站地道合并设置。地道净宽不应小于 5.2 m，净高不应小于 3.0 m。作业地道通向各站台应设单向出、入口，且应设置在站台的端部，其净宽不应小于 4.5 m。受条件所限且出、入口处设有导向标识系统时，其宽度不应小于 3.5 m。

对于线侧式站房，当到达与发送行包集中于一处时，可在站台一端设置专用的行包地道，另一端采用平过道；当到达与发送行包房分设两处时，应在站台两端各设 1 条行包地道。为了便于行包的中转作业，可设置纵向地道，将到达与发送行包房联系起来。为了便于邮件运送，可将行包地道与邮政大楼联系起来（图 5-2-15）。

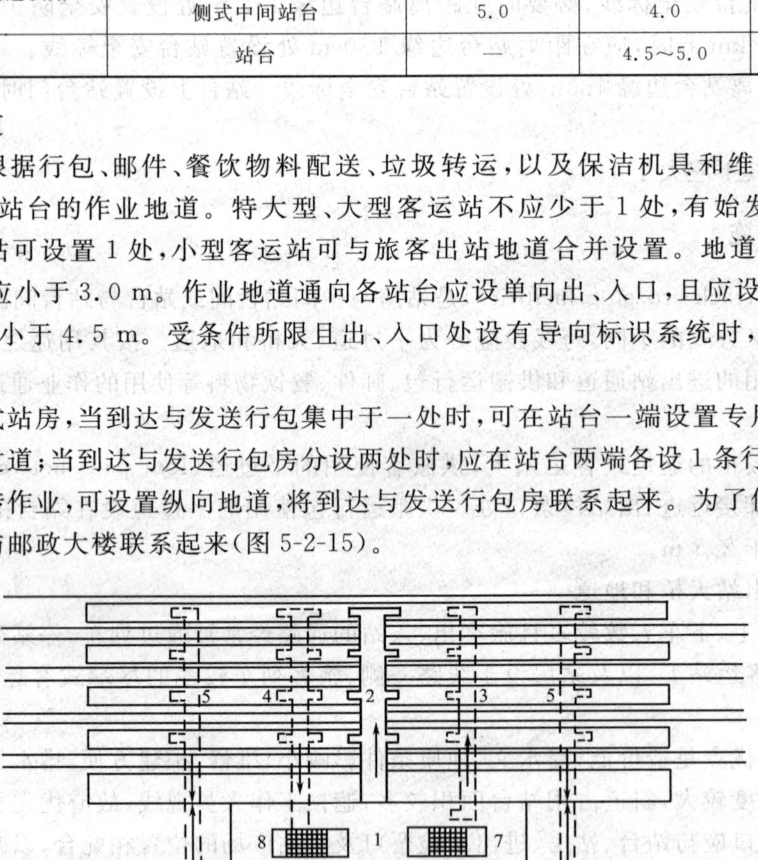

1—站房；2—进站高架通廊；3—市郊进站地道；4—出站地道；5—行包地道
6—纵向行包地道；7—发送行包房；8—到达行包房；9—通邮政大楼。

图 5-2-15　大型客运站跨线设施设置

对于线端式站房，因运送行包经由一端的分配站台，故一般不设行包地道。但应在咽喉区的站台端部设平过道。

随着客运服务标准的提高和高铁快运的发展，在大型高速铁路客运站内设置综合物流通道逐渐成为一项重要需求。对于货物上下站台的垂直运输，主要采用：①在站台一端设置大吨位垂直升降梯；②在站台一端设置可供电瓶车行驶的坡道。

第四节 车站广场

车站广场是铁路客运站与城市的接合部，是客流、车流和行包流的集散场地，同时也兼有景观、环境、综合开发等功能。个别情况下，车站广场还可作为迎宾集会场所。

一、车站广场功能

1.交通功能

交通功能是指组织旅客和各种车辆在广场上安全、迅速地集散，完成铁路与其他交通方式间的换乘。

2.环境功能

环境功能是指车站广场可以营造良好的城市环境空间，为旅客提供舒适、便捷的换乘环境。

3.城市节点功能

城市节点功能是指广场联系周边、吸引周边的功能，是车站广场发展成为功能复杂的城市节点后的主要功能。

二、车站广场的布置要求

车站广场的布置应根据客流的大小及性质、站房规模、城市干道布置、公交车辆流线和停车场分布等因素来考虑。

(1)结合城市发展规划、站房规模、地形等情况，合理确定广场的面积和布局，使广场内和周围各种设施与城市道路及站房出、入口有机地结合，保证旅客安全迅速疏散。季节性或节假日客流量大的车站广场应有设置临时候车设施的条件。

(2)合理地设计和组织广场内各种流线。人行流线与车行流线应分别设置，妥善地安排各种车辆的行驶路线和停车场地，尽量避免各种流线相互间的交叉干扰，并应有利于车站内的交通组织和外部道路衔接。行包托取处附近应设置专用停车场。车站广场道路临近站房平台等人员密集场所时，应设置防冲撞设施。

(3)尽量利用广场的立体空间，特大型和大型客运站宜采用多方向进站、出站的布局形式。客运站与公交站点的换乘距离不宜大于 300 m。

(4)广场上各类建筑物必须统一规划，在空间上既不感到压抑拥挤，也不至于空旷无边；在形式上要求突出站房主体建筑景观，周围建筑物要与站房协调一致。

(5)车站广场的绿化和景观设计应符合功能和环境要求。

随着车站广场与站房、站场的相互融合，广场逐步向换乘中心转变，其布局模式由平面向立体转化，广场与城市道路的衔接方式也逐渐由平面向立体衔接方式过渡。

三、车站广场举例

车站广场可按停车场集中或分散布置，也可以按不同车辆类型或到发方向进行划分。

图 5-2-16 为按车辆类型划分停车场的车站广场，无轨电车和公共汽车分别在广场两侧停靠，社会车辆和出租车设在广场中部。停车场划分明确，车辆相互交叉少。车辆不穿行广场，对广场干扰也少。广场上空没有接触电网，保持了站容整洁开阔。但由于站房纵向距离较长，

三个停车场间距较大，旅客来往于各停车场与站房进、出口之间的距离较远，出站旅客往站房右侧乘无轨电车与左侧乘公共汽车的进站旅客在广场上有交叉。

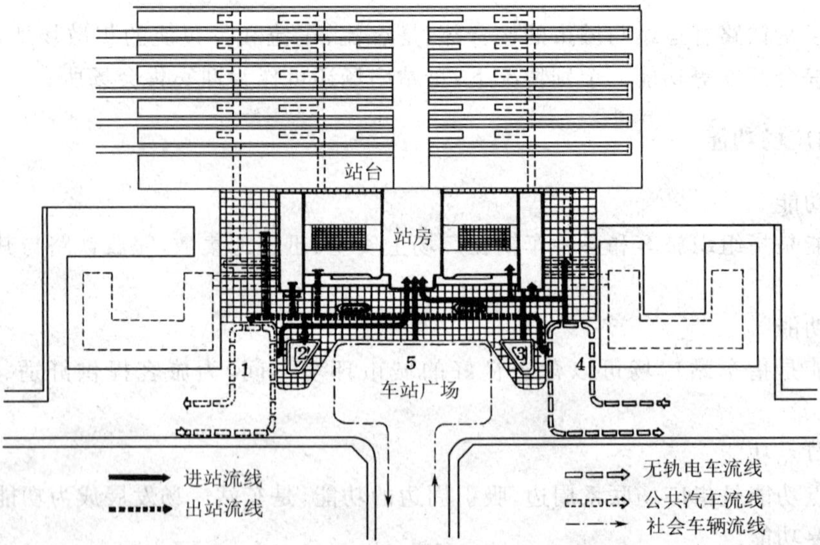

1—公共汽车站；2、3—地铁车站；4—无轨电车站；5—社会车辆和出租车停车场。

图 5-2-16　按车辆类型划分停车场的车站广场平面

图 5-2-17 为设有多个广场的车站平面布置。站房正面主广场为社会车辆停车场，主广场面对大河，视野开阔，两侧设有绿化带，地下一层为自行车存车场，地下二层为商业设施。东侧设有邮政枢纽，便于为旅客服务。站房西侧旅客出站口与行包房组成公交副广场，为公共电汽车停车场。站房北侧副站房前设子广场与城市干道相连。站场总体布置采用"高架候车，上进下出，南北开口，主、副、子广场分开布局"，流线顺畅，布局紧凑，旅客疏散快捷。

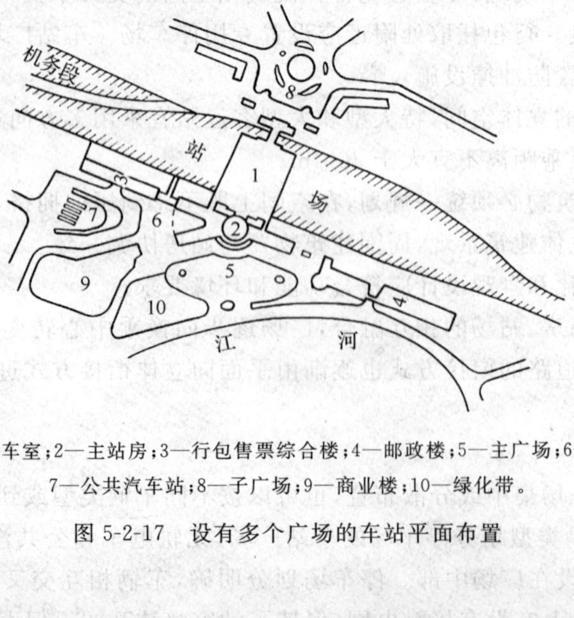

1—跨线候车室；2—主站房；3—行包售票综合楼；4—邮政楼；5—主广场；6—副广场；
7—公共汽车站；8—子广场；9—商业楼；10—绿化带。

图 5-2-17　设有多个广场的车站平面布置

第三章　客车段所

为保持客车技术状态，在配属有大量旅客列车车底和动车组的始发、终到客运站，或有大量长途旅客列车的折返站，以及有大量城际、市郊旅客列车的始发、终到站上应设置客车段所，以便办理客车车底或动车组存放、整备、检修作业。客车段所包括客车整备所、动车所、动车段等，客车整备所也称客车技术整备站(简称客技站)。

第一节　客车整备所的作业及其方式

一、客车整备所的作业

1. 技术整备

(1)旅客列车车辆乘务。

(2)客车车底或动力集中动车组取送(或到发)、改编、停留待发，公务车、备用车停留，以及个别客车转向。

(3)客车车底日常检修，包括例行检查、故障处理和制动试验等；动力集中动车组 D1 修程或相当修程检修。走行公里达到限度的外段客车车底折返检修，包括例行检查、故障处理和制动试验等。

(4)配属客车的辅修(A1 修程)、专项检修、客车整修、临客整备等；动力集中动车组的 D2 修程或相当修程检修。

(5)客车车底摘车临修和动力集中动车组临修。

(6)办理厂修、段修客车车辆和动力集中动车组的接送、车辆技术状态检查及备品的交接。

(7)发电车的柴油发电机组燃油、冷却水补充和润滑油更换。

2. 客运整备

(1)客车车底或动车组内、外部清洗、卸污。可结合列车运行距离、运行区段的气候条件及经过隧道的多少等因素决定车辆外皮酸洗次数，平时只用清水洗刷。

(2)客车上燃料、上水、上餐料和换卧具。在旅客列车对数不多或客运站不在特殊的城市时，此项作业也可在客运站站台上进行。

二、客车整备所的作业方式

1. 定位作业

客车车底送到后，除改编作业外，技术整备、客运整备及等待送往客运站等项作业都在一条整备线上进行，并尽可能平行作业。与移位方式比较，它的主要优点是调车作业少；易于组织平行作业；作业集中，管理方便，工具、人员可集中使用；车场少，占地面积少，节约投资。其缺点是各项作业都在一条整备线上进行，互相干扰；车底取送与调车作业也有干扰；除备用车停留线外，各条线都要设置相应的有关设备(如管道、排水、硬化地面、检查沟等)，当需设置整备库时,有关设备增加更多;部分整备线的间距要考虑同时通行两三辆汽车或电瓶车的需要,间距要求加宽。

2.移位作业

客车车底送到后,按照作业顺序,分别在到发场进行客运整备,在整备场(库)进行技术整备。其优缺点与定位作业相反。

客车整备所的作业方式应根据整备所的布置图型、整备车底的数量、车底整备作业的干扰情况、当地地形等情况予以选择。

第二节 客车整备所的设备及布置图型

一、客车整备所的设备

1.线路

(1)到达线用于办理由客运站到整备所的接车、车底内部清扫等客运整备作业,以及个别车辆改编作业。移位作业时应单独设置。

(2)整备线用于客车车底及动力集中动车组的技术检查和维修。定位作业时兼办客运整备、车底停留到发作业。

(3)停留线用于客车车底和动力集中动车组停放和客运整备作业。

(4)出发线供送往客运站待发车底停留用。移位作业时应单独设置或与到达线合并设置。

(5)存车线用于存放非运用客车(包含备用车、专用车和检修车等)。

(6)临修线用于客车车辆及动力集中动车组非计划内检修或故障性检修作业。

(7)其他线。根据需要设置轮对检测线、不落轮旋轮线、洗车线、牵出线、供机车换端使用的机车走行线,动力集中动车组使用的调试线。

2.客车外部清洗设施

客车外部清洗设施是指清洗车辆外皮的洗车库或洗刷区。定位作业时宜设在整备所入口的前方;移位作业时宜设在到达场与整备库(棚)的连接线上。

3.生产、辅助生产和办公生活房屋

(1)客车整备棚(库)、临修棚(库)、存轮棚、车电间、蓄电池间、钳工间、门窗间、工具间、移动式检修设备存放间、压缩空气站、材料仓库及汽车库等生产和辅助生产房屋。根据需要设置化验室、计量室、柴油发电机间、轮对检测棚、不落轮旋轮库等。

(2)承担动力集中动车组作业时还宜增设存砂间、油脂间等生产房屋和设施,以及相应的机务、通信和信号等生产用房。

(3)应设置车辆乘务员公寓,承担动力集中动车组作业时,还应设置司机休息、派班等房屋。

(4)其他办公生活房屋。

二、客车整备所布置图型

1.定位作业布置图型

定位作业(fixed stock)布置图型[图 5-3-1(a)]的车场为横列式布置,在到发兼整备场的一侧设有备用车停留场,另一侧设车辆段,对个别车的摘挂作业比较方便。洗车机设在整备所入口处,可为检修车底创造良好的卫生条件。

2. 移位作业布置图型

移位作业(moving stock)布置图型[图 5-3-1(b)]的到达、出发场与整备场纵列布置,可保证车底整备作业流水进行。

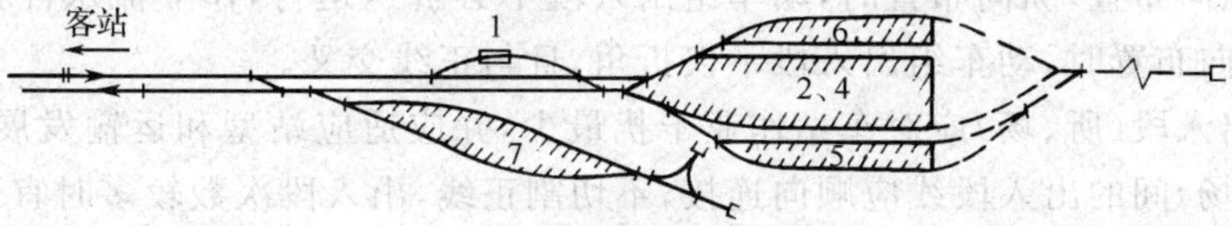

(a) 定位作业布置图型

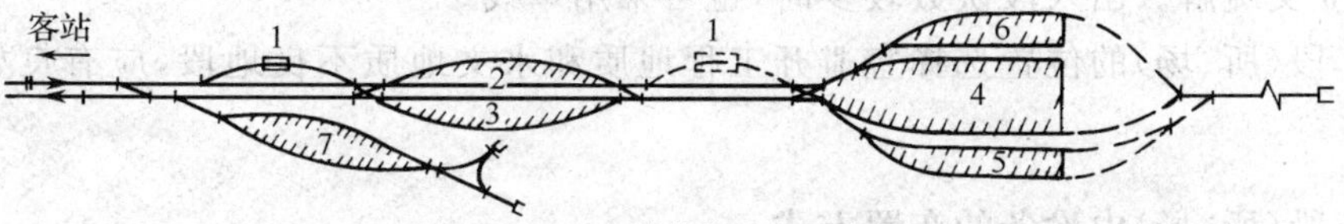

(b) 移位作业布置图型

1—洗车机;2—客运整备场;3—出发场;4—车辆技术整备场;5—车辆段;6—备用车停留场;7—机务段。

图 5-3-1　客车整备所布置图型

客车整备所布置图型的选择取决于整备车底的数量、用地及其他条件。当整备工作量较小时,可采用定位作业布置图型;当整备工作量较大且用地允许时,也可采用移位作业布置图型。

客运站与整备所纵列配置时,站、所联络线数目应根据入所整备车底数、出入段机车次数、整备所布置形式、调车工作量,以及站、所间距离远近等因素确定,一般设一条,能力受控制时可设两条。

当客运站与整备所横列时,应设牵出线一条。

第三节　动车段(所、场)

一、动车段(所、场)的类型

(1)动车段。配属动车组,承担动车组的一级至五级检修、临修作业及整备和存放任务。

(2)动车运用所。承担动车组的整备、一、二级修、存放和临修作业。

(3)动车存车场。承担动车组的存放及客运整备作业,根据需要可设置整备设施。

二、动车段(所、场)设置的原则和要求

(1)动车组运用检修设备设置应符合路网规划,贯彻"集中检修、分散存放"的原则,满足动车组"快速检修、安全可靠、高效运营"的检修运营要求。

(2)动车段(所、场)的规模应根据列车对数、列车编组、管辖范围内配属动车组、检修周期和检修时间计算确定。

(3)动车组检修设施的设置应满足动车段(所)配属的主型动车组各级检修、整备作业要求,兼顾其他车型作业,提高动车组周转与使用效率。动车组检修设备的设置宜采用状态修与定期修相结合的检修制度,检修方式以换件修为主,主要零部件实行专业化、集中修的原则。检修能力满足所配属动车组集中检修的需要。

(4)动车段应设于大型客运站所在地,动车运用所(场)应设在有大量始发、终到列车的客

运站的适当地点，有首发车的客运站可设动车存车场，以节省动车组的出入段时间，并与城市规划密切配合，有利于环境保护。

(5)动车段(所、场)宜靠近车站，有良好的接轨条件，并符合城市规划要求。与车站的相互位置，可横向或纵向布置，纵向布置时，动车组出入段不必折返运行，作业流水性强，可以节省出入段时间。横向布置时，动车组出入段不仅折角，且与正线交叉。

(6)动车组出入段(所、场)应对车站作业干扰最少，并应适应站型和运输发展的需要。车站与动车段(所、场)间的出入段线应顺向连接，不切割正线，出入段次数较多时宜采用双线，并与高速正线立交疏解。出入段次数较少时，也可采用单线。

(7)动车段(所、场)的位置选择宜避开工程地质和水文地质不良地段，应有良好的自然排水条件。

三、动车段(所、场)内设备的布置方式

动车段(所、场)的主要设备有运用整备设备和动车组检查、检修设备等。动车段(所、场)总平面布置应有利于动车组运用，检修作业流程顺畅，避免流程交叉、相互干扰。其平面布置形式有两种：

(1)横列式(图 5-3-2)。到发兼停车场与检修库横向排列，具有占地少、作业集中的优点；但检修车需折返运行，增加转线作业费用，且咽喉区有交叉干扰。当动车段(所、场)总规模较小、停车的动车组数较少(4～10 列)时，或受场地条件限制时可以采用。

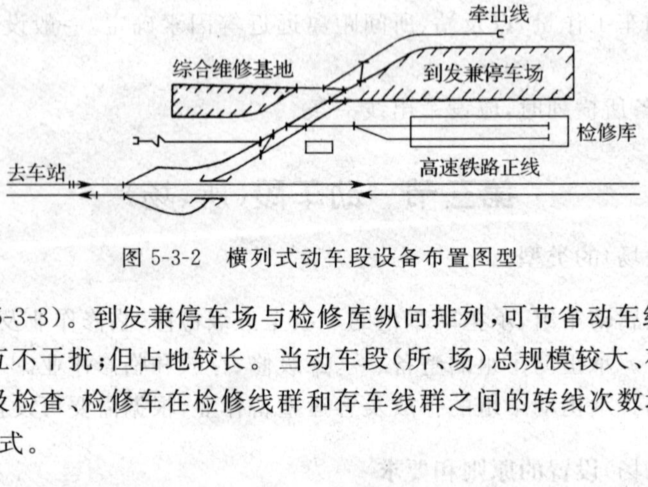

图 5-3-2　横列式动车段设备布置图型

(2)纵列式(图 5-3-3)。到发兼停车场与检修库纵向排列，可节省动车组转线作业时间，转线作业与到发作业互不干扰；但占地较长。当动车段(所、场)总规模较大、存车数较多时，考虑到列车的到发次数及检查、检修车在检修线群和存车线群之间的转线次数增多，为缩短段内作业时间，应采用纵列式。

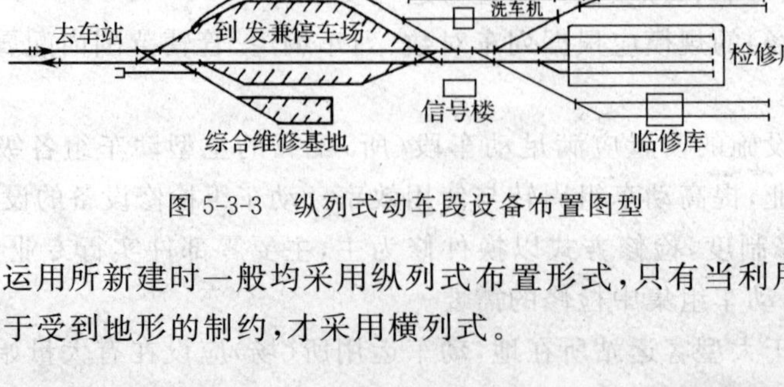

图 5-3-3　纵列式动车段设备布置图型

动车段或动车运用所新建时一般均采用纵列式布置形式，只有当利用既有设施改建成动车段(所、场)时，由于受到地形的制约，才采用横列式。

动车段应设置出入段线、走行线、转车线、存车线、车体外皮清洗线、轮对踏面诊断线、检查库线、检修库线、临修线、不落轮旋轮线、静态调试线、动态试验线，根据需要可设置材料运输线、卸污线、客运整备线、解编线、车底吹扫线、融冰除雪线、人工清洗线等。

动车运用所应配置出入段线、走行线、转车线、存车线、车体外皮清洗线、轮对踏面诊断线、检查库线、临修线、不落轮旋轮线，根据需要可设置卸污线、客运整备线、融冰除雪线、人工清洗线等。卸污线宜与检查库线或客运整备线合设，融冰除雪线可与检查库线合设。

动车存车场应设置出入段线、走行线、存车线，根据需要可设置转车线、卸污线、客运整备线。卸污线与客运整备线应合并设置。

高速铁路的各项固定设备、设施必须经常保持高质量工作状态，以确保列车安全运行。应贯彻预防性计划修和状态修相结合的原则，建立固定设备、设施的综合检测和综合维修体系。综合检测机构承担所辖范围固定设备、设施的综合检测作业，对线路、路基、接触网、通信、信号等固定设备、设施进行动态检测和质量状态分析。综合维修基地应配置线路、路基、桥梁、隧道、接触网、电力、通信、信号等日常专项监测、检测机具和设备，并根据设备检修需要配置检修设施。

第四章 客运站通过能力

第一节 客运站到发线通过能力

客运站到发线通过能力是指在一定的列车运行图、车站设备、作业性质(有无货物列车接发)和旅客列车技术作业过程情况下,到发线一昼夜能够接发的最多旅客列车数。

一、到发线通过能力的影响因素

1. 各种列车占用到发线的时间

在客运站上办理的列车有始发、终到、通过、立折等类型,而始发、终到列车又可分为市郊和长途两种。各种列车占用到发线的时间由车站技术作业过程规定,除立折列车以外,一般离散度都不大。与货物列车占用到发线时间相比较,由于到发时刻和车底出入整备所的时刻一昼夜内基本固定,故不应产生待发、待转时间。

2. 客运站接发各种列车的比重

到发线通过能力是以现行列车运行图为基础成线性递增进行计算的,能力的大小不仅与现有的列车数量有关,而且还与各种列车占总列车的比例有关。例如,以始发、终到列车为主的客运站,其到发线能力较设备相同而以通过列车为主的客运站要相对小一些。

3. 列车到发的不均衡性

客运站旅客列车的到发时刻是运行图规定的,集中到发的现象时有发生,高峰期到发线能力紧张,非高峰期能力虚靡,这种不均衡性越大,能力的虚靡越严重。因此,列车到发的不均衡性对到发线能力有严重影响。

4. 空费时间

空费时间即到发线上产生不能用来正常接发旅客列车的合理空闲时间。此项时间可综合体现以上各项因素对到发线能力的影响,一般用空费系数表达,即

$$\alpha_{空费}=\frac{\sum t_{空}}{M_{客}(1\,440-t_{停})} \tag{5-4-1}$$

式中 $\alpha_{空费}$——空费系数;

$M_{客}$——旅客列车到发线数目;

$t_{停}$——客运站规定一昼夜内停止接发旅客列车的时间,min;

$\sum t_{空}$——一昼夜内全站到发线不能用来接发旅客列车的总空费时间,min。

5. 旅客列车到发线数

客运站用来接发旅客列车的到发线数目,与到发线通过能力成正比。

6. 客运站站型

尽端式客运站由于列车接发、车底取送、机车出入段均在一端咽喉进行,由于咽喉能力紧张,造成到发线 $\alpha_{空费}$ 增加,而使其通过能力下降。

二、到发线通过能力计算

客运站到发线通过能力可按式(5-4-2)进行计算：

$$N_{客}=\frac{M_{客}(1\,440-t_{停})(1-\alpha_{空费})}{t_{占均}} \tag{5-4-2}$$

式中 $N_{客}$——到发线通过能力，列；

$\alpha_{空费}$——旅客列车到发线空费系数。

根据对既有线10个大型客运站旅客列车到发线使用情况的模拟、回归分析，计算$\alpha_{空费}$的回归公式为

$$\alpha_{空费}=0.318\,1-0.000\,887N_{客}+0.223\,6\alpha_{通}+0.260\,2\alpha_{折} \tag{5-4-3}$$

将$\alpha_{空费}$代入式(5-4-2)化简后得：

$$N_{客}=\frac{0.681\,9-0.223\,6\alpha_{通}-0.260\,2\alpha_{折}}{\dfrac{t_{占均}}{M_{客}(1\,440-t_{停})}-0.000\,887} \tag{5-4-4}$$

式中 $t_{占均}$——平均一列旅客列车占用到发线的时间，min，且

$$t_{占均}=\alpha_{通}\,t_{占通}+\alpha_{折}\,t_{占折}+\alpha_{始}\,t_{占始}+\alpha_{终}\,t_{占终} \tag{5-4-5}$$

其中 $\alpha_{通},\alpha_{折},\alpha_{始},\alpha_{终}$——通过、立折、始发、终到旅客列车占一昼夜接发旅客列车总数的比重，$\alpha_{通}+\alpha_{折}+\alpha_{始}+\alpha_{终}=1.0$，

$t_{占通},t_{占折},t_{占始},t_{占终}$——通过、立折、始发、终到旅客列车每列占用到发线的时间，min，且

$$t_{占通}=t_{接}+t_{通停}+t_{发}$$

$$t_{占折}=t_{接}+t_{折停}+t_{发}$$

$$t_{占终}=t_{接}+t_{终停}+t_{转入}$$

$$t_{占始}=t_{转出}+t_{始停}+t_{发}$$

其中 $t_{接},t_{发}$——接车、发车占用到发线时间，min，

$t_{转入},t_{转出}$——客车车底由到发线转到整备所或由整备所转到到发线的转线时间，min，

$t_{通停},t_{折停},t_{终停},t_{始停}$——各种旅客列车在到发线上的平均停站时间，可根据列车技术作业过程予以查定，min。

为简化计算，$\alpha_{空费}$值可取0.25～0.35（$\alpha_{通}$小于10%时取0.25，每递增10%，$\alpha_{空费}$增加0.01）。

三、高峰期到发线通过能力的计算

高峰小时到发线的通过能力可按式(5-4-6)计算：

$$N_{客}^{高峰}=\frac{60M_{客}}{t_{占均}} \tag{5-4-6}$$

式中 $N_{客}^{高峰}$——全站高峰小时到发线通过能力，列/h。

四、高速铁路客运站到发线通过能力计算

高速铁路客运站到发线的通过能力可按密集到发情况下到发线一昼夜能够接发的最多列车数计算，其计算公式如下：

$$N_{客}=\frac{t_{占均}}{I_{间隔}}M_{客} \tag{5-4-7}$$

式中 $N_{客}$——高速铁路客运站到发线通过能力，列；

$I_{间隔}$——列车运行图规定最小发车间隔时间，min。

第二节　客车整备场通过能力

客车整备场通过能力是指在一定的列车运行图、整备线作业方式、整备线数目及整备车底性质条件下，整备场一昼夜能够整备的最多车底套数。

一、客车整备场通过能力的影响因素

1. 运行图规定的始发、终到旅客列车发、到时刻

始发旅客列车车底或动车组必须在发车前转至到发线，终到旅客列车车底或动车组必须在到达客运站技术作业完毕后转入整备场，故车底在整备场的停留时间主要决定于运行图规定的旅客列车到、发时刻。

2. 旅客列车性质

长途旅客列车每一单程运行到终到站时，都要入整备场整备，停留时间较长；短途客车单程运行 200～300 km 时，每往返一次入整备场整备，停留时间较短；市郊客车运行一天或几天才入整备场。

3. 整备作业方式

定位平行作业占用整备线时间短，移位流水作业占用整备线时间要长。

4. 空费时间

空费时间即整备线上产生不能用来整备车底的空闲时间，可用空费系数表示。

$$\alpha_{空费}=\frac{t_{空}}{t_{占}+t_{空}} \tag{5-4-8}$$

式中 $t_{占}$——每列车底占用整备线的时间，min；

$t_{空}$——每列车底摊到的空费时间，min。

5. 其他

其他因素包括整备场与客运站的距离及取送客车车底的调车机车台数等。

二、整备场通过能力计算

整备场通过能力采用利用率法进行计算。

$$K=\frac{n_{整}\ t_{占}}{1\ 440\ M_{整}(1-\alpha_{空费})} \tag{5-4-9}$$

式中 $n_{整}$——根据列车运行图或设计年度运量确定的需在该站整备的始发、终到客车对数（市郊、站折旅客列车不计）；

$M_{整}$——整备场整备线数目，条。

其他符号意义同前。

根据我国郑州、武昌、长沙等 12 个客车整备所查定的资料进行统计分析的结果，占用时间 $t_{占}$ 呈泊松分布，空费时间 $t_{空}$ 呈负指数分布。当累计频率为 80%时，将 $t_{占}$ 分为 8 h、9 h、10 h 三档，$t_{空}$ 分为 3 h、4 h、5 h 三档后，根据整备车底的性质和数量分别取值，见表 5-4-1。

根据表 5-4-1 中所列数据和上述公式计算出空费系数 $\alpha_{空费}$ 和利用率 K 后，按 $N=n_{整}/K$

即可求得该整备场的通过能力 N。

表 5-4-1 $t_{占}$、$t_{空}$ 取值表

项目	时间档/h	采用条件
$t_{占}$	8	短途客车比例较大
	9	长、短途客车比例接近
	10	长途客车比例较大
$t_{空}$	3	始发、终到列车客车 20 对及以上
	4	始发、终到列车客车 10 对及以上
	5	始发、终到列车客车 10 对以下

第三节 客运站通过能力计算机图解计算法

客运站通过能力可以采用分析计算法计算，该方法是一种比较直接简便的方法，但是由于分析计算法公式中部分参数的取值因车站的设备条件、作业性质而异，只能求出车站通过能力的概略平均值。而图解计算法可以更加准确地表达车站各项作业对能力的影响，从而获得更加准确的计算结果。随着数学建模技术的发展和计算机运算性能的提升，图解计算法复杂费时的缺点逐渐被克服；由于先进行车指挥系统的投入应用，车站作业技术参数可以方便地从历史记录中统计得到，这些条件使计算机图解计算法成为客运站通过能力计算的推荐方法。

一、客运站通过能力计算机图解计算法的原理和基本步骤

1. 计算机图解计算法原理

计算机图解计算法是根据客运站的设备情况及其固定使用方案、相邻区段列车运行图、车站技术作业过程和作业时间标准等有关资料，利用计算机算法自动生成出饱和的客运站作业计划，进而计算得到客运站的通过能力。通过计算机图解计算法生成的饱和客运站作业计划具有以下特征：

(1)饱和客运站作业计划中的列车组合满足车站和线路的车流特征。

(2)车站作业计划按饱和铺画，在该计划中不能再加入符合车流特征的新列车。

(3)饱和客运站作业计划中的列车均需满足其作业的基本要求，到达、出发作业的时间需要满足列车运行时间，停站时间需要满足客运作业的要求。

(4)饱和客运站作业计划需要满足车站设备运用条件约束，各项作业对车站设备(如到发线、轨道电路区段、道岔组等)的占用没有冲突。

2. 计算机图解计算法的基本步骤

根据上述原理，客运站通过能力的计算机图解计算法的实现需要遵循以下的步骤。

(1)利用形式化语言构建车站设备模型，将车站的线路及其连接关系、轨道电路等设备构建起逻辑关联，并对设施设备的使用规则进行刻画。

(2)利用形式化语言描述车站作业，定义客运站办理的各项作业及其占用车站设备的规则，查定车站作业参数。

(3)基于客运站通过能力计算机图解计算法原理，构建客运站能力计算数学模型。设计饱和车站作业计划生成算法并开发对应的计算机程序，输出饱和客运站作业计划。

(4)基于饱和客运站作业计划,分析当前客运站作业计划中的列车数量和能力利用率,并进一步分析客运站的通过能力瓶颈,提出客运站通过能力的改进方案。

二、客运站设备和作业模型

1. 客运站设备模型

(1)车站线路拓扑。定义车站的轨道绝缘和道岔为节点,记为 n;定义连接两个节点间的铁路线路为边,记为 l。由节点和边可以将车站的平面布置图刻画为一个无向图,如图 5-4-1 所示。

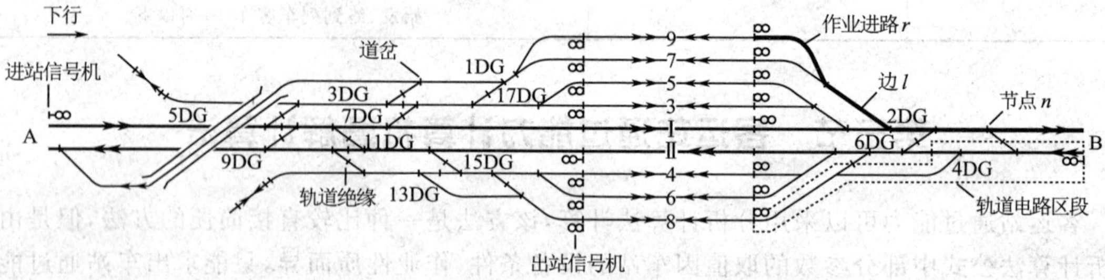

图 5-4-1 车站线路拓扑

(2)轨道电路的刻画。在图 5-4-1 所示的车站线路拓扑图中,钢轨绝缘可以将相邻的线路划分为互不干扰的独立电路单元,这个独立的电路单元由若干条边构成,定义该单元为轨道电路 c,如图 5-4-1 中的虚线矩形框内的边所示。

(3)作业进路的刻画。在图 5-4-1 所示的车站线路拓扑图中,若干个首尾相接的边可以构成一条作业进路,记为 r,如图 5-4-1 中的粗实线所示。

2. 车站作业模型

列车在车站内的一次连续的走行可以视为一次作业,记为 m。车站到达、出发作业需要在空间上选择 1 条进路来进行。对于客运站而言,常见的作业有以下几种。

(1)到达作业。从到达进路开始办理至列车接入到发线上停稳,到达进路解锁的过程。在到达进路办理指令下达后,该进路上的轨道电路将会在联锁系统中锁闭,这些轨道电路将会随列车出清而分段解锁。

(2)出发作业。从出发进路开始办理至列车从到发线上离开,出发进路解锁的过程。在出发进路办理指令下达后,该进路上的轨道电路将会在联锁系统中锁闭,这些轨道电路将会随列车出清而分段解锁。

(3)列车在到发线上停留。列车静止地停留在到发线上。列车如果不停站通过,可以视列车在到发线上的停留时间为 0。列车在到发线上停留时,仅占用到发线所在的轨道电路。

到达、出发作业和列车在到发线上停留对轨道电路区段的占用如图 5-4-2 所示。

三、客运站通过能力计算数学模型

饱和客运站作业计划可通过对现有车站作业计划压缩,并不断加入符合车流特征的新列车的作业,直到车站无法再添加新列车作业时为止的方法获得。所谓压缩车站作业计划,指的是在给定的作业时间标准和规定的各项作业开始与结束时间范围等条件下,使各项作业的办理尽量紧凑且迅速,从而能够以最短的时间完成所有的作业的过程。

显然，为了获得饱和客运站作业计划，就需要构建实现车站作业计划压缩的混合整数规划模型。该混合整数规划模型通过灵活调整列车的作业进路、作业顺序和作业时刻，得到一个所有列车的到达、出发时刻之和最小的车站作业计划。因此，客运站通过能力计算模型的目标函数为：最小化所有作业的结束时刻d_m之和。该目标函数设置的目的是尽可能使车站的各项作业早完成，以实现车站作业计划压缩的目的。

$$\min\sum_{f\in F}\sum_{m\in M_f}d_m \tag{5-4-10}$$

式中　f——列车元素；

F——列车集合；

m——作业元素；

M_f——列车 f 的作业集合；

d_m——作业 m 的结束时刻（变量）。

客运站通过能力计算数学模型有以下的约束条件。

1. 作业进路选择约束

对于 $f\in F, m\in M_f$，有

$$\sum_{r\in R_m}x_{m,r}=1 \tag{5-4-11}$$

式中　R_m——作业 m 的可用进路集合；

$x_{m,r}$——0－1 变量，取值为 1 时表示作业 m 选择了进路 r，取值为 0 时反之。

该约束表示对于任意一项作业，其作业进路能且仅能从其可用的进路中选择 1 条。

2. 作业发生时间窗约束

对于 $f\in F, m\in M_f$，有

$$\bar{a}_m-l_m^{开始}\leqslant a_m\leqslant \bar{a}_m+h_m^{开始} \tag{5-4-12}$$

$$\bar{d}_m-l_m^{结束}\leqslant d_m\leqslant \bar{d}_m+h_m^{结束} \tag{5-4-13}$$

式中　a_m——作业 m 的开始时刻（变量）；

$\bar{a}_m$——作业 m 的计划开始时刻（已知参数）；

$\bar{d}_m$——作业 m 的计划结束时刻（已知参数）；

$l_m^{开始}$——作业 m 开始时刻的最大左偏量（已知参数）；

$h_m^{开始}$——作业 m 开始时刻的最大右偏量（已知参数）；

$l_m^{结束}$——作业 m 结束时刻的最大左偏量（已知参数）；

$h_m^{结束}$——作业 m 结束时刻的最大右偏量（已知参数）。

以上两个约束确保了各项作业均应在给定的时间范围内发生。

3. 作业持续时间约束

对于 $f\in F, m\in M_f$，有

$$\delta_m^{\min}\leqslant d_m-a_m\leqslant \delta_m^{\max} \tag{5-4-14}$$

式中　$\delta_m^{\min}$——作业 m 的最短持续时间（已知参数）；

$\delta_m^{\max}$——作业 m 的最长持续时间（已知参数）。

该约束表示各项作业的持续时间（结束时刻与开始时刻之差）必须在给定的范围内。

4. 列车作业时间连续性约束

对于 $f\in F, m\in M_f, g(m)\neq m_{空}$，有

$$d_m=a_{g(m)} \tag{5-4-15}$$

式中　$g(m)$——m的前序作业；

$m_{空}$——空作业，如果m为列车在该车站的第一项作业，那么其前序作业$g(m)$为空作业。

该约束表示对于某列车的两项连续作业，前一作业的结束时刻应等于后一作业的开始时刻。

5. 列车走行进路连续性约束

对于$f\in F, m\in M_f, g(m)\neq m_{空}, r_1\in R_m$，有

$$\sum_{r_2\in R_{g(m)}}(1-\eta_{r_1,r_2})\cdot x_{g(m),r_2}\leqslant(1-x_{m,r_1})\cdot Q \tag{5-4-16}$$

式中　η_{r_1,r_2}——0−1变量，取值为1时表示进路r_1的尾部与r_2的首部相接，取值为0时反之（已知参数）；

Q——一个足够大的常数（已知参数）。

以上两个约束表示某一列车的两项作业之间，前一项作业所使用的作业进路的末端应与后一项作业使用的进路的始端是一致的，即当$x_{g(m),r_2}$和x_{m,r_1}同时为1的必要条件是η_{r_1,r_2}为1。

6. 轨道电路占用时间计算约束

对于$f\in F, m\in M_f, r\in R_m, c\in C_r$，有

$$s_{m,c}+Q\cdot(1-x_{m,r})\geqslant a_m+\theta_{r,c} \tag{5-4-17}$$

$$s_{m,c}\leqslant a_m+\theta_{r,c}+Q\cdot(1-x_{m,r}) \tag{5-4-18}$$

$$e_{m,c}+Q\cdot(1-x_{m,r})\geqslant d_m+\beta_{r,c} \tag{5-4-19}$$

$$e_{m,c}\leqslant d_m+\beta_{r,c}+Q\cdot(1-x_{m,r}) \tag{5-4-20}$$

式中　C_r——进路r经过的轨道电路集合；

$s_{m,c}$——作业m开始占用轨道电路区段c的时刻（变量）；

$e_{m,c}$——作业m结束占用轨道电路区段c的时刻（变量）；

$\theta_{r,c}$——作业m开始占用轨道电路区段c的时刻相对于作业开始时刻a_m的偏移量（已知参数）；

$\beta_{r,c}$——作业m结束占用轨道电路区段c的时刻相对于作业结束时刻d_m的偏移量（已知参数）。

以上四个约束用于表示各项作业占用轨道电路区段的开始与结束时刻和作业的开始与结束时刻之间的关联关系。

7. 轨道电路占用冲突约束

对于$f_1\in F, f_2\in F-f_1, m_1\in M_{f_1}, m_2\in M_{f_2}, c\in C_{m_1}\cap C_{m_2}$，有

$$(1-y_{c,m_1,m_2})\cdot Q+s_{m_2,c}\geqslant e_{m_1,c} \tag{5-4-21}$$

$$y_{c,m_1,m_2}+y_{c,m_2,m_1}=1 \tag{5-4-22}$$

式中　y_{c,m_1,m_2}——0−1变量，占用轨道电路区段c的作业顺序为m_1，m_2时取值为1，否则取值为0。

以上两个约束表示不同作业对车站轨道电路的占用时间范围不能重叠。

模型决策变量的取值范围如下：

$$x_{m,r}, y_{c,m_1,m_2}\in\{0,1\} \tag{5-4-23}$$

$$a_m, d_m, s_{m,c}, e_{m,c}\in\mathbb{R} \tag{5-4-24}$$

客运站通过能力计算模型是一个复杂的混合整数规划模型，由于其规模较大，直接采用精确算法求解可能存在困难，为此可采用基于循环加车并固定列车作业顺序的快速启发式算法。该算法通过迭代循环的方式不断地往车站作业计划中加入列车，每次加车循环结束后，即固定

车站作业计划中各作业的进路选择变量$x_{m,r}$和作业占用顺序变量y_{c,m_1,m_2}。为此可以有效地减少问题的求解规模。

采用以上的客运站通过能力计算模型计算得到的饱和客运站作业计划如图 5-4-2 所示。

基于图 5-4-2 的饱和客运站作业计划,可以进一步分析得到客运站的通过能力,见表 5-4-2。

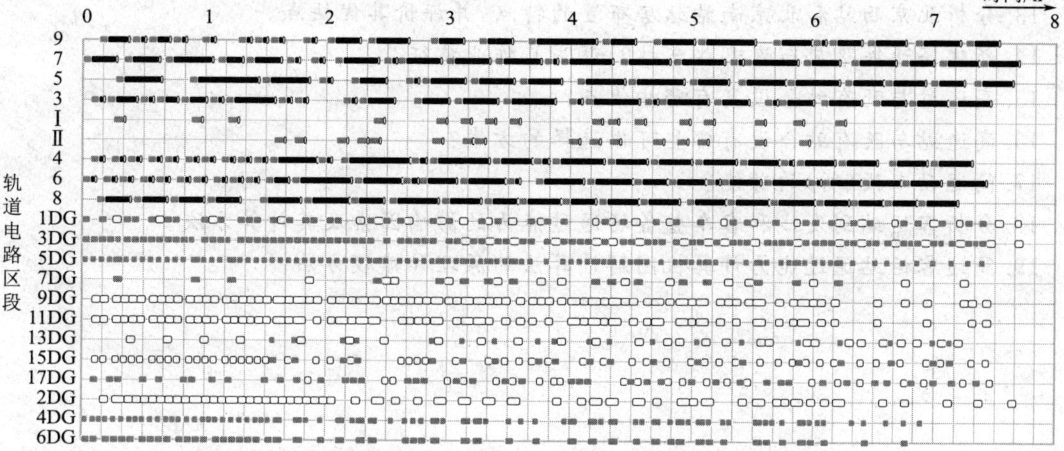

图 5-4-2 饱和客运站作业计划

表 5-4-2 客运站通过能力计算表

列车方向	列车对数/对	总占用时间/min	占用率/%	通过能力/对
通过	16	464	38.67	41
停站	30			77
A端始发	19			49
B端始发	11			28
A端立折	29			74
B端立折	17			43
Σ	122			312

复习思考题

1. 名词解释:①旅客站房;②客运站场;③车站广场;④客车整备所(场);⑤旅客最高聚集人数;⑥高峰小时发送量;⑦流线;⑧跨线设施。

2. 客运作业与货运作业比较有哪些不同?

3. 按照各组成部分的空间位置关系,客运站有哪些布局形式?各有何特点?

4. 分析客运站与客车段所的相互位置。

5. 比较各种客运站布置图型的优缺点。

6. 简述影响客运站到发线数目的因素。

7. 有较多立折列车作业的客运站咽喉区如何设置平行进路?

8. 旅客站房的流线设计应满足哪些要求？

9. 跨线设施有哪几种？如何选择？

10. 简述影响客运站站台宽度的因素。

11. 根据客运站设计现代化的要求，分析客运站总体布局的发展趋势。

12. 简述客车整备所的作业方式及其适应条件。

13. 分析北京西站和北京南站站房布置的特点，并评价其优缺点。

14. 新建高速铁路应布置哪些车站？说明其作业特征。

15. 高速站与既有站合设具有哪些优点？

16. 高速站与既有站合设有哪些可供选择的方案？

17. 简述动车段(所)的功能。

18. 分析客运站到发线和客车整备场通过能力的影响因素及其计算方法。

19. 简述客运站通过能力计算机图解计算法的原理和建模方法。

第六篇

货 运 站

第一章 铁路物流中心概述

第一节 铁路物流中心内涵与分类

一、铁路物流中心的定义与功能

铁路物流中心(railway logistics center)是依托铁路、具有完整信息网络、为社会提供物流活动的场所。铁路物流中心为社会或企业自身提供物流服务,具有物流功能健全、聚集辐射范围大、存储吞吐能力强的特点。

铁路物流中心的功能主要有物流服务功能和配套服务功能两大类,物流服务功能是铁路物流中心的核心功能。

(一)物流服务功能

根据不同服务功能的作业对象,可进一步将铁路物流中心的物流服务功能划分为四类:

1.铁路运输组织功能

铁路运输组织是指利用铁路线路、机车、车辆等技术设施设备完成铁路物流中心的货物运输生产活动。铁路物流中心应具备货物列车的接发、改编等铁路运输组织功能。

2.货物运输服务功能

(1)货物到发中转功能。到发指铁路物流中心开展的货源组织、货物受理及交付等活动,中转指铁路物流中心开展的集装箱、快运、零散等货物的中转作业活动。

(2)装卸搬运功能。装卸搬运指铁路物流中心开展的改变货物空间位置或水平位移的活动,是货物在各功能作业之间的衔接性作业,也是货物在铁路物流中心实现联运的基础。办理集装箱作业的铁路物流中心可开展集装箱的掏装箱作业。

(3)储存功能。储存功能主要包括仓储、堆存、暂存、保养、托盘共用等。仓储指铁路物流中心利用仓库开展的货物保护、储藏,以及数量、质量的管理控制等活动。仓储功能的基本要求和具体作业根据货物品类、数量及货主要求的出入库业务类型确定。堆存指铁路物流中心利用堆场或货棚为煤炭等大宗货物、大型机械等长大笨重货物、集装箱等开展的仓储活动。暂存指铁路物流中心为到达或发送的货物开展的暂时存储等活动。保养指铁路物流中心为客户提供的设施、设备及货物的日常养护服务。托盘共用指铁路物流中心为众多用户提供的互换性托盘共用服务。

(4)配送功能。配送功能主要包括分拣、配载、城市配送、区域配送等。分拣指铁路物流中心将货物按品种、出入库先后顺序进行分门别类堆放的活动。配载指铁路物流中心充分利用运输工具载重量和容积,合理安排装载的货物的活动。配送指铁路物流中心在经济合理区域范围内,根据客户要求,将货物按时送达指定地点的活动。

(5)货运安全及检测监控功能。货运安全及检测监控主要包括加固、货物安全检查(装载安全检查、包装安全检查、危险货物防护安全检查)、设施设备安全监控、作业安全监控等。加固指铁路物流中心为客户提供的货物运输、搬运、存放时的固定服务。货物安全检查指利用相关设施设备和人工对货物进行装载状况、包装情况、危险货物的防护情况、货物品类等方面进行安全性检查。设施设备和作业安全监控指人工或利用监控设备对相关设施设备的状态和作业过程进行安全性监控。

3.一般物流服务功能

(1)信息服务。信息服务主要包括对外的信息服务,以及对内生产管理的信息服务。对外的信息服务指信息发布、查询、货物追踪、数据统计分析、网上交易等。对内生产管理的信息服务指铁路物流中心对物流信息进行采集、处理、备份及共享的物流活动,主要包括对物流中心各作业场、区的实时监控,对物流资源进行实时调度,生产作业实时指挥,各生产过程中的数据统计、处理及传输,对货物运输状态的动态追踪,业务办理信息处理,作业计划编制等。

(2)货运代理。货运代理指铁路物流中心以独立经营人或代理人身份,为客户提供与货物运输相关的综合性物流服务工作,以及包装、装卸、信息和咨询等服务。

(3)其他增值服务。其他增值服务包括流通加工、金融物流、咨询与方案设计、市场交易、贸易代理、商品展示、设施设备租赁、货款结算、商务手续办理、保险代理、物流培训、技术支持、广告、中介、担保等。

4.专业物流服务功能

专业物流服务主要包括汽车物流、冷链物流和危化品物流等功能。

汽车物流指汽车供应链上原材料、零部件、整车,以及售后配件在各个环节之间的实体流动过程。铁路物流中心根据情况可开展整车运输、仓储等物流服务。

冷链物流指以冷冻工艺为基础、制冷技术或蓄冷技术为手段,使冷链物品从生产、流通、销售到消费者的各个环节中始终处于规定的低温环境中,以保证冷链物品质量,减少冷链物品耗损的物流活动。

危化品物流指服务于危化品的物流活动。危化品即危险化学品,是指具有毒害、腐蚀、爆炸、燃烧、助燃等性质,对人体、设施、环境具有危害的剧毒化学品和其他化学品。

(二)配套服务功能

铁路物流中心可根据需要设置综合服务、生产辅助和生活辅助等配套服务功能。其中,综合服务功能包括物业管理、工商税务、保险、通信邮政、银行等;生产辅助功能包括停车、综合维修、加油加气、供电、供水等;生活辅助功能包括为入驻企业、往来客户、员工提供住宿、餐饮、洗浴、休息等。

二、铁路物流中心的分类与分级

铁路物流中心是铁路组织货物运输的基层单位,其主要任务是办理货物的承运、保管、装车、卸车、交付和延伸服务等作业,应根据货物作业量、品类和作业性质设计为不同性质和规模的铁路物流中心。

铁路物流中心按照办理货物品类和性质分为综合型和专业型物流中心。综合型物流中心是满足一般货物和特定货物运作要求的物流中心。专业型物流中心是配置了专用设施设备以满足特定货物专业化运作要求的物流中心,如低温类物流中心、散装类物流中心等。综合型铁路物流中心应设置在产业集聚区域、多式联运货运枢纽节点。专业型铁路物流中心应面向大宗及特殊货物,一般以大型装卸车点为基础进行设计。根据货物品类不同,专业型铁路物流中心亦可分为长大笨重货物铁路物流中心、散堆装货物铁路物流中心、危险货物铁路物流中心、商品汽车及自轮装卸铁路物流中心等。

综合型铁路物流中心按照承担吞吐量、服务功能、建设规模和在路网中的作用等因素可分为一级、二级和三级铁路物流中心；按照服务类型可分为货运服务型、生产服务型、商贸服务型、口岸服务型和综合服务型铁路物流中心。

一级铁路物流中心在铁路物流节点空间结构体系中处于最高层，是实现物流设施集约化和物流运作一体化的骨干节点，辐射全国大部分地区，在全国范围内发挥着货物中转集散功能，一般年吞吐量在 300 万 t 及以上，且位于全国综合交通枢纽和市场需求旺盛地区。一级铁路物流中心具有强大的物流管理与组织能力，完善的综合物流服务能力，包括仓储、运输、多式联运、包装、流通加工、信息服务、分拨配送、快速分拣、金融物流等国家级流通节点城市物流服务内容。一级铁路物流中心设置于一级物流园区布局城市、全国性铁路物流中心节点城市，一般为全国重要的货物集散城市和交通枢纽城市、国际性大都市、区域经济中心城市、港口城市，以及口岸城市等，以其作为空间载体在全国范围内建立起铁路物流中心的骨干体系，并具备整列装卸和开行快运直达班列等条件。

二级铁路物流中心在铁路物流节点空间结构体系中处于中间层，是铁路物流中心骨干体系在一定区域范围内的重要支撑和有益补充，弥补一级铁路物流中心在区域内辐射范围的空缺，吞吐量在 100 万 t 及以上，并位于区域交通枢纽和市场需求充足地区。二级铁路物流中心是区域范围内重要的货物集散中心，具有适度规模的仓储、运输、多式联运、信息服务等物流服务功能。一般设置于一定经济区域内重要中心城市，要求具有较好的交通、土地区位条件和物流需求规模，起到连接上下层铁路物流中心的衔接作用。条件允许的情况下，具备整列装卸和开行普通快运班列的条件。

三级铁路物流中心在铁路物流节点空间结构体系中处于基层，主要发挥铁路物流中心衔接终端物流市场的作用，延长铁路物流服务链条，一般年吞吐量在 50 万 t 以上。三级物流中心一般接近于消费集中地或生产集中地，同样具有仓储、运输、配送、信息服务和流通加工等物流服务功能，其建设规模一般较小，通常设置在位于城乡接合部或者大型生产制造企业附近，是一种补充性质的铁路物流节点，也可为城市内货场改造的配送中心。在我国西部地区、山区和多雪寒冷地区，当货场年吞吐量达不到 50 万 t 以上，考虑到带动地方经济发展、运输条件和当地企业的生存和发展，必要时也可设置铁路物流中心。

在上述三级铁路物流节点网络基础上，根据需要设置的作业站、受理点、受理站及无轨站可参照三级物流中心基本物流服务功能设计。

通过各级、各类物流中心共同配合、相互补充，初步构建覆盖广泛、层次分明、布局合理、设施设备配套的铁路物流中心空间结构体系，进而形成物畅其流、快捷准时、经济合理、功能完善、用户满意的社会化、专业化铁路现代物流中心服务体系。

第二节　铁路物流中心作业与设备

一、铁路货运组织特点

目前，铁路货运组织发生了较大的变化，一是铁路货物运输向现代物流转型，门到门运输有序开展，提出了“拓展接取送达服务网络，提升全程物流服务功能”等新要求；二是快运货物班列、直达货物班列大量开行；三是大量现代化装卸机械的使用；四是需要铁路货运部门与社会的物流企业合作，共同完成全程物流服务。

1.铁路物流中心开行的货物列车类型

铁路物流中心运输产品的设计要考虑充分发挥大宗货物规模化运输的优势，适应高附加值货物快速送达的需求，大力发展重来重去大宗货物点对点直达运输，提高特快货物班列、快速货物班列、集装箱班列、商品汽车班列、国际（中欧、中亚）班列、铁水联运班列及其他普快货物班列、大宗货物直达列车等快捷运输产品的服务频率和产品质量。因此，铁路物流中心开行的货物列车主要从三个层次展开：

(1)客车化产品，主要包括特快货物班列、快速货物班列、集装箱班列、商品汽车班列、国际（中欧、中亚）班列、铁水联运班列及其他普快货物班列、大宗货物直达列车。

(2)针对不均衡性需求开展的季节性、临时性直达特需货物列车。

(3)与枢纽技术站间开行小运转列车。

2.各级铁路物流中心间的运输组织方式

一级铁路物流中心、二级铁路物流中心和三级铁路物流中心之间根据实际货流情况，采取以下运输组织方式：

(1)在一级铁路物流中心之间，一级铁路物流中心与二级铁路物流中心之间，对于货流量大且稳定，可以满足整列直达编组条件的区段，每日开行一站直达货运班列，这种运输组织方式要求固定编组，车底循环使用，车次、发到站、发到时刻、运行径路均固定，途中没有甩挂作业，是等级最高的组织方式。

(2)在一级铁路物流中心之间，一级铁路物流中心与二级铁路物流中心之间，对于有较稳定的货流量，但又不满足整列直达编组条件的区段，每日开行多点甩挂的快速货运班列，这种运输方式同样要求固定编组，车底循环使用，车次、发到站、发到时刻、经停站、运行径路固定，在到达中途各铁路物流中心时需快速甩挂，这是一种灵活性很强的运输组织方式。

(3)在一级铁路物流中心与二级铁路物流中心之间，二级铁路物流中心之间，对于货流量小，货源分散的区段，定期开行普通货运班列，在沿途各铁路物流中心进行甩挂作业，这种方式有利于区域内和区域间零散货源的运输。

(4)在二级铁路物流中心之间，二级铁路物流中心与三级铁路物流中心之间，三级铁路物流中心之间，根据货流情况，开行城际货运班列，通过短距离、小编组的运输组织，大力发展城际配送业务，延伸铁路货运服务的范围。

3.铁路物流中心货物班列组织要求

铁路物流中心特快、快速货物班列运输组织应符合下列规定：

(1)宜定点、定线、定时运行。

(2)班列编组内容应相对固定，班列中途停靠站数目、在站作业时间、摘挂车数应严格控制。

(3)特快货物班列不宜设中途货运作业站，快速货物班列在中途货运作业站实行甩挂作业方式。

(4)宜在货物装卸线直接接发班列；不具备直进直出条件的，应合理安排转线作业，在设备设施布置上，为快速取送作业创造条件。

二、铁路物流中心的作业

1.铁路运输组织作业

铁路物流中心的运输组织应遵循方便货主、加快货物送达的原则。运量较大且品类单一、大宗货物或客户有整列开行需求的，应按整列装卸、直通运输条件设计；零散货物宜在物流中心间以班列化方式组织运输。因此，铁路物流中心主要办理如下运输组织作业：

(1)办理固定编组的直达列车的整列装卸和接发车作业。

(2)办理从技术站开来的小运转列车或从衔接区间开来的直达列车的接车作业。

(3)办理部分列车的车辆甩挂作业。

(4)按装卸点选编车组、调送车组及按货位配置车辆。

(5)收集各装卸点装卸完毕的车组，并在调车线上进行集结。

(6)编组小运转列车或直达列车，向技术站或衔接区间发车。

铁路物流中心有时还兼办下列作业：

(1)部分客、货列车的接发、通过和交会。

(2)不良车的修理。

(3)调车机车的整备。

(4)车辆的清扫、洗刷、消毒等。

2. 物流作业

物流作业组织应满足铁路物流中心各项物流功能的需要，以提高作业效率和服务质量、保障货物和作业安全为原则，并应相互协调和匹配。铁路物流中心的物流作业主要包括：

(1)货物的托运和交付。

(2)货物的装卸和保管。

(3)货运票据的编制、递送、处理等。

(4)货物的过磅、分类、搬运、加固、检查装载。

(5)货物的仓储(堆存)、配送、包装加工等。

(6)货物安全检测监控。

(7)进出口货物的报关、保税、检验检疫、换装等作业。

3. 其他物流配套作业

(1)信息服务作业。

(2)货运代理作业。

(3)金融物流作业。

(4)市场交易、商品展示、金融服务等增值服务作业。

(5)其他作业，如业务委托管理、货款结算、商务手续办理、保价运输、保险代理、中介、担保、广告、技术支持、交割、危化品物流等。

三、铁路物流中心的设施设备

铁路物流中心包括运转车场(到发场和调车场)、物流功能区和其他物流配套服务设施。物流功能区可根据需要设置集装箱、长大笨重货物、包装成件货物、商品汽车、散堆装货物、仓储配送、危险货物、冷藏货物、内陆港、流通加工、交易展示及综合服务等功能区。

根据主要办理的作业内容，铁路物流中心的设施设备主要有以下三类：

1. 铁路运输设施设备

为了完成与铁路运输组织有关的作业，铁路物流中心应设有下列主要铁路运输设施设备：

(1)运转车场。包括到发线、调车线、牵出线等。

(2)机车车辆设备。始发、终到货物列车较多或配属调车机车的铁路物流中心，当到发及调车、装卸作业繁忙，且距机车整备、车辆检修地点较远时，可单独设置机车整备、车辆站(边)修设备。办理特快货物班列作业的物流中心应设置配套的车辆站修线路和设备。

(3)装卸检修作业场。在装卸作业量大，有始发、终到作业且无列检作业场的铁路物流中心，当每昼夜装卸车在100辆以上或有特殊需要时，宜设装卸检修作业场及相应的房屋、设备等。

2.货运设施设备

(1)货场，也称装卸场。包括货物装卸线、存车线、倒装线、各种场库设备、各种装卸机械、取送货物的道路及停车场、给排水设备及消防设备等。

(2)辅助设施设备。包括货物检斤设备和量载设备、货运安全检测及防护设备、集装箱及托盘的维修保养设备、货车消毒洗刷设备、篷布维修设备、装卸机械修理设备、通信信号设备、信息设备、生产用房等。

3.其他物流服务设施设备

铁路物流中心开展物流服务还应设置流通加工、物流金融、货运代理、市场交易、贸易代理、商务展示等相应的配套设备设施。

第三节 铁路物流中心平面布置

一、总平面布置原则

铁路物流中心设计应满足货物集装化、装卸机械化、运输快捷化、仓储自动化、仓配一体化、信息集成化、安全检测监控智能化、服务便捷化和管理现代化的要求。

1.铁路物流中心总图布置原则

铁路物流中心的功能应结合货物品类和客户类型采用模块化、差异化设计，各功能模块之间的衔接应便于物流作业。铁路物流中心及物流设备的设计原则上按照模块化设计理念，分区设置。设计时可根据物流需求、管理模式采用灵活的布置形式，各作业区之间设施可采用相互融合的布置形式，如包装成件作业区仓库需要兼顾城市配送功能时，仓库设计满足配送仓库要求的跨度、堆码及分拣设备工艺要求。因此，从功能区布局形式的角度，铁路物流中心总图布置应符合下列原则：

(1)相近品类货物应相对集中。

(2)货物装卸线及大型设施设备宜共用。

(3)相互间存在安全隐患的功能区应分开布置，危险性高的功能区应单独布置。

(4)散堆装功能区宜采用立体化、封闭式堆存设施，有条件的应单独布置。

2.铁路物流中心流线设计原则

铁路物流中心内部各种流线应协调顺畅，避免交叉干扰，流线设计应符合下列原则：

(1)运输与搬运总距离宜短。

(2)运输设备的流线宜短直。

(3)铁路车辆流线应便于列车的直到直发、调车、转线作业。

(4)公路车辆流线宜单方向环形运行，门区及其他密集作业区域应设置缓冲地带。

(5)人员作业流线应顺畅、安全，人流密集的建筑之间应设置人员专用通道。

3.铁路物流中心各功能区的布置规定

基于上述原则，铁路物流中心各功能区的布置应符合下列规定：

(1)长大笨重功能区宜靠近集装箱功能区布置。

(2)商品汽车功能区宜邻近集装箱功能区布置,通往商品汽车功能区的道路和大门宜单独设置。

(3)有扬尘污染的散堆装货物功能区宜独立设置,必须与其他功能区合设时,应布置在物流中心外侧、主导风向下风侧,宜远离包装成件、商品汽车、冷藏功能区。

(4)危险货物功能区应远离其他功能区和生产办公及生活设施,并位于主导风向下风侧。

(5)不需铁路装卸的仓储配送功能区、加工功能区宜远离铁路货物装卸线,并靠近门区布置,必要时,可设置独立大门。

(6)商贸、交易、展示区宜布置在邻近货场外主要通道上,并与装卸、仓储作业区域相对隔开。综合服务楼、社会停车场应靠近门区布置,客车、货车停车场宜分开布置。

(7)海关监管作业区宜集中设置,并实行封闭式管理。

二、总平面布置形式

铁路物流中心的运转车场和货场的布置形式应根据作业量、货物品类、作业性质和当地条件等经技术经济比较确定,布置应力求紧凑,充分利用场地,并根据远期作业量留有发展条件。

根据物流中心与铁路正线的关系和不同车场间的位置关系,铁路物流中心的车场布置主要有以下几种类型。

1. 尽端式铁路物流中心

(1)运转车场与货场横列的尽端式铁路物流中心。

图 6-1-1(a)为运转车场与货场横列布置,调车线与到发线合并为一个车场,货场在进口一端的咽喉衔接。这种布置图型的接发车与调车作业集中在车站一端咽喉,部分线路调车转线与接发车进路有交叉,因而车站的通过能力及作业能力较低。

图 6-1-1(b)为运转车场与货场横列布置,货场及牵出线设在车站尽端咽喉一端。这种布置图型的接发车与调车作业分别在车站两端咽喉进行,平衡了车站两端咽喉的负担,通过能力及作业能力均较图 6-1-1(a)有所提高;但车站尽端设置牵出线会增加对城市交通的干扰。

运转车场与货场横列的尽端式布置图型的优点是站坪长度短,用地经济;搬运机具走行跨越铁路线路较少。其缺点是转线、调车与取送作业都有折返行程,增加了车辆的走行距离。

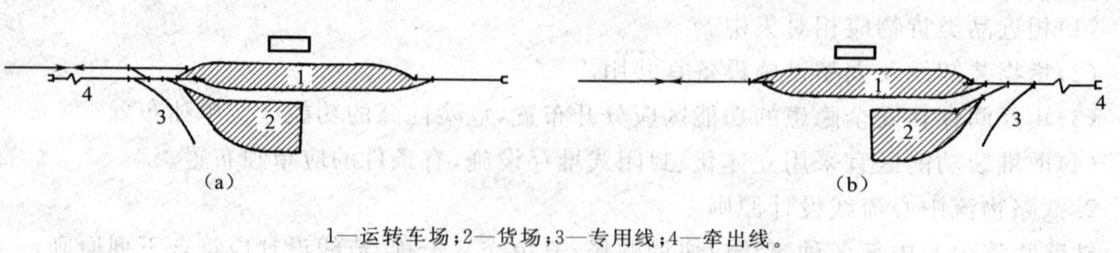

1—运转车场;2—货场;3—专用线;4—牵出线。

图 6-1-1 运转车场与货场横列的尽端式铁路物流中心布置图型

(2)运转车场与货场纵列的尽端式铁路物流中心。

如图 6-1-2 所示,这种布置图型的优点是保证了向货场取送车的流水性,缩短了车辆的转线时间,货场与城市联系方便。其缺点是当有两台调车机车作业时,货场取送车与车列解编作业互相干扰,调车机车的走行距离较长,运转车场出口咽喉区作业干扰严重,用地较长。

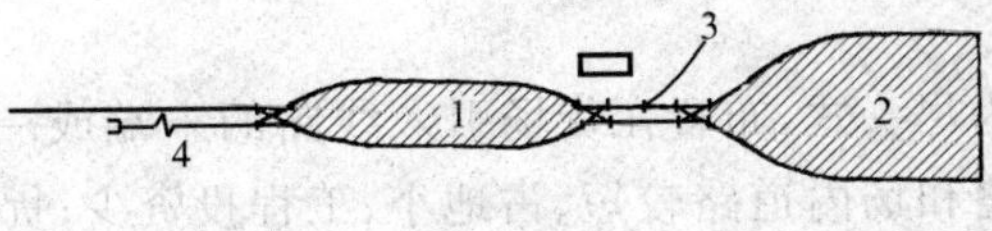

1—运转车场；2—货场；3—专用线；4—牵出线。

图 6-1-2　运转车场与货场纵列的尽端式铁路物流中心布置图型

2. 通过式铁路物流中心

图 6-1-3 是作业量较大的通过式铁路物流中心布置图型。其正线是贯通的，运转车场与货场均设在正线的一侧，可减少站内作业对正线行车的干扰，保证通过货物列车的顺利通行。为了完成较多的改编作业，可设驼峰。当有旅客列车停靠时，尚需设置必要的客运设备。图 6-1-3(a)的主要车场为横列布置，图 6-1-3(b)的主要车场为纵列布置，两者的货场均设在调车场一旁，以便利货物作业车的取送。

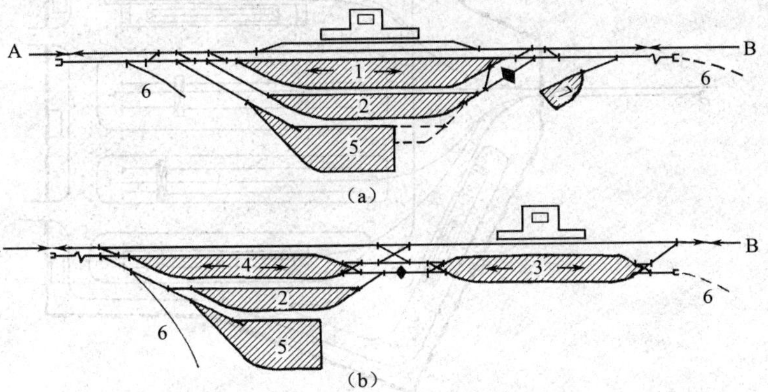

1—到发场；2—调车场；3—到达场；4—编发场；5—货场；6—专用线；7—车辆检修设备。

图 6-1-3　通过式铁路物流中心布置图型(大型)

与尽端式铁路物流中心相比较，通过式铁路物流中心的优点是车站作业分别在两端咽喉进行，作业能力较大；其缺点是与城市干道交叉干扰大，且不易深入城市中心。

通过式铁路物流中心一般都和枢纽内的中间站、区段站一并设置，并有许多工业企业线与之接轨，因此在设计中要保证干线列车运行或小运转列车向工业企业线的取送车进路与调车进路隔开。作业量大的工业企业线要保证与到发场间有独立的通路。

三、货场布置图型

按办理货物的种类，货场可分为综合性货场和专业性货场。综合性货场为设在综合型铁路物流中心、办理多种货物品类货运作业的货场，通常根据货物品类的不同划分为不同的货区，并根据各功能区的布局灵活布设货区。专业性货场主要为设置在专业型铁路物流中心、办理单一货物品类货运作业的货场，包括集装箱、长大笨重货物、散堆装货物、危险货物、商品汽车及自轮装卸、液体货物等类型的专业货场。在大型货场内，还可按货物的到达、发送、中转或按方向划分作业区。办理水陆联运业务的货场，水运货区和铁路货区应分开布置。

按照装卸线的布置形式，货场布置图型基本上可分为尽端式、贯通式和混合式三种类型。

1.尽端式货场

尽端式货场的装卸线为尽头式，布置在货场引入线路的末端或一侧，如图 6-1-4 所示。这种布置图型的优点是铁路线路和场内道路较短、占地小、工程投资少；货场内道路和货物线交叉少，因此搬运车辆出入方便，与取送车干扰少；货场布置易结合地形，有利于与城市规划配合。其缺点是货车取送作业集中在货场一端进行，该咽喉区的负担较重，只有一个方向具备整列到发条件。

货场的装卸线布置分为平行、部分平行和非平行布置，具体形式可根据铁路物流中心的用地形状及与周边道路系统现状来选择。采用平行或部分平行布置用地省、布置紧凑，便于货物装卸和搬运作业，有利于货场发展及实行装卸搬运机械化，并便于排水和道路布置。一般来说，长形用地较多考虑平行布置，方状用地较多考虑扇形布置，也可根据各功能区的布局灵活布置。

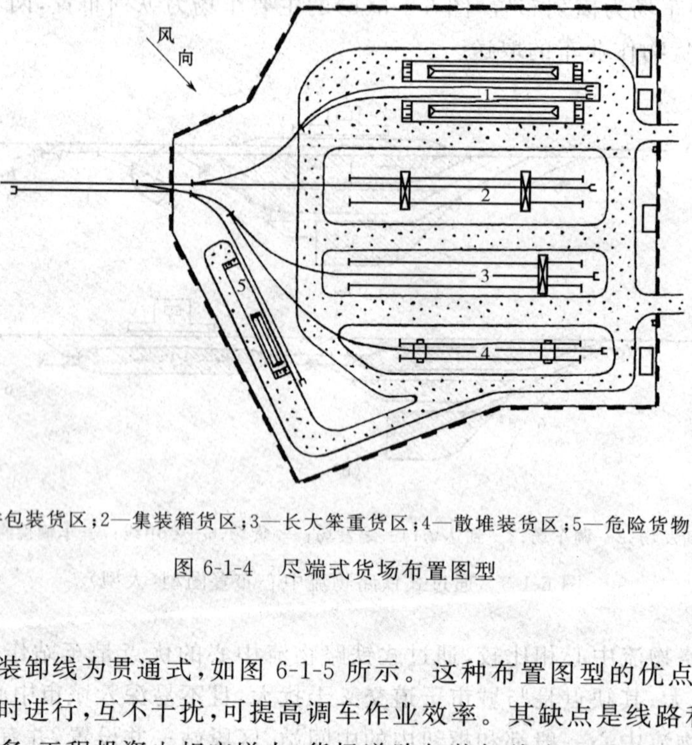

1—成件包装货区；2—集装箱货区；3—长大笨重货区；4—散堆装货区；5—危险货物货区。

图 6-1-4 尽端式货场布置图型

2.贯通式货场

贯通式货场的装卸线为贯通式，如图 6-1-5 所示。这种布置图型的优点是取送车作业可在货场两端咽喉同时进行，互不干扰，可提高调车作业效率。其缺点是线路和场内道路较长、占地比尽端式货场多，工程投资也相应增大；货场道路与装卸线交叉处多，取送调车与搬运货物车辆的作业相互干扰；不易结合地形特点布置、与城市规划不好结合。

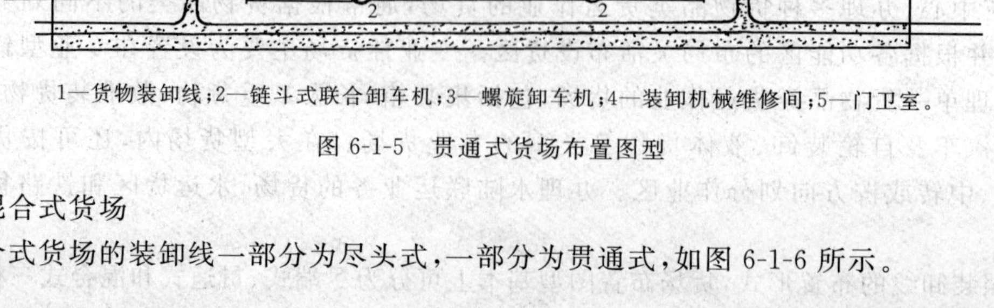

1—货物装卸线；2—链斗式联合卸车机；3—螺旋卸车机；4—装卸机械维修间；5—门卫室。

图 6-1-5 贯通式货场布置图型

3.混合式货场

混合式货场的装卸线一部分为尽头式，一部分为贯通式，如图 6-1-6 所示。

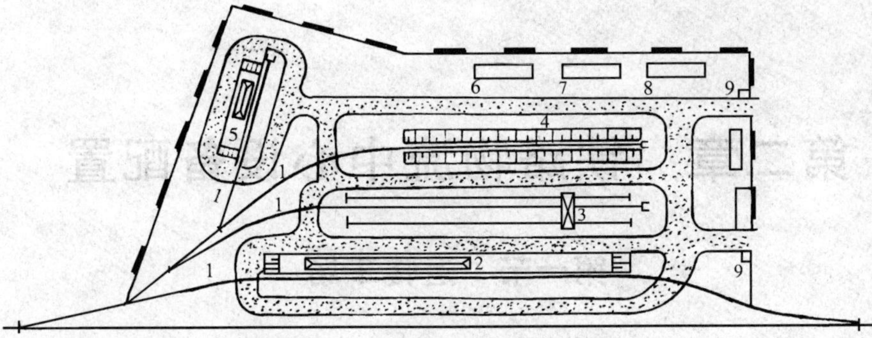

1—货物装卸线；2—货物站台及仓库；3—长大笨重货区；4—高站台；5—危险货物站台及仓库；
6—装卸机械维修间；7—叉车存放保养及充电间；8—食堂及浴室；9—门卫室。

图 6-1-6 混合式货场布置图型

混合式货场具有尽端式与贯通式货场的优点；其缺点是占地和工程投资较尽端式货场大，两端咽喉负担不够均衡。

货场布置图型应根据货物种类和数量、取送车方式、货场在枢纽内的位置、货场与运转车场的相互配置、物流中心各功能区的总体布局和地形条件等因素进行选择。车场的布置力求紧凑，充分利用场地，并根据远期作业量留有发展条件。根据物流服务需求、运输组织需要，结合地形条件，设置能接发列车的贯通式货物线，能够便于货物列车的直进直出。

一般情况下，典型货物品类的货场(货区)布置图型选择应符合下列规定：

(1)地形较宽阔时，集装箱货场(货区)宜采用装卸线两端与正线全部贯通的贯通式布置图型；受地形条件限制，装卸线与正线全部贯通引起较大工程，且车站两端接发车不均衡时，可采用装卸线两端与正线部分贯通的混合式布置图型；位于路网尽头或地形条件困难，且两方向布置接发车显著不均衡时，可采用装卸线仅一端与正线贯通或与正线不贯通的尽端式布置图型。

(2)零散货物快运货场(货区)宜采用可接发列车的三台夹两线的贯通式布置图型。

(3)商品汽车区装卸线宜采用尽头式布置图型。

第二章　铁路物流中心设备配置

第一节　运转车场

一、运转车场的主要设备

运转车场主要包括到发场、调车场等。考虑到运转车场的作业流程和作业特点，各项设备的配置应符合下列要求：

(1)到发场与调车场可合并设置，分开设置时宜采用横列布置。

(2)调车场与装卸作业区的布置应根据地形条件、装卸作业区作业量和作业性质等因素，经技术经济比较确定。装卸作业区宜设在调车场同侧。

(3)到发场咽喉区的布置应设有列车到发和调车作业的平行进路。

二、运转设备数量的确定

1.到发线

到发线数目应根据行车量、列车性质和技术作业过程等因素确定。铁路物流中心到发线数目可参照式(6-2-1)计算：

$$m=\frac{Nt_{占}}{1\,440K-t_{固}}\quad(条)\tag{6-2-1}$$

式中　m——到发线数目，条；

N——每昼夜办理列车对数，对；

$t_{占}$——办理每对列车占用到发线的时间，min，一般为 150～200 min，计算公式为

$$t_{占}=t_{接}+t_{解}+t_{编}+t_{发}$$

其中　$t_{接}$——接车时间，min，可采用 8～15 min，

$t_{解}$——待解及解体时间，min，可采用 65～120 min，

$t_{编}$——编组时间，min，可采用 60～70 min，

$t_{发}$——发车及待发时间，min，可采用 10～20 min；

K——到发线利用系数，一般采用 0.6；

$t_{固}$——其他作业固定占用到发线时间，min，一般为 120 min。

一般情况下，当列车对数等于或小于 6 对时，铁路物流中心的到发线数目(不包括机走线)为 1～2 条；7～12 对时，为 2～3 条；大于 12 对时，可根据具体情况适当增加。

当小运转列车较多时，由于作业时间较小，上述规模可按下限采用。

当货物装卸线具有接发车条件或到发线上不进行列车的技术作业时，部分列车可直接在装卸线办理接发车作业和技术作业，不需占用到发线，因此到发线数目可根据实际情况进行核减。

如铁路物流中心还办理客货列车通过、到发作业或有引入线路时，应根据衔接线路的列车对数、列车性质和车站作业情况适当增加到发线数目。

为组织直达运输，提高作业效率，铁路物流中心到发线有效长度应与相邻区段车站到发线有效长度一致。专门办理小运转货物列车的到发线有效长度，可根据小运转列车长度加 30 m 的附加制动距离确定。

2. 调车线

铁路物流中心的调车线是为解编列车、各装卸作业区挑选车辆而设置的。调车线数目应根据装卸地点、作业车数和调车作业方式等因素确定。

调车线的总有效长度 L，可根据调车场平均每昼夜解编的车数并考虑到发不平衡系数按式(6-2-2)进行概略计算：

$$L=\frac{nTla}{24K} \tag{6-2-2}$$

式中　L——铁路物流中心调车线的总有效长度，m；

n——调车场平均每昼夜解编的车辆数，辆；

T——列车占用调车线的总时间，包括待送、集结和待解时间，h，根据 16 个主要铁路物流中心的统计资料，一般可用 4 h；

l——车辆平均长度，可采用 14 m；

a——列车到发不平衡系数，可采用 1.4；

K——线路长度有效利用率，可采用 0.7。

根据以上公式计算各种解编车数的调车线总有效长度见表 6-2-1。

表 6-2-1　调车线总有效长度

n/辆	50	100	150	200	250	300	400
L/m	234	467	700	934	1 167	1 400	1 868

由于作业车数和装卸地点的增加，需要挑选的车辆数和调车作业量也相应增加，对调车线数目的要求也相应增加。一般情况下，当一个调车区或一个装卸地点的装卸车在 50 辆/d 以上时，应考虑设 1 条调车线；如装卸车在 50 辆/d 以下时，也可以两个或几个装卸地点(或调车区)合用 1 条。

调车线有效长度应满足车列取送时最大长度的需要，宜与到发线有效长度一致；但地形条件困难或改建工程量较大时，最短调车线有效长度不宜小于 200 m，以满足每次取送两组共 10 辆(140 m)加机车长(30 m)和适当留有安全距离的要求。

当到发线和调车线混合使用时，其线路数目可参照上述到发线和调车线的原则综合确定。

3. 牵出线

铁路物流中心的牵出线应根据线路性质、行车量、调车作业量，有无专用调车机车及有无其他线路可以利用进行调车等因素确定。

为了不影响正线的通过能力，提高调车作业效率，确保调车作业安全，一般情况下，通过式铁路物流中心应设置牵出线。当与到发场和调车场接轨的岔线能力允许并满足调车作业要求时，也可利用其作为牵出线。

尽端式铁路物流中心由于列车在正线一端进出，速度低，当正线或接轨的其他线路的平、纵断面符合调车作业要求的情况下，在列车对数 24 对及以下时，可利用这些线路进行调车，不另设牵出线，但大型铁路物流中心由于调车作业繁忙，应设置牵出线。

铁路物流中心的运转车场与货场横列式布置时，两者可共用一条牵出线。

牵出线的长度应按车列或车组的长度确定。大型铁路物流中心主要牵出线的长度，应与衔接车站接发单机牵引列车的到发线有效长度一致，次要牵出线根据作业需要长度设置，一般不宜小于半个整列作业需要的长度。

4.存车线

为了加速车辆周转，节省机车小时，运转车场与货场之间的取送车作业应尽量按送空取重或送重取空办法，有条件时还应尽量组织双重作业，做到送重取重。为办理这一作业，在铁路物流中心内应根据具体情况设置存车线，以便作为铁路物流中心调车和临时停放车辆之用，使铁路物流中心能够有节奏和不间断地组织装卸作业。

存车线应根据物流中心始发终到列车对数、货物作业量、车辆取送及调车作业的复杂程度、运转车场与装卸场的距离，以及装卸场作业能力等因素确定数量和位置。

存车线的位置应结合工程条件和运输组织情况与运转车场或装卸场合设，或单独设置，如图 6-2-1 所示。新建铁路物流中心应按货运设备集中化，便于管理和提高运输效率的原则与运转车场的到发线合设，也可在装卸场内选择适当的位置与货物线合设，不宜单独修建。地形或工程条件受限，需要单独设置时，一般可设在装卸场的入口处。

存车线的数目根据作业需要设置，满足能力及作业要求；存车线的长度可按一次取送车的最大车列长度确定。

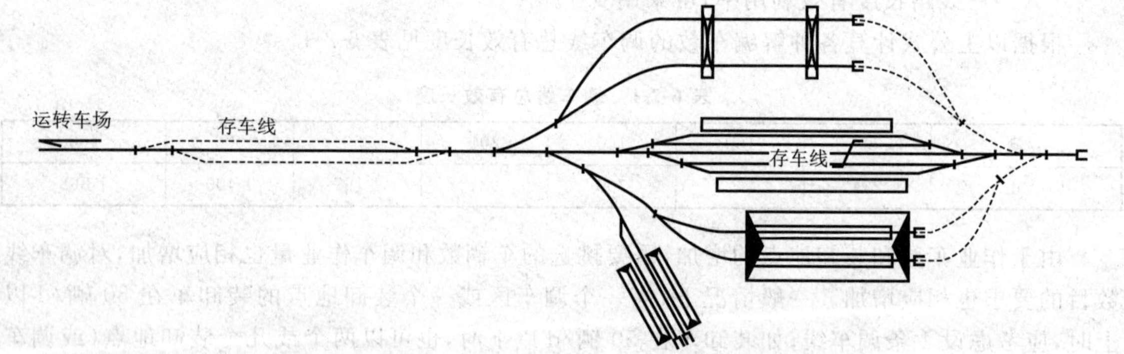

图 6-2-1　铁路物流中心存车线位置

下述情况可以不设或缓设铁路物流中心存车线：

(1)货场距运转车场较近(如 3 km 左右)且取送调车作业方便时。

(2)货场虽然距运转车场较远，但有其他空闲线路(如岔线及其他联络线)或有条件利用货场咽喉附近一段引线供调车和临时存放车辆时。

(3)货场虽然距运转车场较远，但作业量不大，取送车次数不多(如 2～3 次)时。

第二节　包装成件货物功能区

一、功能与设备配置

包装成件货物功能区应具有运输及装卸、多式联运及门到门服务、仓储、配送、装卸和运输机械的检修及清洗、铁路运输信息和货物信息的处理和传输等功能。根据需要可具有国际联运、货物的加工和包装、分拣等功能。

包装成件货物功能区应设装卸线、仓库(货棚)、站台、站台道路侧作业场地等设施设备，并可根据需要设置存储、配送、包装、流通加工、展示交易、海关监管等作业区。

二、货物装卸线与站台设置

1.货物装卸线的设置

货物装卸线宜分束平行布置,可使平面布置紧凑,便于运输机械作业和集中管理,节省用地。在地形条件限制时,各装卸作业区也可采用部分平行或其他布置形式。

货物装卸线线束数目应根据仓库总面积、站台与装卸线的相互配置关系等因素确定。

相邻线束装卸线间的距离应根据货物站台、站台道路侧作业场地、线间构筑物、场内道路、排水设施及场地高程等因素确定。同一线束内,相邻装卸线间无站台时,线间距离不应小于 5.0 m;有站台时应根据站台宽度确定。

货物装卸线的装卸有效长度应根据年铁路到发运量、各类货车平均静载重、单位面积堆货量、货物占用货位时间、货位排数、货位宽度和每天取送车次数等因素计算确定。特快货物班列装卸线的装卸有效长度应根据列车编组长度确定,且不应小于 650 m,其他包装成件货物装卸线装卸有效长度不应小于车组最大长度。

2.货物站台的设置

货物站台宜采用矩形站台。铁路侧货物站台可根据作业需要采用矩形站台、与尽端式站台相连接的 L 形、凹形或凸形站台。公路侧站台可根据需要采用锯齿形。尽端式站台应设置带缓冲装置的车钩。

货物站台两端应设防滑斜坡,斜坡的宽度不应小于 3.5 m,斜坡坡度不应大于 1∶12。站台较长时,公路侧应设装卸作业人员上下台阶,台阶宽度不小于 1.5 m。

货物站台的尺寸应符合下列规定:

(1)普通货物站台边缘顶面高度,铁路侧站台高出轨面高度宜为 0.95～1.1 m,道路侧站台高出站台道路侧作业场地高度宜为 1.1～1.3 m。

(2)货物站台设有仓库时,其宽度和长度应根据仓库宽度、长度、仓库外墙轴线至站台边缘的距离等确定。

(3)货物站台位于库内时,其宽度应根据堆货量、货物品类、搬运工具所需道路宽度、装卸机械作业宽度等因素确定,且不应小于 16 m;长度不应小于货物装卸线有效装卸长度。

根据需要可在中转货物站台端部设站台道路侧作业场地,对应的站台库门前应设固定式液压登车桥。

3.货物装卸线与站台的布置形式

货物装卸线和站台数量及相互位置,主要根据作业量、作业性质确定。每个线束货物装卸线与站台的布置宜采用两台夹一线、一台一线形式,也可采用两台夹两线、两台夹三线、三台夹两线等其他布置形式。

(1)作业量小的装卸作业区可采用一台一线的布置形式,如图 6-2-2 所示。

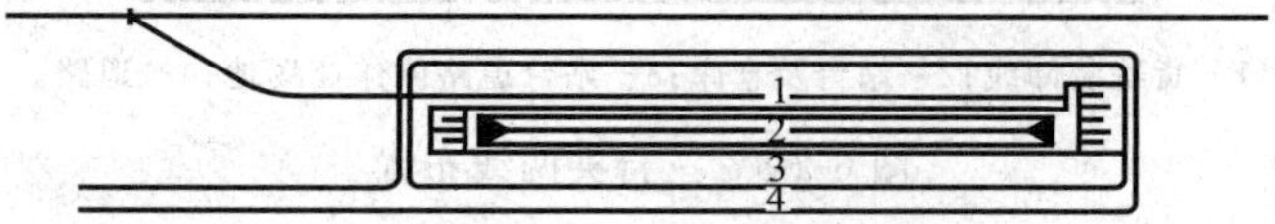

1—货物装卸线;2—站台及仓库;3—站台道路侧作业场地;4—道路。

图 6-2-2 一台一线布置

一台一线的布置形式，具有布置简单，适应性强的特点，宜在货运量不大的货场、货物作业量不平衡或货源不稳定时采用。

(2)作业量较大且到发大致平衡、货源稳定的装卸作业区可采用两台夹一线的布置形式，如图 6-2-3 所示。

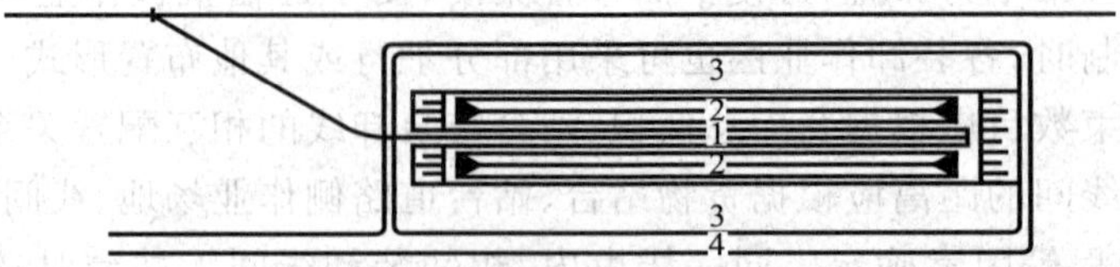

1—货物装卸线；2—站台及仓库；3—站台道路侧作业场地；4—道路。

图 6-2-3　两台夹一线布置

两台夹一线的布置形式，具有布置简单，卸后可原位利用另一站台立即组织装车，避免调车，缩短车辆在站时间的优点，但存在无跨线雨棚时线路排水设置困难、线路换轨枕不便、站台高度超过 0.5 m 及以上时无法直接列检、接触网柱设置困难等缺点。

(3)到发作业量较大、中转作业量较小的装卸作业区可采用两台夹两线的布置形式，如图 6-2-4所示。

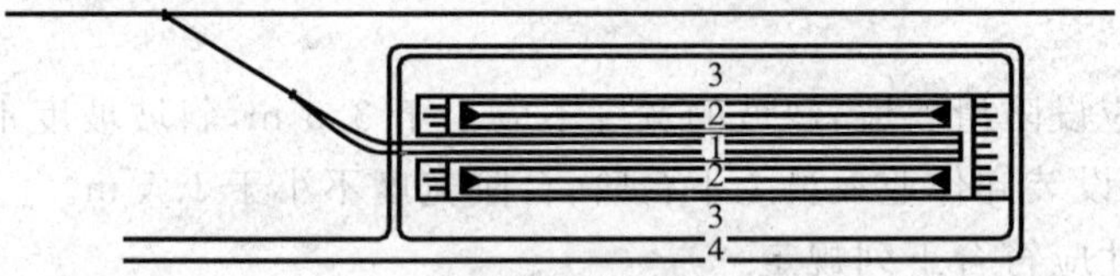

1—货物装卸线；2—站台及仓库；3—站台道路侧作业场地；4—道路。

图 6-2-4　两台夹两线布置

两台夹两线的布置形式，具有适应性强、用地省、线路排水及接触网柱设置方便、线路换轨枕容易、站台高度 0.5 m 及以上时可在另一侧进行列检作业(单侧列检)、调车方便等优点；但存在不能直接利用卸后空车，需调车转线的缺点。适应作业量较大、品名多或到发分区的情况，一般在较大的铁路物流中心采用。

(4)零散货物快运中心站中转作业区及中转作业量较大的装卸作业区可采用三台夹两线的布置形式，如图 6-2-5 所示。

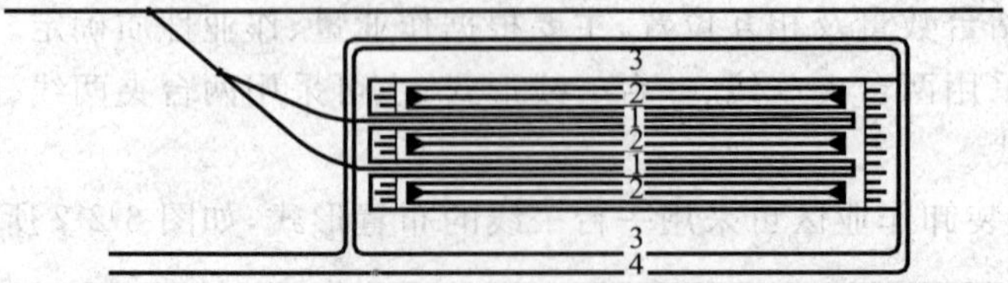

1—货物装卸线；2—站台及仓库；3—站台道路侧作业场地；4—道路。

图 6-2-5　三台夹两线布置

中间为中转站台，两侧为到发站台，货物的到发和中转作业互不干扰，中转货物不足时，到发货物可及时补充。三台夹两线的布置形式有利于铁路物流中心的座、过、落和发送配装的作业，从而提高作业效率，减少运输成本。

(5)作业量较大，且货源稳定，能组织不落地装卸配送的装卸作业区可采用两台一平货位夹两线的布置形式，如图 6-2-6 所示。

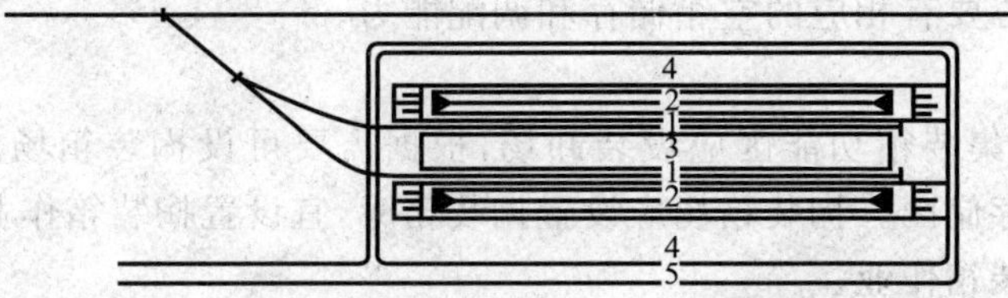

1—货物装卸线；2—站台及仓库；3—平货位；4—站台道路侧作业场地；5—道路。

图 6-2-6 两台一平货位夹两线布置

两台一平货位夹两线的布置形式可以满足当靠站台侧车门无法打开时，在平货位一侧进行掏卸作业，还能在货源稳定、作业量较大的情况下，组织不落地装卸配送作业，但必须严格组织到位，否则无法发挥作用，造成能力浪费。

站台与货物装卸线的配置形式多种多样，设计时根据调查运量及品名、运输组织、装卸作业工艺要求等具体分析，采用上述基本单元配置及布置形式或其组合，如三台夹两线可以分解为两台夹一线与一台一线的组合等，达到安全、高效、适应性强、工程投资省的目标。

仓库与货棚的相关设置要求参见仓储配送功能区。

第三节 集装箱功能区

一、总布置图型

1. 主要功能

集装箱功能区应具有集装箱的运输及装卸、多式联运及门到门服务、掏装箱作业、临修及清洗，装卸和运输机械的检修及清洗，铁路运输信息和站内集装箱信息的处理和传输等功能。根据需要可具有集装箱的国际联运、集装箱的消毒和储存、空箱调配及货物仓储等功能。

根据我国铁路货运组织的特点，铁路物流中心的集装箱功能区设计有以下主要功能：

(1)为保证集装箱快速、准时运输，集装箱班列在铁路物流中心办理到发和装卸作业。集装箱运量较大的铁路物流中心具有集装箱的中转和整列装卸功能。

(2)办理集装箱多式联运及门到门服务，使铁路与公路、水路、航空等多种运输方式合理衔接，保证集装箱运输方便、快捷，节省运输费用。

(3)办理部分掏装箱，可方便货主、吸引货源，提高经济效益。

(4)为满足作业需要，设有一般集装箱的检修设施，对受污染、有异味的集装箱设置清洗和消毒设施，为冷藏箱等特种箱配备检查、保养、测试等必要的设施。

(5)配备装卸和运输机械及其检修、清洗等设施。

(6)建立管理信息系统，对运输生产全过程中的车辆和集装箱进行动态管理，实现各部门间信息传输和资源共享，并与其他相关单位，如海关、港口、银行等通过网络传输，传递交流各类信息。

(7)为满足集装箱运输与国际接轨及集装箱箱型向大型化、专业化发展的要求，根据需要配备满足国际箱运输的设施，设置海关、检验检疫，以及国际银行业务、保险业务、货运代理一系列口岸监管服务机构，并为客户就地办理进出口业务手续提供方便快捷的服务。

(8)考虑集装箱运输的不平衡、集装箱返空后的堆存，以及满足客户的特殊需求，集装箱运量较大的铁路物流中心要有相应的空箱储存和调配能力。

2. 平面布置

为实现上述功能，集装箱功能区应设装卸场，根据需要可设掏装箱场。装卸场应设主箱场、辅助箱场、拖车架存储区。掏装箱场应设置掏装箱库，宜设置掏装箱作业站台，通常配备小型低门架叉车进行掏装箱作业。

集装箱场各组成部分的平面布置，以及各项设备的配置，要协调配合，成为一个有机的系统，以有利于充分发挥设备的能力和效率，有利于安全生产，方便集疏运。平面布置可遵循以下原则：

(1)集装箱场的容箱能力、装卸能力及运输能力要相互匹配、相互协调。

(2)装卸机械与运输机械走行顺畅，避免交叉干扰。

(3)减少集装箱装卸次数，避免重复作业，缩短集装箱在站停留时间。

(4)各作业区在能力、作业流程上相互协调，以利于铁路与公路运输的衔接。

(5)平面布置力求紧凑，合理利用有效面积。同时根据远期运量和发展规划，留出必要的用地，以适应分期发展的需要。

3. 集装箱场的设计要求

为适应集装箱存放、装卸和搬运作业的需要，集装箱场的地面要硬面化，集装箱的箱位地面应力求在同一水平面上。集装箱的作业场地，包括装卸和搬运机械的通路，应能够承受装卸和搬运机具的轮压荷载，集装箱存放场地面应能够承受集装箱的最大荷载。集装箱场的布置必须与装卸作业方式相适应。确定装卸机械类型和台数后，可根据作业方式对线路、道路、箱区、箱位、停车场等进行统筹布置。

在集装箱场内，可根据需要设置发送箱区、到达箱区、掏装箱区、中转箱区、备用箱区、空箱区、待修箱(定修箱和临修箱)区、专用箱(冷藏箱、危险品箱、特种箱等)区、清洗及消毒箱区等。设置时应满足发送箱、到达箱、中转箱、周转箱和维修箱等的生产工艺和不同的功能要求，并尽可能缩短运送距离，避免交叉作业，便于准确、便捷地取放所需集装箱，利于管理。集装箱场内箱区的布置应遵循以下原则：

(1)到达箱区应设在靠近集装箱拖挂车场地的位置。

(2)发送箱区应设在靠近铁路货物装卸线的位置。

(3)中转箱区应布置在便于集装箱直接换装的交通便利处。

(4)掏装箱区应尽量设置在仓库附近，尽量减少各环节的作业干扰和中间运输量。

(5)周转和维修箱区尽量布置在作业区外围，靠近维修车间一侧，便于取送和维修，并减少对正常作业区的干扰。

(6)合理布置箱位。既要考虑充分利用堆场面积，又要留足运输通道和装卸机械作业区及箱与箱之间的距离，做到安全方便。

(7)合理利用与选择集装箱装卸机械和起重运输设备，除保证机械进出场区畅通和足够的作业半径外，应尽量减少其行走距离，提高设备利用效率。

(8)堆场应有一定坡度，以利排水，但要力求平坦，以利堆码稳妥。

(9)堆场场地必须坚固耐用，应根据堆码层数进行设计与处理。

二、主箱场

1. 设计要求

集装箱主箱场是用装卸机械可直接对集装箱列车进行装卸作业的箱场，主要办理到达箱、发送箱和中转箱作业。在主箱场，按到发平衡计算所产生的或需要的空箱也是到达箱或发送箱。

主箱场须设有一条或多条集装箱装卸线，用于集装箱列车出发前的装车、到达后的卸车、中转换装。主箱场装卸作业量大，通常以轨道式龙门吊作为装卸线上的基本装卸机械。

主箱场的布置应满足下列设计要求：

(1)主箱场各装卸作业区宜平行布置，使平面布置紧凑，便于集装箱运输机械作业，节省用地。在地形条件限制时，各装卸作业区也可采用部分平行或其他布置形式。

(2)每一装卸作业区内装卸线的数目可根据作业量、装卸机械类型、平面布置形式、公铁直接换装比例、到发中转箱在站停留时间、列车在站停留时间、中转运量等因素确定。装卸作业量较大时，每一装卸作业区宜布置2条装卸线，当采用集装箱正面吊运起重机装卸时，可满足当一条装卸线进行装卸作业时，另一条装卸线可办理接发车作业或技术作业；当采用轨道式集装箱门式起重机装卸时，中转箱可在两装卸线间直接“过车”作业，减少集装箱装卸次数，有利于提高车辆周转率和铁路物流中心作业效率。中转作业量较大时，宜采用轨道式集装箱门式起重机装卸工艺。

(3)办理整列装卸作业的装卸线有效长度应与到发线有效长度一致。不办理整列装卸作业的装卸线有效长度可为到发线有效长度一半。

(4)主箱场箱位布置需满足到达箱、发送箱、中转箱箱位布置要求，应布置合理，并标明位置和编码。

(5)主箱场箱位宜沿装卸线纵向布置。

(6)主箱场不同装卸作业区装卸线间的距离，要满足装卸机械作业通道、箱位布置、道路布置、排水、照明设施，以及必要的安全距离等。

2. 装卸线与箱位的布置

铁路集装箱场线路与箱位的布置方式不同，其作业效率和管理方法也不同。在满足集装箱快装快卸、方便各项作业的条件下，应力求布置紧凑、合理。

轨道式集装箱门式起重机设置悬臂，跨内不设汽车通道时，装卸线一般设在跨内靠走行轨一侧。汽车通道设在两侧悬臂下，一侧一个，可方便运输车辆及时转上环行道路，减少走行距离和相互干扰，但装卸集卡时集装箱均需穿过轨道式集装箱门式起重机支腿，对作业效率有一定影响，如图6-2-7所示。

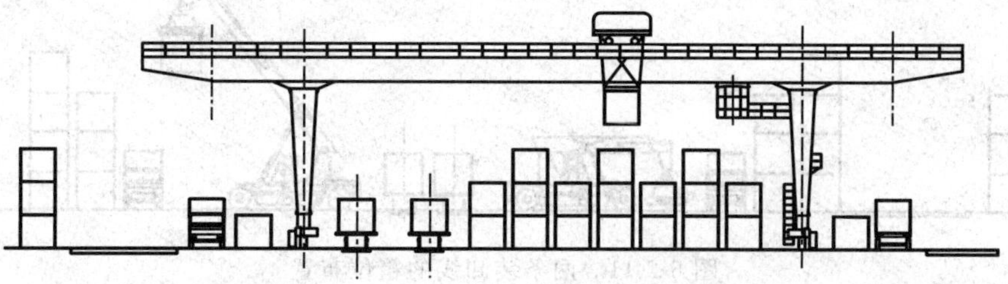

图6-2-7 设悬臂、跨内不设汽车通道、装卸线在跨内靠走行轨设置的箱位布置

轨道式集装箱门式起重机设置悬臂，跨内设汽车通道时，装卸线一般设在跨内靠走行轨一侧。汽车通道可在跨内居中设置，便于划分箱区；为减少轨道式集装箱门式起重机小车走行距

离，提高作业效率，汽车通道也可靠装卸线设置，如图 6-2-8 所示。

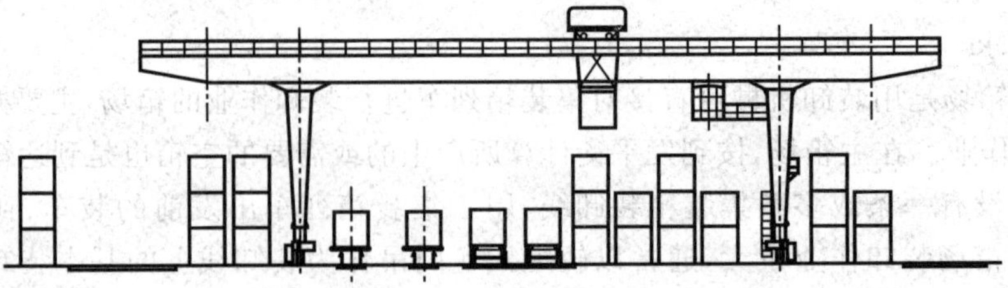

图 6-2-8　设悬臂、跨内设汽车通道、装卸线在跨内靠走行轨设置的箱位布置

轨道式集装箱门式起重机不设悬臂时，汽车通道只能设在跨内。汽车通道在跨内居中设置有利于作业及划分箱区，装卸线在跨度内靠走行轨一侧设置有利于布置箱位，如图 6-2-9 所示。

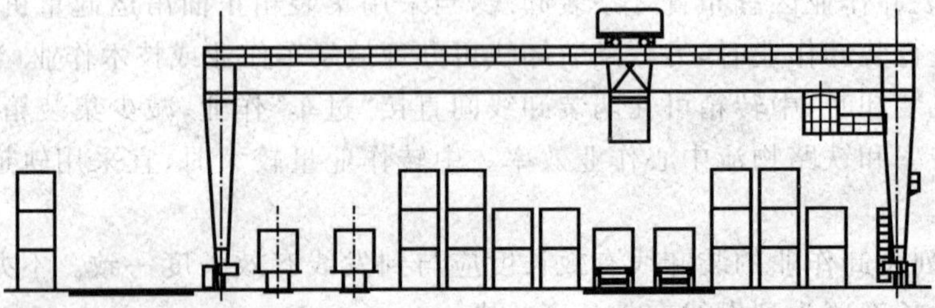

图 6-2-9　不设悬臂、装卸线靠走行轨设置的箱位布置

主箱场装卸机械采用集装箱正面吊运起重机时，最多只能隔一排箱作业重箱，因此每一装卸作业区两侧应各设置两排箱位，则一个装卸作业区为 4 排箱位。每一装卸作业区装卸线的数目，可设一条，也可设两条，其箱位布置如图 6-2-10 和图 6-2-11 所示。

图 6-2-10　一条装卸线的箱位布置

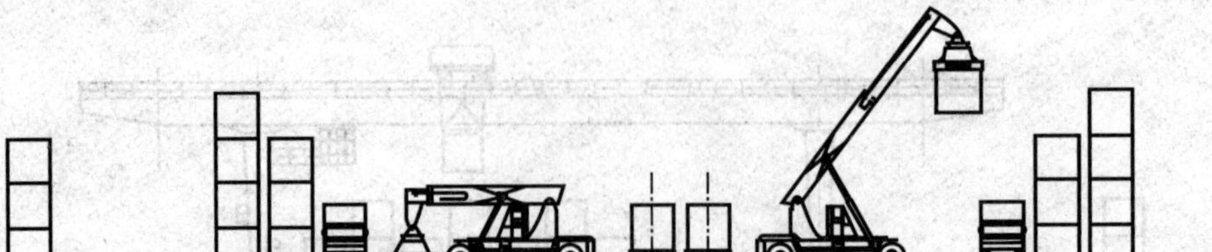

图 6-2-11　两条装卸线的箱位布置

以采用设置悬臂轨道式集装箱门式起重机作为装卸机械为例，集装箱场箱区划分可如图 6-2-12所示。

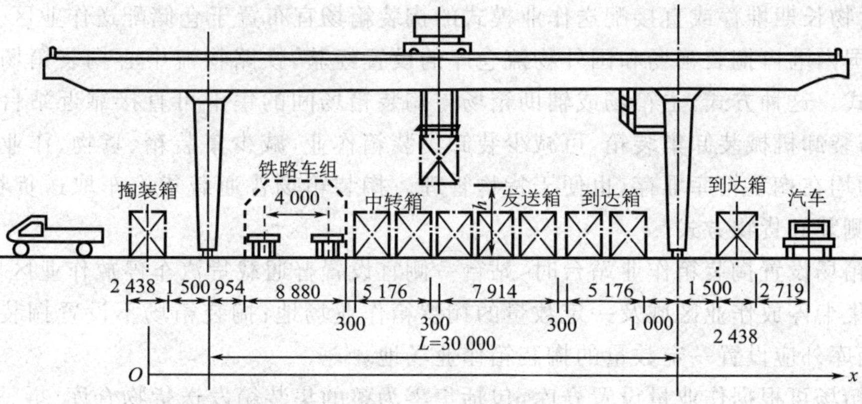

图 6-2-12 集装箱场箱区划分(单位:mm)

三、辅助箱场

辅助箱场是指需通过运输机械辅助，方可用装卸机械对集装箱车辆或列车进行装卸作业的箱场，主要办理待修箱、有特殊作业要求的集装箱、清洗箱、空箱、国际监管箱、备用箱等作业。辅助箱场按集装箱作业性质，可分为待修箱区、有特殊作业要求的集装箱箱区、清洗箱区、空箱区、国际箱监管区及备用箱区等。

辅助箱场设置需满足以下要求：

(1)待修箱区布置在综合维修车间附近，便于维修时取送箱。

(2)辅助箱场应考虑冷藏箱发展需要，预留相应的供电设施设备安装条件；冷藏箱区的位置靠近主箱场可减少转场走行距离；同时冷藏箱区也要靠近生产办公房屋，以便工作人员经常查看温度和检修。有条件的要设集中远程监测设备，显示冷藏箱制冷机组的运转状况及箱内温度。需要场地电源制冷的冷藏箱箱位，需配备固定的电源插座。

(3)有特殊存放要求的集装箱箱区根据所载运货物特性分区存放。危险品箱根据其运量及危险品种类，按照国家有关危险品货物装卸和存放的条例确定存放场地和存放方式，并按照国家有关规定配置相应的消防和安全设施。对贵重物品箱，需加强保管措施。

(4)空箱区和国际箱监管区宜靠近大门出入口，便于站外取送，减少集卡在站内走行。

(5)辅助箱场各类箱作业量较小时，可合并设置，但每一类型箱位应该集中。

(6)辐射范围广、运量充足、在路网上有重要作用的铁路物流中心，需设置备用箱区，以利于路内集装箱调配使用。运量较小的铁路物流中心，不考虑备用箱储备。

四、掏装箱场

掏装箱的作业内容是把适箱货物拼装入集装箱，或从集装箱中取出货物进行分类、保管和发送。

掏装箱场对内是进行集装箱的掏箱和拼箱，对外是将普通汽车运来的货物入库和将库内货物装普通汽车运出。因此，掏装箱场的位置既要靠近主箱场，也要靠近大门，以减少搬运机械往返走行距离。另外，还要靠近对外主要通道及外部道路，便于车辆进出。掏装箱场根据需要可布置为独立的作业管理区，便于独立经营管理，避免对场内作业的干扰。掏装箱场独立设置时，应有与装卸场衔接的通道、大门及信息管理系统。

采用直接换装或掏装货物短期堆存作业模式的掏装箱场靠近集装箱主箱场、辅助箱场布置，采用货物长期堆存或直接配送作业模式的掏装箱场宜布置于仓储配送作业区。

参照国内港口掏装箱场和国外物流仓库的设置经验，铁路物流中心掏装箱场宜采用站台侧作业方式。这种方式，主箱场或辅助箱场与掏装箱场间的集卡可直接靠近站台进行掏装箱作业，不需装卸机械装卸集装箱，可减少装卸集装箱作业，减少集装箱、货物、作业通道等占用场地，货物均在掏装箱库堆存，也便于货物管理。掏装箱场普通载货汽车取送货物，也可考虑采用站台侧装卸货物方式。

掏装箱场设置掏装箱作业站台时，站台一侧宜设置普通载货汽车停放作业区域，站台另一侧宜设置集卡停放作业区域及一定数量的掏装箱作业场地；掏装箱场不设置掏装箱作业站台时，掏装箱库外应设置一定数量的掏装箱作业场地。

掏装箱场可根据作业量设置仓库，包括集零为整的集装箱发送货物仓库、拆整为零的集装箱到达货物仓库、零散货物仓库和仓储仓库等。

第四节　其他功能区

一、长大笨重货物功能区

1. 功能与设备配置

长大笨重货物功能区应具有长大笨重货物的运输及装卸、多式联运及门到门服务、仓储配送、装卸和运输机械的检修及清洗、铁路运输信息和货物信息的处理和传输等功能。根据需要可具有国际联运、流通加工和展示交易等功能。

长大笨重货物功能区应设置货物装卸线，其数目应根据货物品类、作业量、工艺流程和装卸机械类型等因素确定。

长大笨重货物功能区可根据需要设置存储、配送、流通加工、展示交易、海关监管等作业区。各作业区规模应根据货物品类、作业量、工艺流程和装卸机械类型等因素确定。

各作业区布置应符合下列规定：

(1)货物装卸线宜平行布置，相邻装卸线间距离应根据装卸机械类型、货位布置、其他作业区和道路布置等因素计算确定。

(2)各作业区应根据货物品类、作业量、作业流程、货物流线、车辆流线等因素布置。

(3)存储区、配送区、流通加工作业区宜与铁路货物装卸线相邻垂直布置。

(4)作业量较小，且无加工功能需求时，存储区、配送区可与货物装卸线货位合设，以减少货物转场倒运，提高效率。

(5)作业量较大，设有多条货物装卸线时，存储、配送、流通加工等作业区可分区或集中设置，也可根据需要混合设置。

2. 货物装卸线的布置要求

根据作业量、作业性质、装卸机械类型等因素布置长大笨重货物装卸线，应符合下列规定：

(1)作业量不大时，宜按一线一平货位布置。

(2)长大笨重货物和集装箱作业并存时，宜相邻布置。当两者作业量均较小时或长大笨重货物作业量较小时，可合并设置装卸线，并分别配置装卸机械。

(3)货物装卸线宜分束布置，每束设 1～2 条。同一线束内设 2 条装卸线时，有接发车条件的装卸线间距离不应小于 5.0 m，无接发车条件的装卸线线间距离不应小于 4.2 m。

(4)作业量较大时，宜按到、发和中转分设货位；到发作业量不均衡时，也可将到、发货位合并设置。

3.平面布置

(1)装卸机械采用门式起重机时，平面布置应满足下列要求：

①汽车通道设在门式起重机悬臂下，货物装卸线设置在跨内邻靠走行轨一侧；采用无悬臂门式起重机时，汽车通道应设在跨内邻靠走行轨一侧，货物装卸线应设在邻靠走行轨另一侧。

②货物装卸线邻靠门式起重机走行轨布置时，走行轨中心至货物线中心的距离，应保证门式起重机支腿突出部分不侵入建筑限界，一般取3.5 m。

③汽车通道的宽度不宜小于7.0 m。汽车通道邻靠货物装卸线布置时，至货物装卸线距离无列车技术作业时不应小于2.5 m，有列车技术作业时不应小于3.0 m。

④货位边缘至货物线中心的距离不应小于2.5 m；货位边缘至汽车通道边缘的距离不应小于0.5 m；货位边缘至起重机走行轨中心的距离应为门式起重机支腿突出部分宽度加0.8 m。

(2)装卸机械采用桥式起重机时，平面布置应满足下列要求：

①货物装卸线设在仓库(货棚)立柱一侧，有利于货位布置，便于作业和管理。

②货物装卸线中心至仓库(货棚)立柱中心距离不应小于3.5 m；货物装卸线距离汽车通道不应小于2.5 m；货位边缘至汽车通道边缘的距离不应小于0.5 m。

③仓库(货棚)内汽车通道宽度不宜小于7.0 m，并宜与货物装卸线平行布置。

④仓库(货棚)跨度应根据货物堆存场地需要和桥式起重机跨度确定。

长大笨重货物装卸线长度应根据年铁路到发运量、车辆平均静载重、单位面积堆货量、货物占用货位时间、货位排数、货位宽度和每天取送车次数等因素计算确定。作业量较小时，货物装卸线的装卸有效长度不应小于车组最大长度；办理整列装卸作业时，装卸有效长度不应小于车列长度；不办理整列装卸作业但作业量较大时，装卸有效长度不应小于半个车列长度。

长大笨重货物装卸线不应设置接触网。

二、散堆装货物功能区

1.功能与设备配置

散堆装货物功能区应具有散堆装货物的运输及装卸、多式联运及门到门服务、装卸和运输机械的检修及清洗、铁路运输信息和货物信息的处理和传输等功能。根据需要可具有流通加工和展示交易等功能。

散堆装货物功能区应设置装卸线，并根据作业方式设置站台或堆货场，其数目应根据货物品类、作业量、作业方式、装卸机械类型等因素确定。

可根据需要设置存储区、加工区、配送区、展示交易等作业区。各作业区规模应根据货物品类、作业量、工艺流程和装卸机械类型等因素确定。由于散堆装货物彼此差异性很大，其加工工艺也有很大差别，如配煤加工和散装粮食包装加工，其工艺、流程大不相同，所需生产场地规模也不相同，因此加工区场地规模根据不同的加工工艺及流程确定；存储区和配送区则根据作业量、配送要求等因素确定场地规模。散堆装货物无加工功能需求时，可在货物装卸场存储和配送，如原煤、砂、矿建等，存储区、配送区可与铁路装卸作业区合设；有加工功能需求时，货物须经加工区加工，加工后的成品需有场地存储和配送，应单独设置加工区、成品货物存储区、配送区。其他配套功能区应集中设置。各作业区布置应符合下列规定：

(1)铁路货物装卸线宜平行布置,相邻装卸线间距离应根据装卸机械类型、货物站台、货位、汽车装卸货物区、场内道路和排水设施布置等因素计算确定。

(2)各作业区根据货物品类、作业量、作业流程、地形条件等因素对装卸线、存储区、配送区、流通加工区进行合理布置,合理规划设计货物流线、车辆流线,以提高效率,便于管理。

(3)货物装卸线宜分束布置。

(4)散堆装货物装卸线应集中布置。污染严重的装卸线与其他装卸线应分开设置,并将其设在主导风向下风侧。

2. 货物装卸线的布置要求

散堆装货物装卸线长度应根据年铁路到发运量、车辆平均静载重、单位面积堆货量、货物占用货位时间、货位排数、货位宽度和每天取送车次数等因素经计算确定。

卸车线可采用栈桥或路堤等形式;当采用路堤式低货位时,路基面高度宜采用 1.5～2.5 m,宽度宜采用 3.2～3.6 m;当使用机械时,可采用翻车机配皮带输送系统、抓斗配平货位或扒料机配低货位等。

装车线可采用高站台、平货位或滑坡仓、跨线漏斗仓等形式;当采用滑坡仓时,其货位高度应不低于车辆与货物装载高度两者间的最高值;当使用机械时,可采用装载机配站台、平货位,快速定量装车系统配皮带输送系统等。

散堆装货物装卸线有效长度应与站台、堆货场长度相匹配。

大宗煤炭、矿石等散堆装货物装卸线宜按整列到发或取送、整列装卸配置货运设备。到发兼货物装卸线数目应根据作业量、到发列车数量、作业方式、装卸机械类型和作业时间等因素确定。为了提高效率,便于接发列车,到发兼货物装卸线宜与车站横列贯通式布置。

对易产生扬尘的煤炭、矿石、粮食、化肥等散堆装货物堆货场宜封闭,煤炭、矿石等污染严重的散堆装货物露天堆放时,可根据具体情况设置防尘、抑尘设施,满足当地环保要求。寒冷地区尚应设置防冻设施,并可根据需要设置解冻库线或人工卸车线。

三、商品车功能区

1. 功能与设备配置

商品汽车功能区具有铁路、公路运输商品汽车到达和发运;铁路、公路运输商品汽车装卸条件和汽车后市场延伸服务;商品汽车及其零配件集结、仓储;商品汽车检修和清洗;信息处理和传输等功能。根据需要可具有商品汽车的国际联运、展示交易等功能。

商品汽车功能区应设置装卸场、交付区、检测区、仓储区、环形通道、大门、社会停车场及配套生产设施等;根据市场需求可设货物站台和商品汽车零配件库或货棚等。

装卸场应设装卸线、站台。

2. 装卸线与站台的布置要求

装卸线宜采用平行布置,相邻装卸线线间距离不应小于 5.0 m。

装卸线总有效长度应根据商品汽车运量、装卸效率、取送调车能力和运输组织模式等因素确定,并应为到发线有效长度的整倍数。每条装卸线有效长度宜与到发线有效长度一致,根据需要可为到发线有效长度的 1/2,特别困难条件下,装卸线有效长度可根据地形条件确定。

商品汽车装卸场采用尽端式布置图型时,可采用双层可调式装卸站台或尽端式货物站台辅加移动式商品汽车装卸爬梯。双层可调式装卸站台二层升降起动装置应采用液压设备及备用手动升降葫芦;尽端式货物站台应设带缓冲装置的车钩。双层可调式装卸站台上层应设置货棚。装卸场采用贯通式布置图型时，可采用专用移动式商品汽车装卸机械。

商品汽车装卸站台和尽端式货物站台端部应设斜坡，斜坡坡率不应大于1∶7，坡面应采取防滑措施。

3.作业区的设置

为便于商品汽车功能区的管理，避免商品汽车损坏和车内设施的丢失，确保商品汽车在站内停车安全，商品汽车功能区要与到发及调车场、社会车辆停车场、集装箱功能区、包装成件功能区等隔开，辅以红外线监测设备等进行管理。

交付区设置在出入口附近，设交验缓冲区和配送服务区。交验缓冲区应设验车道。

检测区内应设置现场作业房、出入库扫描房、检测房、备品房、工具房和洗车房等。

现场作业房应与检测房、备品房、工具房、洗车房集中设置于检验区一侧。现场作业房内应设货运办公室、装卸会议室、间休室、卫生间及生产生活配套设施等。

商品汽车在仓储区可采用平面或立体垂直式存放。

四、仓储配送功能区

1.功能与设置位置

仓储配送功能区服务于城市或一定区域的货物配送活动，面向普通件装货物，以及对存储要求较高的生产资料，以实现不同运输方式干线运输与末端配送的结合。仓储配送功能区应具有运输、装卸搬运、仓储、配送和货物信息处理等功能。铁路物流中心可根据需要在仓储配送区内设置快件作业区。

仓储配送功能区宜设置在铁路物流中心靠近道路侧的区域；当有港口码头时，仓储配送功能区在铁路物流中心的位置应便于实现公、铁、水联运。快件作业区位置宜选择离物流中心出口较近的地点，最好设置单独的物流中心出入口，便于配送、集散作业小型车辆的频繁进出，减少快件物流作业车辆与其他功能区作业车辆的交叉干扰。

2.仓库或货棚的设置要求

仓库或货棚主要用来存储对仓储环境要求较高或者有特殊要求的货物，如高附加值货物、零散快件等。仓库或货棚应根据储存货物类型、货物堆码高度、包装方式、物流需求的不均衡性、进出库频率、作业方式、作业流程、作业机械、消防要求和当地气象条件等因素，以及存储、分拣、配货、包装和流通加工等功能的衔接性进行设计，对仓储环境要求较高或者有特殊要求的货物宜设置在仓库中。装卸作业场地、仓库库门和库内作业通道应适应运输车辆、叉车等装卸机具作业要求。

仓库按结构可分为单层、双层和多层；仓库或货棚按与装卸线的配置形式可分为跨线式和非跨线式，在多雨、雪和大风地区或作业量较大的仓库或货棚宜采用跨线布置；仓库或货棚按功能可分为仓储配送型、储存型、快件分拣型和中转型。

货物仓库或货棚应根据货物的品类、货位布置等因素设计，并符合下列要求：

(1)货物仓库或货棚宜采用矩形布置，多雨、雪地区或作业量较大的仓库或货棚宜采用跨线布置，其布置形式可采用类似站台与装卸线布置的两库(棚)夹一线、三库(棚)夹两线等布置形式。

(2)仓库面积应根据货物品类、存货量、货物周转时间、堆存方式、物流作业要求和消防等因素确定，且不宜小于3 000 m^2。

(3)仓库或货棚的宽度与长度可根据年货运量、所处地块、货位尺寸、货位布置形式、货物堆码高度、装卸机械类型、作业方式及作业种类等因素确定。仓储配送型、储存型仓库或货棚宽度应根据物流服务需求确定，且不宜小于 30 m；中转型仓库或货棚宽度宜采用 18 m 及以上。快件分拣型仓库或货棚的长度与宽度应根据分拣设备及货物分拣量确定。装卸线旁的仓库或货棚长度应与装卸线的装卸有效长度相匹配。

(4)仓库或货棚高度应根据货物堆码高度、装卸机具通行及堆码作业要求等确定。使用货架的单层仓库或货棚净高不宜小于 8.5 m，堆存货仓库或货棚、使用货架层数较少的单层仓库或货棚净高不宜大于 7 m；多层仓库的底层净高不宜小于 6 m，楼层净高不宜小于 5 m；设有桥式起重机的仓库或货棚高度，应根据起吊货物的最低起吊高度和设备高度综合确定。

(5)仓库外墙轴线距站台边缘距离应根据作业机械类型、回转半径、仓库货物品类等因素计算确定，靠近铁路一侧宜采用 4 m，场地一侧不宜小于 4 m。

(6)仓库或货棚道路侧作业场地宽度不宜小于 30 m。只停放配送或接取送达车辆的作业场地，其宽度可根据配送车辆外廓尺寸适当减小。

(7)仓库或货棚应在靠场地侧及铁路侧设置雨棚，雨棚应满足雨雪天气的作业要求。在降雪及大风多发地区，雨棚设计应具备抗倾覆能力。

3. 快件作业区设置

快件作业区应满足大规模、多品类货物的快速集散、捡货、配送、再包装和转运作业需要，按不同功能分为仓储集散物流、分拣配送物流和综合以上两种功能的中心库。快件作业区的划分应适合快件物流多批次、多品类、多方向、大流量、轻小零散的作业特点，可划分为卸货区、分拣区、装车区、安检和称重区。

卸货区主要由停回车区、卸货车位、卸货设备、卸货平台、异形件处理通道及搬运设备等组成。常用的卸货设备包括伸缩皮带机、倾斜卸货皮带机、伸缩滚筒输送机、笼车＋登车桥、叉车等。

分拣区的作用是货件卸车后通过人工或自动设备按照一定的目的地进行分拣。常用的设备主要有输送皮带机、滑槽、操作平台、全自动化包裹分拣机及其他自动分拣设备等。

装车区对快件按装车方向进行二次分拣和装车，主要由分拣平台、分拣输送机、装货皮带机、装货平台、装货车位、集装工具或其他装货设备组成。

安检和称重区是指在装车区附近安设安检机、称重地磅等设备的区域。安检区应满足单件安检模式和整板、笼车等集装工具过货安检的作业需求。

快件作业区总平面布置应结合未来物流发展迅速的趋势，在设计中预留作业功能扩展余地。快件作业区设置必须符合下列规定：

(1)快件货物以公路运输方式为主时，仓库应靠近运输主出入口布置；快件货物以铁路运输方式为主时，仓库应靠近铁路装卸线。如不能满足时，应提供场内转运车辆停靠设施或传送带。

(2)快件功能区的库房面积应不小于 6 000 m^2。建筑高度根据设备安装净空要求确定，应不低于 10 m(如多层设置，每层建筑高度不低于 5 m)。

(3)快件功能区库房的建筑柱距应不小于 10.5 m；单层库房室内考虑抽柱(大跨距)设计，提高室内利用率。

(4)快件功能区应实行封闭式管理，可通过在快件功能区不同区域间设立网、墙等设施围挡隔离，在车辆出入口设立门岗、道闸，在人员出入口设立人闸、安检设备等，加强人员和车辆出入的管理，确保货件在流转过程中的安全。

快件作业区可结合消防车道沿仓库长边设置灭火救援场地，其宽度应不小于 10 m；消防车道与仓库的距离不应小于 5 m。

快件仓库任一长边大于 220 m 时，仓库首层应设置宽度不小于 6 m 的防火分隔通道，通道两侧的隔墙应为防火墙，隔墙上设门时，应采用甲级防火门。

4. 其他功能仓库

口岸物流仓库应设置国际货库及相应的配套设施，海关、检验检疫查验场地和办公用房；根据需要可设置熏蒸消毒设施。

保税监管仓库应符合《中华人民共和国海关对保税仓库及所存货物的管理规定》中保税仓库的设立条件。

具有内陆港功能的铁路物流中心，口岸物流仓库或保税监管仓库应设置在内陆港功能区内。

金融物流仓库内监管区域应单独设置且保证相对封闭，安装视频监控设备，并宜在显著位置绘制监管区域示意图。

第五节 道路布置要求

铁路物流中心场内道路分布在各个区域，各区域内通行的装卸机械和运输机械种类和流量差异较大。按使用功能，可将铁路物流中心场内的道路划分为下列三级：

(1) 主干道：铁路物流中心场内连接主要出入口通道的道路、车流量较大的主要道路。

(2) 次干道：铁路物流中心场内的环形道路；连接出入口通道且车流量较小的道路；车流量较大的次要道路。

(3) 支道：除干道外的汽车道路。

铁路物流中心场内道路主要技术标准应符合表 6-2-1 的规定。

表 6-2-1 场内道路主要技术标准

项目		主干道	次干道	支道
设计车速/(km/h)		15	15	15
路面宽度/m		15～30	10.5～15	3.5～7.0
最小圆曲线半径/m	行驶单辆汽车	—	—	20
	行驶拖挂车	50	30	—
交叉口路面内缘最小转弯半径/m	行驶单辆汽车	—	—	9
	行驶拖挂车	18	18	—
停车视距/m		15	15	15
会车视距/m		30	30	30
交叉口停车视距/m		20	20	20
最大纵坡/%		3	3	3
横向坡度/%		1～2	1～2	1～2
竖曲线最小半径/m		100	100	100

注：1. 路面宽度取值应根据工艺要求、通行车辆和流动机械类型等因素确定。

2. 场内道路平面转弯处不宜设超高和加宽。

3. 主要出入口通道内外路段，应根据使用要求适当加宽路面。

4. 集装箱功能区主箱场与辅助箱场间的道路，应根据流动装卸机械作业要求和车流量适当加宽。

5. 在交叉口和人员出入较多地段设置限速带。

铁路物流中心场内道路布置形式直接影响流动装卸机械和运输机械作业能力。为保证道路畅通，避免阻塞，场内道路平面布置应满足高峰时段场内车辆疏运的要求，宜按单向环形布置。连接出入口通道的主干道及集装箱功能区主箱场和辅助箱场间的道路，可按双方向布置。尽端式道路应具备回车条件。

场内道路平面交叉时，交叉点应设置在直线路段，并宜正交；当需要斜交时，交叉角不宜小于45°；受地形条件限制时，交叉角可适当减小。平面交叉宜设在纵坡不大于2%的平缓路段，平缓路段自路面两侧向外算起的长度不应小于16 m，不包括竖曲线部分长度；紧接平缓路段的道路纵坡不宜大于3%，困难地段不宜大于5%。

第三章 换 装 站

第一节 换装站分类、作业及设备

一、换装站分类

换装站(transshipment station)是设在不同轨距铁路的接轨地点,为货物换装和旅客换乘服务的车站。换装站按其设置的地点和担负的作业性质可分为以下两类。

1. 国境换装站

国境换装站设于轨距不同的两国国境铁路衔接地点,办理两国间进、出口货物的交接、换装以及旅客运送作业。

国境换装站有两种设置方式:一种是在两国国境内国界附近的适当地点各设一个换装站,分别担负本国进口货物的换装;另一种是换装站设在某一方国境的附近,集中办理双方进、出口货物的换装。采用何种设置方式,应根据双方协议及当地条件而定。

国境换装站即衔接不同铁路轨距的口岸站。

2. 国内换装站

国内换装站设在国内两种不同轨距铁路的衔接地点,办理国内两种不同轨距铁路的换装业务。

二、换装站的作业及设备

国境换装站除办理货运站所有的技术作业外,还要办理以下作业。

1. 旅客列车作业

(1)有关边防的检查作业,如公安、边防人员检查护照,海关人员检查行包,卫生防疫人员检查有无传染病,动植物检疫人员检查或化验列车上的动植物等。

(2)餐车和邮政车的摘挂作业。

(3)行李的交接与邮政的换装作业。

(4)全部客车转向架的更换或旅客的换乘作业。

其中(2)、(3)两项作业只在餐车、行包邮政车不过轨时办理。

2. 货物列车作业

(1)边防部门对进、出口货物列车的验收。

(2)外运代理部门对进、出口货物的报关检验。

(3)海关、商检、卫生防疫检查、动植物检疫等部门对进、出口货物的检疫、检验。

(4)货物和车辆的交接、检斤和验收作业。

(5)货运票据的翻译、签封,各种费用(如换装费、验关费等)的核收。

(6)货物的换装,必要时还办理个别特大货物车辆更换转向架的作业。

国境换装站应具备下列主要设备:

(1)不同轨距的边检场,对进出口列车及人员进行出入境许可检查及安全防范检查。

(2)不同轨距铁路共用的旅客列车到发场,为客车车底过轨而设的旅客列车转向架更换设备。

(3)不同轨距的货物列车到发场、调车场。

(4)两种轨距共用或分开的机车检修和整备设备、车辆检修设备。

(5)两种轨距布置在一起的换装场、货物仓库或堆场。

(6)部分换装站还需设置木材熏蒸场、换轮所等。

根据所办理货物作业性质的不同,国境换装站可按照换轮货区、整车怕湿货区、集装箱货区、笨重货区、散装货区、危险品货区、特种货物货区等功能分别布置换装区。

国内换装站的技术作业主要是办理不同轨距列车到发、调车和取送作业。货运作业只办理货物的换装及当地货物的装卸。对于旅客列车,一般只办理旅客换乘的作业。国内换装站由于运量小,货物品类不同,一般可根据所办理货物的性质设置几组换装线即可。

目前,我国无国内换装站,换装站主要分布在边境口岸。后续章节内容主要介绍国境换装站的作业流程与布置图型。

第二节　换装站布置图型

一、换装站的作业流程与布置要求

(一)作业流程

1.旅客列车作业流程

一般来说,国际旅客列车通常采用更换转向架的方式实现过轨运输,避免旅客换乘带来的不便。以出国旅客列车为例,准轨的旅客列车接入准轨的客车到发场或混轨线(mixed track)后,将准轨的餐车、行包邮政车摘下,将车底送往换轮场更换为非准轨转向架,然后送回混轨线,挂上非准轨的餐车、行包邮政车,再挂上非准轨的本务机车后发车。

2.货物列车作业流程

对进口货物列车,非准轨的货物列车先进入边检场进行边防检查后接入非准轨到发场,然后根据需要的换装类型经牵出线解体车列至非准轨调车场,之后调车机车将待装、待卸的车辆由非准轨调车场送至换装场,双方进行交接后进行换装。换装完毕的准轨车辆由准轨调车机车转至准轨调车场,待集结一定数量后进行编组,然后转至准轨到发场,挂上准轨本务机车后出发。换装完毕的非准轨车辆则转至非准轨调车场集结、编组,然后转至非准轨出发场办理出发作业后返回。

对出口货物列车,准轨的货物列车接入准轨到发场进行接发车作业,然后转入准轨边检场进行出口查验,之后出关至邻国换装站进行一系列进口货物列车作业后返回。

(二)布置要求

根据其作业特点,换装站除应遵守一般车站的布置原则以外,还应满足下列要求:

(1)两种不同轨距的线路应最大限度地避免互相交叉。

(2)换装站与铁路区间应有直接通路,以便必要时列车能直接向区间发车。

(3)边检场是对进出口列车及人员进行出入境许可检查及安全防范检查的场所,应设于国界线附近,并与到发场纵列布置,困难条件下,也可与到发场横列合设。边检场的布置形式与越行站类似,需设置两种轨距的到发线。

(4)不同轨距的客车到发线和客运设备应集中设置。

(5)换轮库应配备起重设备、换轮线、存轮线等,换轮线轨距宜按宽(窄)轨轨距加护轮轨设计。

(6)大型换装场内各换装区的布置应保证作业安全便利、节省场地面积。

(7)换装线宜优先选用直接换装和落地换装相结合的布置形式。换装线的长度宜满足整列换装的要求。

(8)换装设备应尽可能采用机械化、半机械化设备,以提高作业效率。

(9)两种轨距铁路的机务和车辆整备、检修设备宜合设,共用的机车车辆检修线和整备线宜采用三线轨道形式。

(10)木材熏蒸场宜单独设置,应远离人口密集区,布置于主导风向下方,并应满足环保要求。线路总长度应根据作业量、熏蒸作业时间等因素确定。

二、换装站布置图型分析

根据两种轨距的到发场、调车场与换装场的相互位置,国境换装站布置图型可分为横列式、纵列式和混合式三种。

1. 横列式

当运量较小或受地形条件限制时,可将准轨到发场、调车场横列或纵列布置,同样可将非准轨到发场、调车场横列或纵列布置,再将不同轨距铁路系统在相对位置上呈横列平行布置,并在两个系统中间设置换装场,换装场旁边可布置不同轨距铁路货场,从而形成各车场间相对横列的布置图型,如图 6-3-1 所示。

横列式图型优点是设备集中,布置紧凑,便于管理;缺点是调车折返行程较长,发展受到一定限制,换装取送作业干扰较大,能力受限制。

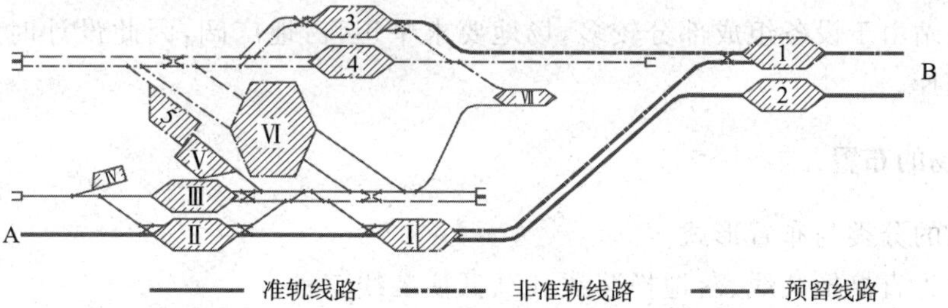

Ⅰ—客站(及换轮库);Ⅱ—准轨到发场;Ⅲ—准轨调车场;Ⅳ—站修场;Ⅴ—准轨货场;
Ⅵ—换装场;Ⅶ—机务段;1、2—边检场;3—非准轨到发场;4—非准轨调车场;5—非准轨货场。

图 6-3-1 横列式换装站布置图型

2. 纵列式

当运量较大或地形不受限制时,可采用不同轨距铁路系统的到发场、调车场与换装场按照车辆的作业流程全部纵列式布置图型(图 6-3-2),纵列式布置图型站坪长度约需 11.5 km。

纵列式图型的优点是有利于整列取送,作业顺畅,换装场、到发场、调车场之间作业干扰小。缺点是对地形要求较高,占地较大,设备分散,管理不便,无解编作业车辆走行距离长等。

3. 混合式

当运量较大或地形受到一定限制时,还可以采用两种轨距的到发场、调车场横列,再与换装场纵列布置的混合式图型(图 6-3-3)。混合式布置图型站坪长度约需 8.5 km。

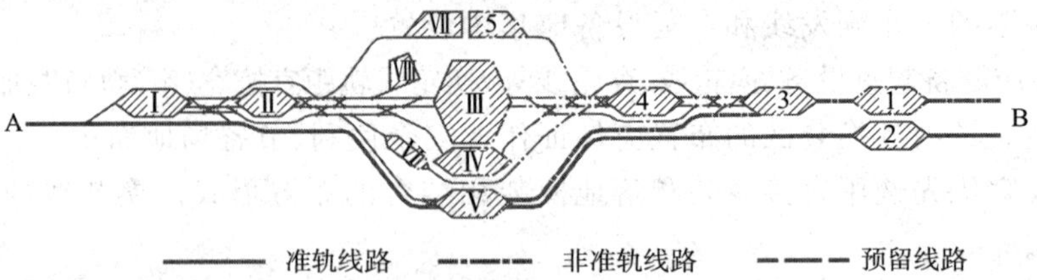

Ⅰ—准轨到发场；Ⅱ—准轨调车场；Ⅲ—换装场；Ⅳ—换轮场；Ⅴ—客站(及换轮库)；

Ⅵ—机务段；Ⅶ—准轨货场；Ⅷ—站修场；1、2—边检场；

3—非准轨到发场；4—非准轨调车场；5—非准轨货场。

图 6-3-2　纵列式换装站布置图型

混合式图型克服了横列式图型换装取送作业干扰大的缺点，同时克服了纵列式图型设备分散、管理不便、无解编作业车辆走行距离长的缺点，设计时宜优先选用混合式图型。

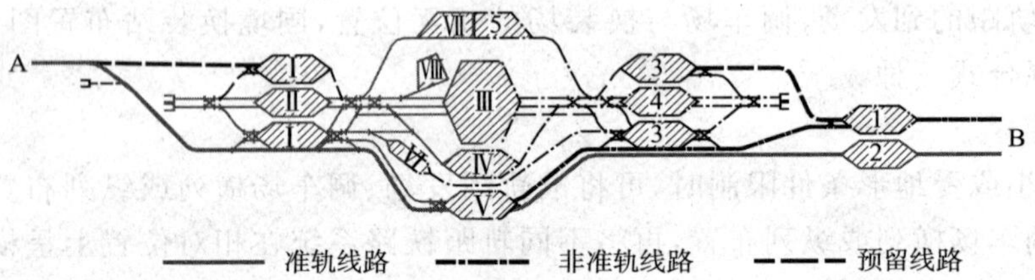

Ⅰ—准轨到发场；Ⅱ—准轨调车场；Ⅲ—换装场；Ⅳ—换轮场；Ⅴ—客站(及换轮库)；

Ⅵ—机务段；Ⅶ—准轨货场；Ⅷ—站修场；1、2—边检场；3—非准轨到发场；

4—非准轨调车场；5—非准轨货场。

图 6-3-3　混合式换装站布置图型

国境换装站由于设备组成部分较多，场地要求平坦，占地广阔，因此设计时应结合当地地形条件进行选择。

三、换装场的布置

1.换装线的分类与布置形式

换装线分为直接换装线、落地换装线和高低换装线三种。

直接换装是货物由一种轨距的车辆换装至另一种轨距的车辆时，货物不落地。其换装线有两种布置方式，一种是在两种不同轨距的换装线间设换装站台，货物由一种轨距的车辆通过站台换装至另一种轨距的车辆；另一种是两种轨距的换装线并行布置，货物在两种不同轨距的车辆间直接进行换装。不设换装站台的直接换装线路间距为 3.6 m，当采用机械换装时，应根据机械性能及车辆装载限界决定。

落地换装是将一种轨距的车辆所装载的货物卸下，并暂时堆放在站台、仓库或堆场内，待另一种轨距的车辆到达或货物处理完毕后再进行装车。换装线一般宜设在落地场的两侧。

对于煤炭、矿石、散装粮谷等散装货物一般采用高低换装，主要通过设置不同高度的换装线来实现，重车线路设于高处，待装车线路设于低处，依靠重力使货物从重车流入空车。当然，散装货物也可采用不同轨距的线路等高布置，换装作业采用履带式抓斗装卸料机和装载机相结合的方式。

结合既有换装站运营情况，换装场各分区宜优先选用直接换装和落地换装相结合的布置形式，使其既能进行直接换装，又能进行落地换装，避免出现以车代库现象，借以释放装卸线能力。

换装线的长度一般按整列换装设置。

2. 换装站台的布置形式

换装站台有三种布置形式，一是站台设在不同轨距的两换装线之间，如图 6-3-4(a)所示；二是站台设在不同轨距的两换装线一侧，换装线可以混合轨距线方式布置，如图 6-3-4(b)所示；三是站台与不同轨距的换装线纵列布置，如图 6-3-4(c)所示。第一种布置形式无论直接或落地、人力或机械，均可进行换装，且能力较大，使用便利，是最常见的一种布置形式；第二种布置形式两种轨距的车辆不能同时作业，只能进行落地换装，换装能力小，且当不同轨距的车辆底板高度相差较大时，不易与站台高度配合；第三种布置形式适用于换装能够自行移动的车辆，但需要的站坪较长。

换装站台的长度应根据运量大小、换装车列的长度、换装作业的机械化程度等因素确定，从有利于作业考虑，换装站台的长度宜与换装线等长布置。

换装站台的宽度应根据换装方式、作业要求、物流需求等确定，人力直接换装时不应小于 3 m；机械直接换装时，可为 8～10 m；站台上如有仓库或雨棚时，应根据物流需求及仓库宽度来确定；站台如需要堆存货物，则应按堆存量大小将其加宽，一般最小宽度为 20 m。

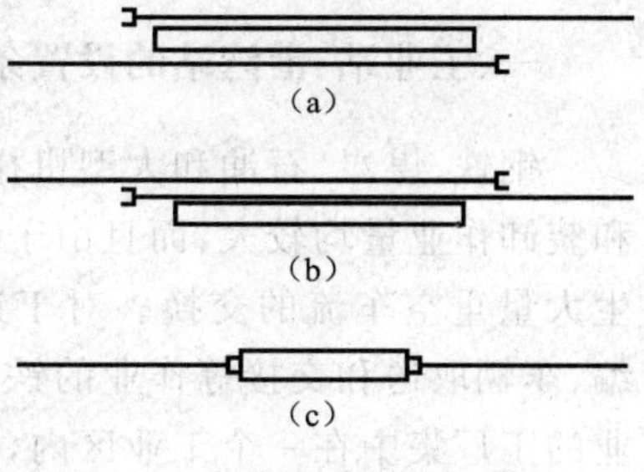

图 6-3-4 换装站台的布置形式

3. 换装场的布置形式

不同种类的货物换装适宜采用不同类型的换装线和换装站台布置形式，同一类换装线也可能需要设置多组换装线。考虑到不同换装站在货物品类、换装作业量、换装设备性能、换装作业效率、一次来车长度、场地条件等方面的差异性，换装场可根据需要灵活设置换装线数目和类型、换装站台的布置形式和长度。由于换装场衔接两种不同轨距的线路，为提高换装效率、减少不同轨距间的作业交叉，可采用如图 6-3-5 所示的布置形式，即不同轨距的线路从换装场两端对向引入。

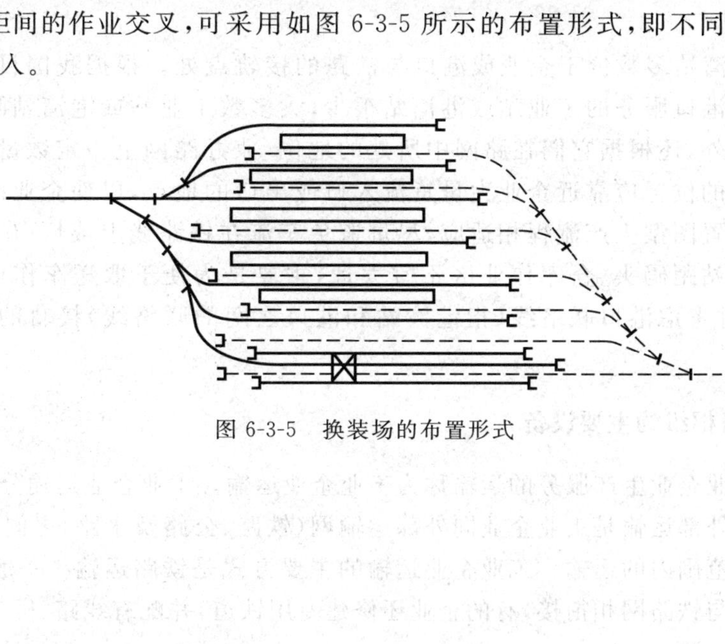

图 6-3-5 换装场的布置形式

第四章　工业站、港湾站

第一节　概　述

有大量装卸作业的工矿企业、工业区或港口，根据需要可设置主要为其服务的铁路工业站(industrial station)或港湾站(harbour station)，主要办理列车的到发、解编及向工业企业或港口内部相应作业地点或装卸地点取送车辆等作业。

一、工业站、港湾站的设置条件

钢铁、煤炭、石油和大型机械制造等企业，目前大都依靠铁路运输。这些厂矿企业的运输和装卸作业量均较大，而且由于装卸量极不平衡和某些原料及产品对车种的特殊要求，还会产生大量重空车流的交换。对于这些企业，多数情况下应设置主要办理该企业的列车到发、解编、车辆取送和交接等作业的铁路工业站。在城市内，由于城市规划、工业布局等要求，较多行业的工厂集中在一个工业区内，其中每一个工厂虽不如上述那些企业有大量的大宗货物运输和装卸作业，但也产生相当的运量，根据其作用、性质和工业区位置的要求，往往需要设置地区性多企业共用的工业站，以便铁路专用线接轨，统一办理各企业车流的到发、解编、车辆取送和交接作业，并解决与技术站间在车流组织上的合理分工。

在我国大量的沿海和内河港口中，水陆联运货物经由铁路运输的占大多数。为了完成路港联运，可利用离港口最近的技术站办理对港区的取送车、调车和交接作业。但对于一些吞吐量较大的河海港口和离技术站较远的港口，往往需要另设主要为港口运输服务的港湾站。

工业站和港湾站多数位于企业或港口与铁路的接轨点处。根据我国目前实际情况，单纯为厂矿企业或港口服务的工业站或港湾站很少，大多数工业站或港湾站除主要为厂矿企业或港口服务以外，还根据它们在路网中所处的地位，兼办路网上一定数量的中转或客、货运作业。工业站的位置应靠近企业大量货流入口或出口的地点，以使企业的原材料来源和产品流向与总布置图型生产流程相适应，尽量避免车流在铁路线上或厂(矿)内部的折角和迂回运输。港湾站距码头、仓库作业区不宜太远，主要是为便于取送车作业及与技术站间有方便的通路，并考虑港口联络线(指港湾站和港口之间的联络线)接轨的合理性，以及便于地方运输。

二、工业铁路枢纽的主要设备

凡直接为工业企业生产服务的运输称为工业企业运输。工业企业运输分为外部运输和内部运输两部分。外部运输是工业企业同外部运输网(铁路、公路及水路)之间的运输。内部运输是指工业企业范围内的运输。工业企业运输的主要方式是铁路运输。一般大、中型工业企业都设有专用线与铁路网相衔接，有的企业还修建专用铁道，并配有线路、机车和车辆，以满足内部运输的需要。

工业站设在工业企业专用铁道的接轨点或铁路枢纽内的工业区附近，主要为工业企业外部运输服务，其产权属铁路。工业站按服务对象可分为以下三类：

(1)为采掘工业服务的工业站。采掘工业包括煤炭、铁矿、原油和其他金属、非金属采掘工业等，是大量货流的发源地，其发送量大大超过到达量，运输特点是以装车为主，装车大于卸车。

(2)为加工工业服务的工业站。加工工业包括钢铁、有色金属冶炼、石油化工、机械制造和火力发电等，是大量货流的消失地，一般到达量超过发送量，运输特点是以卸车为主，卸车大于装车。

(3)多企业共用的工业站。多企业共用的工业站设在工业企业比较集中的工业区，衔接多条专用线，为几个不同性质的企业服务，而单个企业内多数不设专用铁道。这种车站的车流往往比较零散，货物品类较多，到发方向也多，车站取送调车工作量也较大。

企业站(enterprise station)设在工业企业范围内，主要为工业企业内部运输服务，其产权属企业。

工业区外部运输与内部运输设备的总体构成工业铁路枢纽。工业铁路枢纽的设备主要包括：

(1)位于铁路干线上的工业站。

(2)连接工业站与企业站之间的工业企业线。

(3)位于企业内部为解编企业内各站间车流而设置的企业编组站(矿内称集配站)。

(4)为企业各工厂、车间服务的各种作业站、装卸站或地区车场、装卸线。

(5)连接企业站或地区车场之间的站间联络线等。

由于工业企业的性质、规模、地形条件、运输组织方式不同，工业铁路枢纽设备的种类和数量也有所不同，因此，上述各项设备可分别设置或部分合并。

图 6-4-1 是某钢铁联合企业铁路枢纽总布置图型。图的上半部是大型钢铁联合企业的主要工厂、企业站及场库。在企业的原材料入口处设置焦化厂和烧结厂，炼铁、炼钢、轧钢三个主要工厂依次排列，符合生产工艺流程的要求。图的下半部是城市和为企业外部运输服务的铁路车站。从图中可以看出，该工业区有三个铁路衔接方向，设有两个为企业外部运输服务的工业

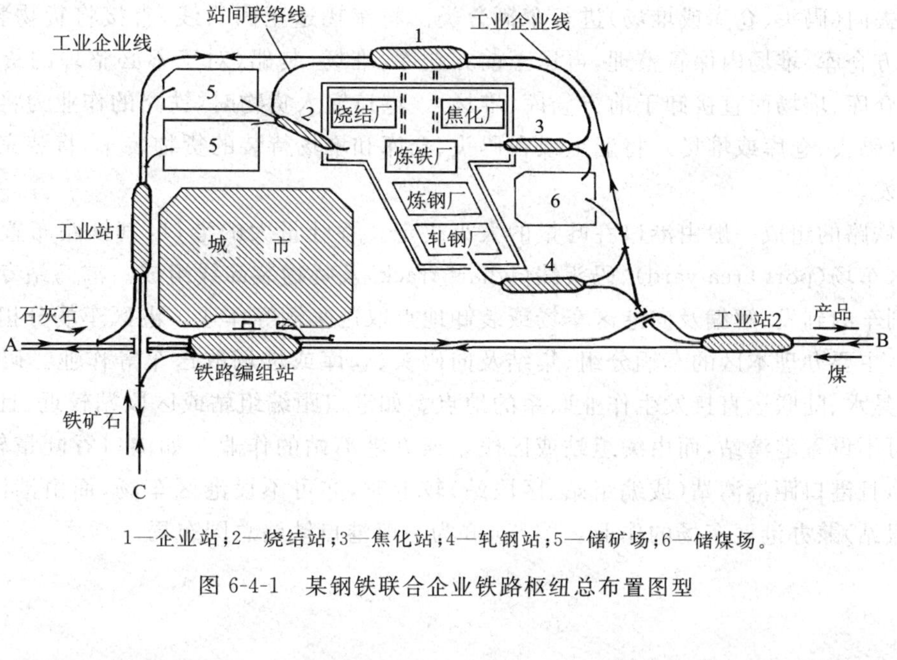

1—企业站；2—烧结站；3—焦化站；4—轧钢站；5—储矿场；6—储煤场。

图 6-4-1 某钢铁联合企业铁路枢纽总布置图型

站。工业站1以输入原料(煤、矿石、石灰石等)为主,工业站2以输出产品(钢材)为主。企业内专用铁道设有为内部运输服务的企业编组站、烧结站、焦化站、轧钢站等。

图6-4-2为某煤矿工业铁路枢纽总布置图型。图中煤矿区在铁路干线一侧,设有一个为外部运输服务的工业站。矿区内设有为内部运输服务的专用铁道。矿井或露天矿附近设有装车站,办理原煤装车作业,在几个装车站(点)中心处的矿内运输干线上适当地点设置作业站,担负向装车站(点)的取送车和小运转列车到发和解编作业;还设有选煤站,办理各种煤的洗选和装车作业。集配站(accumulated and distributed car station)设在矿区的出、入口处,由工业站来的空车到达集配站后按装车地点选编成组,将空车配送到各装车点进行装车,并将装完的重车收集到集配站,选编成组后发往工业站。此外,在矿区内还有为露天矿排土用的剥离站及排矸石用的矸石线等。

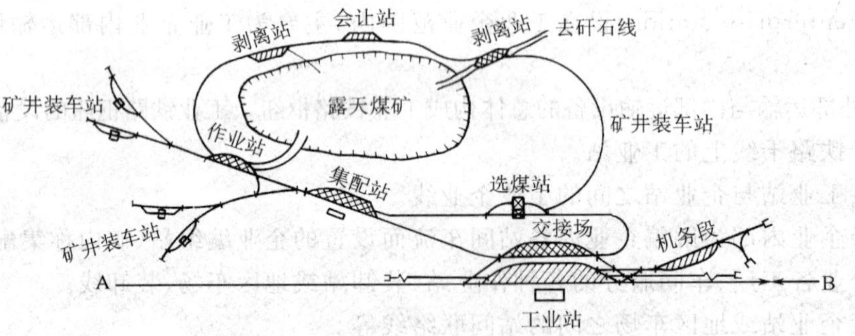

图6-4-2　某煤矿工业铁路枢纽总布置图型

三、港口铁路的总体布置

港口(port)是货物和旅客的集散点,也是各种运输方式换装的地方,水路可与海洋、内河相沟通,陆上又可和全国铁路网及公路网相连接,一般也可称为水陆交通运输枢纽。

港口铁路办理的作业内容为:港口输出货物时,铁路的作业为接入铁路到达港口的列车,按货物的去向(码头、仓库或堆场)进行车辆分类。将车辆送至码头线,直接将货物装至船内,或卸在后方仓库、堆场内保管整理,再运至前方仓库、堆场,装船(对于不必整理的货物亦可不经过后方仓库、堆场而直接卸于前方仓库、堆场)。港口输入货物时,铁路的作业为将空车送至各装车点(码头、仓库或堆场),将船上或在码头、仓库和堆场待装的货物装车,将装完的车辆取回编组出发。

港口铁路的组成一般由港口吞吐量的大小决定。吞吐量大的港口,其铁路布置一般由港湾站、港区车场(port area yard)、码头线(wharf track)及货物装卸线组成。港湾站专为港口服务,办理列车的到发、解编及向港区车场或装卸地点取送车辆等作业。港区车场分担港湾站的部分作业,主要办理本区的车辆分组、集结及向码头、仓库或堆场取送车等作业。码头线及货物装卸线是水、陆联运直接发生作业联系的地点。如港口距编组站或区段站较近,且吞吐量不大时,亦可不设置港湾站,而由编组站或区段站兼办港湾站的作业。如港口吞吐量较小、货物品类单纯,且港口距港湾站(或编组站、区段站)较近时,亦可不设港区车场,而由港湾站(或编组站、区段站)兼办港区车场的作业。图6-4-3为一般港口铁路总图布局。

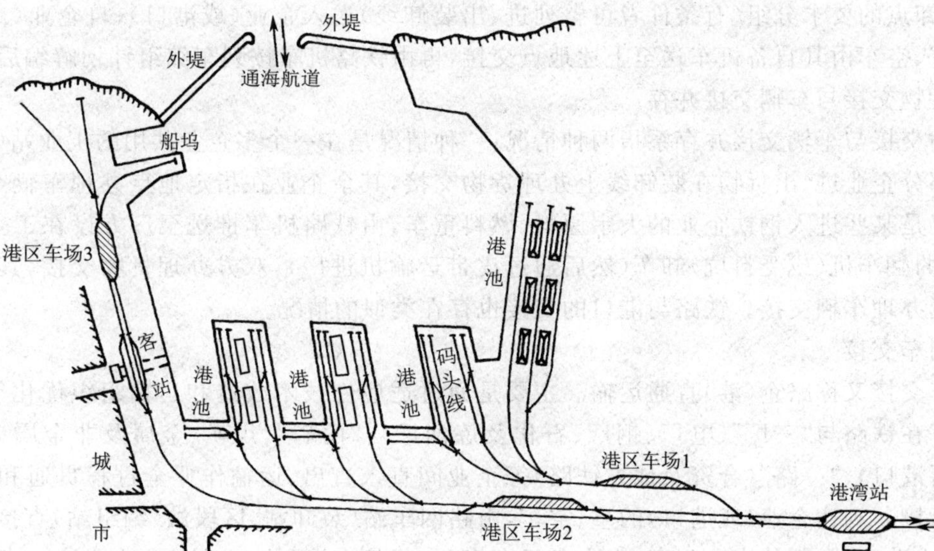

图 6-4-3 港口铁路总图布局

第二节 路企交接方式及工业站、港湾站设置方案

工业企业(港口铁路)运输是由铁路和工业企业(或港口)两个部门共同完成的,在整个运输过程中,企业(或港口)专用铁道与铁路干线存在联运的关系。铁路部门和企业(或港口)在保证顺利完成运输任务和企业(或港口)正常生产前提下,既要互相协作,又要责任分明,为此,企业(或港口)到发的货物或车辆必须办理交接。根据这一特点,在工业站、港湾站的设计中,首先应研究路、厂(矿、港)间的交接方式,以及工业站与企业站、港湾站与港口编组站(以下简称港口站)的相互位置。

一、路企(港)交接方式

铁路与企业(或港口)间的管理方式分为:由铁路统一管理(或委托代为管理)的,简称“统管(或代管)”;由铁路和企业、港口各自管理的,简称“自管”。交接方式可分为货物交接、车辆交接和列车交接。

1. 货物交接

货物交接方式是铁路与企业(或港口)之间仅将到达企业(或港口)和从企业(或港口)发出的货物交给对方。一般由铁路机车将装运进入企业(或港口)货物的重车送到卸车点卸车,自企业(或港口)发出的货物由铁路机车将空车送至装车点装车,路、企(港)双方只在企业(或港口)装卸地点办理货运交接(包括对货物装车状态进行检查及接受货票等),企业(或港口)不配备调送铁路车辆的机车,但负责货物的装卸。

2. 车辆交接

车辆交接方式是企业(或港口)备有机车,铁路与企业(或港口)在指定地点将货物连同车辆一并交给对方,即同时进行货运及车辆技术状态的交接。对到达企业(或港口)的重、空车,一般在接轨站的到发线或交接线上进行车辆交接,然后由企业(或港口)机车在接轨站按企业(或港口)内装卸点的要求分组(有条件者可整列进、出装卸线)送入企业(或港口);自企业(或港口)发出的重、空车由其自备机车送至上述地点交接,再由铁路机车按列车编组计划解编后发车。

3.货物交接与车辆交接并存

货物交接与车辆交接并存系指两种情况:一种情况是在一个多企业共用的工业站(或接轨站)内,部分企业进、出货物在装卸线上办理货物交接,其余企业在指定地点办理车辆交接;另一种情况是某些进入钢铁企业的大宗原料、燃料重车,由铁路机车推送至厂方设在工业站(或接轨站)的翻车机(或受料坑)卸车(然后通过皮带运输机进厂),双方办理货物交接,其余车流在交接线办理车辆交接。铁路与港口的交接也存在类似的情况。

4.列车交接

列车交接又称路企(港)直通运输。主要是通过适应性技术改造和运输组织优化等措施,实现列车在铁路与"三厂"(电厂、钢厂、石化及炼油厂)、"两矿"(煤矿、金属及非金属矿)、"一港"(主要港口)、"一路"(合资及地方铁路)等企业间直入直出、运输作业全过程贯通和结合部的无缝衔接。到达企业(或港口)的重、空车,由路网车站(装卸站、区段站、编组站)直接编组到达企业(或港口)内部的直达列车,由本务机车牵引,不停车通过工业站(或港湾站),直接进入企业站(或港口站),在到发线上进行列车的交接,包括货运及列车技术状态的交接;然后由企业(或港口)自备机车进行企业(或港口)内部往各装卸地点的车辆取送作业。从企业(或港口)发出的重、空车由其自备机车送至企业站(或港口站)进行集结,按铁路列车编组计划直接编组列车,进行交接后发往铁路网。

列车交接的方式简化了运输接合部处路企(港)交接的作业环节,铁路的机车车辆直接通到企业(或港口)的交接场、装车源头和卸车终端,大幅度地减少了货车在铁路站场、路企(港)交接场和企业(或港口)内部的停留时间,并同步消除大量的机车换挂、列检作业、车号作业等重复劳动,运输效率大大提高。

上述管理和交接方式的选择,主要取决于企业(或港口)的生产性质与规模、企业(或港口)内部是否主要采用铁路运输和复杂程度,以及企业(或港口)生产流程和铁路运输是否紧密结合等因素,在考虑上述因素的基础上,经技术经济比较后与企业(或港口)协商确定。

二、工业站、港湾站的设置方案

采用货物交接方式时,铁路机车将到达企业(或港口)的空重车直接送至装卸地点进行装卸作业,企业(或港口)可不设专门的企业站(或港口站)。采用列车交接方式时,到达企业(或港口)的空重车,在路网上相应车站编组成列车后直接进入企业站(或港口站)进行交接,铁路部门可不设专门为企业(或港口)服务的工业站(或港湾站)。在实行车辆交接的情况下,较大企业(或港口)一般都设有企业站(或港口站),以便向铁路工业站(或港湾站)办理车辆交接,并担负企业(或港口)内部各作业站(或分区车场)和装卸点的车辆取送及调车作业。因此,设计时应在考虑铁路运输与企业(或港口)内部运输合理衔接的基础上,对工业站(或港湾站)与企业站(或港口站)进行合理配置,其设置方案包括路企(港)双方车场联合设置(简称联设)或分开设置(简称分设)。

联设方案是指按照出、入企业(或港口)车辆统一的技术作业过程,将工业站(或港湾站)与企业站(或港口站)联合设在一起,统称为路、厂(矿、港)联合编组站。分设方案指工业站(或港湾站)与企业站(或港口站)分开设置,自成系统,两者间用工业企业线相连。影响工业站(或港湾站)与企业站(或港口站)联设或分设的因素主要有以下几点:

(1)工业站(或港湾站)距企业(或港口)的远近。企业站(或港口站)既要满足厂(矿、港)生产对内部运输的要求，又要与工业站（或港湾站）办理车辆交接与取送作业，一般应靠近厂（矿、港）内的作业站（或分区车场）和装卸点。因此，当工业站（或港湾站）距企业（或港口）较近时，可与企业站（或港口站）联设，否则应分设。

(2)工业站（或港湾站）是否兼负路网较多的中转作业。兼负路网上一定中转作业车流的工业站（或港湾站），由于出、入企业（或港口）的车流与路网的中转车流作业性质不同，会出现一定的交叉干扰，工业站（或港湾站）与企业站（或港口站）联设时，这种交叉干扰将更严重，因此，兼负路网较多中转作业车流的工业站（或港湾站）与企业站（或港口站）一般不适宜联设。

(3)企业站（或港口站）是否需要设在企业（港口）内。有些企业站（或港口站）为满足厂（矿、港）内部运输和生产流程结合的需要，以及便于与厂（矿、港）各作业站（分区车场）间列车接发和车组取送，车站需设置在企业（或港口）内适当地点。而工业站（或港湾站）由于受铁路线路走向影响或城市客货运输要求，其设置须满足路网及枢纽总体布置，此时工业站（或港湾站）与企业站（或港口站）宜分设。

(4)当地的地质、地形条件。工业站（或港湾站）与企业站（或港口站）联设时，占地较宽，应有相应的场地。

工业站（或港湾站）与企业站（或港口站）联设的优点是车站布置紧凑，节省用地；路、厂（矿、港）双方联系方便，有利于联合调度指挥，实行统一技术作业过程；联设后双方可不单设交接场，在到发线上办理交接，既可减少车站设备投资，又可减少转线作业；为列车到发和取送车作业的衔接创造了良好条件，可以减少车辆在企业（或港口）内的停留时间，加速车辆（船）周转。与分设相比较，联设的缺点是双方车场作业在咽喉区有交叉干扰，影响车站能力；双方车场改、扩建时彼此干扰也较大，不利于车站的进一步发展。工业站（或港湾站）与企业站（或港口站）分设的优点是站坪长度短，占地面积少，车站定员少，设备集中及管理方便等。

第三节 工业站、港湾站布置图型

工业站、港湾站的布置图型应根据路、厂（矿、港）交接方式、作业量、作业性质、工业站（或港湾站）与企业站（或港口站）的分设或联设、该站在路网上和枢纽内所承担的作业任务和货物装卸地点，结合企业港口的规划和地形、地质条件确定。

一、货物交接工业站、港湾站布置图型

采用货物交接时，铁路与企业（或港口）间通常采用铁路统一管理的方式，交接作业是在货物装卸点办理，车辆的取送和调车作业均由铁路方承担。采用此种交接方式的作业量一般不会很大，宜采用横列式布置图型（图 6-4-4）。

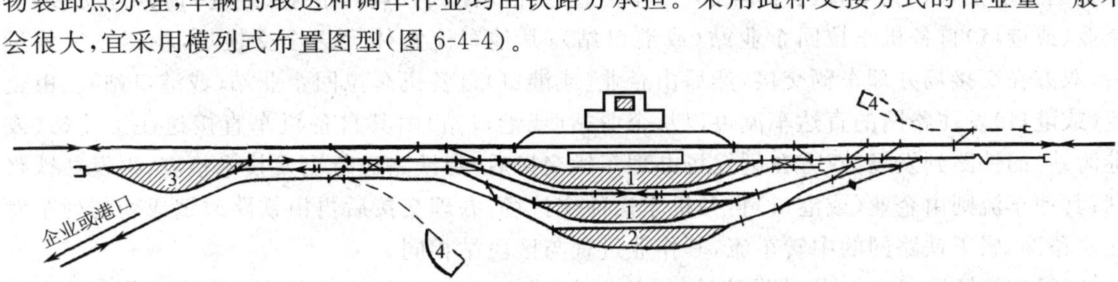

1—铁路到发场；2—铁路调车场；3—铁路机务段；4—货场（方案）。

图 6-4-4　货物交接横列式工业站、港湾站布置图型

二、车辆交接分设工业站、港湾站布置图型

当采用车辆交接且工业站(或港湾站)与企业站(或港口站)分设时,工业站(或港湾站)宜采用横列式图型(图 6-4-5)。这是由于到达工业站(或港湾站)的直达列车和大组车占一定比重,且部分发往路网的车流在企业(或港口)进行取送车时已照顾编组,有条件在交接线上坐编发车或者工业站(或港湾站)与编组站间只开行小运转列车,有些解编作业可在编组站办理。所以当工业站(或港湾站)的解编作业量较小时,宜采用横列式图型。它具有站坪长度短、占地少、定员少、设备集中和管理方便等优点,故在一般情况下应优先采用。但如作业量增至一定程度时,将出现转线多、干扰大及车站能力紧张等缺点。因此作业量大的工业站(或港湾站),可根据需要和地形条件采用其他合理图型。

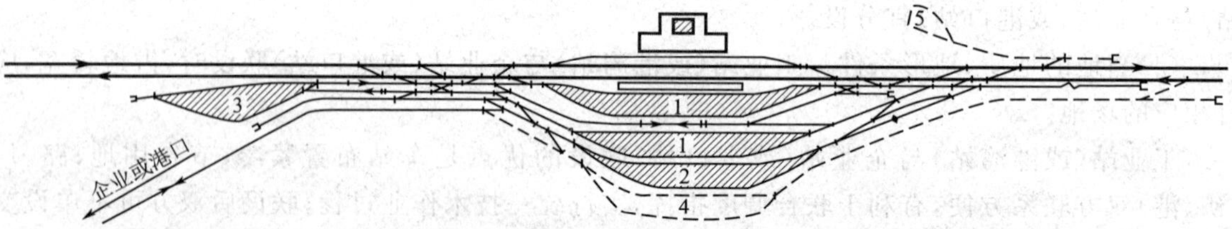

1—铁路到发场;2—铁路调车场;3—铁路机务段;4—交接场;5—货场。

图 6-4-5　双方车站分设横列式工业站、港湾站布置图型

工业站(或港湾站)与企业站(或港口站)分设时,两站往往相隔一定的距离,而路、厂(矿、港)双方车辆交接需根据重、空车流的接续分阶段进行。为了缩短车辆在到发线或调车线上的占用时间并考虑作业安全,一般应设置专门办理车辆交接作业的交接线(场)。交接线(场)的位置有三种不同的布置方案。

(1)交接场设在工业站(或港湾站),如图 6-4-5 所示。此时应尽量减少向企业(或港口)取送车辆与铁路解编作业的干扰。若工业站(或港湾站)为横列式布置,交接场宜设在调车场外侧或一端。前者将交接场一端与调车场共同连通驼峰,另一端接岔线,进入企业(或港口)的零散车流可直接溜入交接场。后者将交接场与工业站(或港湾站)纵列配置,当工业站(或港湾站)横向受地形限制或因车站线路多而引起咽喉区布置复杂时,可采用这种配置方法。若工业站(或港湾站)采用其他图型时,交接场宜设在调车场一侧,以便集结和交接作业。

这种布置方案的作业过程是:由铁路网进入企业(或港口)的列车接入铁路到发场,办理列车到达技术检查。其中直达列车或大组车可直接在铁路到发场与企业(或港口)办理交接,由企业(或港口)自备机车拉回企业站(或港口站);其他车流解体后送至交换场,集结一定数量后,双方在交接场办理车辆交接,然后由企业(或港口)自备机车拉回企业站(或港口站)。由企业(或港口)发往路网的直达车流可以从企业站(或港口站)由其自备机车直接送往工业站(或港湾站)的铁路到发场,双方在到发场办理车辆交接后,由铁路进行出发技术检查,再发往铁路网;其他车流则由企业(或港口)自备机车送往交接场,办理交接后再由铁路改编成新的列车发往铁路网,属于铁路网的中转车流,其作业过程与区段站相同。

(2)交接场设在工业站(或港湾站)与企业站(或港口站)之间。这种布置方案的作业特点是出、入企业(或港口)的车流在工业站(或港湾站)与交接场间由铁路机车取送,在交接场与企业站(或港口站)间由企业(或港口)自备机车取送。出入企业(或港口)的车流在交接场办理交接作业。

(3)交接场设在企业站(或港口站)。在这种布置方案中,企业站(或港口站)与工业站(或港湾站)间的车流一般编成小运转列车,由铁路机车取送。出入企业(或港口)的车流均在企业站(或港口站)的到发兼交接场办理交接作业。

三、车辆交接联设工业站、港湾站布置图型

工业站(或港湾站)与企业站(或港口站)联设的特点是设有分别属于铁路和企业(或港口)的两套车场。当采用车辆交接且路企(港)双方场站联设时,双方车场均可采用横列式图型,根据作业情况和地形条件,可将双方车场横列配置或纵列配置。当作业量大时,宜采用双方车站联设的双向混合式图型或其他合理图型。因此,根据这两套车场的相互位置,可将联设分为横列联设、纵列联设及混合联设三种类型。一般应采用横列式布置图型,少数为特大型企业(或大型港口)服务的车站,当其出入企业(或港口)的大部分车流集中在一站办理时,为了提高车站的能力,可考虑采用纵列或混合联设的布置图型。

1.横列联设的布置图型

如图 6-4-6 所示,铁路与企业(或港口)的车场均设在正线同侧。这种布置图型的作业过程一般是:从路网来的到达企业(或港口)的直达列车,在进入铁路到发场办理车辆的交接作业后,由企业(或港口)自备机车拉入企业(或港口)内装卸点进行装卸;到达企业(或港口)的改编列车,在接入铁路到发场办理车辆交接及有关作业后,由企业(或港口)自备机车按厂内(或港口)内装卸地点进行解体,在企业(或港口)调车场集结,然后连挂成列转往企业(或港口)到发场,或直接从企业(或港口)调车场送入企业(或港口)内各装卸地点。企业(或港口)发出的直达列车,由企业(或港口)自备机车送至铁路到发场,在双方办理交接作业后再发往铁路网;企业(或港口)发出的非直达车流应接入企业(或港口)到发场,在双方办理车辆交接及有关作业后,由铁路机车按列车编组计划解体,在铁路调车场集结,然后编成列车,转线至铁路到发场发往路网。上述作业方式称为"各进己场",适用于铁路车场兼办一定数量路网车流的中转作业、到达混编列车较多的工业站(或港湾站)。

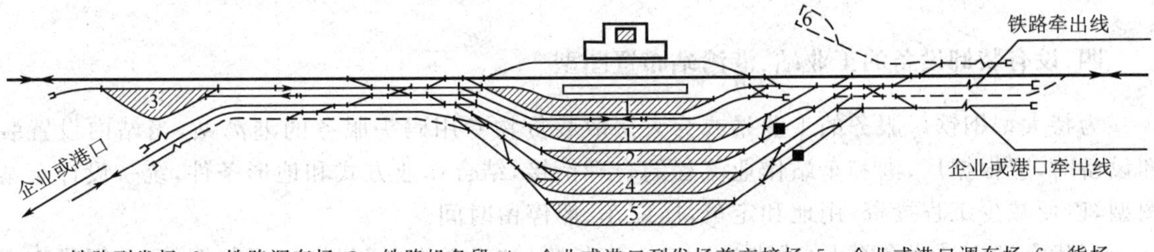

1—铁路到发场;2—铁路调车场;3—铁路机务段;4—企业或港口到发场兼交接场;5—企业或港口调车场;6—货场。

图 6-4-6 双方车站联设横列式布置图型

当铁路车场不办理路网车流的中转作业,且入企业(或港口)车流和到达本站的混编列车很少时,则从路网到达的入企业(或港口)列车进企业(或港口)到发场,出企业(或港口)车流送至铁路到发场,即采用"各进他场"的作业方式。这种作业方式可以减少转线次数,企业(或港口)直达车列交接作业和出发列检作业可同时进行,减少占用到发线的时间。

这种布置图型具有站坪长度短、车场布置紧凑和双方联系方便等优点;缺点是解编车流调车行程长,当作业量增多时进路交叉干扰多。

2.纵列联设的布置图型

如图 6-4-7 所示,这种布置图型的优点是各车场咽喉区布置简单,双方作业互不干扰,在

密切配合的情况下，进入企业（或港口）车场的车列（组）可直接经由驼峰解体进入交接场，减少转场作业；缺点是双方车场相距稍远，且如该工业站（或港湾站）还担负一定的路网中转作业量时，会增加车场与正线连接的复杂性，此时以采用横列或混合联设的布置图型为宜。

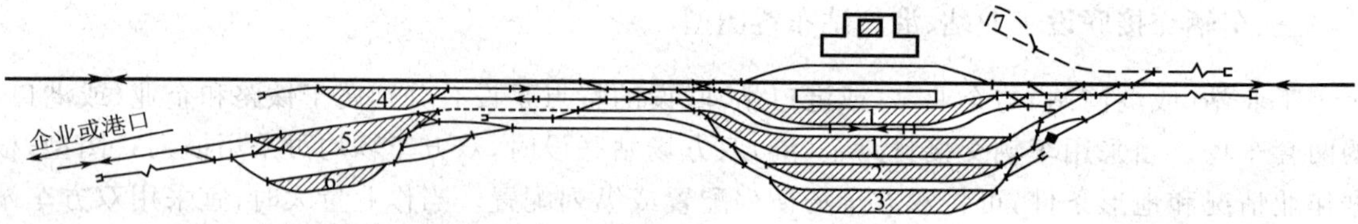

1—铁路到达场；2—铁路调车场；3—交接场；4—铁路机务段；5—企业或港口到发场；6—企业或港口调车场；7—货场。

图 6-4-7　双方车站联设纵列式布置图型

注：5 场兼交接场时，采用图中虚线联络线，取消 3 场及其联络线。

3. 混合联设的布置图型

类似双向混合式布置图型，我国现有两种管理方式。一种是两套系统按横向管理，如图 6-4-8所示，即入企业（或港口）系统的到达场由路方管理，编发场由企业（或港口）方管理；自企业（或港口）发出系统的到达场由企业（或港口）方管理，编发场由路方管理。另一种是分别按系统纵向管理，即图 6-4-8 所示的 1、2 车场由企业（或港口）方管理，3、4 车场由路方管理。这里所述双向图型是代表性图型，设计中应根据各自的作业量、作业要求和地形条件等情况适当调整。

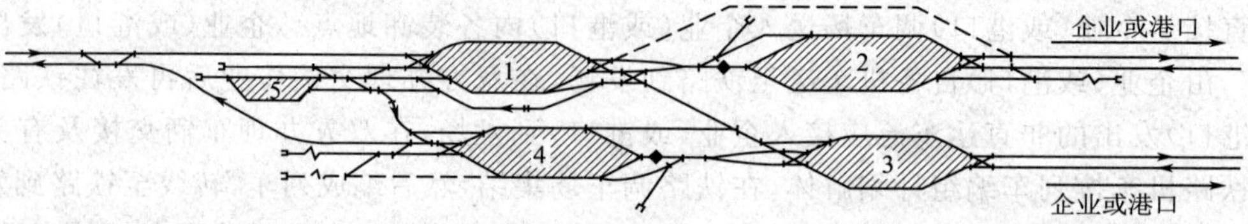

1—铁路到达场；2—企业或港口编发场；3—企业或港口到达场；4—铁路编发场；5—铁路机务段。

图 6-4-8　双方车站联设双向混合式布置图型

四、设有装卸设备的工业站、港湾站布置图型

为特大型钢铁厂服务的工业站或为大宗散装货物专用码头服务的港湾站，当站内设置装卸设备时，应根据厂、港和车站作业流程的合理衔接，结合作业方式和地形条件，统一设计车站图型，以便减少工程投资、用地和定员，压缩车、船停留时间。

现代大型钢铁联合企业（或港口），对大宗货物（如铁矿石、炼焦煤和石灰石等）采用货物交接，而对其他零星货物采用车辆交接方式时，可采用如图 6-4-9 所示布置图型。

这种布置图型的作业过程为：自 A 方向来的整列矿石列车接入车场 4 的到达线，推送至翻车机卸车，卸后整列空车再从车场 4 的出发线发出。自 B 方向来的整列煤炭列车接入车场 5 的到达线，翻车机卸车后整列空车再从车场 5 的发车线发出。出入企业（或港口）的其他零星车流采用车辆交接。

这种布置图型的优点是卸车效率高，铁路车辆不入企业（或港口），可加速车辆周转，节省企业（或港口）内的运输人员和机车。当大宗入厂原料直达列车比重较大时，可采用这种布置图型。

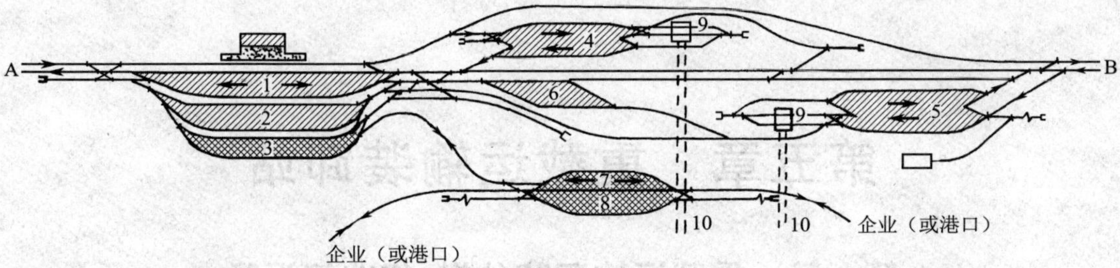

1—铁路到发场；2—铁路调车场；3—交接场；4—矿石列车到发场；5—炼焦煤列车到发场；

6—机务段；7—企业或港口到发场；8—企业或港口调车场；9—翻车机；10—皮带输送机。

图 6-4-9 设有翻车机的工业站、港湾站布置图型

第五章　重载运输装卸站

第一节　重载运输车站分类、作业与设备

一、重载列车运输方式

重载运输技术能提高铁路输送能力和货物输送速度，加速机车车辆周转，减少运营人员，节省工程投资，降低运营成本。此外，在既有铁路运能饱和的前提下，因地制宜地发展重载运输技术，可以扩大运输能力，缓和运能与运量的矛盾。

根据 1994 年国际重载运输年会上制定的标准，凡具备以下三个条件之二者，可视为铁路重载运输（heavy-load transport）：①列车牵引质量至少达到 5 000 t；②车列中车辆轴重达到或超过 25 t；③线路长度不少于 150 km 的区段，年计费货运量不低于 2 000 万 t。

2005 年国际重载协会理事会对新申请加入国际重载协会的国家提出新的重载铁路标准，要求至少应满足下列三个条件中的两个：①列车牵引质量不少于 8 000 t；②车列中车辆轴重达到或超过 27 t；③线路长度不少于 150 km 的区段，年计费货运量不低于 4 000 万 t。

由于各国铁路运营条件、技术装备水平、发展重载运输的着眼点不一样，采用的重载列车运输类型和组织方式也各有特点。

1. 单元式重载列车

单元式重载列车（heavy haul unit train）是将车辆固定编组成一个运输单元，运输固定品类的货物，在装车地和卸车地之间循环往返运行的重载列车。一般整列装卸及整列入段检修，在装车地不停车进行装车作业，在卸车地点不间断进行卸车作业，运输过程中没有任何改编作业。在开行单元式重载列车的货运专线上，部分车站线路要满足重载单元牵引相应质量所需的到发线有效长度的要求。装、卸地点通常设置环线，以满足整列不摘车装卸作业的要求。

2. 组合式重载列车

组合式重载列车（heavy haul combined train）是由两列及以上同方向运行的普通货物列车首尾相接、合并组成的重载列车。机车分别挂于原普通货物列车的首部，由最前方货物列车的机车担任本务机车，运行至前方某一技术站或终到站后，再分解为普通货物列车。这种列车除了要进行普通货物列车所进行的作业以外，还要进行列车的组合与分解。它实质上是在线路通过能力紧张的区段，利用一条运行线行驶两列及以上普通货物列车的一种扩大运输能力的方式。这种重载运输方式要求少数中间站的部分线路和技术站、装卸基地站及其前、后方车站的个别线路延长，以适应列车越行、会让、组合和分解的需要。

目前，我国的万吨组合列车是由两列 5 000 t 列车连挂而成，前部和中部各一机车牵引；两万吨组合列车有两种模式，一是由两列万吨列车连挂而成，列车前部一台 SS_4 机车牵引，中部两台 SS_4 机车重联牵引，尾部连挂一台 SS_4 机车（简称 1＋2＋1 模式）；二是由一台 HXD 机车牵引万吨列车和另一台 HXD 机车牵引万吨列车组合而成，尾部加可控列尾（简称 1＋1＋可控列尾模式）。

3. 整列式重载列车

整列式重载列车(heavy haul fully train)是采用普通货物列车的作业组织方法，由挂于列车头部的大功率单机或多机牵引，由不同形式和载重的货车车辆混合编组，达到规定载重量标准的重载列车。其列车到达、解体、编组、出发、取车、送车、装车、卸车和机车换挂等作业均与普通列车相同，区别在于列车牵引质量比普通货物列车有显著提高。相比单元式或组合式重载列车而言整列式重载列车在路网上具有更大的通用性。这种重载运输方式只要求部分车站的到发线有效长度延长以满足重载列车停靠作业要求，是我国目前大部分繁忙干线发展重载运输的主要方式。

二、重载列车作业站的分类

重载运输中不同类型的车站根据功能及列车在站作业性质的不同，站场设备的配置与要求存在很大区别。此外，由于重载列车的组织形式不同，即使相同类型的车站对站场配置的要求也不一样。总的来说，根据车站作业性质和内容的不同，重载列车作业站可以分为会让站、越行站、中间站及区段站、编组站、组合分解站；按业务性质可分为装车站、卸车站。不同车站的主要作业内容如下。

1. 中间站(含会让站和越行站)

中间站办理的作业主要有：①重载列车的接发、会让、越行作业，以满足行车及通过能力的需要；②途中技术检查、乘务人员换乘、故障车检修等作业；③客货混运的重载铁路中间站还办理有关的客货运业务。

2. 技术站(区段站、编组站)

技术站主要办理的作业有：①列车的接发和技术检查作业；②列车途中的机车换挂，机车乘务组换班；③少量解编作业，包括组合分解作业。

3. 组合分解站

组合分解站办理的作业主要有：①列车的接发、通过作业；②列车途中的机车换挂，机车乘务组换班；③重载列车的组合分解作业。

4. 装/卸车站

装/卸车站是办理重载列车装/卸作业的车站，主要办理的作业有：①重载列车(整列空车)的接发作业；②车辆的技术检查；③重载列车(整列空车)的装/卸车作业。

为了保证重载列车正常的接发、通过、办理相关技术作业及解编和换重作业的需要，重载运输相关车站的站场配置、设备结构和线路有效长度应能满足列车牵引长度的要求，能保证不同类型重载列车的停靠和相关作业需求，如整列式重载列车的到、发、解、编和途中越行及技检作业；组合式重载列车的合并、分解和途中越行及技检作业；单元式重载列车的到发和装卸作业等。

第二节　组合分解站

一、组合分解站的作业与设备

组合分解站(combination and disassembly station)是为满足列车组合、分解作业需要而设置的车站。

1. 组合分解站的作业

组合分解站主要负责重载列车的组合分解作业。具体包括：

(1)重载列车的接车、发车作业。

(2)列车组合作业，包括列车技检、本务机车换挂、机车连挂前后列车作业。

(3)列车分解作业，包括列车技检、本务机车换挂、中部机车车辆摘钩、中部机车入库等作业。

组合列车机车连挂分集中和分散连挂两种方式，不同连挂方式下进行列车组合和分解的作业方式有所差异。集中连挂是采用机车自有的重联装置，多台机车均挂于列车头部集中牵引重载列车，列车的组合、分解均由头部机车完成。分散连挂是将多台机车分别编挂在列车的头部和中部，连挂方式可多样，列车的组合、分解主要由中部机车完成。随着重载列车重量的大幅度提高，通常是采用机车在列车头部和中部分散布置方式，以提高列车牵引力，保证车钩受力均衡和列车安全平稳运行。

2. 组合分解站的设备

组合分解站的设备主要有：

(1)用于列车组合分解的到发线、机走线、机待线和腰岔(即供机车出入的渡线)。

(2)接发普通列车或单元列车的到发线。

(3)信号、联锁、闭塞及通信设备。

(4)机车整备设备等。

二、组合分解站布置图型

办理重载列车的组合分解作业时，为满足组合列车中间部位机车的进出段和连挂，通常在两条到发线之间设置机走线，形成“两重或两空夹一机走线”的布置形式，并根据组合列车的牵引质量，确定设置相应的中间腰岔(渡线)位置。为保证灵活性，腰岔与腰岔之间要满足五千吨列车需要的有效长度 700 m(按 C_{80} 计)，万吨列车需设置一处中间腰岔，两万吨列车需设置三处腰岔，每条组合分解线每天能组合或分解列车 6～8 列。

组合分解站应采用横列式图型，可按图 6-5-1 或图 6-5-2 布置。当组合列车需要分解成多列时，为减少机车等待及连挂时间，宜采用图 6-5-1(b)和图 6-5-2(b)的布置图型。

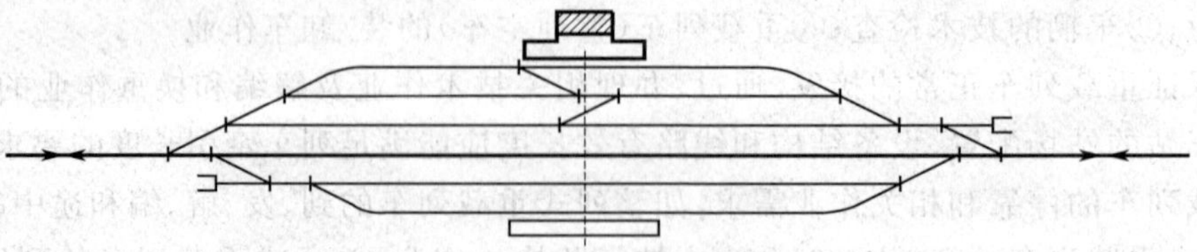

(a)

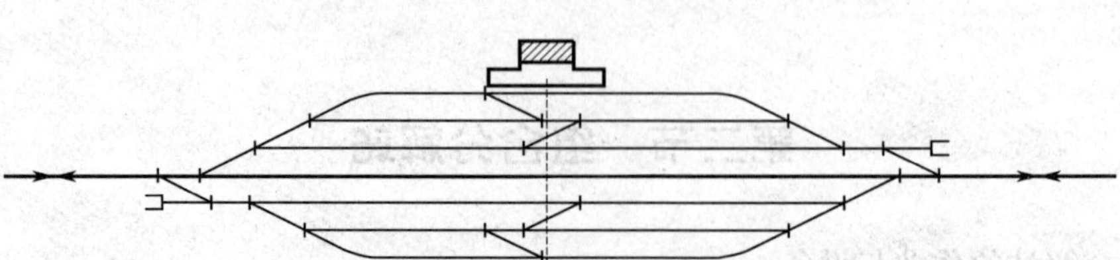

(b)

图 6-5-1 单线铁路组合分解站布置图型

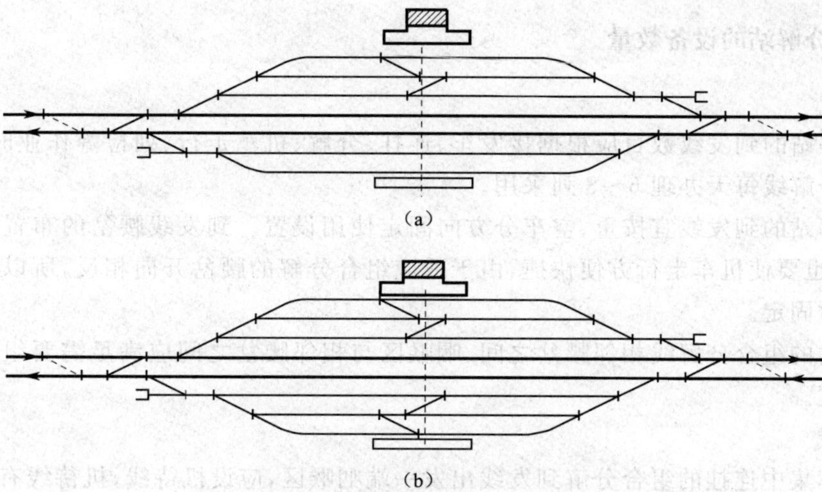

图 6-5-2 双线铁路组合分解站布置图型

为减轻枢纽技术站组合分解作业的压力，通常会在后方通路上设置一定数量的组合分解站，这些站一方面要承担从装车站发出的万吨或两万吨通过列车，另一方面承担从装车站发出的五千吨列车在该站组合成万吨或两万吨列车的作业。对于这类组合分解站，宜采用图 6-5-3 的布置图型。

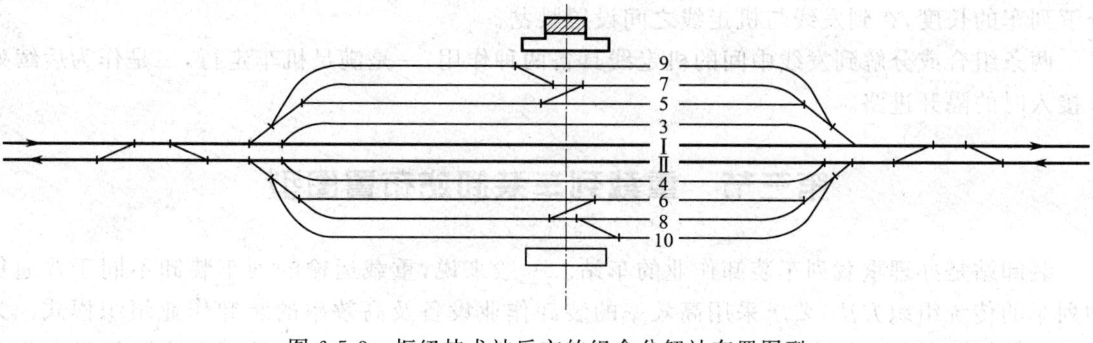

图 6-5-3 枢纽技术站后方的组合分解站布置图型

对牵引质量和重载干线铁路不相同的支线，为满足组合、分解作业需要，需在支线接轨点设置组合分解站，宜采用图 6-5-4 的布置图型。图 6-5-4 中，未设腰岔的一侧为重车到发线，承担前部和中部各一台机车组合万吨列车的分解作业；另一侧为空车到发线，中间设置腰岔的作用是当第一列回空列车接入到发线后，可使后续的第二列空车按行车办理接入站内，从而避免在站外停车，提高运输效率。

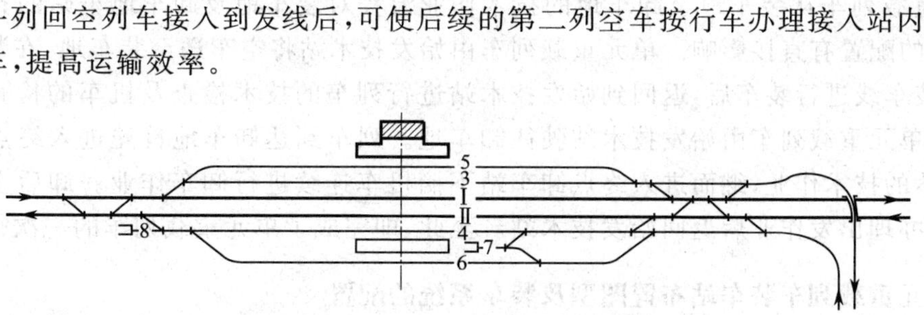

图 6-5-4 干支线接轨点的组合分解站布置图型

三、组合分解站的设备数量

1. 到发线

组合分解站的到发线数目应根据接发车、连挂、分解、机车走行、列检等作业时间确定，可按1条组合分解线每天办理6～8列采用。

组合分解站的到发线宜按重、空车分方向固定使用设置。到发线腰岔的布置要满足接车的需要，同时也要使机车走行方便快捷，由于适应组合分解的腰岔开向相反，所以在到发线的使用上宜相对固定。

设置腰岔的组合分解线相邻腰岔之间、咽喉区与相邻腰岔之间应满足需要组合或分解列车的有效长度。

2. 机待线

采用机车集中连挂的组合分解到发线出发一端咽喉区，应设机待线，机待线有效长度应按一次最多需要停放机车台数确定。采用集中连挂的组合列车分解时，除最后1台机车外，其他机车需要通过机待线等待或转向机走线。

机待线有效长度按一次最多停机台数确定，目的是使后续连挂的机车能够一次进入机待线，节约调车时间。

3. 机走线

组合分解站股道布置宜采用在两条组合或分解到发线中间夹一条机走线的形式，按组合分解列车的长度，在到发线与机走线之间设置腰岔。

两条组合或分解到发线中间的机走线具备两种作用，一是满足机车走行，二是作为后续列车接入时的隔开进路。

第三节　重载列车装卸站布置图型

装卸站是办理重载列车装卸作业的车站。一般来说，重载运输的列车装卸不同于普通货物列车的传统组织方法，要求采用高效率的装卸作业设备及高效率的装卸作业组织模式。为了提高装卸站的作业效率，车站的布置要适应长大重载列车到发作业及高效率装卸设备作业的需要。由于整列式重载列车采用的是普通货物列车的组织方法，可以在技术站之间组织开行，其装卸站可沿用原有普通货运站的配置模式。下面以单元重载列车装卸地车站布置为例，介绍重载铁路装卸站的布置形式。

单元重载列车从装车地至卸车地的技术作业流程对装车地及卸车地车站的布置图型及装、卸系统的配置有直接影响。单元重载列车由始发技术站将空车送至装车地，在装车地由环线或贯通装车线进行装车后，返回到始发技术站进行列车的技术检查及机车的检查作业。作业完成后，单元重载列车由始发技术站驶往卸车地。列车到达卸车地首先进入终点技术站进行列车到达的技术作业，继而进入终点卸车站不摘机车连续进行卸车作业。卸后空车回到终点技术站，办理出发作业后返回始发技术站。至此，即完成了单元重载列车的一次循环。

一、单元重载列车装车站布置图型及装车系统的配置

(一)单元重载列车装车作业过程

单元重载列车的装车地往往为大型矿点(通常为煤炭、矿石产地)等集运站，卸车地往往为

港口或大型电厂、钢厂等疏运站。单元式重载列车出入装卸地点时不解体、直入直出、整列装卸，因而在有条件的装(卸)车地点应铺设可以整列不停车装(卸)车的环形铁路线。

采用环形线装车方式，装车设备或为大容量的筒仓和定量漏斗，或为高架溜槽，也有的在堆料场下穿一座隧洞，由洞顶的漏斗装车。漏斗与电子磅相联，自动计量和打印记录。装车时，由配置低恒速器的机车牵引，整列空车直接进入环形装车线，由控制室遥控机车定速运行。当空车列车徐行通过大容量的漏斗煤仓或隧洞式堆料场时，定量漏斗仓门自动打开，将煤炭或矿石均匀装入车内。全列装车完毕后，低恒速器停止作用，机车乘务员开始操纵机车，将装完的列车牵引至铁路作业车站。整个装车过程是由计算机系统自动控制的，包括装料漏斗门的启闭和整列空车徐行速度的控制都是自动化的，装车车列匀速前进、准确对位，并与储仓装料口的开闭协调配合。列车按规定速度通过仓储设备后，即可达到规定重量。由于整个列车无须分解和转头，大大提高了装车效率。每小时装车能力可达 7 000～10 000 t。

矿点产量不够大而又分散或受地形限制，不能单独设置整列装车设备时，可采取集运方式，用大型载重自翻汽车或皮带输送机将货物送至集运站的环形线上装车。

(二)单元重载列车环形装车系统

煤炭或矿石装车点(集运站)的装车系统设备由电气化环线铁路及煤炭(矿石)储(存)装(车)两个系统组成，如图 6-5-5 所示。

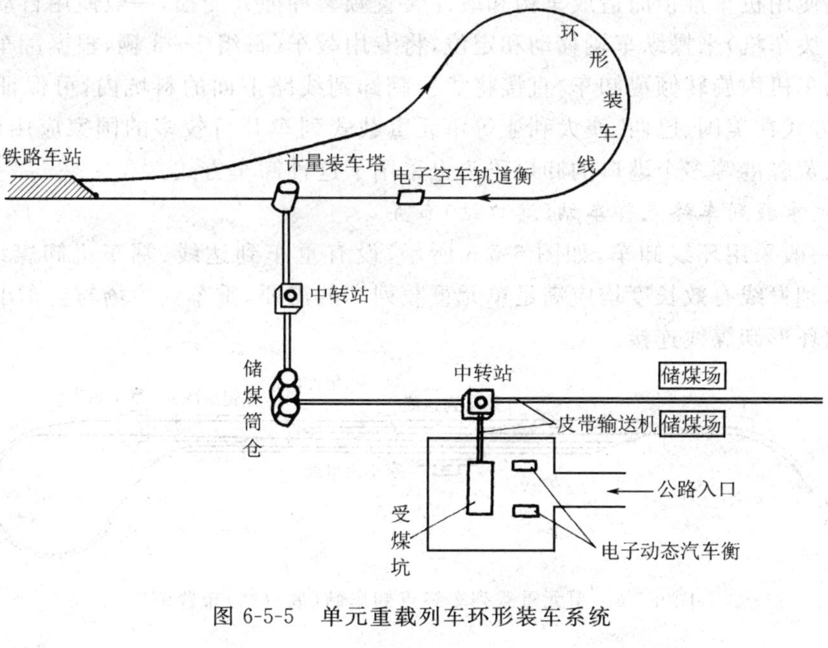

图 6-5-5 单元重载列车环形装车系统

1. 环线铁路系统

环线铁路系统的环形装车线是提高重载列车装车效率的有效设施。环形装车线的数目应根据装车系统的性能和装车量确定，其线路条件必须满足列车低恒速运行的要求，以达到准确、均匀装车。

环形装车线的设计原则包括：

(1)平面条件。装车环线长度不小于远期单元重载列车的长度，以保证列车在环线上停留进行必要的作业；装车塔前应装有动态电子空车轨道衡，自动计量空车重量；装车点前后设计为直线，直线段的长度应能满足电子轨道衡设置要求；为减轻养护维修工作量，保证车列安全，环线曲线半径一般不小于 250 m。

(2)纵断面条件。装车环线的坡度应保证实现机车牵引低恒速(0.5～0.8 km/h)运行的要求,列车总阻力应小于机车低恒速控制范围内的牵引力,在车钩拉伸状态下装车时,保证列车起动。根据上述要求,环形装车线纵坡一般可设计为 1‰～2.5‰,但在装车点前后应设计为平坡。

2.煤炭(矿石)储装系统

储装系统主要有电子动态汽车衡、受料坑、皮带输送机、中转站、储料场、储料筒仓等。

集运站的作业流程为:运矿卡车由公路进到集运站后,经电子动态汽车衡称重,普通载重卡车的煤炭(矿石)由卸车机卸入受料坑,煤炭(矿石)经皮带输送机送入储料场或直接入储料筒仓。大载重自卸汽车经称重后可将煤炭(矿石)自动卸入受料坑,也可直接进储料场卸车。

二、单元重载列车卸车站布置图型及卸车系统的配置

(一)单元重载列车卸车作业过程

在卸车地,一般都设有环线或贯通式整列卸车线,以及和车型、卸车方法相适应的地面设施。卸车主要采用漏卸和翻卸的方式。漏卸是用自动启闭底开门的漏斗车编成重载列车,徐行进入位于高架栈桥或卸车坑道上的卸车线后,自动启开底门直接卸车,散装货物即落入线路两旁的料坑内;翻卸是用装有高强度旋转式车钩的专用敞车编成重载列车,列车进入卸车线后,为了避免使用机车推顶而造成车钩和缓冲装置频繁冲撞并受损,一般使用自动或半自动的车辆就位器(拨车机)来操纵车辆移动和定位,将专用敞车(每组 1～3 辆,根据翻车机的型号确定)固定在翻车机内旋转倾覆卸车,直接将货物翻卸到线路下面的料坑内,可保证不摘钩连续作业。翻卸方式在美国、巴西、澳大利亚等单元重载式列车开行较多的国家应用最为广泛,我国秦皇岛港、黄骅港等多个港口的卸煤码头也采用了这种卸车方式。

(二)单元重载列车终点卸车站(港口站)布置

卸车站一般采用环线卸车,如图 6-5-6 所示,设有重车到达线、翻车机卸煤线、空车出发线。重、空车到发线有效长度均应满足单元重载列车的需要,重车到达场与空车出发场呈横列布置,中部以环形卸煤线连接。

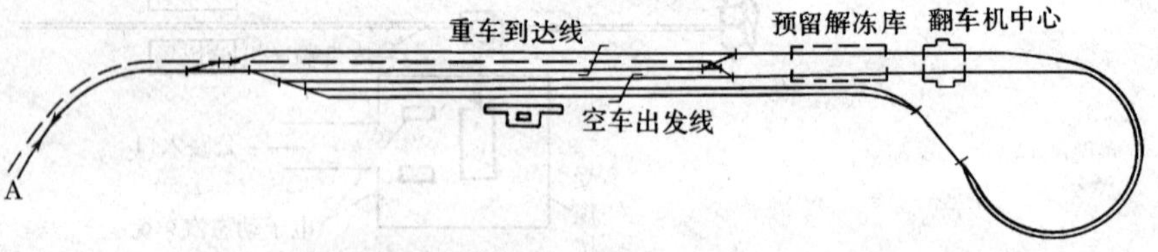

图 6-5-6　单元重载列车终点卸车站(港口站)布置图型

单元重载列车在卸车站(港口站)采取不摘机车连续流水作业方法卸车,列车到达后,路、港双方在重车到达线办理交接作业,列车运行到拨车机固定停车处,机车落下受电弓并处于非工作状态,按规定的翻车机每次卸车数,由拨车机将重车送至翻车机卸煤(矿)线,经翻车机连续卸车,卸后的空车列经空车出发线返回铁路技术站。

(三)单元重载列车环形卸车系统

单元重载列车环形卸车系统设备由环形卸车线与卸煤(矿)装船两个系统组成。

1.环形卸车线

环形卸车线是提高重载列车卸车效率的有效设施,卸车环线的数目应根据翻车机数量、性

能和卸车量确定，卸车线上设置翻车机，在翻车机入口处设拨车机及预留解冻库。线路条件应满足在车钩压缩状态下卸车的要求。根据拨车机和翻车机的性能要求，翻车机前后应设计为平坡直线，翻车机前的平直段不宜小于 100 m，困难条件下不宜小于50 m。其他条件与装车环形线相同。

2. 卸煤(矿)装船系统

单元重载列车卸车地的卸煤(矿)装船系统主要有储煤(矿)漏斗、堆场、皮带输送机、堆料机、取料机、装船机等设备和机械，如图 6-5-7 所示。

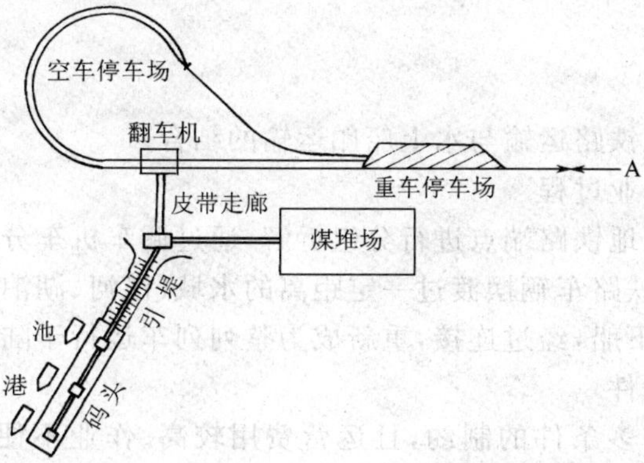

图 6-5-7 单元重载列车卸煤(矿)装船系统

煤炭(矿石)装船作业方法：经终点卸车站翻车机卸后的煤炭(矿石)落入储煤(矿)漏斗中，经皮带输送机系统输送到堆场，由堆料机将煤炭(矿石)按品种堆到指定垛位，取料机由堆场按指定货位取料，通过皮带输送机系统装船。翻车机卸后的煤炭(矿石)也可不进入堆场，直接通过皮带输送机系统送往装船机装船。

第六章　轮　渡　站

第一节　铁路轮渡站的总体布置

一、铁路轮渡

铁路轮渡运输是陆地铁路运输与水上船舶运输的结合。

1. 铁路轮渡运输的作业过程

将铁路的整列车在陆地铁路端点进行分组拆解，通过调车机车分组推送运上渡船，进行绑扎固定，然后通过渡船将铁路车辆摆渡过一定距离的水域（江河、湖泊、海域等），抵达铁路另一端点，再用调车机车牵引下船，经过连接，重新成为整列列车运行于陆地路网。

2. 铁路轮渡的采用条件

铁路轮渡的设置受许多条件的制约，且运营费用较高、作业不便，因此，只有在特殊需要时，才可结合具体情况选用。一般当具备下列条件时，可考虑采用轮渡：

(1)合适的自然条件。经常保持足够的水深，水流不能过于湍急，无冰冻，河床（海峡、海湾、湖泊）无巨大的礁石或沙洲，雾、大风暴、台风等天气少。

(2)运量不大，对运输能力要求不高。

(3)国防或经济建设需要，且符合路网布局。

(4)无陆路可通，或经陆路绕行运距过长。

(5)不具备修建大桥或水下隧道的技术条件，或修建大桥或水下隧道工程投资过大。

3. 铁路轮渡的组成

铁路轮渡是一项综合运输工程，涉及铁路、港口、船舶、航运等多行业，主要由站场、栈桥、渡船及港口等子系统构成。

(1)站场，即轮渡站，是供待渡运的列车停放、解体、调车和编组使用的站场。

(2)栈桥，又称码头，是供机车车辆驶上或驶下渡船的桥梁建筑物。由于栈桥在作业状态下须与渡船保持随动，非作业状态下须提升至指定位置以便渡船靠离码头或栈桥维修保养，因此无论从应用需求、技术需求还是管理需求方面对铁路栈桥都提出了较高要求，铁路栈桥又被称为铁路轮渡系统的核心工程。

(3)渡船，是运载铁路机车和客、货车辆的船舶，集客船和列车、汽车滚装船的要求于一体，是铁路轮渡系统的又一关键部分。渡船甲板面铺有轨道。

(4)港口，包括水域和陆域两部分。港口水域是指与渡船进出港，停靠及港口作业相关的水上区域，港口陆域是指从事与港口功能相关服务的陆上区域。

鉴于栈桥上也需布设相应的铁路线路，本文中将栈桥线路布置纳入轮渡站内容。

二、轮渡站的作业与设备

1. 轮渡站的作业

轮渡站是以铁路车辆上下船作业为主，专为铁路轮渡作业服务的车站。它是铁路轮渡运输的重要组成部分，是组织车辆在铁路与渡船间交接的重要场所，是实现铁路轮渡运输的连接纽带。其主要作业特征是：上船的车列由技术作业站（编组站或区段站）运行至轮渡站的到发场，然后按渡轮上每条线路的容车数分组，并送到待渡场待渡。渡轮靠岸后，采取循环取送的方法，先将下船的车组由调车机车牵引至待渡场，接着调车机车转线推送上船的车组至渡轮上已空闲的股道。上下船作业完毕后，调车机车将待渡场的车组转送至到发场集结串编，再由到发场发送到邻近的技术作业站（编组站或区段站）。

2. 轮渡站的设备

铁路轮渡站一般由到发场、待渡场、码头取送线、栈桥和其他有关机务、车辆设备等组成，如图 6-6-1 所示。

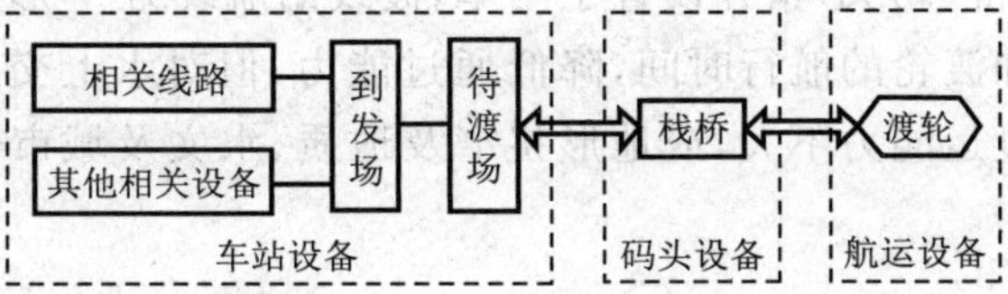

图 6-6-1 轮渡站主要设备

到发场办理列车到发及解编作业，由到达场和发车场两部分组成。到达场要保证完成列车解体前的技术准备工作并不间断地自区间接入到达解体的列车；发车场的主要任务是正确、及时地完成列车出发前的技术准备工作并保证不间断地接入由待渡场转场而来的车辆。

待渡场主要办理上下船列车的待取或待送作业，其主要功能是保证渡船到港后可及时将列车进行上下船作业，为此待渡场应首先满足存满渡船所需车辆的需要，并保证不间断将下船车辆转场至到发场。

栈桥是轮渡的重要组成部分，是待渡场线路与渡轮相连接的纽带，一般由桥墩、桥台、跳板梁、升降控制系统和栈桥信号控制系统组成。随着水位的涨落及装卸时渡船重量的变化，栈桥轨道高程也随之变化。栈桥以陆地端为基点可上下升降，从而使陆地上及渡轮上的轨道平面及纵断面通过栈桥始终相连。

码头取送线一般是指待渡场最外方道岔前端基本轨接缝至栈桥接陆端的一段线路，是待渡场与栈桥间进行调车作业及调车机车转线的联络线。

3. 轮渡站与相邻区段内车站及技术站的配合关系

轮渡站与相邻技术作业站的作业分工为：去往轮渡方向的列车一般由相邻区段的技术作业站集结、选编成列，开行小运转或区段列车到达轮渡站进行解体分组作业。下船的车组在轮渡站编组成列车，开行小运转或区段列车到达相邻的技术作业站进行解编作业。

轮渡站本身一般应具备一定的存车储备能力。当轮渡站的规模未考虑因设备故障、天气、灾害等因素而引起轮渡停运、列车滞留两岸的存车条件时，相邻区段的车站及技术站应具有一定的存车条件。

三、轮渡码头

1. 轮渡码头的布置

铁路轮渡包括江河轮渡和跨海（湖）轮渡两种。江河轮渡站与跨海（湖）轮渡站有以下不同：

(1)江河水位涨落幅度大，而湖、海小。

(2)江河有流向而影响码头方向，而湖、海则无。

(3)海水的腐蚀性强，而江河、湖泊的腐蚀性弱，因此海上轮渡码头应采用耐腐蚀的建筑材料。

江河两岸轮渡码头一般采用下列两种布置形式：

(1)正对布置，即栈桥(码头)相对应地建筑在两岸，渡船的航线为S形，如图6-6-2所示。此种布置的渡距及渡轮航行时间较短，能增加渡运次数，但对水上交通干扰较大。在河面宽广，水上航运不很繁忙，对轮渡要求有较大的通过能力，而地形、地质、水文和城市规划均适合时采用。

(2)斜对布置，即栈桥(码头)错开设置于两岸，渡线的航线为V形，如图6-6-3所示。此种布置的渡距较长，会增加渡轮的航行时间，降低通过能力，但对水上交通干扰较少。在水上交通繁忙，而轮渡要求的渡运能力不大，或地形狭窄及地质、水文及城市规划等不允许按正对布置时采用。

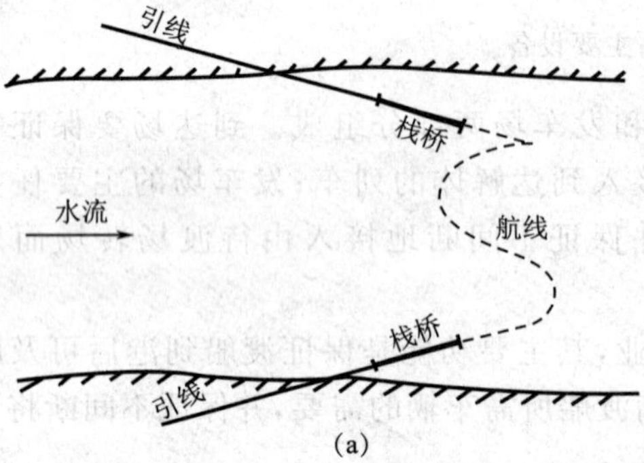

图6-6-2　正对布置轮渡码头

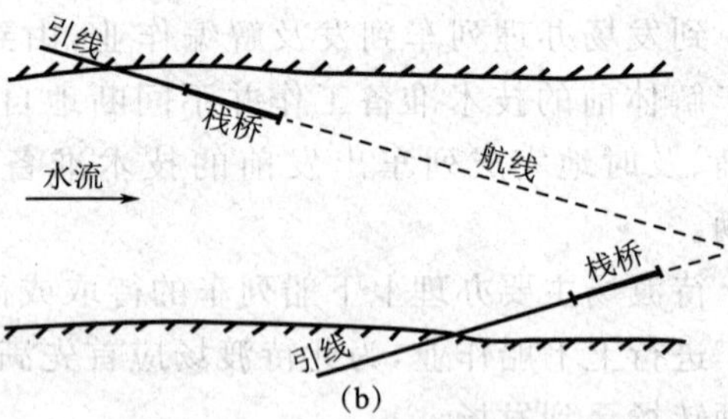

图6-6-3　斜对布置轮渡码头

跨海轮渡码头的布置不受上述两种布置方式的制约，一般根据港口规划、地质、水文条件、渡轮泊稳条件等因素确定。

2.轮渡码头的种类

轮渡码头应保证渡轮能安全、迅速地系泊及不因水位的涨落而影响其使用。轮渡码头一般有两种类型：

(1)活动式轮渡码头(图6-6-4)，又称单码头。轮渡两岸各设一座码头，它可根据水位的高低上下升降，适用于要求能力大的轮渡。其优点是占地少，但工程投资较多。

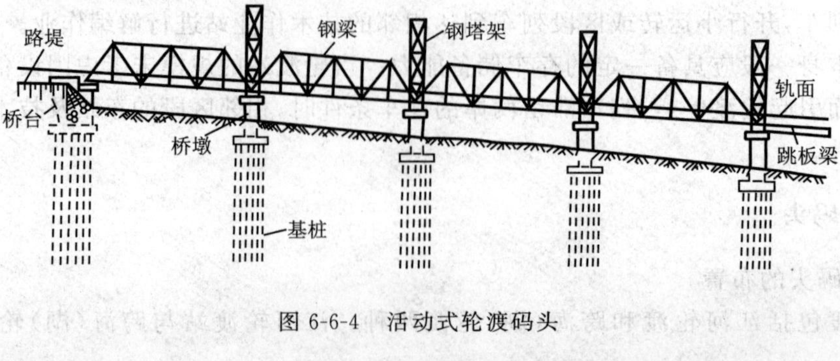

图6-6-4　活动式轮渡码头

(2)固定式轮渡码头(图 6-6-5),又称多码头。轮渡两岸按不同的水位分设几个相应的码头,适用于水位高差大、要求能力不大的轮渡。其优点是工程投资少,但在换码头作业时不便,且各码头间必须留有一定的距离,因而占地较多。

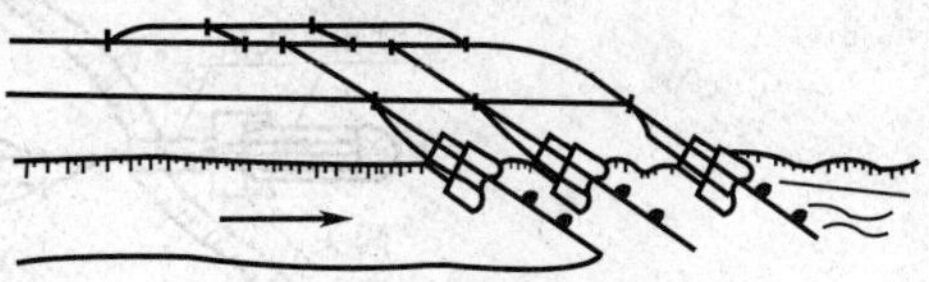

图 6-6-5 固定式轮渡码头

3. 轮渡码头的结构

(1)顺岸式结构轮渡码头(图 6-6-6):此种结构布置的轮渡码头能够最大限度地利用江、河、海岸,节约港口工程投资,只要铁路引线方向及城市、港口规划等条件允许,应优先采用顺岸式结构布局的轮渡码头。

(2)突堤式结构轮渡码头(图 6-6-7):此种结构布置的轮渡码头的主堤及辅堤均深入水中,一般是因为受铁路引线方向、城市及港口规划条件所限及为躲避某方向的风浪而采取的布置方案。此种布置港口工程投资较大,但渡轮回转水域及航道疏浚工程相对较节省。

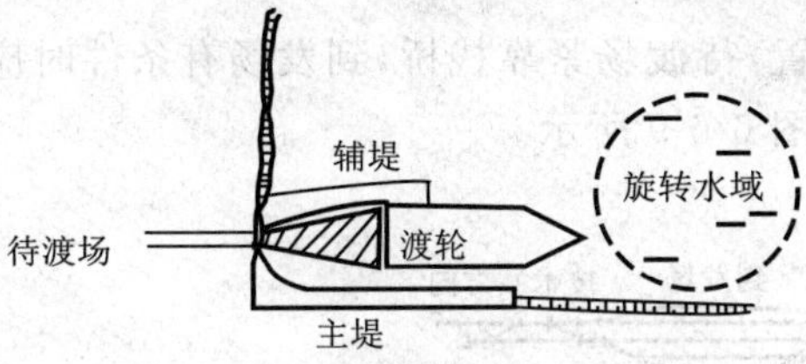

图 6-6-6 顺岸式结构轮渡码头

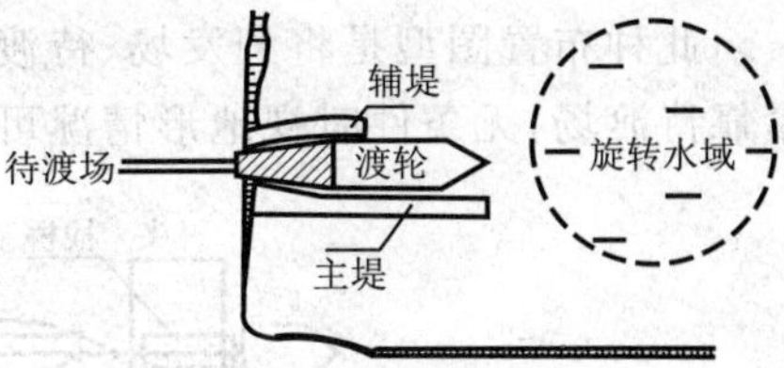

图 6-6-7 突堤式结构轮渡码头

第二节 轮渡站布置图型

一、轮渡站布置原则

(1)轮渡站应与码头及渡轮的能力相适应,并应符合渡轮的作业要求和线路引入方向。

(2)轮渡站的布置应本着缩短调车作业时间、提高调车作业效率的原则,将待渡场尽量靠近栈桥,将到发场尽量靠近待渡场。

(3)到发线有效长度一般应与所衔接的铁路区段一致,为整列车的到发创造条件。

(4)轮渡站在满足涨潮高水位时不被水淹的情况下,应结合地形条件尽量降低车站的高程,并减少待渡场至码头间的距离和高差,有利其纵坡。

(5)为提高作业效率及作业安全,行车系统(到发作业)与调车系统(上下船及转场调车作业)应有隔开设备。

(6)轮渡站内一般应设置调车机车整备设备。

二、轮渡站布置图型分析

由于栈桥及码头线的布置一般应根据港区规划、地质水文条件、渡船泊稳条件等因素来确定,并与待渡场呈纵列式布置,所以铁路轮渡站的布置图型主要是指到发场与待渡场的相互关系,一般有横列式、纵列式和混合式等。

1. 横列式轮渡站布置图型

此种布置图型是指将待渡场与到发场呈一定夹角横列布置,到发场与待渡场间设牵出线相连,如图 6-6-8 所示。

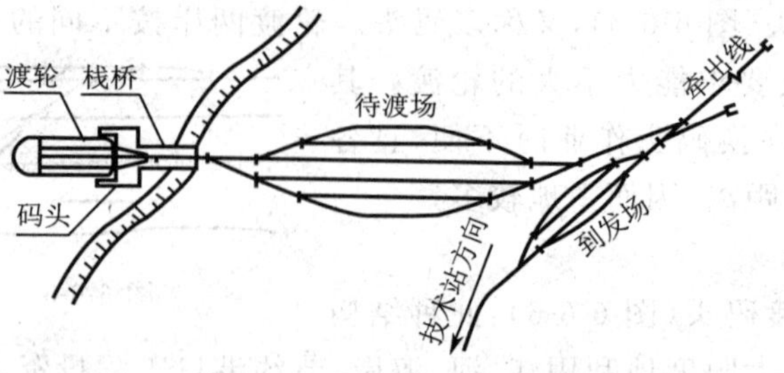

图 6-6-8　横列式轮渡站布置图型

横列式布置图型的主要优点是站坪短，设备集中，管理方便，车组转场作业与列车到发作业间交叉干扰少。其主要缺点是转场作业需折角运行，转场作业时间长，通过能力小。当铁路线引入方向与轮渡码头方向不一致时，为避免铁路线迂回，适应码头泊位设置条件，可采用横列式布置图型。

2. 纵列式轮渡站布置图型

此种布置图型是将到发场、待渡场、栈桥呈纵列布置，待渡场紧靠栈桥，到发场有条件时应紧靠待渡场，无条件时视地形情况可适当拉开距离，如图 6-6-9 所示。

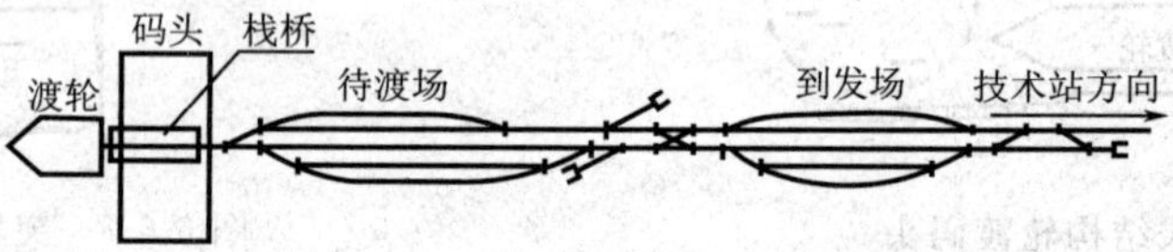

图 6-6-9　纵列式轮渡站布置图型

纵列式布置图型的主要优点是线路顺直无折角，车组转场作业与列车到发作业交叉干扰少，转场作业顺畅，作业能力大。其主要缺点是站坪较长，设备分散，管理不便，占地多，铺轨长；若待渡场与到发场相隔较远，则转场作业时间长，车站通过能力降低。纵列式布置图型适用于港前场地局促、地形困难的情况，将轮渡站的两场分设以适应场地条件；或铁路线自江河上游引入，在湖泊、海岸接近顺岸引入，地形、地质、水文及城市规划等条件适合的情况。

3. 混合式轮渡站布置图型

此种布置图型是将到发场、待渡场合设一处，车场的一侧或两侧设到发线，中部线路设待渡线，根据渡轮上每条线路的存车数及列车分组数量，将中部线路设几组渡线分成若干段作为存车线（待渡线），如图 6-6-10 所示。

图 6-6-10　混合式轮渡站布置图型

混合式布置图型的主要优点是站坪短，设备集中，管理方便，能够节省用地及工程投资。其主要缺点是车列分组作业与列车到发作业交叉干扰较大，影响作业能力。混合式布置图型适用于运量不大，港前场地宽敞，地形简单的情况。

轮渡站设计时宜首先采用混合式布置图型。当引起大量工程或地形条件不适宜时，根据技术经济比较可采用横列式或纵列式布置图型。由于纵列式布置图型不仅有利车站作业，而且有利轮渡站的发展，当要求轮渡能力大，且地形适宜时，可优先考虑。

三、到发场与待渡场的布置

由于轮渡站到发场功能较为单一，为了便于管理，节省用地，提高作业效率，到达场与出发场一般都横列布置，合设为到发场；为了作业灵活方便，到发线进路按双方向设置，可固定使用。待渡场是上船车辆和下船车辆暂存的场所，其设计合理与否直接影响车辆上下船作业时间，进而影响码头能力。待渡场的场型要因地制宜、结合地形地貌来选择，同时要考虑车辆上下船作业方式及作业效率。一般来说，待渡场设计原则为：①确保下船、上船作业时间最短；②节省工程投资；③保证作业的安全性；④保证作业的便捷性。根据待渡场股道设置形式，可将其场型分为梭形、平行四边形、双线加渡线形及腰岔纵列式等四类。

1.梭形待渡场

梭形待渡场的车场布置形式类似于传统车场布置形式，如图 6-6-11 所示。由于铁路轮渡具有特殊的作业流程和作业特点，对此梭形待渡场具有无法克服的缺点，因此轮渡站基本不采用此类场型。

2.平行四边形待渡场

平行四边形场型从平面布置看，其股道布置呈平行四边形。车场由一系列有效长度相等的股道倾斜布置而成，并由处于同一角度的道岔连接，如图 6-6-12 所示。平行四边形场型每条待渡线长度可设计为与渡轮上股道容车数相匹配，从而利于待上船车辆的分组。其缺点是调车视线较差，调车机车走行距离较长。

图 6-6-11 梭形待渡场布置

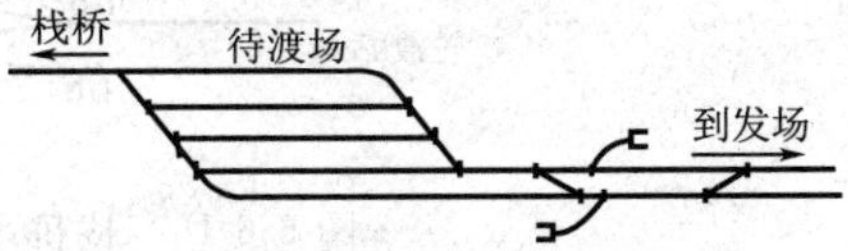

图 6-6-12 平行四边形待渡场布置

3.双线加渡线形待渡场

双线加渡线形待渡场由两条较长的股道组成，在其中每隔一定的距离设置渡线，形成如图 6-6-13所示形式。该类型待渡场能够节省待渡场工程，同时方便作业。其缺点是待渡场的长度较长，调车机车往返时走行距离长，增加了作业时间，不利于提高运输能力，且待渡场与码头距离越远越不利。

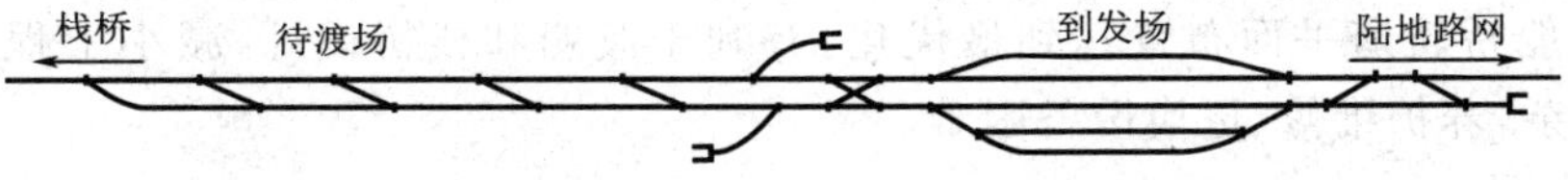

图 6-6-13 双线加渡线形待渡场布置

4.腰岔纵列式待渡场

腰岔纵列式待渡场适用于栈桥为双线布置的情况，待渡场股道中间设置渡线，如图6-6-14所示。该类型待渡场中 2 台调车机车可以同时作业，能够有效提高轮渡作业效率。

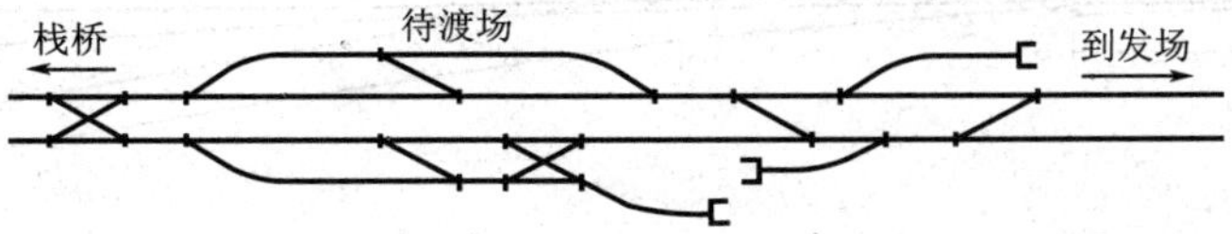

图 6-6-14 腰岔纵列式待渡场布置

四、栈桥上线路的平面布置

栈桥平面布置根据渡轮上的线路数目、线间距离、经济合理的栈桥长度和宽度、需要的栈桥上的走行线数目等因素确定。

(1)一般渡轮上的线路数目不少于 3 条。当渡轮上的线路数目为 3 条时,栈桥上的平面布置采用 7 号对称三开道岔最为适宜,设一条走行线、一台调车机车即可满足作业要求,如图 6-6-15 所示。

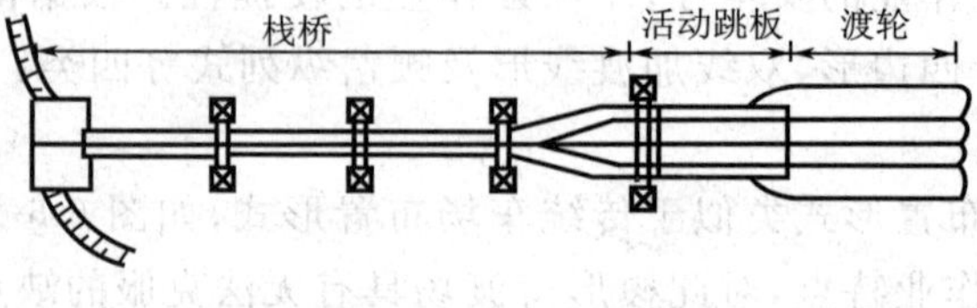

图 6-6-15 7 号对称三开道岔栈桥平面布置

(2)当渡轮上的线路数目为 4 条及以上时,应根据能力的需要及调车作业方式确定栈桥上的走行线数目,然后再确定栈桥上线路的平面布置方案。为缩短栈桥长度或减少调车机车转线距离,一般采用 6 号对称道岔布置或 6 号对称道岔与 7 号三开道岔混合布置,如图 6-6-16 和图 6-6-17所示。

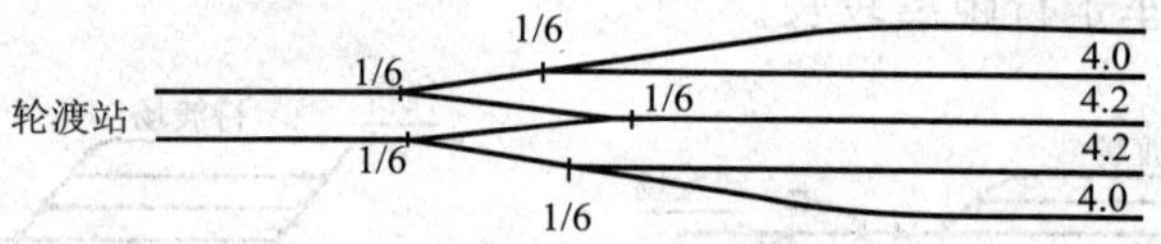

图 6-6-16 栈桥平面采用 6 号对称道岔布置

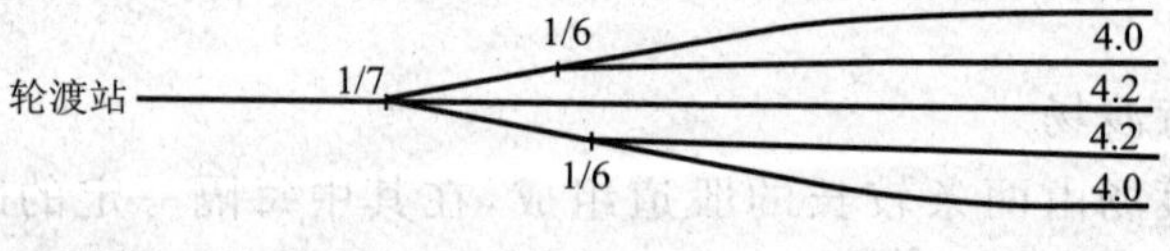

图 6-6-17 6 号对称道岔与 7 号三开道岔混合布置

(3)"滑动块式"轮渡栈桥平面结构。栈桥接陆端一条走行线与接船端几条线通过"滑动块式"连接,完成一对多的平面过渡,如图 6-6-18、图 6-6-19 所示。此种布置结构机车转线简单、迅速;且能使船桥轨道平面布置达到最优化,有利于渡船和栈桥设计,减小工程数量,降低造价;但结构复杂,养护维修、更换设备困难。

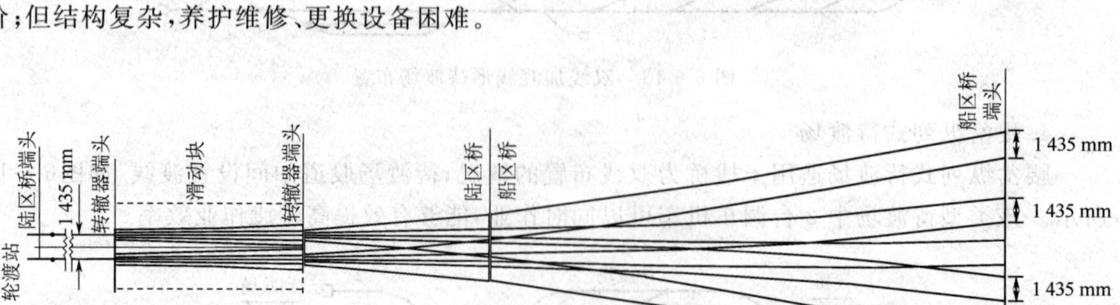

图 6-6-18 "滑动块式"轮渡栈桥平面布置

(4)“可转动短轨式”轮渡栈桥平面结构。这种结构栈桥轨道平面布置与“滑动块式”方案基本相同，不同之处是用两根可以平面转动的短轨代替滑动块，使栈桥接陆端的一条线路通过“可转动短轨”与接船端的多条线路任意相接，如图 6-6-20 所示。该结构相对简单，操作方便；但转动短轨与相接轨道间形成一个折角，使轮轨磨耗严重，养护维修工作量较大。

图 6-6-19 “一对五”栈桥滑动道岔

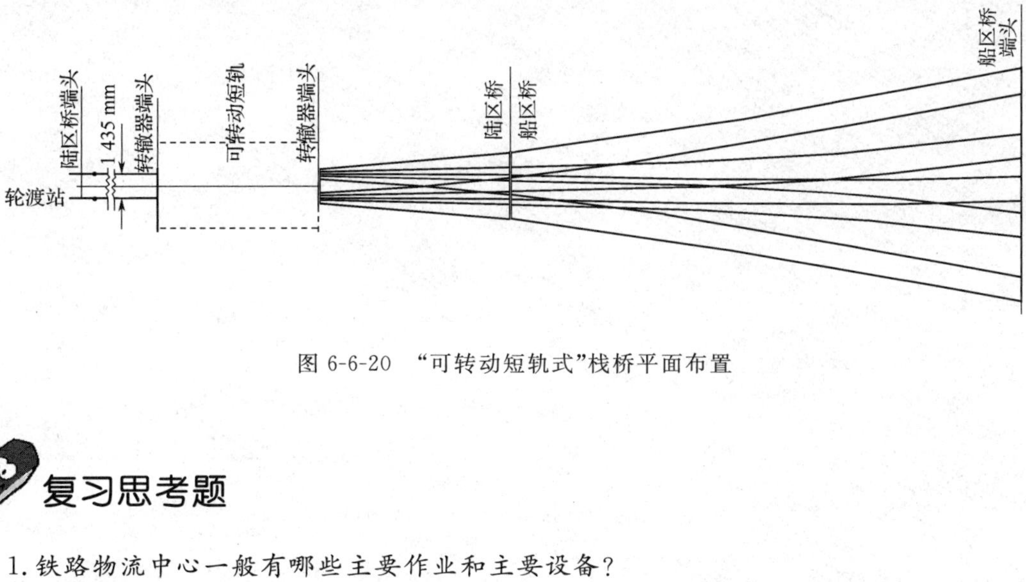

图 6-6-20 “可转动短轨式”栈桥平面布置

复习思考题

1. 铁路物流中心一般有哪些主要作业和主要设备？
2. 结合铁路物流中心总平面布置原则，分析应如何合理布置各功能区。
3. 分析尽端式、通过式和混合式货场布置图型的特点。
4. 货物站台与装卸线有哪些布置形式？适用于什么条件？
5. 集装箱功能区的平面布置有哪些要求？
6. 集装箱场装卸线与箱区的布局主要有哪几种形式？
7. 国境换装站除办理货运站的技术作业外，还办理哪些主要作业？
8. 国境换装站有哪些主要设备？
9. 在工业企业和港口运输中，铁路、厂(矿、港)间办理交接作业有几种方式？

10. 分析在路、厂(矿、港)间实行车辆交接方式时，工业站与企业站(港口站)的设置方案。

11. 分析当工业站与企业站(港口站)分设时，交接场位置的几种布置方案及其特点。

12. 港口铁路枢纽由哪些铁路设备组成？

13. 重载列车作业站可以分为哪几种？分别办理什么作业？

14. 轮渡站布置图型有哪几种？各有什么特点？

第七篇

铁 路 枢 纽

第一章　铁路枢纽总布置图型

第一节　概　　述

在铁路干、支线的交会点或终端地区,由各种铁路线路、专业车站及其他为运输服务的有关设备组成的总体称为铁路枢纽(railway terminal)。

铁路枢纽是连接铁路干、支线的中枢,是为城市、工业区或港埠区服务,以及与国民经济各部门联系的重要纽带,也是交通运输枢纽的主要组成部分。

铁路枢纽是客、货流从一条铁路线转运到另一条铁路线的中转地区,也是城市、工业区客货到发和联运的地区。它除办理枢纽内各种车站的有关作业外,在货物运转方面还办理无改编中转和有改编中转列车的作业,以及枢纽地区小运转列车的作业,在客运作业方面办理通过、管内和市域(郊)旅客列车有关的运转作业,在货运业务方面办理各种货物的承运、装卸、发送、保管等作业,此外还要供应运输动力、进行机车车辆的检修等作业。

在铁路枢纽内一般应具有下列一些设备:

(1)铁路线路,包括引入正线、联络线、环线、直径线、专用线等。

(2)铁路车站,包括客运站、货运站、编组站、工业站、港湾站、中间站等。

(3)疏解设备,包括铁路线路与铁路线路的平面和立交疏解、铁路线路与城市道路的跨线桥和平交道口、线路所等。

(4)其他设备,包括机务段、车辆段、客车整备所、动车段(所)等。

铁路枢纽总布置图型规划应根据路网规划和城市总体规划要求,按照统筹规划、立足长远、近远结合、分期实施的原则,做到点线协调、多网融合、客内货外、客货并重、充分利用既有设施,统筹新线引入与既有线改造、高速与普速、场站布局、配套设施和综合开发等,体现系统性、前瞻性、经济性,实现枢纽布局优化和功能完善。

第二节　铁路枢纽总布置图型影响因素

铁路枢纽总布置图型设计应从全局出发,综合分析枢纽的作用和规模、各引入线路的技术特征、客货运量的性质和流向,既有设备状况、地形和地质条件,并结合城市规划和其他交通运输系统等进行全面方案比选。应对下列一些主要因素进行全面研究分析。

一、枢纽在铁路网中的地位和作用

枢纽在铁路网中的地位和作用,对枢纽的发展规模和设备能力的要求有决定性的影响,一般应着重从下列几个方面进行分析:

(1)枢纽所处地理位置及其政治经济特征。枢纽地处大都市、省会还是一般中、小城市,是国境还是腹地,是矿山、港口等路网的起讫点还是铁路干线会集处等对于确定枢纽在城市规划、区域交通规划中的地位、将来发展变化的趋势具有重要影响。

(2)枢纽所承担任务的性质。必须根据枢纽所承担的客、货流性质确定其是路网性枢纽还是区域性、地方性枢纽。

(3)与相邻枢纽的协作和分工。根据相邻枢纽列车编组计划及机车供应、车辆检修任务的合理分工,确定主要设备(编组站、机务段、车辆段)在路网上的合理布局。根据枢纽内折角车流方向修建枢纽联络线和迂回线,加强枢纽的通过能力。

(4)与国防建设密切配合。枢纽布局应符合战备需要,满足国防建设要求。

二、引入线路的技术特征

1. 引入方向

线路引入方向通常是根据客、货流向以最短路径连接相邻经济控制点而确定的。其具体引入枢纽的位置应根据枢纽的地形、地质、城市规划及客、货运设备布置要求,使客、货流以最短路径出入枢纽,并使各引入线间具有相互调节、转接车流的条件。

2. 引入线数目

引入线数目愈多,相应会集的车流量就愈大,客、货流向也相应增加,需要的设备数量也多,连接各引入线所需要的联络线、环线、进站线路就越多,枢纽的线路疏解布置就越复杂。

3. 引入线坡度

由于引入枢纽各条线路的限制坡度不同,必然产生列车的换重作业,可采取调整机车类型、加力牵引等措施,以求牵引定数统一。同时枢纽内线路限坡的选用,必须与引入线区段的最小限坡相配合。

此外,引入线路的牵引种类、客货机车类型,线路客货共用还是专用,线路速度等级等对枢纽的设计和规划也将产生巨大影响。

三、各引入线路的客、货流量及其流向和性质

1. 客、货流量

客、货流量大小直接影响着各专业车站及其他各项设备的规模。对运量不大的线路,可以在枢纽前方站合并引入;客、货流量均较大且条件合适时,宜将客运站、编组站并列布置,以便客、货进路分开;当客运站和编组站顺列布置而枢纽内正线又为客、货共用时,可修建多线并行,以加强通过能力。

2. 客、货流向

客、货流向是选定客运站、编组站位置和引入线方案的主要因素之一,必须将客运站和编组站布置在主要客、货流方向上,进站线路应以最短路径引入。对次要方向的车流,一般以调整引入线走向或利用疏解布置引入各专业车站。对较大的折角直通车流,应设置便捷的通过车场和联络线,使其顺利通过枢纽。

3. 客、货流性质

客流的性质可按长途、短途、市域(郊)分类,也可按始发、中转分类。货流性质包括中转、地方和综合三类。一般情况下,以中转车流为主的枢纽,编组站宜集中于一站;中转和地方车流并重且流量较大时,编组站可分开设置;地方车流为主时,集中或分散应视具体情况而定。

四、枢纽分期发展与利用

根据运营需要、新线引入、城市建设和其他运输系统的要求，铁路枢纽应按总图方案分期修建。在考虑分期工程时，应尽量避免在下一期改建工程中发生废弃工程多和严重干扰运营等情况，同时还要考虑发展需要预留用地。

在既有枢纽的改建、扩建中，应充分利用既有设备，以节省投资。对既有设备的利用，下面几种案例可供参考：

(1)既有车站改建为客运站。既有枢纽内的主要车站一般为客、货混合站，在扩建枢纽时，通常利用它深入市区、接近居民点的有利条件，迁出解编作业，将原站改为客运站，在市区边缘另建新的编组站。

(2)既有车站改建为货运站。位于工业区、仓库区的既有车站改建为工业站或货运站。

(3)既有站改建为客车段所。配合枢纽新客运站布局的要求，将既有车站改建为客车段所。

五、城市规划和环境保护

铁路枢纽是城市规划的重要组成部分，城市规划对铁路枢纽的设计与建设有决定性的影响，必须相互配合。

1. 枢纽类型与城市规划和环保的配合

位于中、小城市的一站枢纽，由于枢纽结构和设备比较简单，城市范围不大，因而在相互配合上的影响较小。这种枢纽的车站一般可位于城市范围以内，地点适中，以方便客、货运作业。对大、中城市的枢纽，其枢纽结构多种多样。如选择三角形和十字形枢纽时，城市的主要部分最好布置在某一象限内，力求避免枢纽线路分割城市，减少与城市的干扰。选择环形枢纽时，其环线应设置在城市规划区域范围以外，避免环线包围城市，限制城市的发展，并应尽量在环线上布置专用线和货运站，以便更好地为货主服务，减轻城市交通的负担。客运方面也可利用环线开行市域(郊)列车，以缩短城市与卫星城镇的走行时间。

2. 枢纽设备与城市规划和环保的配合

对直接与城市生产和生活有密切关系的客运站、货运站、专用线，应根据其不同性质，布置在城市中心区附近或工业区、仓库区范围内。对与城市无关的铁路技术设备，如编组站、客车整备所、动车段(所)、综合维修基地、机车车辆修理厂、铁路材料厂，办理易燃、易腐、危险品运输的货运站及迂回线、联络线、环线等，可以在不影响枢纽布局的情况下，布置在距城市有相当距离的地方，以免造成对城市的干扰和污染。

3. 穿越城市铁路与城市规划和环保的配合

对必须保留铁路线于原处的城市，可修建城市道路与铁路的立交桥。对有条件修建迂回线、联络线或环线以分流主要货流，使其绕行市区外围通过时，可保留原市区内的线路供少量旅客列车、小运转列车通行。对某些穿越城市的非主要干线，可视具体情况将其改建为尽头线，并利用它连接市区的货运站或专用线。

此外，枢纽所在地区的地形、地质和自然条件，综合运输的发展规划，农田水利建设等都影响着枢纽总图的布局。

第三节　铁路枢纽总图分析

铁路枢纽布置图型形成的因素比较复杂，即使同一因素出现在几个枢纽内时，对枢纽布置图型的影响也各不相同。在规划和设计中，必须根据各个枢纽的具体条件，确定合理的布置图型。下面就枢纽范围内专业车站和铁路线路在总图结构上的特征，结合一定的车流条件，分析各种不同形式的枢纽图型的特点及其适应条件。

一、客货共线铁路枢纽布置图型

(一)客货列车进路在枢纽内的疏解方式

铁路枢纽衔接方向众多，各方向的疏解方式不尽相同，分析一个枢纽的疏解方式时，应以枢纽内客货运量较大的主要衔接方向为主。客货共线铁路枢纽主要衔接干线的客货列车进路在枢纽内的疏解方式可分为客货顺列式、客货并列式和客货混合式三种形式。

1. 客货顺列式疏解

在客货共线顺列式枢纽中，货物列车穿过客运站，旅客列车经过编组站。典型的客货顺列式铁路枢纽布置图型如图 7-1-1 所示。

在客货顺列式枢纽中，设有一个客运站和编组站时，客运站可以设在通道上靠近城市中心的适当位置，而编组站位置的选择应考虑减少折角改编车流的走行。如果枢纽两端折角改编车流都比较多时，编组站设在枢纽通道的任何位置上，都只能相对减少而不能克服大量折角改编车流的走行里程，此时，可以在枢纽两端各设一个编组站。但是，设两个编组站时，又将产生两站之间的交换车流和单机走行问题。

客货顺列式枢纽内只有一个通道，通过枢纽的客货列车、枢纽小运转列车、单机等作业，都要占用这条通道，因此，枢纽通道成为通过能力的限制因素，是客货顺列式枢纽的主要问题。

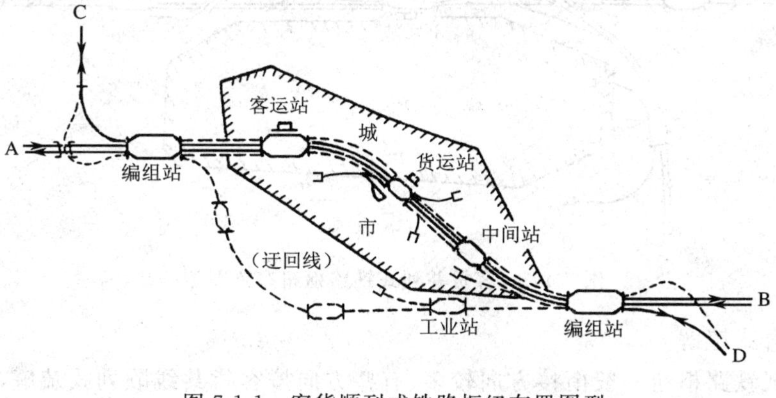

图 7-1-1　客货顺列式铁路枢纽布置图型

这种枢纽的优点是进、出站线路疏解布置简易，客运站、货运站和编组站的布置有较大的灵活性，枢纽分阶段发展适应性较强。其缺点是到发和通过枢纽的客、货列车及枢纽内小运转列车均集中运行在同一条通道上，区间通过能力紧张，车站咽喉区负担过重，货物列车通过客运站，对客运作业干扰大。

为了增强共同通道的通过能力，可铺设第三、第四正线，采用先进的信号设备，在枢纽两端的编组站之间修建迂回线以分流货物列车，沿迂回线修建货运站或工业站以分流枢纽内小运转车流，如图 7-1-1 中虚线所示。

对于引入线路分别在枢纽两端会合，位于依山傍水的狭长地带、沿着共同通道分布工业区和仓库区，需要设置两个以上专业车站的枢纽，可参照客货顺列式枢纽进行总体规划。

2. 客货并列式疏解

客货并列式铁路枢纽（parallel arrangement-type railway terminal）的特点是编组站与客运站并行布置，所衔接的铁路线各到达方向引入枢纽后按列车种类（客、货）分别引入并行布置的编组站和客运站；由编组站和客运站引出的各出发方向按线路别会合后与枢纽各出发方向衔接。客、货列车在枢纽内的运行径路互相分开而且并行，旅客列车不经过编组站，货物列车不经过客运站。

图 7-1-2 为有两条铁路干线交叉的客货并列式铁路枢纽布置图型。编组站布置在市区的边缘，客运站布置在市区范围内。它是由原先只有一个客、货共用站，随着运量增长，在市区边缘新建另一个编组站，而将原客、货共用站改建为客运站形成的。其优点是客、货列车运行径路在枢纽内完全分开，互不干扰，通过能力大；在当地条件受限制时，客运站和编组站位置的选择有较多的灵活性；货物列车在市区边缘运行，不干扰城市。其缺点是进、出站线路疏解布置较为复杂，引线工程较大，枢纽内线路的平、纵断面技术条件较差，增加了客、货列车的运营里程和费用，枢纽的分期过渡也比较困难。

这种枢纽图型通常适用于客、货运量都很大而当地条件又适合并列布置两个专业车站的枢纽。

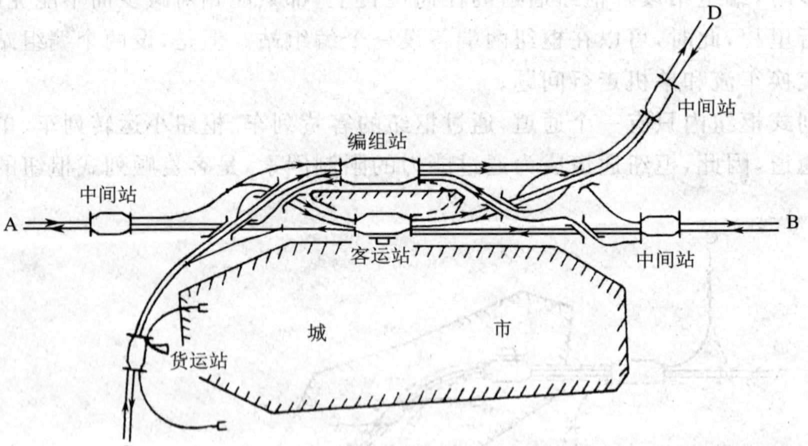

图 7-1-2　客货并列式铁路枢纽布置图型

3. 客货混合式疏解

客货混合式铁路枢纽一般衔接方向较多，有些方向按客货共线顺列式疏解，有些方向按客货共线并列式疏解，因此枢纽的车流组织兼具两种方式的特点。采用客货并列式疏解的方向，客、货列车进出枢纽交叉较少，通过能力较大，适合于干线方向疏解。采用客货共线顺列式疏解的方向，客、货列车共同径路长，进出枢纽交叉较多，通过能力较小，适合于支线方向。

（二）客货共线铁路枢纽布置图型分析

1. 一站铁路枢纽

一站铁路枢纽（railway terminal with one station）（枢纽站）一般由一个综合性车站（兼办

客、货、改编作业)和3～4条引入线路组成,是铁路枢纽布置图型中最简单的一种结构形式,通常位于中、小城市。一站铁路枢纽有两种不同的布置图型:一种是以办理无改编中转列车为主,解编作业为辅的枢纽区段站;另一种是以办理解编作业为主,无改编中转列车为辅的小型编组站。

这种枢纽的运营特点是所有客、货运及列车改编作业完全集中在一个车站上进行,不存在保证各车站间运输联系通道和作业量分配等复杂问题,设备集中,管理方便,运营效率较高。但由于作业集中,必然产生大量的作业进路交叉干扰,通过能力和改编能力都较小。为此,要求各线路方向能直接引入枢纽站的到发车场,以保证各方向接发车的独立性和机动性。运量较大时,要修建必要的立体疏解设备;引入新线时,应保证主要车流方向的无调中转列车不变更运行方向。

为了减少线路间的交叉干扰,可选择以下两种立体疏解布置。

(1)线路别立体疏解布置。

线路别立体疏解布置如图7-1-3(a)所示。该枢纽衔接A、B、C、D四个单线方向。图中到发场1及2平行配列在正线一侧,到发场1固定为A、B方向接发列车,到发场2固定为C、D方向接发列车,为便利C方向列车接发,在车站左端设有立体疏解。这种布置适应于本线车流(AB间和CD间)较大而转线车流(AD间和BC间)少的枢纽。

(2)方向别立体疏解布置。

方向别立体疏解布置如图7-1-3(b)所示。该枢纽衔接A、B、C、D四个双线方向。图中到发场1及2配列在正线两侧,到发场1固定为各方向上行列车接发,到发场2固定为各方向下行列车接发,在车站两端设有立体疏解。这种布置图型可保证有较大的作业灵活性和通过能力,适用于转线车流较大的一站枢纽。

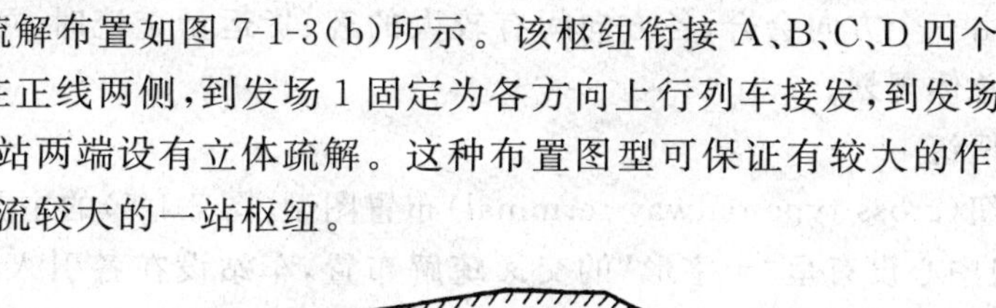

(a) 线路别立体疏解布置

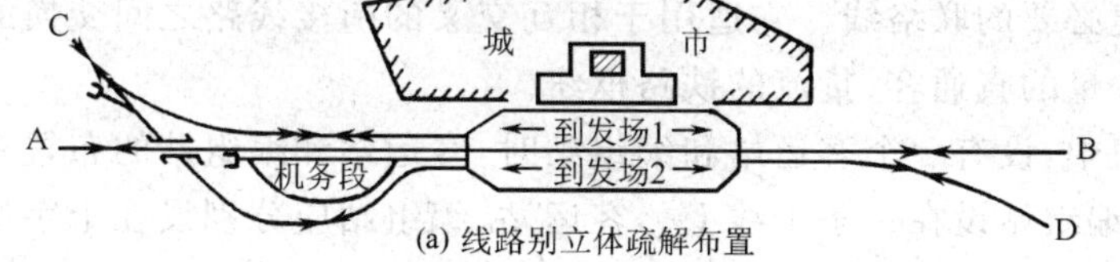

(b) 方向别立体疏解布置

图7-1-3 一站铁路枢纽布置图型

一站枢纽适用于引入线路数少,城市规模较小,无改编中转列车占较大比重,没有必要设置几处车站的情况。同时,一站枢纽必须充分考虑预留发展用地,车站两端引入线路的平、纵断面应尽可能平顺,进站线路疏解布置力求简化并适当远离车站。

2.三角形铁路枢纽

三角形铁路枢纽(triangle railway junction terminal)是由三条及以上的干线,从三个方向引入枢纽而形成的。在三角形枢纽中,一般各衔接方向间都有较大的客、货运量交流,客运站和编组站应布置在三角形的两个交角上,这样有利于进出站线路采用并列式疏解,并便于和城市规划相结合。如果一个去向的运量大,其余两个去向的运量较小,可以将客运站和编组站设在三角形的同一个交角上。

图 7-1-4 为衔接 A、B、C 三个方向的三角形铁路枢纽布置图型。在改编作业量较大的 AB 线路上设有一个客货共用站，A 与 C 间的折角直通列车可不进入客、货共用站而经由中间站 1 和中间站 2 间的联络线运行，以缩短列车行程和消除变更运行方向列车的有关作业。折角列车更换本务机车的作业可由客、货共用站派送机车在中间站 1 或 2 进行。当折角列车数量较多时，也可在中间站 1 或 2 修建专用通过车场和机车整备设备，并采用循环交路。

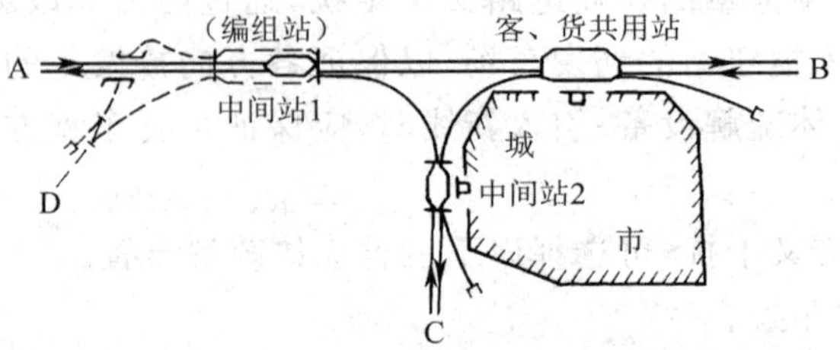

图 7-1-4　三角形铁路枢纽布置图型

为适应发展的需要，枢纽改扩建时，可将客、货共用站改为客运站，既有货运运转设备用来为地方车流服务，在主要车流 AB 干线上新建编组站。当远期有第四方向衔接时，也可引入新建编组站，如图 7-1-4 中的虚线所示。

当引入铁路线由三个方向会合，各方向间有较大的客、货运量交流时，可参照三角形铁路枢纽布置图型进行总体规划。

3. 十字形铁路枢纽

十字形铁路枢纽(cross-type railway terminal)布置图型(图 7-1-5)的主要特征是两条铁路线近似正交，在枢纽中心设有呈“十字形”的交叉疏解布置，车站设在各引入线上，根据车流状况和车站布置修建必要的联络线。它适用于相互交叉的衔接线路之间交换的客、货运量甚少，而直线方向具有大量的直通客、货流的铁路枢纽。

在十字形枢纽中，设有一个客运站和编组站时，客运站和编组站的布置有两种方案：

(1)客运站和编组站设在一条干线上。客运站、编组站应分别设在十字形交叉的两侧。如果在十字形枢纽中，将客运站和编组站布置在一条干线十字交叉的同一侧(如改造前的石家庄枢纽)，则列车进站交叉干扰多，严重影响枢纽的通过能力，加重对城市的干扰。

(2)客运站、编组站分别布置在两条干线上。在十字形枢纽中，设有两个编组站时，两个编组站应分开设在两条干线上。

在十字形枢纽中，客运站和编组站的布置方案不同，各衔接方向列车的运行径路不同，进出站线路的运行方式也不同。在十字形枢纽内的十字交叉处，为了解决四个方向之间折角列车的运行，可以设置折角联络线和迂回线。

图 7-1-5 为 AB 和 CD 两铁路线相正交，在 AB 线路上先建一个客、货共用站，随着运量的增长，再修建联络线和其他车站。

这种枢纽布置图型的优点是能保证相互交叉的线路独立作业，互不干扰，直通客、货列车可顺利通过本枢纽，获得缩短运程、节省投资的经济效果。但随着相交线路间换乘的旅客、转线的货物

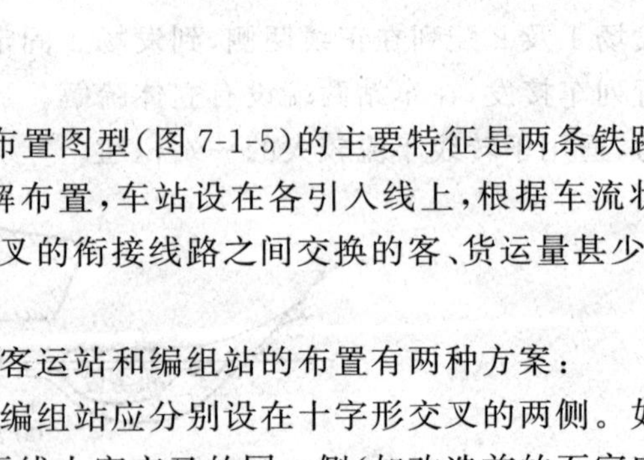

图 7-1-5　十字形铁路枢纽布置图型

列车等作业的增加，这种布置图型的优越性将会越来越小。

4. 延伸形铁路枢纽

延伸形铁路枢纽(longitudinal arrangement-type railway terminal)是由于受地形条件的限制或者城市发展的制约形成的。延伸形枢纽的特点是，各铁路干线在枢纽的两端衔接，枢纽内只有一条通道。客运站、编组站及枢纽的其他设施，都顺序排列在这条通道上。这条通道延伸几个区间，有时长达数十公里，是枢纽通过能力的薄弱环节。图 7-1-1 为延伸形顺列式枢纽。

5. 环形铁路枢纽

环形铁路枢纽(loop railway terminal)布置图型如图 7-1-6 所示，其主要特征是引入线路方向较多，用环形线路将所有引入线路方向连接起来形成一个整体，各种专业车站布置在环线、半环线上或自环线引出伸入城市中心附近，利用联络线将车站与环线连接。

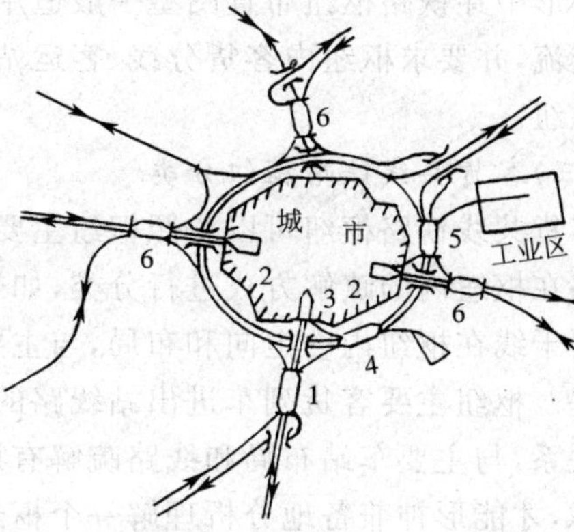

1—编组站；2—客运站；3—货运站；4—客、货共用站；5—工业站；6—中间站。

图 7-1-6　环形铁路枢纽布置图型

这种枢纽的主要优点是：由于引入线路分散在环线上，避免了接轨点过分集中在编组站或枢纽两端而带来的客、货列车相互干扰的缺陷；专业车站的设置有更多的选择余地，能更好地结合城市规划使其布置在适当地点；便于各方向间大量车流(包括折角车流)的交换，通道灵活，环线能发挥平衡与调节作用，枢纽通过能力大。其缺点是：环线的修建工程费用大，有些方向的列车必须迂回接入编组站或客运站，增加了列车运行里程。

环形铁路枢纽布置图型一般适用于有众多线路方向分散引入，且其间有大量的客、货运量交流，并要求枢纽内的列车运行径路有较大的灵活机动性，需设置环线或半环线的大城市铁路枢纽。

6. 环形中穿铁路枢纽

环形中穿铁路枢纽(loop and cross railway terminal)布置图型如图 7-1-7 所示，其主要特征是引入线路方向较多，用环形线路将所有引入线路方向连接起来形成一个整体，主要客运站深入市区，通过穿过枢纽的直径线与各方向相连接。

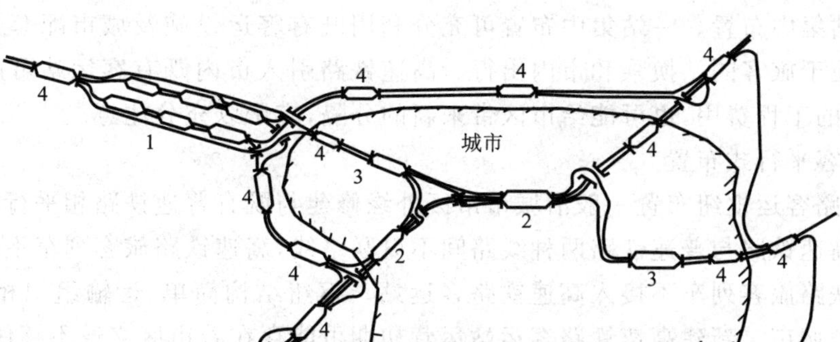

1—编组站；2—客运站；3—货运站；4—中间站。

图 7-1-7　环形中穿铁路枢纽布置图型

环形中穿铁路枢纽具有环形枢纽的运输组织的各种优点，特别是主要客运站设在直径线上，同一方向的客、货列车一般采用并列式疏解，交叉干扰少，相互影响小，旅客列车可深入市区，货物列车一般从城市外围环线绕行，避免了对城市的干扰和影响，且有不同的客、货通道，枢纽通过能力较大。

环形中穿铁路枢纽的缺点是：环线和直径线的修建工程费用大，有的方向的列车必须迂回接入编组站，增加了列车运行里程。直径线深入市区，可能对城市产生分割，影响城市的环境，必要时可采用地下直径线。

环形中穿铁路枢纽布置图型一般适用于有众多线路方向分散引入，且其间有大量的客、货运量交流，并要求枢纽内客货分线、客运站深入布置在市区内，需设置环线或半环线的大城市铁路枢纽。

（三）客货共线铁路枢纽分类

客货共线铁路枢纽可以按照枢纽主要线路布置的基本形状并考虑枢纽主要客货列车进出站线路在枢纽内的疏解方式进行分类，如郑州枢纽即为十字形并列式枢纽。枢纽的形状反映了主要干线在枢纽内的走向和布局，与主要干线引入的位置和城市布局有极大关系，是枢纽形之根基。枢纽主要客货列车进出站线路的疏解方式反映了主要干线客货列车径路在枢纽内的交叉关系，与主要车站布局和线路疏解有极大关系，是枢纽流线布局神之所在。只有将两者综合考虑，才能形神兼备地分析理解一个枢纽。

二、高速铁路引入后枢纽客运系统布置图型的发展

随着我国高速铁路、城际铁路的建设和开通运营，高速铁路、城际铁路已成为我国城市间旅客运输的主力载运形式。高速铁路、城际铁路结合既有普速铁路客运设施形成了相对独立的客运系统，设置有铁路客运站、枢纽高速铁路线路、动车段（所）、客车整备所、客运机务段、客车车辆段等。高速铁路、城际铁路一般与普速客货共线铁路分线运行、通过立交设施疏解与既有线路的交叉。

枢纽客运系统布置图型的发展一般是随着高速铁路新线的引入，枢纽布置形式逐渐发展变化形成的，一般可以有以下几种布置形式。

1.高铁普客一站集中式布置

当枢纽衔接高速铁路和普速铁路线路去向不太多时，可将各条客运线路集中引入一个客运站，实现一站集中布置。一站集中布置可充分利用既有客运设施及城市配套交通和配套商旅服务系统，便于旅客同站换乘和市内出行。高速铁路引入市内既有客运站可能引起较大拆迁工程和较大的工程费用，也可能给市区带来新的分隔，应予以充分注意。

2.高铁普客平行式布置

平行式铁路客运枢纽布置一般沿城市市区外缘修建与既有普速铁路相平行的高速铁路线路和客运站，高速铁路与普速铁路两种线路间不设联络线，高速铁路旅客列车不接入普速铁路客运站、普速铁路旅客列车不接入高速铁路客运站。枢纽结构简单、运输组织相互影响小，一般设在中、小型城市。新建高速铁路客运站运营初期可能存在着市区交通不够便利、旅客出行市内用时较长等问题，可通过完善市区道路、加强市内公共交通组织等加以改善。

3.高铁普客并联式布置

并联式铁路客运枢纽位于铁路网的干线上，一般设在大、中型城市，有大量的通过客流和本地产生及消失的客流。

并联式铁路客运枢纽一般在城市市区边缘新建高速铁路车站，可采用高架连接通过枢纽的主要高速铁路，线路衔接顺畅、对城市分割影响较小，车站建设、线路引入拆迁工程较少。同时通过联络线衔接既有普速铁路客运站。在作业组织上，高速铁路上的大部分列车在新建高速铁路车站上办理，少量枢纽始发终到列车可接入既有普速铁路客运站。新建高速铁路客运站运营初期可能存在着市区交通不够便利、旅客出行市内用时较长等问题，可通过修建地铁、完善市区道路、加强市内公共交通组织等加以改善。长期来看，在市区边缘新建高速铁路客运站对于加强城市新区开发、推动城市规划发展、促进城市交通设施建设具有重要的引领作用。

4.多线交叉通过式布置

多线交叉通过式铁路客运枢纽位于铁路网的干线上，一般设在大、中型城市，有大量的通过客流和本地产生及消失的客流。由于枢纽位于路网干线的交叉点上，对于通过枢纽的干线铁路一般采用通过式布置，由于衔接方向较多，可根据干线走向引入到不同的客运站，以此形成多客运站、多条线路交叉的通过式客运枢纽布置图型。可在各客运站间修建枢纽联络线，疏解不同干线间转线旅客列车的走行。

5.多线尽端放射式布置

尽端放射式铁路客运枢纽位于铁路网的起点或终点，一般设在特大型城市、大港湾城市等有较多方向引入、有大量客流产生及消失的地区。

特大型城市形成尽端式铁路客运枢纽，往往是因为城市是路网上的重要结点，是大量旅客列车始发、终到的集中作业网点而发展形成的。在布局形式上，各铁路客运线路分别按去向引入枢纽相近区域设置的客运站，在车站分工方面，各客运站分别担当1～2条高速铁路和1～2条普速铁路去向的始发、终到作业，枢纽通过列车较少。如北京铁路枢纽，既有北京站衔接京沪、京沈方向，北京西站衔接京广、京九、京原、丰沙大方向，北京南站衔接京沪方向，北京北站衔接京张、京承方向。高速铁路修建后，有京广高速铁路引入北京西站和丰台站、京沪高速铁路和京津城际铁路引入北京南站、京沈高速铁路引入北京朝阳站、京张高速铁路引入清河站和北京北站，形成以北京西站、北京南站、北京朝阳、北京北站和北京站为各铁路线路尽头的尽端放射式铁路客运枢纽。

大型港湾城市形成尽端放射式铁路客运枢纽，往往是因为城市位于半岛式海滨，受海洋自然岸线的影响，铁路枢纽的线路连接只能向陆域一侧展开，以此形成尽端(半)放射式枢纽。

6.通过式与尽端式混合布置

通过式与尽端式混合的铁路客运枢纽位于铁路网的干线上，一般设在大、中型城市，有大量的通过客流和本地产生及消失的客流。对于通过枢纽的高速铁路一般采用通过式布置，在城市市区边缘新建高速铁路车站，一般采用高架连接通过枢纽的主要高速铁路，线路衔接顺畅、对城市分割影响较小。对于终到枢纽的城际铁路一般采用尽端式布置，可深入市区、充分利用既有普速铁路客运站，方便市内旅客的出行。

第二章 铁路枢纽内主要设备配置

第一节 铁路枢纽内编组站配置

铁路枢纽内编组站的位置和数目，应根据枢纽的车流量、车流性质和方向、线路引入情况、路网中编组站的分工，结合当地条件全面比选确定。

一、枢纽内编组站的数量

枢纽内编组站的数量实质是编组站在枢纽内是集中还是分散设置的问题。集中设置是在枢纽内只设一个编组站，分散设置是在枢纽内设两个及以上的编组站，按照一定的作业分工，共同完成整个枢纽的改编任务。根据近年来我国铁路运输组织改革发展，铁路枢纽的作业组织倾向于集中一个编组站办理，编组站布局的思路主要按一个枢纽内最多设一个编组站进行运力资源重新配置。

1.编组站集中设置的优缺点

一般情况下，编组站集中设置的优点是：可节省投资；调车设备利用率高，运营费用低；可以消除分散作业时产生的交换车流的重复改编作业；由于集中编解，可以缩短改编车流的集结时间；由于机务设备集中，便于安排机车交路，可以消除编组站间的单机往返走行；定员可以减少。其缺点是：对枢纽内地方车流的作业带来不便，当枢纽范围较大时可能增加小运转车流的行程；直通折角车流的走行距离也可能增加；枢纽作业的弹性系数小，且不够机动灵活；改编作业能力较小，不能适应枢纽运量增长的需要。

2.编组站集中或分散设置的条件

对于中、小型枢纽，如引入线路不多，车流改编作业量不大时，为节省基建投资和减少运营支出，一般以设置一个编组站为优。

对于特大和大型铁路枢纽、个别的中型铁路枢纽，在下列情况下，可设置两个或两个以上的编组站。

(1)引入线路多，枢纽范围大，工业企业布局分散，且枢纽地方车流大时。这种枢纽由于引入线路多，如集中于一站作业，势必引起较多的作业进路交叉干扰和复杂的进站线路疏解布置，对运营和工程都不利。同时，由于地方车流大，如集中于一站作业，势必增加取送车和小运转列车的走行里程，故宜设置两个或两个以上编组站。

(2)有大量的路网中转车流，又有大量的地方车流到发时。由于改编车流大，如集中在一站办理，既易造成编组站改编能力紧张，使编组站与区间能力不协调，又会增加编组作业(同时完成两种不同性质的车流改编)的复杂性。设置两个或两个以上编组站，可以大大增加枢纽的改编能力，并与区间能力相协调，减少列车在枢纽内的多余行程，便于地方车流的取送。

(3)引入线路会合在两处以上，相距较远，会合处又有一定数量的折角车流和地方车流时。这种情况通常发生在地形受限制的狭长地带的顺列式铁路枢纽，或有江河分割且线路会合在大桥两岸的铁路枢纽。此时，如果在枢纽内只设置一个编组站，必然会使折角车流产生较长距离的重复走行，并引起枢纽内主要通道或大桥通过能力紧张。枢纽两端或江河两岸有较多的地方车流时，如只设一个编组站，还会增加车辆取送和小运转列车作业量。

二、枢纽内编组站的分工

当一个铁路枢纽内设置有两个及以上的编组站时，为充分发挥各个编组站的作用，提高作业效率和加速机车车辆周转，必须根据车流特点、城市布局、铁路枢纽结构、当地地形等条件，确定编组站之间的合理分工。

1.分工原则

编组站的分工应根据车流性质不同，遵循下列原则：

(1)对于无调中转车流，应结合进站线路和机车交路的配置，在一个编组站进行一次作业，折角直通车流就近折返或不改变运行方向，以保证其在枢纽内的停留时间最短。

(2)对于有调中转车流，应充分利用现代化的调车设备，尽量减少编组站间交换车的重复解体作业。

(3)对于地方车流，应就近作业，便利取送，减少往返走行。当到达某些工业区的地方车流较大时，应尽量由前方编组站编组直接到达该地区编组站或工业站的直达列车。

(4)对于机车交路的配置，应合理运用机车，便利乘务人员换班，力求减少编组站间的单机往返走行公里。

2.分工方案

当枢纽内设置两个及以上编组站时，各编组站之间可能的分工方案有下列几种：

(1)按改编车流性质分工。设主要编组站和辅助编组站，如图 7-2-1(a)所示。编组站 1 以担当中转车流改编作业为主；编组站 2 以担当地方车流改编作业为主。这就要求相邻编组站按两种车流(中转车流和地方车流)分别编组两种列车进入本枢纽相应编组站，以最大限度地减少两编组站之间的交换车流。

(2)按衔接线路别分工。各编组站分别担当与该站衔接线路的车流改编作业，包括到达和发送的中转车流和地方车流的改编作业。这种分工方案对处理衔接线路之间的折角车流的作业较为有利，但增加了枢纽内各编组站间交换车的取送(包括小运转)和重复改编作业，如图 7-2-1(b)所示。

(3)按线路运行方向别(上行和下行)分工。这种分工方案按各运行方向又可分为“把入口”方案和“把出口”方案。“把入口”方案是由枢纽入口处的编组站担当同一运行方向的车流改编作业，如图 7-2-1(c)所示。编组站 1 担当上行方向进入枢纽的列车解体作业和由枢纽往上行方向发出列车的编组作业，而编组站 2 担当下行方向进入枢纽列车的解体作业和由枢纽往下行方向发出列车的编组作业。“把出口”方案是由枢纽出口处的编组站担当同一运行方向的车流改编作业，如图 7-2-1(d)所示。编组站 2 担当上行方向进入枢纽列车的解体作业和由枢纽往上行方向发出列车的编组作业，而编组站 1 担当下行方向进入枢纽列车的解体作业和由枢纽往下行方向发出列车的编组作业。此种方案当衔接方向较多时，会增加进站线路疏解布置的复杂性，同时增加折角车流在枢纽内的走行里程，尤以“把出口”方案更甚。

(4)按作业需要综合分工。根据影响编组站作业分工的各项因素综合分析确定，一部分中转和地方车流由一个编组站担当改编作业，另一部分中转和地方车流由另一个编组站担当改编作业。

全面的技术经济比较和分析表明，在一定的车流条件下，上述不同分工方案可因地、因时制宜予以采用。但一般情况下以第一种方案适用范围较大，而第二种方案适用范围较小，第三种方案则根据线路衔接方向，以“把入口”方案较优。

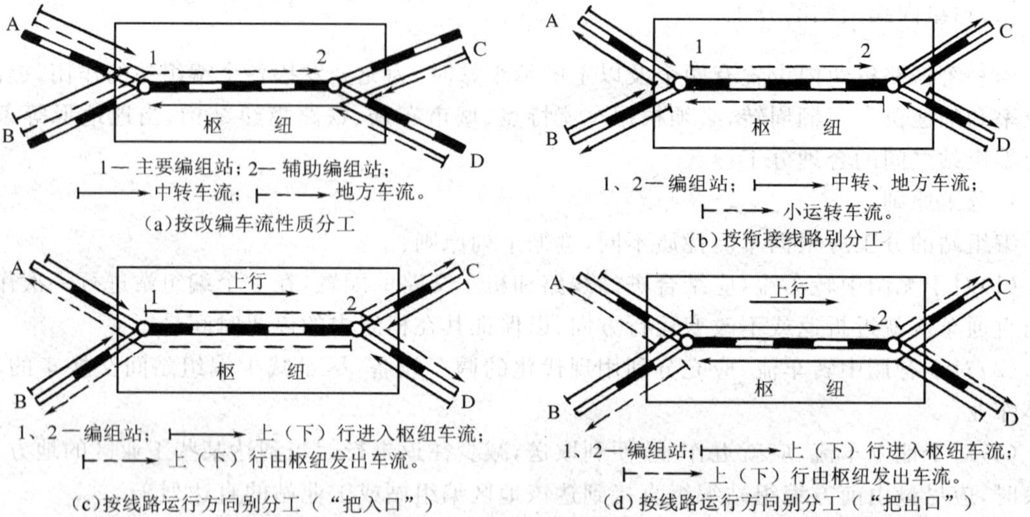

图 7-2-1　编组站分工方案

三、枢纽内编组站的合理设置位置

1. 基本要求

(1)编组站应设在城市规划的市区边缘以外。编组站不是直接服务于城市的铁路设备，由于它占地大，还有复杂的进、出站线路，设在城市内不仅多占市区用地，还会影响城市交通和环境。

(2)编组站宜设在各引入线的会合处，并位于主要车流的路径上，以便各引入线的车流能便捷地集中到编组站进行改编作业，同时有利于折角车流的中转。

(3)注意远近结合，留有发展余地。确定编组站位置时，必须考虑各设计年度运量增长和新线引入来进行总体规划，预留发展用地。被工业区或城市包围，无扩建余地的地点，不宜设置编组站。

2. 设置方案

选定编组站位置时，可按其作用和性质的不同选择以下三种方案：

(1)主要为中转车流服务的编组站。其位置应设在主要车流顺直通行的路径上，以及各引入线的会合处，根据枢纽图型结构的不同，确定编组站的合理位置。如三角形枢纽[图 7-2-2(a)]，当主要车流方向为 AB 间，且 AC 间折角车流较大时，可将编组站设在 1 处；BC 间折角车流较大时，可将编组站设在 2 处。又如十字形枢纽[图 7-2-2(b)]，当主要车流方向为 AB 间，且 AC 及 AD 间折角车流较大时，可将编组站设于 1 处；BD 间折角车流较大时，可将编组站设在 2 处。再如顺列式枢纽[图 7-2-2(c)]，当主要车流方向为 AB 间，且 AC 间折角车流较大又有新线引入时，编组站可设于 1 处；若 BD 间折角车流大时，则应设在 2 处；若 AC、BD 间的折角车流均大，且设一个编组站的能力又不够时，可考虑在 1、2 处各设一个编组站。当线路会合处的 1、2 由于地形或其他原因不宜设置编组站时，则可结合城市规划的要求，利用疏解布置进行客货分流，将编组站设在 3 或 4 的位置，这就是并列式枢纽，如图 7-2-2(d)

所示。对于枢纽内引入线路多而分散的环形枢纽，编组站可设在环外引线交会处或靠近强大车流会合处的环线上，但以设在环外主要线路强大车流会合处为宜，如图 7-2-2(e)中的 1、2、3、4 处。当设有外环线时，编组站也可设置在外环线处。对于分布在江河两岸的枢纽，如图 7-2-2(f)所示，如枢纽内 AD 方向为主要车流方向时，可在 1 或 3 处设一个编组站；若 AB 为主要车流方向，且江南 BE 间、江北 AC 间均有大量折角车流时，可在 1、2 处各设置一个编组站。

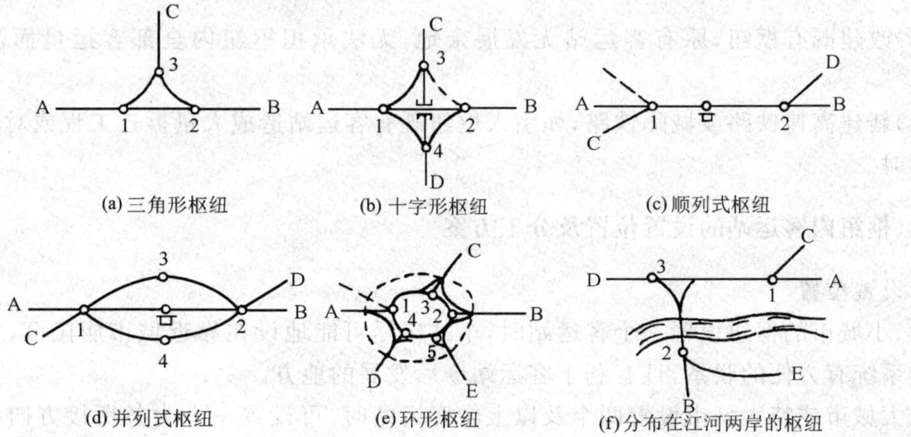

图 7-2-2 枢纽内编组站设置位置

(2)既为中转车流服务又为地方车流服务的编组站。这类编组站位置的选定，既要考虑主要线路车流的顺直和折角车流的方便，又要尽量缩短枢纽地区小运转列车的走行距离。但是，不能把编组站设在装卸量大、有货场及专用线的工业区内，代替货运站或工业站的作用。因为这样设置编组站，将可能远离线路会合处，引起中转和折角车流的多余走行距离。

(3)主要为地方车流服务的编组站。这种编组站一般均位于港湾、大工业企业、矿山枢纽或尽端式枢纽内，其位置应尽量设在靠近工业区、港埠区。如为工业编组站，还要考虑工业企业的生产流程，设在企业主要车流的出、入口处。如为钢铁联合企业服务的工业编组站，应设在靠近主要原料(矿石)和大量燃料(煤)来源的入口处，并尽量靠近炼铁厂和焦化厂，以减少小运转列车的走行距离，减轻厂内运输的负担。

第二节 铁路枢纽内客运站和客车段所配置

客运站在枢纽内的配置应方便旅客乘降，与各引入线路方向有便捷的通路，并与市区主要干道、办理客运业务的车站间有便利的交通联系。

一、枢纽内客运站的数量

枢纽内客运站的设置数量必须结合衔接线路性质(高速铁路、城际铁路或普速铁路)及闭塞方式、客流性质(长途与短途、中转与地方)、数量和方向、城市规模、当地地形条件、枢纽结构等情况确定。

一般情况下，在中、小城市的铁路枢纽内设置一个客运站即可满足要求。对于大城市或特大城市，设置一个客运站将产生下列一些问题：不便于城市旅客就近乘车，增加了部分旅客出行时间；客运组织工作复杂，人流、车流、行包流交叉干扰严重，车站秩序不易维持；旅客集中在一个车站上、下车，会加重城市交通的负担，引起高峰期城市交通堵塞；枢纽引线较多时，进站线路疏解复杂，会引起进路交叉干扰，车站通过能力紧张；节假日客流波动很大时，机动性差，无调节余地。因此，在下列条件下，枢纽可考虑设置两个及以上的客运站：

(1)在有较多铁路线引入的大城市中的枢纽，客流量较大且客流性质又复杂时。

(2)当城区分散，或新开发区兴起，各地区的客流量均很大，且具有单独办理客运作业的条件时。

(3)改建既有枢纽，原有客运站无发展余地，无法承担枢纽内全部客运量而需新建客运站时。

(4)新建高速铁路或城际铁路，如引入枢纽既有客运站造成大量拆迁工程或对城市产生新的分割时。

二、枢纽内客运站的设置位置及分工方案

1. 设置位置

中、小城市的枢纽设置一个客运站时，车站应尽可能地设在靠近城市居民区，并与城市公共交通系统有方便的联系，且有利于客运站今后发展的地方。

在大城市或特大城市设置两个及以上的客运站时，可设置一个为各衔接方向共用的客运站，其位置应考虑在距市中心 2～4 km，市内交通方便，又有发展余地的适当地区。第二客运站距市中心的距离可比上述距离稍大，但应考虑各自客流的吸引范围，把客运站布置在有利于客运分流、旅客就近乘降、疏解城市交通的适当地区，避免将客运站集中在城市一隅。

在枢纽内需设置第二客运站时，也可以选择在枢纽内具有一定数量旅客列车通过的中间站上，加强其客运设备，分散办理一定的客运业务。

我国铁路枢纽设置两个及以上的客运站时，枢纽内客运站的布局概括起来有以下几种形式：

(1)主要客运站布置在几个深入枢纽的干线尽头。枢纽内客运站可以采用尽端式或通过式布置，便于将客运站深入市区。在客运组织分工中，一般为一个客运站分别承担枢纽衔接的几个方向。采用这种布置和分工方式时，各站之间的列车在枢纽内的运行交叉干扰少，枢纽客运能力大，始发、终到旅客出行便利。同时旅客列车进出枢纽比较顺直便捷，迂回走行少。但此种布置和客运组织方式对于换乘旅客非常不便，旅客只得利用市内交通工具，由一站转至另一站，增加了城市交通的负担。此种布置形式和作业组织方式产生的另一个问题是中转行包问题，即在枢纽内存在着跨越两个车站衔接方向的行包需要中转，由此而产生行包在枢纽内重复装卸，延缓了中转行包的周转。因此，这种布置形式和分工方式，比较适合于枢纽衔接方向多，客运量大，以始发、终到为主的大城市枢纽。

(2)主要客运站顺列布置在贯通枢纽的铁路干线上。两客运站顺列布置，比较适合于城市发展比较分散，城市工业区和市区沿铁路干线两侧布置，或大型城市受江河分隔发展成两个市区的枢纽。采用此种布置形式时，在两站之间的枢纽共线铁路干线上，不仅要开行旅客列车，而且还要通过货物列车，再加上枢纽内小运转列车取送、单机走行，往往使枢纽干线成为枢纽内区间能力最为紧张的瓶颈地段。从整体上看，此种布置形式的枢纽客运能力往往受到区间能力的限制。

(3)主要客运站分别布置在枢纽衔接干线的交角上。枢纽内大部分始发、终到及通过列车作业由主要客运站担当。为避免某些方向的通过旅客列车在枢纽内折角迂回到发，需在枢纽

内适当地点设置辅助客运站，主要承担某两方向间通过枢纽列车的到发作业。采用此种枢纽布置及作业分工方式，可避免旅客列车都接入主要客运站而引起部分通过列车的折角接发，比较适合于三角形和十字形枢纽采用。这种布置及作业分工的缺点是两站之间换乘旅客需借助市内交通工具或其他旅客列车往返两站之间，对旅客中转不便。

(4)主要客运站布置在枢纽环线上。采用此种客运站布置形式时，两站的分工和旅客列车开行组织比较机动灵活。可以采用旅客列车经环线走行两站都到发的“套袖式”组织，也可以按照引入枢纽各方向列车接入各客运站走行远近和路径顺直及交叉情况由两站分别负责几个方向；或是由主站主要办理始发、终到，另一站辅助办理一些通过列车作业；或采用以上几种组织方法的不同组合，使某一些方向或某些列车按“套袖式”组织，另外一些方向或另外一些列车只在主站或辅助客运站始发、终到。一方面尽量方便旅客就近上下车，另一方面也要避免旅客列车经环线走行造成太多的迂回和对环线能力占用太多。

采用此种布置形式时，旅客列车和干线间货物列车都要经过环线走行，同时枢纽内小运转列车和单机走行也要占用环线。因此环线上的列车组织比较复杂，部分环线区段能力紧张。当客货运量均较大时，需分设货运走行线，往往需修建绕过枢纽主要客运站的迂回线、联络线或外环线。

(5)主要客运站布置在枢纽客运直径线上，枢纽干线间货物列车经环线或迂回线走行。采用此种客运站布置形式时，两站的分工和旅客列车开行组织可以根据两站距离、旅客乘降方便程度，采用类似于两客运站沿贯通枢纽干线顺列布置的作业组织方式。由于枢纽干线货物列车不再穿过两客运站，两站咽喉能力提高，区间负荷减轻，因而在作业组织上可以更好地照顾旅客就近乘降，方便旅客，吸引客流。此种布置方式的客货列车在枢纽内交叉干扰较少，客运通过能力较大。

(6)既有普速铁路客运站深入市区、新建铁路客运站布置在市区边缘。采用此种客运站布置形式，避免了新线引入市区既有站带来的大量拆迁和改建工程，新线引入顺畅、避免对市区造成新的分割。存在的问题是不便于组织新线与既有线路跨线列车的开行，比较适合于两条线路间不开行跨线列车的情况，如新建高速铁路引入枢纽。此种布置形式存在的另一问题是在两种线路间换乘的旅客需要异站换乘。

2.分工方案

枢纽内有两个以上客运站时，可有下列几种不同的分工方案。

(1)按办理高速、普速旅客列车分工。

高速铁路引入枢纽时新建高速铁路客运站。高速铁路旅客列车在高速铁路客运站办理，普速铁路旅客列车在普速铁路客运站办理。

(2)按衔接线路分别办理始发、终到旅客列车。

按衔接线路分别办理始发、终到旅客列车，各客运站还办理枢纽内其他客运站始发、终到及通过本客运站的列车。这种方案无论对始发、终到旅客还是中转旅客都能就近上下车或原站换乘，并能减轻市内交通的负担。但增加了两客运站间线路通过能力的负荷，延长了列车在枢纽内的运行和停留时间。

(3)按办理始发、终到和通过旅客列车分工。

有的客运站仅办理始发、终到旅客列车作业，而枢纽内其他的客运站仅办理通过旅客列车作业。这种分工方案不便于中转旅客换乘，可能造成部分旅客列车多余走行或折角行程。

(4)按办理快、慢车分工。

有的客运站办理始发、终到的快车,而枢纽内其他的客运站办理始发、终到的慢车。这种分工方案也不利于旅客换乘,并会增加市内交通负担。

(5)按办理长途和市域(郊)旅客列车分工。

只有当市域(郊)客流量较多且集中时,方可采用此种分工方案。有条件时应尽量采用第二种分工方案,除有足够的理由外,第四种方案一般不宜采用。

三、客车整备所、动车段(所)的配置

在办理始发、终到旅客列车的客运站上,应设置客车整备所、动车段(所)。始发、终到旅客列车很少或只办短途旅客列车时,可考虑暂不设置,但在枢纽总图规划时,应预留客车整备所、动车段(所)的位置。

从铁路运营要求考虑,客车整备所、动车段(所)的位置应尽量缩短客车车底的取送走行距离,靠近客运站且与客运站纵列布置,二者距离不宜太远。其最小距离应保证客运站最外道岔至洗车机间不小于旅客列车长度再加一段列车制动减速停车的距离,以免影响客运站咽喉的能力和机车的及时出、入段。从城市环境保护要求考虑,由于整备所、动车段(所)占地面积大,且排出的大量污水易污染城市,又与城市生活无直接关系,因此不宜设在市区,而应设在靠近客运站的市郊或市区边缘。

第三节　铁路枢纽内货运站和货场配置

枢纽内货运站(物流中心)或货场的数目、配置及其分工,应根据货运量、货物品种、作业性质、运营要求、城市规划及当地交通运输条件等因素比选确定。

一、枢纽内货运站和货场的数量

位于中、小城市的枢纽,可设置一个货运站或货场,集中办理货物运输。这种城市的地方货运量小,年货运量约 1 Mt,除去专用线的运量,货场运量仅几十万吨。货物装卸作业量集中在一个货运站或货场办理,有利于货运设备的利用,缩短货物集结时间,减少编组站的改编和车辆取送作业量,缩短货物和车辆的周转时间,并可节省工程投资,减少用地,由于城市范围不大、货物运距较短,因而对城市服务的条件也较好。

位于大型或特大型城市的枢纽,地方运量较大,一般年运量从 3 Mt 到几千万吨,而且城市范围较大,设一个货运站不仅给城市交通带来很大压力,还要增加货物搬运距离,给货主带来不便;货运作业过分集中,装卸、仓储,以及取送车等能力往往不能适应,对铁路本身管理也带来不便,甚至造成货场堵塞,影响编组站的取送作业,出现货车积压现象。因此,位于这种城市的枢纽,一般应根据货运量的大小及作业的需要,设置两个及以上的货运站或货场。

当一个枢纽内只设一个货运站时,由于该货运站需办理整个枢纽地区的所有货物集散,故应设计为综合型物流中心。只有在大型或特大枢纽内需设置几个货运站或货场时(除设置综合型物流中心外),才可结合城市规划、货物集散等情况在适当地点设置几个专业性货运站(物流中心)。

二、枢纽内货运站和货场的合理设置位置

1. 货运站和货场引入线路的选择

货运站和货场在枢纽内的引入线路应根据铁路枢纽总体规划，客运站、编组站的相互位置、铁路枢纽总图等因素，经比选后确定。

(1)在编组站和客运站上，一般应避免设置大型的货场或衔接过多的专用线，以免造成客、货干扰，影响编组站的解编作业和客运站的客运业务。但在某些中、小城市的客、货共用站上，其位置比较接近城镇时，也可设置小型货场。

(2)在枢纽内引入线路的中间站上一般可设置货场，但货场线路必须接近所服务的地区，同时货运量不宜过大，以免干扰正常的列车接发作业。

(3)对大、中城市的枢纽，如条件合适，可结合枢纽图型，从编组站、中间站上引出线路，伸向服务地区，在尽端设置货运站或货场，有条件时也可以在环线或迂回线上设置货运站或货场。

(4)在港湾枢纽内，当水、陆联运货物较多时，铁路货运站也可设置在便于水、陆换装的地区。

2. 货运站和货场在城市中位置的选择

(1)新建的综合型物流中心和货场宜设在市区边缘或市郊，以减轻对城市的干扰。

(2)以办理到发零散货物为主的货运站或货场，其服务对象为商贸公司、中小型工厂企业、城市居民，到发货物批量多、重量轻，货源与到站分散，其设置位置以选择在市区范围内交通方便的适当地点为宜。

(3)以办理大宗货物为主的专业性货运站或货场，包括办理煤炭、砂石、矿石、木材、粮食及笨重货物的专业性货运站或货场，由于其占地面积较大，对城市环境有污染，对城市交通有干扰，故以选择并靠近所服务的工业区或加工厂为宜。

(4)专门办理危险品货物的专业性货运站或货场，由于易燃、易爆、有毒货物会危及居民人身安全，污染城市环境，故以设在市郊远离居民区和风景点，并选择在下风方向或河流下游地区为宜。

(5)凡新建铁路或旧线改造，应安排集装箱货场，以充分发挥集装箱运输组织的优越性。

随着城市的发展，往往原有货运站不再能适应城市发展的要求，需要迁出城市中心地带，此时应结合城市规划，考虑货运集中化、物流化要求，集成运输、仓储、配送、信息化服务等多项功能，为实现铁路货运物流化转型提供保障。

第四节　铁路枢纽内机务、车辆和动车组设备配置

一、机务设备的配置

枢纽内机务设备的配备应根据机务工作量(包括机车运用、整备和检修工作量)、机车交路、专业车站的配置、与相邻枢纽机务设备的分工等因素来确定，力求枢纽内列车的停站时间和机车的走行距离最小，取得投资少、运营效益高的效果。

对于中、小型枢纽，其客、货运机车的检修设备应设于一处。如大型枢纽内机车检修任务繁重，可分别设置客、货运机车的检修设备。编组站和办理旅客列车对数较多的客运站均应设置机务整备设备。如客车对数不多且条件适合时，可在编组站与客运站之间设置客、货共用的

机务整备设备,并设置专用的机车走行线。大功率机车检修基地的设置应满足区域内运用机车的检修规模及相关设施布置的需要。

当枢纽内有两个或两个以上编组站时,机务段应设在主要编组站上,在辅助编组站上只设折返段或整备所。若两个编组站相距较近时,也可共用一个机务段。

枢纽内的机车交路可按以下三种类型设计。

1.设置机务段

枢纽内设担负各衔接方向交路的机务段。这种配置方案可使枢纽内机务段成为机务运转和检修的中心,有利于设备的充分利用。但当线路引入方向多、行车量大时,会造成设备过分集中、机车供应紧张、设备能力不够等问题,一旦发生事故,容易造成机务段的堵塞。

2.设置折返段

枢纽内只设担负各方向折返交路的折返段。这种配置方案在枢纽内只有整备设备而无检修设备,在本务机车发生故障时无法检修,调车机车、小运转机车的检修都须送往相邻机务段去处理,严重影响运输生产。同时,由于多数折返段无配属机车,将产生本务机车供应紧张、列车无法出发、车站出现堵塞等现象。

3.兼设机务段与折返段

枢纽内既设机务段又设折返段。这种配置方案能兼顾运用与检修两个方面,既可保证检修设备不过分集中,又可保证不间断供应机车,满足运输生产的要求。

二、货车车辆设备的配置

枢纽内货车车辆设备的配置应根据货车保有量及扣车条件等因素确定,一般应设货车段。货车段应设在枢纽内有车辆解编作业、产生大量空车且便于扣修车辆的编组站、工业站和港湾站所在地。

三、客车车辆和动车组设备的配置

客车车辆段应设在始发、终到旅客列车和配属客车较多的客运站上,并宜与客车整备所合设一处。配属客车数量较少时,客车可在本枢纽内的货车段进行修理,也可送往邻近客车车辆段检修。

根据始发、终到动车组对数及动车组运用计划,确定设置动车段、运用所或存车场。根据始发、终到机车牵引旅客列车对数设置客车整备所或客运整备场。

动车段(所)、客车整备所的位置既要避免远离客运站,以尽量缩短出入客运站时间,并减少工程投资,但又不能太靠近客运站,以免客车车底取送占用客运站咽喉,影响客运站的能力和机车车辆、动车组及时地出、入段。

第三章 铁路枢纽内主要线路配置

第一节 枢纽引入线

一、枢纽线路的引入方式

铁路枢纽一般都有几条衔接线路引入，而且在多数情况下都是由两条衔接线路先引入后，随着新线的引入逐步发展形成的。将新线引入枢纽，首先应考虑线路建成后车流形成的特点，尽可能使中转车流顺直地以最短路径通过枢纽，使地方车流顺利地送达枢纽内各装卸点，使折角车流无多余走行公里，不改变运行方向通过枢纽。

枢纽线路的引入方式一般有以下几种：

(1)直接引入。即线路直接引入枢纽内的客、货共用站或编组站，如一站铁路枢纽。

(2)分歧引入。当枢纽内编组站与客运站并列布置时，枢纽进、出站线路采取在枢纽前方适当地点按客、货列车种类分歧引入方式，如客货并列式疏解。

(3)会合引入。当枢纽内客运站与编组站顺列布置，且运量不大时，为了简化枢纽结构，将两条线路在枢纽前方站、线路所或其他车站合并后引入编组站，如客货顺列式疏解。

(4)分散引入。在设有环线或半环线的枢纽内，引入线的方向较多且分散，故一般都根据现有枢纽的条件，分散引入环线上的各专业车站，如环形铁路枢纽。

二、高速铁路引入既有枢纽的方式

高速铁路的起讫点和经由点都位于既有大城市的铁路枢纽，引入既有枢纽的方式将对城市规划和枢纽布局产生重大影响。因此，高速铁路引入既有枢纽时应满足以下要求：

(1)高速铁路线路的走向要与城市规划密切配合。高速铁路线路的走向应尽量顺直地通过枢纽，其技术条件应尽量保证高速列车“高进高出”，即不降低速度通过枢纽，缩短市内走行时间；但当条件困难时，为减少城市拆迁工程量，也可以适当降低技术标准，高速列车“低进低出”通过枢纽。高速铁路线路要尽量与枢纽内既有线并行，以免造成对城市的重新分割；要尽量避免与城市干道交叉；要绕避城市居民密集区，不影响城市景观，避免噪声干扰。

(2)枢纽内客运系统要与货运系统密切配合。高速铁路线路的引入应尽量不影响货运系统(包括编组站、货运站、工业站等)的总体布局，避免货运系统设备的改移。客运系统的进路与货运系统的进路应采用立交疏解布置，避免相互间的交叉干扰。客运系统的布局应不影响货运系统未来的发展。

(3)枢纽内高速铁路车站要与既有客运站密切配合。当枢纽内设有两个及以上的客运站时，首先，高速铁路应尽量引入枢纽内的既有主要客运站，以便吸引更多的旅客乘坐高速列车；其次，要保证充分利用既有客运站的设施，减少改扩建工程，充分发挥既有客运设备的能力；再次，重新调整枢纽内各客运站的分工，制定各客运站接发各类列车的合理方案。

(4)高速铁路要与近远期新线引入枢纽密切配合。引入枢纽的新线包括普速铁路和高速铁路。首先，要保证引入的新线与高速铁路车站有方便的通路，高速铁路与引入新线在枢纽内的进站线路疏解要统一规划；其次，近期与远期高速铁路在枢纽内客运站的作业分工应先明确；再次，近远期客运机务段、动车段及综合维修基地应统筹安排。

高速铁路引入既有枢纽的方式，按其引入线的平、纵断面不同，有平面引入、高架引入、地下引入三种方式；按其引入客运站类别不同，有引入既有站（合设方案）和引入新建站（分设方案）两种方式。按其引入枢纽内的走向与既有线的关系不同分为以下三种方式。

1. 并行引入方式

高速铁路线路在枢纽内的走向基本上与枢纽内干线走向并行，靠近既有干线引入枢纽内的既有主要客运站或辅助客运站。图 7-3-1 为高速铁路与既有铁路并行引入枢纽，高速铁路 A′B′与既有铁路 AB 在枢纽内高架（或同一平面）并行，在主客运站旁设高架（或地面）高速铁路车场，与既有客运车场横向并列。

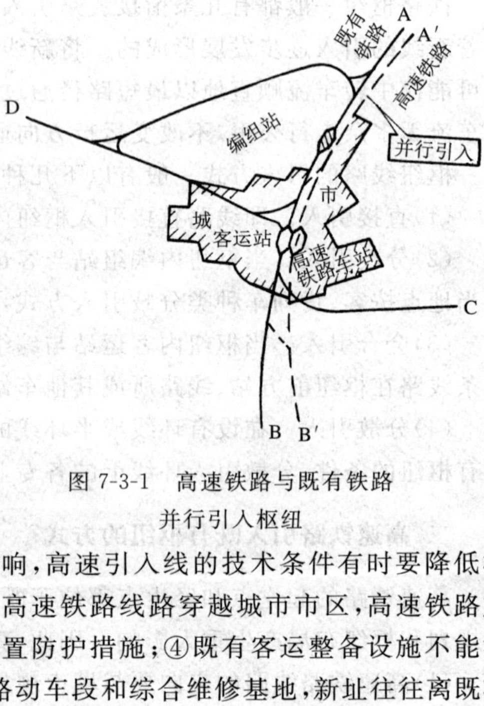

图 7-3-1　高速铁路与既有铁路并行引入枢纽

这种引入方式的主要优点是：①高速铁路与既有铁路在枢纽内并行引入，对城市不产生重新分割，对既有铁路枢纽的总体布局影响不大；②高速铁路引入既有客运站，由于既有客运站大都在市区中心附近，便于旅客就近乘降，节省旅客出行时间；③由于高、普速旅客列车在同一站到发，便于旅客换乘和行包中转，有利于吸引客流；④可充分利用既有客运站站房和城市市政交通设施和服务设施，减轻城市负担；⑤可充分利用既有站的机务、车辆设备。其主要缺点是：①高速铁路穿越市区，平面引入时与城市既有干道交叉严重，拆迁工作量大，若高架引入，工程投资更多；②受城市建筑物、既有线位的影响，高速引入线的技术条件有时要降低标准，从而影响高速铁路旅客列车进出枢纽的速度；③高速铁路线路穿越城市市区，高速铁路旅客列车运行对城市产生噪声、振动和电磁干扰，需设置防护措施；④既有客运整备设施不能满足高速铁路旅客列车的运营要求，需要新建高速铁路动车段和综合维修基地，新址往往离既有客运站较远，造成动车组出入段走行距离较长；⑤高速铁路线路经由市区中心地带，征地费用昂贵、拆迁难度大。

2. 并线引入方式

高速铁路在枢纽客运站的前方适当地点与既有铁路会合，引入既有客运站，在会合点至既有客运站间，高速铁路旅客列车按既有铁路允许速度运行。图 7-3-2 为高速铁路在枢纽前方站（中间站或辅助客运站）与既有铁路合并后，再利用既有铁路正线引入枢纽内主要客运站。

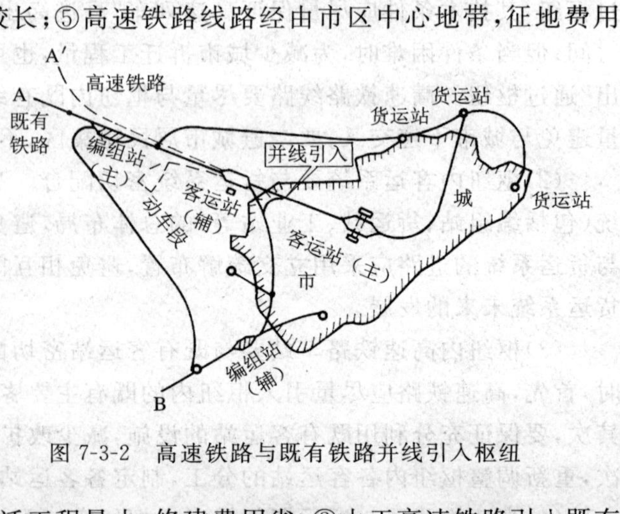

图 7-3-2　高速铁路与既有铁路并线引入枢纽

这种引入方式的主要优点是：①高速引入线工程量小，节省城市用地，拆迁工程量小，修建费用省；②由于高速铁路引入既有客运站，同样具有上述并行引入方式的②、③、④、⑤项优点。其主要缺点是：①在枢纽前方会合点至既有客运站间，高速铁路旅客列车需降速运行，延长了旅客的旅行时间；②由于合并区段有各种客货列车混合运行，加重了该段线路的运行负荷，有可能要修建多线以提高其通过能力；③合并区段各种客货列车混合运行，行车组织具有一定的难度。

3. 分线引入方式

高速铁路在枢纽内的走向远离既有铁路，引入枢纽适当地点新建客运站。图 7-3-3 为高速铁路在枢纽内离开既有铁路走向，引入枢纽内适当地点新建高速铁路车站，图中高速铁路 A′B′进出枢纽都与既有铁路 AB 分开。高速铁路 A′B′在大江上游新桥过江后，引入城市南侧边缘新建高速铁路车站，在枢纽内编组站附近再与既有铁路并行，在枢纽进出口处用 a、b 联络线与既有铁路相连接。

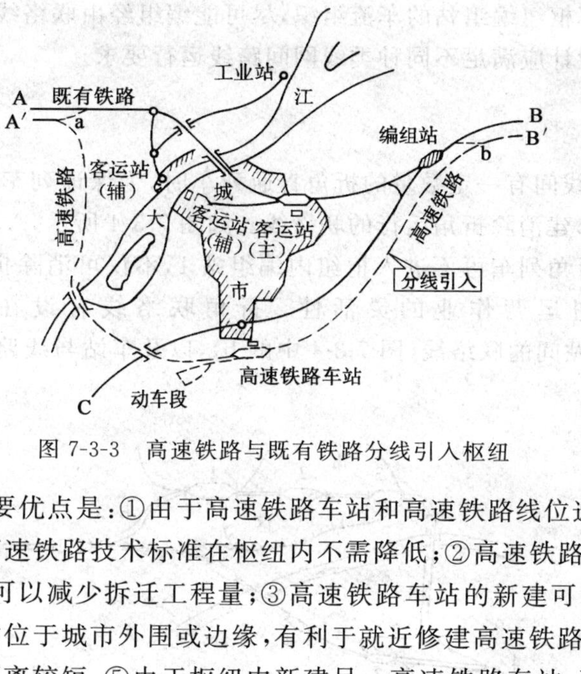

图 7-3-3　高速铁路与既有铁路分线引入枢纽

这种引入方式的主要优点是：①由于高速铁路车站和高速铁路线位选择机动灵活性强，高速铁路可不穿越市区，高速铁路技术标准在枢纽内不需降低；②高速铁路沿城市外围或边缘通过，对城市环境影响小，可以减少拆迁工程量；③高速铁路车站的新建可以带动城市新区的发展；④由于高速铁路车站位于城市外围或边缘，有利于就近修建高速铁路动车段和综合维修基地，动车组出入段走行距离较短；⑤由于枢纽内新建另一高速铁路车站，可以显著增加枢纽的客运能力，提高枢纽客运组织的机动性和灵活性；⑥新建高速铁路和客运站的施工不影响既有铁路枢纽的正常运营，施工与运营干扰少。其主要缺点是：①高速铁路车站离市中心较远，旅客出行时间长，不利于吸引客流；②高速铁路车站与既有车站分开设置，不利于高速、普速列车间旅客的换乘；③由于新建高速铁路车站，需修建城市交通、旅客服务和城市基础等配套工程设施，增加了市政建设投资；④由于高速铁路车站与既有车站分开设置，两站间的行包中转不便；⑤不便利用既有站区客运设施，除需新建高速铁路车站外，其他设施也需全套修建，增加大量投资；⑥可能造成高速铁路线路迂回绕行城市，致使投资加大，旅行时间延长。

选择何种引入方式，应根据上述原则和要求并结合城市规划和现有枢纽的总布置图型等条件，进行多方案比选后予以确定。

第二节　枢纽联络线

联络线(connecting line)是把枢纽内的车站与车站、车站与线路、线路与线路衔接起来的线路。其主要作用是分散枢纽内主要干线及专业车站的列流，以增加枢纽的通过能力；缩短列车运行距离，使列车以最短路径通过枢纽；消除折角列车运行，尽可能地不变更列车运行方向；减轻车站的作业负荷和交叉干扰，增强枢纽运营作业的灵活性和机动性等。

在设置枢纽联络线时，除必须选定满足需要的设置地点外，还必须使线路的技术条件满足下列运营要求：

(1)平、纵断面设计标准应与连接干线的平、纵断面设计标准一致，以保证列车通过联络线时不变更列车重量标准。

(2)必要时应设有经由联络线运行的直通列车的机车交路和列车检修场，专门为通过列车服务。

(3)连接正线间的联络线应保证具有列车停车后能起动的条件，其有效长度应保证列车在线路上停车后不妨碍相邻线路列车的运行。

(4)妥善安排相邻枢纽编组站的车流组织，尽可能编组经由联络线分流的直通列车。

(5)枢纽联络线设计应满足不同种类线网间跨线运行要求。

一、折角联络线

当枢纽内相邻干线间有一定数量的折角直通列车时，为保证列车不变更运行方向并以最短路径通过枢纽，可修建消除折角运行的联络线。如图 7-3-4 所示，A、C 间的联络线供折角直通列车运行。这样，折角列车可不进入枢纽内编组站 1，不仅可消除折角运行，还可减轻编组站的负荷，增加枢纽运营作业的灵活性。折角联络线有设在干、支线间的联络线(图 7-3-4 中的 a)，车站间的联络线(图 7-3-4 中的 b)，以及车站与线路所间的联络线(图 7-3-4 中的 c)等多种。

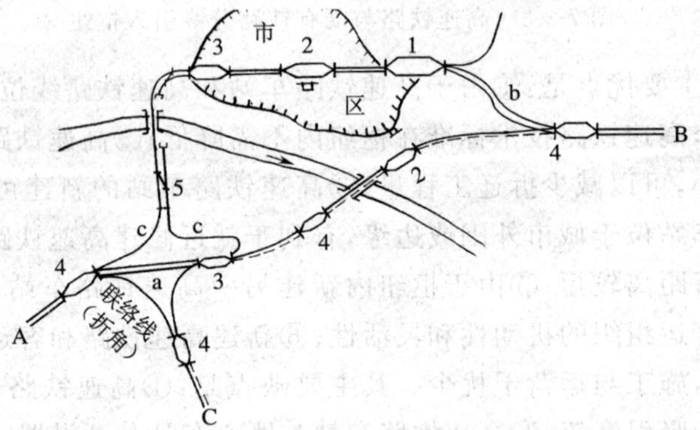

1—编组站；2—客运站；3—货运站；4—中间站；5—线路所。

图 7-3-4　枢纽联络线

二、迂 回 线

迂回线(detour line)是为了提高线路通过能力或调整列车接入车站的方向而修建的与主要线路并行的联络线。

1. 增强枢纽能力的迂回线

当枢纽内某一线路区间或某些车站通过能力紧张时，为了减轻其负荷，可修建绕过这些线路区间或车站的迂回线，使中转车流由此通过，以增强枢纽的通过能力。图 7-3-5 中的 e 为在枢纽市区外面修建的迂回线。自编组站 1 编组去往 B 方向的列车，不经由枢纽市区内的繁忙区段而经由该迂回线 e 运行，从而减轻对城市的干扰，加强繁忙区段的通过能力。

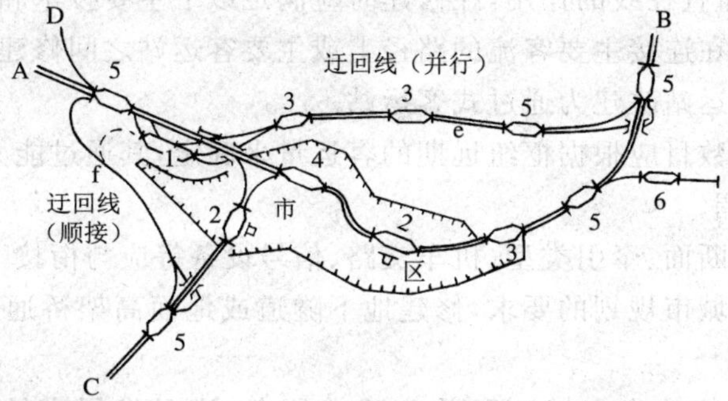

1—编组站；2—客运站；3—货运站；4—客、货运站；5—中间站；6—港湾站。

图 7-3-5 枢纽迂回线

2. 便于列车顺接的迂回线

当枢纽内某干线的列车需从编组站一端接入，以利驼峰的改编作业时，需修建便于列车顺向接入枢纽的迂回线。图 7-3-5 中，为了由 C 方向进入枢纽内编组站 1（该编组站驼峰朝向市区），修建了迂回线 f，以便 C 方向的中转车流自 A 端进入编组站的到达场，顺驼峰方向进行改编作业。

三、枢纽环线

在大型或特大型铁路枢纽上，当枢纽的引入线路较多时，可修建环线（loop）或半环线（half-loop）。环线或半环线也是一种联络线。

修建环线或半环线的主要优点是：便于各衔接线路方向间直通客、货列车运行；避免了各衔接线路引入线集中于少数会合点而引起枢纽内线路通过能力的紧张状况，使枢纽能力具有一定的弹性；有利于各种专业车站在枢纽内合理分布及相互间的联系，通路机动灵活；客、货运设备易伸入市区，可为枢纽内各地区客、货运作业提供较好的服务条件。

在多数情况下，引入线和各种联络线都是构成环线的主要组成部分，故在设计或规划环线时应与引入线和联络线一起统一考虑，同时环线的平、纵断面的技术条件，机车交路、列检布点等应与联络线的要求相适应。

对于引入线路较多的铁路枢纽，在条件允许时，可同时设置内环线和外环线。内环线主要为客运和地区货运作业服务（设置主要客运站和货运站）；外环线主要为分流各引入线路之间的直通中转车流服务（设置主要编组站），这样可避免直通中转车流进入枢纽内部引起通过能力紧张和作业交叉干扰。同时，外环线应设置在远郊区以外的适当位置。

四、枢纽直径线

在大城市或特大城市的环形或半环形铁路枢纽内，为便利客运作业，适应旅客列车高速通过铁路枢纽的需要，可修建穿越城市中心的枢纽直径线（diametrical line）。枢纽直径线也是一种联络线。运营实践证明，修建直径线有下列优点：可缩短通过枢纽的旅客列车的行程，为开行通过枢纽的旅客列车创造方便条件；便于城市旅客就近乘车，中转旅客原站换乘；可利用直径线将尽端式客运站改建成通过式，从而有利于提高车站的通过能力；可增加枢纽内通道，有利于提高枢纽的通过能力和作业的机动灵活性；可减少旅客乘坐市内交通工具换乘，有利于减轻城市交通的负荷；可为发展市域（郊）铁路运输创造有利条件等。

为了充分发挥枢纽直径线的作用，在修建时应满足以下主要技术和运营要求：

（1）直径线应选择在连接主要客流的路径上或主要客运站之间修建，并与既有客运站的改建相结合，将尽端式客运站改建为通过式客运站。

（2）直径线的线路数目应根据枢纽远期的客运量来确定，其通过能力应与客运站及枢纽各组成部分的能力相协调。

（3）直径线的平纵断面、牵引类型、机车交路、信号设备等应与衔接干线方向一致。

（4）直径线可根据城市规划的要求，修建地下隧道或地面高架桥通过市区，以减少对城市的干扰。

（5）直径线应尽可能地为市域（郊）旅客运输服务，满足发展市域（郊）旅客运输的运营要求。

必要时在枢纽内也可修建为枢纽内货物列车运行的直径线。

第三节　枢纽进出站线路疏解布置

铁路枢纽一般都衔接两条以上铁路干线，并设有各种引入线（lead-in line）和联络线。为了使各衔接方向的客、货列车都能便捷地接入有关专业车站，各车站又能顺畅地向有关方向发出列车，并且尽量减少这些列车运行进路的交叉干扰，确保行车和必要的通过能力，就必须对衔接枢纽的进出站线路进行合理布置，采取有效措施，消除或减少进路的交叉干扰，这就称为枢纽的进出站线路疏解。

枢纽进出站线路疏解的布置与所采用的枢纽布置图型、各专业车站的相互位置、衔接干线的数目，以及当地条件等都密切相关。设计时，应兼顾行车安全、通过能力、节约工程和运营费等各方面的要求，经过比选确定采用平面疏解（plane untwining）或立体疏解（interchange untwining）。

一、枢纽线路的平面疏解

当几个方向的双线或单线铁路在中间站或专业车站上接轨时，应设有保证各方向能同时接（发）车的平行进路。采用车站咽喉区平行进路疏解是最基本的平面疏解方法。

当线路需要在枢纽内某处分歧或会合时，可以设置线路所（block post）以实现进站线路的平面疏解。例如，当需要将两个或两个以上的进站线路在站外会合后再引入有关专业车站时，或者有几个专业车站向同一线路方向的发车进路需要在某处会合时，可以设置会合线路所，如图 7-3-6（a）、图 7-3-6（b）所示。为了保证安全，在两条进路会合处应设置安全线。

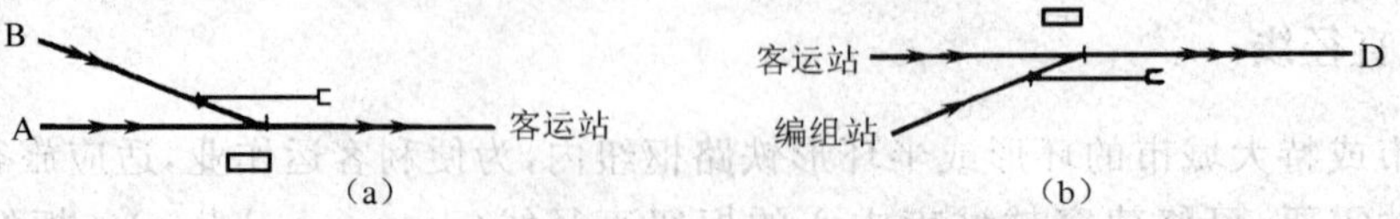

图 7-3-6　会合线路所

当一个方向的进站线路需要分别引入几个专业车站，或者当某一专业车站的发车进路在站外需要按不同线路方向分开时，可以设置分歧线路所，如图 7-3-7（a）、图 7-3-7（b）所示。这种线路所在分歧点不需要设置安全线。

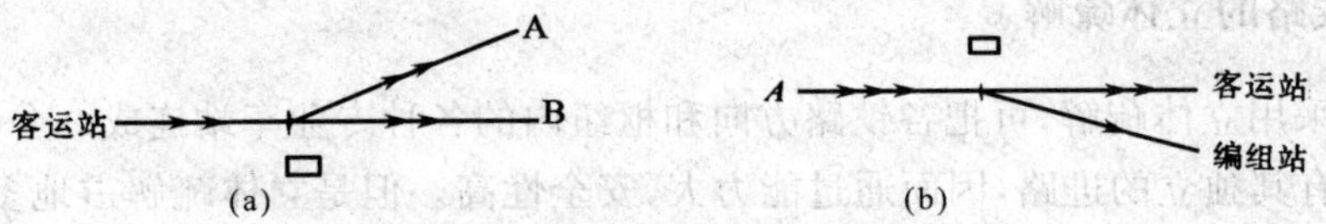

图 7-3-7　分歧线路所

在某些情况下，线路所衔接的各条线路之间既有会合进路，又有分歧进路，如图 7-3-8 所示。A、B 两方向均为双线铁路，它们都需要引入枢纽的客运站和编组站，如采用平面疏解，就需要在枢纽前方设置线路所。为了提高通过能力，减少进路交叉，可在线路所范围内增铺必要的平行进路（图 7-3-8 中虚线所示），同时采用先进的信号联锁设备，以保证行车安全。

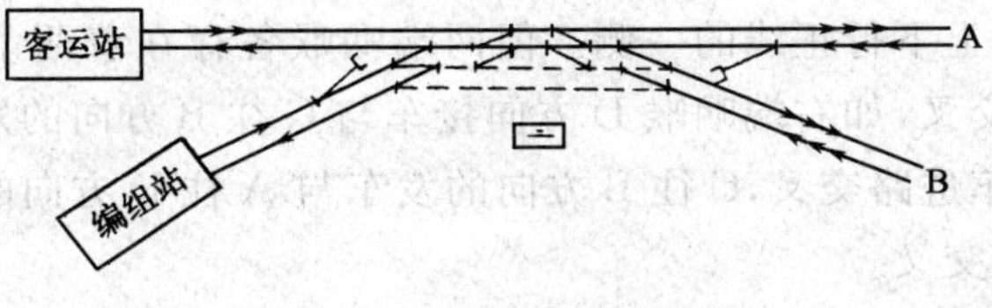

图 7-3-8　枢纽前方线路所

闸站（gate station）是在铁路线路分歧、会合或交叉地点增设必要的配线，用来调整列车运转，它也属于平面疏解范围。图 7-3-9(a)为单线与双线铁路交叉地点的闸站布置图型，在两正线之间设置待避线 3，便于单线 CD 的列车在待避线上作短时间停车，依次通过Ⅰ、Ⅱ两条正线。图 7-3-9(b)是按列车种类在会合、分歧地点所设的闸站布置图型。图 7-3-9(c)是按线路方向会合分歧的闸站布置图型。为保证列车停车后迅速起动，待避线应设在平直道上。为保证行车安全，待避线两端均应设安全线。

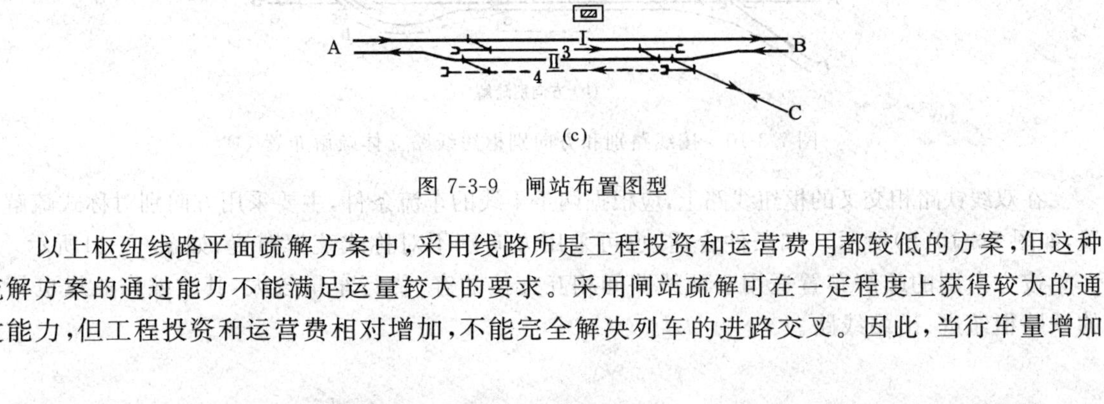

图 7-3-9　闸站布置图型

以上枢纽线路平面疏解方案中，采用线路所是工程投资和运营费用都较低的方案，但这种疏解方案的通过能力不能满足运量较大的要求。采用闸站疏解可在一定程度上获得较大的通过能力，但工程投资和运营费相对增加，不能完全解决列车的进路交叉。因此，当行车量增加且需要加强通过能力时，应采用跨线桥立体疏解布置。

二、枢纽线路的立体疏解

枢纽线路采用立体疏解，可把各铁路方向和枢纽内的各种专业车站连成一个整体，基本上保证列车运行各有其独立的进路，因而通过能力大，安全性高。但是立体疏解占地多，工程费高，进站线路的平、纵断面技术条件差，有时由于跨线桥位置靠近车站，可能限制车站的进一步发展。

（一）两条线路交叉立体疏解方案

当有两条双线铁路相互交叉，需要采取立体疏解布置消除平面交叉时，其立体疏解布置有下列三种方案可供选择。

1. 按线路别疏解布置（untwining per lines）

枢纽一端修建一座跨线桥，可疏解列车进路交叉点 4 个，如图 7-3-10(a)所示，实现一条双线铁路与另一条双线铁路的交叉疏解。

两双线铁路引入枢纽的正线相互位置与区间正线相互位置相同，一条双线铁路上下行正线位于另一条双线铁路上下行正线的一侧。但两端咽喉各存在着两条线路间的转线车流（两线间的无调中转列车）交叉，如右端咽喉 D 方向接车与 C 往 B 方向的发车进路交叉，D 方向接车与 A 往 D 方向的发车进路交叉，C 往 B 方向的发车与 A 往 D 方向的发车进路交叉，左端咽喉也存在着类似的进路交叉。

按线路别的疏解布置适用于两线路间相互交换的客、货行车量（转线车流）很少，其改编作业量也不大的铁路枢纽进出站线路。

2. 按方向别疏解布置（untwining per directions）

两双线铁路引入枢纽正线的相互位置，按上行与下行方向分区布置，枢纽两端各修建跨线桥一座，每座桥疏解两个列车进路交叉点，如图 7-3-10(b)所示。但两端咽喉仍存在着转线车流交叉，如右端咽喉 A 往 D 方向发车与 C 往 B 方向发车进路交叉，左端咽喉情况类同。当修建 ad 和 cb 联络线后，这种交叉可以消除。

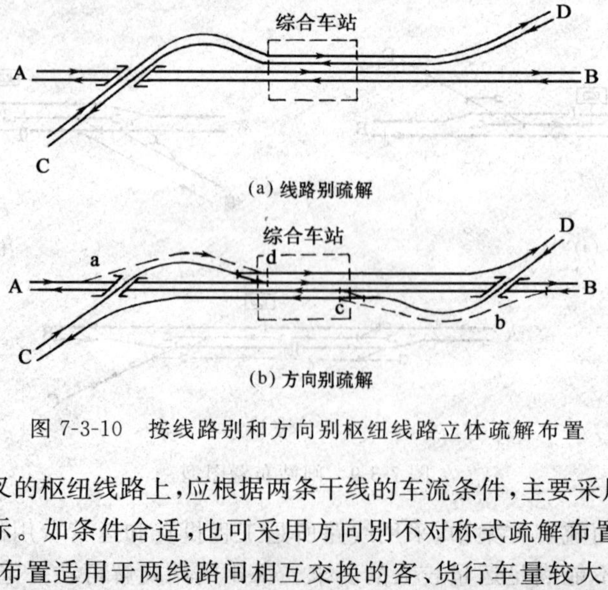

图 7-3-10　按线路别和方向别枢纽线路立体疏解布置

在双线铁路相交叉的枢纽线路上，应根据两条干线的车流条件，主要采用方向别对称式疏解布置，如图 7-3-10(b)所示。如条件合适，也可采用方向别不对称式疏解布置，如图7-3-11所示。

按方向别的疏解布置适用于两线路间相互交换的客、货行车量较大，其改编作业量也较大的铁路枢纽进、出站线路。

(a) 方向别不对称本线疏解

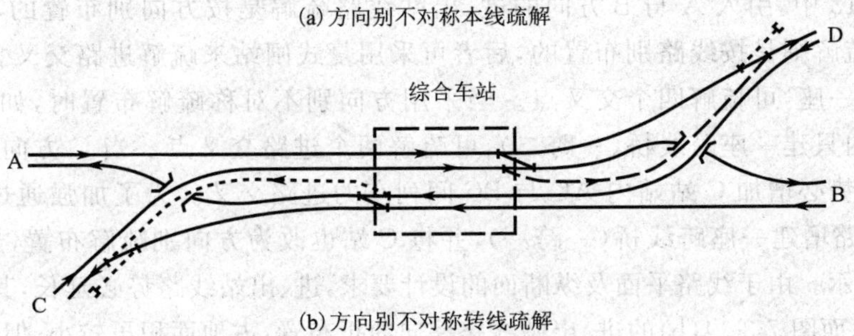

(b) 方向别不对称转线疏解

图 7-3-11 方向别不对称枢纽线路立体疏解布置

3. 按列车种类别疏解布置(untwining per traintypes)

在枢纽内,当旅客列车和货物列车的进、出站线路需要分开设置时,应采用按列车种类别疏解的线路布置方案。根据枢纽内客运站和编组站的相互配列位置,此方案又分为以下两种:

(1)客货并列式列车种类别疏解布置[图 7-3-12(a)]。其特点是:客运站与编组站并列布置,在外包式方向别疏解布置的基础上,再修建 4 座跨线桥按列车种类别疏解,使客、货列车的进出站线路完全分开,使所有进路交叉点全部立体疏解。

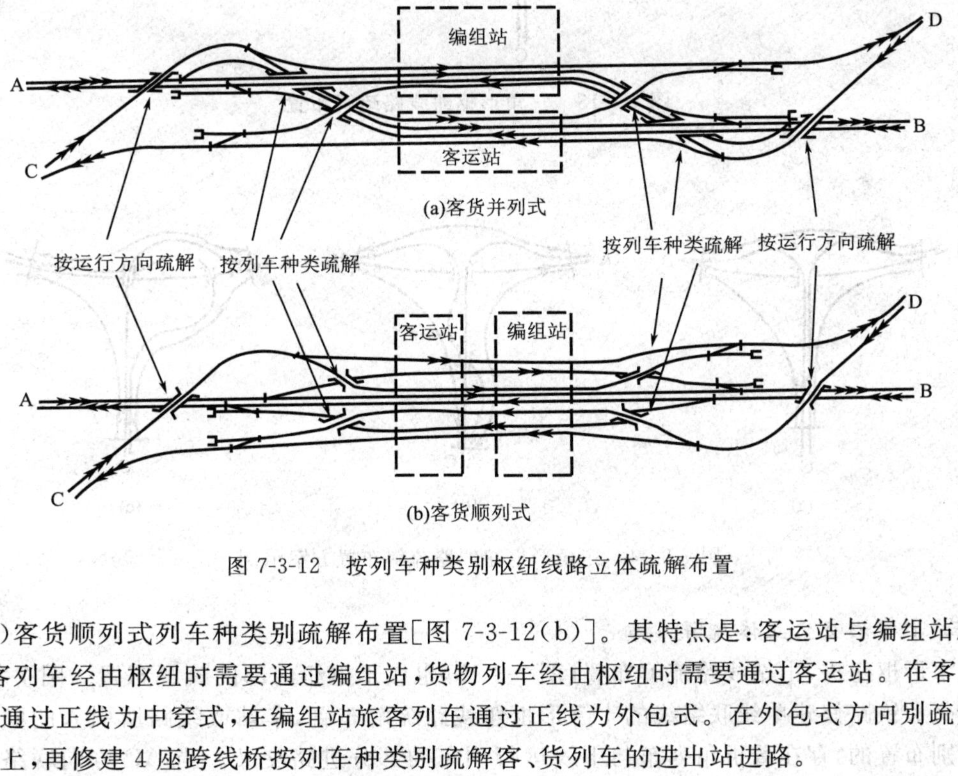

(b)客货顺列式

图 7-3-12 按列车种类别枢纽线路立体疏解布置

(2)客货顺列式列车种类别疏解布置[图 7-3-12(b)]。其特点是:客运站与编组站顺列布置,旅客列车经由枢纽时需要通过编组站,货物列车经由枢纽时需要通过客运站。在客运站货物列车通过正线为中穿式,在编组站旅客列车通过正线为外包式。在外包式方向别疏解布置的基础上,再修建 4 座跨线桥按列车种类别疏解客、货列车的进出站进路。

按列车种类别的疏解布置适用于客运站与编组站分设的并列式或顺列式铁路枢纽的进、出站线路,但疏解布置的繁简程度两者差别很大,顺列式要比并列式简单得多。

(二)三角形交叉立体疏解方案

当有三条双线铁路相互交叉,需要采取立体疏解布置消除平面交叉时,一般采用三角形枢纽进、出站线路疏解布置。

在图7-3-13中,引入A与B方向的进、出站线路疏解是按方向别布置的,引入C方向的进、出站线路疏解则是按线路别布置的,后者可采用复式闸站来疏解进路交叉。图中建有二线跨二线跨线桥一座,可疏解四个交叉点。当采用方向别不对称疏解布置时,如图7-3-14(a)所示,这时枢纽内只建一座跨线桥(一跨二),可疏解两个进路交叉点。当C方向运量增长时,按现有疏解布置势必增加C站站内AC与BC间列车的进路交叉。为了加强通过能力,可沿CB方向的发车线路增建一座跨线桥(一跨一),并将C站也改为方向别疏解布置,如图7-3-14(b)、图7-3-14(c)所示。由于线路平面及纵断面的设计要求,进、出站线路势必延长,其中图7-3-14(c)占地面积增大,而图7-3-14(b)的进、出站线路反向曲折布置,占地面积虽较小,但延长了BC间的线路里程。

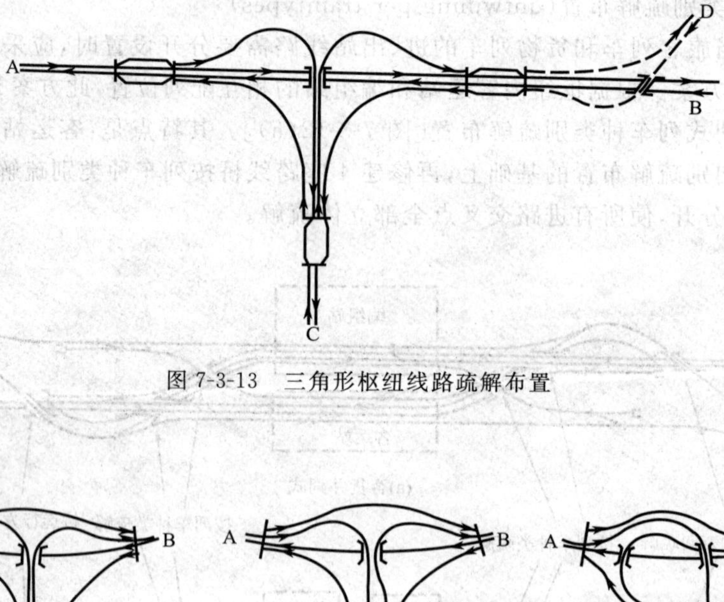

图7-3-13 三角形枢纽线路疏解布置

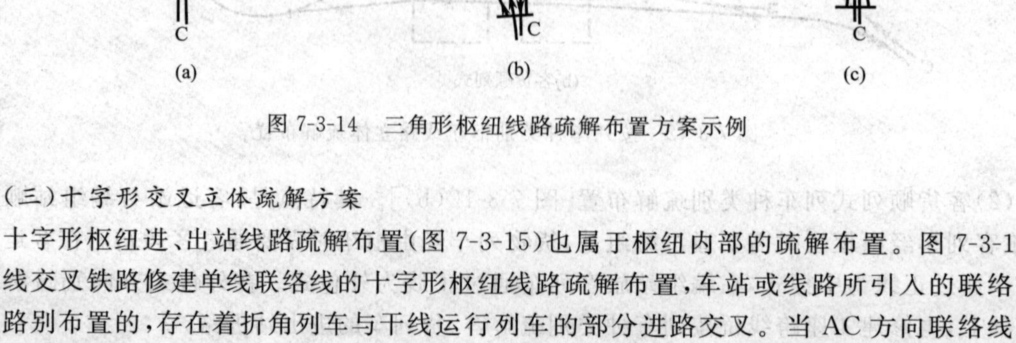

图7-3-14 三角形枢纽线路疏解布置方案示例

(三)十字形交叉立体疏解方案

十字形枢纽进、出站线路疏解布置(图7-3-15)也属于枢纽内部的疏解布置。图7-3-15(a)是双线交叉铁路修建单线联络线的十字形枢纽线路疏解布置,车站或线路所引入的联络线是按线路别布置的,存在着折角列车与干线运行列车的部分进路交叉。当AC方向联络线为双线时[图 7-3-15(b)]，可将交叉铁路的跨线桥加宽，以疏解联络线的两个交叉点，C站的引入线路为方向别，A站的引入线为线路别，折角列车与干线列车仍将在A站站内产生部分进路交叉。如增建一座跨线桥，如图 7-3-15(c)实线部分所示，则A站的引入线可变为方向别布置。该图的虚线部分使BD间修建双线联络线和B站、D站采用方向别疏解。这种疏解布置可集中利用交叉干线的跨线桥，减少跨线桥的数量。

在环形或半环形铁路枢纽内，一般都有较多的铁路线引入枢纽，而且在枢纽内都设有许多联络线，因而进路的交叉点很多，疏解布置比较复杂和分散。设计时应针对各疏解区的具体情况，分别选定较优的疏解布置方案。

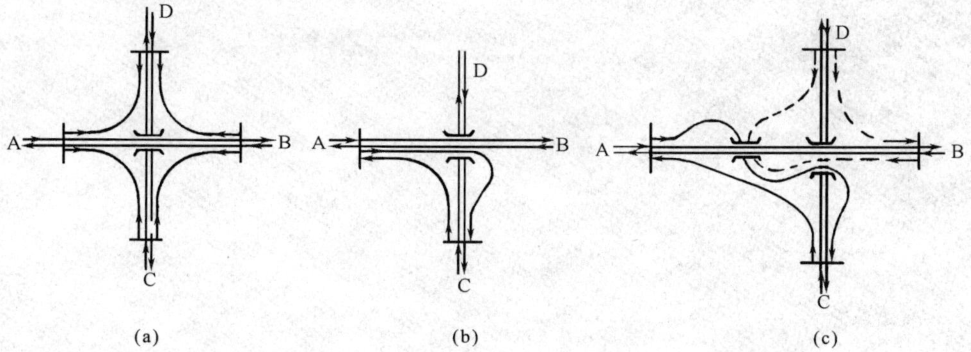

图 7-3-15　十字形枢纽进、出站线路疏解布置

三、立体疏解设计中的几个问题

在进行立交疏解布置的设计时应注意以下几个问题：

(1)立交疏解线路平、纵断面的技术条件。立体疏解应力求主要干线方向列车运行路径短顺并节省土石方和线路上部建筑工程数量。立体交叉线路上、下线间的轨顶水平标高差 H 应为

$$H=h_{限}+h_{构} \tag{7-3-1}$$

式中　$h_{限}$——建筑限界高度；

$h_{构}$——桥梁结构底部与桥上线路的轨顶之间的高度。

枢纽进、出站线路的限制坡度应与邻接区段的限制坡度一致。当采用同样限坡有困难时，可将仅为单方向运行的下坡方向的进、出站线路设在陡于限制坡度的下坡道上。但在单机牵引地段，Ⅰ、Ⅱ级铁路不应陡于12‰，Ⅲ级铁路不应陡于15‰，双机牵引地段不应陡于20‰。

枢纽进、出站线路的平面应符合相邻区段正线的规定。在困难条件下，其最小曲线半径可采用300 m，编组站环到环发线的最小曲线半径可采用250 m。

跨线桥上、下线路的交叉角度应尽量接近直角，以减少跨线桥结构的长度。标准交叉角度一般定为90°、60°、45°及30°。当交叉角小于30°时，桥跨结构应采用隧道式。

(2)节约用地，降低工程造价。跨线桥的位置应尽量利用瘠地、废地，少占耕地、好地。桥跨应尽量采用低高度梁，以改善纵断面，减少土石方工程。被跨越的桥下线路，应尽量平行设置在一起，以降低工程造价。

(3)密切配合城市规划，尽量避免与城市干道平交。在立体疏解范围内被线路分隔或包围的地区，应注意设置农田排灌及当地居民交通所需的桥涵，并尽量保存疏解地段附近的各种设施和建筑物。

(4)在设计枢纽进、出站线路疏解布置时，一般可不采用完全疏解交叉点的布置，只对那些影响行车安全和通过能力较大的进路交叉采用跨线桥疏解，其余可以保留平面交叉，采用先进的信号设备确保安全和增加通过能力。

(5)按立体疏解设计的进出站线路，应预留新线引入和增建正线及联络线的位置。

第四章 铁路枢纽总体规划

第一节 铁路枢纽规划与路网规划的配合

路网规划是枢纽总体规划的主要依据。路网规划是根据国家工农业生产布局与客、货流规划，同时考虑政治、经济、文化和国防等各方面的要求所拟订的铁路发展远景规划。它由铁路干线、支线、车站及枢纽组成，并根据国家生产建设发展需要，客、货运需求，确定分期修建程序。

在其分阶段发展中，路网规划应明确枢纽点的分布和车流集散规律，指出枢纽的性质、规模与它们之间的大致分工，从而规定出枢纽在路网上的作用。在这一基础上，结合城市规划和其他运输方式的要求，以及枢纽所在地的地形、地质、水文等自然条件进行枢纽总图型设计方案的比选。

路网规划中的新线分阶段修建，必然引起有关铁路线的部分车流改变运行路径，对有关枢纽在路网上的作用产生巨大影响。例如，在图 7-4-1 所示路网上修建 AE 新线，一方面由于 A 和 E 枢纽都有新线引入接轨，枢纽引入干线方向增多，因此必然增加枢纽的工作量和作业的复杂性，从而在一定程度上影响枢纽的性质、规模及专业车站的分布和进、出站线路的引入。另一方面，C 枢纽则由于 AE 新线的分流，减轻了作业负担，使 C 枢纽布局相对简化，通过能力得到一定程度的加强。此外，AE 新线的修建还会对相邻的其他有关枢纽 B、F 也有不同程度的影响。因此，路网规划对于研究确定有关枢纽的分工与协作及枢纽分阶段发展具有决定的意义。如果只孤立地研究个别枢纽规划而不从路网规划考虑有关枢纽的配合，将会出现枢纽间分工协作关系不明，以致设备重复或设备规模不能满足生产建设的要求。

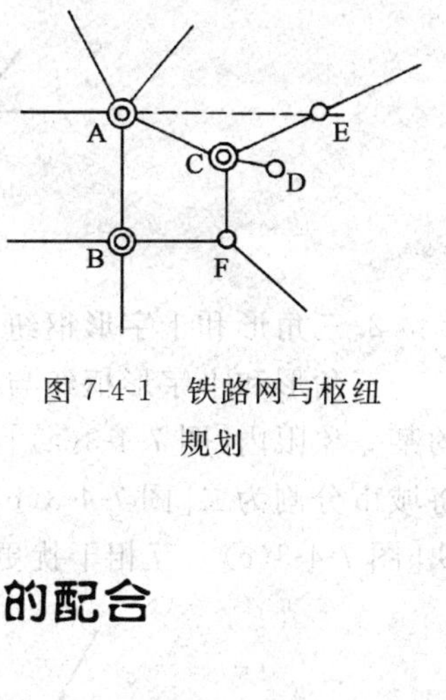

图 7-4-1 铁路网与枢纽规划

第二节 铁路枢纽规划与城市规划的配合

铁路是城市对外交通的主要工具，城市的工业生产、人民生活都需要铁路运输，但由于铁路运输设备深入城市又会给城市带来干扰，为使铁路既方便城市又能充分发挥运输效能，就必须使铁路枢纽规划与城市规划密切配合。因此，铁路枢纽规划应纳入城市规划，服从城市规划的总体安排，以便更好地为城市建设、工业生产、人民生活和旅行服务；城市规划应对铁路枢纽设备作出妥善安排，保证满足铁路运营要求，以提高运输效率，降低运输成本。

从对城市服务的关系而言，城市范围内的铁路设备，可分为以下三大类：

(1)直接与城市生产和生活有密切联系的设备。如客运站、综合性货运站和货场等，应按照其性质分布在城市市区范围内或接近城市中心或设在城市外围而有市内干道连接的地区。

为工业区和仓库区服务的工业站或地区站则应设在该有关地区附近，一般靠近工业区和仓库区。

(2)与城市生产和生活无直接关系的技术设备。如编组站、客车整备所、迂回线及其他与铁路运输生产有关的设备，在满足铁路技术要求并配合铁路枢纽总体规划的前提下，应尽可能布置在城市外围适当的地方。

(3)与城市交通有关的设备。如市域(郊)铁路车站、乘降所等，应与城市规划配合，设在工业区、经济开发区、旅游区和卫星城镇附近。

一、铁路枢纽布置形式与城市布局的配合

铁路枢纽的布置形式很多，与城市布局的关系也很复杂，在处理两者间的关系时，要做具体分析。随着城市布局与枢纽形式的不断发展变化，不可能有一个固定不变的模式，但其基本原则应是既考虑枢纽本身运营的需要与发展，又要力求避免干扰城市。

1.一站枢纽

一站枢纽与城市的关系比较简单，一般城市应沿主要干线一侧发展，如图 7-4-2(a)所示。图 7-4-2(b)则由于铁路干线分割城市主要地区，对城市干扰较大。这种枢纽往往设置一个客、货共用站，客运站房和货场最好位于城市一侧。但当货运量较大，客、货同侧受地形限制必须客、货分侧布置时，应将货运量大的工业企业布置在货场一侧，而城市的主要部分仍布置在客运站一侧，同时要修建跨越铁路的立交桥，以尽量减少铁路对城市交通的干扰。

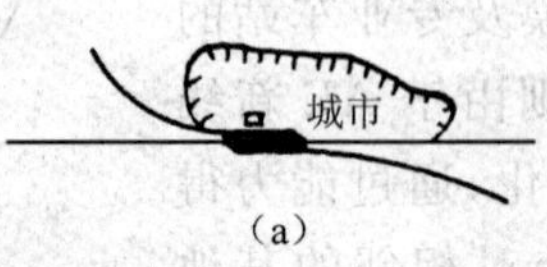

图 7-4-2　一站枢纽在城市中的布置方案

2.三角形和十字形枢纽

三角形和十字形枢纽与城市的相互位置有三种可能方案。第一种是城市基本上位于枢纽的某一象限内[图 7-4-3(a)]，这种布置互相干扰少，城市也有一定的发展余地；第二种是枢纽将城市分割为二[图 7-4-3(b)]，互相干扰较大；第三种是城市被十字交叉的铁路干线分割成多块[图 7-4-3(c)]，互相干扰更加严重。

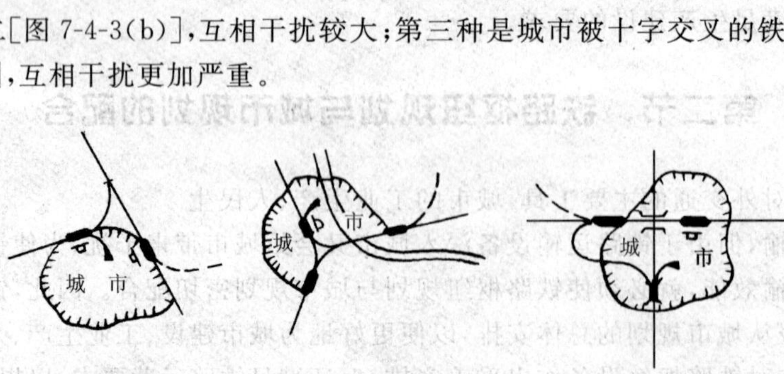

图 7-4-3　三角形和十字形枢纽在城市中的布置方案

3.延伸式枢纽

在受地形限制，城市用地呈狭长形带状发展时，枢纽往往沿城市纵向延伸，与城市有较长的接触范围，有利于布置各专业车站。延伸式枢纽的干线应尽量沿城市边缘或靠山（当城市靠山、沿河布置时）布置，以防止城市被分割，如图7-4-4所示。

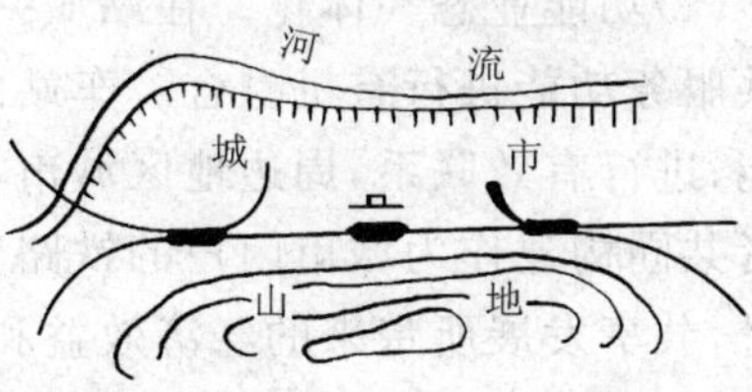

图 7-4-4 延伸式枢纽在城市中的位置

4. 环形或环形中穿枢纽

这种枢纽的城市一般都在铁路环线内发展。当设有两重环线时，内环线主要为城市货运或客运服务，设置或衔接客运站、货运站或货场；外环线为通过枢纽的铁路车流服务，编组站一般设置在外环上。环线的位置既不宜布置于市区内而影响城市发展，也要防止将环线移出城市过远而不便于城市使用，另外还要避免环线穿越风景疗养区。

二、站城一体化协调发展

1. 站城一体化概念

站城一体化发展模式是一种城市与交通相互融合、共同发展的开发模式，是以车站的交通功能为核心，发挥城市公共交通的优势，在此基础上引导城市功能更新和优化，借助商业、办公、文化、娱乐等功能的发展，达到吸引和疏解客流的目的。

站城一体化可有效促进城市可持续发展，其通过轨道交通与城市公共交通、自行车、步行等方式的衔接，倡导绿色交通的发展；并在交通枢纽站点周边或者沿线地区设置办公、餐饮、购物等商业设施和娱乐设施吸引客流，创造轨道交通和经济活动的需求，促进经济发展。站城一体化使交通枢纽不仅服务于旅客，而且能够服务于城市居民，同时提升周边地区的土地利用率，从而带来经济效益，促进站点与城市的协同发展。

站城一体化发展可以分为不同的模式。按照中心对象的不同，可以分为以枢纽站为中心的发展模式和以交通线路为中心的沿线发展模式。根据作用范围的不同，站城一体化可以分为宏观、中观和微观三个层次，在宏观层面上，考虑城市发展和区域发展的一体化；在中观层面上，考虑主城区与车站周边地区的一体化开发；在微观层面上，考虑车站和车站周边地区的一体化。

2. 站城一体化发展思路

（1）缓解城市交通压力。站城一体化的核心是交通，在该理念的指导下，铁路客运站可以发展成为综合化、复合化的交通综合体，集中多种交通方式和交通线路，方便旅客换乘，使旅客能够快捷、舒适地到达城市中的目的地。

（2）满足城市居民生活需求。车站的功能不仅仅局限于交通出行，需要与城市功能进行融合，增加购物、餐饮、办公等功能以便服务于旅客和更多的城市居民。

（3）提升车站周边价值。站城一体化使铁路客运站与周边建筑和城市土地紧密结合，相互补充，形成聚集多种功能的综合体，促进交通与城市经济的共同发展。同时铁路客运站地区作为城市的窗口，起到对外展示当地的经济文化状况的作用。

3. 站城一体化内容

（1）交通一体化。交通一体化是站城一体化中最重要的内容之一。在站内、站区和周边地区建立一体化的交通系统，满足客流聚集与疏散的要求，使进出站的客流合理分流，避免交叉拥堵，实现站内与站外交通间的无缝换乘。功能分区、交通分流、换乘便捷、标志清晰是交通一体化布局的四个主要特征。

(2)功能业态一体化。在站城一体化发展模式中,铁路车站的交通枢纽功能需要与城市的公共服务功能进行有机融合。车站的建设能够带动周边城市地区的变化和发展,完善其城市功能,进行有效联系,周边地区城市功能的丰富反过来为铁路车站提供客流来源和疏散去向。两者共同构建作为城市门户的铁路车站周边功能的一体化格局,实现车站与城市发展的相互促进,共享发展所带来的经济效益和其他价值,充分体现站城一体化的理念。

(3)空间布局一体化。站城一体化鼓励对于地下空间、上盖建筑等立体空间的充分使用,改变仅有建筑地面层具有丰富功能和公共活动的情况,使连廊、花园露台、商业设施和娱乐设施等分散到整个建筑的立体空间中。通过充分的立体空间布局,做到各个功能的融合,最大程度地利用城市空间,达到提高车站周边城市土地利用率的目的。

(4)绿色一体化。在考虑如何进行车站和城市的融合,促进经济发展的同时,也要考虑对于城市环境的影响。随着人们对于环境问题越来越重视,铁路车站的建设也应该做到绿色节能,尽可能尊重自然并对环境友好。同时可以引入一些创新的环保技术,使用绿色建材,降低对能源、材料、水电的消耗,实现可持续发展。

三、铁路车站及铁路与城市道路的配合

铁路站场及线路应与城市道路紧密衔接。铁路车站是城市客流、货流的产生和消失地,是组织城市交通的重要基点。道路则起着为铁路集散旅客和货物的作用。在空间上,铁路与道路系统相互交织,因而又产生了两者的配合问题。

1. 车站与城市道路系统的配合

在城市规划中,处理客运站、货运站与城市道路的关系时,一方面要保证车站与城市各区域联系方便,使旅客和货物及时集运和疏散,另一方面又要尽量使集散的交通流不要与城市主要交通流发生干扰。

客运站与城市道路的联系主要通过车站广场来实现,其布置方式有以下几种:

(1)广场位于城市道路尽头,如图 7-4-5(a)所示。这种广场不受通过车辆和行人的干扰,便于广场上组织城市车辆到发与停留、旅客休息和候车等活动。但由于广场只有一条通往城市的道路,集散能力小。在客流集散量大而城市交通组织复杂的客运站上不宜采用。

(2)广场位于城市干道一侧,如图 7-4-5(b)所示。这种广场便于大量客流集散,集散能力较大,但广场的人流容易与城市干道的车辆发生交叉干扰,故在设计时要求广场有一定的进深,以便广场的人流和车流组织与城市通过车辆分隔开来。

(3)广场与几条城市辐射道路相连,如图 7-4-5(c)所示。其特点是集散能力大,但广场到发的车流和人流需要绕行,增加了广场交通组织的复杂性。

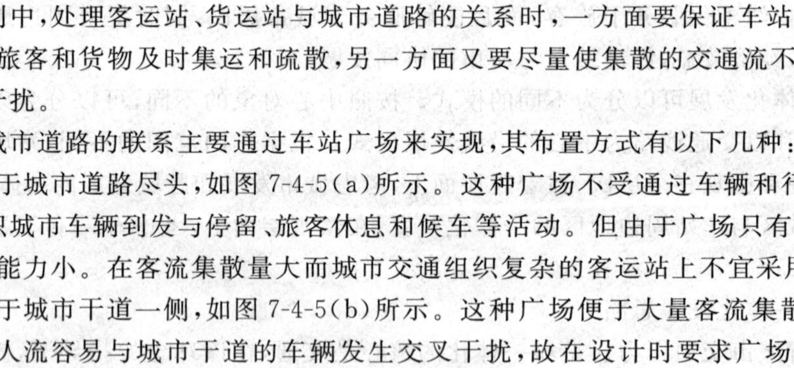

(a) 广场位于城市道路尽头 (b) 广场位于城市干道一侧 (c) 广场与几条城市辐射道路相连

1—站房;2—广场;3—城市道路。

图 7-4-5　车站广场与城市道路连接方式

(4)多广场与城市道路连接方式,如图 7-4-6 所示。在主站房正面一侧的主广场供社会车辆和旅客停留;出站口设在子广场,供公共交通车辆到发;副站房一侧设副广场,供旅客和车辆停留。主广场设计成立体三层,地下二层可布置停车场、商场等。这种广场不仅功能多样,集散能力大,人流与车流干扰少,且空间开阔,场景美观,为旅客创造了方便的购物条件和舒适的休息环境。

为了便于旅客乘降,在有地下铁道的城市,客运站还应直接与地铁连通,将旅客输送到市中心[图 7-4-7(a)]。也可将客运站伸入市中心的地下[图 7-4-7(b)],在地下设置多层的客运站,这样就完全避免了与城市交通的干扰。

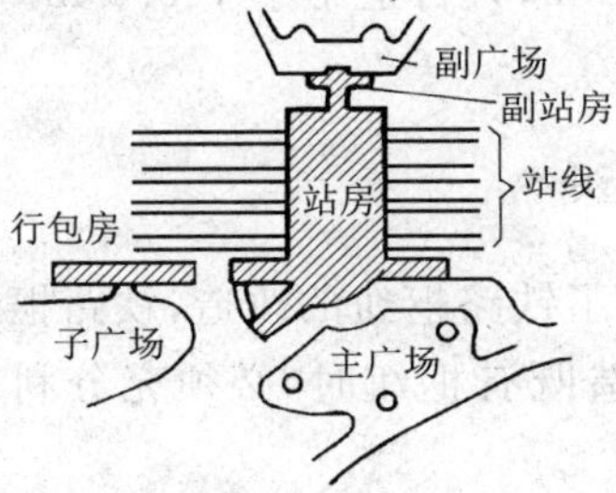

图 7-4-6 多广场与城市道路连接方式

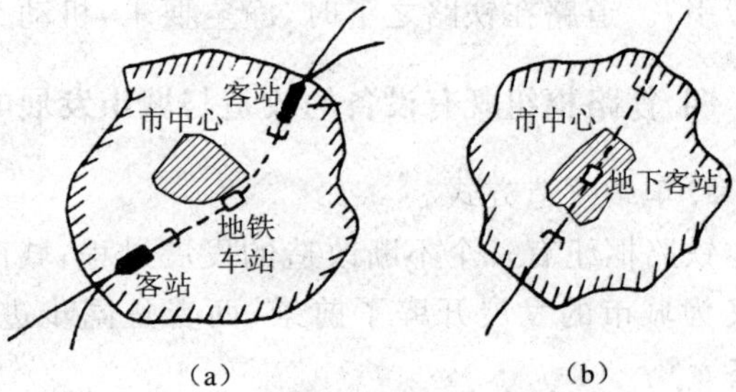

图 7-4-7 客运站与城市中心的联系方式

综合性货运站(物流中心)或货场进、出口处应修建辅助道路与城市货运干道相连接,避免将货场直接布置在城市干道旁侧,如图 7-4-8所示。

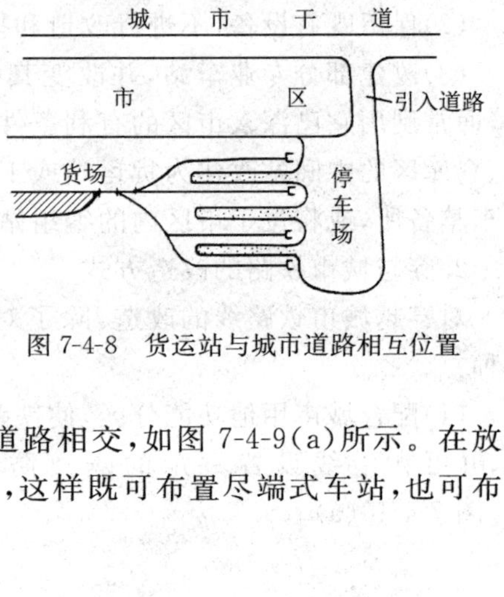

图 7-4-8 货运站与城市道路相互位置

2. 铁路线路与城市道路系统的配合

铁路线路与城市道路系统的关系总的要求是尽可能减少铁路线路与城市道路的交叉点,尽量使铁路线不与城市主要干道相交,道路要在铁路占地最窄的部分穿过。

为了满足上述要求,在方格式道路系统的城市中,铁路在市区内应尽量与城市主干道平行,仅与次要道路相交,如图 7-4-9(a)所示。在放射式道路系统的城市中,铁路线应与干道平行地引入市区,这样既可布置尽端式车站,也可布置通过式车站,切忌道路与车站相交,如图 7-4-9(b)所示。

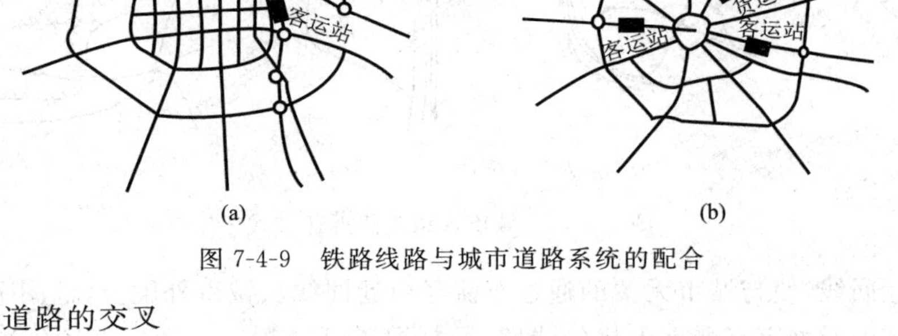

图 7-4-9 铁路线路与城市道路系统的配合

3. 铁路与道路的交叉

(1)平面交叉。在交通不繁忙和车辆行驶速度不高的城市道路可采用平面交叉。在设计平交道口时应保证二者都有良好的视距条件，线路中心线的交角应尽可能采用直角，在任何情况下不得小于45°。道路的平、纵断面设计均应符合工程技术标准的规定，道口应装设自动道口栏杆和音响闪光信号等安全防护设备。

(2)立体交叉。立体交叉的设置条件是：国家一级公路及其他具有重要意义或交通繁忙的公路与铁路交叉；各级公路或道路与有大量调车作业的铁路交叉；公路或城市干道与双线铁路正线或行驶高速列车的铁路交叉；各级公路与较深路堑的铁路交叉等。在设计立体交叉时应满足各自的最小净空的要求。道路在铁路之上时，其净空不得小于6 m(内燃)和6.55 m(电力牵引)。道路在铁路之下时，净空要求：机动车道为4.5～5 m，人行道不小于2.5 m。

四、铁路枢纽既有设备的改造与城市发展的配合

1.车站改造方式

铁路枢纽有一个不断改造的发展过程，城市的发展促进了铁路枢纽的改造，铁路枢纽的改造又为城市的发展开辟了前景，两者是同步进行的。在改造既有枢纽时，必须充分利用既有设备。

(1)原站扩建，不改变原有车站的性质加以利用。这种方式只能在既有设备的扩建不受周围条件的限制，对城市干扰较小并能满足运营要求时方可采用。

(2)保留既有设备，不进行改造和扩建，但只办理枢纽内一部分业务。

(3)改建部分专业车站，并改变其作业性质。例如，枢纽内的既有主要车站为客、货混合站，通常利用它已深入市区的有利条件，迁出货运作业，将原站改为客运站。又如，将位于工业区、仓库区的中间站改建为货运站或工业站。再如，配合枢纽内新建客运站，将老客运站改为客车整备所，或将位于市区内的编组站改为货运站，在市区外另新建编组站等。

2.穿越城市铁路的改造方式

对穿越城市铁路线的改造，除了对铁路线本身进行技术改造以外，常采用的方式有以下几种：

(1)配合城市用地功能分区，使铁路线路在分区之间通过，以减少跨越铁路干线的城市道路，并可在沿线设置一定的隔离防护地带，联系功能区的城市环行道与铁路线路立交[图7-4-10(a)]。

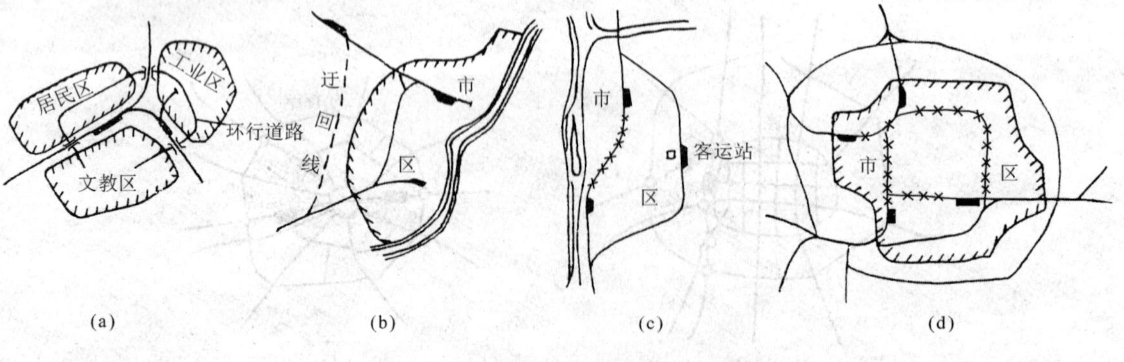

图7-4-10　城市铁路改建拆迁方式

(2)修建迂回线，使与城市无关的通过车流经由迂回线从城市外围分流[图7-4-10(b)]。

(3)将市区内对城市有严重干扰的线路，分情况外迁或拆除。图7-4-10(c)为拆除市中心

的线路及客运站,正线外移至市区边缘,新建客运站,既有货运站保留成尽端式伸入城市。图 7-4-10(d)为结合城市范围扩大,拆除原有环城线,逐步外移,原有车站由环线以尽端式布置伸入市区。

第三节 铁路枢纽规划与自然条件的配合

铁路枢纽所在地区的地理位置和自然条件各有不同,因此铁路枢纽的总体规划必须从当地的地形、地质、水文等自然条件的实际情况出发,做出具体的规划方案。

一、地形条件

铁路枢纽总图设计方案,在力求运营合理与布置紧凑的条件下,应尽量利用地形,地形的起伏和坡度等会直接影响铁路建设和运营条件。选择较平坦的地形可以减少建设难度和成本,同时也有利于运输效率的提高。选择良好的地质条件,可以保证工程质量,减少工程数量。应尽量利用瘠地废地,少占耕地良田,宜结合工程处改地造田。

地形条件对枢纽内编组站位置的选择影响很大。编组站占地面积大,在布置时,一般先找出可能设置编组站站坪的有利地段,然后再考虑编组站的站型及其在枢纽内的位置是否适合,并从运营的经济效果、工程量大小等方面进行分析比较后确定。在选择编组站的设计方案时,先在 1∶50 000 地形图上找出可能布置的站坪有利地段,做出参考方案,再根据地形标高初步拟定编组站的大致标高,并结合江河水位标高、城市规划的工业布局等因素进行比较分析,对明显不能成立的方案予以淘汰,然后选出 2～3 个设计方案,再进行详细的技术经济比较,使枢纽结构紧凑合理,工程费和运营费最少。

由于自然条件的限制,枢纽进、出站线路的引入往往不能适应主要货流方向。若顺直引入将引起巨大工程时,就需要考虑改变引入方向。在地形起伏很大的地方,可采用展线方式使线路迂回引入。当展线也不可能时,则只能提高限制坡度,采用补机或改变牵引方式等措施予以解决。

二、工程地质条件

枢纽内的主要设备,如编组站、客运站、机务段、大型建筑物,必须考虑其基底的承载能力和稳定性,以免将来使用时造成危害,因而必须对上述地段的工程地质情况作详细勘测,以保证建筑物或建筑用地不致受到不良地质变化的影响。

当站场或建筑物的部分用地或其边缘布置在沼泽地带或土质松软地带时,应仔细研究基础的结构。一般如淤泥厚度不超过一定要求时,仍可布置站场建筑物,但在工程上要做特殊处理。

三、水文地质条件

铁路枢纽内的站场标高受所在地区江河水位标高的直接影响,一般可分为两类:一类属于自然条件的江河洪水位及内涝水位,这是根据历史上洪水位资料推算百年周期的水位来确定的;另一类是因国家大规模水利建设筑坝蓄洪抬高了水位,这是根据拦洪坝最大蓄水位来确定的。必须同时根据以上两种水位的情况来确定各地区的确切水位。

站场线路的标高一般应在最高水位之上。但有时采取防洪排涝措施,可以减少为抬高站

场线路标高而需要的大量土石方工程。特别是原有站场线路标高较低时,改建时更应从实际出发,采取下列有效措施:

(1)利用当地的江河堤防控制洪水位,使站场标高位于江河洪水位之下,而由内涝水位控制。

(2)与城市水利规划密切配合,共同确定降低内涝水位。

(3)修筑防洪路堤或排洪沟。

正线布置在编组站沿江河一侧时,其路基不宜兼作防洪路堤,以防洪水冲塌路基而中断列车运行。如需兼作防洪路堤时,则应对路基做特殊设计,并在沿线有关桥涵处加修闸门。

站场沿山坡布置时,为排除山洪威胁,可在铁路路基高坡一侧修建排洪沟,接通河道,引洪入河,保护站场路基不受冲刷。

四、工程取土问题

地处平原或地势低洼地区的铁路枢纽,由于受洪水位或内涝水位的控制,在修建站场和进、出站线路立体疏解等工程时,必然引起大量的土石方工程,使填方、取土发生很大困难。在研究枢纽设计方案拟定站场标高时,必须与取土问题同时研究。取土地段过远,不仅会延长工程进度,增加工程造价,而且会引起运输和劳力等一系列工程组织问题。站场土石方工程设计有时会影响到枢纽内编组站的位置。

枢纽站场工程取土地点应选择在城市规划建筑用地范围以外。必须注意不使农田水利受到影响,并结合工程改地造田。当利用营业铁路运土时,应不影响营业铁路的正常运输。城市建设工程或水利工程常有不同数量的弃土,应与有关单位互相配合,尽量利用弃土。取土应选择质地良好而且便于开采的土壤。

第五章　铁路枢纽通过能力

第一节　铁路枢纽通过能力的基本概念

一、铁路枢纽通过能力的定义

铁路枢纽通过能力可以从两个角度来理解，即路网的角度和枢纽内部的角度。从路网的角度理解枢纽的能力时，必须把枢纽放到路网中去，研究枢纽在路网中所起的作用。枢纽在路网中的作用一共有三种：车流的始发、车流的中转通过、车流的终到。枢纽的能力也就是用来处理这三种车流的能力。

从枢纽内部的角度理解枢纽的能力时，枢纽内数目众多的各种设备的能力构成了枢纽能力的要素。但是枢纽的能力不是枢纽内各种设备能力的简单总和。枢纽的能力是枢纽内各项设备能力协调的结果，它是枢纽内各种设备的能力按照某种具体的运输组织方式的有机组合。它不但和每个设备单独的能力有关，还和铁路运输的组织方式、设备之间的相互关系有关。

综合上述特点，铁路枢纽的通过能力可以定义为：铁路枢纽在一定车流组成条件下，在合理作业组织情况下，枢纽内各项设备正常运转、相互协调，一昼夜最大完成的各方向及枢纽内部始发、终到及通过的车流数量。铁路枢纽通过能力根据具体枢纽、具体设备不同表现分为一系列的能力指标，可以分别用列数、辆数、吨数（人数）、换算客货量、换算客货周转量表示。

形成枢纽通过能力有以下三个约束条件：

(1)一定的铁路枢纽设备，系指该枢纽所管的范围，衔接干支线方向及其特征，枢纽内车站规模与布局，枢纽线路及其疏解设备，枢纽总布置图型结构等。

(2)一定的运量组成，系指该枢纽办理的运量及性质，即衔接干线的客、货运量比重，有调、无调中转车的比重，以及通过、地方作业车比重等。

(3)一定的行车组织，系指枢纽内客运站、编组站、货运站的分工方案，列车编组计划，运行图，机车交路和客、货列车在枢纽内的径路等。

除以上三个约束条件以外，还有移动设备（机车、车辆、电力供应、人员配备等），但移动设备可根据运量需求随时增减，一般不成为枢纽通过能力的限制因素。因此，只有在以上这三个前提条件一定的情况下，才能界定枢纽的通过能力。

二、铁路枢纽通过能力的组成因素

铁路枢纽是由一个或几个统一调度协调作业的专业车站（客运站、编组站、货运站等），以及相应的正线，枢纽进出站线路疏解（联络线、迂回线、环线等）设备组成的整体。它由点和线系统组成，在运输过程中具有点、线系统的综合功能，其通过能力影响因素层次分解如图 7-5-1 所示。

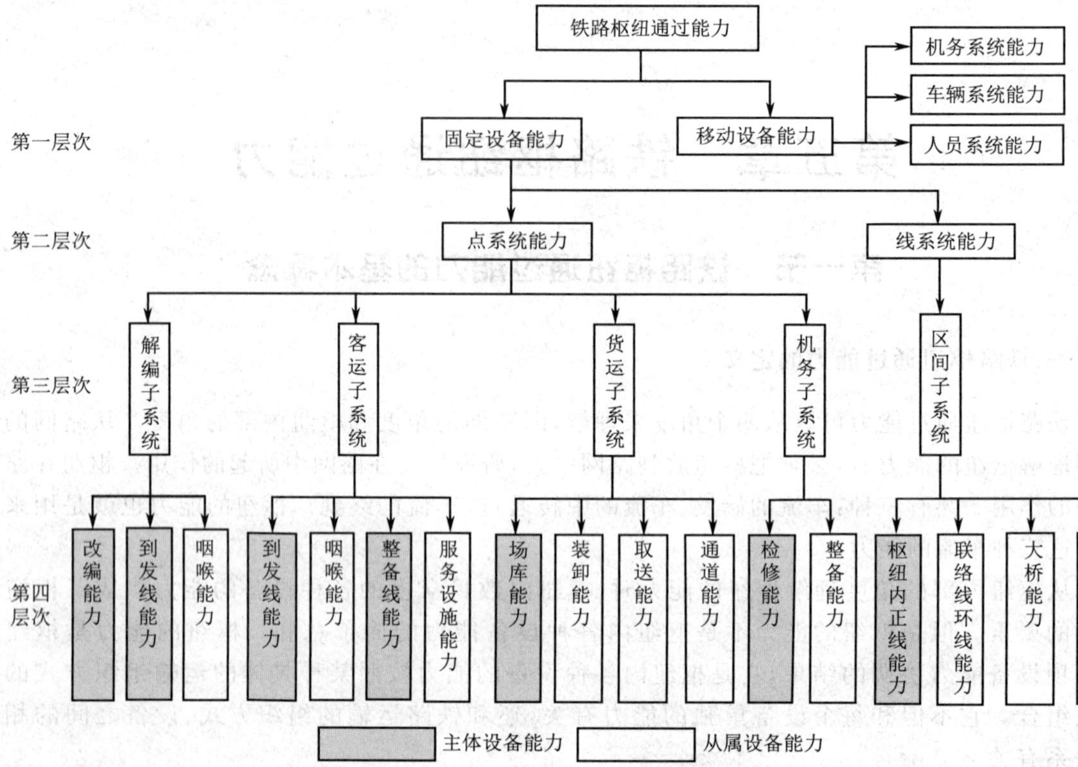

图 7-5-1　铁路枢纽通过能力影响因素层次分解

由图 7-5-1 可知：枢纽通过能力可按四个层次排定，第一层次为固定和移动设备能力；第二层次为点、线系统能力；第三层次为点、线各子系统能力；第四层次为各子系统具体设备的能力。

固定设备能力主要指枢纽内线路、车站及场库等固定设备的能力。移动设备主要指枢纽内机车的供应能力(配属机车台数)、运用车数、客车车底保有量、动车组数量。

铁路枢纽能力是一种多环节的系统能力，系统中的任一薄弱环节不仅将限制整个系统的能力，而且会造成其他环节能力的浪费。因此，铁路枢纽系统中各环节能力的相互协调，对于最大限度地发挥系统能力、挖掘设备潜力、保证枢纽运输畅通、实现铁路的低耗高效是至关重要的。

铁路枢纽点线能力的协调包括两个方面，一是枢纽内的区间能力(包括联络线、迂回线、直径线等)与枢纽内的点系统(即车站)能力的协调，二是枢纽所衔接干线区间能力与枢纽各专业车站能力的协调。铁路枢纽点、线系统能力的协调，关键在于枢纽编组站能力与区间能力的协调。编组站的能力是否适应路网车流的要求，对于枢纽运输畅通意义重大。为使点线能力达到协调，保证路网的畅通，能够及时地处理来自枢纽各个衔接方向的改编车流，使枢纽及整个路网不致由于编组站的问题造成堵塞，枢纽内线路(包括联络线、直径线、环线、进出站线路、大桥等)的能力也是一个重要的因素。事实上，枢纽的各衔接线路与编组站之间就是通过枢纽内的线系统而相互联系的，枢纽内的线系统将枢纽内的各个车站联结起来，形成有机的整体，并与枢纽的各个衔接线路相接，从而实现枢纽内外及枢纽各衔接方向线路间的车流交换。因此，点系统与枢纽内线系统能力之间的相互协调，也是保持枢纽畅通的重要前提条件。

第二节 铁路枢纽通过能力计算方法

铁路枢纽内各环节能力应保持相互协调，一方面可以适应不断增长的运输需求，另一方面可以充分发挥系统设备能力潜力，在避免能力浪费的基础上保证枢纽运输畅通，实现铁路运输的低耗高效。枢纽能力的发挥不仅与枢纽内的线路和车站有关，而且还要受到与枢纽衔接的各线路通过能力的限制。

铁路枢纽通过能力在向各衔接线路进行能力分配中，要受到一定条件的约束，主要包括以下三个方面：各衔接线路区间通过能力；各专业车站的通过能力；枢纽内部线路的通过能力。原则上，为充分利用路网线路能力，枢纽相关专业车站能够提供给各方向的能力应大于等于该衔接方向的能力。当衔接方向车流经由枢纽内部线路时，枢纽内部线路可以提供给各方向的能力应大于等于各衔接方向的能力。

铁路枢纽通过能力计算基本原理描述如下：求解的目标是在枢纽衔接的所有方向能力总和中求取最大值，用数学式表达即

$$z=\max\sum F_i \qquad (7\text{-}5\text{-}1)$$

式中 F_i——枢纽第 i 衔接方向受一定约束条件限制能够通过的换算客货量。

铁路枢纽通过能力的发挥要受到三个约束条件的制约：受相邻铁路区间通过能力的约束；受枢纽内部线路通过能力的约束；受枢纽内各车场通过能力的约束。这些约束条件分为两类：一类是与枢纽衔接的线路区间的能力约束，另一类是枢纽内部专业车站和线路的能力限制。其中每一类都包括宽松约束条件和紧密约束条件。下面分别对每个约束条件进行说明。

一、枢纽相邻铁路区间通过能力约束条件

枢纽某衔接方向的分配流量值应不超过某衔接方向的区间通过能力 E_i，数学表达式为

$$F_i\leqslant E_i \qquad (7\text{-}5\text{-}2)$$

为了使约束条件符合传统的线路能力量纲，衔接线路区间通过能力约束可以采用式(7-5-3)表达：

$$N^i_{客}\,\varepsilon^i_{客}+N^i_{货}\leqslant N^i_{区} \qquad (7\text{-}5\text{-}3)$$

式中 $N^i_{客}$——第 i 衔接方向开行的旅客列车数量，列；

$\varepsilon^i_{客}$——第 i 衔接方向开行的旅客列车平均扣除系数；

$N^i_{货}$——第 i 衔接方向开行的货物列车数量，列；

$N^i_{区}$——第 i 衔接方向区段通过能力，列。

二、枢纽内部线路通过能力约束条件

衔接方向中所有占用某条内部线路的分配通过流量值总和应不超过某条线路的通过能力，数学表达式为

$$\sum\lambda_{ir}F_i\leqslant G_r \qquad (7\text{-}5\text{-}4)$$

式中 G_r——枢纽第 r 条内部线路的通过能力，它是换算客货量；

λ_{ir}——枢纽第 i 衔接方向客货流量经过第 r 条内部线路占其总换算客货量的比例。

按照以列为量纲，客货列车分别计算，各枢纽内部线路通过能力约束条件分为宽松约束条

件和紧密约束条件，当线路能力较其衔接各方向分配列车流量之和为大时采用宽松约束条件，当线路能力紧张时，采用紧密约束条件。

1. 宽松约束条件

$$\sum_i \lambda_{客}^{ir} N_{客}^{i} \varepsilon_{客}^{r} + \sum_i \lambda_{货}^{ir} N_{货}^{i} \leqslant N_{线}^{r} \tag{7-5-5}$$

式中 $\lambda_{客}^{ir}$——第 i 衔接方向旅客列车通过枢纽内第 r 条内部线路占第 i 衔接方向旅客列车的比例；

$\varepsilon_{客}^{r}$——第 r 条枢纽内部线路旅客列车平均扣除系数；

$\lambda_{货}^{ir}$——第 i 衔接方向货物列车通过枢纽内第 r 条内部线路占第 i 衔接方向货物列车的比例；

$N_{线}^{r}$——第 r 条枢纽内部线路通过能力，列。

2. 紧密约束条件

$$\lambda_{客}^{ir} N_{客}^{i} \varepsilon_{客}^{r} \leqslant \gamma_{客}^{ir} N_{线}^{r} \tag{7-5-6}$$

或

$$\lambda_{货}^{ir} N_{货}^{i} \leqslant \gamma_{货}^{ir} N_{线}^{r} \tag{7-5-7}$$

式中 $\gamma_{客}^{ir}$——枢纽第 r 条内部线路的通过能力可以分配给第 i 衔接方向旅客列车的比例；

$\gamma_{货}^{ir}$——枢纽第 r 条内部线路的通过能力可以分配给第 i 衔接方向货物列车的比例。

$\gamma_{客}^{ir}$、$\gamma_{货}^{ir}$ 可按当前各方向客、货列车占该内部线路总的列车数之比确定能力满负荷时的比值。有根据时，也可按车流调整变化的结果确定。

三、枢纽内部车场通过能力约束条件

衔接方向中所有经过某车场的分配通过流量值总和应不超过专业车场的通过能力，数学表达式为

$$\sum a_{ij} F_i \leqslant S_j \tag{7-5-8}$$

式中 a_{ij}——枢纽第 i 衔接方向客货流量经过第 j 车场占其总换算客货量的比例；

S_j——第 j 车场的通过能力，它是换算客货量。

由于对不同的车场，采用不同的量纲来计算其能力，所以这里分为三种情况，分别为以列、辆、吨(人)计算车场通过能力的约束条件。对于每一种量纲的约束条件都分为宽松约束条件和紧密约束条件。当车场能力较其衔接各方向分配流量之和为大时采用宽松约束条件，当车场能力紧张时，采用紧密约束条件。

1. 枢纽内以列计算的各车场通过能力约束条件

按照以列为量纲，客货列车分别计算，枢纽各车场通过能力的宽松约束条件为

$$\sum_i \alpha_{客}^{ij} N_{客}^{i} \varepsilon_{客}^{j} + \sum_i \alpha_{货}^{ij} N_{货}^{i} \leqslant N_{场}^{j} \tag{7-5-9}$$

式中 $\alpha_{客}^{ij}$——第 i 衔接方向旅客列车通过枢纽内第 j 车场占第 i 衔接方向旅客列车的比例；

$\varepsilon_{客}^{j}$——第 j 车场旅客列车平均扣除系数；

$\alpha_{货}^{ij}$——第 i 衔接方向货物列车通过枢纽内第 j 车场占第 i 衔接方向货物列车的比例；

$N_{场}^{j}$——第 j 车场通过能力，列。

紧密约束条件为

$$\alpha_{客}^{ij} N_{客}^{i} \varepsilon_{客}^{j} \leqslant \beta_{客}^{ij} N_{场}^{j} \tag{7-5-10}$$

或

$$\alpha_{货}^{ij} N_{货}^{i} \leqslant \beta_{货}^{ij} N_{场}^{j} \tag{7-5-11}$$

式中 $\beta_{客}^{ij}$——枢纽第 j 车场的通过能力可以分配给第 i 衔接方向旅客列车的比例；

$\beta_{货}^{ij}$——枢纽第 j 车场的通过能力可以分配给第 i 衔接方向货物列车的比例。

$\beta^{ij}_{客}$、$\beta^{ij}_{货}$可按当前各方向客、货列车占该车场的列车数之比确定能力满负荷时的比值。有根据时,也可按车流调整变化的结果确定。

2.枢纽内以辆计算的各车场通过能力约束条件

在枢纽内,某些车场或设备的能力是按辆计算的,如编组站驼峰、货运站货物装卸线等。按照以辆为量纲的枢纽车场通过能力宽松约束条件为

$$\sum_i \alpha^{ij}_{货} N^i_{货} m^i_{货} \leqslant M^j_{场} \tag{7-5-12}$$

式中　$\alpha^{ij}_{货}$——第 i 衔接方向货物列车通过枢纽内第 j 车场占第 i 衔接方向物列车的比例;

$m^i_{货}$——第 i 衔接方向货物列车平均编成辆数,辆;

$M^j_{场}$——第 j 车场通过能力,辆。

紧密约束条件为

$$\alpha^{ij}_{货} N^i_{货} m^i_{货} \leqslant \beta^{ij}_{货} M^j_{场} \tag{7-5-13}$$

式中各项参数意义同前。

3.枢纽内以吨计算的各场库能力约束条件

在枢纽内,某些场库的能力是按吨计算的,如货运站仓库、货棚、货场站台、堆放场就是按吨计算其能力的。按照以吨为量纲的枢纽车场通过能力的宽松约束条件为

$$\sum_i \alpha^{ij}_{货} N^i_{货} m^i_{货} q^i_{静} \leqslant Q^j_{场} \tag{7-5-14}$$

式中　$q^i_{静}$——第 i 衔接方向货物列车平均静载重系数,t;

$Q^j_{场}$——第 j 车场通过能力,t。

紧密约束条件为

$$\alpha^{ij}_{货} N^i_{货} m^i_{货} q^i_{静} \leqslant \beta^{ij}_{货} Q^j_{场} \tag{7-5-15}$$

式中各项参数意义同前。

通过设置枢纽较大的可充分利用各项设备能力的初始车流量,根据上述约束条件,按照能力负荷从高到低选定设备,不断限定能力紧张设备的通过车流量,最终可以实现的最大车流量,即枢纽通过能力。北京交通大学据此已开发了一套较为完整的枢纽通过能力计算软件,实现了上述理论算法。

第六章　车站及枢纽设计方案比选

第一节　方案比选目的及一般原则

在铁路建设中，为满足设计期运量的需求，可以提出不同的车站及枢纽设计方案。不同方案的经济、社会效益有很大不同。因此必须通过科学的计算与分析，对方案进行比选，以获得工程投资和运营支出综合费用最省，即投资收益率最高的方案。

进行车站及枢纽方案比选时，一般应遵循下列原则：

(1)参与比选的方案应满足远期运量的需求，设计能力应与需要运能相近，并适当留有余地。比选方案应有鲜明的特点并具有可比性。在比选前要淘汰那些具有致命弱点的非容忍性方案，以减少烦琐的计算工作量。

(2)车站及枢纽比选方案应由工程设计方案和行车组织方案组成。一般为互相对应，但也可以是一个工程方案与多个行车组织方案相匹配或某一行车组织方案与多个工程设计方案相对应。必须分清主次，首先对影响全局的主导性方案进行组合比选，然后再进行下一层次的比选。

(3)方案比选涉及技术、经济、社会等多方面因素。对工程投资和运营支出可以量化的部分应按规定作具体计算，对其他难以量化的因素则应做周密的定性分析。

(4)各方案的工程投资和运营支出的计算深度与范围应相互协调一致，并与设计阶段相适应。当出现分期投资或涉及对相关枢纽的影响时，应注意两者的计算年度和比较范围的一致性。

(5)为简化计算工作量，在不影响比较结论的前提下，工程投资和运营支出有时只需计算其影响较大的项目或只计算其相关项目的差额部分。但应注意不要与项目总投资和总运营支出相混淆。

第二节　工程费和运营费的计算

一、工程费的计算

在方案比选时，通常只计算下列主要工程费项目：

(1)铺轨、铺岔。包括正线、站线铺轨长度及各种类型的道岔数量。

(2)土石方。包括填挖的土方、石方总数。

(3)桥涵工程。列出桥涵孔径、结构、类型及长度(含公路立交桥)。

(4)隧道。列出隧道座数和长度。

(5)拆迁工程。列出拆迁建筑面积和改移道路、河渠长度等。

(6)用地亩数。列出占地面积。

在进行车站方案比选时，除以上项目外，还应计算机务、车辆设备，给排水设施，通信、信号、电力设备,货场设备及房屋建筑等工程费。

计算工程费的详细和准确程度随各设计阶段的任务不同而有所区别。在可行性研究阶段为工程投资估算,是国家对建设项目审批立项考察的重要内容之一。初步设计阶段编制的总概算,一经审批成立即可据以确定基建项目投资和基建计划,并作为技术设计的限额。技术设计阶段编制的总概算,经审批后据以修订基建计划,控制基建投资的拨款,签订承包合同。施工图阶段则编制投资检算,据以检验和确保施工图的总投资严格控制在已审批成立的总概算范围内。

二、运营费的计算

车站及枢纽运营费包括以下四个部分。

1. 与行车量有关的运营支出

(1)列车公里费用。某年度的列车公里运营费 $E_{列}$,可按式(7-6-1)计算:

$$E_{列}=365(\sum N_{大}L_{大}e_{列大}+\sum N_{小}L_{小}e_{列小}+\sum N_{客}L_{客}e_{客}+\sum N_{空}L_{空}e_{空})\times 10^{-4} \quad (万元/年) \tag{7-6-1}$$

式中 $N_{大}, N_{小}, N_{客}, N_{空}$——按列车重量及平均技术速度分类的大、小运转、客、空列车数,列/d;

$L_{大}, L_{小}, L_{客}, L_{空}$——相应的大、小运转、客、空列车走行公里数,km;

$e_{列大}, e_{列小}, e_{客}, e_{空}$——相应的大、小运转、客、空每列车公里运营支出,元/km。

(2)单机公里费用。某年度的单机公里运营费 $E_{单机}$,可按式(7-6-2)计算:

$$E_{单机}=365\sum M_{单机}\cdot L_{单机}\cdot e_{单机}\times 10^{-4} \quad (万元/年) \tag{7-6-2}$$

式中 $M_{单机}$——大、小运转列车的单机次数,次/d;

$L_{单机}$——各类单机每次走行公里数,km;

$e_{单机}$——相应的每单机公里运营支出,元/km。

(3)改编作业车小时费用。某年度的改编作业车小时运营费 $E_{改}$,可按式(7-6-3)计算:

$$E_{改}=365\sum mt_{改}\ e_{改}\times 10^{-4} \quad (万元/年) \tag{7-6-3}$$

式中 m——按调车设备及调车机车分类的日均改编作业车数;

$t_{改}$——相应的调车改编作业时间,h,且

$$t_{改}=t_{解}+t_{编}$$

其中 $t_{解}, t_{编}$——包括转线时间在内的解体、编组作业时间,h;

$e_{改}$——相应的每改编作业车小时支出定额,元/车小时。

(4)车辆停留小时费用。某年度的车辆停留小时费用 $E_{车停}$,可按式(7-6-4)计算:

$$E_{车停}=365e_{车停}(\sum m't_{停}+\sum KCm)\times 10^{-4} \quad (万元/年) \tag{7-6-4}$$

式中 $\sum m't_{停}$——总的车辆停留时间,h;

m'——按作业别分类的每次停留车数,车/d;

$t_{停}$——相应的车辆停留时间,h;

$\sum KCm$——总的车辆集结时间,h;

K——编组到达站数;

C——集结系数,一般采用 8~10;

m——列车编组辆数,车;

$e_{车停}$——车辆停留小时运营支出,元/车小时。

(5)调车车列公里和调车机车走行公里费用。某年度的调车车列公里和调车机车走行公里运营费 $E_{调}$,可按式(7-6-5)计算:

$$E_{调}=365(\sum M_{调列}L_{调列}e_{调列}+\sum M_{调机}L_{调机}e_{调机})\times 10^{-4}\quad(万元/年)\qquad(7\text{-}6\text{-}5)$$

式中 $M_{调列}$,$M_{调机}$——调车的车列数和调车机车单机的走行次数;

$L_{调列}$,$L_{调机}$——每次转线、转场、取送车的车列调车距离和调车机车单机的走行距离,km;

$e_{调列}$,$e_{调机}$——每调车车列公里和调车机车走行公里运营支出,元/车列公里(调机公里)。

(6)列车停留小时费用。某年度的列车停留小时运营费 $E_{列停}$,可按式(7-6-6)计算:

$$E_{列停}=365\sum Nt_{列停}e_{列停}\times 10^{-4}\quad(万元/年)\qquad(7\text{-}6\text{-}6)$$

式中 N——产生停留的列车数,列/d;

$t_{列停}$——列车每次停留时间,h;

$e_{列停}$——每列车停留小时的运营支出定额,元/列车小时。

(7)单机停留小时费用。某年度的单机停留小时运营费 $E_{机停}$,可按式(7-6-7)计算:

$$E_{机停}=365\sum M_{停}\ t_{机停}e_{机停}\times 10^{-4}\quad(万元/年)\qquad(7\text{-}6\text{-}7)$$

式中 $M_{停}$——单机停留次数,次/d;

$t_{机停}$——单机每次停留时间,h;

$e_{机停}$——每个单机停留小时运营支出,元/单机小时。

(8)列车起停费用。某年度的列车起停费用 $E_{起停}$,可按式(7-6-8)计算:

$$E_{起停}=365\sum N_{货}\ t_{起停}e_{起停}\times 10^{-4}\quad(万元/年)\qquad(7\text{-}6\text{-}8)$$

式中 $N_{货}$——货物列车对数,对/d;

$t_{起停}$——平均每对起停次数,次/对;

$e_{起停}$——货物列车起停一次的费用,元/次。

2.固定设备维修费

铁路固定设备维修费包括日常维修费,大、中修费及基本折旧费等,在定额中已将其分摊到年度维修费里。计算固定设备维修费时应先核算各项设备的数量,然后乘以相应的维修费定额并相加汇总。全年的固定设备维修费 $E_{固}$ 按式(7-6-9)计算:

$$E_{固}=(L_{正}e_{线}+L_{营}e_{信}+N_{岔}e_{岔}+\sum L_{站}e_{站}+\sum N_{车站}e_{车站})\times 10^{-4}\quad(万元/年)\qquad(7\text{-}6\text{-}9)$$

式中 $L_{正}$——正线延长公里数(与区间正线数目有关),km;

$L_{营}$——正线运营公里数(与区间正线数目无关),km;

$L_{站}$——到发线、编组线及其他站线公里数,km;

$N_{岔}$——道岔数,组;

$N_{车站}$——不同规模的中间站、区段站数目;

$e_{线}$——正线维修费定额,元/正线延长公里年;

$e_{信}$——与运营公里有关的信号、联锁、闭塞及通信等设备维修费定额,元/运营公里年;

$e_{岔}$——道岔维修费,元/组年;

$e_{站}$——到发线、编组线及其他站线维修费定额,元/站线延长公里年;

$e_{车站}$——不同规模的中间站、区段站维修费定额,元/站年。

式(7-6-9)适用于内燃牵引,如为电力牵引,尚需另加相关设备的维修费 $E_{电}$,即

$$E_{电}=[(L_{正接}+L_{站接})e_{接}+N_{变}e_{变}]\times 10^{-4}\quad(万元/年) \tag{7-6-10}$$

式中 $L_{正接}$——正线接触网延长公里(与区间正线数目有关);

$L_{站接}$——站内接触网延长公里(正线除外),km;

$N_{变}$——牵引变电所数量,所;

$e_{接}$——接触网维修费定额,元/延长公里年;

$e_{变}$——牵引变电所维修费定额,元/所年。

3.机车车辆购置费

各方案机车车辆在枢纽地区走行和滞留的时间不同,将导致机车车辆需要量的差别。

(1)机车购置费 $A_{机}$ 按式(7-6-11)计算:

$$A_{机}=N'_{本}\,a_{本}+N'_{调}\,a_{调}\quad(万元) \tag{7-6-11}$$

式中 $N'_{本}$——本务机车台数,台,且

$$N'_{本}=\frac{1}{24}\left(\sum\frac{N_{大}\,L_{大}}{v_{均}}+\sum\frac{N_{小}\,L_{小}}{v'_{均}}+\sum\frac{M_{单}\,L_{单}}{v''_{均}}+\sum N_{列}\,t_{列停}+\sum M_{单}\,t_{机停}\right)\alpha_{机} \tag{7-6-12}$$

其中 $N_{大},N_{小},M_{单},L_{大},L_{小},L_{单}$——大运转列车、小运转列车和单机的日均数量及其相应的走行公里,km,

$N_{列},M_{单},t_{列停},t_{机停}$——列车、单机的日均行车量及其停留小时,h,

$v_{均},v'_{均},v''_{均}$——相应的各种平均技术速度,km/h,

$\alpha_{机}$——本务机车备用检修系数,采用 1.35;

$N'_{调}$——调车机车台数,按调车区划分和作业量计算的实际需要台数乘以检修率 1.10~1.15;

$a_{本},a_{调}$——本务机车、调车机车的购置价格,万元/台。

(2)车辆购置费 $A_{辆}$ 按式(7-6-13)计算:

$$A_{辆}=N_{辆}\,a_{辆}\quad(万元) \tag{7-6-13}$$

式中 $a_{辆}$——货车平均购置价格,万元/辆;

$N_{辆}$——枢纽车辆购置辆数,辆,且

$$N_{辆}=\frac{1}{24}\left\{\begin{array}{l}\sum\frac{N_{大}\,L_{大}\,m_{大}}{v_{均}}+\sum\frac{N_{小}\,L_{小}\,m_{小}}{v'_{均}}+\sum N_{列}\,m_{列}\,t_{列停}+\\ \sum nt_{改}+\sum n't_{停}+\sum KCm\end{array}\right\}\alpha_{辆} \tag{7-6-14}$$

其中 $m_{大},m_{小},m_{列},m$——大运转列车、小运转列车、停留的列车和改编的列车编挂辆数,辆,

$n,t_{改}$——日均改编作业车数及其相应的改编作业平均停留时间,h/辆,

$n',t_{停}$——日均停留车辆数及相应的平均停留时间,h/辆,

$\sum KCm$——总的车辆集结时间,h/d,

$\alpha_{辆}$——车辆备用检修系数,一般采用 1.38,站型比较时,如调车车列公里差别较大,则应计入由此产生的车辆数 $N'_{辆}$,其值为

$$N'_{辆}=\frac{1}{24}\sum\frac{N_{调}\,L_{调}\,m_{调}}{v_{调}}\alpha_{辆} \tag{7-6-15}$$

其中 $N_{调}$——日均调车车列数,列/d,

$L_{调}$——相应的调车距离，km，

$m_{调}$——调车车列编挂辆数，

$v_{调}$——平均调车速度，km/h。

4.货物延迟损失费

货物延迟损失费体现由于各方案货车在枢纽地区周转时间的不同而引起货物在运输途中积压损失的差别。

在方案比较中，经常将各方案的平均每日运用重货车数进行对比，以运用重货车数最小的方案作基础(即货物延迟损失费为零)，取其他各方案多出的运用重车所载的货物吨数乘以平均单价即为其他各方案的货物延迟损失费 y。

$$y=(M_1-M_2)q\cdot C\times10^{-4}\quad(万元)\qquad(7\text{-}6\text{-}16)$$

式中　M_1,M_2——运用重货车数较多的方案和最小方案的重货车辆数辆；

q——货车平均静载重，t/车；

C——每吨货物平均价格，元/t。

运用重车数可参照式(7-6-14)计算，但应计入空率并扣除备用、检修率。

铁路车站及枢纽方案比选一般可分为以下三个层次：

(1)路网性枢纽布点方案比选。主要研究全路或地区主要铁路枢纽的分布，相互间编组作业的合理分工及枢纽的轮廓总图和大致规模，属规划性工作。本阶段主要计算车流组织方案相关枢纽编组站的车辆集结小时和改编作业车小时等费用，概略估算站场设备改、扩建或新建的工程投资和维修费。

(2)枢纽总布置图型方案比选。属可行性研究，主要解决枢纽各方向干、支线的引入与连接；枢纽内编组站的位置、数量、性质、作业分工和规模；客运站、货运站的分布；联络线和进、出站线路的布置及主要站场的建设时机等。本阶段运营费的计算范围为上述内容的全部，其中列车公里费用所占比重极大。

(3)车站站型方案比选。站型方案比选一般在初步设计阶段进行。在已批准的枢纽总布置图型基础上具体研究车站规模和基本站型。运营费的计算一般为各方案的列车公里、单机公里、调车车列公里、改编作业车小时、机车车辆停留小时等与行车量有关的费用及固定设备维修费和人员开支、机车车辆购置费和货物延迟损失。

第三节　设计方案的评价方法

工程费和运营费是设计方案比选中最基本的数量指标。工程费一般是分期投入，运营费则是按年度的计算结果，且逐年随运量的变化而变化。工程费与运营费通常是相互矛盾的，即工程投资大的方案运营费一般较小，而工程费较小的方案运营费可能较大。机车车辆购置费虽属一次性投入，但还应随运量增长而逐年补充其缺额。因此，必须把这些不同性质、不同时期投入的费用换算成同一水平汇总后才有可比性，或从不同性质的数据中找出某种内在联系来衡量设计方案的存在价值或优劣。

在铁路建设中比较适用的设计方案评价方法有费用现值比较法和静态差额投资收益率法。

一、费用现值比较法

此法系考虑货币的时间价值，将每一方案在不同时间投入的各项费用按国家规定的折现

率逐项折算成同一基准年度的数值，并相加汇总，即得各方案的工程、运营费支出总现值(PW)，PW 值较小的方案即为经济上较优的方案。

$$PW=\sum_{t=1}^{m}\frac{I}{(1+i_c)^t}+\sum_{t=m+1}^{n}\frac{c'}{(1+i_c)^t}-\frac{S_V}{(1+i_c)^n} \tag{7-6-17}$$

式中　m——建设期年限；

n——计算期年限，据国家规定，一般为 25 年；

I——全部投资(固定资产投资，机车车辆购置费)；

c'——年运营总成本(可采用运营费)；

S_V——计算期末回收固定资产、机车车辆余值和流动资金，一般可略去不计；

i_c——行业基准收益率，现国家规定铁路为 6%。

二、静态差额投资收益率法

此法系计算两个对比方案年经营总成本节约额与投资差额之比。

$$R_a=\frac{C_1'-C_2'}{I_2-I_1} \tag{7-6-18}$$

式中　R_a——静态差额投资收益率；

C_1'，C_2'——方案Ⅰ、方案Ⅱ正常年份的经营总成本，可采用运营第十年的年运营费乘以调整系数 1.5；

I_1，I_2——方案Ⅰ、方案Ⅱ的总投资。

差额投资收益率 R_a 大于基准收益率时，投资大的方案较为优越；反之，则投资小的方案较优。

如参选方案较多时，可任取两个方案组合对比后以较优方案与第三方案对比，如此循环直至全部方案对比完毕。

由于铁路枢纽、站场工程占地面积大，工程艰巨复杂，涉及面广，有时经济效益并不是方案取舍的唯一标准，还应考虑诸如与城市规划的协调、既有设备的利用、环境的影响程度、路网发展的适应性及工程实施的可能性等众多定性因素，进行综合分析后才能得出结论。

复习思考题

1. 铁路枢纽按其在铁路网中的地位和作用分为哪几类？

2. 影响铁路枢纽总布置图型的主要因素有哪些？

3. 根据总图结构不同，铁路枢纽有哪些图型？试分析我国铁路几个主要的枢纽布置图型，分析说明其属于哪类图型。

4. 试比较编组站在枢纽内集中和分散设置的条件。

5. 枢纽设置两个及以上编组站时，有哪些分工方案？试说明其适用条件。

6. 分析编组站在枢纽内的合理位置方案。

7. 试分析枢纽设置两个及以上客运站时，有哪些分工方案？试说明其适用条件。

8. 货运站和货场在枢纽内的合理位置如何选定？

9. 铁路枢纽线路的引入方式有哪几种？说明其特点。

10. 高速铁路引入枢纽方式有哪几种？说明其优缺点。

11. 说明枢纽联络线、迂回线、直径线、环线在枢纽内的作用。

12. 枢纽进出站线路平面疏解有哪些类型？说明其适用条件。

13. 枢纽进出站线路立体疏解有哪些类型？说明其特点及适用条件。

14. 枢纽总图型设计方案比选时要计算哪些建筑费用和运营费用？

15. 说明枢纽总图设计方案评价方法的实质。

16. 试分析枢纽各项设备能力的协调对枢纽能力发挥的影响。

参考文献

[1]李海鹰，张超. 铁路站场及枢纽[M]. 北京：中国铁道出版社，2011.
[2]刘其斌，马桂贞. 铁路车站及枢纽[M]. 2 版. 北京：中国铁道出版社，2002.
[3]冯焕，何勋隆. 铁路站场及枢纽[M]. 2 版. 北京：中国铁道出版社，1987.
[4]马桂贞. 铁路站场及枢纽[M]. 2 版. 成都：西南交通大学出版社，2003.
[5]国家铁路局. 铁路车站及枢纽设计规范：TB 10099—2017[S]. 北京：中国铁道出版社，2017.
[6]国家铁路局. 铁路线路设计规范：TB 10098—2017[S]. 北京：中国铁道出版社，2017.
[7]中国铁路总公司. 铁路技术管理规程(普速铁路部分)[S]. 北京：中国铁道出版社，2014.
[8]中国铁路总公司. 铁路技术管理规程(高速铁路部分)[S]. 北京：中国铁道出版社，2014.
[9]国家铁路局. 高速铁路设计规范：TB 10621—2014[S]. 北京：中国铁道出版社，2014.
[10]国家铁路局. 城际铁路设计规范：TB 10623—2014[S]. 北京：中国铁道出版社，2015.
[11]国家铁路局. 市域(郊)铁路设计规范：TB 10624—2020[S]. 北京：中国铁道出版社有限公司，2021.
[12]国家铁路局. 重载铁路设计规范：TB 10625—2017[S]. 北京：中国铁道出版社，2017.
[13]国家铁路局. 铁路驼峰及调车场设计规范：TB 10062—2018[S]. 北京：中国铁道出版社，2019.
[14]国家铁路局. 铁路动车组设备设计规范：TB 10028—2016[S]. 北京：中国铁道出版社，2016.
[15]国家铁路局. 铁路客车车辆设备设计规范：TB 10029—2022[S]. 北京：中国铁道出版社有限公司，2022.
[16]中国铁路总公司. 铁路机车运用管理规则[S]. 北京：中国铁道出版社，2016.
[17]国家铁路局. 铁路机务设备设计规范：TB 10004—2018[S]. 北京：中国铁道出版社，2019.
[18]国家铁路局. 铁路货车车辆设备设计规范：TB 10031—2021[S]. 北京：中国铁道出版社有限公司，2022.
[19]中国铁路总公司. 铁路货车运用维修规程[S]. 北京：中国铁道出版社，2018.
[20]国家铁路局. 铁路旅客车站设计规范：TB 10010—2018[S]. 北京：中国铁道出版社，2018.
[21]郑健，沈中伟，蔡申夫. 中国当代铁路客站设计理论探索[M]. 北京：人民交通出版社，2009.
[22]盛晖. 超越交通一铁路客站设计的演进与创新[M]. 武汉：华中科技大学出版社，2021.
[23]聂英杰. 高速铁路运输能力设计[M]. 北京：中国铁道出版社有限公司，2021.
[24]王俊峰. 铁路轮渡系统集成模式与实践[M]. 北京：北京大学出版社，2008.
[25]吴家豪. 中国铁路车辆减速顶调速系统设计优化[M]. 北京：中国铁道出版社，2008.
[26]铁道第四勘察设计院. 站场及枢纽[M]. 北京：中国铁道出版社，2004.
[27]中国铁路总公司. 铁路工业站港湾站设计规范[S]. 北京：中国铁道出版社，2015.
[28]中国铁路总公司. 铁路物流中心设计规范[S]. 北京：中国铁道出版社，2016
[29]张超. 铁路枢纽运输能力计算理论与方法研究[D]. 北京：北方交通大学，2002.
[30]廖正文. 基于资源的铁路运输能力理论与计算方法[D]. 北京：北京交通大学，2021.
[31]国家铁路局. 铁路工程图形符号标准：TB/T 10059—2015[S]. 北京：中国铁道出版社，2016.

附　录

附录一　主要建(构)筑物和设备至线路中心线距离

附表 1　铁路车站主要建(构)筑物和设备至线路中心线距离　　单位:mm

序号	建(构)筑物和设备名称			高速铁路	城际铁路	客货共线铁路和重载铁路	
						高出轨面的距离	至线路中心线的距离
1	跨线桥柱、天桥柱、雨棚柱和电力照明杆等杆柱边缘	位于站内正线一侧		≥2 440	≥2 200	—	≥2 440
		位于站线间	通行超限货物列车时	—	—	1 100 及以上	≥2 440
			不通行超限货物列车时	≥2 150	≥2 150	1 100 及以上	≥2 150
		位于站场最外站线的外侧		≥3 100	≥3 100	1 100 及以上	≥3 100
		位于最外梯线或牵出线一侧		≥3 100	≥3 100	1 100 及以上	≥3 500
2	接触网支柱边缘	位于站内正线一侧或站场最外线路的外侧	无砟	≥3 000	≥2 500	—	—
			有砟	≥3 100	≥3 100	—	≥3 100
		位于站线间	通行超限货物列车时	—	—	1 100 及以上	≥2 440
			不通行超限货物列车时	≥2 150	≥2 150	1 100 及以上	≥2 150
		位于最外梯线或牵出线一侧		≥3 100	≥3 100	1 100 及以上	≥3 500
3	高柱信号机边缘	高速铁路和城际铁路	正线	≥2 440	≥2 200	—	—
			到发线	≥2 150	≥2 150	—	—
		客货共线铁路和重载铁路	通行超限货物列车时	—	—	1 100 及以上	≥2 440
			不通行超限货物列车时	—	—	1 100 及以上	≥2 150
4	货物站台边缘	普通站台		—	—	950～1 100	1 750
		高站台		—	—	≤4 800	1 850
5	旅客站台边缘	高站台	位于正线一侧	1 800	1 800	—	—
			位于站线一侧	1 750	1 750	1 250	1 750
		普通站台	位于不通行超限货物列车的到发线一侧	—	—	500	1 750
		低站台	位于通行超限货物列车的到发线一侧	—	—	300	1 750

续上表

<table>
<tr><th rowspan="2">序号</th><th rowspan="2" colspan="2">建(构)筑物和设备名称</th><th rowspan="2">高速铁路</th><th rowspan="2">城际铁路</th><th colspan="2">客货共线铁路和重载铁路</th></tr>
<tr><th>高出轨面的距离</th><th>至线路中心线的距离</th></tr>
<tr><td>6</td><td colspan="2">车库门、转车盘、洗车架和洗罐线、机车走行线上的建(构)筑物边缘</td><td>—</td><td>—</td><td>1 250及以上</td><td>≥2 000</td></tr>
<tr><td>7</td><td colspan="2">清扫或扳道房和围墙边缘</td><td>≥3 500</td><td>≥3 500</td><td>1 100及以上</td><td>≥3 500</td></tr>
<tr><td>8</td><td colspan="2">起吊机械固定杆柱或走行部分附属设备边缘至货物装卸线</td><td>—</td><td>—</td><td>1 100及以上</td><td>≥2 440</td></tr>
<tr><td>9</td><td>连续墙体、栅栏、声屏障边缘</td><td>位于正线或站线外侧(无人员通行)</td><td>路基面外</td><td>路基面外</td><td>—</td><td>路基面外</td></tr>
</table>

注:1. 表列序号1、序号2有砟轨道线路考虑大型养路机械作业时,路基地段杆柱内侧边缘至正线线路中心距离不应小于3 100 mm。

2. 表列序号2接触网支柱内侧边缘至线路中心的距离,困难条件下,位于有砟轨道正线一侧不应小于2 500 mm,位于不通行超限货物列车的站线一侧不应小于2 150 mm。

3. 表列序号5正线无列车通过或列车通过速度不大于80 km/h时,高站台边缘至线路中心线的距离可采用1 750 mm。

4. 表列序号9栅栏边缘至线路中心的距离,高速铁路尚应不小于栅栏距地面的高度加2 440 mm之和,城际铁路尚应不小于栅栏距地面的高度加2 200 mm之和。

附录二 铁路线间距离

附表2 车站线路直线地段线间最小距离

单位:mm

<table>
<tr><th>序号</th><th colspan="4">名 称</th><th>线间最小距离</th></tr>
<tr><td rowspan="6">1</td><td rowspan="6">站内正线间</td><td rowspan="4">高速铁路和城际铁路</td><td colspan="2">站内正线间无渡线时</td><td>与区间正线相同</td></tr>
<tr><td rowspan="3">站内正线间有渡线时</td><td>v≤250 km/h</td><td>4 600</td></tr>
<tr><td>250 km/h<v≤300 km/h</td><td>4 800</td></tr>
<tr><td>300 km/h<v≤350 km/h</td><td>5 000</td></tr>
<tr><td colspan="3">客货共线铁路</td><td>5 000</td></tr>
<tr><td colspan="3">双线与第三线间,或相同行车方向的正线间</td><td>5 300</td></tr>
<tr><td rowspan="7">2</td><td rowspan="7">站内正线与相邻到发线间</td><td colspan="3">无列检、上水及卸污作业</td><td>5 000</td></tr>
<tr><td rowspan="6">有列检、上水或卸污作业</td><td rowspan="2">v≤120 km/h</td><td>一般</td><td>5 500</td></tr>
<tr><td>改建特别困难</td><td>5 000(保留)</td></tr>
<tr><td rowspan="2">120km/h<v≤160 km/h</td><td>一般</td><td>6 000</td></tr>
<tr><td>改建特别困难</td><td>5 500(保留)</td></tr>
<tr><td rowspan="2">v >160 km/h</td><td>一般</td><td>6 500(设栅栏)</td></tr>
<tr><td>改建特别困难</td><td>5 500(保留)</td></tr>
<tr><td rowspan="3">3</td><td rowspan="3">到发线间、调车线间</td><td colspan="3">一般</td><td>5 000</td></tr>
<tr><td colspan="3">铺设列检小车通道或有客车上水、卸污作业</td><td>5 500</td></tr>
<tr><td colspan="3">改建特别困难</td><td>4 600(保留)</td></tr>
</table>

续上表

序号	名称		线间最小距离
4	装有高柱信号机的线间	相邻两线均通行超限货物列车	5 300
		相邻两线只一线通行超限货物列车	5 000
5	动车组存车线间		4 600
6	客车车底停留线间	一般	5 000
		改建特别困难	4 600
7	动车组及客车整备线间	线间无照明和通信等电杆	6 000
		线间有照明和通信等电杆	7 000
8	货物直接换装的线路间		3 600
9	牵出线与其相邻线间	区段站、编组站及其他调车作业频繁	6 500
		中间站及其他仅办理摘挂取送作业	5 000
10	调车场各线束间		6 500
11	调车场设有制动员室的线束间		7 000
12	梯线与其相邻线间		5 000

注:1. 表列序号1,城际铁路当正线间设置反向出站信号机时,线间距应计算确定。

2. 表列序号2,在有列检作业的区段站上,路段设计速度120 km/h及以上时,运营中必须采取保证列检人员人身安全的措施。

3. 表列序号3,列检小车通道不宜设在通行超限货物列车的到发线间,线间铺设机动小车通道的相邻到发线间距不应小于6 000 mm。

4. 在区段站、编组站及其他大站上,线间距应与灯桥、接触网软横跨或硬横跨等横向最大跨度相适应,一般最多每隔8条线路或40 m应设置一处不小于6 500 mm的线间距,此线间距宜设在两个车场或线束之间。

5. 照明和通信电杆等设备,在站线较多的大站上应集中设置在有较宽线间距的线路间,在中间站宜设置在站线之外;其他杆柱不宜与高柱信号机布置于同一线间,若确需布置于同一线间时,应确保高柱信号机的瞭望条件。

附录三　常用道岔的主要尺寸

附表3　单开道岔主要尺寸表　　单位:mm

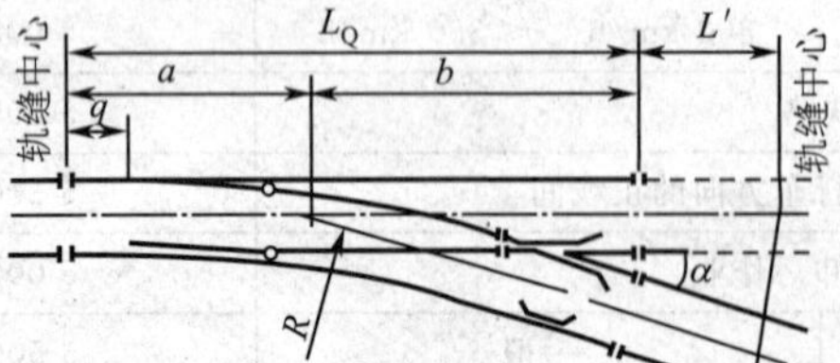

L_Q—道岔全长;
a—道岔前长;
b—道岔后长;
q—尖轨前基本轨长;
L'—跟端(轨缝中心)至末根岔枕中心距离;
α—辙叉角;
R—导曲线半径。

道岔号数	钢轨类型/(kg/m)	图号	容许速度/(km/h) 直向	侧向	α	R	L_Q	a	b	L'	q	附注
9	50	CZ2209	100	35	6°20′25″	180 000	28 848	13 839	15 009	8 100	2 650	共,交叉
	60	CZ577	120	35		190 000	29 569	13 839	15 730	7 500	2 650	共,无缝,交叉
		SC402	160	35		180 000	30 340	14 015	16 325	7 500	2 600	共,速度达到160 km/h不宜采用

续上表

道岔号数	钢轨类型/(kg/m)	图号	容许速度/(km/h) 直向	容许速度/(km/h) 侧向	α	R	L_Q	a	b	L′	q	附注
12	50	专线 4257	120	50	4°45′49″	350 000	37 907	16 853	21 054	10 500	3 220	共,交叉
		专线 4198	120	50		350 000	37 907	16 853	21 054	9 374	2 850	共
	60	SC(07)330	120	50		350 000	37 907	16 853	21 054	11 100	3 220	共,交叉
		专线 4249	160	50		350 000	37 800	16 592	21 208	11 100	4 395	共,无缝,交叉
		专线 4311	160	50		350 000	37 800	16 592	21 208	11 192	2 555	共,无缝,无砟,交叉
		GLC(08)01	200	50		350 000	43 200	16 592	26 608	5 100	1 950	共,动,无缝,交叉
		研线 1505	200	45		350 000	43 200	16 592	26 608	5 100	1 355	共,动,无缝,无砟
		客专线(10)018	250	50		350 000	43 200	16 592	26 608	5 792	2 555	城,共,动,无缝
		客专线(10)017	250	50		350 000	43 200	16 592	26 608	8 792	2 555	城,共,动,无缝,无砟
		SYC0501	200	50		350 000	43 200	16 592	26 608	5 700	1 950	共,动,无砟
	75	SC381	160	50		350 000	43 200	16 592	26 608	5 100	2 585	重载铁路,动
		研线 1116	100	45		350 000	37 800	16 592	21 208	10 500	1 355	重载,货运铁路,轴重 30 t
18	50	专线(01)4275	120	80	3°10′47″	1 120 000	64 200	32 843	31 357	15 300	3 185	共
	60	GLC(07)02	200	80		1 100 000	69 000	31 729	37 271	9 900	1 955	客,既改,动,无缝
		GLC(07)02W	200	80		1 100 000	69 000	31 729	37 271	9 900	1 955	客,动,无缝,无砟
		GLC(09)05	120	80		1 100 000	60 000	28 600	31 400	15 900	1 355	共,无缝
		CN-6118AB	250	80		1 099 282	69 000	31 729	37 271	11 380	2 586	客,动,无缝
		CN－6118AS	350	80		1 100 000	69 000	31 729	37 271	9 280	2 586	客,动,无缝,无砟
		CN－6118AT	350	80		1 099 282	69 000	31 729	37 271	8 980	2 586	客,动,无缝
		客专线(07)001	250	80		1 100 000	69 000	31 729	37 271	10 500	1 955	客,共,动,无缝,无砟
		客专线(07)009	350	80		1 100 000	69 000	31 729	37 271	10 500	1 955	客,动,无缝,无砟
		客专线(07)004	250	80		1 100 000	69 000	31 729	37 271	直:8 700 侧:9 900	1 955	客,动,共,无缝
		研线 1302	160	80		1 000 000	60 000	28 600	31 400	15 900	1 355	无缝,重载线路,重载列车直向容许速度 100 km/h
	75	研线 1303	120	80		1 000 000	60 000	28 600	31 400	15 900	1 355	无缝,共,重载列车直向容许速度 100 km/h
30	60	GLC(08)06	250	120	1°54′33″	2 700 000	102 000	42 301	59 699	直:15 300 侧:19 500	1 955	共,动,无缝
38	60	专线 4272	250	140	1°30′27″	3 300 000	136 200	48 771	87 429	9 900	3 165	客,动

续上表

道岔号数	钢轨类型/(kg/m)	图号	容许速度/(km/h)		α	R	L_Q	a	b	L′	q	附注
			直向	侧向								
42	60	客专线(07)011	350	160	1°21′50″	5 000 000	157 200	60 573	96 672	15 600	1 955	客,动,无缝
		客专线(07)006	350	160		5 000 000	157 200	60 573	96 672	11 400	1 955	客,动,无缝,无砟
		CN－6142AS	350	160		10 119 000/510 000/4 100 000/480 000	157 200	60 573	96 672	11 102	4 352	客,动,无缝,无砟

注:1. 以上道岔轨枕类型均为混凝土岔枕。
2. 备注栏中的符号说明:
(1)“共”表示道岔适用于客货共线铁路。
(2)“城”表示道岔适用于城际铁路。
(3)“客”表示道岔适用于客运专线。
(4)“既改”表示道岔适用于既有线改建。
(5)“动”表示道岔辙叉为可动,没有“动”标识的道岔均为固定辙叉。
(6)“无缝”表示道岔适用于跨区间无缝线路。
(7)“无砟”表示道岔适用于无砟线路,没有该标记表示道岔适用于有砟线路。
(8)“交叉”表示有对应图号的交叉渡线。
3. 表中直向和侧向的容许速度均为客车的速度,货车容许速度需要根据轴重等确定,具体需要查阅详细的道岔参数。
4. 客专线(07)001、客专线(07)004、客专线(07)006、客专线(07)011 和 CN-6118AB 适用于时速 250 km,可兼顾货运的客运专线。
5. 客专线(07)009 适用于时速 250、350 km 客运专线的正线。

附表 4　单式对称道岔主要尺寸表

单位:mm

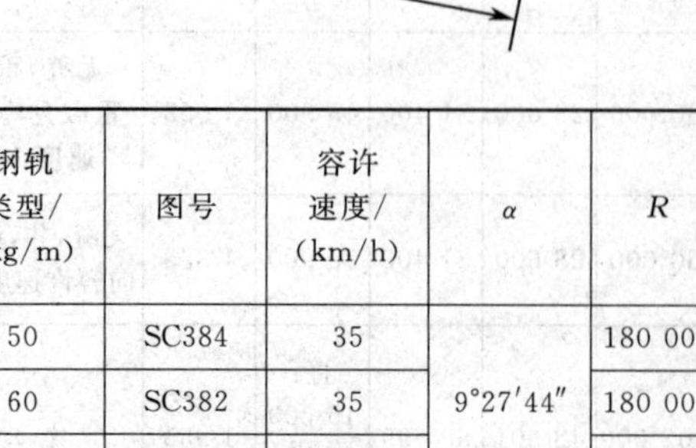

L_Q—道岔全长;
a—道岔前长;
b—道岔后长;
q—尖轨前基本轨长;
L′—跟端(轨缝中心)至末根岔枕中心距离;
α—辙叉角;
R—导曲线半径。

道岔号数	钢轨类型/(kg/m)	图号	容许速度/(km/h)	α	R	L_Q	a	b	L′	q	附注
6	50	SC384	35	9°27′44″	180 000	17 457	7 437	9 994	5 711	1 420	仅用于驼峰溜放线路
	60	SC382	35		180 000	17 457	7 437	9 994	6 311	1 420	
	50	专线 5816	35		180 000	17 457	7 437	9 994	4 089	1 300	
6.5	50	SC385		8°44′46″	190 000	20 204	8 913	11 313	6 311	1 420	
	60	SC383			190 000	20 204	8 913	11 313	6 311	1 420	

附表 5　三开道岔主要尺寸表

单位：mm

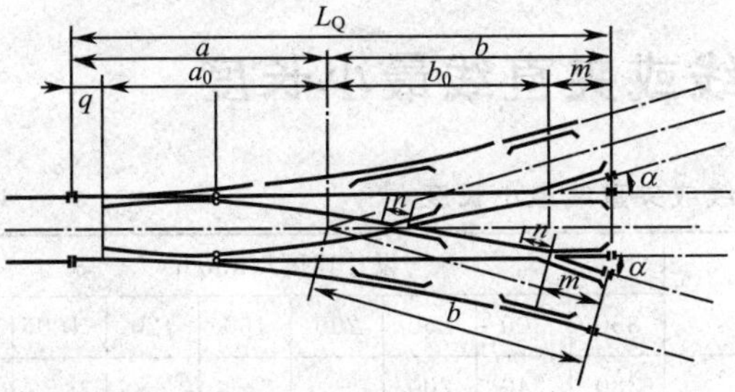

L_Q—道岔全长；
a—道岔前长；
b—道岔后长；
q—尖轨前基本轨长；
n—辙叉趾距；
m—辙叉后跟；
α—辙叉角；
R—导曲线半径。

道岔号数	钢轨类型/(kg/m)	图号	α 中间	α 后端	R	L_Q	a	b	q		n 中间	n 后端	m 中间	m 后端	附注
7	50	专线 8668	16°17′36″	8°07′48″	180 000	24 150	11 465	12 685	1 225	1 172	1 496	1 914	2 676	5 230	

附表 6　复式交分道岔主要尺寸表

单位：mm

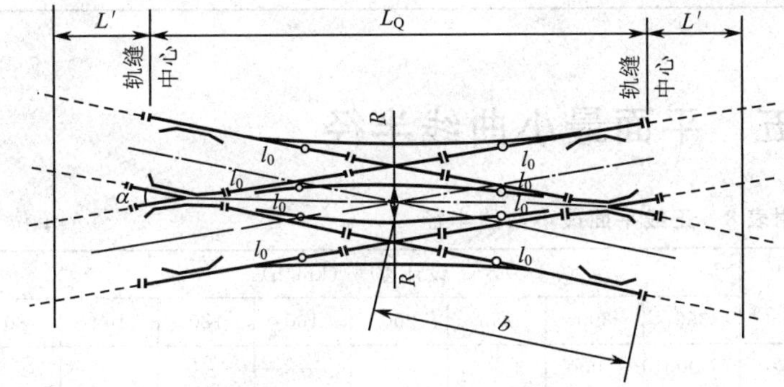

L_Q—道岔全长；
l_0—尖轨长度；
b—道岔后长；
L'—跟端(轨缝中心)至末根岔枕中心距离；
α—辙叉角；
R—导曲线半径。

道岔号数	钢轨类型/(kg/m)	图号	允许通过速度/(km/h) 直向	允许通过速度/(km/h) 侧向	α	R	L_Q	l_0	b	L'	附注
9	50	CZ2214	70	35	6°20′25″	220 000	31 490	5 280	15 730	8 108	固定型锐角辙叉，活动型钝角辙叉
	60	CZ2504	80	35		220 000	31 490	5 280	15 730	8 108	
12	50	CZ2220	80	45	4°45′49″	380 000	42 132	7 630	21 054	8 705	
	60	SC350	120	45		380 000	42 132	7 560	2 1054	10 539	

附录四　平面圆曲线或夹直线最小长度

附表 7　平面圆曲线或夹直线最小长度　　单位：m

线路类别		工程条件		设计速度/(km/h)							
				350	300	250	200	160	120	100	80
正线	高速铁路	一般		280	240	200	—	—	—	—	—
		困难		210	180	150	—	—	—	—	—
	城际铁路	一般		—	—	—	120	100	80	—	—
		困难		—	—	—	80	70	50	—	—
	客货共线、重载铁路	一般		—	—	—	160	130	80	60	50
		困难		—	—	—	120	80	50	40	30
客车到发进路		设缓和曲线		25							
		不设缓和曲线	一般	20(无超高直线段长度)							
			采用 12 号道岔困难条件	10							
其余站线		一般		15							
		困难		10							

附录五　平面最小曲线半径

附表 8　正线平面最小曲线半径　　单位：m

线路类别		工程条件		设计速度/(km/h)							
				350	300	250	200	160	120	100	80
高速铁路		有砟轨道	一般	7 000	5 000	3 500	—	—	—	—	—
			困难	6 000	4 500	3 000	—	—	—	—	—
		无砟轨道	一般	7 000	5 000	3 200	—	—	—	—	—
			困难	5 500	4 000	2 800	—	—	—	—	—
城际铁路		一般		—	—	—	2 200	1 500	900	—	—
		困难		—	—	—	2 000	1 300	800	—	—
客货共线、重载铁路	区段站	一般		—	—	—	2 000	1 600	800		
	中间站、会让站、越行站	一般		—	—	—	3 500	2 000	1 200	800	600
		困难		—	—	—	2 800	1 600	800	600	

附表 9　站线平面最小曲线半径　　单位：m

线路类型	工程条件	作业或线路限定条件	曲线半径
进出站线路	一般		相邻正线标准
	困难	通行旅客列车	400
		其他	300
		编组站环到环发、装卸车环线	250
站内、场间联络线	—	通行旅客列车	400
		通行货物列车	250
		无列车通行	200
编组站、组合分解站车场线路	一般	—	直线
	困难	—	800
旅客高站台旁的线路	一般	—	直线
	困难	—	1000
	特别困难	—	600
一般货物线	一般	—	直线
	困难	—	500
罐装货物装卸线	一般	—	直线
	困难	—	600
牵出线	一般	—	直线
	困难	—	1 000
	特别困难	—	600
		仅办理摘挂、取送作业的物流中心或其他厂、段的牵出线	300
动车组折返线	一般	—	直线
	困难	—	600
动车组折返线与车站咽喉连接的线路	—	—	300
机务段、车辆段、维修基地外走行线	—	—	200
客车段外走行线	一般	—	400
	困难	—	300

附录六　反向曲线计算表

附表 10　反向曲线计算表

单位：m

S	曲线半径 200				S	曲线半径 300			
	直线段 $d=10$					直线段 $d=10$			
	ϕ	T	K	L		ϕ	T	K	L
0.20	0°52′38″	1.531	3.062	16.123	0.20	0°48′21″	2.109	4.218	18.438
0.30	1°12′32″	2.109	4.219	18.436	0.30	1°05′36″	2.862	5.724	21.445
0.50	1°46′15″	3.090	6.181	22.355	0.50	1°34′18″	4.114	8.228	26.452
0.95	2°46′08″	4.833	9.665	29.310	0.95	2°24′29″	6.305	12.608	35.200
1.15	3°08′35″	5.487	10.971	31.916	1.15	2°43′09″	7.120	14.237	38.453
1.25	3°19′09″	5.794	11.586	33.142	1.25	2°51′55″	7.502	15.002	39.980
1.45	3°39′12″	6.378	12.752	35.466	1.45	3°08′31″	8.227	16.451	42.870
1.50	3°44′00″	6.518	13.031	36.024	1.50	3°12′30″	8.401	16.798	43.563
1.95	4°24′20″	7.692	15.378	40.696	1.95	3°45′47″	9.855	19.703	49.357
2.15	4°40′50″	8.137	16.338	42.607	2.15	3°59′24″	10.450	20.891	51.724

S	曲线半径 400				S	曲线半径 600			
	直线段 $d=10$					直线段 $d=10$			
	ϕ	T	K	L		ϕ	T	K	L
0.20	0°45′06″	2.623	5.246	20.492	0.20	0°40′21″	3.521	7.042	24.082
0.30	1°00′31″	3.250	7.040	24.081	0.30	0°53′23″	4.658	9.316	28.634
0.50	1°25′57″	5.000	10.000	29.995	0.50	1°14′39″	6.514	13.028	36.052
0.95	2°10′00″	7.563	15.126	40.238	0.95	1°51′07″	9.697	19.393	48.775
1.15	2°26′19″	8.513	17.024	44.030	1.15	2°04′34″	10.871	21.740	53.466
1.25	2°33′58″	8.958	17.914	45.808	1.25	2°10′52″	11.421	22.840	55.663
1.45	2°48′27″	9.801	19.600	49.172	1.45	2°22′47″	12.461	24.920	59.815
1.50	2°51′55″	10.003	20.003	49.977	1.50	2°25′38″	12.710	25.417	60.809
1.95	3°20′55″	11.692	23.377	56.711	1.95	2°49′26″	14.788	29.571	69.110
2.15	3°32′45″	12.381	24.754	59.459	2.15	2°59′09″	15.637	31.267	72.493

附录七　缩短式线路终端连接计算表

附表 11　缩短式线路终端连接计算表　　单位:m

S	9号道岔 α=6°20′25″ R₁=R₂=300 f=10 l=20.009								
	ϕ	T_1	X_1	Y_1	T_2	X_2	X	L_1	L_2
6.50	0°57′15″	2.498	22.369	2.486	19.123	53.734	72.857	4.996	38.194
7.00	1°16′49″	3.352	23.218	2.580	19.980	56.256	76.236	6.704	39.901
7.50	1°35′41″	4.175	24.036	2.671	20.807	58.683	79.490	8.350	41.548
8.00	1°53′55″	4.971	24.827	2.759	21.607	61.207	82.634	9.941	43.139
8.50	2°11′34″	5.741	25.593	2.844	22.381	63.293	85.674	11.481	44.679
9.00	2°28′41″	6.489	26.336	2.926	23.132	65.489	88.621	12.975	46.173
9.50	2°45′20″	7.215	27.058	3.006	23.863	67.620	91.483	14.428	47.626
10.00	3°01′32″	7.923	27.761	3.085	24.574	69.691	94.265	15.842	49.039
10.50	3°17′19″	8.612	28.446	3.161	25.268	71.708	96.976	17.219	50.417
11.00	3°32′44″	9.285	29.115	3.235	25.945	73.673	99.618	18.564	51.762
11.50	3°47′47″	9.943	29.769	3.308	26.607	75.592	102.199	19.878	53.075
12.00	4°02′31″	10.586	30.408	3.379	27.255	77.466	104.721	21.164	54.361
12.50	4°16′56″	11.216	31.034	3.448	27.890	79.299	107.089	22.422	55.619
13.00	4°31′04″	11.834	31.648	3.517	28.512	81.093	109.605	23.655	56.853
14.00	4°58′31″	13.033	32.840	3.649	29.721	84.569	114.290	26.051	59.248
6.50	1°51′28″	3.243	23.110	2.568	14.333	50.404	64.737	6.485	23.617
7.00	2°16′36″	3.974	23.836	2.649	15.068	52.550	67.618	7.947	30.079
7.50	2°40′45″	4.677	24.535	2.726	15.774	54.609	70.383	9.352	31.484
8.00	3°04′00″	5.354	25.208	2.801	16.455	56.589	73.044	10.705	32.835
8.50	3°26′28″	6.008	25.858	2.873	17.113	58.502	75.615	12.012	34.144
9.00	3°48′12″	6.641	26.487	2.943	17.750	60.340	78.090	13.276	35.408
9.50	4°09′18″	7.255	27.097	3.011	18.369	62.125	80.494	14.504	36.635
10.00	4°29′48″	7.852	27.691	3.077	18.971	63.857	82.828	15.696	37.828

续上表

S	9号道岔 $\alpha=6°20'25''$ $R_1=R_2=300$ $f=10$ $l=20.009$								
	ϕ	T_1	X_1	Y_1	T_2	X_2	X	L_1	L_2
10.50	4°49′44″	8.433	28.268	3.141	19.556	65.537	85.093	16.856	38.988
11.00	5°09′11″	9.000	28.832	3.204	20.127	67.174	87.301	17.988	40.119
11.50	5°28′10″	9.553	29.381	3.265	20.685	68.767	89.452	19.092	41.224
12.00	5°46′42″	10.094	29.919	3.324	21.230	70.322	91.552	20.170	42.302
12.50	6°04′50″	10.623	30.445	3.383	21.764	71.840	93.604	21.225	43.357
13.00	6°22′36″	11.141	30.959	3.440	22.287	73.322	95.609	22.259	44.391
14.00	6°57′04″	12.147	31.059	3.551	23.302	76.191	99.493	24.264	46.388
15.00	7°30′15″	13.116	32.522	3.658	24.281	78.942	103.223	26.194	48.326
16.00	8°02′19″	14.053	33.454	3.762	25.228	81.591	106.819	28.060	50.102
17.00	8°33′21″	14.961	34.756	3.862	26.146	84.145	110.291	29.866	51.997
18.00	9°03′28″	15.842	35.682	3.959	27.038	86.614	113.652	31.618	53.769
19.00	9°32′44″	16.699	36.483	4.054	27.905	89.002	116.907	33.320	55.425
20.00	10°01′13″	17.533	37.312	4.146	28.750	91.316	120.066	34.977	57.109
21.00	10°28′59″	18.348	38.122	4.236	29.575	93.666	123.141	36.593	58.725
22.00	10°56′05″	19.143	38.913	4.324	30.381	95.752	126.133	38.169	60.301
23.00	11°22′34″	19.921	39.626	4.410	31.170	97.880	129.050	39.710	61.842
24.00	11°48′29″	20.682	40.442	4.494	31.942	99.951	131.893	41.218	33.350
25.00	12°13′51″	21.426	41.114	4.576	32.699	101.972	134.671	42.694	64.852
26.00	12°38′43″	22.160	41.311	4.657	33.443	103.945	137.388	44.140	66.272
27.00	13°03′07″	22.879	42.626	4.736	34.173	105.874	140.047	45.560	67.693
28.00	13°27′04″	23.585	43.327	4.814	34.890	107.757	142.647	46.953	69.085
29.00	13°50′36″	24.279	44.017	4.891	35.596	109.601	145.197	48.322	70.464
30.00	14°13′43″	24.962	44.696	4.966	36.280	111.406	147.696	49.667	71.799

附录八　不同线间距离的斜边直边长度

附表 12　不同线间距离的斜边直边长度表　　单位：m

$$X=\frac{S}{\tan \alpha}$$

$$L=\frac{S}{\sin \alpha}$$

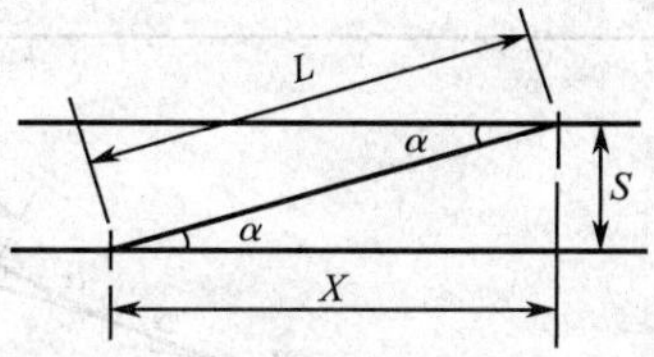

道岔辙叉号		9		12		18	
道岔辙叉角(α)		6°20′25″		4°45′49″		3°10′47″	
斜边直边长		X	L	X	L	X	L
线间距离(S)	1	9.000	9.055	12.000	12.042	18.001	18.028
	2	18.000	18.111	24.000	24.083	36.001	36.057
	3	27.000	27.166	36.000	36.125	54.002	54.085
	4	36.000	36.221	48.000	48.167	72.002	72.113
	5	44.999	45.276	60.000	60.208	90.003	90.142
	6	53.999	54.332	72.000	72.250	108.004	108.170
	7	62.999	63.387	84.001	84.292	126.004	126.199
	8	71.999	72.442	96.001	96.333	144.005	144.227
	9	80.999	81.497	108.001	108.375	162.006	162.255
	0.45	4.050	4.075	5.400	5.419	8.100	8.113
	3.6	32.400	32.599	43.200	43.350	64.802	64.902
	4.3	38.699	38.938	51.600	51.779	77.403	77.522
	4.4	39.599	39.843	52.800	52.983	79.203	79.325
	4.6	41.399	41.654	55.200	55.392	82.803	82.930
	5.2	46.799	47.087	62.400	62.617	93.603	93.748
	5.3	47.699	47.993	63.600	63.821	95.403	95.550
	5.5	49.499	49.804	66.000	66.229	99.003	99.156
	6.45	58.049	58.406	77.400	77.669	116.104	116.283
	6.5	58.499	58.859	78.001	78.271	117.004	117.184
	7.45	67.049	67.462	89.401	89.710	134.105	134.311
	7.5	67.499	67.914	90.001	90.313	135.005	135.213
	8.45	76.049	76.517	101.401	101.752	152.105	152.340
	8.5	76.499	76.970	102.001	102.354	153.005	153.241
	10.45	94.049	94.627	125.401	125.835	188.106	188.396
	10.5	94.499	95.080	126.001	126.438	189.006	189.298
	11.45	103.049	103.683	137.401	137.877	206.107	206.425
	11.5	103.499	104.136	138.001	138.479	207.007	207.326
	12.45	112.048	112.738	149.401	149.919	224.108	224.453
	12.5	112.498	113.191	150.001	150.521	225.008	225.355

附录九　辙叉倍角圆曲线

附表 13(a)　辙叉倍角圆曲线表(Ⅰ)　　单位:m

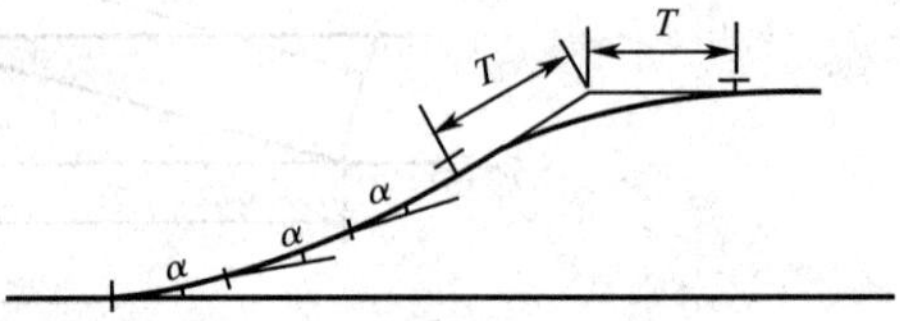

α—辙叉角；
T—切线长；
L—曲线长。

辙叉号	辙叉角倍数	辙叉倍角角度	R=180			R=200			R=250		
			T	L	2T−L	T	L	2T−L	T	L	2T−L
6	1	9°27′44″	14.897	29.726	0.068	16.552	33.029	0.075	20.690	41.286	0.094
	2	18°55′28″	29.999	59.452	0.546	33.332	66.058	0.606	41.666	82.573	0.759
	3	28°23′12″	45.524	89.179	1.869	50.583	99.088	2.078	63.228	123.860	2.596
	4	37°50′56″	61.713	118.905	4.51	68.570	132.117	5.023	85.713	165.146	6.280
	5	47°18′40″	78.848	148.632	9.064	87.608	165.146	10.070	109.511	206.433	12.589
	0.5	4°43′52″	7.435	14.863	0.007	8.262	16.514	0.010	10.327	20.643	0.011
	1.5	14°11′36″	22.409	44.589	0.229	24.899	49.544	0.254	31.124	61.930	0.318
	2.5	23°39′20″	37.695	74.316	1.074	41.883	82.573	1.193	52.354	103.216	1.492
9	1	6°20′25″	9.969	19.918	0.020	11.077	22.131	0.023	13.846	27.664	0.028
	2	12°40′50″	20.000	39.837	0.163	22.222	44.263	0.181	27.778	55.329	0.227
	3	19°01′15″	30.155	59.755	0.555	33.505	66.395	0.615	41.882	82.994	0.770
	4	25°21′40″	40.500	79.674	1.326	45.000	88.526	1.474	56.250	110.658	1.842
	5	31°42′05″	51.106	99.592	2.620	56.785	110.658	2.912	70.981	138.328	3.639
	6	38°02′30″	62.052	119.511	4.593	68.946	132.790	5.102	86.183	165.998	6.378
	0.5	3°10′12.5″	4.980	9.959	0.001	5.534	11.065	0.003	6.917	13.832	0.002
	1.5	9°30′37.5″	14.973	29.877	0.069	16.637	33.197	0.077	20.796	41.497	0.095
	2.5	15°51′02.5″	25.058	49.796	0.320	27.842	55.329	0.355	34.803	69.161	0.445
	3.5	22°11′27.5″	35.299	69.714	0.884	39.222	77.461	0.983	49.027	96.826	1.228
	4.5	28°31′52.5″	45.766	89.633	1.899	50.851	99.592	2.110	63.564	124.491	2.637
12	1	4°45′49″	7.486	14.965	0.007	8.318	16.628	0.008	10.398	20.785	0.011
	2	9°31′38″	14.999	29.930	0.068	16.666	33.256	0.076	20.833	41.570	0.096
	3	14°17′27″	22.565	44.895	0.235	25.072	49.884	0.260	31.340	62.355	0.325
	0.5	2°22′54.5″	3.741	7.482	0.000	4.157	8.314	0.000	5.197	10.392	0.002
	1.5	7°08′43.5″	11.238	22.447	0.029	12.487	24.942	0.032	15.609	31.177	0.041

附表 13(b) 辙叉倍角圆曲线表(Ⅱ)

单位:m

辙叉号	辙叉角倍数	辙叉倍角角度	R=300			R=350			R=400		
			T	L	2T−L	T	L	2T−L	T	L	2T−L
6	1	9°27′44″	24.828	49.544	0.112	28.966	57.801	0.131	33.104	66.058	0.150
	2	18°55′28″	49.999	99.088	0.910	58.332	115.602	1.062	66.665	132.117	1.213
	3	28°23′12″	75.874	148.632	3.116	88.520	173.404	3.636	101.166	198.176	4.156
	4	37°50′56″	102.855	198.176	7.534	119.998	231.205	8.791	137.141	264.235	10.047
	5	47°18′40″	131.413	247.720	15.106	153.315	289.007	17.623	175.217	330.293	20.141
	0.5	4°43′52″	12.393	24.772	0.014	14.458	28.900	0.016	16.524	33.029	0.019
	1.5	14°11′36″	37.349	74.316	0.382	43.574	86.702	0.446	49.799	99.088	0.510
	2.5	23°39′20″	62.825	123.860	1.790	73.295	144.503	2.087	83.766	165.146	2.386
6.5	1	8°44′46″	22.941	45.794	0.088	26.765	53.426	0.104	30.589	61.059	0.119
	2	17°29′32″	46.153	91.589	0.717	53.845	106.853	0.837	61.538	122.118	0.958
	3	26°14′18″	69.917	137.383	2.451	81.570	160.280	2.860	93.223	183.178	3.268
	4	34°59′04″	94.544	183.178	5.910	110.302	213.707	6.897	126.059	244.237	7.881
	5	43°43′50″	120.388	228.972	11.804	140.452	267.134	13.770	160.517	305.296	15.738
	0.5	4°22′23″	11.454	22.897	0.011	13.363	26.713	0.013	15.272	30.529	0.015
	1.5	13°07′09″	34.496	68.691	0.301	40.246	80.140	0.352	45.995	91.589	0.401
	2.5	21°51′55″	57.948	114.486	1.410	67.606	133.567	1.645	77.264	152.648	1.880
9	1	6°20′25″	16.615	33.197	0.033	19.385	38.730	0.040	22.154	44.263	0.045
	2	12°40′50″	33.333	66.395	0.271	38.889	77.461	0.317	44.445	88.526	0.364
	3	19°01′15″	50.258	99.592	0.924	58.635	116.191	1.079	67.011	132.790	1.232
	4	25°21′40″	67.500	132.790	2.210	78.751	154.922	2.580	90.001	177.053	2.949
	5	31°42′05″	85.178	165.988	4.368	99.374	193.652	5.096	113.570	221.317	5.823
	6	38°02′30″	103.420	199.185	7.655	120.657	232.383	8.931	137.893	265.580	10.206
	0.5	3°10′12.5″	8.301	16.598	0.004	9.685	19.365	0.005	11.068	22.131	0.005
	1.5	9°30′37.5″	24.955	49.796	0.114	29.114	58.095	0.133	33.274	66.395	0.153
	2.5	15°51′02.5″	41.763	82.994	0.532	48.724	96.826	0.622	55.684	110.658	0.710
	3.5	22°11′27.5″	58.833	116.191	1.475	68.638	135.556	1.720	78.444	154.922	1.966
	4.5	28°31′52.5″	76.277	149.389	3.165	88.990	174.287	3.693	101.703	199.185	4.221
12	1	4°45′49″	12.478	24.942	0.014	14.558	29.099	0.017	16.637	33.256	0.018
	2	9°31′38″	24.999	49.884	0.114	29.166	58.198	0.134	33.333	66.512	0.154
	3	14°17′27″	37.608	74.826	0.390	43.876	87.297	0.455	50.144	99.768	0.520
	0.5	2°22′54.5″	6.236	12.471	0.001	7.275	14.549	0.001	8.315	16.628	0.002
	1.5	7°08′43.5″	18.730	37.413	0.047	21.852	43.648	0.056	24.974	49.884	0.064

附表 13(c) 辙叉倍角圆曲线表(Ⅲ)

单位:m

辙叉号	辙叉角倍数	辙叉倍角角度	R=800			R=1 000			R=1 200		
			T	L	2T−L	T	L	2T−L	T	L	2T−L
18	1	3°10′47″	22.204	44.397	0.011	27.755	55.497	0.014	33.307	66.596	0.017
	2	6°21′34″	44.443	88.795	0.091	55.554	110.993	0.114	66.664	133.192	0.137
	3	9°32′21″	66.750	133.192	0.309	83.438	166.490	0.386	100.125	199.788	0.463
	0.5	1°35′24″	11.100	22.199	0.001	13.875	27.748	0.002	16.650	33.298	0.002
	1.5	4°46′11″	33.317	66.596	0.038	41.647	83.245	0.048	49.976	99.894	0.058
	2.5	7°56′58″	55.586	110.993	0.178	69.482	138.742	0.223	83.379	166.490	0.268

附表 14　辙叉倍角曲线表(带缓和曲线)　　单位:m

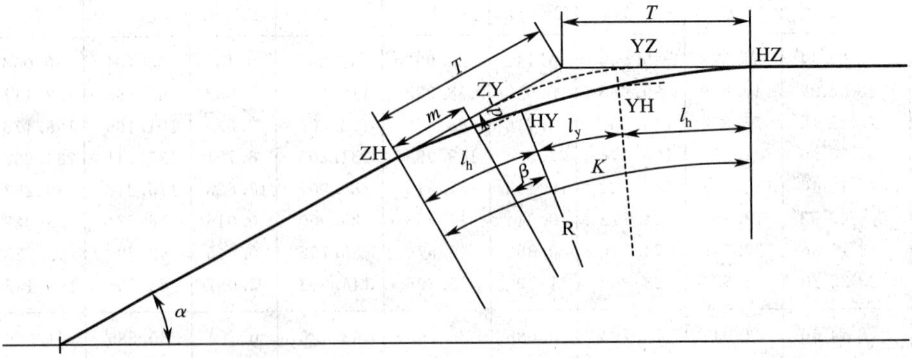

α—辙叉倍角角度;ZH—直缓点;ZY,YZ—未添加缓和曲线时的直圆和圆直点;HY—缓圆点;YH—圆缓点;R—圆曲线半径;l_h—缓和曲线长;β—缓和曲线中心角;l_y—圆曲线长;T—曲线切线长;K—曲线长;m—缓和曲线切垂距;p—缓和曲线内移距。

$$\beta=\frac{180l_h}{2\pi R}\qquad p=\frac{l_h^2}{24R}\left(1-\frac{l_h^2}{112R^2}\right)$$

$$m=\frac{l_h}{2}\left(1-\frac{l_h^2}{120R^2}\right)\qquad T=(R+p)\tan\frac{\alpha}{2}+m$$

$$K=R\frac{\alpha\pi}{180}+l_h\qquad l_y=R\frac{(\alpha-2\beta)\pi}{180}$$

辙叉号	辙叉角倍数	辙叉倍角角度	R=800			R=1 000			R=1 200		
			T	L	2T−L	T	L	2T−L	T	L	2T−L
18	1	3°10′47″	32.205	64.397	0.012	37.756	75.497	0.015	43.307	86.596	0.018
	2	6°21′34″	54.444	108.795	0.093	65.555	130.993	0.116	76.665	153.192	0.138
	3	9°32′21″	76.752	153.192	0.312	93.439	186.490	0.388	110.126	219.788	0.465
	0.5	1°35′24″	21.100	42.199	0.002	23.875	47.748	0.002	26.650	53.298	0.002
	1.5	4°46′11″	43.318	86.596	0.040	51.647	103.245	0.049	59.976	119.894	0.059
	2.5	7°56′58″	65.587	130.993	0.181	79.483	158.742	0.225	93.380	186.490	0.269

附录十　警冲标至道岔中心距离

附表 15　警冲标至道岔中心距离表　　　　单位：m

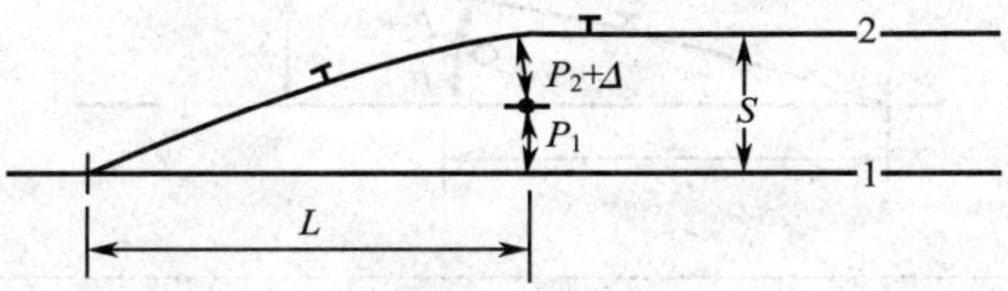

道岔辙叉号		9					12				18	
辙叉角度		6°20′25″					4°45′49″				3°10′47″	
连接曲线半径		200	250	300	350	400	350	400	500	600	800	1 000
警冲标位置		L					L				L	
线间距离(S)	5.0	38.051	38.437	38.931	39.596	40.425	49.574	49.857	50.560	51.576	73.230	74.007
	5.2	37.485	37.825	38.230	38.739	39.404	49.053	49.280	49.825	50.573	72.711	73.254
	5.3	37.259	37.575	37.951	38.404	38.991	48.854	49.055	49.544	50.185	72.528	72.983
	5.5	36.897	37.166	37.486	37.862	38.320	48.550	48.704	49.090	49.588	72.277	72.581
	6.0	36.366	36.522	36.721	36.964	37.254	48.170	48.232	48.415	48.686	72.064	72.126
	6.5	36.159	36.227	36.330	36.469	36.648	48.085	48.095	48.148	28.263	72.058	72.058
	7.5	36.110	36.110	36.113	36.129	36.166	48.084	48.084	48.084	48.084	72.058	72.058
	8.5	36.110	36.110	36.110	36.110	36.110	48.084	48.084	48.084	48.084	72.058	72.058
	9.5	36.110	36.110	36.110	36.110	36.110	48.084	48.084	48.084	48.084	72.058	72.058
	10.5	36.110	36.110	36.110	36.110	36.110	48.084	48.084	48.084	48.084	72.058	72.058
	11.5	36.110	36.110	36.110	36.110	36.110	48.084	48.084	48.084	48.084	72.058	72.058
	12.5	36.110	36.110	36.110	36.110	36.110	48.084	48.084	48.084	48.084	72.058	72.058

注：图中 P_1 及 P_2 为警冲标至两侧线中心的垂直距离，均为2 m，Δ 为曲线内侧加宽。

附录十一　信号机至道岔中心距离

附表 16　高柱信号机(基本宽度为 380 mm)**至道岔中心距离表**　　单位:m

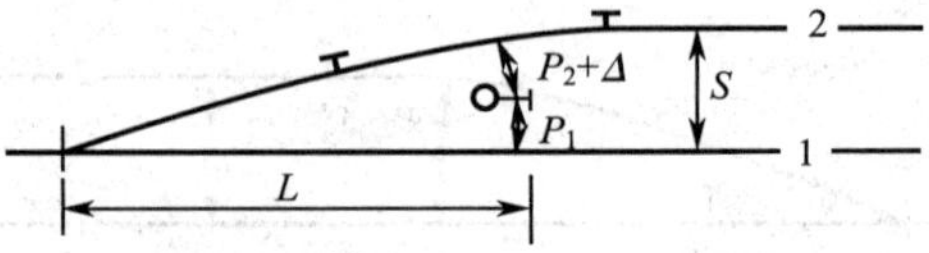

道岔辙叉号	辙叉角度	连接曲线半径	信号机至岔心距离	线路使用情况	线间距离(S)											
					5.0	5.2	5.3	5.5	6.0	6.5	7.5	8.5	9.5	10.5	11.5	12.5
9	6°20′25″	200	L	— —	49.116	46.683	45.902	44.864	43.352	42.645	42.256	42.249	42.249	42.249	42.249	42.249
				— ⊖	62.737	53.517	51.558	49.209	46.697	45.598	44.901	44.859	44.859	44.859	44.859	44.859
				⊖ ⊖	—	—	64.296	55.898	50.464	48.756	47.611	47.485	47.485	47.485	47.485	47.485
		250		— —	49.957	47.339	46.496	45.310	43.663	42.840	42.285	42.249	42.249	42.249	42.249	42.249
				⊖ —	64.631	54.560	52.428	49.854	47.076	45.858	44.964	44.859	44.859	44.859	44.859	44.859
				⊖ ⊖	—	—	66.102	56.916	50.951	49.086	47.721	47.487	47.485	47.485	47.485	47.485
		300		— —	51.125	48.284	47.334	45.937	44.033	43.078	42.341	42.249	42.249	42.249	42.249	42.249
				⊖ —	66.635	55.820	53.545	50.789	47.555	46.170	45.062	44.861	44.859	44.859	44.859	44.859
				⊖ ⊖	—	—	68.029	58.155	51.660	49.478	47.869	47.502	47.485	47.485	47.485	47.485
		350		— —	52.470	49.426	48.369	46.770	44.477	43.365	42.428	42.251	42.249	42.249	42.249	42.249
				⊖ —	68.720	57.240	54.882	51.920	48.192	46.536	45.196	44.875	44.859	44.859	44.859	44.859
				⊖ ⊖	—	—	70.045	59.495	52.571	46.964	48.058	47.539	47.485	47.485	47.485	47.485
		400		— —	53.967	50.711	49.551	47.759	45.084	43.703	42.550	42.264	42.249	42.249	42.249	42.249
				⊖ —	70.867	58.837	56.369	53.195	48.995	46.979	45.369	44.909	44.859	44.859	44.859	44.859
				⊖ ⊖	—	—	72.129	61.155	53.635	50.596	48.291	47.602	47.485	47.485	47.485	47.485

续上表

道岔辙叉号	辙叉角度	连接曲线半径	信号机至岔心距离	线路使用情况	线间距离（S）											
					5.0	5.2	5.3	5.5	6.0	6.5	7.5	8.5	9.5	10.5	11.5	12.5
12	4°45′49″	350	L	—	62.644	60.200	59.443	58.396	56.990	56.432	56.258	56.258	56.258	56.258	56.258	56.258
				⊖	78.894	68.014	65.956	63.594	61.135	60.166	59.739	59.738	59.738	59.738	59.738	59.738
				⊖⊖	—	—	81.119	71.269	65.725	64.111	63.253	63.230	63.230	63.230	63.230	63.230
		400		—	63.452	60.796	59.935	58.743	57.186	56.523	56.258	56.258	56.258	56.258	56.258	56.258
				⊖	80.352	68.921	66.754	64.179	61.408	60.314	59.746	59.738	59.738	59.738	59.738	59.738
				⊖⊖	—	—	82.514	72.139	66.119	64.327	63.284	63.230	63.230	63.230	63.230	63.230
		500		—	65.377	62.301	61.244	59.689	57.663	56.770	56.268	56.258	56.258	56.258	56.258	56.258
				⊖	83.408	71.022	68.658	65.664	62.081	60.685	59.794	59.738	59.738	59.738	59.738	59.738
				⊖⊖	—	—	85.459	74.223	67.205	64.848	63.396	63.230	63.230	63.230	63.230	63.230
		600		—	67.587	64.106	62.866	60.977	58.287	57.113	56.317	56.258	56.258	56.258	56.258	56.258
				⊖	86.603	73.422	70.846	67.450	63.054	61.166	59.901	59.738	59.738	59.738	59.738	59.738
				⊖⊖	—	—	88.557	76.603	68.621	65.550	63.583	63.234	63.230	63.230	63.230	63.230
18	3°10′47″	800	L	—	91.480	88.448	87.475	86.183	84.746	84.345	84.308	84.308	84.308	84.308	84.308	84.308
				⊖	112.207	98.893	96.499	93.559	90.605	89.720	89.528	89.528	89.528	89.528	89.528	89.528
				⊖⊖	—	—	115.796	103.831	97.059	95.329	94.756	94.756	94.756	94.756	94.756	94.756
		1 000		—	94.145	90.432	86.160	87.329	85.183	84.472	84.308	84.308	84.308	84.308	84.308	84.308
				⊖	116.369	101.915	99.127	95.511	91.337	90.004	89.528	89.528	89.528	89.528	89.528	89.528
				⊖⊖	—	—	119.817	106.812	98.412	95.835	94.754	94.754	94.754	94.754	94.754	94.754

注：①P_1 及 P_2 在通过超限货物列车的线路为 2.440＋0.190＝2.630(m)，不通过超限货物列车的线路为 2.150＋0.190＝2.340(m)；②Δ——曲线加宽值。

附表 17　矮柱色灯信号机二、三显示并列至道岔中心距离表

单位：m

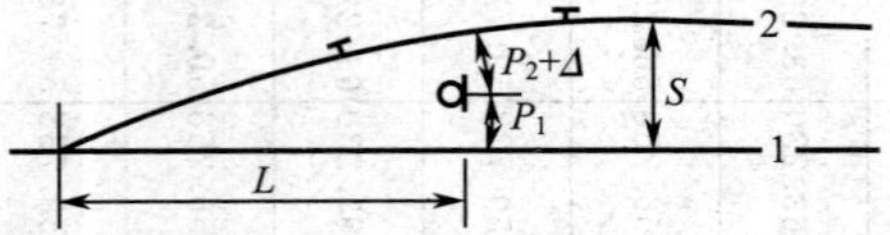

道岔辙叉号	辙叉角度	连接曲线半径	信号机至岔心距离	线路距离（S）5.0	5.2	5.3	5.5	6.0	6.5	7.5	8.5	9.5	10.5	11.5	12.5
9	6°20′25″	200	*L*	43.518	42.402	41.987	41.331	40.343	39.896	39.703	39.703	39.703	39.703	39.703	39.703
		250		44.090	42.853	42.395	41.694	40.587	40.032	39.710	39.703	39.703	39.703	39.703	39.703
		300		44.948	43.499	42.960	42.128	40.880	40.208	39.736	39.703	39.703	39.703	39.703	39.703
		350		46.002	44.350	43.715	42.715	41.225	40.428	39.788	39.703	39.703	39.703	39.703	39.703
		400		47.203	45.355	44.629	43.458	41.636	40.693	39.869	39.706	39.703	39.703	39.703	39.703
12	4°45′49″	350	*L*	56.176	55.085	54.686	54.069	53.218	52.921	52.868	52.868	52.868	52.868	52.868	52.868
		400		56.687	55.440	54.997	54.322	53.351	52.969	52.868	52.868	52.868	52.868	52.868	52.868
		500		58.030	56.417	55.822	54.934	53.689	53.120	52.868	52.868	52.868	52.868	52.868	52.868
		600		59.685	57.734	56.983	55.805	54.133	53.352	52.882	52.868	52.868	52.868	52.868	52.868
18	3°10′47″	800	*L*	90.948	88.043	87.107	85.862	84.473	84.089	84.056	84.056	84.056	84.056	84.056	84.056
		1000		93.561	89.983	88.752	86.977	84.899	84.211	84.056	84.056	84.056	84.056	84.056	84.056

附录十二　车站纵断面要求

附表 18　车站坡度表

线路	条件			最大坡度
进出站线路	一般情况			相邻路段正线标准
	仅运行动车组线路		一般	20‰
			困难	30‰
	机车牵引客车线路		一般	15‰
			困难	20‰
	单方向运行货物列车	单机牵引	一般	12‰
			特别困难	15‰
		加力牵引	电力	30‰
			内燃	25‰
		有反向运行需求		列车能不低于计算速度通过
到达场、到发场、出发场	一般			平道
	困难			1‰
到发线有效长度范围	一般			平道
	困难	一般		1‰
		会让站、越行站		6‰
车站咽喉区正线	一般			平道
	困难			1‰
	特别困难	一般		限制坡度－2‰
		区段站、客运站		2.5‰
		中间站、会让站、越行站		10‰
调车场	根据调速工具及其控制方式、技术要求确定			
到发场、出发场、通过场	需要利用正线甩扣修车时			满足半个列车调车起动
车场间联络线	衔接线路限制坡度			
办理解编作业的牵出线	2.5‰(面向调车线的下坡道)			

续上表

线路	条件	最大坡度
办理摘挂、取送作业的物流中心或其他厂、段的牵出线	一般	1‰
	困难	6‰
一般货物线	一般	平道
	困难	1‰
液体、危险品货物线	平道	
动车段所走行线、养护维修列车走行线	一般	30‰
	困难	35‰
客车车底取送线	一般	12‰
	兼作牵出线时	6‰
	困难	根据牵引计算确定

附表 19 竖曲线半径

单位：m

线别			相邻坡段坡度差/‰	最小竖曲线半径/m
线路类型		设计速度/(km·h^{-1})		
客货共线铁路	正线	≥160	$\Delta i>1$	15 000
		＜160	$\Delta i>3$	10 000
	到发线、通行列车的站线		$\Delta i>4$	5 000
	不通行列车的站线		$\Delta i>5$	3 000
客运专线	正线	350	$\Delta i\geqslant 1$	25 000
		300		25 000
		250		20 000
		200		15 000
		160		15 000
		120		10 000
		80		5 000
	到发线		$\Delta i>3$	5 000
	不通行列车的站线		$\Delta i>5$	3 000

附录十三 站场平面图例

附表 20 站场平面图例

［摘自《铁路工程图形符号标准》(TB/T 10059—2015)］

序号	名称	图例	附注	序号	名称	图例	附注
1	设计线		线宽 0.7 mm	8	铁路与道路立体交叉	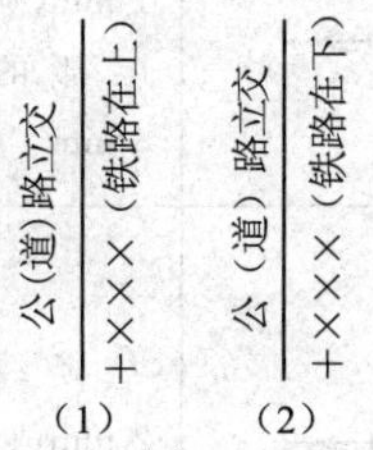	注明交叉中心里程 (1)铁路上跨公(道)路 (2)铁路下穿公(道)路
2	既有线		线宽 0.35 mm	9	铁路与铁路立体交叉	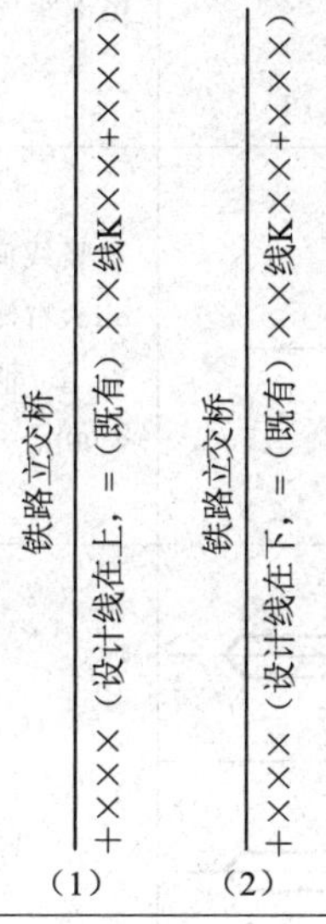	(1)铁路上跨铁路 (2)铁路下穿铁路
3	既有电气化线						
4	预留线						
5	比较线		线宽 0.7 mm;多方案比较时,还可采用点划线、双点划线等	10	小桥		
6	近期拆除铁路		适用于正线,线宽 0.35 mm;拆除表示线线宽 0.1 mm;远期拆除线,一组拆除线间中心间距为 2 mm	11	涵洞		
7	远期拆除铁路			12	货物列车进路		箭头全长5 mm,宽度 2 mm

续上表

序号	名称	图例	附注	序号	名称	图例	附注
13	旅客列车进路		箭头之间的间隔为 2 mm	24	单开道岔	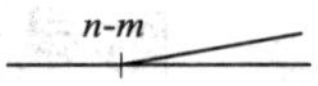	n——道岔编号 m——辙叉号数
14	客货列车进路		箭头之间的间隔为 2 mm	25	单式对称道岔	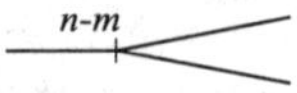	
15	超限货物列车进路	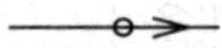	圆的半径为 1 mm,圆心至箭头尾部的距离为 3 mm	26	三开道岔	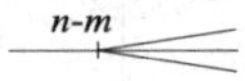	n——道岔编号 m——辙叉号数
16	机车(或动车)出段(或所、场)线		竖线高度为 2 mm,竖线至箭头尾部距离为 2 mm	27	复式交分道岔	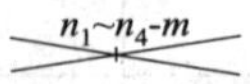	
17	机车(或动车)入段(或所、场)线	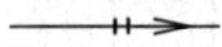	竖线间间距为 1 mm,右侧竖线至箭头尾部距离为 2 mm	28	交叉渡线	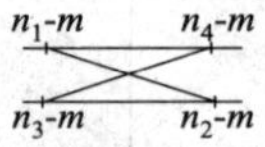	
18	既有车站及车场		用于站场总图设计,按比例绘制	29	菱形交叉		
19	拆除既有车站及车场	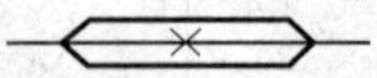		30	线群与线群分束		线群(或车场)按实际标注
20	近期设计车站及车场	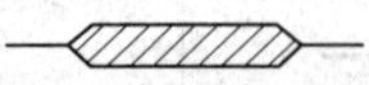		31	车挡	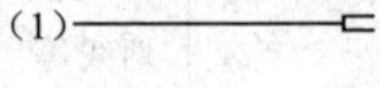	(1)堆式,含土堆式与浆砌片石堆式 (2)非堆式,含弯钩式等
21	远期设计车站及车场	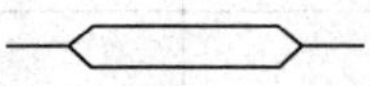					
22	预留设计车站及车场	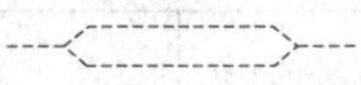		32	挡车器		
23	厂矿企业车站及车场	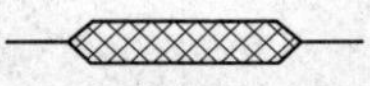					

续上表

序号	名称	图例	附注	序号	名称	图例	附注
33	驼峰	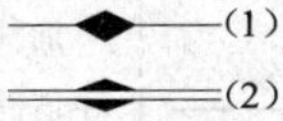	(1)一线驼峰 (2)双线驼峰	45	站房地坪及基本站台	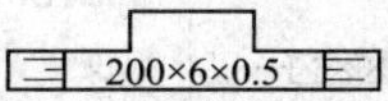	站台内标注长×宽×高；当站台两端高度不同时，一上一下同时标注
34	脱轨器		斜向为脱轨方向	46	站台	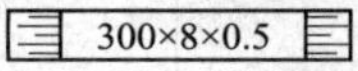	
35	机车车辆下部限界检查器	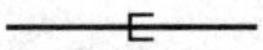		47	仓库	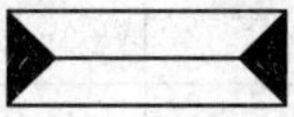	加注长、宽尺寸
36	装载限界架	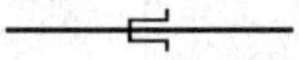		48	货物雨棚	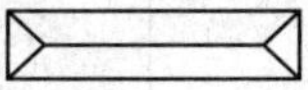	加注长、宽尺寸
37	脱鞋器		斜向为脱鞋方向	49	货物跨线雨棚	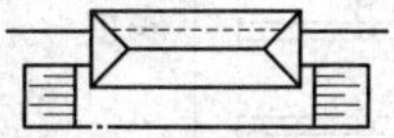	加注长、宽尺寸
38	减速器	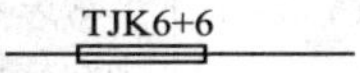	加注减速器节数、长度	50	旅客雨棚	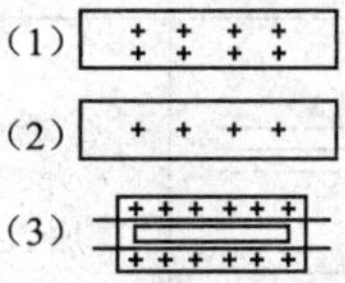	加注长、宽尺寸 (1)双柱 (2)单柱 (3)无站台柱雨棚
39	非可控减速顶			51	天桥	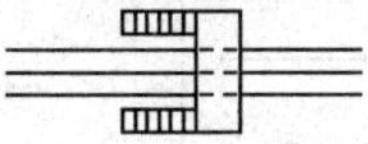	加注中心里程、宽度
40	非可控加速顶			52	地道及地下通廊	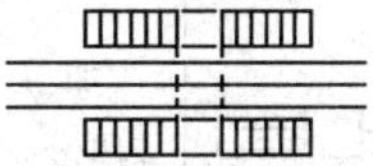	
41	可控减速顶			53	轨道衡	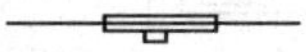	加注实际长度
42	可控加速顶			54	桥式起重机	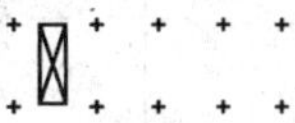	标注跨度、走行轨长度
43	非可控停车器	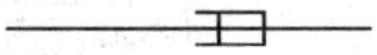		55	门式起重机	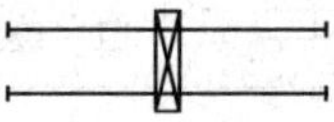	标注跨度、走行轨长度
44	可控停车器	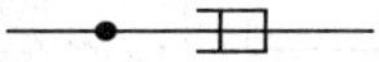		56	固定式起重机	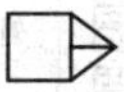	加注中心里程

续上表

序号	名称	图例	附注
57	装车仓	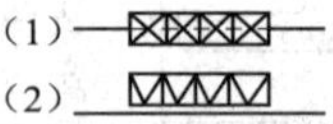	加注两端里程及长度 (1)跨线式 (2)侧式
58	快速装车系统	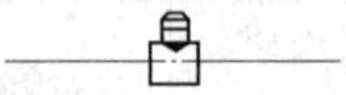	加注中心里程
59	装砂机	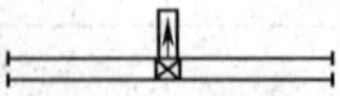	加注有效移动长度
60	卸煤机	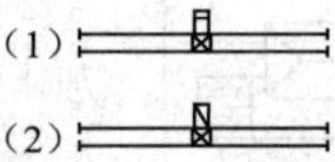	加注有效移动长度 (1)链斗式 (2)螺旋式
61	跨线上煤设备	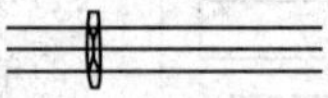	加注有效移动长度
62	轨道式起重机	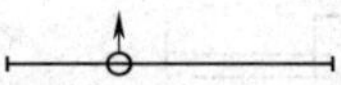	
63	尽端式站台	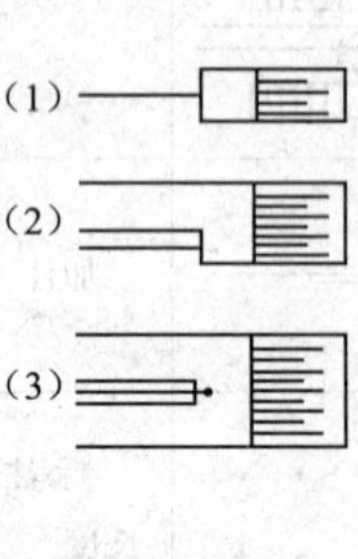	加注尽端站台长度 (1)单独型 (2)L 型 (3)凹型 →表示不带车钩 ⊢表示带车钩
64	台阶	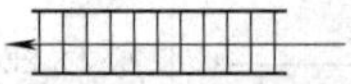	根据实际情况采用一级或多级
65	高架站房	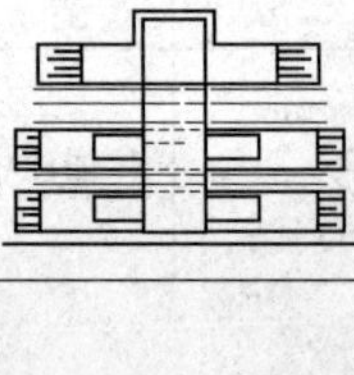	按实际高架站房外围轮廓绘制
66	站场设计道路		加注道路宽度，▽内注道路编号，并标明道路去向
67	圬工排水槽(沟)	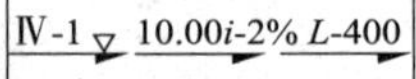	注明排水槽坡度、起终点及变坡点、排水槽槽底高程、排水槽长度、车场号、编号 对所有排水槽，既有线宽 0.25 mm，设计线宽 0.35 mm
68	盖板排水槽	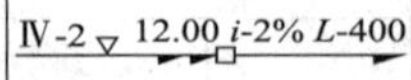	
69	排水暗管	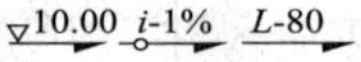	注明沟底高程、坡底、长度
70	穿越线路排水槽	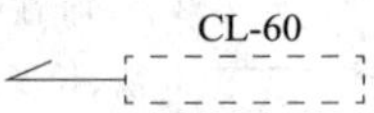	箭头表示排水方向，加注排水槽长度
71	路基排水横坡	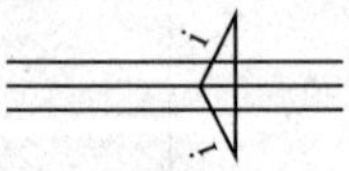	i 排水坡百分数，按实际分坡点绘制及标注
72	人行过道		注明宽度 n——线路数值
73	平过道	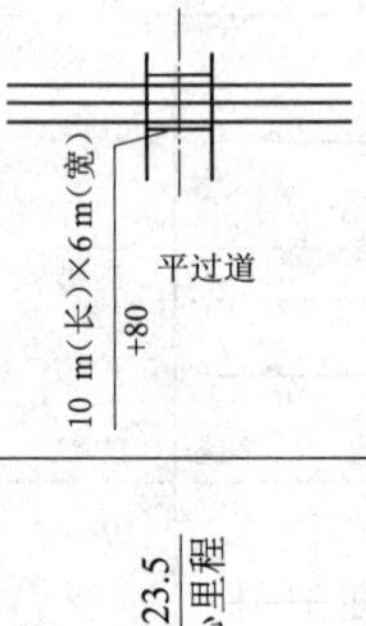	平过道应注明长×宽，斜交时加注交角，位置用里程或相对距离表示
74	站房中心	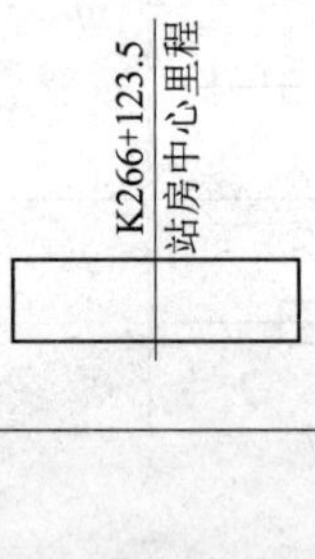	当车站中心与站房中心不一致时，增加站房里程标注

续上表

序号	名称	图例	附注
75	方向标	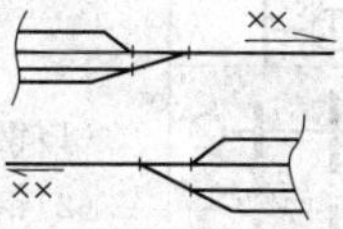	所注站名为该线（或区段）两端的大站（区段站、编组站、接轨站、客运站）或线路起终点站名或相邻枢纽地名
76	用地界	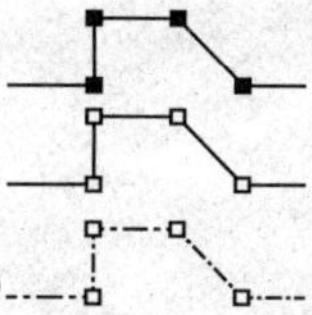	(1)既有 (2)设计（征收用地） (3)设计（临时用地） 表示地界桩的正方形边长为1.5 mm
77	警冲标		
78	一灯位色灯信号机	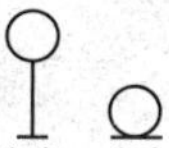 (1) (2)	(1)高柱信号机 (2)矮型信号机 符号代表信号机灯位数，未注明灯光颜色
79	二灯位色灯信号机	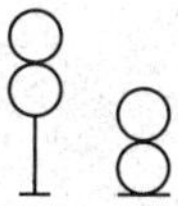 (1) (2)	
80	三灯位色灯信号机	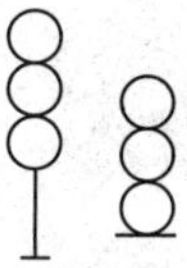 (1) (2)	
81	遮断及其预告信号机，出站、进路及调车复示信号机	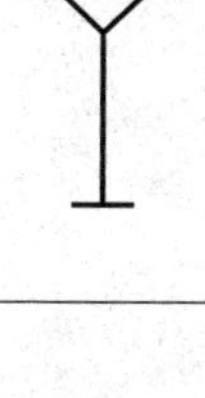	
82	出站、进路及调车复示信号机		
83	进站复示信号机		
84	驼峰复示信号机	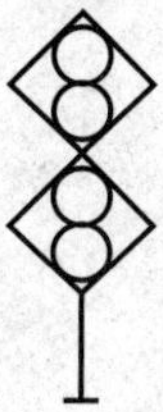	
85	信号桥	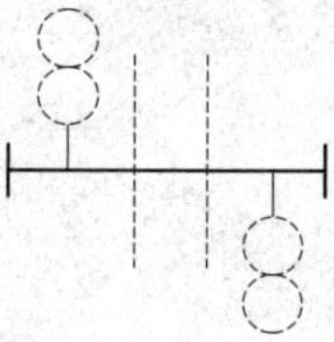	
86	预告信号机		
87	单臂板信号机		
88	钢轨绝缘	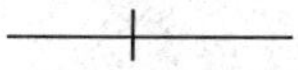	
89	尽头式钢轨绝缘	(1) (2) 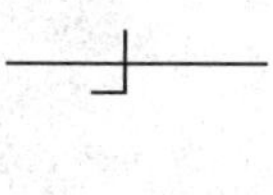	(1)仅右端设轨道电路 (2)仅左端设轨道电路

续上表

序号	名称	图例	附注
90	侵入限界的钢轨绝缘	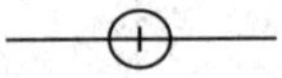	
91	无绝缘轨道电路的电气绝缘	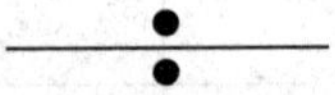	
92	站场腕臂	(1) 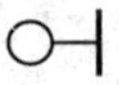 (2) 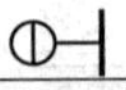	
93	软横跨	(1)  (2) 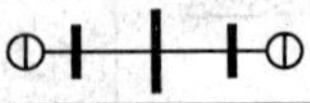	(1)钢筋混凝土柱 (2)钢柱
94	硬横跨	(1) 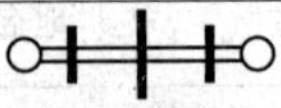 (2) 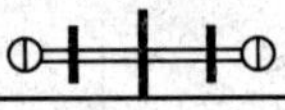	

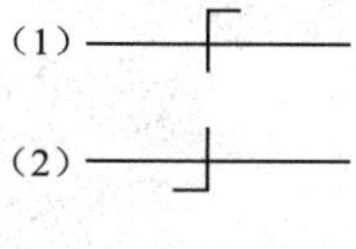

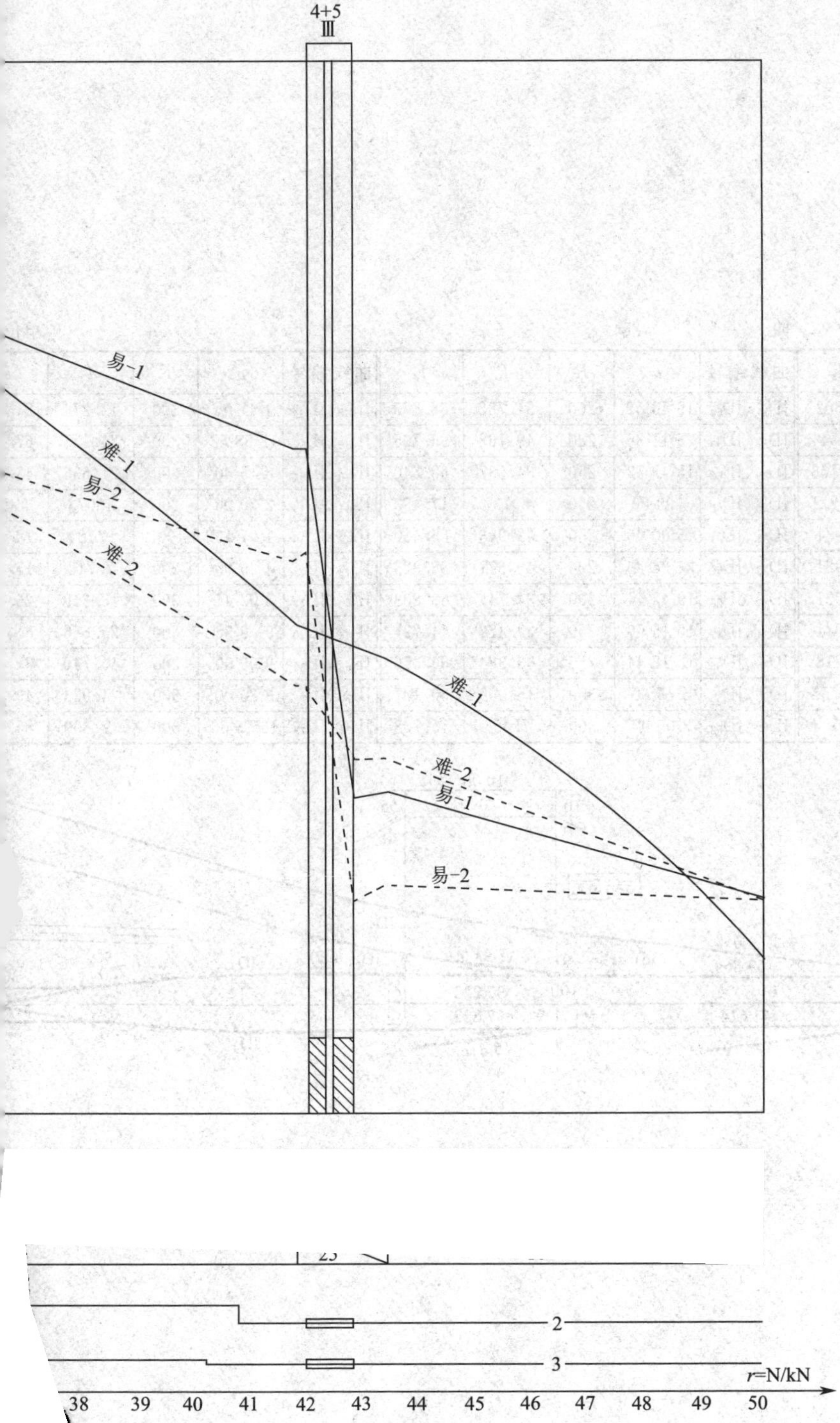

4+5
Ⅲ
易-1
难-1
易-2
难-2
难-1
难-2
易-1
易-2
2
3
r=N/kN
38
39
40
41
42
43
44
45
46
47
48
49
50

曲　　线　　表　　单位

曲线编号	α	R	T	L	曲线编号	α	R	T	L	曲线编号	α	R	T	L
JD_1、JD_2	0°26′08″	1000	3.801	7.602	JD_{27}、JD_{64}	19°43′52″	200	34.782	68.875	JD_{38}、JD_{54}	4°41′08″	300	12.274	24.
JD_3、JD_4	5°10′00″	250	11.280	22.544	JD_{28}、JD_{63}	25°11′36″	220	49.162	96.735	JD_{39}、JD_{52}	12°58′52″	300	34.131	67.
JD_5、JD_6	6°20′00″	200	11.065	22.108	JD_{29}、JD_{62}	15°43′52″	250	34.537	68.640	JD_{40}、JD_{51}	8°15′00″	300	21.636	43.
JD_7、JD_{10}	6°40′00″	200	11.649	23.271	JD_{30}、JD_{60}	4°00′00″	250	8.730	17.453	JD_{41}、JD_{49}	2°20′00″	200	4.073	8.1
JD_8、JD_9	2°00′00″	200	3.491	6.981	JD_{31}、JD_{61}	15°00′00″	250	32.913	65.450	JD_{42}、JD_{50}	1°07′16″	1000	9.784	19.
JD_{11}、JD_{12}	2°00′00″	200	3.491	6.981	JD_{32}、JD_{59}	24°26′36″	200	43.321	85.323	JD_{43}、JD_{48}	4°25′00″	200	7.712	15.
JD_{13}～JD_{20}	1°55′00″	180	3.011	6.021	JD_{33}、JD_{58}	19°42′44″	200	34.748	68.809	JD_{44}、JD_{47}	5°02′44″	300	13.218	26.
JD_{21}、JD_{22}	20°00′00″	200	3.491	6.981	JD_{34}、JD_{57}	10°15′00″	250	22.422	44.724	JD_{45}、JD_{46}	9°46′36″	300	25.658	51.
JD_{23}、JD_{24}	0°40′00″	500	2.909	5.818	JD_{35}、JD_{56}	15°12′44″	250	33.384	66.376	JD_{68}、JD_{69}	9°00′00″	200	15.740	31.
JD_{25}、JD_{66}	27°35′03″	180	44.186	86.658	JD_{36}、JD_{55}	5°45′00″	300	15.066	30.107	JD_{70}、JD_{72}	9°30′00″	300	24.928	49.
JD_{26}、JD_{65}	29°11′36″	180	46.875	91.714	JD_{37}、JD_{53}	3°00′00″	300	7.856	15.708	JD_{71}、JD_{73}	16°16′33″	300	42.899	85.

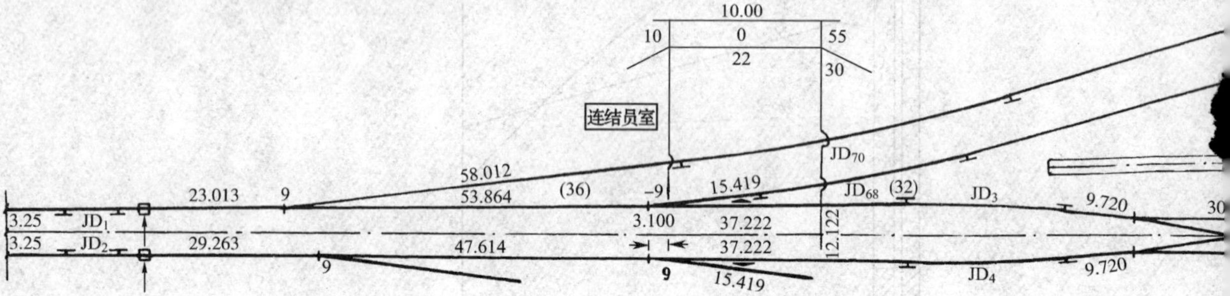

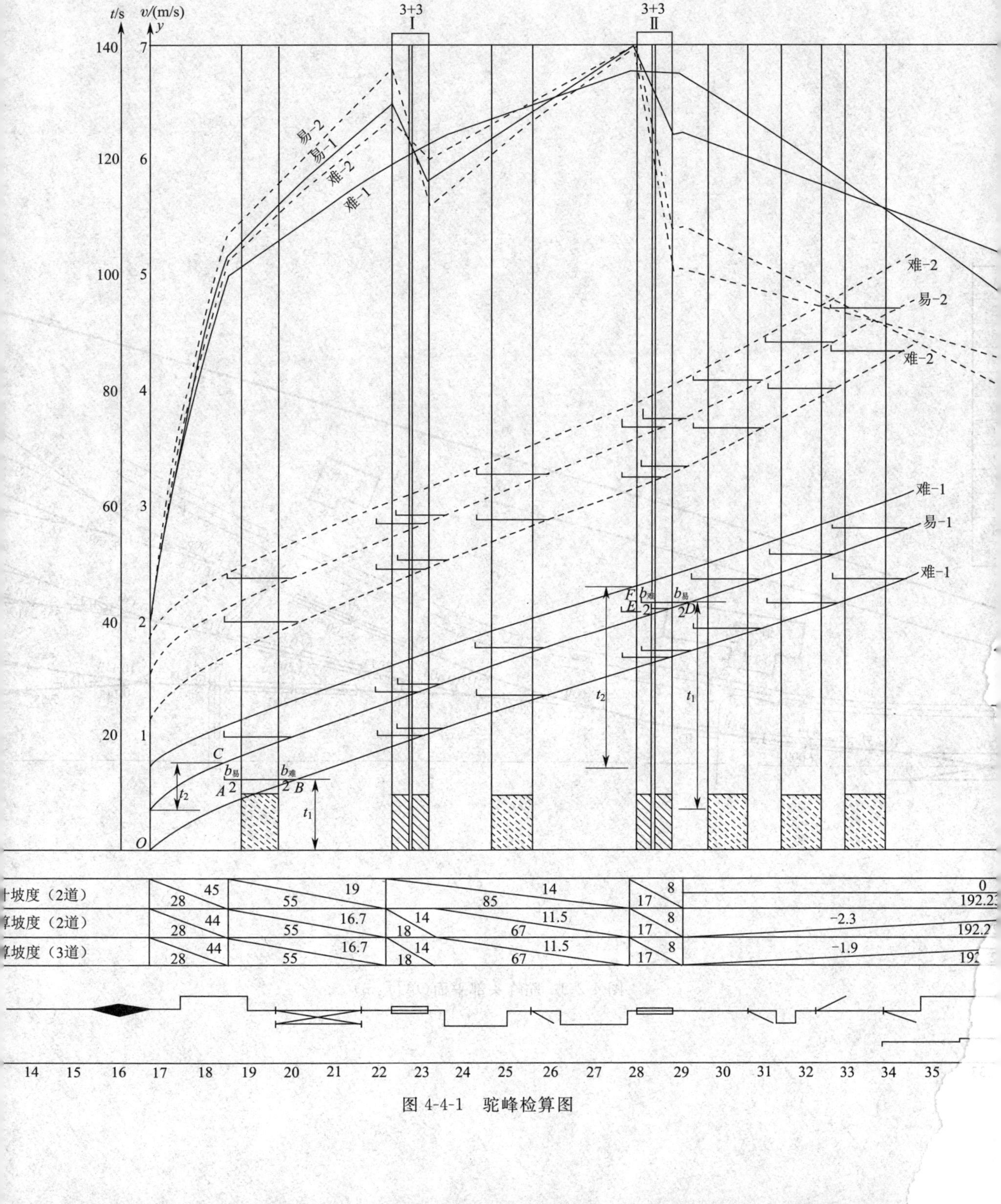

t/s
v/(m/s)
y
3+3
Ⅰ
3+3
Ⅱ
140
120
100
80
60
40
20
7
6
5
4
3
2
1
O
易-2
易-1
难-2
难-1
难-2
易-2
难-2
难-1
易-1
难-1
C
A
B
b易
b难
2
F
E
D
t1
t2
计坡度（2道）
算坡度（2道）
算坡度（3道）
45
28
19
55
14
85
8
17
0
192.2
44
16.7
18
11.5
67
-2.3
-1.9
14 15 16 17 18 19 20 21 22 23 24 25 26 27 28 29 30 31 32 33 34 35

图 4-4-1 驼峰检算图

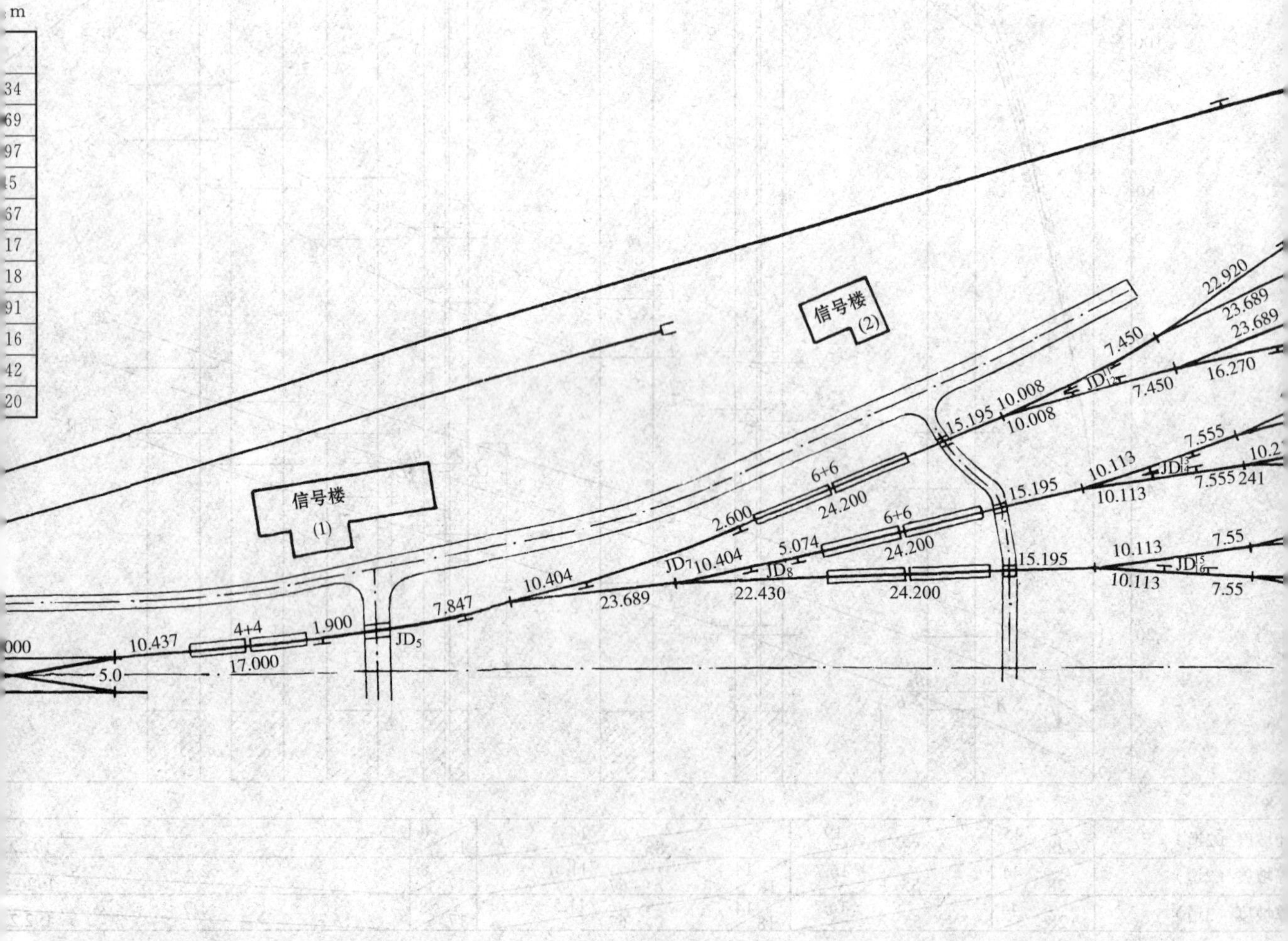

图 4-2-2　驼峰头部平面(单位:m)

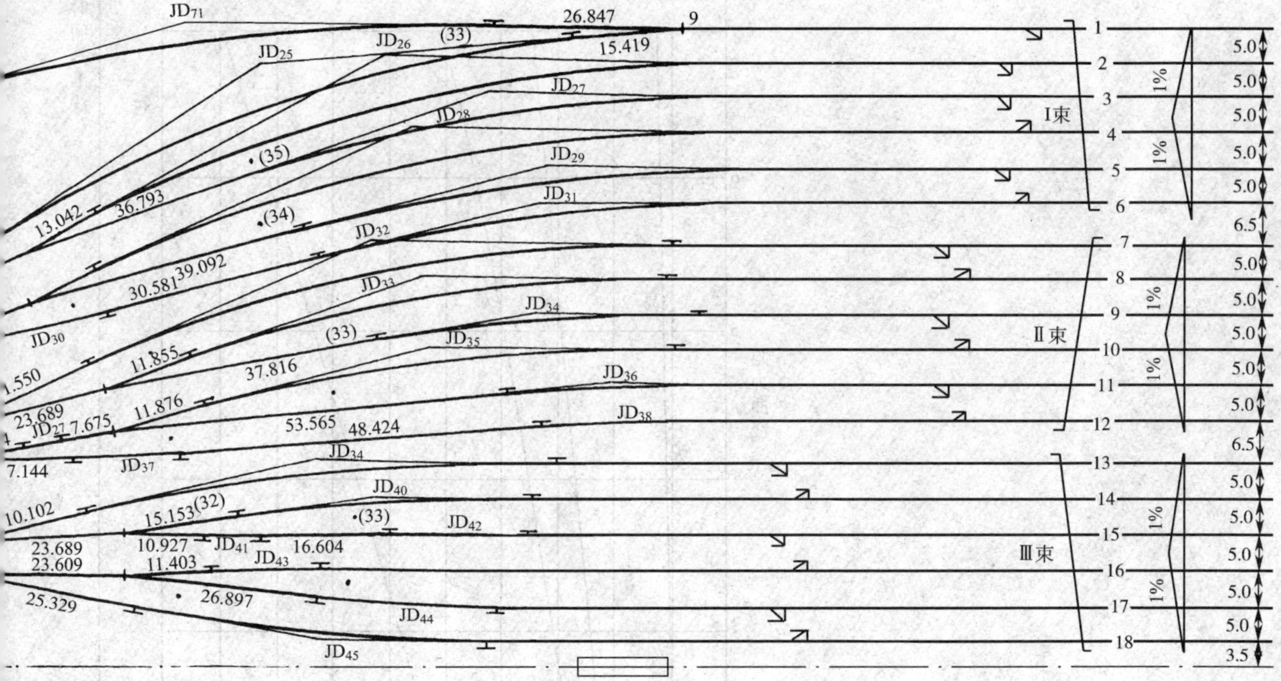

JD71
26.847
9
JD25
JD26
(33)
15.419
JD27
JD28
(35)
JD29
JD31
13.042
36.793
(34)
JD32
30.581
39.092
JD33
JD30
JD34
(33)
JD35
1.550
11.855
37.816
JD36
23.689
JD27
7.675
11.876
53.565
48.424
JD38
7.144
JD37
JD34
10.102
JD40
15.153
(32)
(33)
JD42
23.689
10.927
JD41
JD43
16.604
23.609
11.403
25.329
26.897
JD44
JD45
1
2
3
4
5
6
7
8
9
10
11
12
13
14
15
16
17
18
Ⅰ束
Ⅱ束
Ⅲ束
1%
1%
1%
1%
1%
1%
5.0
5.0
5.0
5.0
5.0
6.5
5.0
5.0
5.0
5.0
5.0
6.5
5.0
5.0
5.0
5.0
5.0
3.5

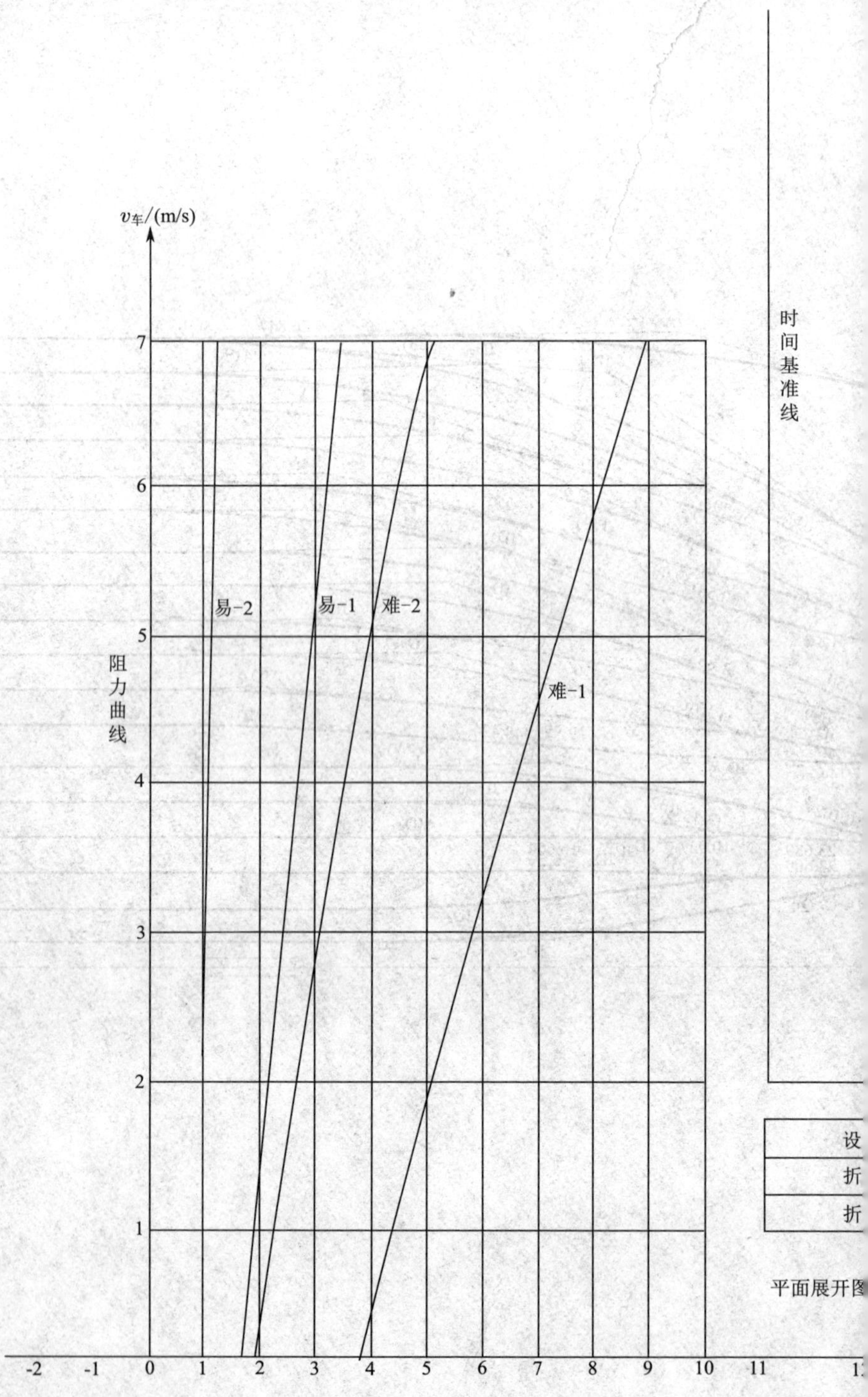

v车/(m/s)
7
6
5
4
3
2
1
阻力曲线
易-2
易-1
难-2
难-1
-2
-1
0
1
2
3
4
5
6
7
8
9
10
11
时间基准线
设
折
折
平面展开图